SV

Evan Osnos

Große Ambitionen
Chinas grenzenloser Traum

Aus dem Englischen von
Laura Su Bischoff

Suhrkamp

Die amerikanische Originalausgabe erschien 2014 unter dem Titel *Age of Ambition. Chasing Fortune, Truth, and Faith in the New China* bei Farrar, Straus and Giroux (New York).

Bibliografische Information der Deutschen Nationalbibliothek
Die Deutsche Nationalbibliothek verzeichnet diese Publikation in der Deutschen Nationalbibliografie;
detaillierte bibliografische Daten sind im Internet
unter http://dnb.d-nb.de abrufbar.

Erste Auflage 2015

Satz: Satz-Offizin Hümmer GmbH, Waldbüttelbrunn
Druck: CPI – Ebner & Spiegel, Ulm
ISBN 978-3-518-42483-4

Für Sarabeth, die alles erlebt hat.

»Warum sollte ich wie alle anderen sein wollen, nur weil ich in eine arme Familie geboren wurde?«

Michael Zhang, Lehrer

»Der Anführer eines großen Heeres kann besiegt werden. Aber den festen Entschluss eines Einzigen kannst du nicht wankend machen.«

Konfuzius

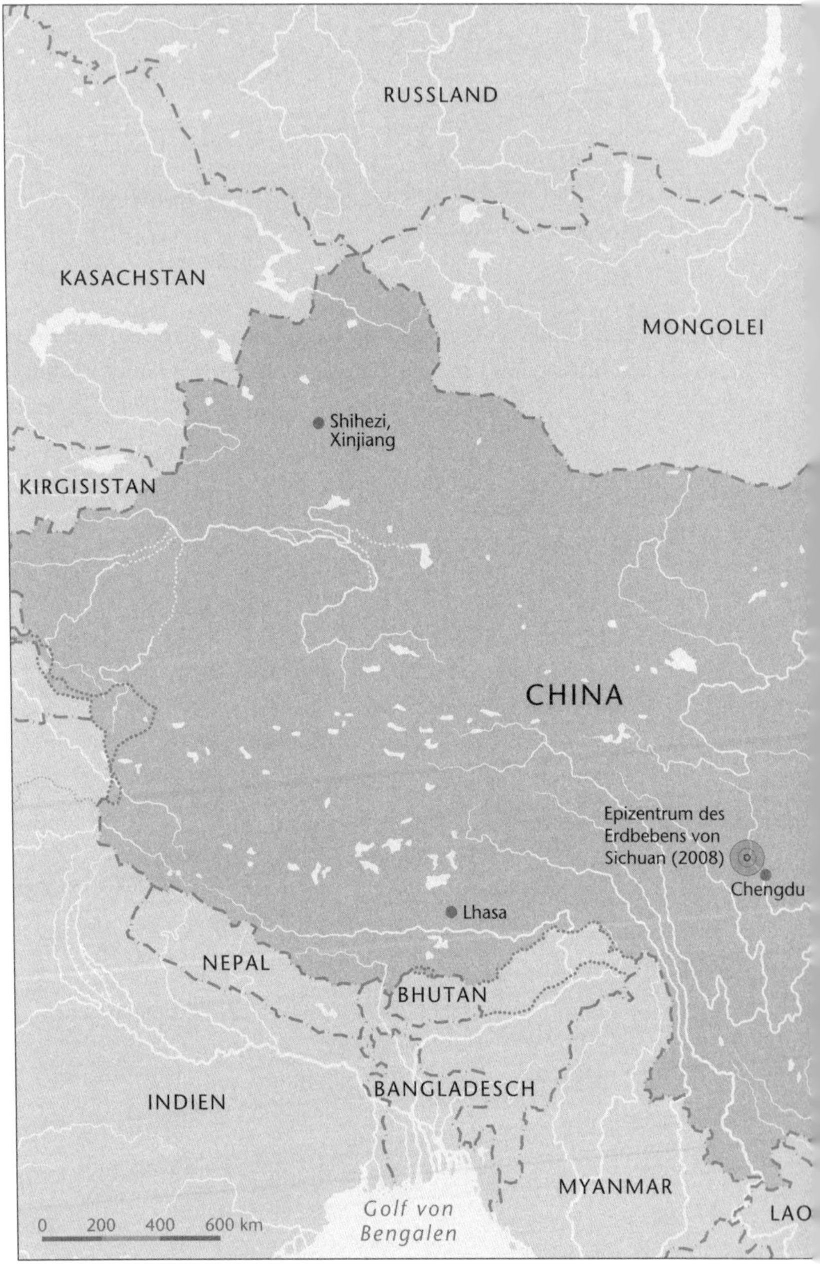
RUSSLAND
KASACHSTAN
MONGOLEI
Shihezi, Xinjiang
KIRGISISTAN
CHINA
Epizentrum des Erdbebens von Sichuan (2008)
Chengdu
Lhasa
NEPAL
BHUTAN
BANGLADESCH
INDIEN
MYANMAR
LAO
Golf von Bengalen
0 200 400 600 km

RUSSLAND
Japanisches Meer
DEM. VR. KOREA
JAPAN
Peking
REP. KOREA
Gelbes Meer
Dongshigu
Gelber Fluss
Shanghai
Hangzou
Ost-chinesisches Meer
Jangtsekiang
Wenzhou
Waduangang
Chongqing
Mine Nummer Fünf
Xiamen
Quemoy
TAIWAN
Pazifischer Ozean
Qingyuan
Foshan
Guangzhou
Macao
Hongkong
IETNAM
Südchinesisches Meer
PHILIPPINEN

Inhalt

Prolog 13

Teil I: Wohlstand 21
1. Von Fesseln befreit 23
2. Der Ruf 36
3. Zivilisationstaufe 53
4. Hunger des Geistes 74
5. Kein Sklave mehr 87
6. Halsabschneider 109
7. Erworbener Geschmack 134

Teil II: Wahrheit 161
8. Tanz in Fesseln 163
9. Die Freiheit führt das Volk 183
10. Wunder und Wundermaschinen 209
11. Ein Chor aus Solisten 228
12. Die Kunst des Widerstands 252
13. Sieben Sätze 269
14. Das Virus im Hühnerstall 287
15. Sandsturm 301
16. Das Gewitter 321
17. Alles, was glänzt 342
18. Die harte Wahrheit 364

Teil III: Glaube 379
19. Die spirituelle Leere 381
20. Wegsehen 405

21. Seelenhandwerk 423
22. Kulturkämpfe 439
23. Wahre Gläubige 459
24. Der Ausbruch 473

Epilog 491

Zu den Quellen 513
Dank 531

Prolog

Immer wenn sich ein neuer Gedanke in China ausbreitet – sei es eine neue Mode, eine neue Philosophie oder eine neue Lebensart –, sprechen die Chinesen von einem »Fieber«. In den ersten Jahren nach der Öffnung des Landes fingen sich die Leute »Westliches-Geschäftsanzug-Fieber«, »Jean-Paul-Sartre-Fieber« und »Mobiltelefon-Fieber« ein. Es war schwer zu sagen, wann und wo der Virus ausbrechen und welche Folgen er haben würde.

In dem 1564 Einwohner zählenden Ort Xiajia brach ein Fieber aus, in dessen Zentrum die amerikanische Polizeiserie *Hunter* stand, die in China *Kommissar Heng Te* heißt. Als das chinesische Fernsehen in den neunziger Jahren mit der Ausstrahlung begann, versammelten sich die Bewohner von Xiajia, um Sergeant Rick Hunter und seiner Partnerin Sergeant Dee Dee McCall vom Los Angeles Police Department bei ihren Undercover-Einsätzen zuzusehen. Und diese Bewohner erwarteten, dass Sergeant Rick Hunter in wirklich jeder Folge wenigstens zwei Mal seinen Lieblingsspruch »Arbeit für mich« zum Besten gab – obwohl ihn der auf Chinesisch zu einem religiös veranlagten Menschen machte, weil aus seinem Markenzeichen aufgrund eines Übersetzungsfehlers »Was immer Gott verlangt« geworden war. Das Fieber griff von einem zum anderen über und wirkte sich doch auf jeden unterschiedlich aus. Als die Polizei einige Monate später das Haus eines Bauern durchsuchen wollte, erklärte der, sie sollten wiederkommen, wenn sie einen »Durchsuchungsbefehl« hätten – diesen Begriff hatte der Mann von Kommissar Heng Te gelernt.

Als ich 2005 nach China zog, war es üblich, die Geschichte von Chinas Wandel in dramatischen, ausladenden Pinselstrichen nachzuzeichnen, mit Hinweisen auf große Veränderungen in Politik und Wirtschaft wie auch auf die Tatsache, dass ein Sechstel der Weltbevölkerung in diesem Land lebte. Schaute man jedoch genauer hin, ereigneten sich die einschneidendsten Veränderungen auf der intimeren Ebene der individuellen Wahrnehmung; sie waren hinter den alltäglichen Routinen der Bevölkerung verborgen, weshalb man sie leicht übersehen konnte. Das stärkste Fieber von allen war dabei der Ehrgeiz: der schiere Glaube an die Möglichkeit, sich ein neues Leben aufbauen zu können. Manche, die sich daran versuchten, hatten Erfolg, andere hingegen nicht. Eindrucksvoller war jedoch, dass all diese Menschen einer historischen Erfahrung trotzten, die ihnen nahelegte, es erst gar nicht zu versuchen. Lu Xun, der meistgefeierte chinesische Autor der Moderne, schrieb einmal, die Hoffnung sei »wie die Straßen im Antlitz der Erde; sie waren nicht da gewesen; die Füße der Wanderer hatten sie geschaffen«.

Ich habe acht Jahre in China verbracht und wurde dabei Zeuge, wie das Zeitalter der großen Ambitionen Gestalt annahm. Vor allem handelt es sich bei diesem um eine Ära des Überflusses – um den Gipfel hundertmal größerer und zehnmal schnellerer Veränderungen, als sie jene Umwälzungen der ersten industriellen Revolution darstellten, die das moderne Großbritannien schufen. Heute hungert das chinesische Volk nicht mehr nach Nahrung – ein durchschnittlicher Chinese isst mittlerweile sechsmal so viel Fleisch wie noch im Jahr 1976 –, sondert nach etwas ganz anderem: nach einer Zeit, in der ein Drang nach neuen Gefühlen, neuen Ideen und neuem Respekt im Volk erwacht. China ist der größte Energie- und Platinverbraucher weltweit; die Menschen dort schauen die meisten Filme und trinken das meiste Bier; außerdem bauen sie mehr Hochgeschwindigkeitseisenbahnstrecken und Flughäfen als alle anderen Länder der Welt zusammen.

Der Boom in China hat dafür gesorgt, dass ein paar seiner Bewohner unermesslich reich geworden sind: Nirgendwo sonst wächst die Zahl der neuen Milliardäre so schnell wie in diesem Land. Einige der neuen Plutokraten gehören zu den leidenschaftlichsten Dieben des Planeten, andere haben hohe Staatsposten inne. Auf manche trifft beides zu. Für den Großteil der Chinesen brachte der Aufschwung jedoch keinen gewaltigen Wohlstand: Stattdessen ermöglichte er ihnen die ersten zögerlichen Schritte heraus aus der Armut. Die Früchte von Chinas Aufstieg zeitigten einerseits hochgradig widersprüchliche und andererseits überaus tiefgreifende Veränderungen, die zu einer der umfassendsten Wohlstandssteigerungen in der Moderne geführt haben. Im Jahr 1978 betrug das Durchschnittseinkommen rund zweihundert Dollar; 2013 waren es bereits sechstausend Dollar. Es ist beinahe egal, welchen Maßstab man anlegt: Die Bevölkerung des heutigen China hat eine höhere Lebenserwartung, sie ist gesünder und verfügt über einen höheren Bildungsstand als je zuvor in der Geschichte des Landes.

In den Jahren, die ich in Peking lebte, gewann ich den Eindruck, dass das Vertrauen in die eigenen Vorstellungen (insbesondere im Hinblick auf die Zukunft des Landes) sich umgekehrt proportional zu der Zeit verhält, die man dort verbringt. Die Komplexität der Lage dämpft den Impuls, der Sache eine allzu simple Logik aufzuzwingen. Und so suchen wir in gewisser Weise Zuflucht in Statistiken, um hinter alldem ein Muster zu erkennen: Während meiner Zeit in China verdoppelte sich die Zahl der Flugzeugpassagiere, während sich die Verkaufszahlen von Mobiltelefonen verdreifachten und sich die Größe des Pekinger U-Bahn-Netzes vervierfachte. Von diesen Angaben war ich jedoch weniger beeindruckt als von einem Spektakel, das sich nicht so einfach in Zahlen ausdrücken lässt: Noch vor einer Generation war es die absolute Gleichheit im Land, über die Chinareisende am meisten staunten. Außenstehende erkannten im Großen Vorsitzenden Mao den »Herrn der blauen Ameisen«, wie er in einem denkwürdigen Buchtitel genannt wurde – einen weltlichen Gott in einem Land der »Produktionsbrigaden« und einheitlichen Baumwollanzüge. Klischees, nach denen es sich bei den Chinesen um kollektiv denkende, undurchschaubare Drohnen handelte, konnten sich zum Teil gerade deshalb halten, weil die Politik des chinesischen Staates sie stützte: Beständig erinnerte das offizielle China seine Gäste daran, dass es ein Land der Arbeitseinheiten, Volkskommunen und unermesslichen Opfer war.

In dem China, das ich kennenlernte, wurde die landeseigene Geschichte nicht mehr wie früher von einem Ensemble dargeboten, sondern fächerte sich in Milliarden Einzelgeschichten auf – Geschichten aus Fleisch und Blut, Geschichten über persönliche Eigenarten und einsame Kämpfe. Es handelt sich um eine Zeit, in der die Beziehungen zwischen den beiden mächtigsten Ländern der Welt, der Volksrepublik China und den Vereinigten Staaten von Amerika, durch den Ehrgeiz eines einzelnen Bauernanwalts auf den Prüfstand gestellt werden konnten, der den Zeitpunkt genau wählte, an dem er sein Schicksal für immer zu verändern gedachte. Es handelt sich um eine Phase der Geschichte, in der eine Bauerntochter derart schnell vom Fließband in den Sitzungssaal aufsteigen kann, dass keine Zeit bleibt, die Traditionen ihres Dorfes zu verletzen oder dort Ängste zu schüren. Es handelt sich um eine Epoche, in der das Individuum zu einer stürmischen Macht im politischen, ökonomischen und privaten Leben und damit so zentral für das Selbstbild einer aufstrebenden Generation geworden ist, dass der Sohn eines Bergarbeiters in dem Glauben heranwächst, nichts sei wichtiger als sein Name auf einem Buchdeckel.

In gewisser Weise profitiert die Kommunistische Partei Chinas am meisten vom Zeitalter der großen Ambitionen. Im Jahr 2011 feierte sie ihren neunzigsten Geburtstag – ein Meilenstein, der zum Ende des Kalten Krieges noch undenkbar schien. In den Jahren nach dem Zusammenbruch der Sowjetunion studierten die chinesischen Führer die Geschichte deren Niedergangs und schworen, dass sie nie dasselbe Schicksal erleiden würden. Als die arabischen Diktaturen 2011 fielen, blieb die chinesische bestehen. Um ihr Überleben zu sichern, ließ die Kommunistische Partei von ihrer heiligen Schrift ab, hielt jedoch an ihrem Heiligen fest: Sie gab Marx' Theorien auf, beließ Maos Antlitz allerdings, wo es war: am Tor des Himmlischen Friedens, von dem es auf den Tiananmen-Platz hinabblickt.

Mittlerweile verspricht die Partei keine vollkommene Gleichheit oder das Ende aller Mühen mehr, sondern nur noch Wohlstand, Stolz und Stärke. Und für eine Weile war das auch genug. Im Lauf der Zeit begannen die Menschen jedoch, sich nach mehr zu sehnen – vielleicht nach nichts mehr als nach dem Zugang zu Informationen. Neue Technologien brachten eine flüchtige politische Kultur hervor; was früher einmal geheim war, ist es heute nicht mehr; die Menschen sind nicht mehr allein, sondern verbunden. Und je mehr sich die Partei darum bemüht zu verhindern, dass das chinesische Volk an ungefilterte Ideen kommt, desto mehr fordert es eben diese ein.

Das heutige China ist von Widersprüchen zerrissen: In keinem Land der Welt werden mehr Louis-Vuitton-Produkte verkauft, und nur die Vereinigten Staaten nehmen mehr Rolls-Royce und Lamborghinis ab als China, aber trotzdem wird das Land von einer marxistisch-leninistischen Partei regiert, die am liebsten das Wort »Luxus« von den Werbetafeln streichen würde. Hinsichtlich Lebenserwartung und Einkommen entspricht das Gefälle zwischen den reichsten Städten Chinas und seinen ärmsten Provinzen dem zwischen New York und Ghana. China verfügt über zwei der größten Internetunternehmen der Welt; täglich gehen dort mehr Menschen online als in den Vereinigten Staaten, und das obwohl der chinesische Staat seine Anstrengungen im Zuge des größten Zensurvorhabens in der Geschichte verdoppelt hat. China ist nie facettenreicher, urbaner und wohlhabender gewesen, und doch ist es das einzige Land der Welt, in dem ein Friedensnobelpreisträger im Gefängnis sitzt.

Hin und wieder wird China mit dem Japan der achtziger Jahre verglichen, als man ein Zehnquadratmeterapartment in der City von Tokio für eine Million Dollar verkaufen konnte und Wirtschaftsmagnaten Cocktails mit Eiswürfeln schlürften, die sie vom Südpol hatten herbeischaffen lassen. Ab 1991 erlebte Japan dann die größte Deflation in der Geschichte des modernen Kapitalismus. Aber hier hören die Gemeinsamkeiten auch schon auf, denn als die Wirtschaftsblase platzte, war Japan bereits ein voll entwickeltes Land. China bleibt trotz seiner heiß laufenden Wirtschaft eine arme Nation, in der das durchschnittliche Pro-Kopf-Einkommen so hoch liegt wie im Japan des Jahres 1970. In anderen Augenblicken ruft China mit seinen im Stechschritt marschierenden Soldaten, Überläufern und Dissidenten Erinnerungen an die Sowjetunion oder gar Nazi-Deutschland wach. Solche Vergleiche sind jedoch unbefriedigend. Die chinesische Führung droht nicht damit, die Vereinigten Staaten zu »begraben«, wie es einst Chruschtschow tat, und selbst Chinas leidenschaftlichsten Nationalisten steht der Sinn nicht nach Eroberungen und ethnischer Säuberung.

Am meisten erinnert mich China an die USA zur Zeit ihres eigenen größten Wandels – an die Epoche, die Mark Twain und Charles Warner als »Gilded Age«, als »Vergoldetes Zeitalter«, bezeichnet haben, in dem »jedermann seinen Traum, seinen Lieblingsplan« hatte. Nach dem Bürgerkrieg machten sich die Vereinigten Staaten daran, ein größerer Stahlproduzent zu werden als Großbritannien, Deutschland und Frankreich zusammen. Im Jahr 1850 lebten in Amerika weniger als zwanzig Millionäre; 1900 waren es bereits vierzigtausend, manche davon so anmaßend und hochmütig wie James Gordon Bennett, der kurzerhand ein ganzes Restaurant in Monte Carlo kaufte, nachdem man ihm dort einen Fensterplatz verwehrt hatte. Ganz wie in China wurde auch die Entstehung des amerikanischen Wohlstands von einer spektakulären Verkommenheit begleitet. »Unsere Geschäftsmethoden«, erklärte der Eisenbahn-Unternehmer Charles Francis Adams jr., Enkel von Präsident John Quincy Adams und Urenkel von Präsident John Adams, »basieren auf Lug, Trug und Diebstahl.« Und schließlich schenkte uns F. Scott Fitzgerald die Geschichte vom gerissenen James Gatz aus North Dakota, der sich selbst auf der zum Scheitern verurteilten Suche nach Liebe, Reichtum und Glück in eine neue Welt katapultierte. Wenn ich im Schatten eines der kürzlich errichteten Wolkenkratzer Chinas stand, musste ich zuweilen an das New York des *Großen Gatsby* denken: »Die Stadt […] sehen, heißt immer wieder, sie zum ersten Mal sehen, wenn sie einem im ersten Überschwang alle Geheimnisse und alle Schönheit der Welt verheißt.«

Zu Beginn des 21. Jahrhunderts bestand China aus zwei Welten: der Welt der neuen Supermacht und der Welt des größten autoritär geführten Staats der Erde. Manchmal verbrachte ich den Tag mit irgendeinem Wirtschaftsmagnaten und den Abend mit einem unter Hausarrest stehenden Dissidenten. Es wäre allzu einfach gewesen, diese beiden als Repräsentanten des neuen und des alten Chinas zu begreifen, als Vertreter der getrennten Sphären von Wirtschaft und Politik. Schließlich gelangte ich jedoch zu der Auffassung, dass sie ein und dasselbe sind und der Kontrast einen instabilen Naturzustand darstellt.

Dieses Buch berichtet vom Zusammenprall zweier Mächte: der Ambitionen und des Autoritarismus. Noch vor vierzig Jahren hatten die Chinesen so gut wie keinen Zugang zu Wohlstand, Wahrheit oder Glauben – drei Dinge, die ihnen aus Gründen der Politik und der Armut versagt blieben. Weder hatten sie die Chance, sich ein Geschäft aufzubauen oder ihren eigenen Wünschen nachzugehen, noch verfügten sie über die Macht, gegen Propaganda und Zensur anzukämpfen oder moralische Inspiration außerhalb der Partei zu finden. Im Laufe nur einer Generation sind alle drei Dinge in ihre Reichweite gerückt – und es verlangt sie nach mehr. Die Menschen in China haben sich Freiheiten in Bereichen erkämpft, die vorher fast vollständig von anderen bestimmt wurden, Entscheidungen darüber, wo sie arbeiten, wohin sie reisen und wen sie heiraten. Als diese Freiheiten größer wurden, unternahm die Kommunistische Partei jedoch nur sehr wenig, um dem Rechnung zu tragen. Der Kontrolldrang der Partei, die nicht nur entscheidet, wer das Land führt, sondern auch, wie viele Zähne eine Zugbegleiterin beim Lächeln zeigen soll, steht im krassen Gegensatz zum lebhaften Aufruhr auf der Straße. Je mehr Zeit ich in China verbrachte, desto stärker hatte ich den Eindruck, dass die Menschen das politische System, das ihren Aufstieg genährt hat, längst hinter sich gelassen haben. Die Partei brachte die größte Entfaltung menschlicher Leistungsfähigkeit in der Geschichte hervor – und schuf damit vielleicht die größte Bedrohung für ihr eigenes Überleben.

Dieses Buch basiert auf Gesprächen, die ich in acht Jahren geführt habe. Während meiner Recherche waren es vor allem die Aufsteiger im Land, die mich am meisten anzogen: all die Männer und Frauen, die sich mit ihren Ellbogen einen Weg gebahnt haben, und das nicht nur in wirtschaftlicher Hinsicht, sondern auch in den Welten der Politik, der Ideen und des Geistes. Viele von ihnen durfte ich während meiner Arbeit für die *Chicago Tribune* und später für den *New Yorker* kennenlernen. Ich verfolgte ihren Werdegang, während sich unsere Wege immer wieder kreuzten. Für einen im Ausland tätigen Amerikaner ist es nur allzu verlockend, Chinas Stärken in Bereichen zu bewundern, in denen die Vereinigten Staaten als schwach erscheinen, und umgekehrt mit dem Land hart ins Gericht zu gehen, wo sich die Umstände vor Ort mit den eigenen Wertvorstellungen reiben. Ich habe mich jedoch vor allem darum bemüht, das Leben der Chinesen auf eine Weise zu beschreiben, die ihnen gerecht wird.

In den meisten Fällen habe ich die tatsächlichen Namen verwendet. Wo ich die wahre Identität meiner Gesprächspartner verschleiert habe, weil ich sie sonst in politische Schwierigkeiten bringen könnte, wird dies angemerkt. Alle Aussagen basieren auf Berichten einer oder mehrerer Personen, die bei den jeweiligen Ereignissen zugegen waren. Der erste Teil beginnt zu Anfang des Booms, und ich stelle darin einige Männer und Frauen vor, die während der Frühzeit des Aufschwungs in China der Armut entkamen, und beschreibe, welche Risiken sie auf sich nahmen und was sie dabei antrieb. Je erfolgreicher die Menschen in wirtschaftlicher Hinsicht wurden, desto mehr verlangte es sie danach zu erfahren, was auf der Welt um sie herum vor sich ging. Aus diesem Grund berichte ich im zweiten Teil vom Widerstand gegen Propaganda und Zensur. Im letzten Teil verschmelzen diese Bedürfnisse auf der Suche nach einer neuen moralischen Grundlage, im Zuge deren sich Männer und Frauen der unteren Mittelschicht auf die Jagd nach etwas begeben, an das sie glauben können.

Die Geschichte Chinas im 21. Jahrhundert wird oft als ein Wettlauf zwischen Ost und West beschrieben, zwischen staatlich gelenktem Kapitalismus und freier Marktwirtschaft. Tatsächlich steht jedoch ein sehr viel direkterer Widerspruch im Vordergrund: der Kampf um die Macht, zu definieren, was China ist. Um dieses Land zu verstehen, bedarf es nicht nur einer Messung der Licht- und Wärmemenge, die von der hell leuchtenden neuen Supermacht ausgeht, sondern auch einer Untersuchung der Quelle dieser Energie – der Männer und Frauen im Zentrum von Chinas Werden.

Teil I
Wohlstand

1. Von Fesseln befreit

16. Mai 1979

Im Schein des sichelförmigen Mondes entfernte sich ein sechsundzwanzigjähriger Hauptmann unbemerkt von seinem Posten auf einer Insel vor der chinesischen Küste und machte sich auf den Weg zum Meer. Er bewegte sich so geräuschlos wie nur möglich und schlug sich durch das Unterholz des Pinienwalds, bis er einen Felsvorsprung über dem Strand erreichte. Sollte sein Vorhaben entdeckt werden, würde er in Ungnade fallen und hingerichtet werden.

Hauptmann Lin Zhengyi war ein vorbildlicher Soldat, einer der am meisten gefeierten jungen Offiziere Taiwans, der von den Kontrahenten der Kommunistischen Partei Chinas regierten Inselprovinz. Dreißig Jahre lang hatte sich Taiwan der kommunistischen Herrschaft widersetzt, und Hauptmann Lin war ein Symbol dieses Widerstandes: ein überragender Universitätsstudent, der das ruhige Lebens eines Zivilisten gegen das eines Soldaten eingetauscht hatte – eine dermaßen ungewöhnliche Tat, dass sie sogar Taiwans zukünftigen Präsidenten dazu veranlasst hatte, ihm die Hand zu schütteln, woraufhin das Bild der beiden in allen Zeitungen des Landes abgedruckt und Lin zu einem Aushängeschild des »Heiligen Gegenangriffs« geworden war, des Traums von der Rückeroberung des chinesischen Festlands.

Zhengyi (ausgesprochen »Dschön-ji«) war über 1,80 Meter groß, hatte eine aufrechte Körperhaltung, eine breite, flache Nase und abstehende Ohren, die unter seinem Hut hervorlugten. Sein Einsatz für die Sache Taiwans hatte ihm einen Posten an der empfindlichsten Stelle der Front eingebracht: auf der winzigen Insel Quemoy, die auf Hochchinesisch Jinmen heißt und die kaum eine Meile von der felsigen Küste des chinesischen Festlands entfernt liegt.

Hauptmann Lin hütete jedoch ein für ihn und seine Familie gefährliches Geheimnis, und er wagte nicht, es mit seiner Frau zu teilen, die sich zu Hause um den gemeinsamen Sohn kümmerte und ein zweites Kind erwartete. Denn Hauptmann Lin hatte erkannt, dass um ihn herum Geschichte geschrieben wurde. Nach über dreißigjährigen Konflikten drängte China das taiwanesische Volk zum Anschluss an das »große Vaterland«.

Jeder Soldat, der zu desertieren und das Festland zu erreichen versuchte, wurde auf der Stelle erschossen. Es kam äußerst selten vor, dass es trotzdem jemand wagte, denn was ihn bei einem Fehlschlag erwartete, war allen klar – der jüngste Fall hatte sich vor weniger als einem Monat ereignet. Lin jedoch folgte dem Ruf. Er glaubte, China könne wieder zu alter Stärke zurückfinden, und er plante, gemeinsam mit dem Land erfolgreich zu sein.

In der Dunkelheit fand er den sandigen Weg, der ihn sicher einen mit Landminen übersäten Hügel hinabführte. Die knochigen Palmen auf der Insel bogen sich im vom Meer herüberwehenden Wind. Das Wasser, tagsüber von einem strahlenden Kristallgrün, war nun zu einer endlosen schwarzen Masse geworden, die wogend anschwoll und sich wieder zurückzog. Um eine Invasion abzuwehren, hatte man die Strände mit langen, aus dem Sand ragenden Metallspeeren versehen, die auf das Meer ausgerichtet waren. Bevor Hauptmann Lin aus dem Schutz der Bäume trat und auf das Ufer zulief, löste er die Schnürsenkel seiner Schuhe und spürte den Sand und die Steine unter seinen nackten Sohlen. Er war bereit: Er würde seine Kampfgefährten, seine Familie und seinen Namen hinter sich lassen.

Nahezu jeder, der sich in der Vergangenheit daran versucht hatte, durch dieses Gewässer zu schwimmen, war aus der entgegengesetzten Richtung gekommen. Das kommunistische China des Jahres 1979 war ein Land, dem die Menschen zu entfliehen suchten.

Im 18. Jahrhundert kontrollierte das kaiserliche China ein Drittel des weltweiten Vermögens; die am weitesten fortgeschrittenen Städte des Reichs waren ebenso wohlhabend und vom Handel geprägt wie die Großbritanniens und der Niederlande. Im 19. und 20. Jahrhundert wurde China allerdings von Invasionen, Bürgerkriegen und politischen Unruhen gelähmt. Nachdem die Kommunistische Partei

1949 die Macht übernommen hatte, führte sie eine Landreform durch, im Zuge deren einerseits die kleinen, familienbetriebenen Bauernhöfe in Kollektive eingegliedert und anderseits Millionen Grundherren und andere vermeintliche Feinde getötet wurden. 1958 brachte der Vorsitzende Mao den Großen Sprung nach vorn ins Rollen, um sein Land in nur fünfzehn Jahren an Großbritannien vorbeizukatapultieren. Manch ein Berater Maos meinte, das sei unmöglich, doch der Vorsitzende ignorierte und demütigte seine Kritiker; der Leiter der Staatlichen Technologiekommission sprang in dieser Zeit aus dem Fenster. Die Propagandisten umjubelten eine fantastische Ernte nach der anderen und nannten sie »Sputnik-Ernten«, weil man sie als ebenso große Erfolge betrachtete wie den Flug des sowjetischen Satelliten gleichen Namens. Aber die Zahlen waren frei erfunden, und während der Hunger wuchs, wurden unzählige Chinesen, die sich beklagt hatten, gefoltert oder getötet. Die Partei untersagte der Bevölkerung, auf der Suche nach Nahrung ihre Heimat zu verlassen. Maos Großer Sprung nach vorn führte zur größten Hungersnot der Welt, der zwischen dreißig und fünfundvierzig Millionen Menschen zum Opfer fielen – mehr als dem Ersten Weltkrieg. Als Hauptmann Lin Taiwan verließ, war die Volksrepublik ärmer als Nordkorea und das Pro-Kopf-Einkommen geringer als im subsaharischen Afrika.

Damals war Deng Xiaoping gerade mal seit knapp einem halben Jahr der wichtigste politische Führer des Landes. Er war fünfundsiebzig Jahre alt und ein überzeugender Staatsmann, der sich stets in klaren, einfachen Worten ausdrückte. Außerdem war er ein Überlebender, denn zweimal hatte ihn Mao bereits seiner leitenden Ämter enthoben, nur um ihn später wieder zu rehabilitieren. Seitdem hat man ihn oft als den alleinigen Baumeister des Booms bezeichnet, doch diese Ansicht geht auf die Arbeit von Parteihistorikern zurück. Deng kannte die Grenzen seines Wissens. Was die Wirtschaftspolitik betraf, waren seine raffiniertesten Züge die Zusammenarbeit mit Chen Yun – ebenfalls ein Parteipatriarch, der gegenüber dem Westen dermaßen skeptisch eingestellt war, dass er auf den Gedanken an Reformen mit einer abermaligen Lektüre von Lenins *Der Im-*

perialismus als höchstes Stadium des Kapitalismus reagierte – und die Kollaboration mit Zhao Ziyang, einem jüngeren, progressiveren Parteiführer, dessen Bemühungen, der Armut Herr zu werden, die Bevölkerung zu dem Sprichwort inspirierten: »Wollt ihr essen, sucht nach Ziyang.«

Die ersten Veränderungen kamen allerdings von unten. Maos ökonomische Visionen und der Winter des Vorjahres hatten die Bauern der im Landesinneren gelegenen Ortschaft Xiaogang in so große Armut gestürzt, dass sie das gemeinschaftliche Land nicht länger bestellten und sich dem Betteln zuwandten. In ihrer Verzweiflung teilten achtzehn Bauern das Land untereinander auf und begannen, es individuell zu bewirtschaften; sie stellten ihre eigenen Zeitpläne auf, verkauften alle über die staatliche Quote hinaus produzierten Waren auf dem Markt und behielten die Profite. Außerdem schlossen sie einen geheimen Pakt, dass sie im Falle einer Verhaftung gegenseitig auf ihre Familien aufpassen würden.

Bereits im folgenden Jahr verdienten sie zwanzigmal mehr als zuvor. Als das Experiment schließlich entdeckt wurde, warf manch ein Apparatschik den Bauern vor, sie »hebelten die Eckpfeiler des Sozialismus aus«; umsichtigere Parteifunktionäre erlaubten jedoch den Fortgang des Projekts und weiteten die Methode schließlich auf achthundert Millionen Bauern im ganzen Land aus. Die Rückkehr zu den sogenannten Bauernhaushalten ging so schnell vonstatten, dass ein Bauer das Ganze mit einem Erreger im Hühnerstall verglich. »Fängt sich das Huhn einer Familie den Virus ein, bekommt ihn das ganze Dorf. Ist die Krankheit erst in einer Ortschaft ausgebrochen, wird sich bald das ganze Land anstecken.«

Deng und die anderen Parteiführer stritten sich ständig, doch das Zusammenspiel von Dengs Charisma, Chens Zurückhaltung und Zhaos Kompetenz war überraschend erfolgreich. Das von ihnen geschaffene Model hielt Jahrzehnte: eine »Vogelkäfig-Ökonomie«, wie Chen Yun sie nannte, die durchlässig genug war, den Markt gedeihen zu lassen, aber nicht so frei, dass er der Kontrolle der Partei entgleiten konnte. Als junge Revolutionäre hatten diese Parteiältesten die Hinrichtung von Grundherren, die Enteignung von Fabriken und die

Schaffung von Volkskommunen überwacht. Und nun sicherten sie ihre Macht, indem sie die Revolution auf den Kopf stellten: Sie erlaubten freies Unternehmertum und öffneten ein Fenster zur Außenwelt, auch wenn dabei »ein paar Mücken« hineinflogen, wie Deng es ausdrückte. Für Chinas Reformen gab es keine Blaupause. Die Strategie, so Chen Yun, bestand aus Wachstum ohne Kontrollverlust – man wollte »den Fluss überqueren, indem man nach den Steinen tastet« (unvermeidlicherweise erhielt Deng die Anerkennung für diesen Spruch).

1979 verkündete die Partei, von nun an niemanden mehr als »Grundherrn« oder »reichen Bauern« zu kategorisieren, und später beseitigte Deng Xiaoping sogar das letzte Stigma: »Lasst zunächst einige Menschen zu Reichtum kommen«, erklärte er, »damit nach und nach alle gemeinsam reicher werden.« Die Partei weitete das Wirtschaftsexperiment aus. Privatunternehmen war die Anstellung von mehr als acht Mitarbeitern offiziell zwar nicht gestattet, weil Marx der Meinung gewesen war, Firmen mit mehr als acht Arbeitern basierten auf Ausbeutung, dennoch schossen kleinere Unternehmen schließlich so schnell aus dem Boden, dass Deng Xiaoping einer jugoslawischen Delegation mitteilte, es käme ihm so vor, »als wäre eine seltsame Armee plötzlich aus dem Nichts aufgetaucht«. Das Verdienst reklamierte er nicht für sich selbst. »Das ist nicht die Errungenschaft unserer Zentralregierung«, erklärte er. Im ganzen Land verließen Bauern die landwirtschaftlichen Kollektive, die so lange ihr Leben bestimmt hatten. Wenn sie darüber sprachen, sagten sie, sie seien *songbang* – »von ihren Fesseln befreit worden« –, ein Begriff, der zuvor eher in Bezug auf entlassene Gefangene oder freigelassene Tiere verwendet wurde. Die Menschen begannen, über Politik und Demokratie zu sprechen. Aber auch Deng Xiaoping kannte Grenzen. Im März 1979, kurz bevor Lin Zhengyi seine abenteuerliche Reise Richtung Festland antrat, sprach Deng zu einer Gruppe hoher Funktionäre und fragte: »Können wir eine Art der Meinungsfreiheit zulassen, die schamlos die Prinzipien unserer Verfassung verletzt?« Nie werde die Partei eine »individualistische Demokratie« gutheißen. Sie strebe nach wirtschaftlicher Freiheit, wolle die politische Kontrolle aber behalten. Damit

China gedeihen könne, dürfe die »Befreiung des Geistes« nicht ausufern.

Als sich die Folgen der politischen Wende auf dem Festland abzuzeichnen begannen, schaute Lin Zhengyi aus der Ferne zu. Geboren wurde er 1952, also drei Jahre nachdem China und Taiwan die ideologische und politische Pattsituation erreicht hatten, die jahrzehntelang Bestand haben sollte. Als die Nationalisten 1949 den Bürgerkrieg gegen die Kommunisten verloren, flohen sie auf die Insel Taiwan, wo sie das Kriegsrecht ausriefen und sich zumindest theoretisch auf den Tag vorbereiteten, an dem sie die Macht über ganz China zurückerlangen würden. Das Leben in Taiwan war hart und beschwerlich. Lin wuchs in der an einem üppigen Flussdelta gelegenen Stadt Yilan in einer entlegenen Ecke der taiwanesischen Hauptinsel auf. Seine Familie stammte von Festlandeinwanderern ab. Für die auf der Insel eintreffenden Streitkräfte der Kuomintang gehörten diese Einwanderer zur Unterklasse und waren daher politisch nicht vertrauenswürdig, weshalb sie einer breiten Diskriminierung auf dem Arbeitsmarkt und im Bildungsbereich ausgesetzt waren.

Lins Vater, Lin Huoshu, betrieb einen Friseurladen; seine Mutter wusch Wäsche für die Nachbarn. Die Familie lebte in einer armseligen Hütte am Stadtrand. Trotzdem brachte der Vater seinen Kindern alte chinesische Lehren sowie chinesisches Staatswesen bei und erzählte ihnen von der einst so fortschrittlichen Zivilisation der Chinesen, die vierhundert Jahre vor Gutenberg den Buchdruck erfunden hatten. Er las ihnen aus den Klassikern vor – aus *Die Geschichte der Drei Reiche* oder aus *Die Reise nach Westen* – und drillte seine Kinder darauf, an den Traum der Wiedergeburt Chinas zu glauben. Sein viertes Kind nannte er Zhengyi, weil der Name »Gerechtigkeit« bedeutet.

Als Lin noch klein war, fragte er sich oft, warum seine Familie trotz Chinas glorreicher Vergangenheit kaum in der Lage war, sich zu ernähren. Sein älterer Bruder erkundigte sich bei ihrer Mutter nie nach dem Essen, weil sie das nur in eine unangenehme Situation gebracht hätte, wie Lin sich erinnerte. »Er lehnte sich stattdessen an den Herd.

War dieser warm, hieß das, es würde etwas zum Mittagessen geben.« War dies nicht der Fall, mussten sie hungrig bleiben. Diese Erfahrungen lösten bei Lin einen äußerst pragmatischen Charakterzug aus: Er betrachtete die Menschenwürde und damit zusammenhängende Angelegenheiten durch die Linse der Geschichte und der Ökonomie.

Als Teenager faszinierten ihn vor allem Geschichten über das Ingenieurwesen, etwa Berichte über Li Bing, der im 3. Jahrhundert v. Chr. den Statthalterposten in der heutigen Provinz Sichuan bekleidete und acht Jahre lang einen Kanal durch einen Berg hauen ließ, um lebensgefährliche Überschwemmungen kontrollieren zu können. Dabei kamen Tausende von Arbeitern zum Einsatz, die das Gestein mithilfe von Heufeuern erhitzten und es anschließend mit Wasser so weit abkühlten, dass Risse entstanden. Ergebnis des Ganzen war ein gewaltiges, überaus langlebiges Bewässerungssystem, das oft mit den sieben Weltwundern verglichen wird; noch dazu verwandelte es eine der ärmsten Regionen Chinas in eine außerordentlich fruchtbare Gegend, die heute »Land des Himmels« heißt.

Lin Zhengyi war der vielversprechendste aller Söhne der Familie; 1971 gelang es ihm, einen der begehrten Plätze an der Nationaluniversität Taiwan zu ergattern und Bewässerungstechnik zu studieren. Um die Gebühren zahlen zu können, brachen seine drei Brüder die Schule ab und begannen im Friseurladen ihres Vaters zu arbeiten. Lin nahm sein Hochschulstudium just zu der Zeit auf, als der Campus von Diskussionen über die Zukunft Taiwans und Festlandchinas in Aufruhr versetzt wurde. Jahrelang hatte man der taiwanesischen Jugend erzählt, die Volksrepublik werde von »kommunistischen Banditen« und »Dämonen« beherrscht. Die Nationalisten instrumentalisierten diese Bedrohungsszenarien, um das Kriegsrecht zu legitimieren, und verletzten in großem Maßstab die Menschenrechte politischer Gegner sowie kommunistischer Sympathisanten.

Als Lin sein Studium antrat, geriet die Position Taiwans allerdings ins Wanken. Im Juli 1971 kündigte der amerikanische Präsident Richard Nixon seinen Besuch in Peking an. Das Festland gewann an Einfluss. Im Oktober desselben Jahres entschieden die Vereinten Nationen in einer Abstimmung, Taiwan seinen Sitz in der UN-Generalversammlung abzunehmen und ihn der Volksrepublik China zu geben, was einer Anerkennung der Festlandregierung als rechtmäßiger Vertretung des chinesischen Volkes gleichkam. In diesem Klima fand Lin Zhengyi seine Stimme. Er wurde zum Präsidenten des Erstsemesterjahrgangs seiner Universität ernannt und entwickelte sich zu einem der engagiertesten jungen Aktivisten Taiwans. Bei einer Studentendemonstration mit dem Titel »Kampf den kommunistischen Banditen, die sich in die Vereinten Nationen einschleichen!« ergriff er das Mikrofon und rief zu inselweiten Protesten auf, was zur Zeit des Kriegsrechts allerdings derart radikal war, dass sich noch nicht einmal seine eigenen Mitstreiter dazu durchringen konnten. Bei einer anderen Gelegenheit kündigte er an, in den Hungerstreik zu treten, doch der Universitätspräsident brachte ihn schließlich davon ab.

Als Lin seinen Wechsel an eine Militärakademie bekannt gab, erklärte er den Reportern: »Sollte meine Entscheidung dazu führen, dass der Nationalismus in der taiwanesischen Jugend erwacht [...], wird das weitreichende Folgen haben.« Außerdem hatte Lin ganz praktische Gründe für seinen Entschluss: Er konnte an der Akademie kostenlos studieren und erhielt sogar einen Sold.

Während seiner Studentenzeit lernte Lin schließlich im Haus eines Freundes eine junge Frau namens Chen Yunying kennen; sie war ebenfalls Aktivistin und studierte Literatur an der Nationalen Universität Chengchi. Nach dem Abschluss heirateten die beiden und bekamen einen Sohn. Lin verbrachte zwei Jahre mit den Vorbereitungen auf seinen Masterabschluss in Betriebswirtschaft, doch dann wurde ihm das Kommando über eine Kompanie auf der Insel Quemoy übertragen, die während des Kalten Krieges als »Leuchtturm der freien Welt« bekannt war, weil es sich dabei um das letzte Stück Land vor der kommunistischen Küste handelte. In der Vergangenheit hatten sich die beiden Seiten gegenseitig so heftig mit Granaten eingedeckt, dass das taiwanesische Militär die Insel mit Bunkern und unterirdischen Gaststätten überzogen und ein Krankenhaus so tief im Inneren eines Bergs errichtet hatte, dass es einem Atomschlag hätte standhalten können.

Als Lin 1978 auf Quemoy eintraf, führte man dort eher einen psychologischen als einen physischen Krieg. Taiwan und die Volksrepublik beschossen sich zwar immer noch, folgten dabei allerdings einem genauen Zeitplan: Das Festland feuerte an ungeraden Tagen; Taiwan erwiderte das Feuer den Rest der Woche. Inzwischen bekämpften sich beide Seiten vor allem mit Propaganda: Sie beschallten sich mit riesigen Hochleistungslautsprechern und warfen Flugblätter aus Heißluftballons. Sie ließen softballgroße Glasbehälter an das gegnerische Ufer treiben, die mit Gegenständen gefüllt waren, die potenziellen Deserteuren einen Vorgeschmack auf den Wohlstand auf der jeweils anderen Seite gewähren sollten. Taiwan schickte Poster und Miniaturzeitungen mit Informationen zur Außenwelt, außerdem saubere Unterwäsche, Kassetten mit Popmusik und Anleitungen für den Bau einfacher Radioempfänger – das Ganze versehen mit dem Versprechen, Geld, Gold und Ruhm warteten auf jeden willigen Deserteur. Das Festland antwortete mit Schnaps, Tee, kleinen Honigmelonen und Broschüren über lächelnde taiwanesische Diplomaten und Wissenschaftler, die bereits zur Volksrepublik übergelaufen waren – beziehungsweise, wie es die Partei ausdrückte, »das Licht gegen die Schatten« getauscht hatten.

Im Dezember 1978 erklärte Jimmy Carter, die Vereinigten Staaten würden die kommunistische Regierung Pekings offiziell anerkennen und alle formalen diplomatischen Beziehungen zu Taiwan beenden. Diese Meldung begrub jegliche noch verbliebene Hoffnung, die Insel könnte eines Tages die Kontrolle über das Festland erlangen. In Taiwan, meinte ein Korrespondent, seien die Menschen so »nervös wie eine Katze, die eine stark befahrene Straße zu überqueren versucht, auf der der Verkehr von Minute zu Minute stärker wird«. Am Neujahrstag 1979 teilte der chinesische Staat mit, er werde das Bombardement Quemoys einstellen. Außerdem sandte er einen Appell an die Bevölkerung Taiwans und erklärte, dass »die strahlende Zukunft [...] uns gehört. Die Wiedervereinigung mit dem Vaterland ist die heilige Pflicht unserer Generation, die uns von der Geschichte zugeteilt wurde.« Die Regierung prahlte, »der Aufbau im Vaterland« schreite »bereits energisch voran«.

Am 16. Februar wurde Lin noch näher ans Festland versetzt: Man vertraute ihm die Leitung des winzigen, auf einer einsamen, windgepeitschten Felszunge gelegenen Kommandopostens Berg Ma an, der unter Soldaten als »die Front der Welt« bekannt war – die letzte Bastion vor dem kommunistischen Bollwerk China. Es war ein prestigeträchtiger Posten, doch laut Ermittlern der Armee war Lin mit seiner Aufgabe nicht glücklich, weil er auf den äußeren Inseln vom Rest der Welt abgeschnitten war, obwohl er zur selben Zeit ebenso gut an der Militärakademie lehren oder die Prüfung für eine hochrangige Position hätte ablegen können. Persönlichkeiten des politischen Lebens machten an seinem Posten jedoch ganz besonders gerne halt und ließen sich mit den jungen Patrioten in Uniform fotografieren. Im April nahm Lin Urlaub, um seine Familie und seine Freunde zu besuchen. Eines Abends erzählte er einem alten Kommilitonen namens Zhang Jiasheng, er sei der Meinung, Taiwan könne nur gemeinsam mit der Volksrepublik gedeihen.

Als er zum Berg Ma zurückkehrte, war Lin dem Festland so nahe, dass er durch sein Fernglas die Gesichter der Soldaten auf der anderen Seite erkennen konnte. In Gedanken befand er sich längst in China. Obwohl Taiwan und das kommunistische China verfeindet waren, sah das einfache Volk in beiden immer noch zwei Zweige derselben Sippschaft, verbunden durch eine gemeinsame Geschichte und ein gemeinsames Schicksal. Wie einst der amerikanische Bürgerkrieg in den Vereinigten Staaten, riss der Konflikt einige Familien in der Mitte entzwei. In einem Fall konnte ein Mann vierzig Jahre nicht nach Hause zurückkehren, weil ihn seine Mutter zum Einkaufen aufs Festland geschickt hatte, kurz bevor die Kommunisten den Schiffsverkehr zwischen beiden Ländern beendeten.

In den Jahren nach der Trennung hatte manch ein Soldaten bereits versucht, von Quemoy ans Festland zu schwimmen; da dort aber sehr starke Strömungen herrschten, wurden die erschöpften Deserteure jedes Mal wieder an Land zurückgespült und als Verräter verhaftet. Zur Abschreckung zerstörte die Armee die meisten Fischerboote auf der Insel, und bei den wenigen, die übrig blieben, wurden nachts die Ruder eingeschlossen. Im Lauf der Jahre musste jedes als Schwimmhilfe einsetzbare Utensil registriert werden, und das Militär führte Stichproben auf der Insel durch, klopfte an Türen und kontrollierte, ob alle Basketbälle, Fahrradreifen und Rohre im Haus auch wirklich angegeben worden waren.

Im Frühjahr 1979 hatte ein anderer Soldat den seltenen Versuch gewagt, zur Gegenseite überzulaufen, war allerdings ebenfalls erwischt worden. Aber Lin ließ sich nicht beirren. Er war zwar der Ansicht, sein Plan sei besser, er wollte jedoch die Konsequenzen für die befehlshabenden Offiziere minimieren. Im Mai sollte er von einer Kommandantur zur nächsten wechseln, und er hoffte, wenn er zu diesem Zeitpunkt desertierte, könnten sich die Offiziere glaubhaft gegenseitig die Schuld in die Schuhe schieben, weil sie Hinweise übersehen hatten. Noch dazu herrschte im Frühjahr starker Nebel auf der Insel, denn dann traf feuchte Luft auf kaltes Meerwasser und tauchte die Küste in einen grauen Dunstschleier, der gerade dick genug war, um eine ins Wasser gleitende Gestalt vor allzu neugierigen Blicken zu verbergen.

Mit jedem Frühlingstag nahm die Strömung allerdings zu, und im Sommer würde sie schließlich so stark sein, dass jeder zurück an den Strand gespült werden würde, ganz gleich, wie sehr er auch dagegen ankämpfte. Wollte Lin ans Festland schwimmen, musste er es jetzt tun.

Am Morgen des 16. Mai befand er sich auf seinem Kommandoposten. Er erkundigte sich beim Kompaniesekretär, Liao Zhenzhu, nach der aktuellsten Gezeitentabelle. Die Flut sollte ihren Höhepunkt um 16 Uhr erreichen und sich dann wieder zurückziehen.

Am selben Abend nahm Lin nach Sonnenuntergang an einer Sitzung im Hauptquartier des Bataillons teil und kehrte zum Essen zum Berg Ma zurück. Um 20:30 Uhr besuchte ihn ein Kompaniesekretär namens Tung Chin-yao an seinem Tisch, um ihm Bescheid zu sagen, dass er zum Hauptquartier des Bataillons hinübergehen und einen neuen Soldaten abholen wollte. Als Tung eine Stunde später zurückkehrte, war Lin nicht mehr im Speisesaal. In seiner Unterkunft war er auch nicht. Um 22:50 Uhr gaben zwei Hauptmänner seine Abwesenheit zu Protokoll und stellten einen Suchtrupp auf die Beine.

Bis Mitternacht hatten die Kommandeure eine großangelegte Aktion in Gang gesetzt, bei der die gesamte Insel durchkämmt wurde – eine Blitzoperation, wie sie es nannten – und bei der zehntausende Menschen zum Einsatz kamen, darunter Soldaten und Zivilisten, Männer, Frauen und Kinder. Sie rissen die Scheunen von Bauern auf und stocherten mit Baumbusstöcken in den Teichen. Dann stieß der Suchtrupp auf eine erste Spur: Am Ende des mit Minen übersäten Pfades, der vom Berg zur Küste führte, fanden sie Lins Turnschuhe, versehen mit den Schriftzeichen für »Kompaniechef«. Sie durchsuchten sein Zimmer und entdeckten, dass einige Gegenstände fehlten: eine Feldflasche, ein Kompass, ein Erste-Hilfe-Set, die Flagge der Kompanie und eine Rettungsweste.

Zu diesem Zeitpunkt war ihnen Lin bereits weit voraus. Von seinem Kommandoposten musste er noch nicht einmal dreihundert Meter hinter sich bringen, um die graubraunen Gesteinsbrocken am Ufer zu erreichen. Dort glitt er ins Wasser. Er hatte ausgerechnet, dass er das Meer vor der Ebbe um 22 Uhr erreichen musste, damit ihn die kraftvolle Strömung vom Land wegzog. Sicherheitshalber hatte er eine weitere wichtige Vorsichtsmaßnahme getroffen: Laut den Nachforschungen der Militärermittler hatte Lin zwei Tage vor seiner Flucht die entlang der Küste stationierten Wachposten inspiziert und sich bei dieser Gelegenheit an die jungen Rekruten gewandt, die das Meer im Auge behielten. Er erzählte ihnen eine merkwürdige Geschichte: Entdeckten Sie nachts Schwimmende, die allerdings keine Anzeichen machten, angreifen zu wollen, sollten sie nicht schießen, denn es handele sich sehr wahrscheinlich um »Wassergeister«; sollten sie dennoch feuern, forderten sie die Geister geradezu heraus, Rache an ihnen zu üben. In Taiwan waren alle möglichen Formen des Aberglaubens an Omen und Geister weit verbreitet, und eine wie nebenbei in die Runde geworfene Bemerkung eines befehlshabenden Offiziers konnte ausreichen, um einen nervösen Jugendlichen zweimal darüber nachdenken zu lassen, ob er wegen eines geheimnisvollen Plätscherns auf nächtlicher See wirklich den Alarm auslösen wollte.

Lin schwamm angestrengt und schnell. Die Strömung zerrte an ihm, doch schon bald hatte er die seichten Gewässer hinter sich gebracht und war allein auf dem tiefschwarzen Meer, nur umgeben von Wasser und einem schier endlosen Himmel. Er musste nur die halbe Strecke bis zum Festland schaffen, ab dort würde ihn die steigende Flut den Rest des Weges mit sich tragen.

Er kraulte bis zur Erschöpfung und ließ sich dann auf dem Rücken treiben, um neue Kraft zu schöpfen. Nach drei Stunden näherte er sich mit schmerzenden Beinen und vor Kälte starrem Körper dem Ufer. Vor ihm lag die östlichste Spitze Chinas: die kleine Insel Jiaoyu. Sie bestand nur aus einem Viertelquadratkilometer Sand und Palmen, der abgesehen von chinesischen Wachposten und Artilleriegeschützen keine Menschenseele beherbergte. Lin wusste, dass dieser Strand ebenfalls mit Landminen übersät war. Er griff in seine Kleidung, wo er eine Taschenlampe in einer Plastiktüte verstaut hatte. Seine tauben Finger fummelten am Schalter. Er schaltete die Lampe ein und signalisierte den chinesischen Soldaten seine Anwesenheit; schon bald sammelten sich diese am Ufer.

Lin erreichte das seichte Wasser. Es gab viel, worauf er sich freuen konnte: Die kommunistischen Flugblätter hatten neben Geld und Gold ein Willkommen versprochen, das eines Helden würdig war. In der Dunkelheit watete ein einzelner chinesischer Soldat auf Lin Zhengyi zu und stellte ihn unter Arrest.

2. Der Ruf

Jede Reise nach China beginnt mit einer Geschichte über Anziehungskraft. Der amerikanische Schriftsteller John Hersey, dessen Eltern als Missionare in Tianjin tätig waren, nannte das »den Ruf«.

In meinem ersten Jahr am College schlenderte ich in einen Einführungskurs über moderne chinesische Politik: Revolution und Bürgerkrieg; die tragische, proteische Kraft des Großen Vorsitzenden Mao; Aufstieg und Fall Deng Xiaopings, der China aus der Isolation führte und der Welt öffnete. Seit den Protesten auf dem Tiananmen-Platz waren gerade einmal fünf Jahre vergangen. Studenten, kaum älter als ich, hatten damals eine Zeltstadt inmitten der Kathedrale der Parteimacht errichtet – eine winzige Stadt in der Stadt, erfüllt von einem impulsiven Idealismus. Im Fernsehen hatte es so ausgesehen, als wären diese Studenten hin- und hergerissen gewesen zwischen Ost und West: Sie hatten unordentliche Frisuren, nutzten Gettoblaster und zitierten Patrick Henry, sangen jedoch auch die Internationale und warfen sich bei der Übergabe ihrer Forderungen vor Männern auf die Knie, die wie eh und je in hochgeschlossene Mao-Anzüge gehüllt waren. Ein Student erklärte gegenüber einem Reporter: »Ich weiß zwar nicht genau, wonach wir suchen, aber was es auch ist, wir möchten mehr davon.« Die Proteste endeten in der Nacht vom 3. auf den 4. Juni in einem Blutbad. »Das ist nicht der Westen – das ist China«, verkündete die Obrigkeit über Lautsprecher, und das Politbüro setzte zum ersten Mal seit der Revolution die Volksbefreiungsarmee gegen die eigene Bevölkerung ein. Die Partei rühmte sich, diese Herausforderung erfolgreich gemeistert zu haben, war sich aber des Schadens für ihren Ruf aufs Schmerzlichste bewusst, weshalb sie ihre Geschichte in den folgenden Jahren systematisch von den Vorkommnissen bereinigte, bis nur noch schemenhafte Umrisse blieben.

Nachdem mein Interesse für China erwacht war, flog ich 1996 das erste Mal nach Peking, um mich ein halbes Jahr dem Erlernen des

Hochchinesischen zu widmen. Die Stadt verblüffte mich. Film- und Fotokameras hatten mir nicht vermitteln können, wie nahe sie geistig und geografisch den windgepeitschten Ebenen der Mongolei war, besonders im Vergleich zu Hongkong. In Peking roch es nach Kohle und Knoblauch, nach verschwitzter Wolle und billigem Tabak. In einem Sammeltaxi mit fest verschlossenen Fenstern, in dem sich die Hitze staute, konnte man diesen Geruch fast schmecken. Peking lag von Bergen umgeben in der Nordchinesischen Ebene, und im Winter wehten die Winde, die sich in den Ländern Dschingis Khans gesammelt hatten, von den Anhöhen herab und pfiffen den Leuten um die Ohren.

Peking war ein lauter, wenig glanzvoller Ort. Eines der schönsten Gebäude der Stadt war das Jianguo Hotel, das von seinem Architekten voller Stolz als perfekter Nachbau des Holiday Inn im kalifornischen Palo Alto bezeichnet wurde. Chinas Volkswirtschaft war kleiner als die Italiens. Die Provinz schien nie fern zu sein: Abends aß ich meist in einem muslimisch geprägten Viertel, das als Xinjiang-Dorf bekannt war, denn dort lebten die Uiguren, eine ethnische Gruppe aus dem entfernten Westen Chinas. Vor ihren winzigen Restaurants aus grauem Backstein hatten sie ängstliche Schafe angebunden, und zur Abendessenszeit verschwanden diese Tiere eines nach dem anderen in den Küchen. Nachdem die Gäste die Lokale verlassen hatten, kletterten die Kellner und Köche auf die Tische, um dort zu schlafen.

Zwei Jahre zuvor hatte das Internet China erreicht; allerdings standen für hundert Menschen nur je fünf Telefonleitungen zur Verfügung. Ich hatte mir aus den Vereinigten Staaten ein Modem mitgebracht, aber als ich es mit der Wandsteckdose in meinem Studentenwohnheim verband, machte es laut »Plop«, und das Gerät rührte sich nicht mehr.

Als ich zum ersten Mal den Tiananmen-Platz besuchte, konnte ich von der Mitte aus an der Süd-, West- und Nordseite die Gedenkhalle für den Vorsitzenden Mao, die Große Halle des Volkes und das Tor des Himmlischen Friedens erkennen. Von den Demonstrationen gab es natürlich keine Spur mehr, und seit Maos einbalsamierte Überreste 1977 in einem Glaskasten aufgebahrt worden waren, hatte sich auf dem Platz nicht mehr viel verändert. Für einen Ausländer war es nur allzu verlockend, die von der Partei errichteten stalinistischen Denkmäler zu betrachten und daraus zu schließen, die Partei wäre dem Untergang geweiht. In jenem Sommer veröffentlichte die *New York Times* einen Artikel mit dem Titel »Der lange Marsch in die Bedeutungslosigkeit«, in der sie die Behauptung aufstellte, »die einstmals allgegenwärtige Partei« sei »so gut wie gar nicht mehr präsent«.

Eine Seite des Platzes war der Zukunft gewidmet: Dort befand sich eine gewaltige, fünfzehn Meter hohe und knapp zehn Meter breite Digitaluhr, mit der die Sekunden heruntergezählt wurden, bis »die chinesische Regierung die Herrschaft über Hongkong wiedererlangt«, wie man über der Uhr lesen konnte. In weniger als einem Jahr sollte Großbritannien, das die Insel seit Chinas Niederlage im Ersten Opiumkrieg 1842 kontrolliert hatte, Hongkong an die Volksrepublik zurückgeben. Die Chinesen nahmen den ausländischen Mächten diese Invasion und die Tatsache, dass man das Land »wie eine Melone aufgeschnitten« hatte, immer noch bitter übel. Deshalb handelte es sich bei der Rückgabe Hongkongs um eine symbolische Wiederherstellung der nationalen Würde. Chinesische Touristen machten Bilder unter der Uhr, und in den Lokalzeitungen standen Artikel über Paare, die dort Hochzeitsfotos aufnehmen ließen.

Die Rückgabe Hongkongs führte zu einer Explosion des Patriotismus. Nach fast zwei Jahrzehnten der Reformen und der Verwestlichung wehrten sich chinesische Schriftsteller gegen Hollywood, McDonald's und die Verbreitung amerikanischer Werte. Ein Bestseller dieses Sommers trug den Titel *China kann Nein sagen*. Das von einer Gruppe junger Intellektueller verfasste Werk prangerte Chinas »Vernarrtheit in Amerika« an, die, so argumentierten sie, die Vorstellungskraft des Landes unterdrückte, weil das chinesische Volk mit der Aussicht auf Visa, ausländische Entwicklungshilfe und Werbung gefüttert werde. Sollte sich China dieser »kulturellen Strangulation« nicht widersetzen, werde es zum »Sklaven« und setze somit letztlich die bis ins Jahr 1842 zurückreichende Geschichte erniedrigender Übergriffe aus dem Ausland fort. Der chinesische Staat, der brisanten, sich schnell ausbreitenden Ideen stets misstraut hatte, ließ das Buch schließlich aus den Regalen nehmen, allerdings hatte bereits zuvor eine Reihe weiterer Autoren versucht, die Stimmung mit schnell zusammengeschusterten Titeln à la *Warum China Nein sagen kann*, *China kann immer noch Nein sagen* und *China sollte immer Nein sagen* für sich zu nutzen. Als das Land am 1. Oktober seinen Nationalfeiertag beging, war auch ich vor Ort. Ein Leitartikel in der *People's Daily* erinnerte die Menschen daran, dass »der Patriotismus von uns verlangt, das sozialistische System zu verehren«.

Zwei Jahre später kehrte ich zurück, um an der Pädagogischen Universität von Peking zu studieren. Das meiste, was ich von der Hochschule wusste, stammte aus der Zeit um 1989, als ihre Studenten zu den aktivsten Teilnehmern der Proteste auf dem Tiananmen-Platz gehört hatten: An manchen Tagen waren neunzig Prozent aller Studenten zum Platz marschiert, um dort zu demonstrieren. Als ich eintraf, hatte ich den Eindruck, dass fast alle, die ich in diesem Sommer kennenlernte, vor allem eins wollten: einem lang aufgestauten Konsumverlangen nachgeben. Man kann gar nicht überschätzen, wie groß die Veränderung war. Während der Blütezeit des Sozialismus lief ein Film mit dem Titel *Man darf nie vergessen* in den Kinos, der davon handelte, dass ein Mann von seiner Gier nach einem neuen Wollanzug in den Wahnsinn getrieben wird. Dagegen gab es mittlerweile eine Zeitschrift namens *Anleitung für den Erwerb exklusiver Waren*, in der Themen behandelt wurden wie »Wer erhält nach einer Scheidung das Haus?«. In einem Artikel über Getränke war ein kleiner Kasten mit dem Titel »Männer, die sich für Mineralwasser entscheiden« eingeklinkt, in dem es hieß, diese seien bekannt für ihre »große Selbstachtung, ihre Ideale, ihren Ehrgeiz sowie ihre niedrige Toleranz für Mittelmäßigkeit«.

Der Staat bot seinem Volk einen Handel an: Wohlstand im Tausch gegen Loyalität. Während der Große Vorsitzende Mao noch gegen bürgerliche Genusssucht gewettert hatte, förderten chinesische Führer nun aktiv die Sehnsucht nach dem guten Leben. Im ersten Winter nach den Protesten auf dem Tiananmen-Platz teilten Arbeitseinheiten in Peking Übermäntel, Decken, Cola, Instantkaffee und zusätzliche Rationen Fleisch an die Beschäftigten aus. Der Staat ließ in der Stadt eine neue Losung verbreiten: »Leiht Euch Geld, um Eure Träume zu verwirklichen.«

Die Bevölkerung war noch damit beschäftigt, sich an ein Leben jenseits der Arbeit zu gewöhnen. Erst vor zwei Jahren hatte man statt der vorher üblichen Sechs-Tage-Woche die Fünf-Tage-Woche eingeführt. Als Nächstes war der traditionelle sozialistische Kalender neu gestaltet worden, um etwas vorher vollkommen Unvorstellbares möglich zu machen: drei Wochen Urlaub. Chinesische Wissenschaftler begrüßten diese Entwicklung und riefen ein neues Forschungsgebiet, die sogenannten Freizeitstudien, ins Leben, das sich diesem »bedeutenden Stadium in der gesellschaftlichen Entwicklung der Menschheit« widmete. Eines Wochenendes machte ich mich gemeinsam mit chinesischen Kommilitonen auf den Weg in die Innere Mongolei. Der Zug war überfüllt, das Belüftungssystem atmete Dieselabgase ein und in die Abteile wieder aus. Trotzdem beschwerte sich niemand, weil es einfach so eine große Freude war, überhaupt auf Reisen zu sein.

Nach dem College begann ich, als Zeitungsreporter in Chicago, New York und dem Nahen Osten zu arbeiten, bis die *Chicago Tribune* 2005 schließlich anfragte, ob ich mir vorstellen könnte, nach China zurückzukehren. Also packte ich den Inhalt meiner Kairoer Wohnung in Kartons und landete in einer stickigen Juninacht in Peking. Eine Viertelmilliarde Chinesen lebte immer noch von weniger als 1,25 Dollar am Tag. Dass dieser Bevölkerungsteil, der fast so groß war wie die Einwohnerzahl der gesamten Vereinigten Staaten, in den Beschreibungen des neuen China oft unerwähnt blieb, war sicher falsch, auch wenn dies in Anbetracht des Ausmaßes und der Geschwindigkeit des Wandels durchaus nachvollziehbar war. Ich erkannte die Stadt nicht wieder und machte mich auf die Suche nach den nächtlichen Verkaufsständen und den Schafen des Xinjiang-Dorfes, aber sie waren allesamt während eines Anfalls von Verschönerungswut verschwunden. Das Einkommen im Land begann, schneller zu steigen als jemals zuvor in einem vergleichbar großen Land auf der Welt. Als ich das letzte Mal in China gewesen war, betrug das jährliche Pro-Kopf-Einkommen dreitausend Dollar – wie 1872 in den Vereinigten Staaten. Die amerikanische Bevölkerung benötigte fünfundfünfzig Jahre, um auf siebentausend Dollar zu kommen. China schaffte dasselbe innerhalb eines Jahrzehnts.

In sechs Stunden exportierte die Volksrepublik nun so viel wie im gesamten Kalenderjahr 1978, also kurz bevor Hauptmann Lin Zhengyi ans Festland schwamm. Und so war es auch die Wirtschaft, die mich bis an Lins Haustür führte. Ich war auf der Suche nach Wissenschaftlern, die mir erklären konnten, was hinter dem Wandel in China steckte. Lin war mittlerweile ein bekannter Ökonom in seinen späten Fünfzigern, mit einem grauen Bürstenhaarschnitt, dicken Augenbrauen und einer Drahtgestellbrille, die ständig von seiner Nase glitt. Von seiner Vorgeschichte wusste ich nichts. Als ich seinen Namen gegenüber einem seiner Kollegen erwähnte, meinte der, Lins Vergangenheit könne mir wahrscheinlich mehr über den Motor von Chinas Boom sagen, als es mein Stapel Bücher jemals würde.

Als ich mich das erste Mal bei Lin nach seinem Werdegang erkundigte, antwortete er höflich: »Das ist eine alte Geschichte.« Er sprach nur sehr selten von seiner Flucht, und das verstand ich, obgleich meine Neugierde anhielt. Nach unserem ersten Treffen besuchte ich Lin noch sehr oft; und bei diesen Gelegenheiten erzählt er mir stets von seinen neuesten Studien. Eines Tages stellte er sich endlich meinen Fragen zu seiner Vergangenheit. Ich sammelte Unterlagen über seinen Fall und besuchte den Küstenabschnitt, von dem er losgeschwommen war. Als er Taiwan verließ, sagte er, habe er sich einfach nur »in Luft auflösen« wollen.

In der Hoffnung, doch noch das mir bekannte China wiederzufinden, klammerte ich mich zunächst an das Leben auf dem Land – das China der Literatur und der Tuschemalerei. Einen Monat lang tat ich nichts anderes, als die Flüsse der Provinz Sichuan entlangzuwandern und zu trampen. Ich schlief in kleinen Ortschaften, die mir so gut wie verlassen vorkamen, weil der Ruf aus der Stadt jeden weggelockt hatte, der nicht zu jung oder zu alt war, um diese Anziehungskraft zu spüren. Die Dorfältesten scherzten gern, dass nach ihrem Tod niemand da sein würde, um ihre Särge zu tragen.

Sollte es je eine Zeit gegeben haben, in der sich chinesische Städte wie Ausnahmen anfühlten, wie Inseln inmitten eines Meeres der Armut, so war dies nun immer seltener der Fall. Alle zwei Wochen wurde in China eine Fläche von der Größe Roms bebaut. (2012 lebten erstmals mehr Chinesen in Städten als auf dem Land.) Ich begann, es auf gewisse Weise als belastend zu empfinden, eine in kürzester Zeit hochgezogene Stadt mit ihren kilometerlangen, sich ungehindert durch die Ortschaft ziehenden Straßen aus schwarzem Asphalt zu betreten, die von noch menschenleeren Gebäuden flankiert wurden. Der ständige Wandel war die einzige Konstante. Als sich ein chinesischer Freund bei mir erkundigte, welche amerikanischen Städte er bei seiner nächsten Reise in die Vereinigten Staaten besuchen sollte, schlug ich New York vor, worauf er so taktvoll wie möglich entgegnete: »Jedes Mal, wenn ich dort bin, sieht es gleich aus.« In Peking schlug ich nie eine Einladung aus, weil Orte – und Menschen – verschwanden, bevor man die Chance auf ein Wiedersehen hatte.

Im Zuge der Wohnungssuche stieß ich auf Inserate für die »Merlin Champagne Town«, die »Venice Water Townhouses« oder das »Moonriver Resort Condo«. Ich entschied mich für das »Global Trade Mansion«. Dabei handelte es sich um eine Insel inmitten eines Meeres endloser Bauarbeiten. Wer auch immer das Gebäude errichtet hatte, war so vorausschauend gewesen, es mit schalldichten Fenstern zu versehen, weil es in Zukunft von ständigem Baulärm umgeben sein würde. Ich lebte im zweiundzwanzigsten Stock, und bevor ich morgens ins Büro fuhr, lernte ich am Fenster etwas Chinesisch, während ich hinunterblickte auf eine kleine Armee von Arbeitern mit orangefarbenen Schutzhelmen, die neben einem ruhelosen Kran auf und ab liefen. Nachts übernahm eine andere Schicht, und das gleißende Licht der Schweißgeräte fiel durch meine Fenster. Das Global Trade Mansion schien sich so gut wie jeder andere Ort dafür zu eignen, herauszufinden, was die Kommunistische Partei mit »Sozialismus chinesischer Prägung« meinte.

Neun Jahre nachdem die *Times* den langen Marsch in die Bedeutungslosigkeit ausgerufen hatte, war die Partei größer und reicher als je zuvor; sie bestand aus achtzig Millionen Mitgliedern – immerhin jeder zwölfte Erwachsene – und hatte keinerlei organisierte Opposition zu fürchten. Selbst in stark westlich geprägten Technologie- oder Finanzunternehmen wurden Parteizellen gegründet. Bei der Volksrepublik handelte es sich um eine sehr gut funktionierende Diktatur – allerdings ohne Diktator. Die Partei kontrollierte den Staat, sie ernannte die Vorstände von Konzernen, die Bischöfe der katholischen Kirche und die Redakteure der Zeitungen. Sie riet Richtern, welche Urteile sie bei heiklen Gerichtsfällen zu fällen hatten, und lenkte die Oberbefehlshaber der Volksbefreiungsarmee. Auf der niedrigsten Ebene schien die Partei wie ein Netzwerk für Fachpersonal zu sein. Eine talentierte junge Journalistin, deren Bekanntschaft ich in Peking gemacht hatte, erklärte mir, sie sei an der Hochschule Parteimitglied geworden, weil sie so die Zahl der ihr zugänglichen Arbeitsplätze verdoppeln konnte. Außerdem hatte einer ihrer Lieblingsprofessoren sie inständig darum gebeten, da es galt, die Frauenquote bei Neumitgliedern zu erfüllen.

Als ich in China eintraf, war die Partei gerade damit beschäftigt, sich mithilfe der sogenannten »Bildungskampagne zur Erhaltung des fortschrittlichen Zustands der Kommunistischen Partei Chinas« eine Verjüngungskur zu verpassen. Nach Parteistandards war die geradezu optimistisch angelegt. Anders als noch zu den Zeiten öffentlicher Denunziationen und Konfrontationen in den sechziger und siebziger Jahren, ermutigte die Partei die Bevölkerung nun, den eigenen »roten Geburtstag« zu feiern (den Jahrestag des Parteibeitritts); dazu sollte jedes Mitglied eine etwa zweitausend Worte lange Selbsteinschätzung verfassen. Der Markt witterte eine gute Gelegenheit, und bald schon boten gewiefte Geschäftsleute im Internet »Modell-Selbsteinschätzungen« an. Diese waren bereits mit allen benötigten Geständnissen versehen, etwa dem Satz: »Ich habe der Herausbildung meiner wissenschaftlichen Weltsicht nicht genug Aufmerksamkeit geschenkt.« Doch meine Journalisten-Freundin, die an der Hochschule Parteimitglied geworden war, versuchte allen Ernstes, ihren Report selbst zu schreiben. Als sie ihren Text beim monatlichen Parteitreffen laut vorlas, wurde sie dafür kritisiert, nicht die offiziell zugelassenen Begriffe und Wendungen benutzt zu haben. Und so griff auch sie wieder auf die Standardliste zurück.

In den sieben Jahren meiner Abwesenheit hatte sich auch die chinesische Sprache verändert. Das Wort *tongzhi* für »Genosse« war von Schwulen und Lesben als eine ironische Selbstbezeichnung vereinnahmt worden. Eines Nachmittags wartete ich in der Schlange vor einer Bank, als ein alter, ungeduldig dreinschauender Herr »*Tongzhi*, schneller!« nach vorne rief und sich zwei Teenager vor Lachen kaum halten konnten. Der Begriff für Kellnerinnen und Verkäuferinnen, *xiaojie*, hatte ebenfalls eine neue Bedeutung erhalten und bezog sich nun hauptsächlich auf Prostituierte. Auf diese neuen *xiaojie* traf man nun ebenfalls überall im Land, das überschwemmt wurde von Geschäftsreisenden mit viel Bargeld in den Taschen.

Am meisten verblüffte mich jedoch die Veränderung, die der Begriff für »Ehrgeiz« durchgemacht hatte: *ye xin* – was wörtlich »wildes Herz« bedeutet. Für die Chinesen hatte fast jedes »wilde Herz« nach unzivilisierter Hemmungslosigkeit und absurden Erwartungen geschmeckt – nach einer Kröte, die davon träumt, einen Schwan zu verschlingen, wie es in einem alten Sprichwort heißt. Vor mehr als zweitausend Jahren hatte eine Sammlung politischer Empfehlungen namens *Huainanzi* die Herrscher des Landes ermahnt, »mächtige Posten ebenso wenig in die Hände von Ambitionierten fallen zu lassen, wie man scharfe Gegenstände Narren überlässt«. Aber nun begegneten mir plötzlich überall Anspielungen auf »wilde Herzen«: in Fernseh-Talkshows und in Regalen voller Selbsthilfebücher. In den Buchhandlungen konnte man Bände mit Titeln wie *Große wilde Herzen: Die Höhen und Tiefen wegweisender Helden des Unternehmertums* oder *Wie man in seinen Zwanzigern zu einem wilden Herzen kommt* erwerben.

Als die Sommerhitze langsam nachließ, machte ich mich auf den Weg, um einen Mann namens Chen Guangcheng zu besuchen, über den ich bereits viel gelesen hatte. Chen war der jüngste von fünf Söhnen einer Bauernfamilie aus dem fünfhundert Einwohner zählenden

Dorf Dongshigu. Bereits in seiner Kindheit war er wegen einer Krankheit erblindet, weshalb er bis zu seinem siebzehnten Lebensjahr keinerlei Schulbildung erhalten hatte. Sein Vater las ihm Romane und Abenteuergeschichten vor. Er hörte gern Radio und fand Inspiration im Werdegang seines Vaters, der noch bis ins Erwachsenenalter Analphabet gewesen war, bis er schließlich eine Schule besucht und eine Anstellung als Lehrer gefunden hatte.

Chen erhielt eine Ausbildung in Massage und Akupunktur, denn das war so gut wie die einzige Berufsmöglichkeit, die Blinde in China überhaupt hatten. Er jedoch war sehr viel mehr am Rechtswesen interessiert, und so bemühte er sich um einen Platz in den Auswahlprüfungen für ein Jurastudium. Sein Vater gab ihm eine Ausgabe des *Gesetzes zum Schutze Behinderter*, und Chen bat seine Eltern und Geschwister, ihm immer wieder daraus vorzulesen. Auf diese Weise entdeckte er, dass seine Familie nicht die ihnen zustehenden Steuererleichterungen erhielt. Also begab er sich nach Peking, um eine Beschwerde einzureichen, und zum allseitigen Erstaunen gewann er den Fall. Kurze Zeit später heiratete er eine Frau, die in einer Radiosendung angerufen hatte, die er zufällig gehört hatte.

Die Eltern des Mädchens waren – das kommt in China sehr häufig vor – nicht damit einverstanden, dass sie einen Blinden heiraten wollte, aber sie tat es trotzdem.

In Dongshigu, wo die Bewohner Weizen, Soja und Erdnüsse anbauten, wandten sich die Leute an den Masseur, der sich mit den Gesetzen auskannte. In einem Fall verhinderte er, dass lokale Parteiführer die Kontrolle über Land erhielten, das sie zu viel höheren Preisen an die Bauern zurückverpachten wollten. In einem anderen sorgte er für die Schließung einer Papierfabrik, weil sie den Fluss verschmutzte. Als ihn ein Reporter besuchte, erklärte er, »das Wichtigste ist, dass auch einfache Menschen ihre Rechte kennen und sich beschweren«. Auf dem Parkett der chinesischen Politik war Chen eine Kuriosität, und das nicht nur aufgrund seiner Lebensumstände, sondern weil es sich bei ihm um einen neuen Typus von Aktivisten handelte – um einen, bei dem die Dinge weniger eindeutig lagen als bei konventionellen Dissidenten.

Das erste Mal hörte ich 2005 von ihm, als er gerade Berichte von Frauen sammelte, die sich über Chinas Ein-Kind-Politik hinweggesetzt hatten und Opfer von Zwangsabtreibungen und -sterilisationen geworden waren. Weigerten sich diese Frauen oder flohen gar vor der Behandlung, sperrte der Staat ihre Eltern und Geschwister ein, um die Betroffenen aus ihren Verstecken zu locken. Als Chen diesen Frauen bei der Klageeinreichung half, stellten ihn die Behörden unter Hausarrest.

An einem Tag im Spätsommer bestieg ich ein Flugzeug nach Shandong und nahm ein Taxi nach dem anderen, bis ich schließlich das Dorf Dongshigu erreichte. Es war Nachmittag, und alles um mich herum wirkte ziemlich verschlafen, als ich endlich an der unbefestigten Straße ankam, die in den Ort führte. Ich stieg aus und brachte den Rest des abschüssigen Weges zu Fuß hinter mich. Chen lebte in einem einstöckigen Bauernhaus, dessen Eingangstor von einer Weide überwachsen war und an dessen Steinwänden sich eine blühende Schlingpflanze emporrankte. Verblasste rote Feiertagswimpel flatterten neben dem Tor im Wind. Kurz bevor ich das Haus erreichte, schnitten mir zwei Männer den Weg ab. Der eine war hager und knochig und hatte rote, rissige Wangen; der andere war stämmig und lächelte.

»Er ist nicht zu Hause«, erklärte der Stämmige. Er grinste und trat so nah an mich heran, dass ich die Reste seines Mittagessens riechen konnte.

»Ich glaube, er könnte doch da sein«, erwiderte ich. »Er erwartet mich nämlich.«

Selbst wenn er zu Hause wäre, wünsche Chen keinen Besuch, entgegnete der Mann. Es trafen noch mehr Männer in Zweier- oder Dreier-Gruppen ein. Einer packte mich am Handgelenk und begleitete mich zurück zum Taxi. Ein Polizeiwagen fuhr vor, und die Beamten fragten nach meinem Ausweis. Ich hätte keine Erlaubnis, hier zu sein, teilten sie mir mit. Sie stellten mich vor die Wahl: Entweder ich begleitete sie zur Wache, um mich »eine Weile auszuruhen«, wie sie es ausdrückten, oder ich verließ das Dorf.

Nun lächelte der stämmige Kerl nicht mehr. Er wollte wissen, wo genau ich vom Blinden in Dongshigu erfahren habe. »Im Internet«, antwortete ich. Er schaute mich abermals kurz an, und sein Ausdruck verriet mir, dass »Internet« sich für ihn so anhörte, als hätte ich erklärt, Elfen hätten mich in den Ort geführt. Er öffnete die Autotür und schob mich darauf zu.

Ich ließ mich wieder in den Wagen fallen, und wir krochen in Begleitung der Polizei aus dem Ort. Der Taxifahrer war wegen all des Aufhebens neugierig geworden. Ich erklärte ihm, dass Chen Beschwerden im Zusammenhang mit der Ein-Kind-Politik sammelte, und der Fahrer erwiderte, er kenne einen Ort in der Nähe, in dem die Menschen ähnliche Probleme hätten. Er brachte mich in eine Ortschaft namens Nigou, wo wir an der Hauptstraße neben einer Reihe kleiner Läden hielten. Hier befand sich ein Düngemittelgeschäft, darüber ein vergittertes Fenster. Nachdem ich aus dem Auto gestiegen war und unter dem Fenster stand, trat eine Frau an das Gitter heran und spähte zu mir herab.

Ich fragte, warum sie dort sei. »Wir können hier nicht weg. Wir sind eingesperrt«, antwortete sie. Sie war sehr still. Sie erzählte mir, örtliche Beamte für Familienplanung hätten sie dort oben eingeschlossen, weil sich ihre Schwiegertochter weigerte, entweder eine Zwangssterilisation über sich ergehen zu lassen oder die Gebühr für zu viele Kinder zu zahlen (die einem ganzen Jahreseinkommen entsprach).

Ich schaute die Frau prüfend an und fragte: »Wie lange sind Sie schon da oben?«

»Drei Wochen«, entgegnete sie.

»Und wie viele sind Sie?«

»Fünfzehn.«

Es war ein seltsamer Ort für ein Interview. Ich stand unter dem Fenster, während sie von hinter dem Gitter auf mich herabsah. Ich schaute die Straße hinauf und hinab, wo die Menschen Besorgungen machten. Auf der einen Seite befand sich ein Friseursalon, auf der anderen ein Obststand.

Das örtliche Amt für Familienplanung nahm eine ganze Ladenfront ein. Ich ging hinein und erkundige mich nach den Inhaftierten über dem Düngemittelgeschäft. Hinter dem Schalter saß ein Mann namens Wan Zhendong, Leiter der statistischen Abteilung des Amtes, und dieser entgegnete, er wisse nichts von einem Gefängnis; außerdem, fügte er hinzu, versuchten die Leute, die sich über eine angebliche Festnahme beschwerten, normalerweise, so den Gebühren für zu viele Kinder zu entgehen. »Die Polizei«, informierte mich Wan, »wird hier von 99,9 Prozent der Bevölkerung akzeptiert.«

Kaum war ich wieder in Peking, rief ich Chen Guangcheng an, den blinden Masseur. Jedes Mal, wenn ich den Telefonhörer abnahm und wählte, war die Leitung tot. Monatelang konnte ich niemanden erreichen. Der Anwalt Teng Biao war wenig überrascht, als ich ihm von der Szene in Nigou berichtete. Die Leute begannen, diese Art von Gewahrsam »schwarzes Gefängnis« zu nennen. Es war nicht leicht herauszufinden, wie viele davon existierten oder wo sie sich befanden. Man musste Ort für Ort danach suchen. »Für die Menschen dort ist es sehr schwer, in Kontakt mit Anwälten oder den Medien zu treten«, erklärte er mir. »Die örtlichen Behörden tun ihr Bestes, damit niemand davon erfährt.«

Das Internet war den meisten in Dongshigu immer noch ein Rätsel; in Peking lag die Sache jedoch anders. Zunächst hatte der Staat die digitale Revolution als Chance begriffen: China war ein Nachzügler der industriellen Revolution, und die Staatsführung hoffte, die digitale Revolution nutzen zu können, um zum Westen aufzuschließen. Die Begeisterung ließ allerdings schon bald nach. Im Jahr 2001 bezeichnete Präsident Jiang Zemin das Internet als »politisches, ideologisches und kulturelles Schlachtfeld«. In der Woche meiner Rückkehr aus Shandong erweiterte das Ministerium für Öffentliche Sicherheit eine Liste mit Informationen aus dem Internet, die offiziell als »verboten« galten. Wann immer es möglich war, teilte der Staat die Welt in Kategorien ein, und so hatte er bereits neun verschiedene Informationstypen untersagt, darunter »Gerüchte« und alles, was die staatliche »Glaubwürdigkeit« gefährdete. Nun wurde diese Aufzählung um zwei Punkte ergänzt: »Informationen zur Anstiftung illegaler Versammlungen« und »Informationen über die Aktivitäten illegaler Bürgervereinigungen«.

Aber das Ausmaß zugänglicher Informationen wuchs schnell an. Anfang 2005 gab es in China ungefähr eine Million Blogger; bis zum Ende des Jahres hatte sich diese Zahl bereits vervierfacht, so dass Internetunternehmen vom Staat angewiesen wurden, ein System der »Selbstdisziplinierung« einzuführen, um die Internetnutzung zu überwachen und zu zensieren. Stück für Stück baute die Partei das auf, was als »Große Firewall« bekannt werden sollte – eine riesige digitale Mauer, die chinesische Nutzer davon abhielt, Zeitungsartikel oder Berichte von Menschenrechtsorganisationen zu Gesicht zu bekommen, in denen Chinas höchste Staatsführer kritisiert wurden. Schließlich blockierte man auch noch den Zugang zu sozialen Netzwerken wie Twitter oder Facebook. Im Gegensatz zur Großen Mauer wuchs oder schrumpfte die digitale Version, beispielsweise in Anpassung an neue Herausforderungen oder um einen Eindruck von Offenheit zu suggerieren. Oft war mir gar nicht bewusst, dass etwas nicht erlaubt war, bis ich es in meinen Browser eingab und eine Fehlermeldung wie den Statuscode HTTP 404 erhielt: »Datei kann nicht gefunden werden.«

Die Partei griff immer entschlossener durch, wo es darum ging, jene zu bestrafen, die ihre Informationspolitik zu untergraben versuchten. Im Jahr 2004 nahm ein Journalist namens Shi Tao, der bei den *Contemporary Business News* in der Provinz Hunan angestellt war, an einer Mitarbeitersitzung teil, in der ein Redakteur die neuesten Anweisungen bezüglich der zum Jahrestag der Proteste auf dem Tiananmen-Platz verbotenen Themen weitergab. Noch in derselben Nacht loggte sich Shi bei seinem E-Mail-Account ein (huoyan 1989@yahoo.com.cn) und schickte eine Zusammenfassung der Parteidokumente an einen Redakteur des Democracy Forum, einer Organisation aus New York, die sich für Demokratie einsetzt. Zwei Tage später trat das Pekinger Ministerium für Staatssicherheit mit Yahoo China in Kontakt und erkundigte sich nach dem Namen hinter dem Account, nach dem Inhalt der Nachricht und nach den Orten, an denen sie abgerufen worden war. Yahoo knickte ein. Am 23. November 2004 wurde Shi Tao festgenommen; später stellte man ihn wegen der »Weitergabe von Staatsgeheimnissen« vor Gericht.

Seine Verhandlung dauerte nur zwei Stunden; dann wurde er schuldig gesprochen und erhielt eine Haftstrafe von zehn Jahren.

Bei diesem Fall handelte es sich um eine besonders deutliche Machtdemonstration, mit der sich der chinesische Staat einer undurchsichtigen neuen Herausforderung zu stellen versuchte. Als Yahoo von Menschenrechtsorganisationen wegen der Herausgabe der Informationen kritisiert wurde, entgegnete einer der Gründer des Unternehmens, Jerry Yang: »Wer dort Geschäfte machen möchte, muss sich einfach fügen.« Mitglieder des US-Kongresses bekamen Wind von der Sache. Nach einer Anhörung des Unterausschusses zum Thema Internet in China fragte der Kongressabgeordnete Chris Smith, ein Republikaner aus New Jersey: »Hätte die Gestapo vor einem halben Jahrhundert nach dem Versteck von Anne Frank gefragt, wäre die richtige Antwort dann die Aushändigung der Information gewesen, weil man sich den örtlichen Gesetzen zu fügen hatte?« Yahoo hielt jedoch stand, und als Shi Taos Mutter das Unternehmen verklagte, weil es ihren Sohn geschädigt hatte, stellte Yahoo einen Antrag auf Klageabweisung.

Im Lauf der Zeit wurde der Druck auf das Unternehmen immer größer. Im Herbst 2007 bestellte der Abgeordnete Tom Lantos – der einzige Holocaust-Überlebende, der je ein Mandat im Kongress wahrnahm – Yang und andere Führungskräfte von Internetunternehmen vor den Auswärtigen Ausschuss des Repräsentantenhauses und sagte ihnen direkt ins Gesicht: »Moralisch gesehen, sind Sie nichts als Pygmäen.« Shi Taos Mutter machte unter Tränen eine Aussage, und als alles vorüber war, verbeugte sich Yang dreimal vor ihr und erklärte: »Ich möchte mich persönlich bei Ihnen entschuldigen.« Yahoo einigte sich mit der Familie, aber der Sohn blieb in Haft. In China indes brannte sich die Botschaft des Falls unauslöschbar ins kollektive Gedächtnis: Das Internet würde nie zu einem Ort der freien Meinungsäußerung werden.

Das Global Trade Mansion war zu groß und zu still für mich; außerdem brauchte ich mehr Möglichkeiten, Chinesisch zu üben: Als ich meinen Vermieter anrief und vorschlug, er solle meine Kaution als letzte Monatsmiete behalten, schien er sehr verlegen und beeilte sich, das Gespräch zu beenden. Erst dann fiel mir auf, dass ich vorgeschlagen hatte, meine letzte monatliche *yuejing* einzubehalten – meine »Menstruation«.

In Vorbereitung auf die Olympischen Spiele 2008 hatte man große Teile der Stadt abgerissen und neu aufgebaut. Zha Jianying, eine in Peking geborene Autorin, die nach einem Studium in den Vereinigten Staaten in die Hauptstadt zurückgekehrt war, zitierte einen Freund, der Peking als eine Stadt beschrieb, in der es mittlerweile unmöglich war, einen Ort zu finden, wo man »seinen Vogelkäfig aufhängen« konnte. Die wenigen erhalten gebliebenen Teile des alten Peking bestanden hauptsächlich aus winzigen Gassen, gesäumt von einstöckigen Häusern aus grauem Backstein, Ziegeln und Holz. Seit sieben Jahrhunderten, als Teile der Stadt während der Yuan-Dynastie angelegt worden waren, hatten sich diese als *hutong* bezeichneten Straßen – ursprünglich ein mongolisches Wort, das zum chinesischen Begriff für »Gasse« wurde – mehr oder weniger kaum verändert. Die Mongolen bauten ihre *hutong* in einer Standardbreite von entweder zwölf oder vierundzwanzig Schritten. 1980 gab es in der Stadt sechshundert *hutong*; im Laufe der Jahre wurden jedoch alle bis auf einige hundert dem Erdboden gleichgemacht, um Platz für Bürogebäude und Wohnanlagen zu schaffen. Nur einer der vierundvierzig Prinzenpaläste Pekings blieb vollständig erhalten.

Ich fragte herum und fand ein zur Vermietung stehendes einstöckiges Wohnhaus in der Caochang Bei Xiang, Hausnummer 45. Die meisten Bewohner dieser alten Häuser benutzten eine Gemeinschaftstoilette, die sich nicht weit von meinem Eingangstor um die Ecke befand. Mein Haus verfügte jedoch über eigene sanitäre Anlagen im Wohnbereich und war so renoviert worden, dass vier moderne Räume darin Platz fanden. Sie umschlossen einen kleinen Innenhof, in dem ein Dattel- und ein Kakibaum wuchsen. Als ich meine neue Adresse dem alten Zhang mitteilte, der als Fahrer für die *Chicago Tribune* arbeitete, war er nicht gerade begeistert: »Sie bewegen sich in die falsche Richtung«, erklärte er. »Sie sollten von unten nach oben ziehen, nicht umgekehrt.«

Die Wände des Hauses waren porös, das Dach leckte bei Regen, und wenn die Heizung der Kälte des Winters nicht mehr standzuhalten vermochte, trug ich in der Wohnung eine Skimütze. Unter dem Fußboden liefen ständig Mäuse, Käfer und Geckos umher, und hin und wieder musste ich mit einer Zeitschrift auf einen Skorpion einschlagen. Es war jedoch eine Erleichterung, mit geöffneten Fenstern leben zu können, und ich genoss dieses Dasein sehr. Mein Nachbar von der anderen Straßenseite hatte einen Taubenverschlag auf dem Dach, das war sein Hobby. Er band kleine Holzröhrchen an die Füße seiner Vögel, so dass es pfiff, wenn sie in großen Kreisen über unsere Köpfe hinwegzogen.

Vom Fenster über meinem Schreibtisch konnte ich genau auf den alten Trommelturm schauen, einen die Umgebung überragenden Holzpavillon, der im Jahr 1272 errichtet worden war. Jahrhundertelang hatten der Trommel- und der benachbarte Glockenturm die Zeit mitgeteilt und die Menschen wissen lassen, wann sie zu Bett gehen und wann sie aufstehen sollten. Im Umkreis von mehreren Kilometern waren sie die größten Gebäude. Der Turm enthielt vierundvierzig gewaltige, lederbezogene Trommeln, die groß genug waren, um ihr Donnern auch in die entferntesten Ecken der Hauptstadt dringen zu lassen.

Die chinesischen Kaiser waren davon besessen, den Jahreszeitenwechsel und die Tageszeiten zu kontrollieren. Der Kaiser verordnete den genauen Zeitpunkt, an dem die Höflinge im Frühjahr ihre Pelze gegen Seidengewänder tauschen sollten, und im Herbst legte er fest, ab wann die Blätter zusammengerecht werden durften. Die Bestimmung der Zeit war so sehr mit der kaiserlichen Macht verbunden, dass bei der Eroberung Pekings durch ausländische Armeen im Jahr 1900 Soldaten den Turm erklommen und die Ledertrommeln mit ihren Bajonetten zerstörten. Eine Zeit lang nannten die Chinesen das Gebäude den »Turm der erniedrigenden Erkenntnis«.

3. Zivilisationstaufe

Die Soldaten zerrten Lin Zhengyi aus dem Wasser an den Strand. Es war der 16. Mai 1979, mitten in der Nacht. Man hielt ihn für einen Spion, weil niemand der Anwesenden je erlebt hatte, dass ein Soldat aus Taiwan ans Festland geschwommen war.

Lins Kommandeure in Taiwan wussten indes nicht, was sie denken sollten. Sie gingen davon aus, dass Lin versucht hatte, überzulaufen; wenn ihm das gelungen wäre, hätten sie allerdings von den plärrenden Lautsprechern auf der anderen Seite des Meeres bereits von seiner Ankunft erfahren. Vielleicht war er ertrunken. Oder er war schon die ganze Zeit ein Spion der Volksrepublik gewesen. So oder so, das plötzliche Verschwinden eines der bekanntesten Soldaten Taiwans war eine peinliche Angelegenheit. Die Armee erklärte Lin zunächst für vermisst und dann für tot; schließlich sprach sie seiner Frau eine Entschädigung von umgerechnet dreißigtausend Dollar zu. Sie war schwanger und musste ihren dreijährigen Sohn alleine großziehen. Um sie vor Vergeltungsmaßnahmen zu schützen, hatte Lin ihr nichts von seinem Vorhaben erzählt. Lins Eltern brachten am Familienschrein eine Gedenkplakette mit seinem Namen an.

In der Volksrepublik China wurde Lin währenddessen weiter festgehalten und drei Monate lang verhört. Nachdem er die Ermittler davon überzeugen konnte, dass er kein Spion war, wurde er entlassen und durfte sich von nun an frei bewegen. In einem Land, in dem die meisten Menschen immer noch unter den Auswirkungen der Kulturrevolution litten, betrachtete Lin Maos Erbe mit der Hingabe eines Bekehrten; er pilgerte nach Yan'an, wo die Kommunistische Partei während des Krieges ihr Hauptquartier gehabt hatte – um »sich zu bilden«, wie er mir sagte.

Außerdem besuchte er Sichuan, um die alte, von seinem Helden Li Bing errichtete Bewässerungsanlage zu besichtigen. Er stand auf einem Felsvorsprung über dem schäumenden Strom und blickte auf den Kanal, der oft als Symbol des Niedergangs Chinas in den zweitausend Jahren seit seiner Errichtung beschrieben wurde. Aber Lin ließ sich von ihm inspirieren, etwas Kühnes zu wagen. »Ich denke, wir vermögen mit unseren Taten das Schicksal der Menschen, ja das Schicksal eines ganzen Landes auf eintausend Jahre hinaus zu verändern.«

Der Rausch, den die geglückte Flucht in ihm auslöste, wurde nur von dem schmählichen Umstand gedämpft, dass er seine Familie zurückgelassen hatte. »Ich liebe meine Frau. Ich liebe meine Kinder. Ich liebe meine Familie. Und ich fühle mich für sie verantwortlich«, sagte er. »Als Intellektueller fühle ich mich jedoch auch sehr stark der Kultur und dem Wohlstand Chinas verpflichtet. Wenn ich etwas für richtig halte, muss ich diesem Eindruck nachgeben.«

In den Monaten nach seiner Ankunft wäre es Wahnsinn gewesen, Kontakt zu seiner Frau aufzunehmen. Sicher wurde sie von der taiwanesischen Militärregierung überwacht, weil sich diese Anhaltspunkte für Lins Schicksal erhoffte. Er erinnerte sich an einen in Tokio studierenden Cousin und schrieb ihm einen Brief: »Mittlerweile bist du der einzige Verwandte, mit dem ich überhaupt noch Verbindung aufnehmen kann. Du musst jedoch sehr vorsichtig sein. Gib den Nationalisten keine Hinweise, die sie gegen dich verwenden könnten. Ich habe eine Nachricht, die du für mich weitergeben sollst, allerdings musst du das mündlich tun und keine Spuren hinterlassen.« Lin bat ihn, Geburtstagsgeschenke für Chen und die Kinder zu besorgen und sie mit »Fangfang« zu unterschreiben, seinem Familienspitznamen. Er gestand in seinem Brief: »Obwohl man große Ambitionen haben und sich seiner Pflichten jenseits von Gefühlen und seiner Familie bewusst sein muss, wird mein Heimweh von Tag zu Tag größer.« Er machte sich Sorgen um seine Eltern, seinen Sohn und seine neugeborene Tochter. Über seinen Sohn sagte er: »Xiao Long ist heute drei Jahre alt, und damit in einem Alter, in dem er seinen Vater am meisten braucht, aber er hat nur seine Mutter. Xiao Lin hat ihren Vater noch nicht einmal kennengelernt [...]. Ich vermag ihnen gegenüber kaum in Worte zu fassen, wie sehr mir das alles leid tut.« Er nahm es dem taiwanesischen Staat immer noch übel, dass er ihn mit Aufgaben betraut hatte, in denen es eher um Propaganda als um Fortschritt gegangen war. Er schrieb: »Die Nationalisten haben mich nur benutzt, nie gefördert.« Er lobte die Veränderungen, die während der ersten Monate des von Deng in Gang gesetzten Wirtschaftsaufschwungs vonstattengingen: »Heutzutage hat fast jeder genug Kleidung und Essen […]. Die Dinge überschlagen sich und schreiten in großen Sprüngen voran. Die Leute sind voller Lebensfreude und Zuversicht. Ich glaube wirklich, dass China eine strahlende Zukunft bevorsteht. Eines Tages wird der Gedanke, ein Chinese zu sein, die Menschen mit Stolz erfüllen, und man wird sich mit hoch erhobenem Kopf und würdevoll geschwollener Brust der Welt präsentieren.«

Als der Reiz des Neuen jedoch abklang, war das Leben eines Überläufers hart und beschwerlich. Huang Zhi-cheng, ein taiwanesischer Pilot, der sein Flugzeug 1981 auf dem Festland gelandet hatte, erinnerte sich: »Zunächst ist alles ein großes Hallo, doch dann wird man sich selbst überlassen.«

Lin bewarb sich an der Chinesischen Volksuniversität um einen Studienplatz in Wirtschaftswissenschaften, wurde aber abgelehnt. Seine offizielle Akte – seine *dang'an* – enthielt jeden einzelnen Verdacht, der in Bezug auf seine politische Vorgeschichte je gegen ihn vorgebracht worden war. Lins Überlaufen würde stets ein Grund für Misstrauen bleiben – dem Jargon der Zeit entsprechend sagten die Leute, seine Herkunft sei »unklar«. Nach der Absage bewarb er sich an der Peking-Universität. Dong Wenjun, ein Beamter der Hochschule, machte sich zwar Sorgen, dass Lin ein Spion sein könnte, entschied jedoch letztlich, es gebe »am Institut für Wirtschaftswissenschaften ohnehin keine geheimdienstlich relevanten Informationen«. Lin wurde angenommen.

Er erzählte seinen Kommilitonen, er sei ein Student aus Singapur. Als Gegenleistung für sein Überlaufen hatte er die Volksbefreiungsarmee darum gebeten, seine Geschichte nicht zu Propagandazwecken zu veröffentlichen. Er hatte die Broschüren gesehen, die am Strand von Quemoy angespült worden waren und in denen Überläufer bejubelt wurden, aber er wollte nicht auf diese Weise zur Schau gestellt werden. Er legte den Namen Lin Zhengyi ab. Von nun an nannte er sich Lin Yifu, was »ausdauernder Mann auf einer langen Reise« bedeutet.

Eines Nachmittags in Lins Büro erwähnte ich, dass die Leute in Taiwan darüber spekulierten, er habe Militärgeheimnisse an die Volksbefreiungsarmee weitergegeben, um seine Vertrauenswürdigkeit zu beweisen. Das habe er auch gehört. Er lachte müde. »Unsinn«, meinte er. »Ich bin mit nichts als meiner Kleidung am Leib hierhergekommen.« Er wies darauf hin, dass China zum Zeitpunkt seiner Flucht zur Wiedervereinigung aufgerufen hatte, weshalb die Geheimnisse eines niederen Offiziers von geringem Wert gewesen wären. Er bestritt die Berichte der Militärermittler, nach denen er hauptsächlich aus beruflicher Frustration übergelaufen sei und er die Wachposten in die Irre geführt habe, um seinen Aufbruch zu verschleiern. Er stellte seine Flucht übers Meer als einen Akt des Idealismus dar. »Ich glaube immer noch, dass meine Freunde in Taiwan ebenfalls den Anspruch hatten, ihren Beitrag für China zu leisten. Das respektiere ich. Ich glaube einfach, so meinen Teil zur Geschichte Chinas beitragen zu können. Es war meine persönliche Entscheidung.«

Nach chinesischen Standards war das eine extreme Tat: Historisch gesehen, waren individuelle Entscheidungen für Chinesen nur von geringer Bedeutung, und das aus gleichermaßen modernen wie traditionellen Gründen, zu denen zunächst auch das Land selbst gehörte. Der Psychologe Richard Nisbett von der University of Michigan befasst sich mit kulturellen Unterschieden in Bezug auf die menschliche Wahrnehmung der Welt und fand heraus, dass sich die fruchtbaren Ebenen und Flüsse des alten China für den Reisanbau anboten, was wiederum Bewässerungssysteme nötig machte und die Menschen dazu zwang, »das Land gemeinsam zu bestellen«. Im Gegensatz dazu lebten die alten Griechen umgeben von Bergen und Küstenstrichen und waren auf Viehhaltung, Handel und Fischerei angewiesen, wodurch ihnen eine größere Unabhängigkeit möglich war. Laut Nisbett ging die Entstehung der griechischen Konzepte der persönlichen Freiheit, des Individualismus und der Objektivität auf diese historischen Zusammenhänge zurück.

Dagegen war der Philosoph Xunzi im 3. Jahrhundert v. Chr. der Ansicht, dass nur gesellschaftliche Rituale und soziale Modelle die »unberechenbaren« Gelüste des Einzelnen zu kontrollieren vermochten, so wie Wasserdampf und Druck ein verbogenes Stück Holz begradigen konnten. Der Gedanke, dass das Individuum Teil von etwas Größerem ist, zieht sich durch die gesamte chinesische Kunst, Politik und Gesellschaft. Eins von Chinas bekanntesten klassischen Gemälden – ein Rollbild von Fan Kuan aus dem 11. Jahrhundert mit dem Titel »Reisende zwischen Bergen und Strömen« – wird oft als chinesische Mona Lisa bezeichnet. Im Gegensatz zum Gemälde Leonardo da Vincis, auf dem das Gesicht praktisch die gesamte Bildfläche bedeckt, zeigt Fan Kuans Arbeit zwei winzige Männer mit einigen Pferden, umgeben von gewaltigen, nebelverhangenen Bergen. Im Gesetzwesen des kaiserlichen China beurteilten die Richter nicht nur das Motiv einer Tat, sondern auch den Schaden für die gesellschaftliche Ordnung, weshalb ein Angeklagter eine umso strengere Strafe erhielt, je höher der soziale Rang des Opfers war. Die Strafe betraf die gesamte Gemeinschaft: Das Gericht verurteilte nicht nur den Schuldigen selbst, sondern auch Familienmitglieder, Nachbarn und Gemeindeoberhäupter.

Liang Qichao, einer der führenden chinesischen Reformer des frühen 20. Jahrhunderts, war dem Individualismus zwar wohlgesinnt, weil er in seinen Augen der Entwicklung des Landes zugutekam, distanzierte sich jedoch 1903 nach einem Besuch in der Chinatown von San Francisco von dieser Auffassung und schloss, dass Konkurrenz zwischen verschiedenen Sippen und Familien die chinesische Bevölkerung vom Erfolg abhielte. »Würden wir jetzt eine demokratische Staatsform einführen«, schrieb er, »handelte es sich dabei um nicht weniger als nationalen Selbstmord.«

Er träumte von einem chinesischen Cromwell, »der streng regieren und unsere Landsleute auf zwanzig, dreißig, ja gar fünfzig Jahre hinaus mit Eisen und Feuer zu formen und härten vermag. Dann erst sollten wir ihnen die Bücher Rousseaus in die Hand geben und von den Taten Washingtons berichten.« Der Revolutionär Sun Yat-sen, der nach dem Fall des Kaiserreichs im Jahr 1911 Präsident geworden war, zog den Schluss, China wäre schwach, weil seine Bevölkerung ein »Bogen losen Sandes« sei. Sein Rezept? »Der Einzelne sollte nicht zu viele Freiheiten erhalten«, erklärte er, »doch die Nation sollte alle Freiheiten haben.« Er ermutigte die Menschen, sich die Regierung wie ein »gewaltiges Automobil« und seine Führer als unentbehrliche »Fahrer und Mechaniker« vorzustellen, die für die Bedienung freie Hand benötigten.

In China hatte es schon immer Dichter, Schriftsteller und Revolutionäre gegeben – die von den Wissenschaftlern Geremie Barmé und Linda Jaivin als die »ungebundenen Füße« der chinesischen Geschichte bezeichnet wurden –, doch der Vorsitzende Mao war fest entschlossen, das Konzept der »Unterordnung des Einzelnen unter die Organisation« in den Köpfen der Chinesen zu verankern. Die Partei, erklärte er, müsse »jegliche Tendenz in Richtung Uneinigkeit abschaffen«. Sie unterteilte die Bevölkerung in Arbeitseinheiten und landwirtschaftliche Kollektive. Ohne eine schriftliche Erlaubnis der eigenen *danwei* (der »Arbeitseinheit«) durfte man weder heiraten noch sich scheiden lassen, weder ein Flugzeugticket kaufen, noch in einem Hotel übernachten oder einen anderen *danwei* aufsuchen. Meistens lebte, arbeitete, studierte und kaufte man innerhalb der Grenzen seines *danwei* ein. Um individualistisches Gedankengut auszumerzen, setzte Mao auf Propaganda und Umerziehung – auf »Gedankenreform«, wie er es nannte, was umgangssprachlich als *xinao* oder »Reinigung des Geistes« bezeichnet wurde. (1950 erfuhr ein CIA-Beamter davon und nannte das Ganze »Gehirnwäsche«.)

Um ihre Botschaft lebendiger zu gestalten, feierte die Partei Vorbilder in Sachen Opferbereitschaft. 1959 lenkten die Zeitungen die Aufmerksamkeit auf einen Spezialisten für Militärtransportwesen namens Lei Feng, der nur 1,53 Meter groß war und sich selbst als »winziges Rädchen« im Getriebe der Revolution bezeichnete. Er war für eine Wanderfotoausstellung abgelichtet worden und erschien auf Bildern mit Titeln wie »Beim Dungschaufeln zur Unterstützung der Volkskommune Lianing« oder »Lei Feng stopft Socken«. Nachdem das Militär bekanntgegeben hatte, der junge Soldat sei bei einem Unfall ums Leben gekommen (er soll von einem fallenden Telefonmast erschlagen worden sein), empfahl der Vorsitzende Mao, »von Genosse Lei Feng zu lernen«. In den kommenden Jahrzehnten stellten örtliche Museen Kopien seiner Sandalen, seiner Zahnbürste und anderen Hab und Guts aus, als ob es sich um die Gebeine Heiliger handelte.

Der allumfassende Konformitätszwang war enorm. Ein Arzt, der während der Kulturrevolution terrorisiert und in die Wüste im Westen des Landes verbannt worden war, wo seine Frau Selbstmord beging, erklärte: »Um in China überleben zu können, darfst du gegenüber anderen nichts enthüllen, sonst könnte es eines Tages gegen dich verwendet werden [...]. Deshalb bin ich mittlerweile der Ansicht, das tiefste Innere eines Menschen sollte sein Geheimnis bleiben. Private Gedanken sollte man hinter einer gesellschaftlichen Fassade verbergen, wie Nebel und Wolken auf einem chinesischen Landschaftsgemälde. Die öffentliche Persönlichkeit sollte wie Reis bei einer Mahlzeit sein: nichtssagend, unauffällig und die Aromen der Umgebung aufnehmend, ohne irgendeinen Eigengeschmack abzugeben.«

Als in den achtziger Jahren die Geschwindigkeit der Veränderungen im Land zunahm, mahnten die chinesischen Führer, die Bevölkerung solle den Fluss überqueren, indem sie »nach den Steinen tastet«. In Wirklichkeit entdeckten viele, die in den Strudel von Chinas Aufschwung gezogen wurden, dass sie gar keine andere Wahl hatten, als sich hineinzustürzen und so schnell wie möglich zu schwimmen, auch wenn sie nur eine sehr unklare Vorstellung davon hatten, was sie am anderen Ufer erwartete.

Auf dem Papier misstraute man dem Individualismus in China auch weiterhin: Selbst nach den Reformen definierte die 1980 veröffentlichte Ausgabe des amtlichen Wörterbuchs *Das Meer der Worte* den Individualismus als »das Herz der bürgerlichen Weltsicht, ein Verhalten, bei dem der Einzelne auf Kosten anderer profitiert«. Und nichts war der Kommunistischen Partei mehr zuwider als die auf die freie Marktwirtschaft konzentrierte Rhetorik des fundamentalistischen Thatcherismus. Allerdings setzte China einige der grundlegendsten Prinzipien Thatchers um: Rückbau des öffentlichen Dienstes, Feindseligkeit gegenüber Gewerkschaften, Nationalstolz und Militarismus.

Die Menschen in China begannen, ihre Heimat zu verlassen und sich der größten Migrationswelle in der Geschichte der Menschheit anzuschließen. Chinas außergewöhnliches Wachstum stützte sich auf eine Mischung aus im Überfluss vorhandenen billigen Arbeitskräften und steigenden Investitionen in Industrie und Infrastruktur – ein Rezept, das Wirtschaftskräfte freisetzte, die sich in den Jahren des Chaos unter Mao aufgestaut hatten. Parteiführer Zhao Ziyang umgab sich mit Ökonomen, die es mit dem Wachstum Südkoreas oder Japans aufzunehmen versuchten. Wer Erfolg haben wollte, musste flexibel sein. Wu Jinglian, Forscher in einem staatlichen Thinktank, hatte seine Karriere als orthodoxer Sozialist begonnen, der seine Oberschule davon überzeugen konnte, Englisch- und westlichen Wirtschaftsunterricht abzuschaffen. Doch während der Kulturrevolution bezeichnete man seine Frau, die Leiterin eines Kindergartens, als »Anhängerin des kapitalistischen Wegs«, weil ihr Vater General in der Nationalrevolutionären Armee gewesen war; Rotgardisten schoren ihr den halben Kopf kahl. Wu selbst wurde als »konterrevolutionär« abgestempelt und zur »Umerziehung durch Arbeit« geschickt. »Ich durchlief einen dramatischen ideologischen Sinneswandel«, erklärte er mir. Bis zu den achtziger Jahren hatte es Wu zum führenden Experten für freie Marktwirtschaft gebracht, obwohl dieser Begriff zu kontrovers war, um ihn überhaupt in den Mund zu nehmen – Wu musste das Ganze »Warenwirtschaft« nennen.

In den achtziger Jahren begann man außerdem mit der Einrichtung von Sonderwirtschaftszonen, die mit ihren speziellen Steuervorteilen ausländische Investoren sowie neue Technologien anziehen und Kundenkontakte generieren sollten. Und diese Zonen benötigten Arbeitskräfte. Seit den Fünfzigern bestimmte die Partei darüber, wo die Menschen wohnten, indem sie die Haushalte in zwei Gruppen unterteilte: in ländliche und städtische. Diese Zuordnung legte fest, wo man geboren wurde, wo man zur Schule ging, wo man arbeitete und mit größter Wahrscheinlichkeit auch, wo man begraben wurde. Bis auf wenige Ausnahmen vermochte nur das Amt für Öffentliche Sicherheit diese Wohnsitz-Registrierung namens *hukou* zu ändern. Allerdings benötigte die Landwirtschaft aufgrund neuer Maschinen und Düngemittel immer weniger Arbeitskräfte; und schließlich gestattete der Staat der Landbevölkerung im Jahr 1985 ganz offiziell, wenigstens zeitweise in den Städten zu leben und zu arbeiten. Innerhalb der nächsten acht Jahre begaben sich hundert Millionen Arbeitsmigranten aus den ländlichen Gebieten in den urbanen Raum. 1992 verkündete Deng Xiaoping, Wohlstand sei von nun an von größter Wichtigkeit. »Entwicklung ist die einzige harte Wahrheit«, erklärte er nach dem Besuch einer Kühlschrankfabrik, die in sieben Jahren um das Sechzehnfache gewachsen war. Zwischen 1993 und 2005 strichen staatliche Unternehmen mehr als dreiundsiebzig Millionen Stellen, was zu einer neuen Welle der Arbeitslosigkeit führte. Die chinesische Führung sorgte für eine Unterbewertung des Yuan, wodurch Exporte billig blieben und ständig zunahmen. 1999 exportierte China weniger als ein Drittel des amerikanischen Volumens. Zehn Jahre später war das Land bereits zum größten Exporteur der Welt aufgestiegen.

Selbstbestimmung schlich sich in den Alltag der Chinesen ein. Während es zu Maos Zeiten als unmoralisch galt, einer Zweitarbeit nachzugehen, weil die Freizeit dem Staat gehörte, verfügten in den neunziger Jahren bereits so viele über einen Nebenerwerb, dass es zu einem Boom im Visitenkartengeschäft kam. Die Staatsmedien, die einst jeden dazu aufgerufen hatten, eine »nicht rostende Schraube« im Getriebe der Revolution zu sein, würdigten nun die neue Wettbewerbswirklichkeit: »Sie müssen auf sich selbst setzen«, schrieb die *Hebei Economic Daily*. »Gehen Sie Ihren eigenen Weg und kämpfen Sie dafür.« Die Menschen versuchten, auf jede nur erdenkliche Weise Geld zu verdienen. In ärmlichen Gegenden klopften Blutankäufer an jede Tür und boten Hilfe bei der Finanzierung von Steuerausgaben und Schulgebühren an. Jin Jun, ein in Harvard ausgebildeter Ethnologe, fand heraus, dass viele Menschen so oft Blut spendeten, dass sie an ihre körperlichen Grenzen stießen. Er schrieb: »Also hängen die Bluthändler die Menschen kopfüber an die Wand, damit ihnen das Blut in die Arme fließt.« (Das Geschäft hatte katastrophale Folgen: Aufgrund der Praktiken der Blutsammler infizierten sich bis Mitte der Neunziger geschätzte 75 000 Menschen mit HIV – der schlimmste Ausbruch der Krankheit in der Geschichte des Landes.)

Die Sprache des Individualismus schlug sich auch in den Filmen, in der Mode und in der Musik nieder. Der Filmemacher Jia Zhangke erinnerte sich mir gegenüber, wie er während seiner Jugend im Kohlebezirk Shanxi eine vierstündige Busfahrt auf sich nahm, nur um eine Kassette mit den schnulzigen Popballaden Deng Lijuns zu erwerben, einer taiwanesischen Starsängerin, die so beliebt war, dass Lins Militäreinheit auf Quemoy ihre Musik im Radio spielte, weil sie hoffte, so Menschen zum Überlaufen zu bewegen. Da Deng Xiaoping und die Sängerin denselben Familiennamen hatten, scherzten die Soldaten auf dem Festland, sie würden tagsüber dem alten Deng und nachts der jungen Deng lauschen. »Davor sangen wir Lieder wie ›Wir sind die Erben des Kommunismus‹ oder ›Wir Arbeiter haben die Kraft‹ – und es war immer ›wir‹«, erzählte mir Jia. »Aber in Deng Lijuns Song ›Der Mond verkörpert mein Herz‹ ging es um ›mich‹ – um mein Herz. Natürlich liebten wir es.«

Unternehmen bekräftigten diese Botschaft. China Mobile verkaufte mit dem Werbeslogan »Mein Revier, meine Entscheidung« Mobilfunkverträge an unter Fünfundzwanzigjährige. Selbst auf dem Land, wo sich die Dinge nur langsam veränderten, begannen die Menschen, anders über sich zu sprechen. Mette Halskov Hansen, eine norwegische Sinologin, die vier Jahre an einer Schule im ländlichen China verbrachte, beobachtete dort, wie Lehrer versuchten, ihre Schüler auf eine Welt vorzubereiten, in dem nur das »selbstständige, sich eigenständig entwickelnde und sich selbst erschaffende Individuum« überleben würde. Hansen wurde Zeugin einer Motivationskundgebung, bei der die Schüler folgende Formel aufsagten: »Seit Gott die Welt erschuf, hat es nie jemanden wie mich gegeben. Meine Augen und meine Ohren, mein Gehirn und mein Geist sind allesamt außergewöhnlich. Niemand spricht oder benimmt sich wie ich, vor oder nach mir. Ich bin das größte Wunder der Natur!«

Der Wunsch, seine Heimat zu verlassen – »wegzugehen«, wie man es nannte –, erfasste die Dörfer. Er sprang nicht notwendigerweise auf die erfolgreichsten oder zufriedensten Männer und Frauen über. Ganz im Gegenteil: Besonders oft befiel er die Außenseiter – die Ruhelosen, die Eigensinnigen, die Glücklosen. An dem Tag, an dem die

Jugendliche Gong Hainan entschied, sie wolle ihrer Heimat den Rücken kehren, zögerten ihre Eltern. Sie war ihre einzige Tochter; außerdem stammten sie vom Land und wussten nichts über das Leben in der Stadt. Sobald sich ihre Tochter jedoch etwas in den Kopf gesetzt hatte, konnte sie stur sein wie ein Esel. »Sie hatten keine andere Wahl, als zuzustimmen«, erzählte mir Gong.

Gong Hainan wurde am Fuße eines Berges im Ort Waduangang in Hunan geboren, der Heimatprovinz des Vorsitzenden Mao. Ihre Eltern hatten sich unter düsteren Umständen kennengelernt: Während der Kulturrevolution waren sie miteinander verkuppelt worden, weil sie einen politischen Makel gemeinsam hatten – beide stammten sie aus einer als »wohlhabende Bauern« klassifizierten Familie. Ein Dorfheiratsvermittler hatte sie zusammengebracht. Gongs Familie baute Erdnüsse und Baumwolle an und züchtete Hühner und Schweine. Gong war die Älteste von zwei Geschwistern und als Kind klein und schwach. Sie hatte schmale Schultern und dünne Lippen, und wenn ihr Gesicht entspannt war, zeigte es eine skeptische Miene. In der Dorfhierarchie sei das nicht gerade von Vorteil gewesen, weil die Kerle Mädchen mit Pausbacken und wie Rosen geformten Lippen bevorzugten. »Sollte mich jemals jemand gemocht haben, weiß ich davon nichts«, erzählte mir Gong Jahre später, als wir uns in Peking kennenlernten.

Bereits als Kind war Gong ruhelos und voller Energie. Als die Nachbarn der Familie die ersten kleinen Geschäfte eröffneten und mit der freien Marktwirtschaft zu experimentieren begannen, drängte Gong ihre Eltern, auf den Zug aufzuspringen. Sie aber lachten über den Gedanken und fragten: »Wir haben drei Nachbarn, hinter uns befindet sich ein Berg. Wer wird hier schon vorbeikommen?« Vollkommen unbeeindruckt rekrutierte Gong ihren kleinen Bruder Haibin für die Umsetzung einer Geschäftsidee: Sie wollte gemeinsam mit ihrem Bruder Wassereis einkaufen, an jede Tür klopfen und es dort wieder verkaufen. Nachdem die beiden einen ganzen Tag eine Styropor-Kühlbox die holprigen Dorfstraßen hinauf- und wieder hinabgeschleppt hatten, gab Haibin auf. »Ich hätte ihn halb tot schlagen können, er wäre trotzdem nicht noch einmal mit mir losgegangen«, sagte sie. Gong jedoch fertigte eine Karte vom Dorf an, auf der sie genau vermerkte, welche Eltern bekannt dafür waren, sich den Wünschen ihrer Kinder zu beugen; dann zeichnete sie die optimale Route ein. Bald schon habe sie zwei Packungen Eis am Tag verkauft. »Was immer du auch tust«, schlussfolgerte sie, »musst du strategisch angehen.«

Etwas an der Generation der jungen, in den siebziger Jahren geborenen Männer und Frauen unterschied sie von der vorherigen. Man konnte es an ihrer Sprache erkennen, an der Leichtigkeit, mit der sie Worte wie »ich«, »mich« und »meine« gebrauchten, wo ihre Eltern noch den Plural verwendet hatten: »unsere Arbeitseinheit« und »unsere Familie«. (Ältere Chinesen nannten diese Jahrgänge *wo yi dai* – die »Generation Ich«.)

Als Gong sechzehn Jahre alt war, brachten ihr ihre Prüfungsergebnisse einen Platz am besten Gymnasium des Ortes ein – für eine Bauernfamilie ein alles verändernder Augenblick. Als sie eines Tages kurz vor Schulbeginn mit einem Traktor-Taxi unterwegs war, um ihren Vorrat an Wassereis aufzustocken, landete das Fahrzeug im Graben. Die anderen Passagiere wurden herausgeschleudert, Gong jedoch hatte vorne gesessen. Ihr Bein wurde zertrümmert und ihre Nase fast vollständig abgetrennt. Sie wurde zwar wieder ganz gesund; als sie jedoch mit eingegipster Hüfte aus dem Krankenhaus entlassen wurde, musste sie erkennen, dass die Schule auf dem Land einer Schülerin, die nicht laufen konnte, nicht gerecht zu werden vermochte. Die Schule legte ihr eine Abmeldung nahe.

Aber Gongs Mutter Jiang Xiaoyuan wollte davon nichts wissen. Sie zog mit ihr ins Wohnheim und trug ihre Tochter auf dem Rücken überallhin: die Treppen ins Klassenzimmer hinauf und wieder hinunter, hin und zurück auf die Toilette. (Gong brachte sich bei, nicht öfter als zweimal täglich aufs Klo zu müssen.) Während des Unterrichts eilte Gongs Mutter hinaus auf die Straße, um dort Früchte aus Körben zu verkaufen und zusätzlich etwas Geld zu verdienen. Ich fragte mich immer, ob die Geschichte wohl eine Metapher wäre – bis ich Gongs Mutter traf. »Es gab ein ganz besonders hohes Gebäude – das Labor –, und dort oben im vierten Stock befand sich ihr Klassenzimmer«, erzählte mir Jiang, während allein der bloße Gedanke an diese Zeit ihren Blick verdüsterte. Gong habe nie ernsthaft eine Alternative in Betracht gezogen. »Die Schule war der einzige Ausweg«, meinte Jiang. »Wir wollten nie, dass sie wie wir auf den Feldern arbeiten muss.«

Die Kosten für Gongs medizinische Behandlung stürzten ihre Eltern in Schulden. »Mein Unfall brachte Chaos über meine Familie«, erklärte Gong. Es war 1994, und die gewaltigen Migrationsströme im Land nahmen unaufhaltsam zu. Noch 1978 waren fast achtzig Prozent der chinesischen Bevölkerung in der Landwirtschaft tätig gewesen; bis 1994 war dieser Anteil auf weniger als fünfzig Prozent gesunken. Gong brach das Elitegymnasium ab und machte sich auf den Weg zu den Fabriken an der Küste.

Während die Zahl der Arbeitsmigranten ständig stieg, versuchte der Staat, Einfluss auf die Richtung des Stroms zu nehmen. Eine Parole drängte die Landbevölkerung beispielsweise dazu, in der Nähe ihrer Heimat nach Arbeit zu suchen: »Verlasst das Land, aber nicht die ländliche Gegend! Kommt in die Fabriken, aber nicht in die Städte!« Die Regierung nannte diese neuen Migranten »Bevölkerung im Fluss« – ein Begriff, den man auf Chinesisch genauso schreibt wie die Worte für Krawallmacher und streunende Hunde. Die Polizei machte die sogenannten »dreifachen Habenichtse« – Zuwanderer ohne Zuhause, Arbeit und verlässliche Einkommensquelle – für die Kriminalität im Land verantwortlich. Die Städte versuchten, die Zahl der Neuankömmlinge zu begrenzen. Die Stadtregierung in Peking verbannte diverse Personengruppen vom Stadtgebiet, darunter »Bettler und Straßenmusiker, Wahrsager und Sonstige, die abergläubischen feudalen Aktivitäten nachgehen«. Fand man sie dennoch, schickte man sie in ihre Heimatprovinzen zurück. Peking bot offizielle »Greencards« an, um den Zugang zu öffentlichen Schulen und zu Sozialwohnungen zu regulieren, die Richtlinien waren allerdings so streng, dass sie nur ein Prozent der Neuankömmlinge erfüllte. Die Stadt Shanghai veröffentlichte ein Handbuch mit dem Titel *Ein Führer für die Ankunft in Shanghai: Für Brüder und Schwestern, die we-*

gen der Arbeit in die Stadt kommen. Das erste Kapitel hieß: »Kommen Sie nicht blindlings nach Shanghai, um Arbeit zu finden.«

Und trotzdem kamen sie. Im Jahr 2007 lebten bereits 135 Millionen Arbeitsmigranten vom Land in den Städten, und die »Bevölkerung im Fluss« wurde in Regierungskreisen als die »Bevölkerung außen vor« bekannt. Der Staatsrat ordnete an, die Stadt- und Provinzregierungen sollten das Versicherungswesen und den Schutz am Arbeitsplatz verbessern und außerdem dafür sorgen, dass die Migranten »eine Zivilisationstaufe« erfuhren, wie es die Parteipresse ausdrückte.

Währenddessen fand Gong in der Stadt Zhuhai Fließbandarbeit in einer Fabrik für Panasonic-Fernseher. Zweitausendmal am Tag lötete sie zwei Drähte zusammen, um ihrer Familie etwas Geld zu schicken. War sie zu früh mit der Arbeit fertig, erhöhte der Vorarbeiter ihr Pensum für den nächsten Tag. Die Fabrik verfügte über eine eigene Zeitung, und nach ein paar Monaten schrieb Gong einen spektakulären Propaganda-Artikel mit dem Titel »Ich liebe Panasonic. Ich liebe meine Heimat«. Der Artikel zeigte die gewünschte Wirkung: Gong wurde vom Fließband abgezogen und zur Redakteurin befördert. Endlich fand sie so etwas wie Befriedigung in ihrer Arbeit. Dann kam eines Tages eine ehemalige Klassenkameradin bei ihr vorbei und erzählte ihr das ganze Wochenende lang Neuigkeiten über alte Freunde, die nach ihrem Universitätsabschluss die Karriereleiter hochgeklettert waren und nun an exotischen neuen Orten lebten. Gong hatte gelernt, ihr Leben innerhalb der Grenzen der Fabrik als erfolgreich zu begreifen, denn schließlich arbeitete sie mit ihrem Geist und nicht mit ihren Händen. Zu erfahren, was ihr fehlte, war allerdings niederschmetternd.

Sie verfluchte ihre Entscheidung, die Schule zu verlassen. »Das war schwach und naiv von mir«, sagte sie. Überall um sie herum wuchs Chinas Wirtschaft in den Himmel, nur sie blieb im Keller gefangen. Fabriken, in denen Fernsehgeräte und Kleidung hergestellt wurden, benötigten Arbeitskräfte, die sich nicht darüber beschwerten, dass ihre Stelle nicht sicher war oder dass sie weder Aussicht auf eine Ausbildung noch Aufstiegschancen hatten. Migranten wie sie verdienten nur halb so viel wie die restliche Bevölkerung Guangdongs, weshalb die Kluft zwischen den Bewohnern immer größer wurde. Blieb Gong in der Fabrik, konnte sie sich auf ein Leben mit zweitklassiger medizinischer Versorgung und Bildung einstellen. Sie würde fünf- bis sechsmal mehr für die Ausbildung ihrer Kinder zahlen müssen als Eltern mit einer örtlichen *hukou*. Mehr als drei Viertel aller Frauen, die in der Provinz im Kindbett starben, waren Migrantinnen mit keinerlei Zugang zu Schwangerschaftsbetreuung.

Die Leiter von Elektronikfirmen bevorzugten weibliche Angestellte für ihre Fließbänder, weil die der Detailarbeit angeblich mehr Aufmerksamkeit widmeten. Die einzigen Männer in Gongs Fabrik waren Wächter, Lkw-Belader und Köche. »Wollte ich jemals sesshaft werden, waren das meine Möglichkeiten«, erklärte mir Gong. Sie wusste um die Gefahren einer Rückkehr ins Dorf. Es war 1995, und bereits jetzt war die Einkommensschere zwischen Stadt und Land so groß wie sonst nirgends auf der Welt, abgesehen von Simbabwe und Südafrika. Sie musste es in die Stadt schaffen. »Also entschied ich mich, wieder die Schule zu besuchen.« »Jeder bei uns im Dorf war dagegen«, erklärt sie weiter. »Sie sagten mir: ›Du bist einundzwanzig Jahre alt! Heirate endlich!‹« In der Dorfhierarchie standen junge Frauen ohnehin ganz unten, doch noch weiter unten befanden sich junge ledige Frauen, die gar nicht erst vorhatten, zu heiraten. Gongs Eltern jedoch unterstützten ihre Pläne, und die Schule nahm ihre Anmeldung für die elfte Klasse an. Bei den landesweiten Hochschuleignungsprüfungen erzielte sie die besten Noten der gesamten Provinz und ergatterte einen der begehrten Plätze an der Peking-Universität, wo der Vorsitzende Mao, der als Vierundzwanzigjähriger in die Stadt gekommen war, einst gesagt hatte: »Peking ist ein Schmelztiegel, in dem man unweigerlich verwandelt wird.« Bevor sich Gong einschrieb, legte sie wie Lin Yifu ihren Rufnamen ab. Sie wurde zu Haiyan – ein Verweis auf den kleinen robusten Vogel, um den es in dem alten Revolutionsgedicht »Das Lied vom Sturmvogel« von Maxim Gorki geht. Es gehörte zu Lenins Lieblingsgedichten. Die Revolution bedeutete Gong zwar nicht das Geringste, trotzdem gefiel ihr das Bild vom Vogel sehr, der dem Sturmwind trotzt: »Der stolze Sturmvogel allein schwebt kühn und frei über dem schaumesgrauen Meer!«, heißt es bei Gorki.

Gong studierte chinesische Literatur an der Peking-Universität und besuchte anschließend die Fundan-Universität in Shanghai wo sie einen Masterabschluss in Journalismus erwarb. Während ihres zweiten Jahres auf der Hochschule hatte sie schließlich das Gefühl, ihre Karriere käme langsam in Schwung. Etwas fehlte ihr jedoch: ein Liebesleben.

Von allen Umwälzungen im Leben der Chinesen wirkte sich keine intimer aus als die Möglichkeit der selbstständigen Partnerwahl. Jahrhundertelang hatten Dorfkuppler und Eltern unter minimaler Einflussnahme der Braut und des Bräutigams junge Menschen mit vergleichbarem gesellschaftlichem und ökonomischem Status zusammengebracht – mit »gleich großen Familientoren«, wie man auf Chinesisch sagte.

Konfuzius äußert sich zwar ausführlich über Gerechtigkeit und Pflichtbewusstsein, erwähnt Gefühle – *qing* – in seinen *Gesprächen*, einer Aufzeichnung seiner Lehren, allerdings nur ein einziges Mal. In China wurden Liebesgeschichten erst im 20. Jahrhundert populär. Während europäische Protagonisten vereinzelt ihr Glück fanden, erlagen chinesische Liebende üblicherweise Kräften außerhalb ihres Einflussbereichs: Eltern, die sich einmischten, Krankheiten und Missverständnissen. Die Erzählungen wurden verschiedenen Genres zugeordnet, weshalb die Leser stets wussten, welches verhängnisvolle Schicksal sie in einer Geschichte erwartete: tragische Liebe, schmerzliche Liebe, unglückliche Liebe, ungerechte Liebe oder keusche Liebe. Ein sechstes Genre, glückliche Liebe, erwies sich als nicht besonders erfolgreich. (Die Neigung, Liebe als problematisch zu erachten, blieb bestehen: In den neunziger Jahren untersuchten die Wissenschaftler Fred Rothbaum und Billy Yuk-Piu Tsang die Texte von achtzig verschiedenen chinesischen und amerikanischen Popsongs und entdeckten, dass sich die chinesischen Lieder sehr viel öfter um Leid und »negative Erwartungen« drehten als die amerikanischen – um den Eindruck, dass eine Beziehung nur dann Bestand haben könne, wenn sie vom Schicksal vorherbestimmt war.)

Romantik hatte in China auch eine politische Seite: Als chinesische Studenten 1919 für Demokratie und westliche Wissenschaft auf die Straße gingen, verlangten sie ebenfalls ein Ende arrangierter Ehen. Sie forderten eine »Freiheit der Liebe«, die von Anbeginn mit einem Gefühl individueller Selbstbestimmung verbunden war. Später verbot Mao Zwangsehen und Konkubinen und verankerte das Recht der Frau auf Scheidung im Gesetz, doch für Lust und Verlangen blieb im System weiterhin nur wenig Raum. War man zusammen, hatte aber keine Heiratspläne, galt man als »asoziales Element«, während Sex zu Maos Zeiten derart stigmatisiert wurde, dass sich Ärzte mit Paaren trafen, die Empfängnisprobleme hatten, weil ihnen nicht ganz klar war, wie die ganze Sache technisch funktionierte. Als die Zeitschrift *Beliebte Filme* ein Foto abdruckte, auf dem Aschenputtel den Prinzen küsste, prangerten viele diese Szene in Leserbriefen an. »Ich konnte regelrecht hören, wie die Masse der Arbeiter, Bauern und Soldaten Sie aufgrund Ihrer Schamlosigkeit verurteilt«, schrieb ein Leser.

Obwohl arrangierte Ehen im Jahr 1950 offiziell verboten wurden, verkuppelten Fabrikbesitzer und kommunistische Kadermitglieder weiterhin einen Großteil ihrer Untergebenen. Als der junge Intellektuelle Yan Yunxiang aus Peking 1970 nach Xiajia im Nordosten Chinas geschickt wurde, stieß er dort auf unglückliche Liebe im Überfluss. Die Frauen vor Ort hatten bei der Wahl ihres Bräutigams so wenig zu sagen, dass sie im Dorf die Tradition pflegten, am Hochzeitstag beim Verlassen des alten Zuhauses lautstark zu weinen. Erst in den achtziger Jahren lockerte sich langsam der Griff der Dorfältesten in Fragen der Ehe. Yan Yunxiang wurde schließlich Ethnologe und besuchte den Ort im Lauf der Jahre immer wieder. Er nahm an einer Hochzeit teil, bei der die Braut aus Liebe heiratete, und sie gestand ihm, sie sei einfach zu glücklich, um zu weinen. Sie rieb ihr Taschentuch mit Chilis ein, um die Tränen doch noch zum Laufen zu bringen und die Erwartungen der Elterngeneration zu erfüllen.

Auf dem Höhepunkt des Sozialismus wollte jeder Mann in Yans Dorf *laoshi* sein – einfach und schlicht –, denn das Schlimmste, was ein Junggeselle sein konnte, war *fengliu* – rebellisch und romantisch. Ganz plötzlich wurden *laoshi*-Männer jedoch für plump und naiv gehalten, während jedermann ebenso *fengliu* sein wollte wie Leonardo DiCaprio an Bord der Titanic. (*Titanic* war der am häufigsten raubkopierte Film seiner Zeit.)

So gut wie überall auf Welt nimmt die Zahl der Eheschließungen ab; der Anteil verheirateter Amerikaner ist mittlerweile auf einundfünfzig Prozent gesunken – der niedrigste Wert aller Zeiten. In China drehte sich das kulturelle Leben trotz steigender Scheidungsraten weiterhin um Familie und Nachwuchs, und achtundneunzig Prozent aller Frauen heirateten früher oder später, was einen der höchsten Prozentsätze weltweit darstellt. (In China gibt es weder eingetragene Partnerschaften noch Antidiskriminierungsgesetze, und Homosexuelle haben es dort nach wie vor sehr schwer.)

Die plötzliche Freiheit brachte auch Probleme mit sich. In China gab es kaum Bars oder Kirchen und beispielsweise keine gemischten Softball-Teams, wo man sich kennenlernen konnte, also blieb manchen Bevölkerungsteilen nichts anderes übrig, als zu improvisieren. In Fabrikstädten wurden »Kennenlernclubs« für Fließbandarbeiter gegründet, und das Pekinger Verkehrsradio 103.9 stellte sonntags eine halbe Stunde Sendezeit für Taxifahrer und ihre Heiratsabsichten zur Verfügung, während der Militärkanal CCTV-7 eine ganze Datingshow nur für Soldaten im Programm hatte. Doch diese Praktiken festigten letztlich nur bereits bestehende Hindernisse; gleichzeitig empfanden viele den bislang unbekannten Zusammenprall von freier Wahl, Liebe und Geld als verwirrend und anstrengend.

Darüber hinaus setzte die chinesische Ein-Kind-Politik die Ehe unvorhersehbaren Kräften aus. Durch die Förderung des Gebrauchs von Kondomen wurden Sex und Fortpflanzung voneinander getrennt und eine sexuelle Revolution im Kleinformat losgetreten. Allerdings verschärfte sich so auch die Konkurrenz: Als die Ultraschalltechnik in den achtziger Jahre üblich wurde, trieben Paare vor allem weibliche Föten ab, weil sie auf ein männliches Kind hofften. Deshalb wird es bis zum Jahr 2020 vierundzwanzig Millionen junge Männer im heiratsfähigen Alter geben, die keine Partnerin finden werden – »kahle Äste« im Familienstammbaum, wie es in China heißt. Frauen wurden von der chinesischen Presse geradezu mit Warnungen überhäuft, man werde sie für »übrig geblieben« halten, sollten sie mit dreißig noch Single sein.

»Auf Chinas Heiratsmarkt gibt es drei verschiedene Typen, die allesamt ums Überleben kämpfen«, erklärte mir Gong eines Tages. »Und das sind: Männer, Frauen – und Frauen mit einem Hochschulabschluss.« Während ihres Masterstudiums habe sie die Erfahrung gemacht, dass chinesische Männer gebildeteren Frauen misstrauten. »In Shanghai«, meinte Gong, »kannte ich keine Menschenseele. Meine Eltern hatten nur die Grundschule absolviert. Ich hätte mich nie für die Art von Menschen interessieren können, mit denen sie zu tun hatten.«

Männer und Frauen mit unterschiedlichen *hukou* heirateten nur selten, und das frustrierte Gong. »Obwohl ›freies Recht auf Liebe und Eheschließung‹ im Gesetz steht, haben wir faktisch keine Wahlfreiheit«, erklärte sie mir. 2003 nutzten nur neunundsechzig Millionen Chinesen das Internet (was etwa fünf Prozent der Gesamtbevölkerung entsprach), die Zahl stieg jährlich um dreißig Prozent. Im Herbst diesen Jahres berichtete ein Webportal namens Sohu, dass der meistgesuchte Eintrag auf ihrer Seite nicht mehr wie früher »Mao Zedong«, sondern mittlerweile »Muzi Mei« war, der Name einer Sexbloggerin. Als die einen Audio-Mitschnitt eines ihrer Rendezvous online stellte, brach der Server zusammen. (Allen empörten Kritikern entgegnete sie: »Ich drücke meine Freiheit eben durch Sex aus.«)

Gong Haiyan zahlte fünfhundert Yuan (damals um die sechzig US-Dollar) an einen frühen Onlinedating-Anbieter. Sie wählte zwölf Männer aus und schickte ihnen eine Nachricht. Als sie keine Antwort erhielt und sich beim Unternehmen beschwerte, antwortete dieses: »Sehen Sie sich doch nur an – hässlich wie Sie sind, versuchen Sie es allen Ernstes bei diesen hochkarätigen Männern? Kein Wunder, dass niemand reagiert.« Sie spürte einen der Junggesellen auf und entdeckte, dass er noch nicht einmal auf der Seite angemeldet war. Das Foto, die wichtigsten Eckdaten, die Kontaktinformationen – alles war von anderen Webseiten zusammengeklaut worden. China hatte es beim Fälschen von Polohemden zur Meisterschaft gebracht, nun waren Singlebörsen an der Reihe. »Zunächst dachte ich überhaupt nicht daran, ein eigenes Unternehmen zu gründen – ich war einfach nur stocksauer. Ich wollte eine Seite für Leute in derselben Situation wie ich«, so Gong.

Mithilfe von FrontPage, einer Software für Webseiten, gestaltete sie ein einfaches Layout. Sie nannte ihre Seite Love21.cn. Um den Verkauf von Werbeflächen anzukurbeln, stellte sie ihren Bruder Haibin ein, der nach dem Abbruch der Highschool ein paar Computerkurse besucht hatte. Sie brachte ihre Freunde dazu, sich anzumelden, und schon bald folgten weitere Mitglieder. Ein Software-Entwickler willigte ein, umgerechnet fünfzehntausend Dollar zu investieren. (Später lernte er auf der Seite seine Frau kennen.) Gong nutzte das Geld, um zu expandieren, und schnell zeigte sich, dass die Nachfrage sehr viel größer war, als zunächst angenommen. In abgelegenen Regionen, wo Scanner immer noch Mangelware waren, begannen die Kunden, ihre Fotos auf dem Postweg einzusenden. Jeden Tag meldeten sich fast zweitausend neue Nutzer an.

Gong unterschied sich vollkommen von allen mir bekannten chinesischen Internetunternehmern. Einerseits dominierten Männer die Führungsriegen chinesischer IT-Firmen; andererseits sprach sie im Gegensatz zu anderen Chinesen, die die Möglichkeiten des Internets früh erkannt hatten, kaum Englisch. Sie verfügte noch nicht einmal über einen Informatik-Abschluss. Eine gewisse Provinzialität umgab sie auch heute noch. Sie sprach laut und selbstbewusst, außer bei großen Versammlungen, bei denen ihre Stimme vor Aufregung zitterte. Sie war 1,60 Meter groß, hatte immer noch schmale Schultern, und wenn sie übers Geschäft sprach, beschlich mich stets der Eindruck, dass sie eigentlich über sich selbst redete. »Wir hier in China sind nicht wie ihr im Ausland. Ihr lernt einfach so Leute in einer Bar kennen oder sprecht Fremde an, wenn ihr unterwegs seid«, informierte sie mich. »Es geht uns bei Singlebörsen nicht um ein bisschen Spaß. Wir sind aus einem ganz bestimmten Grund hier: Wir möchten heiraten.«

In ihrer Freizeit schrieb sie. Tag für Tag breiteten sich die verschiedensten Ideen im Internet aus, und Gong machte sich mit ihrer Ratgeberkolumne, bei der sie als »kleine Drachenlady« auftrat, einen Ruf als eine Frau, die ein Gespür für die Probleme der Volksrepublik hatte. Sie überflog die Nachrichten leidender Junggesellen, besorgter Eltern und verängstigter Bräute, wobei viele von aktuellen oder ehemaligen Mitgliedern ihrer Singlebörse stammten.

Oft las sich ihr Rat, als argumentierte sie gegen althergebrachte chinesische Traditionen. Einer frisch verheirateten Dame gab sie auf den Weg, sie solle ihren Ehemann vergessen, »endlich all ihren Mut zusammennehmen und die Familie verlassen«, wenn ihre Schwiegermutter »nichts als eine Gebärmaschine« in ihr sehe und ihr Mann sie nicht unterstütze. Im Fall eines neureichen Paares, bei dem der Mann eine Affäre angefangen hatte, lobte Gong die Ehefrau dafür, kein »heulendes, schwächliches, bemitleidenswertes Etwas« zu sein, und riet ihr, ihn zur Unterzeichnung eines Vertrages zu zwingen, durch den er all sein Vermögen verlieren würde, sollte er sie noch ein einziges Mal hintergehen. Gong machte die Suche nach Liebe zu einer Frage der Selbstständigkeit. »Der Himmel«, schrieb sie, »schenkt einem nicht einfach Fleischpastete.«

4. Hunger des Geistes

Kurz nachdem Gong Haiyan mit ihrem Unternehmen ans Netz gegangen war, erregte ein Eintrag ihre Aufmerksamkeit: »Suche Ehefrau, bin 1,62 Meter groß, überdurchschnittliches Aussehen, Hochschulabschluss.«

Der Urheber der Anzeige war Postdoktorand und forschte zum Thema Fruchtfliegen. Er machte gerne Sport und ergänzte seine Annonce mit einem ironischen Selbstporträt, auf dem er vor seinem Labortisch stand und seine Armmuskeln spielen ließ. »Er hatte einfach alles«, erzählte mir Gong. Als sie seine Anforderungen an mögliche Partnerinnen näher betrachtete, entdeckte sie allerdings Folgendes: »Ich erfüllte keine einzige.« Trotzdem habe sie beschlossen, ihn anzuschreiben und sich dabei überaus selbstbewusst zu geben. »Ihre Anzeige ist nicht besonders gut«, erklärte sie ihm. »Selbst wenn eine Frau all Ihren Ansprüchen genügen sollte, würde sie Sie trotzdem für zu wählerisch halten.«

Der Mann hieß Guo Jianzeng, und sie hatte ihn in Verlegenheit gebracht. »So etwas habe ich vorher noch nie gemacht, daher weiß ich eigentlich gar nicht so recht, was ich da tue«, lautete seine Antwort. Gong bot an, seiner Annonce den letzten Schliff zu verpassen. »Nachdem ich das getan hatte, fielen mir genau vier Frauen auf der Welt ein, die seine Kriterien erfüllten – und ich war eine davon.«

Guo Jianzeng war zweiunddreißig Jahre alt und überaus schüchtern. Als er Gong das erste Mal traf, bestand das Telefonbuch in seinem Handy nur aus acht Nummern. Weder war er ein geborener Romantiker – sein erstes Geschenk war ein Ersatzmodell für eine kaputte Brille – noch besonders reich: Insgesamt hatte er weniger als umgerechnet viertausend Dollar auf dem Konto. Gong bat ihn, einen IQ-Test abzulegen. Sie war überrascht, als er ihr Ergebnis um fünf Punkte übertraf. Außerdem berührte es sie, wie er sich um seinen verwitweten Vater kümmerte. Bei ihrem zweiten Rendezvous machte er ihr in der U-Bahn einen Heiratsantrag.

Gemeinsam fuhren sie mit seinem Fahrrad zum Ministerium für Zivile Angelegenheiten – sie hinten im Damensitz –, wo sie neun Yuan für einen Trauschein bezahlten. Nach zehn Minuten war die Zeremonie vorüber. Statt eines Eherings kaufte Guo Gong einen Laptop. Sie mieteten eine kleine Wohnung für hundert Dollar im Monat und teilten sich ein Badezimmer mit einem älteren Ehepaar.

2006 verzeichnete Gongs Onlinedating-Seite eine Million registrierte Mitglieder, und im folgenden Jahr engagierten sich die ersten Investoren. Von nun an verlangte Gong für das Schreiben und Empfangen von Nachrichten eine Gebühr (um die dreißig US-Cent). Im siebten Geschäftsjahr zählte die Seite bereits sechsundfünfzig Millionen angemeldete Nutzer und belegte unter den Internetseiten, auf denen die Chinesen die meiste Zeit verbrachten, ebenso den ersten Platz wie bei der Anzahl der Einzelaufrufe. Gongs Unternehmen hatte sich zur größten Online-Singlebörse des ganzen Landes gemausert. Sie verabschiedete sich von dem Namen Love21.cn und entschied sich stattdessen für etwas Eindrucksvolleres: Jiayuan (»Schönes Schicksal«). Außerdem verpasste sie der Seite einen Untertitel, der ihrer Veranlagung entsprach: »Die seriöse Dating-Plattform im Internet«.

Als ich mich eines Morgens gerade in Gongs Büro befand, schlüpfte sie für ein Einführungstreffen mit einigen neuen Mitarbeitern in einen Konferenzraum. Das chinesische Neujahrsfest stand kurz bevor. Männliche und weibliche Singles im ganzen Land würden nach Hause zurückkehren und Verwandte besuchen – und ununterbrochen über mögliche Heiratskandidaten ausgefragt werden. Manche würden den Druck kaum ertragen. Nach den Feiertagen kam es ähnlich wie bei amerikanischen Fitnessstudios nach Silvester zu einem sprunghaften Anstieg der Neuanmeldungen.

Selbst das Sprechen vor kleinen Gruppen machte sie immer noch nervös, deshalb hatte sie ihre schreibmaschinengeschriebenen Notizen stets dabei. Bevor Gong an der Reihe war, plauderte zunächst der Chief Operating Officer Fang Qingyuan – ein Mann mit leiser

Stimme, der den Angestellten mitteilte: »Suchen Sie hier erst gar nicht nach Vetternwirtschaft. Arbeiten Sie hart, und der Erfolg wird Ihnen Recht geben. Versuchen Sie nicht, uns in den Arsch zu kriechen.«

Anschließend nahm Gong am Kopf des Konferenztisches Platz und informierte ihre neuen Angestellten, dass sie nun im »Geschäft mit dem Glück« seien. Dabei lächelte sie kein bisschen. Wenn sie über das Geschäft mit dem Glück sprach, tat sie das fast nie. Stattdessen konzentrierte sie sich auf »das Preis-Leistungs-Verhältnis« und »die Informationsasymmetrie«. Sie trug ihr Büro-Outfit: Brille, Pferdeschwanz, kein Make-up, rosafarbene Adidas-Jacke, der Bund des linken Ärmels leicht abgenutzt. Die jungen Männer und Frauen vor ihr gehörten von nun an zu einer fünfhundert Mitarbeiter zählenden Belegschaft. Sie erklärte ihnen, dass sich die Kunden des Unternehmens so gut wie gar nicht von den Mitarbeitern unterschieden – und damit auch nicht von ihnen: Zuwanderer, allein in der Stadt, durch »drei gewaltige Berge« von ihren Liebsten getrennt, ohne Geld, Zeit oder Beziehungen. Das Ziel war klar: Es ging darum, den Menschen eine Wahl zu geben.

Die chinesische Bevölkerung musste sich allerdings erst mit den zunehmenden Wahlmöglichkeiten vertraut machen. Gong wurde in der Lokalpresse oft als »Chinas Heiratsvermittlerin Nummer eins« bezeichnet, obwohl ihr gesamtes Geschäftskonzept tatsächlich auf der Ablehnung der Kuppelei basierte. Trotz des Namens ihres Unternehmens, »Schönes Schicksal«, bewies sie nichts deutlicher als die Tatsache, dass Vorsehung für sie nicht mehr zählte. »Die Chinesen glauben immer noch an die Vorsehung«, erklärte sie ihren neuen Angestellten. »Sie sagen: ›Ach, ich werde mich schon an alles gewöhnen, was immer auch geschehen mag.‹ Das müssen sie aber nicht mehr! Mittlerweile können sie sich von ihren Wünschen und Bedürfnissen leiten lassen. Wir geben ihnen die Freiheit der Liebe.«

Nach all den Jahren, in denen die Chinesen bei einer der wichtigsten Fragen des Lebens kaum eine Wahl gehabt hatten, schienen die meisten nun die verlorene Zeit aufholen zu wollen. Ich entdeckte die Onlineanzeige einer Hochschulabsolventin namens Lin Yu, in der sie die Erwartungen an ihren zukünftigen Ehemann zum Ausdruck brachte:

> Keine vorherigen Ehen, Masterabschluss oder höher, nicht aus Wuhan, keine ländliche Wohnsitz-Registrierung, keine Einzelkinder, Nichtraucher, keine Alkoholiker, keine Spieler, größer als 1,72 Meter, bereit für eine wenigstens einjährige Kennenlernphase vor der Hochzeit, sportlich, Eltern nicht getrennt, Jahreseinkommen über fünfzigtausend Yuan, zwischen sechsundzwanzig und zweiunddreißig Jahre alt, sollte wenigstens viermal wöchentlich zum Abendessen zu Hause sein, Erfahrungen mit mindestens zwei Freundinnen, aber nicht mehr als vier, keine Jungfrauen, keine Steinböcke.

Onlinedating in den USA und in China basierte auf vollkommen unterschiedlichen Grundprämissen: In Amerika konnte man mit dem Internet die Zahl potenzieller Partner vergrößern; in China, einem Land mit 1,3 Milliarden Einwohnern, schien genau das Gegenteil der Fall zu sein. »Ich beobachtete einmal, wie eine dreiundzwanzigjährige Frau in Peking nach einem potenziellen Partner Ausschau hielt, in einer Stadt also, in der wir 400 000 männliche Mitglieder hatten«, erklärte mir Lu Tao, Gongs Chief Engineer. »Sie grenzte ihre Suche auf bestimmte Blutgruppen, Körpergrößen und Sternzeichen ein, bis nur noch 83 Männer übrig blieben.« (Ein chinesischer Banker sagte mir, früher habe er auf Jiayuan nur nach Größe gefiltert und so eine Liste hochgewachsener Models erhalten.)

Als ich mich bei Jiayuan anmeldete, um mir einen Eindruck von Gongs Unternehmen zu verschaffen, musste ich zuerst fünfunddreißig Multiple-Choice-Fragen beantworten. Jahrzehntelang hatte die Kommunistische Partei das Ideal der absoluten Gleichheit angepriesen, aber der Fragebogen ließ kaum einen Zweifel daran aufkommen, dass ein Mensch sich heutzutage so genau wie möglich zu definieren hatte. Nach der Angabe meiner Größe, meines Gewichts, meines Einkommens und anderer wichtiger Eckdaten sollte ich zunächst meine Haarfarbe (Schwarz, Brünett, Nussbraun, Blond, Grau, Rot, Silber, mit Strähnchen, Glatze oder Sonstiges) und dann meinen Haarschnitt (lang und glatt, lang und gelockt, halblang, kurz, sehr kurz, Glatze oder Sonstiges) näher beschreiben. Für meine Gesichtsform standen mir neun Wahlmöglichkeiten zur Verfügung, darunter »oval wie ein Entenei« oder »schmal wie ein Sonnenblumenkern«. Einen kurzen Augenblick lang fragte ich mich, ob ein Gesicht »buchstäblich wie die Nation« wohl die Wahl für Patrioten sei, doch dann begriff ich, dass tatsächlich das hohlwangige Gesicht in Form des chinesischen Schriftzeichens für »Nation« gemeint war: 国.

Ich wurde um die Nennung meiner »attraktivsten Eigenschaften« gebeten, wofür mir siebzehn unterschiedliche Optionen zur Verfügung standen, darunter mein Lachen, meine Augenbrauen und meine Füße. Bei »Religion« konnte ich aus sechzehn Kategorien auswählen – um der Vielfalt willen kreuzte ich »Schamanismus« an. Bei der Frage zu meinen »besonderen Kompetenzen« arbeitete ich mich durch vierundzwanzig Optionen, darunter Heimwerken und Verhandlungsgeschick. Als ich endlich fertig war, hatte man sich nach meinen Urlaubszielen, nach meinem bevorzugten Lesestoff, nach etwaigen Ehevereinbarungen, nach meinen Rauchgewohnheiten, nach meinen Haustieren, nach meiner Privatsphäre, nach meinen Pflichten im Haushalt und nach meinen Plänen für den Ruhestand erkundigt. Dann stieß ich auf eine Frage, bei der ich aus einer Liste von Beschreibungen auswählen sollte, welche am ehesten auf mich zutrafen:

1. pflichtbewusster Sohn
2. cooler Typ
3. verantwortungsbewusst
4. knausriger Familienmensch
5. offen und ehrlich
6. einfühlsam
7. karrierebewusst
8. weise und vorausschauend
9. unansehnlich
10. humorvoll
11. reiselustig
12. Eigenbrötler
13. fürsorglich

14. mutiger Typ
15. loyal
16. Führungspersönlichkeit
17. gutaussehend
18. ruhig, zurückhaltend und ernst

Auf der nächsten Seite wurde ich gebeten, die äußerlichen Merkmale anzukreuzen, die mich am besten charakterisierten. Ich musste an die Zeit der »blauen Ameisen« denken und untersuchte die mir zur Verfügung stehenden Möglichkeiten:

1. Ich bin sanft und kultiviert.
2. Ich bin ein Cowboy aus dem Wilden Westen.
3. Ich bin anmutig und fröhlich.
4. Ich bin gutaussehend und gewandt.
5. Ich bin erwachsen und charmant.
6. Ich bin groß und muskulös.
7. Ich bin einfach und schlicht.
8. Ich bin zugeknöpft und cool.

Gong Haiyan bewies ein überaus gutes Timing bei ihrer Entscheidung, in das Geschäft mit der freien Wahl einzusteigen. Als die Privateinkommen in den achtziger Jahren zu steigen begannen, gaben sich die Leute fast schon herdenartig dem Kaufrausch hin und suchten mit einer als »Flutwellenkonsum« bekannten Vehemenz nach denselben Produkten wie ihre Nachbarn.

In Xiajia verschob sich das inoffizielle Zentrum der Stadt: vom Sitz des lokalen Zweigs der Kommunistischen Partei hin zum einzigen Geschäft des Ortes. Die Jugend sprach mehr und mehr von einer in ihren Augen bewundernswerten Eigenschaft, die sie *gexing* nannte – »Individualität«. Die jungen Männer der Stadt kauften Haargel und Lederslipper. Sie fuhren lieber zum Dorfladen, als dorthin zu laufen, selbst wenn er keine dreihundert Meter entfernt war. Familien richteten ihre Häuser neu ein, damit Paare nicht länger ein Bett mit ihren Großeltern und Kindern teilen mussten, und die verschiedenen Generationen schliefen in getrennten Räumen. Der örtliche

Parteisekretär bezeichnete sich nicht mehr als »eine nicht rostende Schraube im Getriebe der Revolution«, sondern erklärte frei heraus: »Warum ich diese Arbeit tue? Ganz einfach: wegen des Geldes.«

Da der Staat die direkte Zuweisung von Arbeitsstellen inzwischen abgeschafft hatte, musste er Hochschulabsolventen bei der unbekannten Erfahrung der Berufswahl helfen. Der neue Arbeits- und der neue Heiratsmarkt führten dazu, dass neben Fitnesscentern, Kosmetikartikeln, Rasierapparaten und Rasierschaum plötzlich auch andere Kleidung gefragt war. Das chinesische Fernsehen strahlte 2005 die erste Sendung im Stil von *American Idol* bzw. *Deutschland sucht den Superstar* aus: den *Mongolischen-Kuhjoghurt-Supergirl-Wettbewerb*. Der Erfolg der Sendung führte zur Entstehung eines bisher unbekannten Genres sogenannter »Entscheidungsshows«, in denen die Teilnehmer selbst wählen oder von den anderen und vom Publikum ausgewählt werden konnten.

Einkaufen, oder zumindest das Stöbern nach Produkten, wurde zu einer beliebten Freizeitbeschäftigung. Der durchschnittliche Chinese verbrachte wöchentlich knapp zehn Stunden mit Shoppen, während der Durchschnittsamerikaner weniger als vier Stunden darauf verwendete. Einerseits lag das zum Teil daran, dass die gesamte Angelegenheit wegen fehlender öffentlicher Verkehrsmittel oder unzureichender Möglichkeiten zum Preisvergleich noch nicht besonders gut funktionierte, andererseits ging dieses Phänomen darauf zurück, dass es sich beim Shoppen für die Chinesen um eine neue Form der Unterhaltung handelte. Eine Untersuchung von Werbeanzeigen ergab, dass der durchschnittliche Bewohner Shanghais täglich dreimal mehr Werbung zu Gesicht bekam als ein Bewohner Londons. Der Markt wurde von neuen Produkten geradezu überschwemmt, die alle ihre Besonderheiten herausstrichen, weshalb chinesische Konsumenten weniger Probleme mit plakativen Versuchen hatten, ihre Aufmerksamkeit zu erregen. Tatsächlich war Werbung in China mittlerweile so allgegenwärtig, dass die Modezeitschriften an ihre Grenzen stießen: Die Redakteure der chinesischen *Cosmopolitan* mussten jede Ausgabe in zwei Heften unterbringen, weil eines allein zu dick gewesen wäre, um es in die Hand zu nehmen.

Mein Mobiltelefon wurde mit Spamnachrichten geradezu bombardiert, in denen eine große Auswahl an Konsumgütern feilgeboten wurde. Ich erhielt eine Nachricht von Pekings größter Pferdesporthalle, adressiert an alle »nach Aufmerksamkeit strebenden Reiter«. An einem einzigen Morgen erfuhr ich von einem »gewaltigen, einhundert Jahre alten Gebäude, errichtet mithilfe englischer Handwerkskunst«, und einer »palastartigen barocken Villa mit einem 45 000 Quadratmeter großen Privatgarten«. In den meisten Nachrichten ging es allerdings um den Verkauf gefälschter Quittungen, die bei der Steuererklärung als Ausgaben angeben werden konnten. Ich hatte Spaß daran, mir den typischen Chinesen der Zeit vorzustellen, wie er jeden Morgen in einem riesigen Gebäude englischer Bauart aufwachte, sein Pferd bestieg, durch seinen Privatgarten ritt und einige gefälschte Quittungen erwarb.

Unternehmen aus dem Westen beeilten sich, Produkte auf den Markt zu werfen, von denen sie hofften, die Chinesen würden daran Gefallen finden. Wrigley entwickelte Kaugummi mit Gurke-Minz-Geschmack, Häagen-Dazs nahm Mondkuchen in sein Sortiment auf. Aber nicht jeder Ansatz war von Erfolg gekrönt: Kraft scheiterte bei dem Versuch, einen Ritz-Cracker auf dem chinesischen Markt einzuführen, der nach in Szechuanpfefferöl gegartem Fisch schmeckte. Die Spielzeugfirma Mattel eröffnete ein riesiges, sechsstöckiges Barbie-Kaufhaus im Zentrum von Shanghai, das über einen Wellness-Bereich und eine Cocktailbar verfügte – nur um zu entdecken, dass chinesische Eltern mit Barbies Lerngewohnheiten nicht einverstanden waren. Die amerikanische Baumarktkette Home Depot musste erkennen, dass Do-it-yourself das Letzte war, was die Söhne und Töchter von Bauern und Arbeitern interessierte.

Einige Entscheidungen chinesischer Konsumenten erschlossen sich Außenstehenden nicht sofort. So erschien eine Sorte modischer Brillenrahmen unter dem Namen »Helen Keller« auf dem Markt. Reporter erkundigten sich bei den Produzenten, warum sie ihre Brillen ausgerechnet nach der berühmtesten Blinden der Welt benannt hatten. Die Firma antwortete, in China bringe man den Kindern in der Schule bei, dass die Geschichte Kellers Symbolkraft habe, und tatsächlich verkauften sich die Helen-Keller-Brillen ganz hervorragend. Sie wurden mit dem Werbespruch »Sie sehen die Welt, und die Welt sieht Sie« unter die Leute gebracht.

Geld und Liebe hängen in China seit je stärker zusammen als im Westen; allerdings war die Sache mit den Finanzen bedeutend einfacher, als noch so gut wie niemand Geld hatte. In China entspricht es der Tradition, dass die Eltern der Braut eine Mitgift und die Eltern des Bräutigams den Brautpreis zahlten, der sich auf eine noch höhere Summe als die Mitgift belief. Zu Maos Zeiten geschah dies üblicherweise in Form von Getreide; »seit den achtziger Jahren erwarteten Brautpaare allerdings drei Scheiben und einen Laut«: ein Fahrrad, eine Nähmaschine, eine Armbanduhr und ein Radio. In manchen Fällen waren es auch »dreißig Beine«: ein Bett, ein Tisch und ein Satz Stühle. Der Großteil des Landes behielt diese Tradition in Form von Bargeld bei, auch wenn die finanzielle Belastung dadurch zunahm.

Die größte Erschütterung der chinesischen Heiratsrituale ging jedoch von einer sehr viel unwahrscheinlicheren Quelle aus: 1997 gestattete der Staatsrat der Volksrepublik wieder den Kauf oder Verkauf von Eigenheimen. Zu Zeiten der reinen Planwirtschaft waren den Angestellten von ihren Arbeitgebern Wohnungen in nicht voneinander zu unterscheidenden städtischen Wohnblöcken zugeteilt worden. Als der Staat dann die Marktwirtschaft einführte, verfügten chinesische Bürokraten noch nicht einmal über eine offizielle Entsprechung des Begriffs »Hypothek«. Es dauerte nicht lange, bis es in China zur größten Akkumulation von Immobilienbesitz weltweit kam.

Traditionell zogen junge chinesische Pärchen bei den Eltern des Bräutigams ein, doch im 21. Jahrhundert hielt es weniger als die Hälfte lange dort aus. Die Wirtschaftswissenschaftler Shang-Jin Wei und Xiaobo Zhang entdeckten, dass die Eltern von männlichen Kindern immer größere und teurere Häuser für ihre Söhne bauten, weil sie hofften, so passendere Partnerinnen für sie anlocken zu können – ein Immobilienphänomen, das als »Schwiegermutter-Syndrom« bekannt wurde. Die Zeitungen förderten diese Entwicklung mit Titeln wie »Ein Haus ist die Würde eines Mannes«. Mancherorts begann ein regelrechtes Immobilien-Wettrüsten, bei dem sich die Familien durch den Bau zusätzlicher Stockwerke zu übertrumpfen suchten, die jedoch so lange leer blieben, bis sie sich eine Möblierung leisten konnten. Zwischen 2003 und 2011 stiegen die Wohnungspreise in Shanghai, Peking und anderen großen Städten in China um bis zu achthundert Prozent.

Im Zeitalter des Ehrgeizes kategorisierte man Menschen nicht aufgrund ihrer Vergangenheit, sondern anhand ihrer Zukunft. In sozialistischen Zeiten wurde vor allem die »politische Zuverlässigkeit« der Eltern und anderer Vorfahren überprüft, nun allerdings bewerteten Männer und Frauen das jeweilige Potenzial – besonders das Potenzial, Geld zu verdienen. Über kurz oder lang wurde jedoch deutlich, dass die allgemeinen Erwartungen auf dem neuen Heiratsmarkt nicht der Wirklichkeit entsprachen: Nur zehn Prozent aller männlichen Mitglieder von Gongs Singlebörse besaßen ein eigenes Haus, während eine unabhängige Studie zu dem Ergebnis kam, dass siebzig Prozent aller befragten Frauen angaben, sie würden niemals einen Mann ohne Eigenheim heiraten. Die genauen Wohnumstände waren für das Romantikverständnis der Chinesen so zentral, dass ich bei der Beantwortung meines Fragebogens aus folgenden Möglichkeiten wählen sollte:

1. Ich besitze kein eigenes Haus.
2. Ich werde ein eigenes Haus kaufen, wenn es notwendig wird.
3. Ich besitze bereits ein eigenes Haus.
4. Ich wohne mit anderen zur Miete.
5. Ich wohne allein zur Miete.
6. Ich lebe bei meinen Eltern.
7. Ich lebe gemeinsam mit Freunden und Verwandten.
8. Ich lebe im Wohnheim meiner Arbeitseinheit.

Das war die wichtigste Frage von allen. Gong erklärte mir: »Teilst du als Mann mit anderen eine Unterkunft oder wohnst nicht allein zur Miete, bist du schon von Anfang an so gut wie raus.« Männer, die eine gute Antwort auf diese Frage liefern konnten, scherten sich nicht allzu sehr um Subtilität: Sie benutzten in ihren Anzeigen eine neue Wendung, *chefang jibei*, die so viel bedeutete wie »verfügt über Auto und Eigenheim«.

Die Aufholjagd im neuen China führte zu einer inflationären Veränderung der Sprachgewohnheiten. Vor ein paar Jahren war ein »dreifacher Habenichts« noch ein Arbeitsmigrant ohne Unterkunft, Anstellung und Einkommen gewesen. Als ich begann, Gong Haiyan in ihrem Büro zu besuchen, bezog sich die Bezeichnung auf Personen ohne Eigenheim, ohne Auto und ohne finanzielle Rücklagen. Heiratete ein dreifacher Habenichts, nannte man das »nackte Hochzeit«. So hieß auch eine chinesische Miniserie aus dem Jahr 2011, in der es um eine privilegierte junge Braut ging, die trotz elterlichen Einspruchs einen Arbeiter heiratete und bei seiner Familie einzog. Schnell mauserte sich die Serie zur beliebtesten Sendung im chinesischen Fernsehen. Wäre das Ganze ein Roman aus den dreißiger Jahren gewesen, hätte man es wohl zum Genre der tragischen Liebe gezählt: Am Ende der Serie lässt sich das Paar scheiden. Eine andere populäre Sendung war eine Entscheidungsshow namens *Wenn Du der Eine bist*, bei der sich junge Menschen gegenseitig bewerteten. Auf einem Bildschirm erschienen Blasen und zeigten an, ob der jeweilige Herr auch über ein Auto und ein Eigenheim verfügte. In einer Folge bot ein dreifacher Habenichts einer Frau eine Fahrt auf seinem Rad an; sie lehnte jedoch mit folgender Begründung ab: »Ich weine lieber in einem BMW, als auf einem Fahrrad zu lächeln.« Dieser Satz war zu viel für die Zensoren. Sie strukturierten die Show um und nahmen eine matronenhafte Ko-Moderatorin in die Sendung auf, die ständig zu Tugendhaftigkeit und Zurückhaltung aufrief.

Ein- oder zweimal pro Monat veranstaltete Gongs Unternehmen Singleparties. Also marschierte ich eines Abends in einen Ballsaal voller sorgsam zurechtgemachter Männer und Frauen. Man hatte ihnen batteriebetriebene Ansteck-Blinklichter in Form von Kussmündern in die Hände gedrückt. Ein Moderator sprang auf der Bühne auf und ab und zog die Aufmerksamkeit des Publikums auf sich: »Bitte legen Sie Ihre Hand auf Ihr Herz und sprechen Sie mir nach: ›Ich schwöre, dass ich ohne betrügerische oder böse Absichten hergekommen bin.‹«

Zwölf Frauen versammelten sich auf der Bühne und standen dort aufgereiht wie bei einer Spielshow, jede mit einem roten Stab ausgestattet, an dessen Spitze ein herzförmiges Lämpchen angebracht war: Licht an – Interesse; Licht aus – kein Interesse. Auf der Bühne befanden sich lauter erfolgreiche Damen: Ingenieurinnen, Doktorandinnen und Bankerinnen, alle Ende zwanzig oder Anfang dreißig.

Nacheinander erklommen einige Herren die Bühne und stellten sich den Fragen der Damen. Ich konnte die Erwartungshaltung, die während der Gespräche auf die Männer einflutete, geradezu spüren. Ein breitschultriger Banker in einem Baumwollpullover stieß auf beachtliches Interesse, bis er enthüllte, dass er sechseinhalb Tage die Woche im Büro festsaß. Als Nächstes war ein Physikprofessor in einem Tweedjackett an der Reihe, der durch die Beschreibung seiner Lebensziele mit »nichts Besonderes – einfach nichts, das ich bereuen müsste« nur auf wenig Begeisterung stieß. Als Letzter betrat ein lakonischer Strafverteidiger mit einer Vorliebe fürs Wandern die Bühne, der sich recht gut schlug, bis er die Teilnehmerinnen darüber informierte, dass er sehr großen Wert auf »Gehorsam« legte. Die Lichter gingen aus, und er verließ die Bühne allein.

In ein paar Tagen war Neujahr, und das Datum hing wie eine große schwarze Wolke über den Köpfen der Anwesenden. An diesem Abend lernte ich den dreißigjährigen Wang Jingbing kennen, der ein freundliches »Buchstäblich-wie-die-Nation-Gesicht« hatte und sich auf das Zusammentreffen mit seiner Familie vorbereitete. »Sie werden mich ganz bestimmt unter Druck setzen. Deshalb bin ich heute Abend hier«, erklärte er mir, als wir zusammen an einer Mauer saßen. Nach der Hochschule war Wang ins Handelswesen eingestiegen, mittlerweile exportierte er Servietten und andere Papiererzeugnisse. Diese Tätigkeit hatte ihre Spuren in seinem Englischvokabular hinterlassen, denn wenn er ein mieses Rendezvous beschrieb, sagte er, er sei »zurückgeschickt« worden. Die Veranstaltungen für Singles irritierten seine Verwandten auf dem Land. »Meine Schwester ist nicht damit einverstanden, dass ich hierherkomme. Sie sagt immer: ›So wirst du nie ein Mädchen finden.‹« Und was war seine Meinung? »Ich muss meinem Herzen folgen. Meine Schwester hat einen anderen Bildungsstand und andere Lebenserfahrungen als ich, daher unterscheiden sich unsere Ansichten.«

Seine Schwester, die nur die Mittelschule besucht hatte, lebte immer noch in ihrem Heimatort, wo sie in einem Laden Limonade und Nudeln verkaufte. Mit zwanzig hatte sie einen Mann aus einem Nachbardorf geheiratet, den ihr Verwandte vorgestellt hatten. Wang wiederum hatte an der Shandong-Universität Englisch studiert und war wegen der Arbeit nach Peking gekommen. Als wir uns kennenlernten, lebte er bereits fünf Jahre in der Hauptstadt. Er stand kurz davor, endlich aus der Arbeiterklasse aufzusteigen. Während wir uns unterhielten, füllte ich in Gedanken seinen Fragebogen aus: »pflichtbewusster Sohn« …, »knausriger Familienmensch« …, »mutiger Typ« …

Wang hatte sich vorgenommen, wenigstens einmal die Woche eine Singleparty zu besuchen, bis er eine Freundin fand. »Um die Wahrheit zu sagen: Gestern wurde ich von einem Mädchen zurückgeschickt, weil ich nicht so groß war, wie erhofft«, erzählte er. Ich fragte ihn, ob er denn auch der Meinung sei, er müsse ein eigenes Auto und ein Eigenheim besitzen, bevor er heiratete. »Ja, denn ein Auto und ein Eigenheim sind Zeichen für Kultiviertheit«, erklärte er. »Eine Frau, die einen Mann heiratet, geht auch mit seinem Haus und seinem Wagen eine Beziehung ein. Ich bin nur Mieter, daher stehe ich unter sehr großem Druck.« Er schwieg für einen Augenblick und meinte dann: »Aber ich habe Potenzial, wissen Sie? Meiner Meinung nach wird es nur noch fünf Jahre dauern, bis ich mir ein Auto und ein Eigenheim leisten kann. Nur noch fünf Jahre …«

5. Kein Sklave mehr

Als Deng Xiaoping verkündete, es sei an der Zeit, »zunächst einige Menschen zu Reichtum kommen« zu lassen, sagte er nicht, *wer* das genau sein sollte. Das mussten die Leute schon selbst herausfinden.

Bevor die Veränderungen im Land Einzug hielten, galt die Beendigung der Klassenherrschaft noch als größtes und dauerhaftes Ziel der Partei. Mao löste vier Millionen Privatunternehmen auf, verstaatlichte deren Vermögen und drückte die gesamte Gesellschaft so gründlich auf ein Niveau herunter, dass die Einkommensungleichheit in China zur niedrigsten der gesamten sozialistischen Welt wurde. In den Schulen und Universitäten brachte man den Kindern und jungen Erwachsenen bei, die Bourgeoisie bestünde aus nichts als »Blutsaugern« und »Abschaum«. Während der Kulturrevolution erreichte der Eifer schließlich seinen Höhepunkt, als das Militär alle Dienstgrade abschaffte und auf dem Schlachtfeld Chaos ausbrach, weil sich die Soldaten gegenseitig an der Anzahl der Taschen ihrer Uniformen identifizieren mussten. (Offiziere hatten zwei Taschen mehr als einfache Soldaten.) Jeder Versuch, das eigene Leben zu verbessern, war nicht nur sinnlos, sondern geradezu gefährlich. Die Partei untersagte nicht nur sämtliche Wettbewerbssportarten, sie bezichtigte sogar Athleten, die in der Vergangenheit Medaillen gewonnen hatten, rückwirkend des sogenannten »Trophäenwahns« – des Verbrechens, nur den eigenen Sieg und nicht die körperliche Massenertüchtigung im Sinn zu haben. Bald schon sagten die Leute: »Beim Raketenbau verdient man weniger als beim Eierverkauf.«

Mittlerweile widmete sich die Lokalpresse hauptsächlich dem Traum von *baishou qijia*, also den mit bloßen Händen erarbeiteten Vermögen. Beim Mittagessen breitete ich am Küchentisch gern die Zeitung aus, um von Straßenimbiss-Verkäufern, die zu Fastfood-Magnaten geworden waren, und sonstigen Mogulen der ersten Stunde zu lesen. Geschichten à la »vom Tellerwäscher zum Millionär« waren zwar nicht gerade typisch chinesisch, wurden jedoch für das Selbstbild des Landes zentral. Mittlerweile überhöhten die Chinesen solche Geschichten ebenso zum Mythos wie die Amerikaner ihre Legenden über in Garagen gegründete Start-up-Unternehmen im Silicon Valley. Die Ersten, die aus Dengs Worten Profit schlugen, wurden die *xianfu qunti* genannt – die »ersten Reichen«. Trotz der neuen Ehrfurcht, die im Land auf einmal für die mit bloßen Händen erarbeiteten Vermögen an den Tag gelegt wurde, ließen sich die Jahrzehnte, die man in China mit der Agitation gegen Großgrundbesitzer und »Kapitalisten« verbracht hatte, nicht einfach so wegwischen, daher zogen es die meisten ersten Reichen vor, unerkannt zu bleiben. »Wird jemand berühmt, ist er wie ein gemästetes Schwein«, sagten sie gerne, und als das *Forbes Magazine* 2002 eine Liste der reichsten Chinesen veröffentlichte, illustrierten sie deren Anonymität mit Fotos, auf denen Männer und Frauen mit braunen Papiertüten über den Köpfen zu sehen waren. Lottogewinner machten sich derart große Sorgen über die von ihnen erregte Aufmerksamkeit, dass sie bei der Abholung ihrer gewaltigen Schecks nur mit Kapuzenpullovern und Sonnenbrillen abgebildet wurden.

Für die Kommunistische Partei war die Rückkehr zum Klassensystem mit neuen Möglichkeiten verbunden: Letztlich gingen die Parteivorsitzenden davon aus, dass sie der neue Reichtum im Land und die Aussicht auf Besitz vor Forderungen nach mehr Demokratie bewahren würden. Sie begannen, den alten Philosophen Mengzi zu zitieren, der einst gesagt hatte: »Wenn das Volk keinen festen Lebensunterhalt hat, verliert es dadurch auch die Festigkeit des Herzens.« Dass »die Festigkeit des Herzens« von materiellem Wohlstand abhing, sollte zum größten Widerspruch in der Geschichte der Kommunistischen Partei werden, denn wie konnten die Führer der Volksrepublik und die Erben von Marx und Lenin, die ja gerade durch die Verurteilung bürgerlicher Werte und gesellschaftlicher Ungleichheit an die Macht gelangt waren, diese neue besitzende Klasse einfach so unterstützen? Wie sollten sie ihren ideologisch legitimierten Herrschaftsanspruch trotzdem bewahren?

Es war jedoch eine Zeit der Selbstschöpfung, und das galt auch für die Partei. Deshalb wurde Jiang Zemin, Staatspräsident und Generalsekretär der Kommunistischen Partei, mit der Aufgabe betraut, eben diese neu zu erfinden. Beim wichtigsten politischen Ereignis des Jahres gelang ihm 2002 eine gewaltige rhetorische Verrenkung: Zwar konnte er sich nicht überwinden, das Wort »Mittelklasse« über die Lippen zu bringen, kündigte jedoch an, dass sich die Partei von nun an dem Erfolg der »neuen mittleren Einkommensschicht« verschreiben werde. Angehörige dieser neuen Mittelschicht gab es überall im Land, wo sie von Apparatschiks umworben und in neuen Parteiparolen verehrt wurden. In einem Text der chinesischen Polizeiakademie beschrieb man die mittlere Einkommensschicht als »moralischen Motor hinter Sitte und Anstand. Sie ist die Kraft, die wir benötigen, um Privilegien abzuschaffen und die Armut zu bekämpfen. Sie ist einfach alles.«

Beim selben Treffen nahm die Kommunistische Partei außerdem wichtige Änderungen in ihren Statuten vor: Von jetzt an nannte sie sich nicht mehr »Revolutionspartei«, sondern bezeichnete sich als »Partei an der Macht«. Die Daseinsberechtigung der chinesischen Staatsführung hatte sich damit gewandelt: Durch die Ausrufung der »Partei an der Macht« wurde aus den einstigen Rebellen, die ihre Feinde jahrzehntelang als »Konterrevolutionäre« beschimpft hatten, derart glühende Verteidiger des Status quo, dass sogar der Begriff »revolutionär« selbst zum Problem wurde. Das neben dem Tiananmen-Platz gelegene Museum der Chinesischen Revolution verlor seinen Namen und wurde in das Chinesische Nationalmuseum integriert. 2004 erklärte Premierminister Wen Jiabao: »Nichts ist wichtiger als Einheit und Stabilität.«

Selbst wenn der Wandel den einfachen Chinesen heuchlerisch erschienen sein mag, hatten sie gar keine andere Wahl, als ihn zu akzeptieren. Abgesehen davon, war die Bevölkerung so lange benachteiligt worden, dass sie den alten Dogmen kaum hinterhertrauerte. Die Partei und die chinesische Bevölkerung entwickelten sich immer weiter auseinander: Während die Gesellschaft vielfältiger, lauter und unbekümmerter wurde, wurde die Partei homogener, zugeknöpfter und konservativer.

Im Oktober 2007 besuchte ich die Große Halle des Volkes, um der Eröffnung des XVII. Parteitags der Kommunistischen Partei Chinas beizuwohnen – des heiligsten Festes des politischen Kalenders, das nur einmal alle fünf Jahre stattfindet und aus einer Woche voller Reden, Rituale und Zeremonien besteht. Offiziell sollte auf dem Kongress die Entscheidung gefällt werden, wer die Volksrepublik in Zukunft führen würde. (Tatsächlich war dies jedoch bereits im Vorfeld unter Ausschluss der Öffentlichkeit geschehen.) Hu Jintao, Staatspräsident und Generalsekretär der Partei, schritt ans Pult. Ebenso wie viele seiner Genossen an der Parteispitze hatte auch er eine Ausbildung in Ingenieurwesen absolviert und war ein Technokrat sondergleichen, der aus tiefster Seele daran glaubte, dass »Entwicklung die einzige harte Wahrheit« sei. Er war fünfundsechzig Jahre alt und trat so verhalten und emotionslos auf, dass ihn seine Untertanen »Holzgesicht« nannten, was jedoch nur teilweise auf sein eigenes zurückging. Nach den Schrecken der Kulturrevolution hatte die Partei sich darum bemüht, jeglichen Personenkult um ihre Führer zu vermeiden, und das mit Erfolg. Als Hu noch jung war, konnte man in seinen offiziellen biografischen Daten nachlesen, dass er den Gesellschaftstanz sehr mochte; als er jedoch die Parteispitze erreichte, strich man dieses winzige Detail, das als Einziges etwas über seine persönlichen Vorlieben aussagte.

Hu blickte über die Köpfe zweitausend loyaler Parteimitglieder hinweg – ein Tableau der Konformität, eingebettet in die Farben des Kommunismus: ein den gesamten Boden bedeckender roter Teppich, rote Gardinen und ein gewaltiger, an der Decke hell strahlender gelber Stern. Hinter Hu saßen die wichtigsten Funktionäre entsprechend ihres Ranges in der Parteihierarchie. Viele trugen wie der Präsident rote Krawatten um den Hals. Die Inszenierung war makellos: Alle paar Minuten liefen junge Damen mit Thermoskannen durch die Reihen der Spitzenfunktionäre und schenkten ihnen mit der Präzision von Synchronschwimmerinnen Tee ein. Hus Rede dauerte zweieinhalb Stunden, und er bediente sich dabei eines Wortschatzes, der mit der Sprache des Volkes nur sehr wenig gemeinsam hatte. Er redete von einer »harmonischen sozialistischen Gesellschaft«, einem »wissenschaftlichen Blick auf die Weiterentwicklung« und, wie jedes Mal, vom Marxismus-Leninismus. Er versprach, nur schrittweisen politischen Wandel zu gestatten. »Die Partei«, stellte er fest, müsse weiterhin »das Rückgrat« bilden, das »die Anstrengungen aller anderen Köperteile koordiniert«.

Außerhalb der Großen Halle des Volkes begrüßte die Bevölkerung die Rückkehr zum Klassensystem. 1998 ließ ein chinesischer Verlag Paul Fussels Kultursatire *Cashmere, Cocktail, Cadillac – ein Wegweiser durch das amerikanische Statussystem* übersetzen, in der der Autor solche Beobachtungen anstellt wie »je brutaler die Körperkontakte bei den Sportarten, denen zugeschaut wird, desto niedriger die soziale Einstufung«. In China blieb der satirische Aspekt indessen unbemerkt, denn das Buch verkaufte sich ganz hervorragend als praktische Anleitung für die neue Welt. »Geld allein bringt keine Zustimmung, keinen Respekt und keine Anerkennung«, schrieb der Übersetzer in der Einleitung. »Was Ihr Konsumverhalten über Sie aussagt, ist sehr viel wichtiger.«

David Brooks' Buch *Die Bobos: Der Lebensstil der neuen Elite* wurde 2002 ins Chinesische übertragen und sofort zum Bestseller. Der Autor beschreibt darin eine ferne Welt – die der amerikanischen »bourgeoisen Bohemiens«, welche die Gegenkultur der sechziger Jahre mit dem Unternehmergeist der Reagan-Ära verbanden. Für die Chinesen fing das Buch jedoch das Selbstbild der aufstrebenden Bevölkerungsteile ein, und »Bobo« oder *bubozu* wurde zu einem der häufigsten Internet-Suchbegriffe des Jahres. Bald schon öffneten *bubozu*-Bars und *bubozu*-Buchclubs ihre Pforten, während gleichzeitig ein Laptop mit dem Versprechen beworben wurde, er verleihe den *bubozu* »eine gewisse knallig-moderne Romantik«. Als die chinesischen Medien der *bubozu* schließlich überdrüssig wurden, zogen sie weiter und begannen sich mit den sogenannten *ding ke* zu beschäftigen – den »DINKs« (kurz für *double income no kids*, doppeltes Einkommen, keine Kinder) –, auf die wiederum eine ganze Reihe weiterer neuer Bezeichnungen und Identitäten folgte: »Netzbürger«, »Immobilienkönige«, »Hypothekensklaven«. In einem populären chinesischen Essay umreißt ein anonymer Autor den Archetypus der jungen Angestellten – der Männer und Frauen, die

> Cappuccino schlürfen, Onlinedating betreiben, ein doppeltes Einkommen haben und kinderlos sind, mit U-Bahn und Taxi fahren, in der Economy Class fliegen, in hübschen Hotels übernachten, in Bars gehen, lange Telefongespräche führen, Blues hören, Überstunden machen, abends ausgehen, Weihnachten feiern, One-Night-Stands haben [...], bei denen *Der Große Gatsby* und *Stolz und Vorurteil* auf dem Nachttisch liegen. Sie leben für die Liebe, gute Umgangsformen, Kultur, Kunst und dafür, neue Erfahrungen zu machen.

Im Zeitalter des Ehrgeizes gewann das Leben an Geschwindigkeit. Im Sozialismus hatte es kaum je einen Grund zur Eile gegeben. Abgesehen von der Zeit, in der Mao vom Großen Sprung nach vorn träumte, gingen die Menschen in China ihrer Arbeit nach, indem sie dem Tempo der Bürokratie und den Jahreszeiten folgten. Größere Hast, mehr Effizienz oder höhere Risiken führten in ihren Augen keineswegs zu einem volleren Magen. Ebenso wie der kaiserliche Hof einst alle Entscheidungen getroffen hatte, legten die sozialistischen Planer inzwischen fest, wann die Zentralheizung im Herbst ein- und im Frühjahr wieder ausgeschaltet werden sollte. Auf einmal jedoch hatten die Chinesen den Eindruck, ihr Land hinke hinterher. He Zhaofa, Soziologe an der Sun-Yat-sen-Universität, veröffentlichte ein Manifest für mehr Geschwindigkeit, in dem er unter anderem berichtete, dass japanische Fußgänger eine Durchschnittsgeschwindigkeit von 1,6 Metern die Sekunde an den Tag legten. Er kritisierte seine chinesischen Mitbürger für ihre Langsamkeit: »Selbst amerikanische Frauen in hochhackigen Schuhen laufen schneller als chinesische Männer.« He rief seine Landsleute nachdrücklich dazu auf, jede Sekunde des Tages zu nutzen. »Ein Land, das Zeit verschwendet«, schrieb er, »wird eines Tages von der Zeit selbst abgeschafft.«

Einige der aufstrebenden Männer und Frauen der chinesischen Gesellschaft häuften ein gewaltiges Vermögen an, bevor sie überhaupt wussten, was sie damit anfangen sollten. 2010 erlebte China ein »Ausländisches-Börsen-Fieber«, und im Mai des darauffolgenden Jahres bot die Singlebörsen-Unternehmerin Gong Haiyan Anteile ihrer Firma an der NASDAQ zur Zeichnung an. Am Ende des ersten Tages waren sie bereits mehr als siebenundsiebzig Millionen US-Dollar wert. Ihr Mann kündigte seine Stelle beim Fruchtfliegen-Forschungsprojekt.

Gong lud mich zum Abendessen ein. Sie und ihr Mann hatten sich ein Haus in einem Vorort nördlich von Peking gekauft. Die Sonne ging gerade unter, als wir von der Schnellstraße abfuhren. Wir passierten ein Spa für Haustiere, kamen an einer Wohnanlage vorbei, die den klingenden Namen »Chateau de la Vie« trug, und bogen schließlich in eine luxuriöse Gated Community ein, die eher an New Jersey als an Hunan erinnerte. Das Haus war mit gelbem Stuck und toskanisch angehauchten Details versehen. Gongs zweijährige Tochter hüpfte im Schlafanzug durch die Tür und schlang sich um die Beine ihrer Mutter. Gongs Mann führte uns ins Esszimmer, wo sich ihre Eltern und ihre Großmutter, die alle im neuen Haus lebten, gerade zu Tisch setzten.

Die Anwesenheit von vier Generationen Frauen unter einem Dach machte großen Eindruck auf mich. Gongs vierundneunzigjährige Großmutter war während der Kulturrevolution misshandelt worden, weil man sie als wohlhabende Bäuerin klassifiziert hatte. Geboren wurde sie kurz nach Abschaffung der Lotosfuß-Tradition, und während des Essens machte ich in Gedanken eine Liste von all dem, was diese Frau im China des 20. Jahrhunderts wohl hatte erdulden müssen, bis es sie schließlich in das Haus ihrer Enkelin in einem Pekinger Vorort verschlagen hatte. »Früher sagten die Frauen oft: ›Wünschst du dir Kleidung am Leib und Essen im Bauch, bleibt dir nur die Heirat‹«, erklärte Gong, während sie mit ihren Stäbchen im Reis herumstocherte. »Solange ein Mann den grundlegendsten Ansprüchen genügte, wäre ich seine Frau geworden. Aber heute nicht mehr. Heute kann ich ein gutes Leben, ein unabhängiges Leben führen. Ich kann wählerisch sein. Gibt es irgendetwas, was ich an dir nicht mag – tja, Pech gehabt.«

Jahrelang hatte die Familie in verschiedenen Mietwohnungen gelebt und sich zu sechst zwei Schlafzimmer geteilt. Nun wohnten sie zwischen europäischen Diplomaten und arabischen Geschäftsleuten in einem eigenen Haus. Neun Monate waren seit dem Einzug vergangen, doch die Wände der Villa waren immer noch kahl und weiß. Kunstgegenstände und Dekoration mussten erst noch angeschafft werden, aber das würde schon noch geschehen. Ein Moped stand zum Schutz vor Dieben mitten in der Eingangshalle, so wie es in den Dörfern üblich war – obwohl ich nicht glaube, dass Gongs Nachbarn eine sonderlich große Gefahr darstellten. Es schien, als hätte die Familie den gesamten Inhalt eines Hunaner Bauernhauses in Kartons gepackt und in der Villa einer Pekinger Managerin abgeladen.

Die großen Ambitionen bedurften neuer Fertigkeiten und neuen Wissens. Eine in Harbin gelegene Abendschule namens »Weiliang Institut für zwischenmenschliche Beziehungen« bot Kurse zum Erlernen von »Trinkstrategien« an, in denen Unternehmer den Umgang mit dem ständigen Zuprosten üben konnten, das die Gründung eines eigenen Geschäfts in China zwangsläufig begleitete. (Ein Tipp lautete, den Alkohol nach jedem Toast diskret in den Tee zu spucken.) Was sich nicht so einfach erlernen ließ, gab es zu kaufen: Zhang Dazhong, ein Unterhaltungselektronik-Mogul, stellte drei »Lektüremitarbeiter« ein, die nichts anderes taten, als Bücher für ihn zusammenzufassen, die er gern gelesen hätte.

Lange bevor man im Westen das erste Mal von den Gepflogenheiten ambitionierter »Tiger Moms« hörte, galt *Harvard Girl* von Liu Weihua und Zhang Xinwu als der populärste Erziehungsratgeber Chinas. In diesem Buch beschrieb Zhang Xinwu, wie sie ihre Tochter an die amerikanische Eliteuniversität gleichen Namens gebracht hatte. Das strenge Regiment der Mutter begann schon vor der Geburt, als Zhang sich zwang, nur noch nährstoffreiche Lebensmittel zu verspeisen, obwohl ihr davon schlecht wurde. Als das Mädchen achtzehn Monate alt war, musste sie sich mit Zhangs Hilfe Gedichte aus der Tang-Dynastie einprägen. Auf der Grundschule brachte Zhang ihre Tochter dazu, in sehr geräuschintensiven Umgebungen zu lernen, damit sich ihre Konzentrationsfähigkeit erhöhte; außerdem sorgte die

Mutter dafür, dass sich die Kleine bei ihrem Studium an einen überaus genauen Zeitplan hielt: Alle zwanzig Minuten sollte das Mädchen fünf Minuten Treppen steigen. Um die Ausdauer des Kindes zu erhöhen, musste es fünfzehn Minuten am Stück Eiswürfel in der Hand halten. Es wäre nun sehr einfach, das Ganze als absurd abzutun, aber in den Augen eines Volkes, das sich immer noch von der Armut befreite, schien so gut wie jedes Opfer sinnvoll zu sein.

Niemand war so versessen auf das kulturelle Kapital einer Eliteausbildung wie die ersten Reichen. Viele von ihnen hatten sich aus dem Nichts emporgearbeitet, und sie wussten sehr genau, dass sie von städtischen Intellektuellen für Bauerntölpel gehalten wurden. Weil in China so viele Menschen lebten, kam es zu einem brutalen Konkurrenzkampf um Studienplätze, der von der Bevölkerung oft mit »zehntausend Pferden, die einen Fluss auf einem einzigen Holzstamm zu überqueren suchen«, verglichen wurde. Der Staat verdoppelte die Zahl der Fachhochschulen und Universitäten, die in nur zehn Jahren auf insgesamt 2409 anstieg. Und trotzdem ergatterte nur einer von vier Hochschulaspiranten einen Platz an einer Universität.

Eine amerikanische Ausbildung machte zusätzlich etwas her, was dazu führte, dass die ersten Reichen ihre Ängste und Hoffnungen auf ihre Kinder projizierten. Im Herbst 2008 aß ich mit einer Frau namens Cheung Yan zu Abend, die in der Öffentlichkeit besser als die »Königin des Mülls« bekannt war. Jedes Jahr brachte der *Hurun Report*, eine Zeitschrift aus Shanghai, eine Rangliste der reichsten Chinesen heraus. 2006 belegte Cheung als erste Frau Platz eins. Sie hatte Chinas größtes Papierverarbeitungsunternehmen gegründet – Nine Dragons Paper – und verdankte ihren Spitznamen der Tatsache, dass sie den weltweiten Handel mit Papier mit höchstmöglicher Effizienz betrieb, obwohl sie eine auf den ersten Blick recht unbedeutend erscheinende Nische besetzte: Sie kaufte tonnenweise amerikanisches Altpapier auf, transportierte es für wenig Geld nach China, recycelte es dort, stellte Kartons für Artikel »Made in China« daraus her und verkaufte diese Waren dann in die USA. Auf der Liste der reichsten Chinesen aus dem Jahr 2006 wurde ihr Vermögen auf knapp dreieinhalb Milliarden US-Dollar geschätzt. Im folgenden

Jahr wuchs der Betrag auf mehr als zehn Milliarden Dollar, und die Zeitschrift errechnete, dass Cheung die reichste Selfmade-Milliardärin der Welt war, sogar noch vor J. K. Rowling und Oprah Winfrey.

Ich traf mich mit Cheung und ihrem Ehemann Liu Ming Chung, einem ehemaligen Zahnarzt, der nun als Vorstandsvorsitzender des Unternehmens arbeitete, in der Manager-Kantine der größten Papierfabrik der Welt, eines von Cheungs Werken in der südchinesischen Stadt Dongguan. Cheung war zweiundfünfzig Jahre alt und hielt sich unangefochten an der Spitze des Unternehmens. Sie sprach kein Englisch, und ihr Chinesisch hatte einen starken mandschurischen Einschlag. Sie war knapp 1,50 Meter groß, und während wir uns unterhielten, brachen immer wieder Überschwang und Ungeduld aus ihr hervor, als ob sich in ihrer gesamten Persönlichkeit die industrielle Identität Chinas widerspiegelte. »Der Markt wartet auf niemanden«, erklärte sie. »Wenn mir heute nichts Neues einfällt und ich ein, zwei oder drei Jahre warte, habe ich nichts anzubieten, und die Gelegenheit verstreicht ungenutzt. Und dann wären wir ganz normal, wie jede andere Fabrik!«

Beim Essen wollte sie nicht übers Geschäft reden, sondern nur über ihre beiden Söhne sprechen. Der ältere war gerade in New York, wo er an der Columbia University ein Master-Studium der Ingenieurwissenschaften absolvierte. Der jüngere besuchte eine Privatschule in Kalifornien, und während wir noch beim Essen saßen, reichte ihr ein Assistent die Kopie einer Hochschulempfehlung, die ein Lehrer für ihren Sohn verfasst hatte. Cheung untersuchte sie und gab sie anschließend zurück.

»Sein GPA liegt zwischen 4,0 und 4,3«, erklärte sie (der GPA, kurz für »Grade Point Average«, entspricht in etwa dem Notendurchschnitt; je nach Highschool liegt der bestmögliche Wert bei 4,0 oder 5,0; Anm. d. Ü.). Dann fügte sie mit dem ganzen Stolz einer Autodidaktin hinzu: »Sein Kopf ist voller amerikanischer Bildung. Trotzdem muss er auch chinesisches Wissen aufnehmen, sonst fehlt ihm das Gleichgewicht.«

Als ich 2005 nach China kam, besuchten laut Informationen des amerikanischen Department of Homeland Security nur fünfundsechzig Chinesen private Highschools in Amerika. Fünf Jahre später waren es bereits fast siebentausend. Es überraschte mich kaum noch, wenn mir kommunistische Parteigrößen erzählten, ihr Nachwuchs besuche die Taft University oder das Andover College. (Irgendwann kürzte eine Gruppe reicher chinesischer Eltern die ganze Sache ab und schickte ihre Kinder auf eine noble neue Privatschule in Peking, für die sie ehemalige Direktoren der Choate Rosemary Hall und der Hotchkiss School hatten gewinnen können.)

Von allen Pfaden, die zur Selbstschöpfung führten, schien keiner so attraktiv zu sein wie der Weg über die englische Sprache. Das sogenannte »Englischfieber« befiel Kellner, Topmanager und Professoren und machte das Englische zu einem definierenden Merkmal der eigenen Möglichkeiten – zu einer Kraft, die jeden Lebenslauf aufzubessern, jeden Partner anzuziehen und jeden Menschen aus seinem Dorf zu katapultieren vermochte. Die Mitglieder von Gongs Singlebörse gaben in ihren Selbstbeschreibungen neben Aufzählungen ihrer Autos und Häuser oft ihre Englischkenntnisse an. Jedes Erstsemester musste zumindest ein minimales Verständnis des Englischen vorweisen können, denn Englisch war die einzige Fremdsprache, die an den Hochschulen überprüft wurde. In dem Roman *Englisch* von Wang Gang, einem Lehrer vom Land, schreibt der Autor: »Könnte ich die Begriffe im [Englisch-]Wörterbuch neu anordnen, würde mir die ganze Welt zu Füßen liegen.«

Das stand im krassen Gegensatz zur Stellung des Englischen in der Vergangenheit. Im China des 19. Jahrhundert wurde Englisch verachtet, weil die Sprache von Mittelsmännern benutzt wurde, die Verbindungen mit ausländischen Händlern pflegten. »In den Städten sind diese Männer gemeinhin leichtfertige Halunken oder Faulenzer, auf die man in ihren Heimatorten und -gemeinden zu Recht herabschaut«, schrieb der reformorientierte Gelehrte Feng Guifen im Jahr 1861. Es war ihm jedoch ebenfalls bewusst, dass die Chinesen Englisch aus diplomatischen Gründen benötigten, weshalb er zur Gründung spezieller Sprachschulen aufrief. »Es gibt viele brillante Köpfe in China, und es muss auch welche geben, die von den Barbaren lernen und sie gar übertreffen können«, schrieb er. Mao zog Russisch vor, weshalb er eine große Zahl Englischlehrer entließ, so dass in den sechziger Jahren weniger als eintausend an chinesischen Oberschulen unterrichteten. Nachdem Deng das Land geöffnet hatte, breitete sich dort das Englischfieber aus. 2008 gaben zweiundachtzig Prozent aller Befragten an, Englisch sei im Leben unverzichtbar. (Dagegen hielten es nur elf Prozent aller Amerikaner für unerlässlich, des Chinesischen mächtig zu sein.) Bis 2008 lernten bereits um die zwei- bis dreihundert Millionen Chinesen Englisch. Chinas größter privater Bildungsdienstleister für die englische Sprache, New Oriental, wurde an der New Yorker Börse gehandelt.

Ich machte mich auf den Weg, um mich mit einem Mann namens Li Yang zu treffen. Er war der beliebteste Englischlehrer Chinas und vielleicht der einzige Sprachlehrer der Welt, dessen Schüler dafür bekannt waren, vor lauter Begeisterung in Tränen auszubrechen. Li war leitender Dozent und Chefredakteur seines eigenen Unternehmens, Li Yang Crazy English. Seine Schüler konnten seinen Werdegang aufsagen wie eine Beschwörungsformel: Aufgewachsen war er als Sohn eines Parteipropagandisten, dessen strenge Erziehung ihn dermaßen eingeschüchtert hatte, dass er sich noch nicht einmal traute, ans Telefon zu gehen. Beinahe hätte es nicht für den Hochschulabschluss gereicht, wenn er nicht beim Lernen für eine Englischprüfung herausgefunden hätte, dass er sich umso sicherer fühlte, je lauter er vorlas und je besser seine Sprachkenntnisse wurden. Auf dem Campus wurde er alsbald zu einer kleinen Berühmtheit, und auf dieser Bekanntheit baute er schließlich ein ganzes Imperium auf. In den zwanzig Jahren seiner bisherigen Lehrtätigkeit war er vor Millionen chinesischer Kinder und Erwachsener aufgetreten.

Im Frühjahr 2008 stattete ich ihm einen Besuch ab, als er einen Intensiv-Tageskurs an einer Hochschule am Rande Pekings gab. Li erschien in Begleitung seines Fotografen und seines persönlichen Assistenten. Er betrat das Klassenzimmer und rief: »Hallo zusammen!« Die Schüler applaudierten. Li trug einen taubengrauen Rollkragenpullover und einen anthrazitfarbenen Kurzmantel. Er war achtunddreißig Jahre alt, und sein schwarzes Haar zeigte bereits die ersten grauen Strähnen. Li musterte seine Schüler und befahl ihnen, sich zu erheben. Bei besagten Schülern handelte es sich durch die Bank um Ärzte in den Dreißigern und Vierzigern, die von Pekinger Krankenhäusern für den Einsatz bei den Olympischen Spielen im nächsten Sommer ausgewählt worden waren. Doch wie Millionen anderer Chinesen auch waren sie mit der praktischen Anwendung einer Sprache nicht vertraut, die sie jahrelang nur aus Büchern gelernt hatten. Li hatte sich einen Namen mit einer Methode zum Erlernen von Englisch als Fremdsprache gemacht, die von einer Hongkonger Zeitung »Englisch als Brüllsprache« bezeichnet wurde, weil Li der Meinung war, lautes Rufen würde die »internationalen Muskeln« freisetzen, wie er es nannte. Also stand Li vor seinen Schülern, der rechte Arm in der Luft als wäre er ein Provinzprediger der Erweckungsbewegung, und führte sie aus vollem Hals in die Geheimnisse der englischen Sprache ein. »I!« donnerte er. »*I!*« brüllten sie zurück.

»Would!« »*Would!*«

»Like!«

»*Like!*«

»To!«

»*To!*«

»Take!«

»*Take!*«

»Your!«

»*Your!*«

»Tem! Per! Ture!«

»*Tem! Per! Ture!*«

Nacheinander versuchten sich die Ärzte an diesem Satz. Eine Frau mit modischer schwarzer Brille sagte kleinlaut: »I would like to take your temperature.« Li schüttelte theatralisch den Kopf und forderte sie auf, es noch mal zu versuchen. Sie errötete, aber auf einmal brach es aus ihr heraus: »*I would like to take your temperature!*« Als Nächster war ein untersetzter Herr in Militäruniform an der Reihe, der keinerlei Ermunterung bedurfte und sofort röhrte: »*I would like to take your temperature!*« Dann folgte eine winzige Dame, die einen markerschütternden Schrei ausstieß. Alle Anwesenden waren nacheinander am

Zug, und bei jedem wurde die Stimme ein wenig fester als beim vorherigen. Ich fragte mich, wie ein Patient wohl auf dieses Gebrüll reagieren würde, doch noch bevor ich mich erkundigen konnte, war Li bereits aus der Tür verschwunden und auf dem Weg ins Klassenzimmer nebenan.

Regelmäßig füllte Li ganze Stadien mit Zehntausenden Schülern. Seine größten Fans kauften ein Diamant-Ticket, mit dem sie Anspruch auf zusätzliche Sitzungen in kleinen Gruppen hatten. Der Richtpreis betrug 250 US-Dollar am Tag – mehr als das durchschnittliche Monatseinkommen eines Chinesen. Seine Schüler drängten sich um ihn und baten um Autogramme. Hin und wieder schickten manche auch um Unterwäsche gewickelte Liebesbriefe.

Es herrschte allerdings noch eine andere, ebenso weitverbreitete Meinung zu Li und seiner Arbeit. »Man ist sich noch nicht einig, ob er den Leuten wirklich beim Englischlernen hilft«, erklärte mir Bob Adamson, Spezialist für die englische Sprache am Hongkonger Institute of Education. Bei Lis patentierter Brüllmethode kam eine bestimmte Stimmlage zum Einsatz: Für meine Ohren handelte es sich dabei nicht ganz um die Lautstärke, die man bei einer Warnung vor einem herannahenden Lastwagen benutzen würde, auch wenn sie durchdringender war, als wenn man jemanden zum Abendessen rief. Li bevorzugte extravagante patriotische Parolen, etwa »Bezwingen Sie das Englische und stärken sie damit China!«. Auf seiner Webseite verkündete er: »Amerika, England, Japan – all diese Länder fürchten sich vor einem großen und mächtigen China. Stattdessen wünschen sie sich, dass die chinesische Jugend lange Haare und seltsame Kleidung trägt, Limonade trinkt, westliche Musik hört, keinen Kampfgeist hat und süchtig ist nach Vergnügen und Bequemlichkeit. Je mehr Chinas Jugend degeneriert, desto glücklicher sind die ausländischen Mächte.« Wang Shuo, einen von Chinas einflussreichsten Romanciers, schreckte Lis nationalistische Rhetorik ab. »Diese Form der Agitation ist mir wohlbekannt«, schrieb er. »Es ist die alte Hexerei: Man versammelt eine Menschenmenge, stachelt sie mit Worten an und schafft so einen Eindruck von Macht, der stark genug ist, Berge zu versetzen oder das Meer zum Überlaufen zu bringen.« Wang fuhr fort: »Ich glaube, Li Yang liebt sein Land. Verhält man sich jedoch wie er, wird Patriotismus schnell zum selben Mist wie Rassismus, fürchte ich.«

Als ich jedoch einige Zeit mit Lis Schülern verbrachte, entdeckte ich, dass sie in ihm weniger einen Sprachlehrer als ein Symbol des Versprechens der Selbsttransformation sahen. Li gab Kurse in der Verbotenen Stadt und auf der Großen Mauer. Sein Name stand auf den Deckeln von mehr als einhundert Büchern, Videos, CDs und Softwarepackungen. Auf den meisten seiner Produkte war ein Porträt von ihm, das ihn mit einem randlosen Brillengestell und einem souveränen Lächeln zeigte – der typische chinesische Staatsbürger des 21. Jahrhunderts. Bei Gesprächen nahm Lin den Mund stets sehr voll, verglich seine Berühmtheit mit der von Oprah Winfrey und behauptete, er habe »Milliarden« Bücher verkauft. (Die Wahrheit war kaum weniger eindrucksvoll: Einer seiner Verleger vertraute mir an, dass seine Verkaufszahlen in die Millionen gingen.) Ein Kolumnist der staatlichen *China Daily* erklärte, Li sei ein »Demagoge«. Die *South China Morning Post* fragte, ob Crazy English zu »einer jener Sekten wird, bei denen sich der Anführer wie ein Gott verehren lässt«. (»Sekte« gilt in einem Land, in dem die religiöse Bewegung Falun Gong im Jahr 1999 diese Bezeichnung erhielt und in dem ihre Anhänger seitdem verfolgt werden, als gefährlicher Begriff.)

Als ich Li zu dem Artikel in der *South China Morning Post* befragte, meinte er nur: »Ich war stocksauer.« Er erklärte, er habe nicht das geringste Interesse daran, von seinen Schülern verehrt zu werden. Seine Motivation sei rein finanzieller Natur. »Das Geheimnis des Erfolgs«, sagte er, »liegt darin, die Leute ständig dazu zu bringen, weiter zu zahlen. Zu diesem Schluss bin ich gekommen.« Denn trotz der Hingabe seiner Schüler habe er ein einfaches Ziel: »Wie können wir dafür sorgen, dass sie unaufhörlich Geld ausgeben?«

Li verknüpfte Englischkenntnisse mit persönlicher Stärke und diese wiederum mit der Kraft der Nation. Dieses Zusammenspiel führte zu einer überaus großen, manchmal fast schon verzweifelten Hingabe. Einer seiner Schüler – ein gewisser Feng Tao – berichtete mir, wie er bemerkt hatte, dass er zwar genug Geld besaß, um die Gebühren für einen von Lis Vorträgen zu bezahlen, seine finanziellen Möglichkeiten jedoch nicht ausreichten, um für das Zugticket aufzukommen. »Also verkaufte ich mein Blut«, sagte er. Wenn eine große Menge von Lis Fans zusammenkam, konnte die Stimmung überwältigend sein. Lis Ehefrau, die Amerikanerin Kim Lee, erzählte mir: »Manchmal musste ich dazwischengehen oder jemand Größeren als mich darum bitten, meine Tochter aus dem Gedränge zu ziehen, weil mir angst und bange wurde. In solchen Momenten denkst du nicht ›Wow, er ist berühmt‹, sondern ›O mein Gott, seine Berühmtheit ist vollkommen außer Kontrolle geraten‹.«

Kim Lee erschien mir wie ein Anker der Normalität in der stürmischen See von Crazy English. »Ich bin nur eine Mutter, die durch einen verrückten Zufall in eine durchgeknallte Welt geraten ist«, sagte sie lachend. Als sie Li Yang 1999 bei einer Chinareise der Lehrergewerkschaft Miami kennenlernte, arbeitete sie an einer Schule in Florida. Vier Jahre später heirateten die beiden, mittlerweile haben sie vier Kinder. Kim begann, an Lis Seite auf der Bühne Englisch zu unterrichten. Ihr trockener Witz und ihre typisch amerikanische Erscheinung bildeten den perfekten Gegenpol zum Stil ihres Ehemanns: eine amerikanische Alice Kramden für einen chinesischen Ralph (die Kramdens sind Figuren der berühmten Fünfziger-Jahre-Serie *The Honeymooners*; Ehemann Ralph ist Busfahrer und ziemlich cholerisch; Anm. d. Ü.). Zunächst irritierten Kim Lis Sprüche und seine nationalistische Feuerspuckerei; als sie jedoch bemerkte, wie die jungen Schülerinnen und Schüler auf ihn reagierten, war sie beeindruckt, wie leicht es ihm gelang, eine Verbindung zu ihnen aufzubauen. Sie sagte: »Dieser Mann empfindet echte Leidenschaft für das, was er tut, und wie könnte mich das als Lehrerin kaltlassen?«

Ein paar Wochen später besuchte ich die Veranstaltung, die von Lis Anhängern am sehnlichsten erwartet wurde: das Winter-Intensiv-Trainingscamp von Crazy English. Das schlimmste Schneechaos seit einem halben Jahrhundert legte an diesem Wochenende China lahm. Zufälligerweise fielen die Stürme auch noch mit den Reisetagen kurz vor dem chinesischen Neujahrsfest zusammen, dem wichtigsten Familienfeiertag im Kalender. Es kam zu beispiellosem Chaos; so steckten in Guangzhou etwa Hunderttausende Reisende in den Straßen um den Bahnhof fest. Trotzdem schafften es siebenhundert Erwachsene und Kinder irgendwie auf den Hochschulcampus der südchinesischen Stadt Conghua. Ein Zehnjähriger erzählte mir, dass er mit seinem Bruder hinterm Steuer vier Tage im Auto unterwegs gewesen war.

In Li Yangs Englisch-Camp führten in Militäruniformen steckende und mit Megafonen bewaffnete Aufseher die in Aufstellung marschierenden Schüler über das Gelände. Überall hingen überlebensgroße Plakate mit Lis Porträt, die mit Botschaften auf Englisch versehen waren. Über der Treppe zur Kantine stand beispielsweise: »Haben Sie darüber nachgedacht, ob Sie diese Mahlzeit auch verdienen?« An dem Platz, auf dem sich die Schüler vor Unterrichtsbeginn versammelten, las ich dagegen: »Enttäuschen Sie Ihr Land nie!« Über dem Eingang zum Stadion fiel mein Augenmerk wiederum auf den Satz »Wenigstens einmal im Leben sollte man vollkommen *crazy* sein.«

Am ersten Tag strömten die Schüler kurz vor neun Uhr morgens ins Stadion. Dort war es ebenso wie in den Schlafräumen kalt und unbeheizt. (Ich hatte die Nacht vollständig bekleidet und mit einer Mütze auf dem Kopf verbracht.) Li verband Kenntnisse der englischen Sprache mit körperlicher Stärke, basierend auf seinem Grundsatz, die Kluft zwischen der englischsprachigen und der nichtenglischsprachigen Welt sei so groß, dass jegliche Form harter Arbeit oder Erniedrigung die Anstrengung wert wäre. Er befahl seinen Schülern, »den Gesichtsverlust zu lieben«. In einem Video für Mittel- und Oberschüler erklärte er: »Ihr müsst viele Fehler machen. Ihr müsst euch von vielen Menschen auslachen lassen. Aber das spielt keine Rolle, denn eure Zukunft unterscheidet sich vollkommen von der anderer.«

Ein langer roter Teppich durchschnitt das Publikum, und Li erschien nach der Explosion einer Salve Feuerwerkskörper auf der Bühne. Er trug ein kabelloses Mikrofon und schritt den roten Teppich auf und ab, seine Füße auf Schulterhöhe der zu ihm aufschauenden Menge.

»Ein Sechstel der Weltbevölkerung spricht Chinesisch. Warum

lernen wir dann überhaupt Englisch?«, fragte er, während er sich umdrehte und auf eine Reihe ausländischer Dozenten zeigte, die mürrisch dreinschauend hinter ihm saßen. »Weil wir sie dafür bemitleiden, kein Chinesisch zu können!« Die Zuschauer brüllten vor Lachen.

In den nächsten vier Stunden, die wir in der Eiseskälte verbrachten, schwankte Li zwischen einschüchternd, inspirierend und wieder einschüchternd; er warf sich für die Kameras in Pose und machte sich über Chinesen mit schicken Hochschulabschlüssen lustig. Das Publikum war entzückt. In den darauffolgenden Tagen joggten die Schüler im Morgengrauen gemeinsam über das Gelände und riefen lauthals Sätze auf Englisch. In der letzten Nacht liefen sie über ein Bett glühender Kohlen. Zwischen den Unterrichtseinheiten stieß man überall auf fleißige Eleven, die ihre Nasen in Lins Buch vergraben hatten und gleich Schülern einer Talmudschule mit fliegenden Lippen vor sich hinmurmelten.

Eines Nachmittags schlenderte ich nach draußen, um etwas frische Luft zu schnappen. Vor der Tür traf ich Zhang Zhiming, einen schlanken, wissbegierigen jungen Mann von dreiundzwanzig Jahren, der eine an Tim von *Tim und Struppi* erinnernde Stirnlocke hatte. Er selbst zog den Namen Michael vor, und er erzählte mir, dass er bereits seit fünf Jahren Schüler von Crazy English sei. Sein Vater sei Bergarbeiter im Ruhestand. Da sich Michael im Vorjahr kein Ticket für das Camp habe leisten können, habe er als Sicherheitsmann auf dem Gelände angeheuert, um so viel wie möglich am Rande aufzuschnappen. Dieses Jahr sei er zum Lehrassistenten befördert worden, deshalb erhalte er jetzt sogar ein kleines Gehalt.

»Normalerweise bin ich immer ein wenig nervös, wenn ich Li Yang begegne«, erzählte er mir, während wir draußen in der Sonne saßen. »Er ist ein Superheld.«

Michaels Begeisterung war ansteckend. »Als ich noch nichts von Crazy English wusste, war ich sehr schüchtern«, erklärte er. »Ich war so zurückhaltend, dass ich mich noch nicht einmal zu sprechen traute. Mittlerweile bin ich jedoch sehr viel selbstsicherer geworden.

Ich kann mich mit jedem auf der Straße unterhalten und die Leute dazu bringen, sich auszutauschen.«

Michaels älterer Bruder hatte als Assistent für Li gearbeitet. Dieser Bruder hatte nie viel Englisch gelernt; Michael jedoch verbrachte bis zu acht Stunden am Tag mit dem Sprachstudium und hörte sich wieder und wieder eine Aufnahme von Lis Stimme an, die ihm »wie Musik« erschien. Sein Lieblingsbuch war Li Yangs *Bibel zur Aussprache des amerikanischen Englisch*, das ihm dabei half, an der Betonung seiner Vokale zu feilen und den Klang seiner Konsonanten zu verbessern. Schließlich fand er Arbeit an einer Englischschule und hoffte, eines Tages seine eigene eröffnen zu können. Diesen Winter lernte ich viele Schüler von Li Yang kennen, und ich fragte sie stets, welchen Zweck das Englische in ihrem Leben erfüllte. Ein Schweinebauer wünschte sich, seine amerikanischen Kunden in ihrer Sprache zu begrüßen; ein Finanzangestellter, der in seiner Freizeit lernte, hoffte, er könne sich so einen Vorteil im Büro verschaffen. Michael hatte keine Zweifel, dass ihm die englische Sprache alle möglichen Türen öffnen würde. Ein paar Jahre früher war sein Bruder in ein Netzwerk geraten, das Geld mit dem Direktvertrieb von Gesundheitsgetränken und -elixieren verdiente. Solche Netzwerke, die man auf Hochchinesisch »Rattengesellschaften« nennt, florierten geradezu in einer Zeit, in der das anhaltende Wachstum im Land vor allem von Träumen vom schnellen Geld und einer zwischen verschiedenen Ideologien hin- und hergerissenen Bevölkerung befeuert wurde.

»Er wünschte sich immer, dass ich mich an seinen Geschäften beteilige«, fuhr Michael fort, und ich versuchte, mir diesen jungen Mann dabei vorzustellen, wie er dieselbe Leidenschaft beim Anpreisen eines Gesundheitselixiers an den Tag legte, die er für die englische Sprache zeigte. »Ich verbrachte ein halbes Jahr in diesem Business und verdiente nichts.« Schließlich schaffte es Michaels Bruder in die Vereinigten Staaten, wo er Geld auftreiben wollte, um seine Gläubiger auszuzahlen. Michael erzählte, sein Bruder arbeite mittlerweile als Kellner in New York, weshalb es bis zu seiner Rückkehr Michaels Aufgabe sei, für ihre Eltern zu sorgen.

Während Michael sprach, verschwand die Begeisterung aus seinem Gesicht. Sein Bruder wünschte sich, dass er ebenfalls nach Amerika zöge. »Er hat große Träume«, erklärte Michael. »Aber ich möchte dort nicht hin, denn ich will mein eigenes Geschäft gründen. Als Arbeiter kann man nämlich nicht reich werden. Man kann sich kein Haus und kein Auto leisten oder eine Familie ernähren.«

Er starrte auf seine Füße und sagte: »Ich habe keine Wahl. So ist das Leben. Ich sollte immer weiter lächeln, obwohl ich sehr starken Druck auf mir spüre. Manchmal möchte ich nur noch weinen, aber ich bin ein Mann.«

Er hielt inne. Bis auf den warmen Wind, der Fetzen von Lis dröhnender Stimme aus dem Stadium hinter uns herüberwehte, war alles still.

Ein paar Wochen später lud mich Michael zum Mittagessen in seine Guangzhouer Wohnung ein, die er sich mit seinen Eltern teilte. Sie befand sich in einer Hochhaussiedlung in der Goldwäscherstraße. Als mich Michael am Tor abholte, war er überaus vergnügt. »Ich wurde zum Lehrbetreuer befördert«, offenbarte er. »Ich habe eine Gehaltserhöhung bekommen.« Die Wohnung der Familie bestand aus einem Wohnzimmer, zwei kleinen Schlafzimmern und einer Küche. Seine Eltern waren mit der Essenszubereitung beschäftigt, deshalb duftete es überall nach Ingwer. Michael und sein Vater teilten sich ein Etagenbett in einem der Räume, während seine Mutter und seine ältere Schwester im anderen schliefen. Überall in Michaels Zimmer lagen Englischbücher herum, da sein Schreibtisch bereits überquoll. Die englische Sprache war im Raum fast schon greifbar – als wäre sie ein dritter, ziemlich unordentlicher Mitbewohner. Er suchte nach einer Box, um mir seine handbeschrifteten Vokabelkarten zu zeigen, die er immer bei sich trug, so wie es Li Yang früher auch getan hatte. Dann zog er eine Karte hervor, auf der stand: »Berufe: Arbeiter, Astronom, Bäcker, Barkeeper, Biologe, Botaniker, Chef/Vorgesetzter …«

Als Michael noch ein Kind war, lebte die Familie in einer Bergbausiedlung namens Mine Nummer fünf. »Das einzige Lebensziel« seiner Eltern, die die schlimmsten Jahre der Armut und der politischen Unruhen miterlebt hatten, habe darin bestanden, »die Tage einfach nur in Ruhe hinter sich zu bringen«, wie Michael sagte. Ihn jedoch habe es mit aller Macht aus Mine Nummer fünf weggezogen. Bei einer seiner Sprachübungen schrieb er:

> Ich konnte es nicht mehr ertragen, jeden Tag gedämpftes Brot, Gemüsereste vom Vortag und Süßkartoffeln zu essen. Ich konnte es nicht mehr ertragen, jahrein, jahraus dieselbe geflickte Kleidung am Leib zu haben, für die mich meine Mitschüler mit Spott überschütteten. Ich konnte es nicht mehr ertragen, eine Stunde zu Fuß unterwegs zu sein, um meine heruntergekommene Schule zu erreichen.

Der Leiter der Kohlemine und ein paar andere Leute gaben Michael einen Kredit, mit dem er die Hochschule besuchen konnte, wo die englische Sprache schließlich zu einer Art Sucht für ihn wurde. Er notierte in sein Tagebuch: »In manchen Nächten kann ich kaum schlafen, weil ich aufstehen und Englisch üben möchte.« Er schaute sich amerikanische Filme an und machte die dröhnende Stimme Mufasas nach, des alten Löwen in *Der König der Löwen*. Mufasa wurde von James Earl Jones gesprochen, der Stimme Darth Vaders, und als Michael an der Uni den Bösewicht aus der *Star Wars*-Saga nachahmte, erregte er damit große Aufmerksamkeit. »Er war wie Unkraut«, erzählte mir sein Freund Hobson.

Während seines Studiums arbeitete Michael bei einem örtlichen Radiosender und als Tellerwäsche bei Kentucky Fried Chicken, aber selbst mit dem Kredit vom Leiter der Kohlemine waren die Studiengebühren hoch, also brach er nach zwei Jahren die Universität ab, um sich voll und ganz Crazy English zu widmen. Er hatte das Prinzip der Selbstschöpfung sehr viel stärker verinnerlicht als jeder, der mir sonst begegnet war. Er bezeichnete sich sogar als »wiedergeborener Englischsprachiger«. In seinem Tagebuch widmete er sich nicht länger seiner Frustration. Stattdessen schrieb er: »Das Wachstum eines Baumes hängt vom Klima ab, aber ich mache mir mein eigenes Wetter. Ich bin der Herr meines Schicksals.« Dann fügte er hinzu: »Den Anfang seines Lebens kann man nicht beeinflussen, das Ende dagegen schon –

man muss nur hart arbeiten und unablässig dazulernen!« In seinen Bücherregalen standen lauter Business-Ratgeber und Selbsthilfebücher. Er hatte sich angewöhnt, Unterhaltungen mit Bemerkungen wie »Ist das zu glauben?« zu würzen, so wie es Vertreter gerne tun.

Als wir in seinem Schlafzimmer saßen, beschloss er, mir ein paar Tonbeispiele vorzuspielen, die er für seine Schüler aufgenommen hatte. Er klickte auf eine Datei namens »Was ist Englisch?«. Darin hatte er einen aus Möwenrufen und Wellen bestehenden Hintergrund mit der Stimme einer gewissen Isabell kombiniert, die nun abwechselnd mit ihm verschiedene Sätze vorlas: »Die englische Sprache ist ganz einfach. *Ich werde diese Sprache unter allen Umständen beherrschen.* Ich werde Englisch benutzen. *Ich werde Englisch lernen.* Ich werde die englische Sprache leben. *Ich bin kein Sklave des Englischen mehr.* Ich bin sein Meister. *Die englische Sprache wird mir treuer Diener und lebenslanger Freund sein.*«

Das Ganze ging noch ungefähr eine Minute so weiter, und während Michael gebannt zuhörte, fiel mein Blick auf ein kleines, von Hand mit chinesischen Schriftzeichen beschriebenes Täfelchen, das am Fuße des Bettes angeklebt war: »Vergangenheit und Zukunft sind nicht eins. Glaube an dich. Tue Wunder.«

6. Halsabschneider

Während Arbeitsmigranten in die Küstenregionen strömten, eroberten die großen Ambitionen von dort aus das Landesinnere. Von den Städten sprang sie auf die Fabriksiedlungen über und von den Fabriksiedlungen auf die Dörfer. Als sie schließlich jene erreichte, die schon lange auf eine Möglichkeit gewartet hatten, ihrer Abstammung zu entfliehen, steigerte sie sich bis hin zum magischen Denken. In abgelegenen Dörfern widmeten sich Bauern den kühnsten Erfindungen, was ihnen bald den Spitznamen »Bauern-da-Vincis« einbrachte. Einige ihrer Ideen waren auf fast schon grausame Weise pragmatisch: Ein Mann mit einer Nierenkrankheit schraubte aus Utensilien wie Wäscheklammern und einer gebrauchten Blutpumpe ein Dialysegerät zusammen. In der Regel war es aber ein alles durchdringender Möglichkeitssinn, der sie motivierte: Sie bastelten Rennwagen und Roboter; ein altes Großväterchen namens Wu Shuzai baute aus Holz einen Hubschrauber. Seine Nachbarn meinten, das Gefährt sehe aus wie ein Hühnerstall, aber Wu machte in der Hoffnung weiter, er könne damit eines Tages »aus den Bergen fliehen und die Welt sehen«, wie er es ausdrückte.

Trotz all des Geredes von Bauern da Vincis und von mit bloßen Händen erarbeiteten Vermögen war bald klar, dass die Chinesen, die als Erste wohlhabend geworden waren, so schnell vornewegpreschten, dass der Rest sie wohl nicht mehr einholen würde. Im Jahr 2007 verdienten die reichsten zehn Prozent der chinesischen Stadtbewohner 9,2-mal so viel wie die ärmsten zehn Prozent; im Vorjahr hatte der Faktor noch 8,9 betragen. Die Zahl der öffentlichen Proteste – oft von wütenden Arbeitern, denen man ihren Lohn vorenthalten hatte, oder Bauern, deren Land für Bauvorhaben konfisziert worden war – stieg von 11 000 im Jahr 1995 auf 87 000 im Jahr 2005. Je bewusster den Menschen die wachsende Kluft zwischen Stadt und Land, Reich und Arm wurde, desto größer wurde ihre Verzweiflung.

Der Englischlehrer Michael folgerte daraus, dass er länger arbeiten müsste, also beschloss er, nachts nur noch vier Stunden zu schlafen. »Geld lässt sich machen, Zeit jedoch nicht«, erklärte er mir.

Die Aufholjagd im neuen China spornte die Kreativität der Menschen an, zuweilen allerdings mit katastrophalen Folgen. Wang Guiping, ein Schneider aus dem Mündungsgebiet des Jangtsekiang, tat es seinen Nachbarn gleich und stieg in das neuartige Geschäft der Chemikalienproduktion ein. Er erzählte einem anderen Dorfbewohner, so könne er sicherstellen, dass »mein Sohn auf eine gute Schule kommt und wir Stadtmenschen werden«. Während seine Familie nachts schlief, stellte der Schneider, der nur bis zur neunten Klasse die Schule besucht hatte, mithilfe eines Chemiebuchs Experimente an und fand heraus, dass er ein bestimmtes Lösungsmittel als eine teurere Zutat ausgeben und so Geld sparen konnte. »Ich trank vor dem Verkauf ein bisschen von dem Zeug«, erinnerte er sich später. »Mein Magen wurde leicht verätzt, aber wirklich nur ein klein wenig.« Er stieß auf weitere billige Ersatzstoffe, und sein Profit wuchs. Leider zeigte sich bald, dass seine Mixturen giftig waren, und als eine davon 2006 in einem Hustensaft landete, starben in einem Guangdonger Krankenhaus vierzehn Menschen. Der Schneider musste daraufhin ins Gefängnis. Im selben Jahr schloss der Staat mehr als vierhundert Nebenerwerbspharmahersteller, weil ihre gepanschten Produkte alles in allem Hunderte Menschen das Leben gekostet hatten, sogar im fernen Panama.

Die Aufholjagd im neuen China wirkte sich auf jeden anders aus. Der fünfzigjährige ehemalige Friseur Siu Yun Ping entdeckte, dass Konkurrenz seine Risikobereitschaft anregte. Im Sommer 2007 begann er, seinen zu Hongkong gehörenden Heimatort regelmäßig zu verlassen und nach Macao zu reisen, wo Glücksspiel im Gegensatz zum Rest des Landes legal ist. Macao liegt genau dort an der Spitze einer felsigen Küste, wo der Perlfluss ins Südchinesische Meer mündet. Die Sonderverwaltungszone ist ungefähr ein Drittel so groß wie Manhattan und erstreckt sich auf eine tropische Halbinsel und eine Handvoll Inseln, die wie vom Festland abgebrochene Krümel aussehen. Der Vorsitzende Mao verbot das Glücksspiel in der Volksrepublik schon vor langer Zeit, aber in Macao hat es aufgrund eines historischen Zufalls überlebt: Die Stadt war fünfhundert Jahre lang eine portugiesische Kolonie und durfte nach der Rückgabe an China 1999 einige der freizügigen Traditionen behalten, wegen deren sie W. H. Auden als einen »Ausläufer des katholischen Europas« bezeichnet hatte. Der neue Wohlstand in China führte in Macao zu einem nie dagewesenen Bauboom, während die Einnahmen der örtlichen Spielbanken im Jahr 2007, als Siu das erste Mal Macao besuchte, bereits höher waren als die von Las Vegas, der bis zu diesem Zeitpunkt größten Glücksspielhölle der Welt. Wenige Jahre später floss gar sechs Mal mehr Geld durch Macao als durch die Stadt in der Wüste von Nevada.

Bis zu diesem Zeitpunkt war Siu Yun Ping das Glück nicht gerade hold gewesen. Aufgewachsen war er in einer Wellblechsiedlung in einem sumpfigen Teil der ländlichen Region Hongkongs. Im Jahr seiner Geburt suchte eine verheerende Sturmflut die Gegend heim, die folgenden Jahre brachten erst Dürren und dann Taifune. »Als ob die Götter uns zerstören wollten, indem sie uns in den Wahnsinn trieben«, schrieb ein örtlicher Beamter in seinen Memoiren. Siu hatte fünf Geschwister und lediglich die Grundschule absolviert. Bevor er als Friseur zu arbeiten begann, hatte er sich als Schneider und Bauarbeiter verdingt. Rein technisch war Glücksspiel in Hongkong zwar illegal, aber wie in vielen anderen chinesischen Gemeinden handelte es sich um eine der kleinen Freuden des Alltags, und so drängelte sich Siu bereits im Alter von neun Jahren durch Menschenmengen, um Kartenspielern bei ihren Partien zuzusehen.

Mit dreizehn spielte er um kleinere Einsätze und wurde schließlich von Betreibern einer illegalen Spielhölle engagiert, um die Hände der Spieler im Auge zu behalten. »Ich bin gut darin, die Leute und ihre Bewegungen zu beobachten«, erklärte er mir. »Jedes Mal, wenn ich jemanden betrügen sah, erzählte ich es gleich dem Boss.«

Auch als Erwachsener spielte er Karten, allerdings ohne allzu großen Erfolg. Seine Erscheinung war wenig glanzvoll: Er war drahtig und schlank, hatte ein feistes Gesicht, buschiges Haar und die wachen Augen eines Mannes, der es gewohnt ist, für sich selbst zu sorgen. Im Alter von neunzehn Jahren heiratete er, zeugte drei Kinder, ließ sich scheiden und heiratete abermals. In seinem Heimatort Fuk Hing, was so viel bedeutet wie »das Glück feiern«, war er unter einem Spitznamen bekannt, den er nicht besonders mochte: Lang Tou Ping oder »Unverbesserlicher Spieler Ping«.

Als er noch als Friseur arbeitete, schloss er Freundschaft mit einem dürren Teenager namens Wong Kam-ming. Wong war im selben Bezirk wie Siu aufgewachsen – einer der ärmsten Gegenden Hongkongs – und hatte die Schule ebenfalls früh abgebrochen, um eine Anstellung zu finden. Hin und wieder trafen sich die beiden zum Abendessen in dem Café, in dem Wong arbeitete und das seiner Mutter gehörte. Siu versuchte sich damals im kleinen Rahmen als Stadtentwickler, er baute Häuser auf den Reisfeldern rund um die Siedlung und verkaufte sie anschließend; Wong eröffnete sein eigenes Restaurant. Ihre Freundschaft wuchs sogar noch, als Wong begann, in Macao als Mittelsmann eines sogenannten *junket*-Unternehmens zu arbeiten: Er warb Spieler an, gewährte ihnen Kredite und erhielt im Gegenzug für jeden ihrer Wetteinsätze eine Provision. Einer der Angeworbenen war Siu.

Ein- oder zweimal wöchentlich bestieg Siu die Fähre und überquerte die rauschenden grauen Gewässer an der Mündung des Perlflusses. Tag für Tag machten sich siebzigtausend Menschen auf den Weg nach Macao, um dort ihr Glück zu versuchen, wobei mehr als die Hälfte vom chinesischen Festland kam. Siu machte sich keinerlei Illusionen; er wusste, dass seine Angewohnheit ihm nicht guttat. »Von zehn Spielern gewinnen vielleicht drei«, erklärte er. »Und wenn diese drei weitermachen, gewinnt nur einer.« Er spielte Bakarrat, das Lieblingsspiel vieler Chinesen. (Die Gewinnchancen liegen etwas höher als bei anderen Spielen; außerdem sind die Regeln leicht zu erlernen.) Bei der in Macao am weitesten verbreiteten Variante, Punto Banco, benötigt man überhaupt kein Können, weil das Ergebnis feststeht, sobald die Karten ausgegeben worden sind.

Im August 2007, wenige Wochen nach seiner ersten Fahrt nach Macao, begann für Siu eine Glückssträhne. An manchen Tagen gewann er Tausende Dollar. An anderen waren es sogar Hunderttausende. Auf Wongs Empfehlung hin wurde er in opulente VIP-Räume eingeladen, zu denen nur Zutritt erhielt, wer um die höchsten Einsätze spielte, und mit diesen sogenannten High Rollern flog er regelmäßig in ihren Hubschraubern über die Bucht. Je öfter Siu spielte, desto mehr verdiente Wong in Form von Provisionen und Trinkgeldern. Als es langsam Winter wurde, löste Sius Erfolg eine Kettenreaktion aus, die anschaulich zeigt, warum Macao innerhalb der Geld- und Machtlandschaft des neuen China ein Ort ist, an dem man besonders schnell in Schwierigkeiten geraten kann – ob es sich nun um einen ehemaligen Friseur aus Hongkong oder einen der reichsten Männer Amerikas handelt.

Glücksspielstädte sind Tempel der Selbstschöpfung. Las Vegas war nur ein Außenposten in der Wüste, der von Sandstürmen und Überschwemmungen heimgesucht wurde – in den Augen der ersten mormonischen Siedler eine »gottverlassene« Gegend, der sie bald den Rücken kehrten –, bevor dort eine Stadt entstand, die heute jedes Jahr von mehr Menschen besucht wird als Mekka. Hal Rothman, ein kürzlich verstorbener Historiker und Spezialist für den amerikanischen Westen, schrieb, Las Vegas stelle jedem dieselbe Frage: »Was möchtest du sein, und wie viel bist du bereit zu zahlen?«

In Macao werden die Fähren bereits von einer großen Menge Kundenfänger erwartet. Als ich eines Herbstnachmittags am Hafen ausstieg, drückte mir eine junge Frau einen Flyer von »USA Direct« in die Hand: Über eine gebührenfreie Hotline konnte man auf Hochchinesisch amerikanische Immobilien zu angeblich unschlagbaren Preisen erwerben. Mein Handy summte. Ein Spielkasino hatte mir eine automatische Nachricht zukommen lassen:

> Die Stadt der Träume gratuliert dem Glückspilz, der beim ›Werde mit einem Dollar unfassbar reich‹-Gewinnspiel den großen Preis von 11562812 Hongkong-Dollar gewonnen hat. Kommen Sie an Bord des Glücksexpress! Sie könnten unser nächster Millionär sein.

Mit einer Einwohnerzahl von nur einer halben Million fühlt Macao sich an wie ein intensiveres und verdichtetes China im Kleinformat.

Die Sonderverwaltungszone wird von derselben Mischung aus Ehrgeiz, Risikobereitschaft und Selbstschöpfung angetrieben wie das Festland, aber angesichts der Anzahl der Gäste und der Anhäufung des Geldes vor Ort wurde aus dieser Mixtur ein besonders wirksames Destillat, und es ist schwer zu entscheiden, ob dies nun die größte Stärke oder die größte Schwäche Macaos darstellt. Früher wurden hier Feuerwerkskörper, Spielzeug und Plastikblumen hergestellt, bis die Fabriken den Spielsalons weichen mussten. Der Durchschnittsbewohner Macaos verdient heute mehr als der Durchschnittseuropäer. Ständig wird irgendetwas gebaut. Als ich ins Hotel eincheckte, erinnerte mich der Anblick vor der Tür an meine ersten Monate in China, als das gleißende Licht der Schweißgeräte vierundzwanzig Stunden am Tag durch mein Fenster fiel.

Selbst nach chinesischen Standards war die Geschwindigkeit von Macaos Wachstum einfach nur atemberaubend. 2010 verwetteten die High Roller um die sechshundert Milliarden Dollar, was ungefähr der Menge an Bargeld entspricht, die in den Vereinigten Staaten während eines Jahres an allen Geldautomaten abgehoben wird. Doch selbst das Vermögen, das auf den Spieltischen Macaos seinen Besitzer wechselte, machte nur einen Teil des Ganzen aus. »Das Wachstum der Glücksspielindustrie in Macao, angeheizt vom Geld der Spieler vom Festland und der wachsenden Anzahl von Kasinos in amerikanischem Besitz, wurde flächendeckend von Korruption, organisiertem Verbrechen und Geldwäsche begleitet«, hieß es 2011 im Jahresbericht des mit China befassten Ständigen Ausschusses des US-Kongresses. Die Region hatte sich in »die Wäscherei Macao« verwandelt, wie es amerikanische Diplomaten in einem internen Telegramm aus dem Jahr 2009 ausdrückten. David Asher, der während der Amtszeit von George W. Bush als Chefberater für Ostasien und den pazifischen Raum im Außenministerium tätig war, sagte, die Stadt wirke nun »nicht mehr wie aus einem James-Bond-Film, sondern wie aus *Die Bourne Identität*«.

2005 gelang es dem FBI, einen Schmugglerring zu infiltrieren, an dem ein Macaoer Einwohner namens Jyimin Horng beteiligt war. Die Beamten gaben sich zu diesem Zweck als Abgesandte der kolumbianischen FARC aus (der Guerrillabewegung Fuerzas Armadas Revolutionarias de Colombia). Als der FBI-Agent Jack Garcia nach Waffen fragte, schickte ihm Horng einen Katalog, aus dem Garcia Panzerabwehrraketen, Granatwerfer, Maschinenpistolen und AK-47-Sturmgewehre bestellte. Um Horng und weitere Verdächtige für eine Festnahme in die USA zu locken, inszenierte das FBI die Hochzeit zweier am Coup beteiligter Agenten. Horng und weitere Gäste erhielten elegante Einladungen zu einer Feier an Bord einer Yacht, die vor Cape May in New Jersey vor Anker lag. »Ich war der Trauzeuge«, erzählte mir Garcia. »Wir holten sie zum Junggesellenabschied ab und fuhren sie geradewegs zum FBI-Büro.« Neunundvierzig Personen wurden festgenommen. Wegen dieses und anderer Fälle setzte das US-Finanzministerium die in Macao sitzende Banco Delta Asia wegen Geldwäsche mit Verbindungen zum nordkoreanischen Regime auf eine schwarze Liste – Vorwürfe, die von der Bank abgestritten wurden.

Glücksspiel ist seit der Xia-Dynastie (2000-1500 v. Chr.) Teil der chinesischen Geschichte. »Der Staat erließ zwar oft Gesetze dagegen, trotzdem waren Beamte meist die größten Spieler«, erklärte mir Desmond Lam, Professor für Marketing an der Universität von Macao. »Man entzog ihnen die Titel, prügelte sie, steckte sie ins Gefängnis oder schickte sie ins Exil, trotzdem lässt sich bei allen Dynastien dieser Trend beobachten.« Lam erforschte die chinesische Risikobereitschaft. Wir nahmen an einer Führung durch die »City of Dreams« teil, eine Kasinoanlage, die mit dem Spruch beworben wird: »Mach mit, spiele und verändere dein Leben.« Nach sechs Jahren Forschung und vielen Umfragen hielt Lam jeden Spieltisch für ein »mikroskopisches Schlachtfeld«, einen ergebnislosen Stellungskrieg zwischen Wissenschaft und Glauben: auf der einen Seite die Spielbank, die ihren Vorteil zuverlässig bis auf zwei Stellen hinterm Komma zu berechnen vermag; auf der anderen eine ganze Reihe chinesischer Ansichten über Schicksal und Aberglauben, »von denen die Leute zwar wissen, dass sie irrational sind, die jedoch«, so Lam, »zu ihrer Kultur gehören«. Er ging einige traditionelle Weisheiten durch: Für mehr Glück beim

Spiel sollte man rote Unterwäsche tragen und alle Lichter im Haus anschalten, bevor man vor die Tür ging. Um eine Pechsträhne zu vermeiden, sollte man auf dem Weg zum Kasino Nonnen und Mönchen ausweichen. Außerdem durfte man das Gebäude nie durch den Haupteingang, sondern immer nur durch einen Nebeneingang betreten.

Macao war seit seiner Gründung Schauplatz der unterschiedlichsten Intrigen gewesen, und auch um die Geburt der Kolonie selbst rankte sich eine Legende, in deren Mittelpunkt ein eleganter Betrug stand: Es heißt, örtliche Fischer hätten 1564 eine im Hafen vor Anker liegende portugiesische Flotte um Unterstützung im Kampf gegen Piraten gebeten. Daraufhin versteckten die Portugiesen ihre Kanonen im Inneren chinesischer Schiffe und lauerten den Seeräubern auf dem Meer auf. In ihrer Dankbarkeit erlaubten die Chinesen den Portugiesen, auf der Halbinsel zu bleiben. Macao entwickelte sich zum wichtigsten Haltepunkt zwischen Indien und Japan, doch dann wurde in Hongkong ein besserer Hafen gebaut, weshalb sich Macao auf andere Dinge spezialisieren musste: Opium, Prostitution und Glücksspiel. Als der niederländische Schriftsteller Hendrik de Leeuw den Ort in den dreißiger Jahren des 20. Jahrhunderts besuchte, um für sein Buch *Cities of Sin* zu recherchieren, nahm er Macao in sein Werk auf als Brutstätte »allen Gesindels der Welt, der betrunkenen Kapitäne, des Treibguts der Meere, der Ausgestoßenen und der schamlosesten, schönsten und wildesten Frauen aller Häfen auf dem Erdenrund. Es ist die reinste Hölle.«

Während des Großteils seiner Geschichte wirkte Macao mit seinen barocken katholischen Kirchen und den Reihen von Cafés im Schatten herabhängender Palmen mindestens ebenso mediterran wie chinesisch, denn hier tranken alte Auswanderer *cafe de manhã*, während sie sich über das *Jornal Tribuna* beugten. Als ich jedoch dort ankam, erinnerte mich das Ganze eher an den Persischen Golf: Luxushotels mit Klimaanlagen, Hochhäuser und in der Sonne abgestellte Sportwagen. Oft waren die Steuereinnahmen Macaos doppelt so hoch wie die Ausgaben, und ähnlich wie in Kuweit teilte man auch hier im Zuge eines sogenannten »Wohlstandsverteilungsprogramms«

Schecks an die Bewohner aus. Der Arbeitslosenanteil betrug weniger als drei Prozent. »Was Las Vegas in fünfundsiebzig Jahren erreicht hat, schaffen wir in fünfzehn«, erklärte mir Paulo Azevedo, Herausgeber der *Macao Business* und anderer Lokalzeitschriften, als wir uns auf einen Drink trafen. Allerdings mangelte es aufgrund des rasanten Wachstums an vielem, etwa an Taxis, Straßen, Wohnungen und medizinischer Versorgung. »Wenn ich zum Zahnarzt möchte, muss ich nach Thailand«, sagte Azevedo. Einmal ging der Stadt beinahe das Münzgeld aus. Die Spielkasinos hatten den Rhythmus von Leben und Arbeit auf eine neue Weise geordnet, die nicht überall auf Begeisterung stieß. Die Schüler von Au Kam San, einem als Oberschullehrer tätigen Abgeordneten im Parlament von Macao, ließen ihn wissen: »Wir können Arbeit in einem Spielsalon finden und mehr verdienen als Sie.«

Eine kurze Autofahrt von der Fähre entfernt lag eine aus zwei Hotels bestehende Anlage, die dem Las-Vegas-Magnaten Steve Wynn gehörte; der dortige Louis-Vuitton-Store verkaufte pro Quadratmeter angeblich mehr als jeder andere Laden der Firma auf der Welt. Während ich vom PR-Mitarbeiter des Kasinos herumgeführt wurde und wir an einem Aquarium mit fluoreszierenden Quallen vorbeigingen, das mit einem speziell angefertigten Vorhang ausgestattet war, damit die Tiere nachts schlafen konnten, klärte er mich darüber auf, dass chinesische Gäste besonders viel Luxus erwarteten, weil es sich bei »jedem um einen Präsidenten oder Vorsitzenden handelt«. Wir machten im neuesten, mit einem Michelin-Stern ausgezeichneten Restaurant des Hauses halt, das sogar über einen Dichter verfügte, der jedem VIP-Gast eigens komponierte Zeilen widmete. Ich erkundigte mich bei der Kellnerin, warum neben jedem Tisch ein winziger weißer Lederschemel stand, und sie antwortete: »Der ist für Ihre Handtasche.«

Noch vor einer Generation hatten Familien ihre Erbstücke im Garten vergraben, um nicht Opfer politischer Verfolgung zu werden. Im Jahr 2012 war China als weltweit größter Abnehmer von Luxusartikeln an den USA vorbeigezogen. Obwohl die Chinesen den entbehrungsreichen Zeiten nicht hinterhertrauerten, fragten sie sich doch, wie sich der unbeirrbare Gewinntrieb wohl auf sie auswirken mochte. Folgender Witz machte die Runde: Ein Mann wird an einer Pekinger Straßenecke von einem Sportwagen gestreift und verliert einen Arm. Er starrt voller Entsetzen auf die Wunde und ruft: »Meine Uhr!«

Das Leben in Macao hat mich immer an das amerikanische »Gilded Age« erinnert. Matthew Josephson schildert in seinem Buch *The Robber Barons*, wie sich die Amerikaner an den plötzlichen Wohlstand der siebziger Jahre des 19. Jahrhunderts gewöhnten. Josephson berichtet von einem Mann, »der sich kleine Löcher in die Zähne bohren und von einem Zahnexperten eine doppelte Reihe Diamanten einsetzen ließ, so dass sein Lächeln in der Sonne funkelte und glänzte, wenn er unterwegs war«. Das damalige politische System der Vereinigten Staaten wurde aus denselben Gründen kritisiert wie das des heutigen China: wegen Korruption, fehlender Rechtsstaatlichkeit und des unentschlossenen Vorgehens gegen Monopolisten. Als es in den siebziger und achtziger Jahren zu einer landesweiten Welle von Streiks und Demonstrationen kam, schlug man sie mit aller Härte nieder. Man solle den Streikenden »ein paar Tage Gewehrkugeln zu fressen geben«, schlug Thomas Scott von der Eisenbahngesellschaft Pennsylvania Railroad vor, »um herauszufinden, was sie von diesem Brot halten«. In Europa hieß es oft, die Amerikaner seien von der Barbarei direkt zur Dekadenz übergegangen und hätten den sonst üblichen Zwischenschritt der Zivilisation übersprungen.

Macao bot Chinas neuer finanzstarker Schicht die Möglichkeit zu sündigen. Bei der Gestaltung seiner Spielkasinos zelebrierte Steve Wynn den chinesischen Aberglauben hinsichtlich der Wege zum Wohlstand: Als die Designer des Hotels bemerkten, dass es im Spa-Bereich vier Separees gab – eine in China wenig glücksverheißende Zahl, weil das entsprechende Wort sich im Chinesischen ähnlich anhört wie das für Tod –, setzten sie auf dem Flur eine Reihe falscher Türen ein, um die Gesamtzahl auf acht zu erhöhen, denn dieses Wort klingt auf Chinesisch wie »reich werden«. Wynn hatte sich in Las Vegas einen Namen damit gemacht, auf Luxus statt auf Kitsch und auf Picasso statt auf Wayne Newton zu setzen; in seinen Hotels in Macao vertraute er jedoch weiterhin auf das, was die Kasinoarchitekten den

Wow-Faktor nannten: Einmal in der Stunde versammelten sich Touristen in der Lobby, um Zeuge zu werden, wie sich ein Loch im Boden auftat und ein riesiger sich windender Trickdrachen mit rotglühenden Augen daraus emporstieg, um Rauch aus seinen Nüstern zu blasen.

In der City of Dreams riecht es nach Parfüm, Zigaretten und Teppichshampoo. Geht es um Geld, trinken chinesische Spieler selten, und das leise, andächtige Gemurmel wird nur hin und wieder von erfreuten oder verärgerten Schlägen auf den Tisch unterbrochen; bisweilen befiehlt auch jemand den Karten, endlich zu gehorchen. Eines Abends mischte ich mich unter die Menschenmenge um einen Bakkarat-Tisch, an dem ein dürrer Mann mit dicken Augenbrauen und einem vor Schweiß rot glänzenden Gesicht gerade dabei war, langsam den Rand seiner Karte anzuheben, während ein anderer neben ihm ständig »Pusten! Pusten!« rief, um damit gleichsam die hohen Zahlen wegzublasen, die den Verlust des Spiels bedeutet hätten. Als der Dürre die Karte weit genug angehoben hatte, um ihren Wert zu erkennen, verzog er sein Gesicht und warf sie quer über den Tisch.

»Amerikaner glauben oft, sie hätten die Kontrolle über ihr Schicksal, während Chinesen die Vorsehung als eine äußere Macht begreifen«, erklärte mir Professor Lam. »Die Chinesen haben das Gefühl, sie müssten bestimmte Dinge tun, um sich mehr Glück zu verdienen.« Laut Umfragen sehen chinesische Spieler Wetten oft als eine Form von Investition und Investitionen als eine Form von Wetten. Nach Ansicht der Chinesen unterscheiden sich Börse und Immobilienmarkt nur wenig von einem Spielsalon. Die Verhaltensforscher Elke Weber und Christopher Hsee verglichen chinesische und amerikanische Herangehensweisen an finanzielle Risiken. Im Rahmen einer Reihe von Experimenten entdeckten sie, dass sich chinesische Investoren überwiegend für vorsichtiger hielten als ihre amerikanischen Kollegen. Als man jedoch ihr Vorgehen anhand einiger hypothetischer finanzieller Fragen überprüfte, stellte sich heraus, wie wenig dieses Klischee tatsächlich zutraf, denn die Chinesen gingen durch die

Bank ein höheres Risiko ein als Amerikaner mit vergleichbar großen Vermögen.

Ich hatte mich daran gewöhnt, dass chinesische Freunde finanzielle Entscheidungen trafen, die mir unverhältnismäßig riskant erschienen, etwa wenn sie mit den eigenen Ersparnissen Unternehmen gründeten oder ans andere Ende des Landes zogen, ohne einen sicheren Arbeitsplatz zu haben. Ein von Weber und Hsee als »Kissenhypothese« bezeichneter Erklärungsversuch lautet, dass die traditionell weitverzweigten Familiennetzwerke der Chinesen den Menschen das sichere Gefühl gäben, sie könnten andere jederzeit um Hilfe bitten, sollte das eingegangene Risiko nicht von Erfolg gekrönt sein. Eine andere Theorie bezieht sich stärker auf die Boom-Jahre. »Die von Deng Xiaoping angestoßenen Wirtschaftsreformen waren selbst eine Art Glücksspiel«, erklärte mir Ricardo Sui, Professor für Wirtschaftswissenschaften an der Universität von Macao. »Deshalb gewannen die Leute den Eindruck, es sei nicht nur in Ordnung, Risiken einzugehen – nein, das Ganze habe sogar einen intrinsischen Nutzen.« Er fügte hinzu, dass alle, die der Armut entkommen waren und nun zur Mittelschicht gehörten, »daher denken konnten: ›Auch wenn ich die Hälfte meines Geldes verliere, was soll's, das habe ich bereits hinter mir. So arm wie früher werde ich dadurch nicht mehr. Außerdem kann ich das Geld in ein paar Jahren zurückverdienen. Und wenn ich gewinne? Dann bin ich Millionär!‹«

Die in China vorherrschende Haltung gegenüber Risiken erinnerte mich an Lin Yifu, den taiwanesischen Deserteur, der alles auf das neue China gesetzt hatte. Obwohl seine Reise dramatischer gewesen war als die vieler anderer, hatte seine Entscheidung doch einiges mit der all jener Migranten gemeinsam, die sich auf die Suche nach besseren Lebensbedingungen machten – seien es nun Gong Haiyan und ihre Online-Singlebörse, die Schüler von Crazy English oder die europäischen Auswanderer, die während des »Gilded Age« nach Amerika kamen. *Was möchtest du sein, und wie viel bist du bereit zu zahlen?*

Im Falle des Unverbesserlichen Spielers Ping erregten sein Erfolg und seine Risikobereitschaft einige Aufmerksamkeit. Vier Monate nach dem Beginn seiner Glückssträhne berichtete das beliebte Hongkonger Klatschblatt *Apple Daily* von einer »geheimnisvollen« Gestalt, die in Macao ihr Unwesen treibe und mittlerweile angeblich ein Vermögen von hundertfünfzig Millionen Dollar angehäuft habe. »Hat er einfach nur sehr viel Glück oder ist bei ihm tatsächlich Magie im Spiel?«, fragte sich die Zeitung im Januar 2008. Am nächsten Tag erklärte Chim Pui-chung, Abgeordneter im Hongkonger Parlament und ebenfalls ein leidenschaftlicher Spieler, gegenüber dem Blatt, er habe gehört, wie die Leute den neuen High Roller in Anlehnung an einen Hongkonger Film mit Chow Yun-fat in der Hauptrolle als den »Gott der Spieler« umjubelten. Profispieler nannten Typen wie Siu Shootingstars, weil sie aus dem Nichts auftauchten und normalerweise ebenso schnell wieder verschwanden.

Eine solche Glückssträhne musste einfach Misstrauen erwecken. Die Spielkasinos wissen sehr wohl, dass der Bankvorteil bei Bakkarat (der um die 1,15 Prozent beträgt) letztlich dazu führt, dass sich die Gewinnchancen der Spieler nach dreißigtausend Partien so gut wie in Luft auflösen. Ein engagierter Zocker vermag an einem Wochenende vielleicht tausend Blatt zu spielen und den Tisch unterm Strich mit einem Plus zu verlassen, aber nach sieben Monaten sollte eigentlich keiner mehr als Gewinner nach Hause gehen. Kurz nach Erscheinen des Artikels über den Gott der Spieler erhielt Sius einundzwanzigjähriger Sohn anonyme Drohanrufe. Wenig später schlich sich mitten in der Nacht jemand in den Ort, in dem man das Glück feierte, und setzte Teile des Wohnhauses der Familie in Brand. Schließlich erhielt Wong Kam-ming, der seinem Freund Siu Zugang zu den VIP-Räumen verschafft hatte, einen wütenden Anruf. Der Mann am anderen Ende der Leitung verlangte ein Treffen, um ein für alle Mal die Frage zu klären, ob der Unverbesserliche Spieler Ping betrogen hatte.

Über Jahre hinweg verkörperte niemand den Geist Macaos mehr als Stanley Ho, ein hochgewachsener, eleganter Magnat, der mit allerlei Sternchen und Tänzerinnen verbandelt gewesen war, bis weit über sein achtzigstes Lebensjahr hinaus beim Tango brillierte und in einem Rolls-Royce mit dem Kennzeichen HK-1 durch Hongkong chauffiert wurde. Nachdem sein Vater das Familienvermögen an der Börse verloren hatte, gründete Ho während des Zweiten Weltkriegs eine Handelsgesellschaft in Macao. »Bis zum Kriegsende hatte ich über eine Millionen Dollar verdient, obwohl ich mit nur zehn Dollar begonnen hatte«, sagte er. Er expandierte, machte in Fluglinien, Immobilien und Speditionen; 1962 übernahmen er und seine Partner schließlich die Spielkasinos Macaos, was ihnen ein Monopol verschaffte, das vierzig Jahre Bestand haben und Ho zu einem der reichsten Männer Asiens machen sollte. Ausländische Regierungen hegten den Verdacht, Ho pflege möglicherweise ein allzu enges Verhältnis zum organisierten Verbrechen in China. Zwar leugnete er jegliche Verbindungen, dennoch unterbanden US-amerikanische und australische Behörden alle Versuche der Familie, in diesen Ländern Spielkasinos zu eröffnen. Ganz im Geiste seiner Heimat ging er bei der Wahl seiner Geschäftspartner nicht gerade wählerisch vor: Er veranstaltete Pferderennen im Persien des Schah, betrieb ein Kasinoboot auf Ferdinand Marcos' Philippinen und eine Kasinoinsel im Nordkorea Kim Jongils. Die Geheimdienste versuchten verzweifelt, Hos Machenschaften aufzudecken, aber »niemand schafft es an der ersten Base vorbei«, wie mir der kürzlich verstorbene Dan Grove erklärte, ein pensionierter FBI-Agent, der in Hongkong gearbeitet hatte.

Stanley Hos Monopol über Macao endete, als seine Konzessionen im Jahr 2002 ausliefen und die ausländische Konkurrenz eilends die Chance nutzte, selbst zum Zuge zu kommen. Das erste neu eröffnete Kasino war das Sands Macao; finanziert hatte es Sheldon Adelson aus Las Vegas, der auf der *Forbes*-Liste der reichsten Amerikaner zeitweise den neunten Platz belegte. Körperlich war Adelson das komplette Gegenteil von Stanley Ho: klein, dick und mit leuchtend rotem Haar. Adelson war als Sohn eines aus Litauen stammenden Taxifahrers im Bostoner Stadtteil Dorchester aufgewachsen und hatte sich an einer ganzen Reihe von Geschäften versucht – vom Verpacken von Toilettenartikeln für Hotels bis hin zum Verkauf eines Sprays, das Windschutzscheiben von Eis befreite. 1979 gelang ihm dann der große Durchbruch mit der COMDEX, einer Messe für Computertechnik. Später kaufte er das alte Sands-Hotel in Las Vegas, machte daraus das größte private Kongresszentrum in ganz Amerika und verdiente ein Vermögen, indem er Spielkasinos mit Messehallen kombinierte. Adelson hatte es auf Macao abgesehen, um Zugang zu den 1,3 Milliarden Einwohnern der Volksrepublik zu erhalten. Also machte er den chinesischen Führern in Peking erfolgreich den Hof, indem er seinen Einfluss auf die Politik der Republikaner betonte. (Im Wahlkampf von 2012 spendete keine Einzelperson mehr Geld als Adelson.) Im Mai 2004 eröffnete er sein erstes Kasino und widmete sich dann einer Vision, die ihm angeblich im Traum erschienen war: Zwischen zwei Inseln vor Macao sollte auf einer künstlichen Landbrücke der Las Vegas Strip nachgebaut werden. Sein Unternehmen ließ drei Millionen Kubikmeter Sand aufschütten und für 2,4 Milliarden Dollar das Venetian Macao errichten, eine XXL-Kopie seines gleichnamigen Hotels in Las Vegas, die über die größte Spielkasino-Etage der Welt verfügt. Er erzählte den Leuten, er hoffe, dank Macao eines Tages Bill Gates und Warren Buffet an der Spitze der *Forbes*-Liste zu überholen.

Anders als in Las Vegas, wo Spielautomaten die größten Profite abwerfen, werden in Macao drei Viertel aller Gewinne durch enorm hohe Wetteinsätze in den VIP-Räumen eingefahren, wo High Roller rund um die Uhr ihrer Spiellust frönen. Die Kasinos verlassen sich dabei auf chinesische Unternehmen, die *junkets* genannt werden und einzig dazu da sind, einige der praktischen Probleme einer Spielbank zu lösen – etwa dass es den Kasinos aufgrund chinesischer Gesetze verboten ist, Spielschulden in der Volksrepublik einzutreiben. Um diese Rechtslage zu umgehen, setzt man Mittelsmänner ein, die reiche Kunden aus ganz China anwerben, ihnen Kredite gewähren und dann das komplizierte Geschäft des Geldeintreibens erledigen. Besonders attraktiv ist dieses System für all jene, die große Summen Bargeld aus China herauszuschaffen gedenken. Will ein korrupter Funktionär oder Manager seine Einnahmen verschleiern, nutzt er die von den Unternehmen angebotene »Dienstleistung«, um auf einer Seite der Grenze Bargeld einzuzahlen und es auf der anderen zurückzuerhalten, zum Beispiel in Form von Jetons, mit denen man spielen und die man sich anschließend in einer ausländischen Währung auszahlen lassen kann. (Eine weitere Möglichkeit besteht darin, das Geld sozusagen von Hand über die nicht sonderlich stark bewachte Grenze nach Macao zu schmuggeln – eine Praxis, die in Geldwäscherkreisen in Anlehnung an die kleinen blauen Fantasiewesen als »Schlumpfen« bezeichnet wird, weil daran ein Heer untergeordneter Kuriere mitwirkt.)

Obwohl viele gesetzestreue Bürger Geschäfte mit der *junket*-Industrie machen, besteht seit Jahrzehnten der Verdacht, das organisierte Verbrechen könne dabei seine Hände im Spiel haben. Im China des 19. Jahrhunderts waren mafiöse Gruppen, die sogenannten Triaden, aus politischen Gesellschaften entstanden, wobei der Begriff »Triade« selbst auf die Zeit zurückgeht, als sich drei dieser Gruppen zu einer mächtigen Organisation zusammenschlossen. Die Triaden beteiligten sich an zwielichtigen Kreditgeschäften und Prostitution und waren auch in den Kasinos von Macao präsent, obwohl sie sich in den letzten Jahren zunehmend professionalisiert und auf andere Geschäftsmodelle verlegt haben. Sie begruben ihre Streitereien über den Drogenhandel oder die Kleinkriminalität und widmeten sich den Möglichkeiten, die eine neue, wohlhabendere Volksrepublik ihnen bot: Geldwäsche, Finanzbetrug, Glücksspiel usw. Kriminelle verwandelten sich in »graue Unternehmer«, wie Kriminologen sagen, und es wurde immer schwieriger, zwischen Triaden zu unterscheiden, die unternehmerisch tätig waren, und Unternehmen, die sich wie Triaden verhielten. Männer, die in den Zeitungen einst nur unter ihren Spitznamen und in ihrer Funktion als Mafiabosse bekannt gewesen waren, erfanden sich nun neu als Führungskräfte der Glücksspielindustrie.

Es stellte sich heraus, dass Macao für korrupte chinesische Beamte besonders anziehend war. Der Ort spielte immer wieder eine Rolle, wenn hohe Parteifunktionäre sich ihre Karrieren ruinierten, etwa indem sie sich mit öffentlichen Mitteln in der Tasche auf den Weg in das Kasinoparadies machten und mit leeren Händen zurückkehrten. Da gab es zum Beispiel die beiden Parteibeamten Zhang und Zhang aus Chongqing, die 2004 in den Spielhöllen Macaos mehr als zwölf Millionen US-Dollar verloren. Ein ehemaliger Parteiboss aus Jiangsu setzte achtzehn Millionen Dollar in den Sand. Ein weiterer Beamter aus Chongqing tat sich nicht mit der Höhe seines Verlusts hervor, sondern mit der Geschwindigkeit, in der ihm das gelang: 250 000 Dollar in nur achtundvierzig Stunden. Es wurden so viele chinesische Amtsträger verhaftet, weil sie öffentliche Gelder in Macao verprasst hatten, dass Wissenschaftler im Jahr 2009 berechnen konnten, dass ein Beamter im Schnitt 3,3 Millionen Dollar verlor, bevor er erwischt wurde.

Um unverbrauchte Millionäre aufzuspüren, durchsuchten Mittelsmänner der *junket*-Unternehmen die Wirtschaftszeitungen nach neuen Gesichtern. Einer dieser Mittelsmänner erklärte mir: »Wenn jemand heutzutage nicht wenigstens ein paar tausend Dollar einsetzt, ist er gar kein richtiger Kunde.« Und was, wenn einer dieser Kunden einmal nicht zahlt? »Wir machen uns auf den Weg in seine Heimatstadt und rufen ihn an«, erklärte mir der Enddreißiger. »Sollte es nötig sein, bleiben wir ein paar Tage – um etwas Druck aufzubauen.«

Ein paar Wochen nachdem Siu Yun Pings Haus in Brand gesteckt worden war, versammelte sich eine Gruppe junger Männer auf einem Parkplatz am Rande Hongkongs. See Wah-lun, ein Hauptmann mittleren Ranges bei einer von Chinas bekanntester Triaden, der Wo Hop To, hatte das Treffen einberufen.

See war dreißig Jahre alt und untersetzt. Er erzählte seinen Männern von dem Plan, Siu zu erpressen. Einer von ihnen sagte später vor Gericht aus: »Ein Boss wollte, dass der Mann Geld zurückzahlt.« Dieser Boss war Cheung Chi-tai, ein der Hongkonger Polizei und den US-Behörden nicht unbekannter Bandenführer. Nach Einschätzung der Hongkonger Richterin Verina Bokhary hatte Cheung in den VIP-Räumen des Sands Macao wahrscheinlich »etwas zu sagen« – also an einem der Orte, an denen Siu beim Bakkarat ein Vermögen gemacht hatte. Als der Betrugsverdacht gegen Siu aufkam, versuchten Cheungs Männer, die Gewinnsumme zurückzuholen.

See Wah-lun enthüllte einen recht einfachen Plan: Sie würden Siu eine Botschaft zukommen lassen, indem sie seinen Freund Wong in einen Hinterhalt lockten, dessen Wagen mit ihren Autos in die Zange nahmen, um ihn dann in eine nahe gelegenes Ortschaft zu schaffen, wo in einem abgeschiedenen und heruntergekommenen Haus Handschuhe, Masken, Messer und Teleskopschlagstöcke für sie bereitlagen, wie auch die Polizei sie verwendet. Sie würden Wong die Arme und die Beine brechen. Doch dann pfiff See seine Männer zurück, weil sich der Plan geändert hatte: Nun lautete der Auftrag Mord – Siu sollte wissen, dass sie es ernst meinten, und seine Gewinne aushändigen.

Als See Wah-lun seine Männer darüber in Kenntnis setzte, schreckten diese zurück. Einer fragte: »Müssen wir das Ganze wirklich so weit treiben?«

See war verblüfft: »Der Boss befiehlt es euch, und ihr wollt es nicht tun?«

Ein weiterer der Auftragsmörder in spe beschwerte sich, da er an diesem Abend eigentlich auf eine Hochzeit eingeladen war. Einem Dritten, Lau Ming-yee, gefiel es gar nicht, dass er die Sache ohne Entlohnung erledigen sollte. Er habe gefragt: »Wenn man nicht bezahlt wird, warum sollte man dann helfen?«, berichtete er später.

Lau fühlte sich besonders unwohl, weil er das Opfer kannte. Lau Ming-yee, ein Bauernsohn Mitte zwanzig, arbeitete als Lieferjunge für ein Teehaus. Deshalb war er in seinem goldfarben angestrichenen Toyota schon viel herumgekommen. Hin und wieder fuhr er auch in Wongs Gegend Essen aus. »Alle waren entsetzt von dem Gedanken, jemanden umzubringen – ganz besonders jemanden, den wir kannten«, erklärte Lau.

Als See beschrieb, welche Rolle Lau bei dem Mord übernehmen sollte, zögerte Lau. Der Boss schäumte vor Wut: »Worüber zum Teufel musst du da noch nachdenken?«

Schließlich knickte Lau ein und erklärte, er werde bei der Ausführung des Mordkomplotts mitmachen. Mit vollem Herzen war er jedoch nicht dabei. Der Wo Hop To hatte er sich bereits als Jugendlicher angeschlossen, unter Sees Kommando war er zum kleinen Soldaten aufgestiegen, allerdings ließ sich damit nicht sonderlich viel Geld verdienen. Im Lauf der Jahre hatte er deshalb bei einem Zeitungsstand und in einem Internetcafé gearbeitet. Mittlerweile hatte er eine schwangere Freundin und schon genug Schwierigkeiten, fünfhundert Dollar für die Reparatur eines Lasters aufzutreiben, den er mit seinem Toyota beschädigt hatte.

Dem Auftragsmörder Lau Ming-yee stank einfach alles an dem Job, und in den frühen Morgenstunden des Tages, an dem der Angriff stattfinden sollte, wählte er die Nummer eines Polizisten, den er kannte, und bot ihm einen Tipp an. Die beiden trafen sich in der Nähe eines örtlichen Schreins, der »Tempel unter dem großen Baum« hieß, und dort verriet Lau dem Beamten einfach alles: über das Mordvorhaben, über den Gott der Spieler und über das sichere Versteck mit den Masken und Messern. Später erklärte Lau vor Gericht: »Ich habe ein Kind und möchte ein verantwortungsbewusster Vater sein.« Er hatte seine Optionen genau abgewogen. Zwar konnte ein Deal eine Gefängnisstrafe bedeuten, trotzdem hatte er sich ausgerechnet, dass er wieder auf freiem Fuß sein würde, bevor es wirklich darauf ankam – »bevor mein Kind alles versteht«.

Die Polizei nahm innerhalb weniger Stunden fünf Männer fest. Im Herbst desselben Jahres stellte man diese vor Gericht, und Lau sagte gegen sie aus. Die Männer beteuerten ihre Unschuld, wurden aber wegen der Verabredung zu schwerer Körperverletzung und der Mitgliedschaft in einer Triade verurteilt. See, der Anführer der Gruppe, wurde darüber hinaus für die Planung eines Mordes und die Anstiftung anderer belangt. Die fünf Männer erhielten Gefängnisstrafen von bis zu vierzehn Jahren (Lau blieb wegen seiner Zusammenarbeit mit der Polizei verschont). Während der Ermittlungen wurde auch Cheung Chi-tai, der Kopf der Triade, für kurze Zeit in Gewahrsam genommen, er blieb aber nicht lange in Haft. Laut Sees Verteidiger John Haynes rief »Cheung [...] seinen Anwalt an und weigerte sich, irgendwelche Fragen zu beantworten, weshalb er am Ende ohne Anklage davonkam«. Bei der Urteilsverkündung beschwerte sich Haynes, dass die »kleinen Fische« ins Gefängnis gingen, während »sich der große Boss [...] bequem in Macao zurücklehnen kann, weil keinerlei Anklage gegen ihn erhoben wird«.

Siu und sein Freund Wong sagten vor Gericht aus, und man bat sie dort um eine ungefähre Einschätzung der Höhe von Sius Gewinn während seiner fünfmonatigen Glückssträhne. Das war schwer zu sagen, weil High Roller in Macao oft Nebenwetten nutzen, bei denen die Einsätze in Wirklichkeit sehr viel höher liegen als der Wert der Jetons auf dem Tisch. (Bei einer Nebenwette einigen sich ein Spieler und ein Mittelsmann im Geheimen darauf, dass jeder Hundert-Dollar-Schein tausend oder gar zehntausend Dollar wert ist; Gewinne und Verluste werden dann privat geregelt.) Der Friseur Siu schätzte, er habe insgesamt umgerechnet dreizehn Millionen US-Dollar gewonnen. Wong veranschlagte die Summer sehr viel höher: Er sprach von siebenundsiebzig Millionen Dollar.

Die Tatsache, dass ein ehemaliger Friseur siebenundsiebzig Millionen Dollar gewonnen hatte und sogar den Klauen einer Bande entkommen war, die das Geld hatte wiederbeschaffen wollen, erregte bei der Hongkonger Presse einige Aufmerksamkeit. Für eine Weile beschäftigte man sich in den Zeitungen mit dem Gott der Spieler; er wurde zu einer kleinen Berühmtheit, obwohl er Interviews konsequent ablehnte. Ein Jahr nach dem Urteil veröffentlichte die Hongkonger Zeitschrift *Next* einen Artikel, in dem sie die Vermutung anstellte, Siu habe betrogen, indem er einen Weg fand, das System zu manipulieren. In dem Artikel hieß es, Siu habe einen Handlanger bezahlt, damit dieser das Auf und Ab der Mitspieler aufzeichnete und Siu so seine Gewinne maximieren und seine Verluste minimieren konnte. Die Spielbank habe den Betrug nicht entdeckt, schloss die Zeitschrift, weil es sich bei vielen seiner Einsätze um unregistrierte Nebenwetten gehandelt habe; noch dazu habe niemand zu träumen gewagt, dass ein namenloser Spieler das äußerst große Risiko eingehen würde, einen Mitarbeiter des Spielkasinos zu kaufen. Siu reagierte nicht auf den Artikel. Lokalreporter fanden heraus, dass er spurlos verschwunden war.

Der Gott der Spieler tauchte auf den Seiten der Lokalzeitungen nicht mehr auf. Dann aber reichte im Herbst 2010 Steve Jacobs, ehemaliger Manager des Sands Macao, eine Kündigungsschutzklage ein, in der er eine ganze Reihe Anschuldigungen gegen Sheldon Adelson erhob. Jacobs gab an, er und Adelson hätten über den Gott der Spieler und die mit seinem Fall zusammenhängende Behauptung gesprochen, die chinesische Mafia habe bei den Kasinos von Adelsons Sands-Gruppe ihre Hände im Spiel. Trotz seiner Bedenken, so Jacobs, habe Adelson weiterhin das Ziel verfolgt, »das Geschäft mit den *junket*-Unternehmen aggressiv voranzutreiben«. Außerdem warf man der Sands Corporation vor, einen Macaoer Abgeordneten angeheuert und damit womöglich gegen den US-amerikanischen *Foreign Corrupt Practices Act* verstoßen zu haben, der es Unternehmen verbietet, ausländische Regierungsvertreter zu bestechen. Der Konzern wies alle Anschuldigungen von sich und gab stattdessen an, es sei Jacobs gewesen, der es versäumt habe, ausreichend Distanz zum Boss der Triade zu halten.

Dennoch wurde die US-Regierung auf den Fall aufmerksam: Das Justizministerium und die Börsenaufsicht strengten wegen des Verdachts auf Verletzung des *Foreign Corrupt Practices Act* durch die Sands Corporation Ermittlungen an. Adelson leugnete vehement, in irgendwelche kriminellen Machenschaften verstrickt gewesen zu sein. »Wenn sich der Rauch einmal verzogen hat, wird man feststellen, dass darunter nie ein Feuer brannte – da bin ich mir nicht nur zu hundert, sondern zu tausend Prozent sicher«, sagte er. »Sie möchten alle meine E-Mails sehen. Dabei habe ich nicht einmal einen Computer. Außerdem schreibe ich keine E-Mails. Dafür bin ich gar nicht der Typ.«

Adelson und Konsorten mussten herausfinden, dass es auf ganz unvorhersehbare Weise gefährlich war, am Brennpunkt des chinesischen Aufschwungs Geschäfte machen zu wollen. Mit der Zeit wurde ihnen klar, wie sehr ihre Geschicke vom Verhalten anderer abhingen – von kommunistischen Parteikadern, der chinesischen Mafia und sogar einem Friseur, der davon träumte, die Bank zu sprengen. Die Akten über den Gott der Spieler lesen sich wie eine Aneinanderreihung von Zufällen und Versehen: Sius Glückssträhne am Bakkarat-Tisch; Wongs Glück, dass man einen Auftragsmörder mit Gewissen auf ihn angesetzt hatte; Adelsons Pech, dass die Zeitungen über ein undurchsichtiges Mordvorhaben berichteten, in das sein Kasino verwickelt war. Aus einem anderen Blickwinkel betrachtet, hatte die Geschichte ebenso wenig mit Glück zu tun wie ein Spielkasino. Tatsächlich handelte sie eher vom heftigen Zusammenprall verschiedenster Interessen – eine Parabel über China während seines »Gilded Age«.

Mit seinen Exzessen, seinen Intrigen und seiner moralischen Anpassungsfähigkeit öffnete Macao ein Fenster auf die neue Zeit der Unsicherheit, die in der Volksrepublik angebrochen war. Als die Armut in China noch allgegenwärtig war, gab es kaum etwas zu stehlen und daher wenig Anlass, über die moralische Belastung nachzusinnen, die die Aussicht auf ein plötzliches Vermögen auslösen konnte. Doch die im Land herrschende Verbindung von neuem Wohlstand und einer undurchsichtigen Staatsführung lud fast schon zum Missbrauch ein.

Im Jahr 2007, als die Glückssträhne Siu Yun Pings in Macao gerade begann, wies der chinesische Wissenschaftler Minxin Pei darauf hin, dass in fast der Hälfte aller chinesischen Provinzen der Leiter des Verkehrswesens im Gefängnis saß. Pei rechnete aus, dass China durch Korruption jährlich drei Prozent des Bruttoinlandsprodukts einbüßte – mehr als im Staatshaushalt für den Bildungssektor vorgesehen war.

Dass Macao so erfolgreich Kriminelle anzog, brachte den chinesischen Staat in eine Zwickmühle: Wie lange sollte das Ganze noch so weitergehen? Und in welchem Umfang? Die Regierung hätte Macaos Wachstum gleichsam per Erlass zum Erliegen bringen können – man benötigte eine besondere Erlaubnis, um auf der Halbinsel einreisen zu dürfen, und der chinesische Staat regulierte den Besucherstrom nach Gutdünken. Doch ein hartes Durchgreifen hätte eine Vielzahl politischer Folgen gehabt. Es waren die Gewinner des Landes, die nach Macao fuhren, um dort die Früchte ihres Wohlstands zu genießen – Menschen, die sich mit bloßen Händen ein Vermögen erarbeitet hatten, Angehörige der neuen mittleren Einkommensschicht. Solange sich diese Leute nicht für die inneren Angelegenheiten des Staates interessierten, scherte sich dieser auch nicht allzu sehr um ihre. Auf einem Flug von Macao nach Peking saß ich neben einem ehemaligen Militär, der inzwischen einige Immobilien und ein paar Fabriken besaß. Er erzählte mir, er besuche Macao einmal im Monat, »um Dampf abzulassen«. Anschließend verbrachte er den Großteil des Fluges damit, seine neueste Anschaffung zu bewundern: ein Mobiltelefon von Vertu im Wert von zwölftausend Dollar, ausgestattet mit einer Hülle aus Krokodilleder und einer Taste, mit der sich rund um die Uhr ein Butler erreichen ließ.

Im Augenblick sahen also weder die Oberen vor Ort noch ihre Brüder in Peking einen Grund, irgendetwas zu ändern. Als ich mich mit Manuel Joaquim das Nevas in Verbindung setzte, dem Leiter der für die Spielkasinos in Macao zuständigen Aufsichtsbehörde, erklärte dieser: »Macao ist eben nicht Las Vegas.« Es dauerte eine Weile, bis mir dämmerte, dass er Las Vegas doch tatsächlich als Beispiel für Prüderie anführte. »Macao konnte bislang allein im Bereich der Glücksspielindustrie ausländische Investitionen im Wert von mehr als zwanzig Milliarden Dollar anziehen«, fuhr er fort. »Kurzum: Dem öffentlichen Interesse wurden sehr gute Dienste getan.« Diese Einschätzung stimmte mit der Art und Weise überein, in der die Partei von ihren Erfolgen in China sprach: »Entwicklung ist die einzige harte Wahrheit«, hatte Deng gesagt, und viele hielten diese Sichtweise für korrekt.

Vier Jahre nach dem Beginn von Sius Glückssträhne hörte ich von einem alten Freund in Hongkong, dass er sich möglicherweise wieder in seinem alten Viertel aufhielt, nicht weit von der mittlerweile abgerissenen illegalen Siedlung, in der er groß geworden war. Angeblich hatte er mit einer anderen Triade, der Wo Shing Wo, ein Schutzabkommen ausgehandelt. Ich stieg in den Zug und machte mich auf die Suche nach ihm. Seine Heimatgegend lag inmitten einer üppigen Flussmündung, die am Horizont von grünen Hügeln eingerahmt war. Gerade war es sommerlich heiß geworden, und überall schien das Baufieber ausgebrochen zu sein, während alte Ortschaften in Villensiedlungen und exklusive Wohnstraßen umgewandelt wurden, die Namen trugen wie »Prestige«, »Sky Blue« und »Full Silver Garden«.

Ich fand Siu auf einer Baustelle in der Nähe eines Schrottplatzes, der umgeben war von sumpfigen, mit Lilien und Wasserkastanien bewachsenen und von Fußwegen durchzogenen Feldern. Mittlerweile war Siu im Immobiliengeschäft tätig, genau wie er es sich immer gewünscht hatte; gerade ließ er vierzehn Gebäude hochziehen, deren moderne, vor Edelstahl und schwarzem Granit strotzende Fassaden ebenso gut nach Sacramento oder Atlanta gepasst hätten. Nach der Fertigstellung sollte die Anlage »The Pinnacle« heißen. Siu trug ein weites gelbes Polohemd, Jeans und schmutzige Turnschuhe. Er wirkte kleinlaut, und seine Stimme war heiser. Man konnte ihn kaum von seinen Arbeitern unterscheiden – sonnengebräunten, knochigen Männern mittleren Alters, die aus den ländlichen Gegenden Chinas hierhergekommen waren. Als ich auf der Baustelle eintraf, war es kurz vor Feierabend, und einer der Männer stand nackt neben einem Eimer mit Seifenwasser und machte eine Katzenwäsche. Als ich mich vorstellte, sah Siu nicht gerade begeistert aus. Ich erklärte ihm jedoch, dass ich mich schon lange für ihn interessierte, seinen Spuren gefolgt war und nun vor allem wissen wollte, warum er all die Risiken überhaupt eingegangen war. Einverstanden, er werde mit mir sprechen. Wir setzten uns neben eine volle Wäscheleine in Klappstühle und schauten auf die noch unvollendeten Gebäude.

Ich fragte ihn, wo er gesteckt habe, als er sich auf der Flucht befand, und er lächelte. »In ganz China«, antwortete er. »Ich war alleine mit dem Auto unterwegs. Manchmal übernachtete ich in Fünf-Sterne-Hotels, manchmal in winzigen Absteigen. Am liebsten mochte ich die Innere Mongolei. Nach einer Weile stieg ich hoch in die Berge von Jiangxi und blieb dort acht Monate. Als es zu schneien anfing, wäre ich fast erfroren, also verließ ich das Gebirge und kehrte nach Hause zurück.«

Ich fragte ihn, ob er beim Bakkarat betrogen habe. »Die Reporter haben nur auf die Leute gehört, die ihr Geld zurückwollten. Alle sagen, ich hätte am Tisch getrickst. Das stimmt aber nicht. Ich habe nicht betrogen. Während des Spiels wurde ich von bestimmt zehn Personen die ganze Zeit beobachtet. Wie hätte ich da betrügen sollen?«

Obwohl er die Beschuldigungen abstritt, wurde weiterhin darüber spekuliert, ob und wie er das Spiel manipuliert hatte. Der Anwalt eines der Angeklagten machte mir gegenüber die Andeutung, Siu sei zunächst nur als kleiner Fisch bei einem sehr viel größeren Coup engagiert worden, bis er erkannt habe, dass er die Sache auf eigene Rechnung durchziehen konnte. Dabei fiel mir auf: Sollte dies der Fall gewesen sein, hätte Siu allen anderen gestattet, ihre Ambitionen auf ihn zu projizieren, bis er schließlich von seinem eigenen Wunsch nach Reichtum übermannt wurde. Der Anwalt fügte jedoch hinzu: »So viele Leute betrügen. Wie soll man da die Wahrheit herausfinden?«

Ich fragte Siu, ob er glaube, die Triaden seien immer noch hinter ihm her, und er entgegnete: »Ich bin jetzt Mitte fünfzig. Wie alt werde ich wohl werden? Siebzig? Also bleiben mir vielleicht noch zehn Jahre. Was habe ich da schon zu verlieren? Ich habe keine Angst.« Er schwieg einen Augenblick und setzte dann ein seltsames Grinsen auf. »Davon abgesehen – ich kann ebenso gut Jagd auf sie machen wie sie auf mich.«

Wegen seiner Kinder habe er aufgehört, nach Macao zu fahren, erklärte er. »Ich möchte nicht, dass sie spielen. Zwei haben einen Bachelor-Abschluss, das andere einen Master. Sie fluchen nicht. Es sind liebe Kinder.« Er fuhr fort: »Man muss sich in andere Leute hineinversetzen können, um ein guter Spieler zu sein. Jedem kann ich das nicht empfehlen. Alle nannten mich den Unverbesserlichen Spieler Ping. Aber das hat mir noch nie gefallen, weil ich einfach nicht süchtig war. Ich habe gespielt, weil ich wusste, dass ich gewinnen konnte.«

Als es Abend wurde, bot Siu an, mich in seinem neben uns im Staub parkenden schwarzen Lexus-Geländewagen zum Bahnhof zurückzufahren. Der Wagen war so stark poliert, dass er im Licht der Straßenlaternen glänzte – das einzige sichtbare Zeichen von Sius Reichtum. Die Abenddämmerung war angebrochen, der Himmel hatte eine purpurne Farbe angenommen. »Früher konnte ich mich von einem Hubschrauber zum Venetian bringen lassen, wann immer ich wollte«, meinte Siu. »Heute mache ich mir selbst die Füße schmutzig. Der Immobilienmarkt ist sogar noch lukrativer – und allemal besser als Glücksspiel oder Drogen oder solche Dinge.« Er deutete mit dem Kopf auf die im Bau befindlichen Häuser. »Eins von denen zu errichten kostet ein paar Millionen, verkaufen kann ich es dann für zehn.«

7. Erworbener Geschmack

Nachdem die ersten Reichen die Vorzüge des Wohlstands am eigenen Leib erlebt hatten – ein Kind an einer Eliteuniversität, ein Stab von »Lektüremitarbeitern«, die einen in puncto Neuerscheinungen auf dem Laufenden hielten –, sehnten sie sich nach geistigem Futter. Denn die Frauen und Männer, die sich an die Spitze der chinesischen industriellen Revolution gekämpft hatten, wollten ihre neuen Wahlmöglichkeiten unbedingt auch an Fragen des Geschmacks, der Kunst und des guten Lebens ausprobieren – um endlich herauszufinden, was ihnen all die Jahre entgangen war.

Der Vorsitzende Mao sagte in seinen Reden über die Zukunft der Kunst und Literatur: »Eine Kunst um der Kunst willen, eine über den Klassen stehende Kunst, eine Kunst, die neben der Politik einherginge oder unabhängig von ihr wäre, gibt es in Wirklichkeit nicht.« Für Mao war Kultur eine »Waffe für den Zusammenschluss und die Erziehung des Volkes, für die Schläge gegen den Feind und dessen Vernichtung«. Die Partei unterwarf Kunst, Literatur und andere künstlerische Ausdrucksformen der *zhuxuanlu* – der »zentralen Melodie« der chinesischen Gesellschaft, wie das Konzept später genannt wurde, in der die Partei ihr Verständnis der Werte, Prioritäten und Wünsche der Chinesen zusammenfasste.

Die chinesische Kunst wurde bekannt für ihre Gemälde pausbäckiger Bauern, für ihre Filme über entschlossene Soldaten und für ihre Gedichte über überbordenden Heldenmut. Diesen Stil nannte man »sozialistischen Realismus in Verbindung mit revolutionärer Romantik«, und er wurde vom Glauben der Partei bestimmt, »die Ideale von heute« seien »die Wirklichkeit von morgen«, wie es der Kulturtheoretiker Zhou Yang ausdrückte. Manche Künstler wurden auch dafür bestraft, sich allzu sehr auf die unschönen Aspekte der Gegenwart zu konzentrieren und »über die Wirklichkeit zu schreiben«.

Nach Maos Tod im Jahr 1976 trat als erste Künstlergruppe die der

»Sterne« hervor. Die Gruppe habe den Namen als Symbol der Ablehnung »der grauen Gleichförmigkeit« der alten Zeiten gewählt, um ihre »Individualität auszudrücken«, so das Mitglied Ma Desheng. Als den Sternen 1979 die erste Gruppenausstellung im Chinesischen Nationalmuseum untersagt wurde, hängten sie ihre Werke kurzerhand draußen an den Zaun und demonstrierten darunter mit der Parole »Wir verlangen Demokratie und künstlerische Freiheit«. Während eines Großteils der neunziger Jahre veranlassten die Behörden die Festnahme von nackt auftretenden Performancekünstlern, die Beendigung experimenteller Darbietungen und die Zerstörung illegaler Künstlersiedlungen.

Aber je mehr Geld ins Land strömte, desto stärker veränderten sich die Beziehungen zwischen dem chinesischen Staat und den chinesischen Künstlern. Bis 2006 war der Wandel bereits so weit fortgeschritten, dass chinesische Künstler wie Zhang Xiaogang ihre Gemälde für beinahe eine Millionen Dollar verkaufen konnten und eine neue Generation von Kunstschaffenden, die in den Jahren des Booms herangewachsen war, verkündete, sie seien es leid, Autoritarismus und Politik zum Gegenstand ihrer Werke zu machen. Wie ihre Kollegen in anderen Teilen der Welt richteten chinesische Künstler ihren Blick inzwischen auf Konsum, Kultur und Sex und sahen sich dabei einer ebenso neuen Generation der Kunstspekulanten und Sammler gegenüber.

Li Suqiao, ein Pekinger Kurator und Sammler, erklärte mir einmal: »Ich sage meinen Freunden immer: ›Statt viertausend Dollar auf ein Golfspiel zu verwetten, könntet ihr ebenso gut etwas Kunst kaufen.‹« Wir befanden uns gerade in der New Millennium Gallery in Peking. Li, der sich einen gelben Pullover um die Schultern geschlungen hatte, war vierundvierzig Jahre alt und hatte vor fünf Jahren mit dem Sammeln von Kunstgegenständen begonnen, nachdem er in der Erdölindustrie zu Geld gekommen war. Er schätzte, dass er jährlich um die zweihunderttausend Dollar für die Arbeiten aufstrebender junger Künstler ausgab. »Ich habe Freunde mit Villen nördlich von Peking, und wenn sie die neu einrichten, geben sie hunderttausend Renminbi für ein Sofa und hundert Renminbi für eine Fotografie aus, um diese über besagtes Sofa zu hängen. Manchmal interessieren sie sich gar nicht für den Preis, sondern nur für die Maße.« Für Li hatte die Avantgarde »nichts mit Politik zu tun«. Er erklärte: »Chinesische Sammler interessieren sich mehr für das, was im Augenblick angesagt ist, als für Tragödien und Erinnerungen.«

Die Partei entdeckte, dass man der Kunst am einfachsten ihre rebellische Kraft rauben konnte, indem man sich ihr nicht mehr in den Weg stellte: 2006 erklärte die Pekinger Stadtregierung die Fabrik 798 offiziell zum »kreativen Industriegebiet«, obwohl sie jahrelang mit der Zerstörung der ehemaligen Fabrik für Militärelektronik gedroht hatte, die nun eine Reihe Galerien und Künstlerateliers beherbergte und von unzähligen Touristenbussen angesteuert wurde, die jede Straße im Umkreis verstopfte.

Der Kunstmarkt blähte sich immer mehr auf. In ganz China wurden Hunderte Museen für zeitgenössische Kunst gebaut. Künstler, die vorher von der Hand in den Mund gelebt hatten, verkauften mittlerweile ihre Werke auf der ganzen Welt und errichteten sich Datschen neben der Großen Mauer. Der Künstler Ai Weiwei eröffnete sein eigenes Restaurant, in dem er bis spät in die Nacht hinein Hof halten und Freunde, Kritiker und andere Anhänger empfangen konnte. Ai Weiwei machte die Sehnsucht nach Wohlstand in China zum Gegenstand seiner Kunst. Er installierte eine Reihe gewaltiger Kristallkronleuchter und machte sich über den neuen chinesischen Protz lustig. Einen der Lüster hängte er in ein rostiges Gerüst, um so ein Abziehbild der neuen Disparitäten im Land zu schaffen.

In den ersten zwanzig Jahren seines Künstlerdaseins brachte Ai Weiwei in unregelmäßigen Abständen einflussreiche Werke heraus: Während er sich dem Glücksspiel und dem Antiquitätenhandel widmete, fertigte er Installationen und Möbel an, fotografierte, malte, schrieb und drehte Filme. Er war Mitglied der frühen Avantgarde-Gruppe der Sterne und half beim Aufbau experimenteller Künstlerkommunen am Stadtrand Pekings. Obwohl er keine Architekturausbildung absolviert hatte, entwickelte er einen von Chinas begehrtesten Baustilen, bevor er sich anderen Leidenschaften zuwandte.

Holland Cotter bezeichnete ihn 2004 in der *New York Times*

als »einen Künstler, der in seiner Rolle als inspirierender Gelehrter und Zirkusclown mit Vorliebe alte Verkrustungen aufbricht«. Nun, mit Anfang fünfzig, waren es besonders die großen Ambitionen in China, die Ai Weiwei als reichhaltige Inspirationsquelle dienten. Als 2007 die documenta 12 in Kassel stattfand, lud Ai tausendundeinen Durchschnittschinesen an den Ausstellungsort ein. Er nannte das Projekt »Fairytale«: einerseits eine Anspielung auf die Stadt selbst – den Heimatort der Gebrüder Grimm –, andererseits ein Hinweis auf die Tatsache, dass die unerreichbare Welt außerhalb der chinesischen Grenzen auf Generationen seiner Landsleute immer schon den Zauber des Unbekannten ausgeübt hatte.

Um Chinesen für dieses Vorhaben zu gewinnen, verließ sich Ai Weiwei verstärkt auf das Internet und stieß dabei auf eine so überwältigende Welt, wie er es vorher nie zu träumen gewagt hätte. Er erzählte mir, in diesem Augenblick habe er erkannt, dass »das Internet eine sehr mächtige Waffe sein kann«. Um für die Flugkosten der Projektteilnehmer aufkommen zu können, sammelte er Geld von Stiftungen und anderen Spendern, während sein Büro jede Einzelheit der Reise plante, bis hin zu passenden Koffern, Armbändern und Unterkünften, die an Schlafsäle erinnerten und mit eintausendundeinem Holzstuhl aus der Qing-Dynastie ausgestattet waren. Hier handelte es sich um eine soziale Plastik in chinesischen Dimensionen, und die dahintersteckende Logistik hätte den deutschen Konzeptkünstler Joseph Beuys in Erstaunen versetzt, der einmal gesagt hatte: »Jeder Mensch ist ein Künstler.« Aus Sicht des Malers und Gesellschaftskritikers Chen Danqing hatte das Projekt besondere Bedeutung für ein China, in dem Bestätigung aus dem Westen – etwa in Form von Visa – einst fast schon mythisch verklärt worden war. »In den letzten hundert Jahren sind es immer wir Chinesen gewesen, die auf die Amerikaner oder die Europäer oder wen auch immer gewartet haben, darauf, dass sie uns riefen. *Ihr. Kommt her.*«

Die chinesische Haltung gegenüber der westlichen Kultur war eine Mischung aus Mitleid, Neid und Ablehnung: Mitleid für die Barbaren außerhalb des Reichs der Mitte, Neid auf ihre Stärke und Ablehnung der territorialen Übergriffe. »Die Chinesen haben Ausländer nie als menschliche Wesen gesehen«, schrieb Lu Xun. »Entweder schauen wir zu ihnen auf, als wären sie Götter, oder auf sie herab, als wären sie wilde Tiere.« 1877, als der Niedergang der Qing-Dynastie bereits in vollem Gange war und die westlichen Mächte in China erstarkten, schickten chinesische Reformer einen jungen Gelehrten namens Yan Fu nach England, um die Quelle der britischen Seemacht zu ergründen. Er kam zu dem Schluss, die Stärke Großbritanniens beruhe nicht auf überlegenen Waffen, sondern auf der dortigen Ideenwelt, weshalb er mit Koffern voller Bücher von Herbert Spencer, Adam Smith, John Stuart Mill, Charles Darwin und anderen westlichen Denkern nach Hause zurückkehrte. Seine Übersetzungen waren alles andere als vollkommen – so machte er aus »natürlicher Auslese« beispielsweise den um einiges härteren Begriff der »natürlichen Auslöschung« –, trotzdem hatten diese Schriften einen gewaltigen Einfluss. Für Yan und seine Zeitgenossen war die Evolution nicht allein eine Frage der Biologie, sondern auch eine der Politik. Liang Qichao, einer der führenden Reformer Chinas, fand daher, das Land müsse »zu einem der stärksten der Welt werden«. Wer allzu große Bewunderung für den Westen verspürte, wurde bestraft: Als Aktivisten im frühen 20. Jahrhundert den europäischen Individualismus adaptierten, wurden sie als »falsche ausländische Teufel« verspottet. Bis in die letzten Jahre von Maos Herrschaft hinein, in denen der Große Vorsitzende erste Bande zu den Vereinigten Staaten knüpfte, galt Verehrung für den Westen sogar als Verbrechen.

Allerdings wandelte sich dieses Verständnis bis in die achtziger Jahre, als der Westen mehr und mehr zum Ort der endlosen Möglichkeiten und der Selbstschöpfung wurde. Die beliebte chinesische TV-Seifenoper *Nach Europa* erzählt die Geschichte eines armen Mannes aus Fujian, der im zerlumpten T-Shirt nach Paris kommt und in nur wenigen Monaten zum Immobilien-Projektentwickler aufsteigt. Die Sendung kulminiert in einer Szene, in der der Protagonist vor einem französischen Publikum steht und es fragt: »Wie unterscheidet sich die Karte des heutigen Paris von der in zwei Jahren?« Er reißt ein Tuch von einem Modell und ruft: »Die wunderschönen Banken an der Seine werden im Glanz des Reichs der Mitte erstrahlen – im Glanz des Chinatown Investment and Trade Centers!« In der Serie bricht das gesamte französische Publikum in frenetischen Applaus aus.

Die Ambivalenz der chinesischen Einstellungen zum Westen verschwand nicht etwa – nein, sie nahm zu. Junge Chinesen wuchsen mit NBA-Spielen und Hollywood-Filmen auf, während in den Regalen der Buchhandlungen Werke mit Titeln wie *China kann Nein sagen* standen (wie der Titel des polemischen Bestsellers lautete, der während meines ersten Aufenthalts in China am häufigsten über den Ladentisch ging). Diese Mischung konnte durchaus verwirrend sein. 2007 fragten Wissenschaftler chinesische Oberschüler nach den ersten fünf Begriffen, die ihnen zum Stichwort »Amerika« einfielen, und ihre Antworten ließen auf ein bunt zusammengewürfeltes Bild der USA schließen:

> Bill Gates, Microsoft, NBA, Hollywood, George W. Bush, Präsidentschaftswahlen, Demokratie, Irakkrieg, Afghanistan, 11. September, Bin Laden, Harvard, Yale, McDonald's, Hawaii, Weltpolizei, Öl, Überheblichkeit, Hegemonie, Taiwan.

Als ich in China eintraf, kamen die meisten Chinesen dem Westen nirgends näher als im »World Park«, einem dem Disney Park ähnlichen Vergnügungspark am Rande der Hauptstadt, in dem sie ägyptische Pyramiden im Miniaturformat erklettern oder durch einen Nachbau Manhattans flanieren konnten. Je mehr Geld die Menschen zur Verfügung hatten, desto mehr versuchten sie sich an den verschiedensten Möglichkeiten, es wieder auszugeben. Als die chinesische Reiseindustrie die Bevölkerung nach ihren Traumzielen befragte, nannten sie keinen Ort häufiger als Europa. Daraufhin erkundigte man sich, was genau den Menschen daran so gefiel, und die Antwort lautete, »die Kultur«. (Als Nachteile wurden vor allem »Arroganz« und »schlechtes chinesisches Essen« angegeben.)

In den Lokalzeitungen erschienen immer mehr Anzeigen für exotische Urlaubsziele. Scheinbar machte sich jeder irgendwohin auf, also beschloss ich, mich den Leuten anzuschließen. Chinesische Reiseagenturen konkurrierten miteinander, indem sie Rundreisen zusammenstellten, die weniger westlichen Vorstellungen eines gelungenen Urlaubs als den Vorlieben und Abneigungen ihrer chinesischen Kundschaft entsprachen. Ich überflog einige Onlineangebote: Eine viertägige Busfahrt durch die fotogene Landschaft der Niederlande und Luxemburgs wurde mit dem Versprechen von »großen Schlössern, großen Windmühlen, großen Schluchten« beworben. Der Slogan »Erleben Sie Tradition und Moderne in Osteuropa« versprühte zwar eine gewisse Kalte-Kriegs-Romantik, jedoch war ich mir nicht sicher, ob eine solche Reise im Februar das Richtige für mich wäre.

Ich entschied mich für die Tour »Das klassische Europa«, eine sehr beliebte zehntägige Busfahrt durch fünf Länder. Die Bezahlung war im Voraus fällig. Der ganze Spaß kostete inklusive Flug, Hotel, Verpflegung, Versicherung und verschiedener anderer Posten umgerechnet um die 2200 US-Dollar. Außerdem musste jeder Chinese eine Kaution von bis zu 7600 Dollar hinterlegen – mehr als doppelt so viel wie das durchschnittliche Jahresgehalt eines chinesischen Angestellten –, weil man sichergehen wollte, dass sich niemand vor dem Rückflug aus dem Staub machte. Ich war achtunddreißig Jahre alt und der letzte Teilnehmer, der sich der Gruppe anschloss. Früh am nächsten Morgen würde die Reise beginnen.

Man wies mich an, mich am Shanghaier Pudong International Airport, Terminal 2, Gate 25 einzufinden, wo ich auf einen dürren Herrn von dreiundvierzig Jahren mit schlaff herunterhängendem, gescheiteltem Haar traf. Er trug einen grauen Tweedmantel und eine eckige Brille. Er stellte sich als Li Xingshun vor – unser Reiseführer. Damit sich unsere Gruppe im Gedränge besser ausmachen ließ, erhielt jeder Teilnehmer ein kanariengelbes Abzeichen fürs Revers, auf dem ein Cartoon-Drache in Wanderschuhen abgebildet war, der Rauch aus seinen Nüstern blies und über unserem Gruppenmotto ausschritt, das lautete: »Der Drache erhebt sich bis auf zehntausend Li.« (Ein Li entspricht fünfhundert Metern.)

Wir bestiegen eine Air-China-Maschine, die uns ohne Zwischenhalt direkt nach Frankfurt am Main bringen sollte. Im Flieger befreite ich die auf Chinesisch verfassten »Ratschläge für Reisegruppen ins Ausland« von ihrer Verpackung, da man uns eine gründliche Lektüre dringend ans Herz gelegt hatte. Die sehr konkreten Hinweise ließen erahnen, dass es bereits eine Menge unangenehmer Überraschungen gegeben hatte: »Reisen Sie nicht mit Kopien europäischer Waren im Gepäck, weil die vom Zoll beschlagnahmt und Sie dafür bestraft werden.« Besonders großes Augenmerk wurde auf die Sicherheit in Europa gelegt: »Sie werden sehr viele am Straßenrand bettelnde Zigeuner sehen. Geben Sie Ihnen kein Geld! Sollten Sie von Ihnen bedrängt und nach Ihrer Brieftasche gefragt werden, rufen Sie nach dem Reiseleiter.« Außerdem riet man von Unterhaltungen mit Fremden ab: »Bittet Sie jemand um ein Foto, seien Sie sehr vorsichtig, denn das ist eine der am weitesten verbreiteten Maschen für Diebstahl.«

Ich war im Lauf der Jahre schon oft in Europa gewesen, doch nach dem Studium dieser Anweisungen sah ich den Kontinent in einem völlig neuen Licht und fühlte mich in Gesellschaft meiner drei Dutzend Mitreisenden und meines Reiseführers merkwürdigerweise sehr viel wohler als vorher. Die Anmerkungen endeten mit einem Ratschlag im Stil von Konfuzius, der unsere Fahrt gleichsam zu einem Charaktertest erhob: »Nur wer Mühsal erträgt, wird durchhalten.«

In dickem Nebel landeten wir in Frankfurt und versammelten uns in der Terminal-Halle. Altersmäßig war unsere Gruppe überaus gemischt: Vom sechsjährigen Lu Keyi bis hin zu seinem siebzigjährigen Großvater Liu Gongsheng, einem Bergbauingenieur im Ruhestand, der seine im Rollstuhl sitzende Frau Huang Xueqing begleitete, war einfach alles dabei. So gut wie jeder gehörte zur neuen Mittelschicht. Es gab einen Biologielehrer, eine Innenausstatterin, einen Immobilienmakler, den Bühnenbildner einer Fernsehsendung und eine Gruppe Studenten. Keiner meiner Mitreisenden kam vom Land – der seltene Anblick eines grasenden Pferdes in der französischen Provinz führte dazu, dass alle panisch nach ihren Kameras griffen –, und doch hatten sie gerade erst damit begonnen, sich in der großen weiten Welt zu Hause zu fühlen. Bis auf wenige Ausnahmen waren die meisten das erste Mal außerhalb Asiens unterwegs. Li stellte mich vor – der einzige

Teilnehmer, der nicht aus China stammte –, und alle begrüßten mich sehr herzlich. Der zehnjährige Liu Yifeng, der einen Topfschnitt hatte und einen schwarzen Pullover mit weißen Sternchen trug, lächelte mich von unten an und fragte: »Haben alle Ausländer so große Nasen?«

Wir stiegen in einen goldfarbenen Reisebus, und ich setzte mich ans Fenster. Ein großgewachsener, schlaksiger Achtzehnjähriger in einer schwarzen Daunenweste, der ein Brillengestell aus Draht auf der Nase hatte, gesellte sich zu mir. Sein dunkler Pony reichte bis unter den Rand seiner Brille, auf der Oberlippe zeichnete sich ein leichter Flaum ab. Er stellte sich vor: Sein Name war Xu Nuo, was auf Chinesisch »Versprechen« bedeutet, wobei er die englische Übersetzung »Promise« als seinen westlichen Namen bevorzugte. Promise studierte BWL an der Pädagogischen Universität Shanghai und war im ersten Semester. Seine Eltern saßen in der Reihe auf der anderen Seite des Ganges. Ich fragte ihn, warum sich seine Familie für die Rundreise entschieden habe, anstatt über die Feiertage Verwandte zu besuchen. »Das entspräche eigentlich der Tradition, aber die Chinesen werden immer wohlhabender«, erklärte er. »Außerdem sind wir den Rest des Jahres zu beschäftigt, um zu reisen.« Wir unterhielten uns zwar auf Chinesisch, aber wenn er überrascht war, rief er »O my Lady Gaga!« Das hatte er in der Schule aufgeschnappt.

Vorn im Bus stand, uns zugewandt, Li Xingshun mit einem Mikrofon in der Hand – eine Position, die er in den kommenden Tagen fast nur zum Schlafen aufgeben würde. Im Leben eines chinesischen Touristen nimmt der Reiseleiter eine besonders wichtige Rolle ein, denn er ist Übersetzer, Geschichtenerzähler und Feldmarschall in einem und hat mehr als nur die Pflicht bloßer Faktenwiedergabe: In einem chinesischen Reiseführer stand, der Reiseleiter solle »Zustimmung oder Missfallen, Lob oder Tadel, Freude oder Abneigung zum Ausdruck bringen«. Li verbreitete eine ruhige und bedächtige Stimmung. Oft sprach er von sich in der dritten Person und nannte sich »Reiseführer Li«. Besonders stolz war er auf seine Effizienz. »Alle mal herhören, unsere Uhren sollten alle dieselbe Zeit anzeigen. Jetzt ist es genau 19:16 Uhr.« Er drängte uns, vor jeder Abfahrt fünf Minuten vorher am Bus zu sein. »Wir sind den ganzen Weg hierhergeflogen. Lasst uns das Beste daraus machen.«

Reiseführer Li umriss den Plan für die nächsten Tage: Wir würden sehr viel Zeit im Bus verbringen, und er würde währenddessen Vorträge zur Geschichte und Kultur des jeweiligen Reiseziels halten, damit wir keine wertvolle Zeit an den Sehenswürdigkeiten verschwendeten – Zeit, in denen wir ebenso gut Urlaubsbilder schießen könnten. Er teilte uns mit, französische Wissenschaftler hätten herausgefunden, die optimale Länge für die Ausführungen eines Reiseleiters betrüge nicht mehr als fünfundvierzig Minuten. »Bevor sich Reiseführer Li dieser Tatsache bewusst war, dauerte der längste seiner Vorträge in einem Reisebus ganze vier Stunden«, fügte er hinzu.

Li ermahnte uns, unsere Füße vor dem Zubettgehen in heißes Wasser zu tauchen – angeblich half das gegen Jetlag – und eine Extraportion Obst zu essen, um die aus Brot und Käse bestehende Kost in Europa auszugleichen. Außerdem seien in China gerade Neujahrsferien, weshalb es viele andere chinesische Touristen gebe und wir genau darauf achten sollten, nach einer Rast nicht in den falschen Bus zu steigen. Er stellte uns den Busfahrer vor, einen phlegmatischen ehemaligen Lkw-Fahrer und Hockeyspieler namens Petr Pícha, der aus der Tschechischen Republik stammte und uns müde vom Fahrersitz zuwinkte. (»Vor sechs oder sieben Jahren fuhr ich die ganze Zeit Japaner durch die Gegend, heute sind es Chinesen«, erzählte er mir später.) Außerdem hatte Reiseführer Li noch weitere Information zu unserem Zeitplan parat: »In China halten wir Busfahrer für Übermenschen, die vierundzwanzig Stunden ohne Unterbrechung arbeiten können, ganz gleich, wie spät am Tag wir sie fahren lassen möchten. In Europa dürfen sie das jedoch nicht mehr als zwölf Stunden am Stück, außer es kommt wetter- oder verkehrsbedingt zu Verzögerungen.«

Er erklärte uns, dass jeder Fahrer eine spezielle Karte habe, die er in einen Schlitz im Armaturenbrett einführen müsse; wäre die darauf gespeicherte Fahrtzeit zu hoch, könne der Fahrer bestraft werden. »Wir würden jetzt vielleicht denken, dass es irgendwie möglich sein sollte, eine gefälschte Karte anfertigen zu lassen oder die Aufzeichnungen auf andere Weise zu manipulieren – wirklich keine große Sache«, meinte Li. »Wird man aber erwischt, muss man eine Strafe von mindestens 880 Euro zahlen, außerdem nehmen sie einem den Führerschein weg. So ist das in Europa: Oberflächlich betrachtet, scheint alles auf der individuellen Disziplin der Menschen zu beruhen, in Wirklichkeit stecken dahinter jedoch sehr strenge Gesetze.«

Wir näherten uns dem Hotel – ein Best Western in Luxemburg –, und bevor wir ausstiegen, bereitete uns Li noch auf das Frühstück vor. In China besteht ein Frühstück typischerweise aus einer Schale Congee (eine Art Reisbrei), einem frittierten Krapfen und vielleicht einem Korb voller mit Schweinefleisch gefüllter Brötchen. In Europa, warnte er so taktvoll wie möglich, »werden wir während unserer Reise morgens meist nicht viel mehr als hartes Brot, kalten Schinken, Kaffee und Milch bekommen«. Für einen Augenblick waren alle im Bus still.

Luxemburg bekamen wir kein einziges Mal bei Tageslicht zu Gesicht. Vor Sonnenaufgang hatten wir bereits aus dem Best Western ausgecheckt und befanden uns wieder auf der Autobahn. Li bat uns, ganz genau zu überprüfen, ob wir nicht doch etwas im Hotel vergessen hätten, weil einige seiner älteren Reisegäste manchmal die Angewohnheit hätten, Bargeld im Spülkasten der Toilette oder den Ventilationsschächten zu verstecken. »Das Schlimmste war, als ein Gast einmal sein gesamtes Bargeld in einen Vorhangsaum einnähte«, erzählte er uns.

Wir näherten uns unserem ersten Halt: der recht unbedeutenden Stadt Trier. Obwohl der Ort nicht gerade ein Must-see für erstmalige Europareisende darstellt, ist Trier bei chinesischen Touristen außerordentlich beliebt, seit Delegationen der Kommunistischen Partei vor Jahrzehnten das erste Mal die Stadt besuchten, um das Geburtshaus von Karl Marx zu besichtigen. Mein chinesischer Reiseführer, verfasst von einem Diplomaten im Ruhestand, nannte die Stadt »das Mekka der Chinesen«.

Wir stiegen aus dem Bus und betraten eine saubere kleine Straße voller pastellfarbener Häuser mit Spitzdächern. Das Kopfsteinpflaster glänzte silbern im Regen; Li zog sich einen Outdoor-Hut aus waldgrünem Filz auf den Kopf und zeigte nach vorn, während er in einem enormen Tempo losmarschierte. Wir erreichten die Brückenstraße 10, ein hübsches weißes Gebäude mit drei Stockwerken und grünen Fensterläden. »Früher wohnte hier Karl Marx; heute beherbergt das Haus ein Museum.« Wir versuchten unser Glück an der Tür, die allerdings verschlossen war. Im Winter liefen die Dinge langsamer, daher würde es noch eineinhalb Stunden dauern, bis das Museum öffnete, also erklärte Li, dass wir Marx' Geburtshaus nur von außen bewundern könnten. »Je früher wir hier fertig sind, desto schneller kommen wir nach Paris«, hatte er vor der Ankunft gesagt. Neben der Eingangstür befand sich eine Kupferplakette mit dem löwenhaften Profil von Marx. Im Gebäude nebenan befand sich ein Fastfoodrestaurant namens Dolce Vita.

Li ermunterte uns, so lange zu bleiben, wie wir wollten, schlug jedoch gleichzeitig vor, im Supermarkt an der Ecke Obst für die bevorstehende Reise einzukaufen. Wir gingen unbeholfen vor Marx' Haus auf und ab, machten Urlaubsfotos und wichen vorbeifahrenden Autos aus, bis eines der Kinder schließlich zum Supermarkt wollte und seine Mutter in die Richtung des hellen Schaufensters schleifte. Ich stand gerade neben Wang Zhenyu, einem hochgewachsenen Mann in den Fünfzigern. Wir schauten hinauf zum Kopf von Marx. »In Amerika kennen ihn nicht besonders viele, stimmt's?«, fragte Wang.

»Mehr als Sie denken«, antwortete ich. Ich meinte, ich hätte mit mehr chinesischen Touristen gerechnet.

Wang lachte und entgegnete: »Die jungen Leute heutzutage halten von all diesen Dingen nicht mehr besonders viel.«

Wang war dünn und knochig und gab sich wie jemand, der es aus eigener Kraft zu etwas gebracht hatte. Er war in der ostchinesischen Industriestadt Wuxi aufgewachsen, wo man ihm den Schreinerberuf zugewiesen hatte. Im Zuge der Wirtschaftsreformen hatte er schließlich ein eigenes Geschäft eröffnet. Heute gehörte ihm eine kleine Kleiderfabrik, die auf die Herstellung knitterfreier Herrenhosen spezialisiert war. Obwohl er kein Englisch sprach, kam er beim Aufbau seines Unternehmens auf den Gedanken, er bräuchte einen eingängigen Namen mit internationalem Flair, also entschied er sich für Gerui-te –

ein erfundenes Wort, zusammengesetzt aus den chinesischen Schriftzeichen, die für ihn am ehesten wie der englische Begriff *great* klangen.

Wang war ein begeisterter Tourist. »Früher war ich immer beschäftigt, aber heute möchte ich reisen«, sagte er. »Die ganze Zeit musste ich Grundstücke kaufen, Fabriken bauen oder etwas an meinem Haus reparieren. Aber jetzt ist meine Tochter erwachsen und arbeitet selbst. Ich muss nur für ihre Mitgift aufkommen, und das ist machbar.« Ich fragte ihn, warum seine Frau und er Europa ausgewählt hatten. »Wir dachten uns, wir sollten zuerst die entfernteren Orte besuchen, solange wir noch die Kraft dazu haben.« Wang und ich gehörten zu den Letzten unserer Reisegruppe, die am Supermarkt eintrafen. Unsere Pilgerfahrt ins Mekka der Chinesen hatte ganze elf Minuten gedauert.

Bis vor Kurzem gab es für die chinesische Bevölkerung mehr als genug Gründe, die Welt nicht als einen Ort der Freude zu begreifen. Im alten China auf Reisen zu sein, war ein äußerst mühsames Unterfangen. Wie es in einem Sprichwort hieß: »Man kann sich eintausend Tage lang zu Hause wohlfühlen oder aus der Tür treten und sofort in Schwierigkeiten geraten.« Konfuzius fügte dem Ganzen noch eine Prise Schuldgefühl hinzu: »Solange die Eltern am Leben sind, sollst du keine weiten Reisen unternehmen.« Trotzdem verschlug es buddhistische Mönche aus China in alten Zeiten bis nach Indien, und Zheng He, ein Eunuch aus dem 15. Jahrhundert, unternahm mit der kaiserlichen Flotte mehrere Fahrten bis nach Afrika, um »die Gebiete der Barbaren mit eigenen Augen zu sehen«.

Im Lauf der Jahrhunderte siedelten sich chinesische Auswanderer auf der ganzen Welt an, doch diese Reisen unternahmen sie aufgrund ihrer Armut, nicht zum Vergnügen. Darüber hinaus hielt Mao den Tourismus für antisozialistisch. Erst nach seinem Tod wurde den meisten Chinesen im Jahr 1978 das erste Mal gestattet, aus anderen als Arbeits- oder Ausbildungsgründen ins Ausland zu reisen. Zunächst erlaubte man ihnen, Verwandte in Hongkong zu besuchen, später durften sie auch nach Thailand, Singapur und Malaysia. Der

Staat selbst blieb im Umgang mit der Außenwelt überaus vorsichtig. 1996 – also in meinem ersten Jahr in Peking – wurden Gesetze reformiert, damit Chinesen leichter ins Ausland reisen konnten, auch wenn die Regularien weiterhin vorsahen, dass nur »politisch zuverlässige« Personen das Land verlassen durften. Jeder »hochgradig individualistisch eingestellte, korrupte, sittlich verwahrloste oder unmoralische Mensch« war explizit ausgeschlossen. Im darauffolgenden Jahr ermöglichte der Staat Reisen in eine Reihe entfernterer Länder, solange die Sache »geplant, organisiert und kontrolliert« vonstattenging. Bei der Vergabe der Genehmigungen behielt China stets die Weltpolitik im Auge. So erkannte man den Inselstaat Vanuatu erst an, nachdem er zugesagt hatte, die diplomatischen Beziehungen zu Taiwan abzubrechen.

Als staatliche Behörden begannen, eigene Mitarbeiter ins Ausland zu schicken, versuchten sie, diese Vorreiter auf alle Eventualitäten vorzubereiten. In einem im Jahr 2002 erschienenen Handbuch mit dem Titel *Was Beamte unbedingt wissen müssen, wenn sie ins Ausland gehen* warnte man, dass »ausländische Geheimdienste und sonstige feindliche Mächte« hinter den chinesischen Grenzen »einen reaktionären Propagandakrieg um die Herzen und den Geist« der Chinesen führten, weil sie »die Führer der Kommunistischen Partei Chinas stürzen« wollten. Wenn man auf einer Geschäftsreise einem Journalisten begegnete, rieten die Autoren zu folgender Strategie: »Antworten Sie möglichst einfach, vermeiden Sie die Wahrheit und konzentrieren Sie sich auf Nichtssagendes.«

Achtzig Prozent aller das erste Mal reisenden Chinesen waren in Gruppen unterwegs, und diese erarbeiteten sich einen Ruf als begeisterte, wenn auch zuweilen anstrengende Gäste. Ein Kasinohotel teilte im Jahr 2005 an dreihundert chinesische Gäste Essensmarken aus, auf denen die Gesichter von Zeichentrick-Schweinen abgebildet waren. Das Hotel informierte die Chinesen, dass diese nur dazu da seien, die chinesischen von den muslimischen Gästen zu unterscheiden, da Letztere kein Schweinefleisch äßen, doch die Chinesen interpretierten das Ganze als Beleidigung und organisierten eine Sitz-Demo, bei der sie ihre Nationalhymne sangen. In manchen Fällen hinterließen die noch recht unerfahrenen Touristen auch einen gemischten Eindruck bei ihren Gastgebern, so dass sich die Regierung in Peking nach ein paar Zwischenfällen gezwungen sah, ein Handbuch mit dem Titel *Ratgeber für zivilisiertes Benehmen im Ausland für den chinesischen Bürger* zu veröffentlichen, in dem ein ganzes Sammelsurium an Regeln aufgezählt wurde, darunter:

> 3. Schützen Sie die örtliche Umwelt. Zertrampeln Sie keine Grünflächen, pflücken Sie keine Blumen oder Obst, jagen, fangen oder füttern sie keine Tiere und bewerfen Sie diese nicht mit Gegenständen.
>
> 6. Respektieren Sie die Rechte anderer Menschen. Zwingen Sie Ausländer nicht dazu, ein Bild von Ihnen zu machen. Niesen Sie nicht auf andere Menschen.

Soweit ich das beurteilen konnte, hatte kein Teilnehmer unserer Reisegruppe überhaupt vor, Tiere mit Gegenständen zu bewerfen. Je weiter ich las, desto mehr beschlich mich im Hinblick auf die Verfasser des *Ratgebers für zivilisiertes Benehmen im Ausland für den chinesischen Bürger* der Eindruck, dass ihnen die chinesische Bevölkerung längst weit voraus war. In den meisten Ländern reist eine große Zahl von Touristen erst dann in weit entfernte Gebiete, wenn das verfügbare Durchschnittseinkommen bei mindestens fünftausend Dollar liegt. Die städtische Bevölkerung Chinas hatte allerdings erst die Hälfte dieses Einkommensniveaus erreicht, als die Reiseagenturen die ersten Fahrten ins Ausland erschwinglich machten, indem sie Tickets in großen Mengen buchten und mit Hotels in abgelegenen Vororten gnadenlos um Rabatte feilschten. »Die Reiseroute wird vor allem von den Flugtickets bestimmt«, erklärte mir Li. Jeder Ort, an den die günstigsten Flüge eines Tages hinführten, würde von chinesischen Reiseveranstaltern in Betracht gezogen. Aus diesem Grund ähnelte unsere Tour auch einer Achterbahnfahrt: Sie begann in Deutschland und schlängelte sich dann durch Luxemburg bis nach Paris, bevor sie in einer ausgedehnten Schleife nach Süden abbog und durch Frankreich, die Alpen und Italien bis nach Rom führte. Dort hätte sie ebenso gut enden können; stattdessen machte sie jedoch eine Kehrtwende zurück Richtung Mailand.

Zunächst war Europa nur ein Nebenschauplatz. Noch im Jahr 2000 besuchten mehr chinesische Touristen das winzige Macao als alle europäischen Länder zusammen. Die Chancen blieben jedoch nicht lange unbemerkt.

Die französische Hotelgruppe Accor nahm chinesische Fernsehsender in ihr Programm auf und stellte Mitarbeiter mit Kenntnissen des Hochchinesischen ein. In anderen Hotels schob man die Betten vom Fenster weg, weil es das Feng Shui so verlangt. Je öfter sich die Chinesen auf den Weg nach Europa machten, desto günstiger wurden die Rundreisen. 2009 kam ein Bericht der britischen Reiseindustrie zu dem Schluss, »Europa« sei eine dermaßen erfolgreiche, »einzigartige und einheitliche« Marke für die Chinesen, dass es klug sei, wenn die verschiedenen Länder ihren Nationalstolz ablegten und die Förderung solcher »Nebenmarken« wie Frankreich oder Italien zurückstellten. Europa war weniger eine Region auf der Karte als ein Bewusstseinszustand. Chinesischen Angestellten gefiel der Gedanke, so viele Länder wie möglich in nur einer Woche zu sehen, weil sie sonst nur wenige Möglichkeiten zum Reisen hatten. Reiseführer Li drückte es so aus: »Bekommt man in China zehn Dinge für einhundert Dollar, ist das besser als eine Sache für einhundert Dollar.«

Ich schlenderte mit einem jungen Paar aus Shanghai von Marx' Geburtshaus zurück zum Bus: Guo Yanjin war eine entspannte Einundzwanzigjährige, die sich selbst Karen nannte und in der Finanzabteilung einer Firma für Autoteile arbeitete; ihr Ehemann Gu Xiaojie, der auf den englischen Name Handy hörte, war Verwaltungsangestellter bei der Behörde für Umweltpflege. Er war ein zugänglicher Mensch und hatte mit seinen 1,85 Metern und seinen breiten Schultern den Körperbau eines amerikanischen Footballspielers. Er trug einen kastanienbraunen, mit einem Golftaschen-Aufnäher verzierten Pullover; als ich ihn jedoch fragte, ob er Golf spiele, lachte er nur und meinte: »Golf ist ein Sport für reiche Leute.«

Handy und Karen hatten monatelang für den Urlaub gespart und von ihren Eltern etwas Geld dazubekommen. Reiseführer Li hatte uns ermahnt, uns den Urlaub nicht von Geldsorgen verderben zu lassen – er schlug vor, wir sollten uns einfach vorstellen, die Preisschilder wären in Yuan und nicht in Euro. Doch Handy und Karen behielten jeden Cent im Auge. Nach ein paar Tagen konnten sie mir genau sagen, wie viel eine Flasche Wasser in fünf verschiedenen Ländern kostete.

Als wir wieder im goldfarbenen Bus auf der Fahrt Richtung Westen saßen und die karge Winterlandschaft der Champagne-Ardennen-Region am Fenster vorbeiglitt, hatte Li auf einmal das Bedürfnis, eine wichtige Ausnahme anzusprechen, was seine Forderungen nach mehr Effektivität betraf. »Wir müssen es einfach akzeptieren, dass sich die Europäer manchmal sehr langsam bewegen«, erklärte er. »Beim Einkaufen in China«, fuhr er fort, »ist man es gewöhnt, dass drei Leute gleichzeitig ihre Waren auf die Ladentheke packen und die alte Dame dahinter das Rückgeld herausgibt, ohne sich zu verrechnen. Europäer tun so etwas nicht.« Er fuhr fort: »Damit will ich nicht sagen, dass die Europäer dumm sind. Wären sie es, hätten sie nicht all die Technologien entwickelt, die sehr genaue Berechnungen erfordern. Sie gehen mit Mathematik nur anders um als wir.«

Er beendete seine Ausführungen mit einem gut gemeinten Rat: »Lassen Sie die Europäer die Dinge auf ihre Weise tun, denn wenn wir sie zu sehr drängeln, fühlen sie sich leicht unter Druck gesetzt, was ihrer Laune nicht guttut – dann denken wir, sie würden uns diskriminieren, was gar nicht zwangsläufig der Fall ist.«

Hin und wieder staunte Reiseführer Li auch über den hohen Lebensstandard in Europa und bombardierte uns mit statistischen Auslassungen über die Preise von Bordeaux-Weinen und die Durchschnittsgröße von Holländern – sollte es jedoch irgendwann eine Zeit gegeben haben, in der chinesische Besucher Europas Wirtschaftssystem bewundert hätten, war das gewiss nicht die heutige. Li veranstaltete ein gewaltiges Spektakel, als er den Lebensstil der Mittelmeerländer nachahmte: »Langsam und gemütlich aufstehen, die Zähne putzen, eine Tasse Espresso machen, das Aroma einatmen.« Sein Publikum lachte. »Wie kann die hiesige Wirtschaft bei so einem Tempo überhaupt funktionieren? Das ist einfach unmöglich!« Dann fügte er hinzu: »Auf dieser Welt kann die Wirtschaft eines Landes nur dann gedeihen, wenn dort fleißige, hart arbeitende Menschen leben.«

Ich döste ein und erwachte, als wir den Stadtrand von Paris erreichten. Wir folgten der Seine westwärts und passierten das Musée d'Orsay just in dem Augenblick, als die Sonne durch die Wolkendecke brach. Li rief: »Spüren Sie die Weite des Himmels!« Kameras surrten. Li wies darauf hin, dass es in Paris keine Wolkenkratzer gibt. An einem neben der Pont de l'Alma gelegenen Kai stiegen wir in ein Doppeldeckerboot, und während es den Fluss hinaufglitt, unterhielt ich mich mit Zhu Zhongming, einem sechsundvierzigjährigen Buchhalter, der mit Frau und Tochter unterwegs war. Aufgewachsen war er in Shanghai; als die lokalen Märkte in China zu wachsen begannen, hatte er sich dem Immobiliengeschäft zugewandt. »Jedes Mal, wenn man etwas kaufte, konnte man damit eine Menge Geld machen.« Er war charismatisch, hatte breite Wangen mit Grübchen und ein spitzbübisches Lächeln; seit 2004 reiste er bereits regelmäßig ins Ausland, weshalb die anderen in der Gruppe zu ihm aufschauten. Das Boot erreichte die Pont de Sully, drehte sich langsam gegen die schaumgekrönten Wellen der Seine und fuhr den Fluss wieder hinab.

Zhu erklärte, das Interesse der Chinesen an Europa ginge zum Teil auf ein Bedürfnis zurück, die eigene Geschichte besser verstehen zu wollen: »Als Europa die Welt beherrschte, war auch China ein starkes Land. Warum wurden wir abgehängt? Darüber denken wir seitdem ständig nach.« Und tatsächlich zieht sich die Frage, warum die mächtige chinesische Zivilisation im 15. Jahrhundert in sich zusammenbrach, wie ein roter Faden durch die chinesischen Analysen der Vergangenheit und die Prognosen zur Zukunft des Landes. Zhu hatte dafür seine ganz eigene Erklärung: »Als China erobert wurde, haben wir nicht schnell genug reagiert.« Diese Selbststilisierung als Opfer fremder Mächte und der daraus abgeleitete Niedergang des Landes waren mir in China schon oft begegnet. (Historiker machen dagegen unter anderem die lähmenden Auswirkungen der Bürokratie und des Autoritarismus für diese Entwicklungen verantwortlich.) Allerdings führte Zhu nicht alle Probleme Chinas auf das Wirken ausländischer Mächte zurück. »Leider haben wir unsere drei zentralen Glaubenssätze aus den Augen verloren: den Buddhismus, den Taoismus und den Konfuzianismus. Und das war ein Fehler. Von 1949 bis 1978 lehrte man uns den Marxismus und die Revolution.« Er hielt inne und schaute zu, wie seine Frau und seine Tochter an der Schiffsreling Fotos machten, während die orangefarbene Sonne hinter den Gebäuden versank. »Wir haben dreißig Jahre mit etwas verbracht, von dem wir heute wissen, dass es eine Katastrophe war.«

Das Boot legte an, und wir machten uns auf den Weg zum Abendessen. Das erste Mal gingen wir durch die lärmende Stadt und drängten uns durch die Menschenmengen auf den Straßen. Wir kamen an einem jungen Paar vorbei, das sich in einer Türöffnung leidenschaftlich küsste. Karen hakte sich bei Handy ein, und ihre Köpfe drehten sich einander zu. Wir folgten Li in einen kleinen chinesischen Laden, eine Treppe hinunter in einen stickigen, engen Flur, von dem lauter fensterlose Räume voller speisender Chinesen abgingen. Das bienenstockartige Gewimmel war von der Straße nicht zu erkennen gewesen – ein Pariser Paralleluniversum. Freie Plätze gab es keine, also deutete Li mit einer Handbewegung an, dass wir weiter durch die Hintertür und nach links gehen sollten, wo wir ein anderes chinesisches Restaurant betraten. Wir stiegen abermals eine Treppe hinab und erreichten einen weiteren fensterlosen Raum, wo man uns das Essen servierte: geschmortes Schweinefleisch, Pak Choi, Eierblumensuppe, Hühnchen in scharfer Sauce.

Bereits zwanzig Minuten später stiegen wir die Treppe wieder hinauf und folgten Li hinaus in die Dunkelheit. Wir erreichten die Galeries Lafayette, das zehnstöckige Kaufhaus auf dem Boulevard Haussmann. Dort schien man bestens auf eine Invasion aus dem Fernen Osten vorbereitet zu sein: Das Kaufhaus war zur Feier des Jahres des Hasen mit roten Wimpeln und Cartoon-Hasen geschmückt worden. Wir erhielten Willkommenskarten auf Chinesisch, die uns Glück, ein langes Leben und einen Rabatt von zehn Prozent versprachen.

Am nächsten Tag im Louvre stieß eine chinesische Reiseführerin zu unserer Gruppe. Sie war eine kolibrihafte Frau, die uns sogleich zurief: »Wir haben nur neunzig Minuten Zeit und viel vor, also müssen wir unsere Beine in die Hand nehmen und uns sputen!« Sie schoss los, in der Hand einen zusammengeklappten lilafarbenen Regenschirm, den sie wie eine Gruppenstandarte vor sich hertrug. Ohne ihren Schritt zu verlangsamen, brachte sie uns im Gehen ein wenig Französisch bei, indem sie sich an chinesischen Lauten orientierte: Die Aussprache von *bonjour* ließ sich annäherungsweise durch die chinesischen Zeichen *ben* und *zhu* nachahmen, was passenderweise »jemanden jagen« bedeutet. Wir jagten ihr also durchs Drehkreuz hinterher, und Wang Zhenyu, der Hosenhersteller, probierte seine neuen Französischkenntnisse gleich an den Wachleuten aus, denen er unablässig »*Ben zhu, ben zhu*!« zurief.

Die Museumsführerin riet uns, wir sollten uns vor allem auf die *san bao* (»die drei Schätze«) konzentrieren: die Nike von Samothrake, die Venus von Milo und die Mona Lisa. Wir drängten uns abwechselnd um jedes der besagten Kunstwerke, flankiert von anderen chinesischen Reisegruppen, die sich gleich feindlichen Armeen an ihren Farben identifizieren ließen: rote Anstecker für das Reisebüro U-Tour, orangefarbene Anoraks für die Studenten aus Shenzhen. Seit den frühen Morgenstunden waren wir bereits ununterbrochen auf den Beinen, trotzdem herrschte eine eifrige Neugierde. Als wir entdeckten, dass die Benutzung der Fahrstühle eine zeitintensive Umleitung für unsere Führung bedeuten würde, fragte ich mich, wie viel Huang Xueqing in ihrem Rollstuhl überhaupt vom Museum sehen werde. Dann beobachtete ich, wie ihre Familienangehörigen den Rollstuhl trugen, während sie jede Marmorstufe hinauf- und wieder hinabhüpfte, um sich anschließend vor jedes Kunstwerke fahren zu lassen.

Bis zum Abend hatte ein weiterer Tag voll europäischer Sehenswürdigkeiten zu einer gewissen Anerkennung in der Gruppe geführt, auch wenn sich die zum Teil in einem Wettbewerbsdrang niederschlug. Während wir in einem chinesischen Restaurant auf unsere Tische warteten, erwähnte Zhu die Zhou-Dynastie (1046-256 v. Chr.), also das Zeitalter Konfuzius', Laozis und anderer Säulen der chinesischen Philosophie. »Damals waren wir verdammt gut«, erläuterte Zhu einer Gruppe Teilnehmer. Seine Frau Wang Jianxin verdrehte die Augen. »Jetzt geht das wieder los«, seufzte sie. Ihr Ehemann trug eine Eiffelturm-Baseballmütze mit blinkenden, batteriebetriebenen Lämpchen, die er sich gerade erst gekauft hatte. Er wandte sich auf der Suche nach neuem Publikum mir zu. »Wirklich, während der Zhou-Dynastie waren wir praktisch wie das alte Rom oder das alte Ägypten.«

Während einer siebenstündigen Fahrt von Paris in die Alpen durchwühlte mein Sitznachbar Promise plötzlich in seinem Rucksack und zog eine zerknitterte Ausgabe des *Wall Street Journal* hervor, die er in einem Luxemburger Hotel gefunden hatte. Schweigend studierte er sie Seite für Seite, und sobald er dabei einen Titel entdeckte, in dem China erwähnt wurde, stieß er mich mit dem Ellbogen an, damit ich ihm bei der Übersetzung half. »EU findet heraus, dass Huawei staatliche Unterstützung erhält«, stand da etwa. Im Artikel hieß es, europäische Handelsbeauftragte seien der Meinung, das große chinesische Telekommunikationsunternehmen Huawei erhielte ungerechtfertigt besonders günstige Kredite von staatlichen Banken. »Steht in der amerikanischen Verfassung, dass der Staat den Unternehmen nicht unter die Arme greifen darf?«, erkundigte sich Promise. Ich fragte ihn, ob er Facebook nutze, das in China zwar offiziell nicht zugänglich war, aber mit etwas Bastelei doch aufgerufen werden konnte. »Der Aufwand ist mir einfach zu groß«, meinte er. Stattdessen hatte er sich bei Renren angemeldet, einer chinesischen Variante, bei der wie bei anderen chinesischen Seiten jegliche heikle politische Diskussion zensiert wurde. Ich fragte ihn, was er darüber wisse, dass Facebook in China nicht erlaubt war. »Das hat irgendetwas mit Politik zu tun«, antwortete er. Dann hielt er inne und fügte hinzu: »Aber die Wahrheit ist: Eigentlich habe ich keine Ahnung.«

Diese Art der Distanz war mir auch schon bei anderen chinesischen Studenten in den Städten begegnet. Wie keine Generation vor ihnen, hatten sie Zugang zu Technologien und Informationen, lebten aber auch mit der Großen Firewall, also dem gewaltigen Netzwerk aus digitalen Filtern und menschlichen Zensoren, das politisch fragwürdige Inhalte abfing, bevor sie die Computer des Landes erreichen konnten. Viele junge Chinesen empfanden den Gedanken an die Firewall als beleidigend, und trotzdem waren die so entstehenden Barrieren gerade groß genug, um viele von einer Umgehung abzuhalten. Die Informationen über die Außenwelt, die es tatsächlich hindurchschafften, waren dabei recht unterschiedlich: Promise konnte mir zwar ausführlich über den neuesten Sophie-Marceau-Film oder über die Leistungen verschiedener Schweizer Autorennfahrer berichten, wusste jedoch nichts darüber, dass chinesische Führer riesige Privatvermögen anhäuften. So viele ausländische Ideen und Konzepte strömten zeitgleich auf China ein, dass sich die Leute einen Reim darauf zu machen versuchten, indem sie die Welt in handlicheren Stücken anordneten. Ein chinesischer Gastroführer namens *Dianping* listete allein für Peking achtzehn verschiedene Kategorien chinesischer Küche auf, aber alles außerhalb Asiens (ob italienisch, marokkanisch oder brasilianisch) wurde unter dem Titel »westliches Essen« zusammengefasst.

Diese Nacht verbrachten wir in der Schweizer Stadt Interlaken, für die uns Reiseführer Li »wirklich saubere Luft« versprochen hatte – ein wahres Vergnügen für jeden Bewohner einer größeren chinesischen Stadt. Ich stieg gemeinsam mit Zheng Dao und ihrer Tochter Li Cheng, einer neunzehnjährigen Kunststudentin, aus dem Bus und besichtigte die Stadt. Wir spazierten an Luxus-Uhren-Geschäften, einem Spielsalon und der Höhenmatte vorbei, einer riesigen Grünfläche, auf der die Einheimischen Jodel- und Ringveranstaltungen abhielten. Seit ungefähr der Mitte der Reise legte die Tochter eine gewisse höfliche Langeweile an den Tag. »Abgesehen von den dortigen Gebäuden war die Seine auch nicht wirklich anders als der Huangpu«, erklärte sie. »Metro? Gibt es bei uns auch. Alles was Ihnen einfällt – wir haben es garantiert.« Sie lachte.

Als Li Cheng mit ihren Freunden voranging, vertraute mir ihre Mutter an, sie wünsche sich, ihre Tochter könne die Unterschiede zwischen Ost und West erkennen, die tiefer gingen als bloße Fragen der Hardware. Unser Reiseleiter hatte sich noch über das gemütliche Tempo in Europa lustig gemacht, doch glaubte man Zheng, waren ihre Landsleute mittlerweile der Ansicht, dass »man als der Verlierer dastehen wird, wenn man nicht überall seine Ellbogen benutzt«. Ein

Auto hielt an einem Zebrastreifen für uns an. Zheng nutzte die Gelegenheit, um einen Vergleich zu ziehen: »Zu Hause hätte der Autofahrer wohl gedacht: ›Ich darf nicht anhalten, sonst komme ich niemals an.‹«

An den letzten Reisetagen ließ die Wirkung der zu Anfang noch so beruhigenden Ratschläge Lis und seines ständigen Bemühens um Effizienz langsam nach. Im Bus fragten die Leute, ob wir nicht auch einmal bei einem westlichen Restaurant haltmachen könnten, denn schließlich wären wir schon eine Woche in Europa und hätten bislang kein einziges landestypisches Essen probiert. (Bei einer Marktanalyse gab fast die Hälfte der befragten chinesischen Touristen an, sie hätten nicht mehr als ein »europäisches« Essen auf ihrer Reise durch den Westen verspeist.) Li warnte uns jedoch, dass es zu lang dauern könnte, bis das Essen auf dem Tisch stand, und dass wir Verdauungsprobleme bekämen, wenn wir zu schnell äßen. »Heben Sie sich das für Ihre nächste Reise auf«, empfahl er, und alle willigten ein. In Mailand erinnerte er uns abermals daran, auf der Hut vor Taschendieben zu sein, doch Umweltpflegespezialist Handy kamen erste Zweifel. »Italien ist gar nicht so chaotisch, wie sie es uns weisgemacht haben«, erklärte er. »Es klang wirklich beängstigend.«

Ich fragte mich mittlerweile, wie lang es solche Rundreisen wie diese noch geben würde. Individualtourismus wurde besonders beim jungen Publikum immer beliebter, und selbst während unserer gemeinsamen Zeit strengte meine Mitreisenden die ständige Hast immer mehr an. In Mailand hatten wir dreißig Minuten zu unserer freien Verfügung, also betraten Karen, Handy und ich das kühle Innere des Doms. Handy blickte an den schier endlos in die Höhe strebenden Fenstern aus leuchtend buntem Glas hinauf. »Das muss anstrengend gewesen sein«, sagte er. »Aber es sieht wunderschön aus.«

Die italienischen Zeitungen waren voller Meldungen über ein bevorstehendes Verfahren gegen Premierminister Berlusconi, der mit einer Minderjährigen geschlafen hatte. Reiseführer Li gab sich diplomatisch. »Was für ein einzigartiger Mann er doch ist«, erklärte er. Die Fahrt durch Italien hatte ihn in eine nachdenkliche Stimmung versetzt, weshalb er über das Leben zu Hause sinnierte. »Manchmal fragt man sich, ob es vielleicht doch von Vorteil wäre, die Demokratie in China zu stärken«, meinte er. »Natürlich hat das Ganze auch sein Gutes: Die Menschen hätten ein Recht auf freie Meinungsäußerung und könnten ihre Politiker frei wählen. Aber das Einparteiensystem hat ebenfalls seine Vorteile, nicht wahr?« Er deutete aus dem Fenster auf die Schnellstraße und erzählte, die Fertigstellung habe Jahrzehnte in Anspruch genommen, weil die Anwohner nicht mit dem Bau einverstanden gewesen seien. »Wäre das hier China, hätte man die Sache in sechs Monaten über die Bühne gebracht. Nur so kann sich die Wirtschaft entwickeln.« Li war dermaßen auf das Thema fixiert, dass man ihn glatt mit einem Regierungssprecher hätte verwechseln können, wenn ich seine Bemerkungen nicht schon längst aus alltäglichen Gesprächen in Peking gekannt hätte. »Ausländische Beobachter haben das schnelle Wachstum der chinesischen Wirtschaft nie nachvollziehen können«, erklärte er. »Ja, China ist ein Einparteienstaat, aber die Eliten unseres Landes stellen die Regierungsvertreter, und eine Elite aus 1,3 Milliarden Menschen darf getrost als Super-Elite bezeichnet werden.«

Etwas schien es im Westen jedoch sehr wohl zu geben, das er grenzenlos bewunderte. Er erwähnte einen Freund, der seinen Beruf an den Nagel gehängt hatte, um sich als Rucksacktourist auf einen Selbstfindungstrip zu begeben. »Würden unsere Eltern das akzeptieren? Natürlich nicht! Sie würden mit dem Finger auf uns zeigen und sagen: ›Du bist unbrauchbar!‹ In Europa dagegen«, fuhr er fort, »dürfen die jungen Leute jedes Ziel verfolgen, das ihnen in den Sinn kommt.«

Er fügte hinzu: »Unsere chinesischen Vorfahren haben uns viel hinterlassen, warum fällt es uns dann so schwer, uns für Neues zu öffnen? Weil unser Bildungssystem so eingeschränkt ist.« Unsere Gruppe hörte noch aufmerksamer zu als sonst. Während sich amerikanische Eltern fragten, ob sie etwas von Chinas außerordentlich strengen Tiger Moms lernen konnten, fragten sich gleichzeitig chinesische Eltern, wie sie das veraltete Bildungssystem des Landes mit neuer Kreativität aufzupeppen vermochten. Zeng Liping, selbst Mutter, erzählte mir, die Lehrer hätten die Stirn gerunzelt, als sie erfuhren, dass ihr Sechstklässler sie auf die Reise nach Europa begleitete. »Vor jedem Ferienbeginn schärfen die Lehrer ihren Schülern ein: ›Bleibt zu Hause. Bleibt zu Hause und lernt fleißig, denn bald werdet ihr die Aufnahmeprüfung für die Mittelschule ablegen müssen.‹« Zeng hatte sich mit ihrem Außenseiterdasein abgefunden. Sie hatte eine sichere Stelle als Kunstlehrerin aufgegeben und all ihre Ersparnisse in den Aufbau einer eigenen Modemarke gesteckt. »Meine Vorgesetzten meinten: ›Was für eine Schande, einer so guten Arbeitsstelle den Rücken zu kehren.‹ Aber ich habe mir bewiesen, dass es die richtige Entscheidung war.«

Am nächsten Tag in Rom machten wir am Trevi-Brunnen halt und spazierten hinauf zur überwältigenden Pracht des Petersplatzes. Zhu erklärte, die gewaltigen Ausmaße dort erinnerten ihn an Peking. »Wie in den alten Zeiten, als die Chinesen nur nach Peking kamen, um einen Blick auf die Kommunistische Partei zu werfen.« Er lachte.

Wir gingen die Straße hinunter und setzten uns auf einen Fenstersims, um uns etwas auszuruhen. Zhu zündete sich eine Zigarette an. Er hatte über den Aufstieg und Fall großer Mächte nachgedacht. Ich fragte ihn, ob er amerikanischen Politikern Glauben schenke, die angaben, sie hätten nichts gegen Chinas Aufschwung. Er schüttelte den Kopf. »Nicht im Geringsten. Sie werden uns wachsen lassen, aber gleichzeitig versuchen, dieses Wachstum einzuschränken. Alle, die ich kenne, denken so.« Letztlich, sagte er so höflich wie möglich, müssten sich die Amerikaner daran gewöhnen, eine schwächere Stellung in der Welt einzunehmen, so wie es auch China einst hatte tun müssen. »Ihr findet es vollkommen normal, an der Spitze zu stehen, doch ihr werdet auf den zweiten Platz abrutschen. Vielleicht nicht sofort – tatsächlich wird es wohl noch zwanzig oder dreißig Jahre dauern –, aber unser Bruttosozialprodukt wird irgendwann höher sein als eures.« Ich war überrascht, dass Zhu trotz all seiner Reisen immer noch davon ausging, dass sich zwischen Ost und West eine philosophische Kluft auftat – »zwei verschiedene Denkweisen«, wie er es nannte. »Wir werden die Werkzeuge und Techniken des Westens benutzen, um davon zu profitieren, aber tief im Herzen unserem Land seine Identität bewahren«, erklärte er.

Seine Ansichten ließen keine großen Hoffnungen zu, was die Zukunft Chinas an der Seite des Westens betraf. In gewisser Weise war es schwer, mit ihm darüber zu streiten, denn die Einschätzung, dass ein wohlhabenderes China automatisch westlicher und demokratischer werden würde, überzeugte auch mich nicht mehr so wie noch zu meinen Studentenzeiten, als mich die tragische Anziehungskraft des Tiananmen-Platzes nach Peking geführt hatte. Das China, in dem ich mittlerweile lebte, konnte zugleich inspirieren und wahnsinnig machen, diese Heimat der mit bloßen Händen erarbeiteten Vermögen und der schwarzen Gefängnisse, der ungebremsten Neugier auf die Welt und des defensiven Stolzes hinsichtlich Chinas neuem Platz in ebendieser. Meine Mitreisenden waren dem Ruf nach Westen gefolgt, hatten jedoch Schwierigkeiten, sich auf das Vorgefundene einen Reim zu machen, und das konnte ich nachvollziehen, denn auch ich kämpfte damit, ein Land zu verstehen, das seine Schranken zwar gelockert hatte, aber weiterhin von der Partei an der Macht regiert wurde.

Falls die Annahme naiv war, die Öffnung würde das Land einfach so dem Westen annähern, war es vielleicht ebenso leichtgläubig, die Kraft subtilerer Veränderungen in China zu unterschätzen. Der moderne chinesische Tourismus basierte ebenso wie der moderne chinesische Staat auf dem wackligen Versprechen, dass er eine chaotische Welt zu ordnen vermochte und seine Schäfchen behütete, indem er sie vor solchen Bedrohungen wie westlichen Taschendieben, westlicher Küche und westlicher Kultur bewahrte. Der Westen, den unsere Reisegruppe kennenlernte, war in Wirklichkeit europäischer, als sie ihr Europa erwartet hatten – heruntergekommener und weniger prachtvoll als gedacht. Hinter den Lobgesängen auf die Effizienz des Einparteiensystems und des damit zusammenhängenden Wohlstands hatten meine Mitreisenden einen kurzen, ungefilterten Blick auf Menschlichkeit und Offenheit und eine früher einmal verbotene Welt erhaschen können. Die Partei an der Macht hatte faktisch das Ende der Revolution ausgerufen, weil sie hoffte, die Bevölkerung werde sich von der Politik ab- und dem Privatleben zuwenden. So einfach würde das Ganze jedoch nicht werden.

Als Promise seine veraltete Ausgabe des *Wall Street Journal* endlich beiseitelegte, ertönten keine Fanfaren. Er erklärte nur: »Jedes Mal, wenn ich eine Zeitung aus dem Westen lese, entdecke ich eine Menge, das ich nicht wusste.« Zwar gab es im Westen sehr viel, was meine chinesischen Mitreisenden nie zu Gesicht bekommen würden, aber mit jedem Kilometer lernten sie besser, es zu erkennen.

Teil II
Wahrheit

8. Tanz in Fesseln

Das faszinierendste Gebäude Pekings ist nicht für seine Architektur bekannt. Gegenüber der Straße des Ewigen Friedens, direkt neben dem chinesischen Äquivalent des Weißen Hauses, steht ein modernes dreistöckiges Bürogebäude mit einer grünen Fassade und einem Pagodendach, das wie ein Toupet auf dem Haus sitzt. Besonders beeindruckend erschien mir dabei immer, dass es den Bau offiziell gar nicht gab – zumindest auf dem Papier. Es existierte weder eine Adresse, noch hing da ein Schild, und ebenso wenig erschien das Gebäude auf den öffentlichen Grafiken zur Parteistruktur. Als ich mich das erste Mal danach erkundigte, antwortete der Sicherheitsmann: »Das darf ich Ihnen nicht sagen. Es ist eine Behörde.« Im Lauf der Zeit ging ich dazu über, es einfach »das Ministerium« zu nennen.

In jeder Hauptstadt gibt es geheime Behörden; aber das Seltsame an diesem und seiner Furcht vor jeglicher Öffentlichkeit ist, dass es sich dabei um das Ministerium für Öffentlichkeitsarbeit handelt. Der Begriff »Öffentlichkeitsarbeit« kommt in der chinesischen Bezeichnung allerdings nicht vor, denn auf Chinesisch heißt die Behörde »Zentrales Propagandaministerium«. Es ist eines der mächtigsten und geheimsten Staatsorgane der Volksrepublik China – ein Amt, das über die Macht verfügt, Redakteure zu entlassen, Professoren zum Schweigen zu bringen, Bücher zu verbieten und Filme neu schneiden zu lassen. Als ich mich in China niederließ, kontrollierten das Ministerium und seine Beamten über zweitausend Zeitungen und achttausend Zeitschriften im ganzen Land; jeder Film und jede Fernsehsendung, jedes Buch, jeder Freizeitpark, jedes Videospiel, jeder Bowlingclub und jeder Schönheitswettbewerb unterlagen seiner Prüfung. Die Propagandaleute entschieden, welche Werbung auf den Tafeln vom Himalaya bis hin zum Gelben Meer erscheinen sollte. Sie verwalteten den größten Fonds für Sozialwissenschaften in China, was ihnen ein Vetorecht über Forschungsprojekte verlieh, die sich beispielsweise nicht an die Vorgabe hielten, gewisse Begriffe bei der Beschreibung des politischen Systems Chinas zu vermeiden. (Einer dieser unerlaubten Begriffe war *jiquanzhuyi* – »Totalitarismus«.) Das Ministerium verfügte mit einer Autorität über die chinesische Gedankenwelt, die von der zum Thema forschenden Wissenschaftlerin Anne-Marie Brady mit »dem Einfluss des Vatikans auf die Katholiken« verglichen wurde.

Orwell schrieb, politische Prosa ziele in jedem Land darauf ab, »dem Wind den Anschein von Stabilität zu verleihen«. Während der Truman-Ära bog sich Außenminister Dean Acheson die Fakten so lange zurecht, bis sie, in seinen Worten, »klarer als die Wahrheit« waren. Allerdings wurde nirgends der Kunst der Propaganda mehr Zeit und Sorgfalt gewidmet als in China, wo Kaiser Qin Shi Huang im 3. Jahrhundert v. Chr. eine Politik betrieb, die er wie folgt umschrieb: »Halte die Massen unwissend, und sie werden dir folgen.« Mao machte Propaganda und Zensur zum wichtigsten Mittel der Gedankenbeeinflussung und nutzte sie, um die in Wirklichkeit niederschmetternde Niederlage des Langen Marschs als taktischen Triumph darzustellen. Fünf Jahre nach seinem Tod veröffentlichten seine Erben in einem letzten Akt der Ergebenheit eine Erklärung zu Maos turbulenter Herrschaft. Darin hieß es, er habe zu siebzig Prozent Recht und zu dreißig Prozent Unrecht gehabt – eine wenig nachvollziehbare Rechnung, die chinesische Schulkinder auf Jahrzehnte hin lernen mussten.

Um ein Haar wäre das Ministerium aufgelöst worden, weil die Proteste auf dem Tiananmen-Platz im Jahr 1989 einige Parteiführer davon überzeugt hatten, dass Propaganda in modernen Zeiten immer mehr an Kraft einbüßte. Aber Deng Xiaoping war anderer Meinung und traf eine schicksalhafte Entscheidung: Er verkündete, das zukünftige Überleben des Landes ruhe auf zwei Säulen – Wohlstand und Propaganda. Über Chinas Jugend, die sich damals auf dem Platz des Himmlischen Friedens versammelte, sagte er: »Es wird nicht nur ein paar Monate, sondern Jahre der Umerziehung erfordern, um ihre Denkweise zu ändern.« Der sowjetische Umgang mit Propaganda – das Beharren auf einem ideologisch begründeten Herrschaftsrecht als Speerspitze des Proletariats – hatte sich allerdings als wirkungslos erwiesen. Deng und seine Männer brauchten dringend eine neuen Ansatz, und den fanden sie im Heiligen Land der Public Relations – in den USA –, wo sie zudem auf ein neues, relativ überraschendes Vorbild stießen: Walter Lippmann, der im 20. Jahrhundert zu den führenden amerikanischen Journalisten gehört hatte. Den Antikommunismus seiner frühen Jahre übersahen sie geflissentlich und lobten seine Bemühungen, eine Herrschaft der Massen zu verhindern und die öffentliche Meinung zugunsten eines Kriegseintritts der Vereinigten Staaten in den Ersten Weltkrieg zu beeinflussen. Sie studierten Lippmanns Glauben an die Macht der Symbole, wonach sich im Symbol »das Gefühl in Richtung auf ein gemeinsames Ziel« entlade; außerdem griffen sie seine Ansicht auf, dass gute PR einen »Gruppengeist« schaffen und »öffentliche Zustimmung« für die Politik der herrschende Klasse befördern könne.

Um Propaganda für die aufstrebende Mittelschicht zu entwickeln, stützte sich die Partei auf einen anderen Vater der amerikanischen PR: den Politikwissenschaftler Harold Lasswell, der 1927 geschrieben hatte: »Wenn die Massen frei von Eisenketten sein wollen, müssen sie silberne Ketten akzeptieren.« Die Imagegeber der Partei, die ihre Karriere einst mit der Verurteilung kapitalistischer Handlanger begonnen hatten, versuchten nun zu verstehen, warum Marken wie Coca-Cola so erfolgreich waren, und entdeckten dabei den Beweis, dass »jedes Problem gelöst werden kann, wenn man nur ein gutes Image hat«, wie es in einem chinesischem Propagandafachbuch hieß. Um die Kunst der modernen Tatsachenverdrehung zu erlernen, wandte sich die Kommunistische Partei deren Meistern zu: In einem fünftägigen Seminar für die leitenden Propagandafunktionäre wurden als Fallstudien Tony Blairs Reaktionen auf den Rinderwahn und der Umgang der Bush-Regierung mit den US-Medien nach dem 11. September analysiert.

2004 schuf das Ministerium schließlich ein Amt für Öffentliche Meinung, das zur Evaluierung der Stimmung in der Bevölkerung Studien und Umfragen in Auftrag gab, ohne den Chinesen allerdings die Vorteile freier Wahlen zu gewähren. Die Gedankenbeeinflussung nahm nicht ab, sondern wurde stetig verbessert, bis laut einer Schätzung ein Propagandabeamter auf einhundert chinesische Bürger kam. Die Zeiten dröhnender Lautsprecher und massenhaft vervielfältigter Broschüren waren damit endgültig vorbei. Wie jedes wettbewerbsfähige Unternehmen maß auch dieses Amt seine Reichweite anhand der Klicks im Internet und der Einschaltquoten zur Hauptsendezeit. Mithilfe bekannter Filmemacher wie Zhang Yimou stellte das Ministerium teure Werbekampagnen auf die Beine und ließ vage emotionale Botschaften auf die Bevölkerung niederprasseln, um »die Ohren, den Geist und die Herzen« der Chinesen zu erreichen, wie es ein Propagandabeamter ausdrückte. Parteiforscher meinten, es sei nun wichtiger denn je, »das Denken der Menschen der herrschenden Ideologie anzupassen und das Verhalten der Bevölkerung dadurch zu standardisieren«.

Nichts bedurfte so sehr der Aufmerksamkeit des Ministeriums wie die Medien. »Nie wieder«, schwor Präsident Jiang Zemin nach den Protesten auf dem Tiananmen-Platz, werde man »den chinesischen Zeitungen, dem Radio und dem Fernsehen gestatten, zum Schlachtfeld des bürgerlichen Liberalismus zu werden.« China werde sich nie der »sogenannten Glasnost« unterwerfen, erklärte Jiang. Von den Journalisten wurde weiterhin erwartet, »mit einer Stimme zu singen«, und das Ministerium half ihnen dabei, indem es überaus lange und ständig wachsende Aufzählungen von Begriffen herausgab, die entweder unter allen Umständen in den Nachrichten erwähnt werden sollten oder auf keinen Fall darin erscheinen durften. Manche Dinge änderten sich allerdings nie: Wann immer man in China von den Gesetzen in Taiwan sprach, mussten diese als »sogenannte Gesetzgebung« bezeichnet werden, während das politische System Chinas angeblich so einzigartig war, dass die Reporter vollständig auf die Wendung »nach internationaler Praxis« verzichten sollten, wann immer sie Vergleiche mit Peking anstellten. In Wirtschaftsangelegenheiten durften die Medien an Feiertagen keine schlechten Nachrichten verbreiten oder über Probleme berichten, die vom Staat als »unlösbar« eingestuft wurden, so zum Beispiel die fehlende Stabilität der chinesischen Banken oder der politische Einfluss der Wohlhabenden. Unter allen Umständen verboten waren Hinweise auf die Proteste auf dem Tiananmen-Platz: In chinesischen Büchern wurden die Demonstrationen von 1989 und das darauf folgende Blutvergießen mit keiner Silbe erwähnt, und wenn man von Staatsseite doch einmal darauf zu sprechen kam, bezeichnete man sie als »Chaos« oder »Aufruhr«, die eine Handvoll »Verschwörer« angezettelt hätten.

Journalisten hatten kaum eine andere Wahl, als diesen Anweisungen Folge zu leisten, womit die Nachrichten mehr und mehr zu einem Hort der Ruhe und der atemberaubenden Gleichförmigkeit wurden, während das Land selbst immer facettenreicher und lauter wurde. Zeitungen an entgegengesetzten Enden des Landes druckten oft dieselben Schlagzeilen in genau derselben Schrift ab. Im Mai 2008, als die Provinz Sichuan von einem schweren Erdbeben heimgesucht wurde, verkündete die Presse im ganzen Land fast einstimmig, das Erdbeben habe »das Herz der Kommunistischen Partei Chinas in Stücke gerissen«. Am nächsten Morgen durchforstete ich die Lokalzeitungen und bestaunte ihre Einheitlichkeit. Eines der wenigen Presseorgane mit einem etwas anderen Inhalt war die Zeitschrift *Caijing*. Während die staatliche Nachrichtenagentur Xinhua die Volksbefreiungsarmee für ihre Rettungsbemühungen lobte, grub *Caijing* – was »Finanzen und Wirtschaft« bedeutet – Schätzungen über die Zahl der Toten und Verletzten aus und berichtete, dass »viele Katastrophenopfer immer noch auf Hilfslieferungen warteten«. Ich fragte mich, warum sich die Artikel in der Zeitschrift so unterschieden, und nahm an, es müsse etwas mit der Chefin zu tun haben, einer Frau namens Hu Shuli, die sich einen Ruf damit gemacht hatte, die Grenzen der freien Meinungsäußerung in China neu auszuloten. Ich hatte um einen Termin bei ihr gebeten, weil ich herausfinden wollte, wie man mit einem Ministerium verhandelte, das es offiziell gar nicht gab.

Ich konnte Hu Shuli hören, lange bevor ich sie sah. Ich wartete in ihrem Büro direkt neben der Redaktion von *Caijing* – einem gepflegten und offen angelegten Raum aus grauem Backstein, der sich im neunten Stock des Prime Tower in der City von Peking befand –, als ich ein hastiges Klack-klack-klack draußen auf dem Flur vernahm. Hu näherte sich dem Büro und lief dann einfach daran vorbei, weiter in die Redaktion, wo sie eine Reihe von Anordnungen und Gedanken zum Besten gab, bevor sie auf dem Absatz kehrtmachte und zurück in meine Richtung kam. Vor meinem Besuch hatte mich ein seit Jahren mit der Dame bekannter Redakteur namens Qian Gang davor gewarnt, dass sich Hu »so plötzlich und schnell wie ein Windzug« bewege. Hu Shuli war Mitte fünfzig, schlank, 1,58 Meter groß, trug einen Kurzhaarschnitt und farblich aufeinander abgestimmte Kleidungsstücke. Sie war so wortgewandt und streitlustig wie ein »weiblicher Pate«, fand jedenfalls einer ihrer Reporter, als er sie zum ersten Mal traf. Ein anderer Kollege verglich eine Unterhaltung mit ihr damit, im Feuer eines Maschinengewehrs zu stehen. Wang Lang, ein alter Freund von Hu und Redakteur bei der *Economic Daily*, schlug ihr Angebot auf Zusammenarbeit immer wieder aus, weil »es unserer Freundschaft besser bekommt, wenn wir eine gewisse Distanz wahren«, wie er mir erklärte. Je nach Perspektive konnte ihre Anwesenheit entweder aufregend oder anstrengend sein. Ihr Chef, Wang Boming, der Vorsitzende der SEEC Media Group, *Caijings* Muttergesellschaft, sagte mir einmal halb im Scherz: »Ich habe Angst vor ihr.«

In der Welt der »Nachrichtenarbeiter«, wie Journalisten im Parteijargon genannt werden, war Hu Shuli ein Unikat. Einerseits war sie eine unverbesserliche Enthüllungsjournalistin, andererseits war sie mit manch einem der mächtigsten Parteiführer Chinas auf Du und Du. Seit der Gründung *Caijings* im Jahr 1998, als die Redaktion aus nicht viel mehr als zwei Computern und einem geliehenen Konferenzraum bestanden hatte, leitete Hu die Zeitschrift mit einem fast perfekten Gespür für das Ausmaß der Offenheit und der Provokation, das vom Ministerium gerade so geduldet wurde. Das schloss ebenso die Entscheidung mit ein, welche Themen im Blatt behandelt wurden (ungezügelter Wirtschaftsbetrug, immer neue Fälle politischer Korruption) und welche nicht (Falun Gong, der Jahrestag der Proteste auf dem Tiananmen-Platz und vieles mehr). Hu war auch dann noch als Redakteurin tätig, als andere, ebenso hartnäckige chinesische Journalisten längst im Gefängnis saßen oder anderweitig zum Schweigen gebracht worden waren. In der chinesischen und ausländischen Presse wurde sie oft »die gefährlichste Frau Chinas« genannt, obwohl sie das Ganze herunterspielte und meinte, sie sei nur ein »Specht«, der unentwegt auf einen Baum einhämmerte – aber nicht um ihn zu fällen, sondern um für ein gerades Wachstum zu sorgen.

Caijing hatte den Glamour und das Design der *Fortune*. Die Zeitschrift quoll geradezu über vor Werbung für Cartier-Uhren, chinesische Kreditkarten und Mercedes-Geländewagen. Oft hatten die Artikel ganz bewusst eine überaus hohe Informationsdichte. Die chinesischen Propagandabeamten konzentrierten sich eher auf das Fernsehen und die Massenzeitungen, weil die ein Millionenpublikum erreichten, während eine Zeitschrift mit einer Auflage von nicht mehr als zweihunderttausend Exemplaren weniger interessant war, auch wenn die an die wichtigsten Stellen im Staat, in der Wirtschaft und an den Hochschulen gingen, was dem Heft einen außergewöhnlich großen Einfluss verlieh. Es gab einen chinesischen und einen englischen Internetauftritt, und gemeinsam kamen sie auf etwa 3,2 Millionen Besucher im Monat. Hu schrieb eine viel zitierte Kolumne, die in der Print- und in der Onlineausgabe erschien. Jedes Jahr veranstaltete sie eine Konferenz, auf der die gesamte Wirtschaftsführung der Kommunistischen Partei erschien.

Hu hatte in einer Industrie, in der die Wahrheit zugunsten politischer Prioritäten oft das Nachsehen hatte, eine einzigartige Karriere hingelegt. Kurz nach dem Erdbeben von Sichuan veröffentlichte die staatliche Nachrichtenagentur Xinhua im Internet einen genauen Bericht darüber, wie der Rakete der Weltraummission Shenzou 7 die dreizehnte Erdumrundung gelungen war. Darin standen eine Vielzahl fesselnder Details, etwa: »Die feste Stimme des Raumfahrtleiters unterbrach die Stille auf dem Schiff.« Unglücklicherweise war die Rakete zu diesem Zeitpunkt noch gar nicht gestartet – die Nachrichtenagentur entschuldigte sich später für die Herausgabe eines »Entwurfs«.

Es war allerdings nicht ungefährlich, die Politik wichtiger zu nehmen als die Wahrheit. Als Reporter ohne Grenzen 2008 – also im Jahr des Erdbebens – eine Rangliste der Länder mit der größten Pressefreiheit erstellte, landete die Volksrepublik auf dem 167. von insgesamt 173 Plätzen, hinter dem Iran und vor Vietnam. Artikel 35 der chinesischen Verfassung garantiert zwar die »Freiheit der Rede« und der »Publikation«, aufgrund der Gesetzeslage hatten die Behörden jedoch einen sehr großen Spielraum bei der strafrechtlichen Verfolgung von Redakteuren und Autoren wegen »Verletzung der Landesinteressen« und anderer Vergehen. In chinesischen Haftanstalten saßen achtundzwanzig Journalisten – mehr als in jedem anderen Land auf der Welt. (2009 wurde China das erste Mal seit zehn Jahren vom Iran überholt.)

Besonders im Hinblick auf solche Gefahren schien mir Hu Shulis Zeitschrift die erste chinesische Publikation zu sein, die ambitioniert darauf hinarbeitete, zu einem Nachrichtenorgan auf Weltklasseniveau zu werden. »Das Magazin unterscheidet sich von allen anderen in China«, erklärte mir der Wirtschaftswissenschaftler Andy Xie. »In gewisser Weise ist allein schon die Existenz von *Caijing* ein Wunder.«

Als ich Hu Shuli das erste Mal zu Hause besuchen wollte, war ich mir irgendwann sicher, dass ich mich verlaufen hatte. Anders als viele ihrer Reporter und Redakteure wohnte sie nicht in einem von Pekings neuen Apartmenthochhäusern, sondern sie lebte gemeinsam mit ihrem Ehemann in einem altmodischen Betonwohnblock in einer Dreizimmerwohnung mit Blick auf einen verwilderten Garten. Das Viertel war nicht nur eine Bastion der alten Medien des Landes, sondern beherbergte auch das staatliche Radio und die Film- und Fernsehzensoren. In den fünfziger Jahren, als noch vor allem privilegierte Parteifunktionäre in dem Gebäude lebten, erhielt Hus Vater dort eine Wohnung.

Hu stammte aus einer Familie mit einer makellosen kommunistischen Vergangenheit. Ihr Großvater, Hu Zhongchi, war ein berühmter Übersetzer und Lektor gewesen; sein Bruder hatte einen bekannten Verlag betrieben. Hus Mutter, Hu Lingsheng, hatte als leitende Redakteurin beim *People's Daily* in Peking gearbeitet, während ihr Vater, Cao Qifeng, sich im kommunistischen Untergrund betätigt hatte, bis er einen Posten bei einer Gewerkschaft übernahm. Hu Shuli zeigte allerdings schon in ihrer Jugend Eigenschaften, die ihrer Mutter Sorgen machten. »Ich habe immer gesagt, was ich dachte«, erklärte Hu.

Als sie dreizehn war, brach die Kulturrevolution los. Der Schulunterricht wurde unterbrochen. Hus Familie musste einiges verkraften: Ihre Mutter wurde als bekannte Redakteurin bei der Zeitung hart kritisiert und schließlich unter Hausarrest gestellt. Ihr Vater wurde degradiert und musste mit einer Hinterzimmertätigkeit vorliebnehmen. Hu schloss sich wie viele ihrer Altersgenossen den Roten Garden an und zog durchs Land, um ihre Hingabe zu Mao Zedong unter Beweis zu stellen, der »rötesten aller roten Sonnen«. Als die Bewegung immer stärker in die Gewalttätigkeit abdriftete, suchte Hu Zuflucht in ihren Büchern, um wenigstens den Anschein einer Ausbildung zu wahren. »Es war eine sehr verwirrende Zeit, weil wir unsere Werte aus den Augen verloren.« Einen Monat vor ihrem sechzehnten Geburtstag wurde sie aufs Land geschickt, wo sie ihren Beitrag zur Agrarrevolution leisten sollte. Was sie dort vorfand, entsetzte sie.

»Es war einfach lächerlich«, erinnerte sie sich. Die Bauern hätten keinen Grund gehabt, ihre Felder zu bestellen. »Sie wollten nur weiter auf dem Acker herumliegen, manchmal bis zu zwei Stunden am Stück. Ich fragte sie, ob wir nicht mit der Arbeit anfangen sollten, aber sie antworteten nur: ›Wie kommst du denn darauf?‹« Sie fuhr fort: »Zehn Jahre später erkannte ich, wie falsch das alles gewesen war.«

Die Kampagne zur Modernisierung der Landwirtschaft öffnete vielen Angehörigen ihrer Generation die Augen. Wu Si, ein anderer junger Anhänger Maos, den man aufs Land geschickt hatte, berichtete mir von seinem ersten Tag in einer Eisengießerei. »Die ganze Zeit hatte man uns beigebracht, das Proletariat sei eine ›selbstlose Klasse‹, und wir glaubten von ganzem Herzen daran«, erklärte er. Ein paar Stunden nach seiner Ankunft sei ein Genosse auf ihn zugekommen und habe ihm mitgeteilt: »Das ist genug. Du kannst nun [mit der Arbeit] aufhören.«

Das habe Wu verwirrt. »Für mich gibt es ohnehin nichts anderes zu tun, also kann ich ebenso gut weitermachen.«

Der Genosse flüsterte ihm einen guten Rat ins Ohr: »Darüber werden die anderen hier aber nicht allzu glücklich sein.«

Arbeitete Wu den ganzen Tag, stieg auch das Soll für alle anderen. Also legte er seine Werkzeuge nieder. Schon bald lernte er weitere Geheimnisse kennen, um in einer staatlichen Fabrik zu überleben, etwa wie man Teile aus dem Lagerraum mitgehen ließ oder Lampen für den Verkauf auf dem Schwarzmarkt baute. Wu, der später ein bekannter Schriftsteller und Verleger werden sollte, erlebte so am eigenen Leib, was die Welt paralleler Realitäten bedeutete. »Eine Seite der Geschichte war für die Öffentlichkeit bestimmt«, erklärte er mir, »und die andere war die echte.«

Als die Hochschulen 1978 den Lehrbetrieb wieder aufnahmen, konnte Hu Shuli sich einen Platz an der Chinesischen Volksuniversität in Peking sichern. Das Institut für Journalismus sei zwar nicht gerade ihre erste Wahl gewesen, aber das Beste, was die Hochschule in ihren Augen zu bieten hatte. Nach dem Abschluss begann auch sie für die *People's Daily* zu arbeiten. 1985 wurde sie einem Büro in der Küstenstadt Xiamen zugeteilt, wo wie in einem Labor mit der freien Marktwirtschaft experimentiert wurde. Hu hatte ein natürliches Gespür für Vernetzung und Kontaktpflege – regelmäßig spielte sie mit dem Bürgermeister Bridge –, und zu ihren Interviewpartnern gehörte unter anderem ein vielversprechender junger Funktionär der Stadtregierung, dessen Offenheit für den freien Markt ihm den Spitznamen »Gott des Wohlstands« eingebracht hatte. Sein Name war Xi Jinping, und Jahre später sollte er Präsident der Volksrepublik China werden.

1987 erhielt Hu ein Stipendium des World Press Institute für einen fünfmonatigen Aufenthalt in den Vereinigten Staaten. Diese Erfahrung beeinflusste, wie sie von nun an ihre Möglichkeiten einschätzte. Ihre Zeitung, die *People's Daily*, bestand aus vier Seiten, aber jeder Ort, den sie in den USA besuchte, schien ein zehn- oder zwanzigmal so großes Blatt zu haben. In Minnesota fiel ihr schließlich auf: »Ich habe den ganzen Abend mit der Lektüre der *Pioneer Press* aus St. Paul verbracht.« Sie kehrte nach China zurück, wo die Proteste auf dem Tiananmen-Platz im Frühjahr 1989 die Pekinger Presse elektrisierten.

Eine Vielzahl von Journalisten, darunter auch Hu, schlossen sich den Demonstrationen an. Hu erinnerte sich, wie diese in der Nacht vom 3. auf den 4. Juni von der Armee aufgelöst wurden: »Ich ging auf die Straße und dann zurück ins Büro und meinte, ›Darüber sollten wir schreiben‹.« Die Entscheidung habe allerdings bereits festgestanden: »Wir würden nicht ein einziges Wort über die ganze Sache verlieren.« Viele Reporter, die ihre Meinung gesagt hatten, wurden entlassen oder in entfernte Provinzen versetzt. Hus Ehemann, Miao Di, ein Professor der Filmwissenschaft, befürchtete, Hu könnte inhaftiert werden, aber am Ende wurde sie nur für achtzehn Monate suspendiert.

Nach ihrer Suspendierung übernahm Hu einen Posten als Redakteurin für internationale Angelegenheiten bei der *China Business Times*, einer der ersten landesweit erscheinenden Zeitungen, die sich der neuen Wirtschaft widmeten. 1992 stolperte sie über eine Gruppe chinesischer Finanziers, die eine Ausbildung im Ausland absolviert hatten und anschließend nach Hause zurückgekehrt waren, um den chinesischen Aktienmarkt aufzubauen. Viele von ihnen waren Kinder mächtiger chinesischer Parteiführer. Die Gruppe nannte sich Stock Exchange Executive Council; 1992 mieteten sie Räumlichkeiten im Pekinger Chongwenmen-Hotel. Sie schoben die Betten aus den Zimmern und richteten sich ein Büro ein. An einem Schreibtisch saß Gao Xiqing, der vor seiner Rückkehr nach China einen Jura-Abschluss an der Duke University erworben und für Richard Nixons Anwaltskanzlei in New York gearbeitet hatte. An einem anderen arbeitete Wang Boming, der Sohn eines ehemaligen Botschafters und Vizeaußenministers. Wang hatte Wirtschaft an der Columbia University studiert und als Ökonom in der Forschungsabteilung der New Yorker Börse gearbeitet. Die Gruppe sicherte sich die Unterstützung aufstrebender Parteipersönlichkeiten, darunter die von Wang Qishan, dem Schwiegersohn des Vizepremierministers, sowie die von Zhou Xiaochuan, einem reformorientierten Politikersprössling.

Hu hielt sich vermehrt im Büro der Gruppe auf, was ihr eine Reihe von Enthüllungen und eine Kartei voll unvergleichbar wertvoller

Kontakte zu Menschen einbrachte, die einmal die höchsten Posten im chinesischen Staat bekleiden würden. (Wang Quishan schaffte es bis in den Ständigen Ausschuss des Politbüros, Gao Xiqing wurde Leiter des Staatsfonds und Zhou Xiaochuan erklomm die Spitze der Zentralbank.) Später flüsterten sich viele Pekinger zu, diese Verbindungen würden Hu beschützen, aber sie bestand darauf, dass Außenstehende ihre Nähe zur Macht überschätzten. »Nun, ihre Geburtstage kenne ich nicht«, erklärte sie in diesem Zusammenhang. »Ich bin Journalistin, und so behandeln sie mich auch.«

1998 erhielt Hu einen Anruf von Wang Boming, einem der Banker aus dem Hotelzimmer. Er war gerade dabei, eine Zeitschrift ins Leben zu rufen, und wünschte sich, dass sie die Leitung übernahm. Hu hatte jedoch zwei Bedingungen: Erstens sollte Wang ihr Blatt nicht dafür nutzen, Werbung für seine anderen Geschäfte zu machen; zweitens sollte er ihr ein Budget von einer viertel Million Dollar zur Verfügung stellen (damals eine Grundvoraussetzung), damit sie ausreichend hohe Gehälter zahlen konnte, um ihre Reporter von der Annahme von Bestechungsgeldern abzuhalten. Wang stimmte zu. Er tat das keineswegs aus reiner Nächstenliebe: Er und seine reformorientierten Verbündeten in der Regierung waren der Ansicht, die sich modernisierende chinesische Wirtschaft könne sich nicht länger auf die schwankende Staatspresse verlassen. In ihren Augen konnte man sich in China keinen Informationsmangel mehr leisten.

»Die Medien werden gebraucht, damit sie der Öffentlichkeit die Fakten mitteilen und dem Staat gewissermaßen beim Aufspüren bösartiger Elemente unter die Arme greifen«, erklärte mir Wang eines Morgens in seinem großen, unordentlichen Büro, das sich direkt unter dem Hauptsitz von *Caijing* befand. Er war Kettenraucher, hatte dichtes schwarzes Haar, das bereits erste graue Strähnen zeigte, trug eine Brille von Ferragamo und besaß einen geschwätzigen Humor. Trotz seines Parteistammbaums hatte seine Zeit im Ausland seine Sicht auf den tatsächlichen Wert der Wahrheit verändert. »Als ich in den Vereinigten Staaten studierte, musste ich etwas Geld dazuverdienen, um den Studienkredit abzubezahlen, also arbeitete ich für eine Zeitung in Chinatown, die *China News Daily*.« Schon als Nachwuchsreporter habe es ihm Spaß gemacht, einem Hinweis zu folgen, wo immer er auch hinführte. Er lachte. Als Journalist habe er sich wie ein »ungekrönter König« gefühlt.

Hu Shuli verlor bei ihrer Spurensuche keine Zeit: In der explosiven Titelgeschichte der ersten Ausgabe enthüllte sie, wie kleinere Investoren Millionen bei der Pleite der Immobiliengesellschaft Qiong Min Yuan verloren hatten, während Insidern Hinweise zugespielt worden waren, so dass sie ihre Anteile rechtzeitig veräußern konnten. Die Zensoren waren erbost und warfen Hu vor, sie habe sich nicht an die Anweisungen des Ministeriums gehalten. Um die Propagandabeamten zu beschwichtigen, übten sich Hus Vorgesetzte in Selbstkritik. Der entscheidende Augenblick für *Caijing* kam jedoch, als die Reporterin Cao Haili bei einem Hongkong-Besuch im Frühjahr 2003 feststellte, dass scheinbar alle am Bahnsteig auf den Zug Wartenden einen Mundschutz trugen. »Was zum Teufel sollte das«, fragte sie sich und setzte Hu über diesen seltsamen Umstand in Kenntnis. Laut chinesischen Presseberichten hatten Gesundheitsbeamte gerade erst die Ausbreitung eines geheimnisvollen Virus namens SARS erfolgreich eingedämmt. Tatsächlich befand sich die Epidemie jedoch auf dem Vormarsch. Die Zeitungsredakteure in der Provinz Guangdong waren angewiesen worden, nur positive Nachrichten über den Virus zu veröffentlichen.

Hu Shuli erkannte jedoch, dass dieses Verbot nicht für Reporter von außerhalb galt, also nutzte sie die Lücke zu ihrem Vorteil. »Ich kaufte mir eine Menge Bücher über Atemwegserkrankungen, Infektionen und Viren«, erläuterte sie; anschließend begaben sich ihre Mitarbeiter auf die Suche nach Fehlern in den Regierungserklärungen. Im Lauf eines Monats veröffentlichte *Caijing* eine Reihe erhellender Berichte; als das Ministerium schließlich dem Ganzen einen Riegel vorschob, war der nächste bereits in Planung.

Am Hauptsitz des Ministeriums auf der Straße des Ewigen Friedens gab man indessen täglich neue Anweisungen an die Redakteure im Land heraus, um sie darüber in Kenntnis zu setzen, was sie zu tun und was sie zu lassen hatten. Per Definition waren diese Berichte geheim – die Öffentlichkeit sollte nicht erfahren, was nicht sein durfte. Als ich 2005 nach China kam, war es keine drei Monate her, dass man Shi Tao zu einer zehnjährigen Haftstrafe verurteilt hatte, weil er den Inhalt einer Propagandadirektive veröffentlicht hatte. Um das Durchsickern weiterer Informationen zu verhindern, gaben die Zensoren ihre Anweisungen mittlerweile lieber mündlich durch. Die führenden Köpfe des Staatsfernsehens verfügten eigens für diesen Zweck über ein rotes Telefon; andere Nachrichtenorganisationen erhielten ihre Weisungen dagegen bei Meetings, die von Reportern »Schulunterricht« genannt wurden.

Jahrzehntelang hatten die Propagandabeamten großes Geschick bei der Unterdrückung jeglicher unwillkommener Meldung an den Tag gelegt (beispielsweise im Fall von Epidemien, Naturkatastrophen oder sozialen Unruhen), aber die Tatsache, dass die Technologien immer besser wurden und die Menschen mehr und mehr reisten, machte ihre Arbeit von Tag zu Tag schwieriger. Als bekannt wurde, wie die chinesische Regierung den Ausbruch und die Verbreitung von SARS zu vertuschen versucht hatte, widersetzte sich Jiao Guobiao, Professor für Journalismus an der Peking-Universität, der unsichtbaren Autorität des Ministeriums und schrieb: »Das Zentrale Propagandaministerium bildet den einzigen toten Winkel im Land, in dem die Beamten schalten und walten können, ohne irgendwelche Vorschriften beachten zu müssen – es ist ein dunkles Reich, in das das Licht des Gesetzes nicht vordringt.« Die Universität feuerte ihn für seine Aussage.

Als ich mich eines Nachmittags mit Hu Shuli traf, war sie recht spät dran für einen ungewöhnlichen Termin: In ihren Augen benötigten ihre leitenden Redakteure dringend neue Kleidung, und sie hatte extra zu diesem Zweck einen Schneider einbestellt. Der Bekanntheitsgrad von Hu und ihren Reportern wuchs, daher verbrachten sie mehr und mehr Zeit vor Publikum oder im Ausland. Hu war es satt, ihre Mitarbeiter in altmodischen Anzügen und abgenutzten Hemden zu sehen. Also bot sie ihren Redakteuren einen Deal an: Kauften sie sich einen neuen Anzug, übernahm die Zeitschrift die Kosten für einen zweiten. Und so kam ein rundlicher, müde dreinschauender Schneider mit einem Arm voller neuer Anzüge in den Konferenzraum, in den Hus Mitarbeiter für die Anprobe strömten.

»Erscheint Ihnen das hier nicht ein wenig ausgebeult?«, fragte Hu, während sie am Ärmel eines eleganten grauen Jacketts mit Nadelstreifen herumzupfte, in dem der siebenunddreißigjährige Redaktionsleiter Wang Shuo steckte. Während sich seine Vorgesetzte seiner Bauchgegend widmete, ertrug er die Prozedur mit einem gleichermaßen amüsierten wie gleichgültigen Gesichtsausdruck, wie ich ihn auch schon bei Hunden in der Badewanne beobachtet hatte.

»Es ist bereits recht eng«, protestierte Wang.

»Er findet es bereits recht eng«, fasste der Schneider zusammen.

»Einen Augenblick!«, rief Hu. »Stellen Sie sich einen Anzug in einem James-Bond-Film vor. So etwas möchte ich haben!«

Die Veränderungen, die Hus extravaganter Internationalismus mit sich brachte, gingen über bloße Fragen der Ästhetik hinaus. Ein wohlmeinender amerikanischer Professor habe Hu einmal folgenden Rat gegeben: »Wenn Sie in China bleiben und als Journalistin arbeiten, werden sie sich auf der Weltbühne nie etablieren können.« Deshalb sei sie fest entschlossen gewesen, das Gegenteil zu beweisen, auch wenn das bedeutete, das chinesische System zu ihren Gunsten zu nutzen.

Brach eine Zeitschrift wie ihre die Regeln, erhielt sie vom Ministerium – wie beim Fußball – eine als »gelbe Karte« bekannte Verwarnung. Bei drei gelben Karten innerhalb eines Jahres konnte die Redaktion geschlossen werden. Allerdings überprüfte das Ministerium keinen Artikel vor seiner Veröffentlichung – ganz im Gegenteil: Die Redakteure mussten erraten, wie weit sie gehen konnten, und dabei das Risiko eingehen, eine nur schwach definierte Grenze zu überschreiten. Das war ein ganz spezieller Druck, den der Chinaforscher Perry Link mit einem Leben unter einer Anakonda verglich, »die sich in einem Kerzenleuchter unter der Decke zusammengerollt hatte«. »Normalerweise bewegt sich die Riesenschlange nicht«, schrieb er. »Das ist auch nicht nötig. Sie muss ihre Machtansprüche nicht verdeutlichen, denn sie sendet immerzu die stille Botschaft aus: ›Entscheide selbst!‹ Und so nehmen alle, die in ihrem Schatten leben, ständig kleinere und größere Anpassungen vor – ganz automatisch und vollkommen ›natürlich‹.«

Im Lauf der Jahre gewöhnte sich Hu an das Leben mit der Anakonda, denn sie betrachtete den chinesischen Staat als lebendes und atmendes Wesen, dessen Stimmungen und Befindlichkeiten dauernd abgewogen werden mussten. Wang Feng, einer ihrer Stellvertreter, erzählte mir: »Man merkt, wie sie ihre Justierungen vornimmt. Bei der montäglichen Redaktionssitzung kann es zum Beispiel vorkommen, dass sie ein Thema im Auge hat und ihre Redakteure und Reporter darauf ansetzt. Bei der Redaktionssitzung am Mittwoch sagt sie dann: ›Wissen Sie was? Mittlerweile habe ich mehr Informationen dazu und finde, das können wir so nicht schreiben. Vielleicht sollten wir niedriger zielen.‹«

Im Januar 2007 erhielt Hu Shuli schließlich die erste Lektion darin, was es bedeuten konnte, zu weit zu gehen. In der Titelgeschichte »Wer ist Luneng?« ging es um eine Investorengruppe, die einen lächerlichen Preis zahlte, um 92 Prozent eines Konzerns im Wert von zehn Milliarden Dollar zu übernehmen, inklusive Anlagewerten, die von Kraftwerken bis hin zu Sportvereinen reichten. Die Namen der neuen Besitzer wurden mithilfe eines undurchdringlichen Gewirrs sich überschneidender Vorstände und Teilhaber gekonnt verschleiert, gleichzeitig stammte fast die Hälfte des Kapitals aus einer unbekannten Quelle. Als *Caijing* ein kurzes Update der Geschichte veröffentlichte, ließ das Ministerium die Zeitschrift aus den Regalen nehmen. Hu und ihre Mitarbeiter mussten die übrigen Exemplare per Hand zerstören. »Das war eine ziemlich erniedrigende Erfahrung für uns alle«, erzählte mir ein ehemaliger Redakteur. Hu habe die Affäre als »größte Katastrophe ihrer Karriere« bezeichnet. (In dem Artikel wurde angedeutet, die Kinder bestimmter hoher Parteifunktionäre seien in die Sache verwickelt – ein Tabubruch, der schwerer wog als der Wunsch der Reformer nach einer freieren Presse.)

Als ich Hu eines Nachmittags im Büro besuchte, erkundigte ich mich bei ihr, warum ihrer Meinung nach andere Publikationen in der Vergangenheit bestraft worden seien, *Caijing* jedoch nicht. »Wir schreiben nie etwas emotional Aufgeladenes oder Leichtfertiges wie:

›Sie haben gelogen‹. Wir versuchen, das System zu analysieren und Gründe zu nennen, *warum* sich eine gute Idee oder ein guter Wunsch nicht so einfach umsetzen lässt.« Als ich mich mit derselben Frage an Cheng Yizhong wandte, der früher einmal leitender Redakteur bei der *Southern Metropolis Daily* gewesen war, einer der aktivsten Zeitungen im ganzen Land, und fünf Monate im Gefängnis hatte verbringen müssen, weil er die Behörden verärgert hatte, sah der die Sache anders. Er machte einen deutlichen Unterschied zwischen seiner Kampagne zur Eindämmung der Polizeimacht und Hus Konzentration auf die Verbesserung der staatlichen Leistungsfähigkeit. »Die Themen, die in *Caijing* behandelt werden, wirken sich kaum auf die Grundlagen des herrschenden Systems aus, deshalb bewegt sich die Zeitschrift auf relativ sicherem Boden«, erklärte er. Dann fügte er hinzu: »Ich möchte Hu Shuli nicht zu nahe treten, aber auf gewisse Weise dient *Caijing* vor allem den Interessen der Mächtigen und Bessergestellten im Land.«

Trotz all ihrer Skepsis und ihrer Stärke benutzte Hu die Sprache einer loyalen Opposition. »Manche behaupten, eine Beschleunigung politischer Reformen wirke sich negativ auf die Stabilität aus«, schrieb sie 2007 in einer Kolumne. »In Wirklichkeit schafft man durch die Bewahrung des Status quo ohne jegliche Reformen nur eine Brutstätte für gesellschaftliche Unruhen.« Mit anderen Worten: Für Hu waren Reformen ein Weg zum Erhalt der Macht, nicht zu ihrem Verlust.

Ihr Vorgehen gefiel den staatlichen Reformern, die zwar ein ernsthaftes Interesse daran hatten, Probleme zu lösen, aber nicht bereit waren, die Macht aufzugeben, genau das zu tun. Manch ein chinesischer Journalist war der Ansicht, Hus größtes Talent sei das Gegeneinander-Ausspielen der verschiedenen Interessengruppen, indem sie beispielsweise entweder die Bemühungen der Zentralregierung bei der Verhaftung korrupter Bürgermeister unterstützte oder aber dafür sorgte, dass ein Regierungsflügel die Absichten des anderen zunichtemachte. Die Theorie lautete: Wer der stärksten Gruppe beim Machterhalt half, konnte nicht nur echten, sondern sogar profitablen Journalismus betreiben. Hu hielt Zensur für Verhandlungssache: Waren die Propagandabeamten verärgert, ging sie Streitigkeiten aus dem

Weg und gelobte, solche Fehler in Zukunft zu vermeiden. »In China heißt es: Steter Tropfen höhlt den Stein«, erklärte mir ihr Freund Qian Gang. Andere Journalisten zogen ein stärkeres Bild vor: Sie nannten das Ganze »Tanz in Fesseln«.

Es war im Jahr 2008. Wir saßen in Hus Büro, es war bereits später Nachmittag, und ich befragte sie zu dem Erdbeben in Sichuan. Lange Schatten fielen in den Raum, und der Gedanke an die Naturkatastrophe und die damit verbundenen Opfer ließen sie einen Augenblick innehalten. Während einer von ihr veranstalteten Feier für Stipendiaten in einem Hotel in den Bergen westlich von Peking hatte sie aus einer SMS von dem Unglück erfahren. Sie hatte sich sofort zu ihrem Freund Qian Gang hinübergebeugt, der in der Vergangenheit bereits über andere Beben berichtet hatte, und ihn um eine grobe Einschätzung der Schäden gebeten. Er hatte auf seine Armbanduhr geschaut und realisiert, dass der Schulunterricht um diese Zeit noch gelaufen sein musste. Die Zahl der Todesopfer unter den Schülern würde gewaltig sein.

Politisch gesehen, war es nicht ungefährlich, über eine Katastrophe solchen Ausmaßes zu berichten. Als das Land 1976 unter den Folgen eines ähnlich schlimmen Bebens litt, unterband der Staat für drei Jahre jegliche Berichte über die Zahl der Toten. Nun, im Jahr 2008, machte sich Hu Shuli auf den Weg in die City von Peking, schrieb E-Mails in ihrem Auto, telefonierte herum und schrie ihre Belegschaft durch den Hörer hindurch an, auf der Stelle ein Satellitentelefon zu besorgen und ein Team nach Sichuan zu schicken. Bereits eine Stunde später saß der erste Journalist von *Caijing* in einem Flugzeug Richtung Erdbebengebiet; kurz darauf folgten neun weitere Reporter. Als die vor Ort eintrafen, entdeckten sie, dass viele staatliche Einrichtungen das Beben überstanden hatten, Hunderte Schulen jedoch eingestürzt waren, so dass nur noch Schutt, Beton und Stahl von ihnen übrig geblieben war. Man hatte die Gebäude in den neunziger Jahren aus dem Boden gestampft, als es aufgrund des starken Bevölkerungswachstums zu einem Engpass an den Schulen gekommen war, weshalb Investitionen entsprechend erhöht wurden. Beim Bau wurde jedoch dermaßen viel Geld abgezweigt, dass es in manchen Fällen nur noch für Bambusröhren statt des in den Plänen vorgesehenen Stahls reichte.

Tausende saßen in der Falle oder lagen tot unter dem Schutt begraben – niemand vermochte zu sagen, wie viele es tatsächlich waren. Sofort untersagte das Ministerium jegliche Berichterstattung über die Probleme beim Bau der Schulen. Einige chinesische Zeitungen hielten sich nicht daran und wurden bestraft. Hu interpretierte die Stimmung jedoch anders: Da es sich bei ihrem Blatt um eine Wirtschaftszeitung handelte, ging sie davon aus, sie könnte über das Beben berichten und den Artikel damit begründen, dass sie nur die Verwendung öffentlicher Gelder dokumentierte. Außerdem war der Erfolg und der Mut der Zeitschrift inzwischen zum Selbstläufer geworden: Mittlerweile konnten sich die konservativen Regierungsflügel nie sicher sein, von welchen anderen Funktionären *Caijing* unterstützt wurde.

Außerdem war Hu als Geschäftsfrau gezwungen, sich Gedanken über die Konkurrenz zu machen – das Internet wuchs ständig weiter, und sie musste Schritt halten. Sie fand, es sei möglich, über das Geschehen zu berichten, solange man den richtigen Ton traf und die passenden Fakten wiedergab. »Ist etwas nicht hundertprozentig verboten, tun wir es«, erklärte sie. Am 9. Juni brachte *Caijing* einen zwölfseitigen Enthüllungsbericht über das Erdbeben heraus und erwähnte darin auch den Einsturz der Schulgebäude. Der Ton war kühl und bestimmt. Ungebremstes Wirtschaftswachstum, versickernde öffentliche Gelder und eine flächendeckende Vernachlässigung von Baurichtlinien hatten laut dem Artikel zu der Katastrophe geführt. In gewisser Hinsicht hatte niemand diese Dinge je wirklich zur Sprache gebracht, und der Bericht strafte einen Mythos Lügen, der sich normalerweise um Chinas Wohlstand rankte und der lautete: Der Aufschwung sorge auch in den ärmeren Gegenden auf dem Land für den Anbruch eines neuen Zeitalters. Langsam, aber sicher wurde klar, welch hohen Preis die Bevölkerung für diese Entwicklungen wirklich zahlte. Der Artikel beschrieb zwar en détail, wie lokale Parteifunktionäre ohne Rücksicht auf Verluste den schnellsten Weg zum

Erfolg gewählt hatten, ging jedoch nicht so weit, diese Parteimitglieder namentlich zu nennen. Hu wurde wegen der im Artikel geäußerten Kritik vorgeladen, erhielt aber keine Strafe.

Oben auf ihrem Ausguck, von dem aus sie die Grenzen zwischen den inneren Parteizirkeln und der Außenwelt verwischte, hatte sie schließlich eine Ermessensentscheidung getroffen: Nannte sie die Namen der korrupten Funktionäre, würde das zwar ihre Glaubwürdigkeit erhöhen, sie aber gleichzeitig für Vergeltungsmaßnahmen anfällig machen. Hu erklärte mir: »Wir versuchen den Beamten, die nicht kritisiert werden möchten, keine Ausreden an die Hand zu geben.« Denn letztlich sei die wirklich wichtige Frage nicht, »wer genau vor fünfzehn Jahren schlechtes Baumaterial verwendet hat«, sondern das Problem reiche viel tiefer. »Wir brauchen mehr Reformen«, sagte sie. »Wir brauchen Gewaltenteilung. Wir brauchen Transparenz. Und das sagen wir auch so – keine bewusst einfach gehaltenen Formulierungen, keine Parolen.« In gewisser Hinsicht spielte sie ein recht subtiles Spiel, und diese Runde ging an sie. Es sollten allerdings weitere folgen, in denen sie Niederlagen würde hinnehmen müssen.

9. Die Freiheit führt das Volk

In Frühjahr 2008 zählte das offizielle China fast schon mit religiösem Eifer die Tage bis zum Beginn der Olympischen Sommerspiele im selben Jahr in Peking. Die Partei stellte eine riesige Uhr auf dem Tiananmen-Platz auf, die die Sekunden bis zur Eröffnungszeremonie anzeigte, und schmückte die gesamte Stadt mit einem Slogan, der vor allem zur Einheit aufrief: »One World, One Dream«.

Als ich eines Morgens aus meiner Haustür trat, stieß ich auf zwei städtische Bauarbeiter, die gerade damit beschäftigt waren, die aus roten Backsteinen bestehende Außenwand meines Schlafzimmers zu verputzen. Weite Teile der Stadt wurden saniert oder gleich ganz zerstört, um eine saubere, moderne Kulisse für die Spiele zu liefern. Die Arbeiter hatten bereits eine Schicht Mörtel auf der Mauer aufgebracht und benutzten nun ein Lineal und eine Lotschnur, um die Oberfläche und die Ecken glattzuziehen. Es dauerte einen Augenblick, bis ich verstand, dass sie falsche Backsteine auf die echten aufmalten. Auf der gegenüberliegenden Straßenseite prangte an der Wand ein verblasster Überrest aus den Tagen der Kulturrevolution: Ein altes Graffito verkündete in fünf klobigen Schriftzeichen »Lang lebe der Große Vorsitzende Mao!« Zwei Spachtelstriche später war der »Große Steuermann« hinter dem Mörtel verschwunden.

Der Drang nach Perfektion wirkte sich auch auf den Wettlauf um die olympischen Medaillen aus. Sportfunktionäre hatten den Gewinn von mehr Gold als je zuvor vorhergesagt, und zu diesem Zweck hatten sie einen Langzeitplan aufgestellt, den sie »Allgemeinen Entwurf für den Erwerb von Ehre bei den Olympischen Spielen, 2001 bis 2010« nannten. Der Plan umfasste das sogenannte »Projekt 119«, dessen Ziel darin bestand, bei den wichtigsten Sportarten hundertneunzehn Medaillen zu erringen. Nichts wurde dabei dem Zufall überlassen: Als die Organisatoren der Eröffnungszeremonie nach einem jungen Mädchen Ausschau hielten, das ein Solo singen sollte, konnten sie keines finden, das die optimale Mischung aus Stimme und Aussehen mitbrachte, also schufen sie eine Kombination aus beidem, indem sie einem Kind beibrachten, Playback mit der Stimme eines anderen zu singen. Ein Schweinefleischlieferant erklärte, er hege und pflege seine Tiere ganz besonders aufmerksam, damit die chinesischen Athleten bei Dopingtests nicht wegen hormonbelasteten Fleisches in die Bredouille kämen – was wiederum dazu führte, dass die chinesische Bevölkerung sich fragte, was mit ihrem eigenen Schweinefleisch los war. Das Olympische Komitee in Peking sah sich schließlich gezwungen, eine »Klarstellung zu den Meldungen über die olympischen Schweine« herauszugeben, in der sie die Berichterstattung über die Tiere als »übertrieben und falsch« darstellte.

Je mehr sich die Organisatoren der Spiele auf ihr Ziel konzentrierten, desto häufiger begegneten ihnen Probleme, die außerhalb ihrer Kontrolle lagen. Der olympische Fackellauf, der in China »Die Reise der Harmonie« hieß, sollte durch sechs Kontinente und bis auf den Gipfel des Mount Everest führen; insgesamt nahmen daran 21 888 Sportler teil, mehr als bei jedem vergangenen Fackellauf. Die chinesische Presse nannte das olympische Feuer die »heilige Flamme« und gab an, es werde ab dem Zeitpunkt seiner Entzündung im griechischen Olympia bis zu seinem Eintreffen in Peking fünf Monate lang nicht mehr erlöschen. Nachts oder in Flugzeugen könne zwar niemand die Flamme tragen, trotzdem werde sie in einer Reihe von Lampen am Leben erhalten.

Am 10. März, kurz vor Beginn der Reise der Harmonie, unternahmen einige hundert Mönche in der tibetischen Hauptstadt Lhasa einen Protestmarsch und verlangten die Freilassung von einigen Tibetern, die die Verleihung der goldenen Ehrenmedaille des US-Kongresses an den Dalai Lama gefeiert hatten. Dutzende Mönche wurden verhaftet; am 14. März entwickelte sich eine Demonstration gegen ihre Festnahme zu den schlimmsten Unruhen in Tibet seit den achtziger Jahren: Elf Chinesen und ein Tibeter, die sich in von Protestierenden in Brand gesetzten Gebäuden versteckt hatten, kamen dabei ums Leben. Laut Regierungsinformationen starben außerdem ein Polizeibeamter und sechs Zivilisten an den Folgen schwerer Prügel oder aus anderen Gründen. Der Dalai Lama rief zur Ruhe auf, aber der chinesische Staat war der Meinung, die Unruhen seien »von der Clique um den Dalai Lama vorsätzlich geplant, entfacht und kontrolliert« worden. Polizeikräfte rückten mit gepanzerten Fahrzeugen in die Stadt ein, und die Behörden begannen mit der Festnahme von Hunderten Verdächtigen. Laut den Informationen tibetischer Exilorganisationen kamen achtzig Tibeter bei den Unruhen in Lhasa und anderswo ums Leben, was die Volksrepublik vehement von sich wies.

Während die Fackel durch London, Paris und San Francisco getragen wurde, nahmen die Proteste gegen das Vorgehen der chinesischen Regierung in Tibet so massiv zu, dass die Organisatoren die Flamme löschen oder die Route umleiten mussten, um wütenden Demonstranten aus dem Weg zu gehen. Chinesen – besonders chinesische Studenten im Ausland – reagierten auf die Kritik mit ungewöhnlicher Wut. Als das olympische Feuer in Südkorea ankam, bekämpften sich chinesische Demonstranten und tibetische Sympathisanten auf offener Straße. In China selbst protestierten Tausende vor den Filialen der französischen Supermarktkette Carrefour gegen das in ihren Augen in Frankreich herrschende Wohlwollen für Tibet. Charles Zhang, der am MIT promoviert hatte und bei Sohu, einem der führenden chinesischen Internetportale, den Posten des CEO bekleidete, rief zu einem Boykott französischer Waren auf, »um den parteiischen französischen Medien und der französischen Öffentlichkeit einen schmerzhaften Verlust zuzufügen«.

Die staatlichen Medien ließen den Jargon vergangener Zeiten wiederaufleben. Als die Sprecherin des amerikanischen Repräsentantenhauses, Nancy Pelosi, China für seinen Umgang mit Tibet verurteilte, wurde sie von der staatlichen Nachrichtenagentur Xinhua als »ekelhaft« bezeichnet. Die Zeitschrift *Outlook Weekly* warnte, »gegnerische Kräfte im In- und Ausland [könnten] die Olympischen Spiele in Peking zur Unterwanderung und zur Sabotage nutzen«. Der Sekretär der Kommunistischen Partei in Tibet nannte den Dalai Lama »einen Wolf in Mönchskutte, ein Monster mit menschlichem Antlitz und dem Herzen einer Bestie«. In der Anonymität des Internets ließen die Leute jegliche Zurückhaltung fallen. »Ich werde diesem durch den Mund furzenden Pack seinen Mist direkt zurück in den Rachen stopfen«, lautete ein Kommentar im Forum einer Staatszeitung. »Gebt mir eine Waffe! Keine Gnade für den Feind!«, hieß es in einem anderen. Viele Chinesen schämten sich zwar für diese Entgleisungen, doch ausländische Journalisten konnten diese Worte nur schwerlich ignorieren, nun, da sie erste Drohungen erhielten. In einem Fax, das anonym an mein Büro in Peking geschickt worden war, stand: »Klären Sie die Fakten über China auf … oder Sie und Ihre Familie und Freunde werden sich wünschen, Sie wären tot.«

Während die Proteste zunahmen, suchte ich in den Weiten des chinesischen Internets nach besonders einfallsreichen Formen, dem Patriotismus Ausdruck zu verleihen. Am Morgen des 15. April wurde auf dem chinesischen Webportal Sina ein kurzer Film mit dem Titel »2008 China Stand Up!« veröffentlicht. Woher dieses Video genau stammte, blieb ein Rätsel, denn weder war jemand vor der Kamera zu sehen noch führte eine Stimme aus dem Off durch den Clip. Kein Name – nur die Initialen CTGZ.

Der Film war in Eigenregie produziert worden. Zunächst erscheint ein von Sonnenstrahlen umgebenes Technicolor-Porträt des Vorsitzenden Mao. Ein Orchester unterbricht die Stille, Trommeln donnern, und auf einem schwarzen Hintergrund tauchen die englische und die chinesische Fassung einer der Lieblingsparolen Maos auf: »Der Imperialismus wird von unserer Zerstörung nie ablassen.« Dann ein Schnitt zu zeitgenössischen ausländischen Fotos und Nachrichtenmeldungen, anschließend Verschwörung und Verrat im Schnelldurchlauf – »die Possen, Intrigen und Katastrophen«, denen sich das heutige China angeblich gegenübersieht: die sinkenden Kurse an der chinesischen Börse (das Werk ausländischer Investoren, die mit den chinesischen Aktienpreisen »herumspielen« und unbedarfte Investoren anlocken, bis die ihr gesamtes Vermögen verlieren); der Ausbruch eines weltweiten »Währungskriegs«, in dem »das chinesische Volk die Rechnung« für die amerikanischen Finanzprobleme »begleichen soll«.

Schnitt zu einem weiteren Kriegsschauplatz: In Lhasa werden Geschäfte geplündert, Menschen randalieren auf den Straßen. »Der sogenannte friedliche Protest«, heißt es auf dem Bildschirm. Als Nächstes eine Montage aus kritischen Berichten der ausländischen Medien, die angeblich »die Wahrheit ignorieren« und »mit einer verzerrten Stimme« sprechen. Auf dem Bildschirm tauchen die Logos von CNN, BBC und anderen Medienhäusern auf, die schließlich in ein Porträt von Joseph Goebbels übergehen. Schließlich gipfeln Orchester und Rhetorik in einer finalen Einstellung: »Ganz offensichtlich verbirgt sich hinter diesen Szenen eine Verschwörung gegen China – ein neuer kalter Krieg!« Schnitt nach Paris, wo Demonstranten dem offiziellen Fackelträger das olympische Feuer aus der Hand zu reißen versuchen, was die Polizei dazu zwingt, die Protestierenden zurückzudrängen. Der Clip endet mit einer von der Sonne beschienenen chinesischen Flagge und dem feierlichen Versprechen: »Wir werden standhalten und einander beistehen, wie es eine harmonische Familie tut.«

Das nur knapp über sechs Minuten lange Video von CTGZ fing die nationalistische Stimmung, die in der Luft lag, erfolgreich ein: In den ersten eineinhalb Wochen verzeichnete der Clip bereits mehr als eine Million Klicks und Zehntausende wohlwollende Kommentare; schnell mauserte er sich zum viertbeliebtesten Post auf der Seite. (Ein Ausschnitt, der einen gähnenden TV-Moderator zeigte, belegte den ersten Platz.) Im Schnitt wurde das Video pro Sekunde zweimal angeklickt, und schon bald wurde es zum Manifest einer selbsternannten Avantgarde, die sich ganz der Verteidigung von Chinas nationaler Ehre verschrieb: eines besonders patriotischen Teils der Bevölkerung, den man in China *fen qing* nennt – »wütende Jugend«.

Es überraschte mich außerordentlich, dass sich Chinas junge Elite neunzehn Jahre nach den Protesten auf dem Tiananmen-Platz abermals erhob, aber nicht, um mehr Demokratie und Liberalismus zu fordern, sondern um den Ruf des Landes zu verteidigen. Nicholas Negroponte, Gründer des MIT Media Laboratory und einer der ersten Theoretiker des Internets, sagte voraus, das World Wide Web werde unser Verständnis der Nation verändern. »Der Staat«, kündigte er an, werde sich auflösen »wie eine Mottenkugel, die auf der Stelle vom festen in den gasförmigen Zustand übergeht«, bis »es nicht mehr Raum für den Nationalismus geben wird als für die Pocken«. In China liefen die Dinge jedoch anders. Ich wollte erfahren, wer oder was hinter CTGZ steckte. Der Internetname führte zu einer E-Mail-Adresse, die wiederum einem achtundzwanzigjährigen Shanghaier Master-Studenten namens Tang Jie gehörte. Das Video war seine erste Produktion. Er lud mich ein, ihn zu besuchen.

Mitten auf dem Campus der Fudan-Universität, einer der führenden Hochschulen des Landes, stehen zwei dreißigstöckige Hochhäuser aus Stahl und Glas, die ebenso gut als Hauptsitz eines Unternehmens durchgehen könnten. Ich traf Tang Jie am Haupttor. Er trug ein hellblaues Hemd, Leinenhosen und schwarze Anzugschuhe. Seine nussbraunen Augen strahlten, und er hatte ein rundliches Milchbubengesicht, an dessen Kinn sich der erste Anflug eines Ziegenbarts und über dessen Oberlippe sich die ersten Spuren eines Schnäuzers zeigten. Als ich aus dem Taxi stieg, verbeugte er sich zur Begrüßung und versuchte anschließend, die Fahrtkosten zu zahlen.

Während wir über den Campus spazierten, gestand mir Tang, dass er sich freue, eine Pause von seiner Master-Arbeit über westliche Philosophie einlegen zu können. Er hatte sich auf Phänomenologie spezialisiert – besonders in Bezug auf das Konzept der »Intersubjektivität« des deutschen Philosophen Edmund Husserl, der unter anderem auch Sartre inspiriert hatte. Neben chinesischen Texten konnte Tang mühelos auch englische und deutsche lesen, allerdings sprach er diese beiden Fremdsprachen nur sehr selten, weshalb er zwischen den verschiedenen Sprachen hin- und herwechselte (wofür er sich mehrmals entschuldigte). Gerade war er dabei, auch Latein und Altgriechisch zu lernen. Er war ein so zurückhaltender und stiller Mensch, dass seine Stimme manchmal zu einem Flüstern herabsank. Es umgab ihn ein gewisser Ernst, weshalb er nur sehr selten lachte, so als ob er sich die Energie lieber für andere Dinge aufsparte. Er genoss klassische chinesische Musik, obwohl er auch die Screwball-Komödien des berühmten Hongkonger Schauspielers und Regisseurs Stephen Chow zu schätzen wusste. Tang war stolz darauf, kein bisschen hip zu sein. Im Gegensatz zu Michael Zhang von Crazy English hatte Tang keinen englischen Namen angenommen. Der Internetname CTGZ setzte sich aus zwei obskuren Begriffen der klassischen Poesie zusammen: *changting* und *gongzi*, die zusammen »großherziger Sohn im Pavillon« bedeuten. Im Gegensatz zu anderen chinesischen Elitestudenten war Tang nie der Kommunistischen Partei beigetreten, da er fürchtete, so seine Objektivität als Wissenschaftler aufs Spiel zu setzen.

Tang hatte einige Freunde dazu eingeladen, gemeinsam mit uns im Restaurant Fat Brothers Sichuan zu Abend zu essen; anschließend gingen wir alle gemeinsam in seine Einzimmerwohnung. Er lebte im sechsten Stock eines fahrstuhllosen Gebäudes, wo er ein knapp sieben Quadratmeter großes Apartment bewohnte, das man ebenso gut mit dem Magazin einer Bibliothek hätte verwechseln können, in das sich ein überaus akribischer Mensch eingenistet hatte. Jedes bisschen freie Fläche war mit Büchern zugestellt worden, und auf den Regalen über seinem Schreibtisch neigten sich die großen Bücherstapel bereits gefährlich zur Seite. Seine Sammlung umfasste mehr oder weniger die gesamte Bandbreite des menschlichen Denkens: Plato stand neben Laozi, Ludwig Wittgenstein neben Francis Bacon, Fustel de Coulanges neben Martin Heidegger und dem Koran. Als Tang sein Bett ein paar Zentimeter verbreitern wollte, legte er Sperrholz über das Gestell und stabilisierte das Ganze mit Büchern. Schließlich quoll die gesamte Wohnung vor Büchern über, und sie breiteten sich bereits bis vor seiner Wohnungstür aus, wo sie in einem Regal standen, das er aus Kartons zusammengezimmert hatte.

Tang ließ sich in seinen Schreibtischstuhl fallen. Ich fragte ihn, ob er je damit gerechnet habe, dass sein Video so beliebt werden würde. Er lächelte. »Scheinbar habe ich ein allgemein verbreitetes Gefühl zum Ausdruck gebracht, eine geteilte Ansicht sozusagen«, entgegnete er. Neben ihm saß Liu Chengguang, ein gutgelaunter, breitgesichtiger Doktorand der Politikwissenschaft, der erst kürzlich eine Vorlesung des konservativen Harvard-Professors Harvey Mansfield über »Männlichkeit« ins Chinesische übersetzt hatte. Ausgestreckt auf dem Bett lag Xiong Wenchi, der ein graues Sweatshirt trug, in Politikwissenschaft promoviert und sich anschließend der Lehre zugewandt hatte. Links von Tang saß Zeng Kewei, ein schlanker und stilvoll gekleideter Banker, der seinen Master in westlicher Philosophie gemacht hatte, bevor er ins Finanzwesen gegangen war. Alle waren sie in den Zwanzigern, die ersten ihrer Familie, die eine Hochschule besucht hatten, und allesamt interessierten sie sich für die westliche Ideenwelt. Ich fragte sie, warum das so war.

»In der Moderne ist China stets ein rückständiges Land gewesen, und wir wollten immer erfahren, warum der Westen im Vergleich dazu so stark werden konnte«, antwortete Liu. »Wir lernten vom Westen. Gebildete Menschen wie wir träumen davon, vom Westen zu lernen und stark zu werden.«

Ganz wie die chinesischen Touristen, die ich kennengelernt hatte, und wie die Teilnehmer von Ai Weiweis »Fairytale«, betrachteten auch die jungen Männer um mich herum die Versuchungen des Westens mit einer Mischung aus Bewunderung und Sorge. Es waren verwirrende Zeiten: Einerseits wurde gegen CNN protestiert, andererseits bewarb man ein Englisch-Lernprogramm mit dem Versprechen: »Bereits nach einem Monat werden Sie CNN verstehen können!«

Tang und seine Freunde waren so nett und gleichzeitig so dankbar dafür, dass ich ihnen zuhörte, dass ich mich zu fragen begann, ob die Wut der chinesischen Bevölkerung in diesem Frühjahr nur eine Art Ausreißer gewesen war. Sie baten mich inständig, nicht in diese Falle zu tappen.

»Wir haben die Geschichte des Westens lange studiert, daher verstehen wir ihn gut«, erklärte Zeng. »Wir denken, dass unsere Hingabe für China, unsere Unterstützung für den Staat und unser Respekt für die Vorteile des Landes nicht bloß eine spontane Reaktion darstellen – nein, sie sind Ergebnis angestrengten Nachdenkens.«

Tatsächlich vertrat die breitere chinesische Bevölkerung im Hinblick auf Chinas zukünftige Richtung dieselbe Auffassung wie sie; allerdings legte die »wütende Jugend« einen größeren Zorn an den Tag als der Durchschnitt. Etwa neun von zehn Chinesen waren damit einverstanden, wie die Dinge im Land liefen – der höchste Anteil in allen in diesem Frühjahr vom Pew Research Center untersuchten vierundzwanzig Ländern. (Im Vergleich dazu brachten nur zwei von zehn befragten Amerikanern dieselbe Zustimmung zum Ausdruck.) Es war schwer zu sagen, wie verbreitet diese recht aggressive Spielart des Patriotismus in China in Wirklichkeit war; allerdings verwiesen viele Wissenschaftler in diesem Zusammenhang auf eine chinesische Petition gegen Japans Mitgliedschaft im UN-Sicherheitsrat: Bei der letzten Zählung hatten mehr als vierzig Millionen Menschen unterschrieben, was ungefähr der Gesamtbevölkerung Spaniens entsprach. Ich bat Tang, mir zu zeigen, wie er den Film produziert hatte. Er drehte sich zu seinem Lenovo-PC und schaute auf den Bildschirm. »Kennen Sie Movie Maker?«, fragte er mich, wobei er auf ein Programm zur Bearbeitung von Videomaterial anspielte. Ich tat, als verstünde ich davon nichts, und fragte stattdessen, ob er das auch aus seinen Büchern habe. Er schaute mich voller Mitleid an. Er habe sich die Grundlagen auf die Schnelle mit dem Hilfemenü angeeignet. Dann sagte er: »Wir sollten Bill Gates dafür danken.«

Einen Monat bevor Tang Jie sein erstes Video online stellte, hatte China die USA als größten Internetnutzer weltweit abgelöst. Zwar verfügten mittlerweile 238 Millionen Chinesen über einen Internetanschluss, trotzdem entsprach das weiterhin nur sechzehn Prozent der Gesamtbevölkerung. Täglich ging knapp eine viertel Million Chinesen das erste Mal in ihrem Leben online, was sich auch auf den Gedankenaustausch im Land auswirkte. Die beliebtesten Internet-Communities wuchsen auf mehrere Millionen registrierte Nutzer an und wurden so zu den größten Organisationen außerhalb der Kommunistischen Partei Chinas.

In einem Land, das von so vielen unterschiedlichen Dialekten, Landschaften und Klassen bestimmt wurde, ermöglichte das Internet den Menschen, auf vorher nie dagewesene Weise miteinander in Verbindung zu treten. Eine chinesische Freiwilligengruppe übertrug Woche für Woche Artikel aus dem *Economist* ins Chinesische und machte sie ihren Lesern umsonst zugänglich. Die Übersetzer umschrieben ihr Ziel wie folgt: »Im Internetzeitalter haben nicht die Gier, die Liebe oder die Gewalt die größte Macht, sondern die Aufopferung für ein Interesse.« Sie waren jung und glaubten mit utopischem Eifer an die Macht der Technik. »Das Internet bringt Menschen mit ähnlichen

Einstellungen zusammen und mobilisiert dabei unvorstellbare Kräfte«, schrieben sie. Um den Zensoren kein Futter zu geben, betrieb die Gruppe ganz offen Selbstzensur. »Enthält ein Artikel irgendwelche sensiblen Themen und seid ihr euch nicht sicher, ob sie erlaubt sind, geht bitte kein Risiko ein«, gaben sie Neumitgliedern auf den Weg. Dabei hieß Selbstzensur auch Selbstüberwachung: Internetseiten beauftragten Freiwillige mit der Entfernung kritischer Inhalte. Man nannte diese Personen »Forenleiter«, und sobald Nutzer sie für zu streng oder gar zu lax hielten, konnte ein sogenanntes »Amtsenthebungsverfahren« angestrengt werden.

Zu den leidenschaftlichsten frühen Internetnutzern gehörten die chinesischen Nationalisten. Im Frühjahr 1999, als ein Nato-Flugzeug aufgrund eines amerikanischen Spionageberichts versehentlich drei Bomben auf die chinesische Botschaft in Belgrad abwarf, fand das chinesische Internet seine Stimme. Die Homepage der US-Botschaft in Peking wurde von patriotischen chinesischen Hackern mit der Parole »Nieder mit den Barbaren« zugepflastert; außerdem ließen sie den Internetauftritt des Weißen Hauses unter einer Flut erboster E-Mails zusammenbrechen. »Das Internet ist westlich«, lautete ein Kommentar, »aber [...] wir Chinesen können es einsetzen, um den Völkern der Welt zu zeigen, dass sich unser Land nicht so einfach beleidigen lässt!« Für viele bedeutete Nationalismus, »einen Vorgeschmack auf das heilige Recht der freien Meinungsäußerung zu erhalten«, wie es ein junger Patriot ausdrückte.

Wie viele seiner Altersgenossen verbrachte auch Tang Jie den Großteil des Tages online. Als im März die Unruhen in Lhasa ausbrachen, verfolgte er die Entwicklungen nicht nur in den Staatsmedien der Volksrepublik selbst, sondern auch auf europäischen und amerikanischen Seiten. Bei der Umgehung der staatlichen Firewall zögerte er keine Sekunde. Dafür nutzte er einen sogenannten Proxyserver – eine digitale Datenumleitung ins Ausland, mit der sich eine Verbindung zu einer gesperrten Seite herstellen lässt. Fernsehen schaute er nur noch übers Internet; erstens, weil es dort eine größere Auswahl gab und zweitens, weil er gar kein Fernsehgerät besaß. Außerdem sah er sich die Berichte ausländischer Nachrichtensender an, die ihm junge, im Ausland lebende Chinesen schickten (diese Gruppe war in den letzten zehn Jahren um zwei Drittel auf etwa sechzig- bis siebzigtausend Personen angewachsen). Tang überraschte es, dass Ausländer auch nur eine Sekunde annehmen könnten, seine Generation sei sich der zensurbedingten Verzerrungen nicht bewusst. »Gerade weil wir in solch einem System leben, fragen wir uns ständig, ob wir vielleicht einer Gehirnwäsche unterzogen wurden«, erklärte er. »Deshalb bemühen wir uns stets, zusätzliche Informationen über andere Kanäle zu beschaffen.« Dann fügte er hinzu: »Lebt man jedoch in einer sogenannten freien Gesellschaft, fragt man sich nie, ob man Opfer einer Gehirnwäsche geworden ist.«

Das ganze Frühjahr trudelten Nachrichten und Kommentare zu Tibet auf dem elektronischen schwarzen Brett der Fundan-Universität ein, dem BBS (kurz für *bulletin board system*). Aus technischer Sicht schien das BBS mit seinem einfach strukturierten Forum und den unterschiedlichen Threads fast schon wie eine Reliquie, aber Twitter und das chinesische Gegenstück dieses sozialen Netzwerks waren damals noch nicht verbreitet, und für viele Chinesen bedeuteten elektronische schwarze Bretter dieser Art die erste Gelegenheit, in einen virtuellen Raum voller Fremder zu treten und seine Meinung zu sagen. Auf dem schwarzen Brett der Fundan-Universität entdeckte Tang eine Reihe ausländischer Meldungen, die chinesische Internetnutzer für irreführend oder ungerecht hielten. Ein Foto auf CNN.com war beispielsweise so beschnitten worden, dass der Eindruck entstand, Militärfahrzeuge würden unbewaffnete Demonstranten bedrohen. Die unbearbeitete Version zeigte jedoch, dass sich eine Gruppe Demonstranten in der Nähe aufhielten, darunter eine Person mit erhobenem Arm, die einen Gegenstand in Richtung der Fahrzeuge schleuderte. Für Tang sah das Ganze nach bewusster Verzerrung aus.

»Das alles war wie ein schlechter Scherz«, erklärte er bitter. Dieses und weitere Bilder wurden im ganzen Land in E-Mails herumgereicht, mit allerlei Kritik bedacht und laufend um neue Beispiele ergänzt, etwa aus der Londoner *Times*, von Fox News, aus dem deutschen Fernsehen und dem französischen Radio. Eine ganze Reihe von

Nachrichtenorganisationen wurden »überführt«, und für jeden, der es so sehen wollte, schmeckte das alles sehr nach Verschwörung. Das erschreckte Menschen wie Tang, die den westlichen Medien stets mit Vertrauen begegnet waren. Aber was noch wichtiger war: Es beleidigte sie. Tang war der Meinung, er lebte in einer Zeit größten Wohlstands und größter Offenheit, und trotzdem schien man seinem Land in der Welt nur mit Misstrauen zu begegnen. Als ob diese Befürchtungen einer Zustimmung bedurften, bezeichnete der CNN-Kommentator Jack Cafferty die Chinesen als »denselben Haufen Schläger und Verbrecher wie schon vor fünfzig Jahren« – eine Aussage, die nach und nach auf sämtlichen Titelseiten in China erschien und für die sich CNN später entschuldigte. Tang und viele seiner Zeitgenossen konnten einfach nicht verstehen, warum sich so viele Ausländer über die Lage in Tibet aufregten, denn in seinen Augen handelte es sich um ein ärmliches, rückständiges Land, das China bereits seit Jahrzehnten zu zivilisieren versuchte. Ein Boykott der Spiele in Peking erschien ihm als ebenso unlogisch wie ein Fernbleiben von den Wettkämpfen in Salt Lake City, um gegen die Behandlung der Cherokee durch den amerikanischen Staat zu protestieren.

Er durchkämmte Youtube auf der Suche nach einer Gegendarstellung oder einer Wiedergabe der chinesischen Sicht, konnte auf Englisch jedoch nur Pro-Tibet-Videos finden. Zwar war er gerade mit der Übersetzung der *Metaphysischen Abhandlung* und anderer Schriften von Gottfried Wilhelm Leibniz beschäftigt, trotzdem konnte er den Wunsch, sich für China einzusetzen, nie ganz abschütteln.

»Also dachte ich mir: Okay, dann unternehme ich eben selbst etwas.«

Bevor Tang seinen Plan allerdings in die Tat umsetzen konnte, musste er für ein paar Tage nach Hause zurück. Seine Mutter brauchte ihn während der Erntezeit. Er sollte ihr helfen, Bambusschösslinge auf den Feldern auszugraben.

Tang war das jüngste von vier Geschwistern. Er stammte aus einer Bauernfamilie, die in der Nähe der ostchinesischen Stadt Hangzhou lebte. Weder seine Mutter noch sein Vater konnte lesen oder schreiben. Bis zur vierten Klasse hatte Tang keinen Namen. Er wurde Kleine Vier genannt, weil das seinem Platz in der Familienhierarchie entsprach. Als das jedoch unpraktisch zu werden begann, gab ihm sein Vater den Namen Tang Jie, eine Kurzversion des Namens seines Lieblingskomödianten, Tang Jiezhong.

Tang war ein Bücherwurm, der in seiner großen, lärmenden Familie kaum zu Wort kam. Schon bald erwachte sein Interesse für Science-Fiction. »Ich kann Ihnen alles über diese Filme erzählen, zum Beispiel über *Star Wars*«, informierte er mich. Er sei ein guter, wenn auch kein herausragender Schüler gewesen, der sich früh für Philosophie zu interessieren begann. »Er war anders als die meisten Kinder, die all ihr Taschengeld für Essen ausgaben – er sparte es, um sich Bücher zu kaufen«, erzählte mir seine ältere Schwester, Tang Xiaoling. Seine Geschwister hatten die Schule nur bis zur achten Klasse absolviert, weshalb sie ihn allesamt für einen bewundernswerten Sonderling hielten. »Hatte er eine Frage und wusste die Lösung nicht, konnte er nachts nicht schlafen«, sagte seine Schwester. »Wenn wir dagegen einmal etwas nicht verstanden, gaben wir einfach auf.«

Tangs Noten verbesserten sich auf der Highschool, und er konnte einige Erfolge bei Wissenschaftsbasaren verbuchen, auf denen er seine Erfindungen vorstellte, auch wenn er fand, dass die Wissenschaft von seinen alltäglichen Sorgen zu weit entfernt war. Dann stolperte er über die chinesische Übersetzung eines fantasievollen norwegischen Romans, der *Sophies Welt* hieß und von dem Philosophielehrer Jostein Gaarder verfasst worden war. In diesem Buch trifft ein junges Mädchen auf die großen Denker der Geschichte. »Damals entdeckte ich die Philosophie für mich«, erinnerte sich Tang.

Obwohl der Patriotismus im Haus seiner Familie nicht sonderlich präsent war, existierte er doch überall um Tang herum. Um eine Wiederholung der Proteste auf dem Tiananmen-Platz zu verhindern, verdoppelte die Partei ihre Anstrengungen, um die Gedanken der chinesischen Jugend zu beeinflussen. Als Tang Jie auf der Grundschule war, schickte Präsident Jiang Zemin einen Brief an den Bildungsminister und rief darin zu einer neuen Herangehensweise auf, nach der »den Kindern bereits im Kindergarten« chinesische Geschichte beigebracht werden sollte. Bei dieser neuen Methode legte man das Augenmerk ganz besonders auf das *bainian guochi* – »das Jahrhundert der nationalen Demütigung«, womit eine Reihe von historischen Ereignissen gemeint war, die von der chinesischen Niederlage in den Opiumkriegen Mitte des 19. Jahrhunderts bis hin zur Besetzung chinesischen Bodens durch japanische Truppen im Zweiten Weltkrieg reichten.

Durch die Konzentration auf »patriotische Erziehung«, so die Partei, werde »der nationale Geist gestärkt« und »der Zusammenhalt vergrößert«. Deshalb brachte man den Kindern in den Schulen bei, »die nationale Demütigung nie zu vergessen«. Auf dem Nationalen Volkskongress wurde die Einrichtung eines sogenannten »Tages der nationalen Demütigung« beschlossen, und auch die Schulbücher wurden entsprechend umgeschrieben. Das *Praktische Verzeichnis der patriotischen Erziehung* enthielt auf seinen dreihundertfünfundfünfzig Seiten alle möglichen Details über jegliche Schmach, die das Land angeblich je hatte erdulden müssen. Der Nationalismus lenkte dabei von dem Widerspruch ab, dass es sich bei der Partei um die sozialistische Speerspitze einer freien Marktwirtschaft handelte. In den neu verfassten Schulbüchern zählte nicht länger der Kampf gegen den »Klassenfeind«, sondern der negative Einfluss ausländischer Invasoren. Bereits unter Maos Herrschaft hatte China seine Niederlagen zu Siegen verklärt, und mittlerweile unternahmen Schüler Exkursionen an Orte, an denen es zu Gräueltaten gegen die Chinesen gekommen war. Der kommunistische Jugendverband investierte in die Entwicklung patriotischer Videospiele für junge Männer, etwa *Resistance War Online*, in dem der Spieler in die Rolle eines Soldaten der Roten Armee schlüpft und japanische Eindringlinge mit einem Maschinengewehr niedermäht.

Politik und Emotionen ließen sich immer schwerer voneinander unterscheiden. Wenn chinesische Diplomaten das Vorgehen eines anderen Staates verurteilten, sprachen sie oft davon, dass »die Gefühle der chinesischen Bevölkerung verletzt« worden seien. Diesen Gedanken führten sie immer öfter ins Feld: Der Journalist Fang Kecheng zählte nach und fand heraus, dass die Gefühle der Chinesen zwischen

1949 und 1978 nur dreimal verletzt worden waren, in den achtziger und neunziger Jahren dagegen durchschnittlich fünfmal im Jahr.

An der Fundan lernte Tang schließlich Wan Manlu kennen, eine zurückhaltende Doktorandin der chinesischen Literatur- und Sprachwissenschaft. Beim Essen mit Freunden saßen sie oft nebeneinander, sprachen jedoch kaum ein Wort. Tang fand später Wans Internetnamen heraus (»gracelittle«) und schickte ihr eine private Nachricht über das elektronische schwarze Brett der Universität. Sie verabredeten sich zu einem ersten Rendezvous: Sie wollten eine experimentelle Oper ansehen, die auf der chinesischen Geschichte »Trauer um die Vergangenheit« basierte.

Ihre Beziehung entwickelte sich teilweise gerade deshalb weiter, weil beide frustriert darüber waren, wie China den Westen nachzuahmen versuchte. Als ich Wan das erste Mal traf, erklärte sie mir: »Die chinesischen Traditionen haben so viel Gutes, und das vernachlässigen wir. Ich glaube, es muss Menschen geben, die sich auch heute noch der Pflege der alten Sitten widmen.« Sie stammte aus der Mittelschicht, weshalb sie die bescheidenen Wurzeln Tangs und seine altmodischen Wertvorstellungen ganz besonders beeindruckend fand. »Die meisten meiner Generation führen ein glückliches Leben, in dem alles wie von selbst zu funktionieren scheint – mich eingeschlossen«, erzählte sie. »Deshalb habe ich den Eindruck, dass unserem Charakter etwas fehlt, zum Beispiel die Liebe zum Landleben oder das Durchhaltevermögen, das man in schlechten Zeiten lernt. Diese Tugenden kann ich weder bei mir noch bei meinen Altersgenossen erkennen.« Über Tang Jie sagte sie: »Mit seinem Hintergrund – keinerlei Bildung in der Familie und niemand, der ihm bei den Hausaufgaben helfen konnte – und mit alldem Druck seiner Angehörigen muss es sehr schwer gewesen sein, das zu erreichen, was er heute hat.«

Nach unserem ersten Treffen reiste ich noch oft nach Shanghai, um Zeit mit Tang Jie zu verbringen. Er gehörte zu einer Gruppe Studenten, die sich um einen charismatischen, neununddreißigjährigen Philosophieprofessor namens Ding Yun scharte. Professor Ding hatte den politischen Philosophen Leo Strauss übersetzt, zu dessen Bewunderern Harvey Mansfield und andere Neokonservative gehörten. Damals erlebte Leo Strauss in den Vereinigten Staaten gerade ein Revival, weil seine Argumente gegen den Terror bei den neokonservativen Baumeistern des Irakkriegs überaus beliebt waren. Abram Shulsky, ein weiterer ehemaliger Schüler von Strauss an der University of Chicago, hatte vor dem Einmarsch in den Irak das Office of Special Plans des Pentagon geleitet; und auch der damalige Vizeverteidigungsminister Paul Wolfowitz hatte bei Strauss studiert.

Professor Dings Haar war kurz geschoren, er trug eine modische rechteckige Brille auf der Nase und bevorzugte die fließenden, langärmligen Gewänder eines Gelehrten der Tang-Dynastie. »In den achtziger und neunziger Jahren hatten die meisten Intellektuellen keine besonders hohe Meinung von Chinas Traditionen«, erklärte er mir. Während der ersten Reformjahre hätten die Begriffe »konservativ« und »reaktionär« noch nahezu dasselbe bedeutet, doch die Zeiten hätten sich geändert, und heute bringe er seinen Studenten bei, die Klassiker in straussscher Manier zu würdigen. Außerdem ermuntere er seine Schüler, altes chinesisches Gedankengut wieder aufleben zu lassen. Er und andere Gelehrte waren überaus erfolgreich in der neuen konservativen Atmosphäre im Land, die im krassen Gegensatz zu Chinas Bemühungen stand, sich der Welt zu öffnen. Mit Genugtuung habe er verfolgt, wie Tang Jie und andere Studenten ihren Hunger auf die Klassiker entwickelten und sich der wachsenden Verwestlichung entgegenstellten.

Tang erklärte mir: »Es ist nun einmal eine Tatsache, dass wir uns enorm am Westen orientieren. Mittlerweile lesen wir jedoch wieder die alten chinesischen Schriften und entdecken das alte China für uns neu.« Als sich Harvey Mansfield auf der Durchreise durch Shanghai befand, luden ihn die jungen Neokonservativen der Stadt zum Abendessen ein. Diese seien »sich dringend bewusst, dass ihrem Land, dessen Wiedererstarken sie nicht nur spüren, sondern auch bewundern, Prinzipien fehlen, an denen man sich orientieren kann«, schrieb mir Mansfield in einer E-Mail nach seinem Besuch. »Manche von ihnen erkennen sehr genau [...], dass der westliche Liberalismus das Selbstvertrauen verloren hat, deshalb suchen sie bei Leo Strauss nach einem Konservatismus, der auf Prinzipien basiert, auf dem ›Naturrecht‹. Dieser Konservatismus unterscheidet sich von einem, der sich vor allem um die Erhaltung des Status quo bemüht, denn die Anhänger dieses neuen Konservatismus geben sich nicht mit einem Land zufrieden, in dem es zwar einen Status quo, aber keine Prinzipien gibt.«

Der wiedererwachte Stolz wirkte sich auch darauf aus, wie Tang und seinesgleichen die Wirtschaft einschätzten. Sie waren der Ansicht, dass die Welt zwar von China profitierte, aber alle Versuche das Landes unterminierte, im Ausland Geschäfte zu machen. Tangs Freund Zeng ging eine Reihe von Beispielen chinesischer Firmen durch, die bei Investitionen in den Vereinigten Staaten gescheitert waren. »Huaweis Angebot, 3Com zu kaufen, wurde abgelehnt«, erklärte er. »CNOOCs Übernahmeversuch von Unocals und die teilweise Übernahme IBMs durch Lenovo hatten politische Konsequenzen. Wenn es kein ökonomisches Argument ist, dann ist es ein politisches. Wir sind der Ansicht, die Welt ist ein freier Markt …«

Bevor er jedoch zu Ende sprechen konnte, unterbrach ihn Tang. »Das haben wir von euch Amerikanern gelernt«, erklärte er. »Wir haben unsere Märkte für euch geöffnet, aber sobald wir versuchen, eure Unternehmen zu kaufen, stoßen wir auf politische Hindernisse. Und das ist einfach unfair.«

Diese in China über alle ideologischen Grenzen hinaus verbreitete Meinung hatte in gewisser Weise einen wahren Kern, denn amerikanische Politiker beschworen mit unterschiedlicher Glaubhaftigkeit Bedrohungsszenarien für die nationale Sicherheit herauf, um China von direkten Investitionen in den USA abzuhalten. Aber Tangs Einschätzung, beeinflusst von dem Gefühl, bei dem Spiel der Verlierer zu sein, ließ ebenfalls einige Indizien außer Acht: Andere chinesische Investments im Ausland waren durchaus geglückt – zum Beispiel hatte sich die Volksrepublik unter Zuhilfenahme ihres Staatsfonds Anteile an der Blackstone Group und Morgan Stanley gesichert –, und obwohl die chinesische Regierung Schritte unternahm, die Märkte für ausländische Investoren zu öffnen, neigte auch sie dazu, amerikanische Versuche zu vereiteln, eine wirtschaftlich so sensible Einrichtung wie ein chinesisches Ölunternehmen zu kaufen.

Tangs Ansicht, die Vereinigten Staaten versuchten, den Aufstieg Chinas zu verhindern – und damit einen »neuen Kalten Krieg« vom Zaun zu brechen –, ging über bloß wirtschaftliche Aspekte hinaus und bezog sich auch auf die breitere amerikanische Politik. Grundverschiedene und relativ unwichtige Angelegenheiten, etwa die amerikanische Unterstützung Taiwans oder die Forderungen Washingtons nach einer Aufwertung des Yuan, hatten sich in China zu dem Eindruck verdichtet, das Land werde aus strategischen Gründen benachteiligt, weil man seine Macht eindämmen wolle.

Tang blieb fünf Tage auf dem Hof seiner Familie, bevor er nach Shanghai zurückkehren und seinen Film beenden konnte. Er durchsuchte das Internet nach Bildern und wählte vor allem besonders atmosphärische aus – wie das von einem Mann, der seinen Arm in einem Meer chinesischer Flaggen in die Höhe reckt, was Tang an das Gemälde *Die Freiheit führt das Volk* von Eugène Delacroix erinnerte. Außerdem konzentrierte er sich auf mit politischer Symbolkraft aufgeladene Szenen, etwa den Augenblick, als ein aufgrund einer Amputation im Rollstuhl sitzender Chinese in Paris das olympische Feuer gegen einen Demonstranten verteidigen musste, der ihm die Fackel entreißen wollte.

Für den Soundtrack gab er bei der chinesischen Suchmaschine Baidu »ernste Musik« ein und ging die Ergebnisse durch. Er landete schließlich bei einem Stück des griechischen Komponisten Vangelis, dessen hymnische Popmusik mit der seines Landsmannes Yanni vergleichbar ist. Bekannt wurde Vangelis mit der Filmmusik von *Die Stunde des Siegers*. Tangs Lieblingsstück von Vangelis stammte jedoch aus einem Film mit Gerard Depardieu, in dem es um Christoph Columbus geht und der *1492 – Die Eroberung des Paradieses* heißt. Tang schaute sich ein paar Sekunden einer Szene an, in der Depardieu in all seiner Männlichkeit an Deck eines großen Schiffes steht und den Atlantik verflucht. »Perfekt«, dachte sich Tang. »Schließlich war auch die damalige Zeit von zunehmender Globalisierung geprägt.«

Er sammelte Falschmeldungen der ausländischen Presse – Polizisten in Nepal, bei denen es sich laut Untertiteln um Chinesen handeln sollte, Tibeter, die in Indien und nicht in Tibet verhaftet worden waren – und gab dann eine erste Botschaft in seinen Computer ein: »Wir müssen uns erheben und die Welt unsere Stimme hören lassen!« Einige der englischen Zwischentitel waren voller Fehler, weil er sich mit der Veröffentlichung des Videos so beeilte. Er stellte seinen kleinen Film auf Sina ein und schrieb eine Nachricht an das schwarze Brett der Fundan-Universität. Die Beliebtheit des Videos stieg, und sein Erfolg ermutigte ihn, denn nun wusste er, dass er nicht der Einzige war, der seiner Ansicht der Wahrheit Gehör verschaffen wollte. In ganz China schauten sich die Menschen sein Video an, leiteten es weiter und jubelten Tang zu.

Professor Ding freute sich sehr über das, was seine Studenten erreicht hatten. »Und wir dachten, sie wären nur eine postmoderne, verwestlichte Generation«, erklärte Ding. »Natürlich waren die Studenten, die ich kannte, sehr gut, aber die Generation im Allgemeinen? Mit der war ich nicht sonderlich zufrieden. Als ich aber sah, worum es in Tang Jies Video ging und wie beliebt es bei den Jugendlichen war, machte mich das sehr glücklich – sehr, sehr glücklich.«

Allerdings machten diese Entwicklungen nicht jeden so glücklich wie Professor Ding. Die jungen Patrioten des Landes polarisierten derart, dass manch einer den chinesischen Begriffs für »wütende Jugend« so betonte, dass er wie »Scheißjugend« klang. Sollten die Aktivisten der Ansicht gewesen sein, sie würden das Image Chinas im Ausland verteidigen, gelang ihnen das in Wirklichkeit kaum. Nachdem China wochenlang nichts als patriotische Rhetorik ausgestoßen hatte, kam eine von der *Financial Times* in Auftrag gegebene Umfrage zu dem Ergebnis, dass die Europäer China für die weltweit größte Bedrohung der globalen Sicherheit hielten – noch vor den Vereinigten Staaten. Der Zorn dieser Jugend beunruhigte besonders all jene, die an einer Stärkung der Demokratie in China interessiert waren. Aufgrund ihres Alters und ihrer Bildung traten Tang und seine Freunde in die Fußstapfen einer langen Reihe chinesischer Aktivisten, die vom Jahr 1919, als nationalistische Demonstranten nach »Herrn Demokratie« und »Herrn Wissenschaft« gerufen hatten, bis ins Jahr 1989 reichte, als die Studenten auf den Tiananmen-Platz strömten und dort eine der Freiheitsstatue ähnelnde Figur errichteten. Im nächsten Jahr stand der zwanzigste Jahrestag der Protestbewegung an, aber meine Erfahrungen mit Tang Jie und seine Freunden hatten mir gezeigt, dass Wohlstand, Computer und eine Orientierung am Westen allein die chinesischen Eliten der Demokratie nicht nähergebracht hatten, wie es Außenstehende nach den Ereignissen auf dem Tiananmen-Platz einst gehofft hatten. Stattdessen hatten der steigende Wohlstand im Land und die Stärke der Partei mehr als nur eine Handvoll Menschen davon überzeugt, ihren Idealismus hintanzustellen, solange sich ihr Leben nur immer weiter verbesserte.

1989 rebellierten die Studenten gegen die Korruption und den Machtmissbrauch in China. »Heutzutage sind Probleme dieser Art nicht etwa verschwunden – sie sind sogar noch größer geworden«, erklärte mir der liberal eingestellte Zeitungsredakteur Li Datong eines Nachmittags verzweifelt, als sich die Proteste ausweiteten. »Trotzdem verschließt die heutige Jugend die Augen davor. Es wäre mir neu, dass sie sich jemals zu diesen wichtigen inländischen Problemen geäußert hätten. Stattdessen wählen sie eine utilitaristische und opportunistische Vorgehensweise.«

Ein in Bezug auf die chinesische Jugend weitverbreitetes Klischee lautete, sie wisse so gut wie nichts vom brutalen Vorgehen des Staates auf dem Tiananmen-Platz – das in China nur »Vorfall vom 4. Juni« genannt wurde –, weil die chinesische Obrigkeit alle Hinweise aus der offiziellen Geschichtsschreibung des Landes getilgt hatte. Das entsprach allerdings nicht der ganzen Wahrheit. Tatsächlich konnte jeder, der sich die Mühe machte, einen Proxyserver einzurichten, so viel über die Proteste auf dem Tiananmen-Platz in Erfahrung bringen, wie er wollte. Und trotzdem übernahmen viele junge Chinesen die Parteimeinung, nach der die Demonstrationen 1989 Ausdruck der fehlgeleiteten Wunschvorstellungen einer naiven Bewegung gewesen waren. »Wir akzeptieren die Menschenrechte und die Demokratie«, erläuterte Tang. »Das tun wir wirklich. Die Frage ist nur, wie sie sich umsetzen lassen.«

Im selben Frühjahr traf ich Dutzende in Städten lebende Studenten und junge Berufstätige, und oft kamen wir auf die Ereignisse auf dem Tiananmen-Platz zu sprechen. Während einer recht typischen Unterhaltung fragte mich eine Studentin, ob sie denn den Tod einiger Demonstranten, die 1970 an der Kent State University im Kugelhagel der Nationalgarde gestorben waren, als angemessene Umsetzung des amerikanischen Freiheitsbegriffs zu verstehen habe. Liu Yang, Masterstudent der Umweltingenieurwissenschaften, erklärte: »Die Bewegung vom 4. Juni sollte und konnte zur damaligen Zeit keinen Erfolg haben. Wäre sie jedoch erfolgreich gewesen, ginge es China heute nicht besser, sondern sehr viel schlechter.«

Liu war sechsundzwanzig Jahre alt und hatte sich früher einmal als liberal bezeichnet. Seine Freunde und er hatten die Kommunistische Partei als Teenager viel und gern kritisiert. »In den Neunzigern war ich der Meinung, der chinesische Staat sei einfach nicht gut genug. Vielleicht benötigten wir eine neue Regierungsform, dachte ich damals«, erklärte er mir. »Das Problem ist allerdings, dass wir gar nicht wissen, wie eine gute Regierung eigentlich auszusehen hat. Also durfte die Kommunistische Partei bleiben, wo sie war. Eine weitere Schwierigkeit bestand darin, dass wir gar nicht die Macht haben, sie loszuwerden. Schließlich kontrolliert sie das Militär.«

Nach seinem Universitätsabschluss fand Liu eine gute Stelle als Ingenieur bei einem Unternehmen, das Dienstleistungen im Bereich der Erdölexploration anbietet. Er verdiente mehr Geld im Monat als seine Eltern in einem ganzen Jahr, beide ehemalige Arbeiter, die mittlerweile von ihrer Rente lebten. Schließlich sparte Liu so viel Geld, dass er sich mithilfe von Stipendien in Stanford für ein Doktoranden-Programm einschreiben konnte. Am patriotischen Schaulaufen im Zusammenhang mit den Olympischen Spielen zeigte er zunächst nur wenig Interesse, bis er auf die Tumulte um das olympische Feuer in Paris aufmerksam wurde. »Wir waren wirklich wütend«, erklärte er. Als die Flamme dann in San Francisco eintraf, drängelten er und einige andere chinesische Studenten sich in die vorderste Reihe, um die Fackelträger zu unterstützen.

Im Frühling desselben Jahres hielt ich mich in San Francisco auf, wo Liu und ich uns zu einem Treffen in einem Starbucks in der Nähe seines Studentenwohnheims in Palo Alto verabredeten. Er kam auf seinem Mountainbike zum Termin und trug Jeans und einen Fleecepullover von Nautica. Zufälligerweise war heute der 4. Juni, dessen waren wir uns beide bewusst; vor neunzehn Jahren hatte die chinesische Armee die Proteste auf dem Tiananmen-Platz brutal niedergeschlagen. Auf dem elektronischen schwarzen Brett der chinesischen Studenten im Ausland diskutierten sie schon den ganzen Nachmittag über diesen Jahrestag. Liu erwähnte das berühmte Foto eines Unbekannten, der sich vor einen Panzer stellte – das provokanteste Bild der modernen chinesischen Geschichte.

»Wir bewundern ihn wirklich. Wir halten ihn für einen wahrhaft tapferen Mann«, erklärte mir Liu. Trotzdem lautete seine allgemeine Einschätzung dieser Generation: »Sie kämpften für China, weil sie das Land besser machen wollten. Ja, die damalige Regierung hat ein paar Fehler gemacht. Aber letztlich müssen wir einsehen, dass dem chinesischen Staat gar nichts anderes übrig blieb, als die Proteste mit allen Mitteln niederzuschlagen.«

Während wir in der kalifornischen Abendstille saßen und Liu seinen Kaffee trank, meinte er, er wolle nicht all das aufs Spiel setzen, was seiner Generation zu Hause zur Verfügung stand, nur um schneller an die Freiheiten zu gelangen, die er in den USA erlebt hatte. »Kann man von Demokratie allein leben?«, fragte er mich. »Brot isst man, Kaffee trinkt man. All diese Dinge vermag die Demokratie nicht zwangsläufig zu garantieren. Indien ist ein demokratischer Staat, ein paar afrikanische Länder sind es auch, und trotzdem kann keines dieser Länder die eigene Bevölkerung ernähren.«

»Also denken die Chinesen mittlerweile, ›ein gutes Leben ist das eine, Demokratie das andere‹«, erklärte Liu weiter. »Wenn uns die Demokratie wirklich zu einem guten Leben verhelfen kann, dann ist das ganz wunderbar. Aber wenn wir auch ohne die Demokratie ein gutes Leben führen können, warum sollten wir sie dann überhaupt in Erwägung ziehen?«

~

Als das olympische Feuer im Mai China erreichte, schienen die Chinesen das im Ausland erfahrene Leid unter allen Umständen wettmachen zu wollen. Riesige Menschenmengen versammelten sich entlang der Route. Eines Nachmittags machten Tang Jie und ich uns auf, um der Fackel beim Passieren eines Shanghaier Vororts zuzusehen.

Zu diesem Zeitpunkt befand sich das Land nach dem Erdbeben von Sichuan immer noch im Schockzustand. Das Unglück war die schlimmste Katastrophe seit dreißig Jahren, hatte jedoch zugleich eine seltene Einheit im Land bewirkt. Die Spenden strömten und offenbarten die gute Seite des Patriotismus, der vor ein paar Wochen an die Oberfläche gedrungen war. Die Explosion des Nationalismus in diesem Frühjahr wurde allerdings auch von einer Welle der Gewalt begleitet, die von jedem, der alt genug war, um sich an die Roten Garden zu erinnern – oder an das Erstarken der Neonazis in Europa –, nicht einfach ignoriert werden konnte. An der Duke University versuchte Grace Wang, Studentin im ersten Semester, zwischen Pro-Tibet-Aktivisten und Pro-China-Demonstranten auf dem Campus zu vermitteln. Im Internet wurde sie allerdings eine »Volksverräterin« genannt. Die Leute spürten die Adresse ihrer Mutter in der Hafenstadt Qingdao auf und verwüsteten ihr Zuhause. Aus den Drohungen gegen ausländische Journalisten wurde dagegen nichts. Es wurde kein Blut vergossen. Nachdem das Chaos um das olympische Feuer in Paris abgeklungen war, verliefen auch die chinesischen Boykottanstrengungen gegen die französische Kette Carrefour im Sande. Die chinesischen Spitzenpolitiker, die sich allmählich ihres immer schlechter werdenden Images im Ausland bewusst wurden, riefen die Studenten schließlich zu »vernünftigem Patriotismus« auf.

Als ich mit Tang Jie im Taxi saß, beschlich mich der Eindruck, dass es ihm überhaupt nicht gefiel, wie ernst der Konflikt mittlerweile geworden war. »Wir wollen keine Gewalt«, vertraute er mir an. Stattdessen wünschte er sich, seine Freunde und Kommilitonen davon überzeugen zu können, dass sie nicht mehr einfach nur akzeptierten, was die Medien ihnen auftischten, unabhängig davon, ob es sich um ausländische oder chinesische handelte. »Uns stehen mehr als nur zwei

Wahlmöglichkeiten zur Verfügung. Auch wir haben unsere eigenen Medien. Es gibt bei uns Leute mit Film- und Fotokameras, und die nehmen die Wahrheit für uns auf.« Er glaubte, seine Generation habe in diesem Frühjahr etwas sehr Wichtiges gelernt: »Jetzt wissen sie, dass man seinen Verstand benutzen muss.«

Aus der Ferne betrachtet, war es leicht, die jungen Nationalisten im Land als Bauern auf dem Schachbrett des chinesischen Staates abzutun – schaute man jedoch genauer hin, war diese Vorstellung gleich weniger überzeugend. Die chinesische Regierung war eher zurückhaltend im Umgang mit Internet-Patrioten, denn sie wusste, dass diese nicht notwendigerweise Stolz für ihre Partei, sondern in erster Linie für ihr Land empfanden. Die leidenschaftliche Hingabe dieser Aktivisten vermochte auf recht unvorhersehbare Weise die Richtung zu wechseln. Als staatliche Zensoren 2004 eine nationalistische Webseite vom Netz nahmen, lautete ein Kommentar: »Unsere Regierung ist so schwach wie ein Schaf.« Manchmal erlaubte der Staat die Zunahme des Nationalismus im Land, doch manchmal versuchte er auch, ihn einzudämmen. Im folgenden Frühjahr, als die japanischen Behörden der Einführung eines neuen Schulbuchs zustimmten, das laut Kritikern die Kriegsverbrechen der Japaner beschönigte, planten die Patrioten in Peking eine Reihe von Protesten, für die sie mithilfe von Chaträumen, schwarzen Brettern und Kurzmitteilungen mobilisierten. Bis zu zehntausend Demonstranten gingen auf die Straße, und manche warfen Farbbeutel und Flaschen auf die japanische Botschaft. Trotz Warnungen der Regierung, die Proteste auf der Stelle zu beenden, demonstrierten in der folgenden Woche Tausende mehr auf den Straßen Shanghais – einer der größten Kundgebungen seit Jahren – und verwüsteten die japanische Botschaft. Schließlich unterbrach die Polizei das Mobilfunknetz in der City von Shanghai, damit sich die Demonstranten nicht mehr organisieren konnten.

Xu Wu, Professor an der Arizona State University, forscht zur Zunahme nationalistischer Tendenzen im Internet. »Bis jetzt hat der chinesische Staat das Ganze im Griff«, erklärte er mir. »Ich nenne das Internet allerdings ›den virtuellen Tiananmen-Platz‹. Man muss zwar nicht körperlich anwesend sein, trotzdem lässt sich online leicht dasselbe erreichen wie im echten Leben und manchmal sogar noch größerer Schaden anrichten.«

Während Tang Jie und ich uns der Route des olympischen Feuers näherten, betrachtete er die Menge und erklärte: »Sehen Sie sich nur all diese Menschen an. Jeder von ihnen ist der Ansicht, es wären einzig und allein seine Spiele.« T-Shirts, Stirnbänder und chinesische Flaggen wurden zum Verkauf angeboten. Tang riet mir, ich solle warten, bis das Feuer vorbeigezogen war, weil die Straßenhändler die Preise dann bis zu fünfzig Prozent senken würden. Er hatte eine kleine Plastiktüte dabei und zog nun ein leuchtend rotes Halstuch daraus hervor, wie es chinesische Kinder als Zeichen ihrer Mitgliedschaft bei den Jungen Pionieren trugen, einer Art sozialistischer Pfadfinder-Organisation. Er band sich das Tuch um und grinste. Er bot eines seiner Tücher einem vorbeikommenden Teenager an, der höflich ablehnte.

Unter dem dicken Dunstschleier, der wie ein Baldachin über uns hing, war die Luft zwar stickig und verbraucht, die Stimmung dafür aber umso überschwänglicher. Es würde nicht mehr lange dauern, bis die Fackel eintraf, und die Stadt versammelte sich, um Zeuge dieses Spektakels zu werden: ein schwitzender Mann in einem dunklen Anzug, der sich über die Haare fuhr, um sie zu glätten; ein Bauarbeiter mit Schutzhandschuhen und einem orangefarbenen Helm; ein Page in Uniform, die mit dermaßen vielen Goldknöpfen und riesigen Epauletten versehen war, dass er wie ein Admiral aussah. Einige der jüngeren Zuschauer trugen T-Shirts mit Schriftzügen, die von Chinas jüngsten Problemen inspiriert waren: »Anti-Riot – Explore the Truth«, lautete ein beliebte, auf Englisch verfasste Botschaft. Überall um uns herum stellten sich die Leute auf die Zehenspitzen, um besser sehen zu können. Eine Frau hing an einem Laternenmast. Ein junger Mann mit einem roten Stirnband kletterte auf einen Baum.

Die Begeisterung der Menge führte dazu, dass sich Tangs Stimmung aufhellte, denn das Ganze erinnerte ihn daran, dass die Zukunft seines Landes in seinen und den Händen der Menschen um ihn herum lag. »Wenn ich hier stehe, kann ich ganz genau spüren, was die chinesische Jugend fühlt«, erklärte er. »Wir strotzen vor Selbstbewusstsein.«

Die Polizei riegelte die Straße ab. Ein Schauer überkam das Publikum. Die Leute drängten an den Rand der Straße und versuchten, über die Köpfe der anderen hinwegzuschauen. Tang Jie dagegen hielt sich im Hintergrund. Er war ein geduldiger Mensch.

10. Wunder und Wundermaschinen

Der ehemalige Soldat Lin Yifu, der von der Küste Quemoys ans Ufer der Volksrepublik geschwommen und übergelaufen war, studierte gerade an der Peking-Universität, als der Ökonom Theodore Schultz von der University of Chicago 1980 die Stadt besuchte, um dort eine Rede zu halten. Lin sollte als Übersetzer fungieren, weil er aufgrund seiner Vergangenheit in Taiwan Englisch sprach. Schultz, der erst kürzlich den Nobelpreis erhalten hatte, war beeindruckt; er kehrte nach Chicago zurück und setzte sich für ein Stipendium für Lin ein. Abermals war Lin Yifu der Erste: der erste chinesische Student, der nach der Kulturrevolution an einer amerikanischen Universität in Wirtschaftswissenschaften promovierte. Und als ob das noch nicht genug gewesen wäre, um ihn von anderen abzuheben, fiel seine Wahl auch noch auf den Schmelztiegel der freien Marktwirtschaft – Chicago. Lin reiste 1982 in die Vereinigten Staaten, wo sich die Familie wieder vereinen konnte, da seine Frau und seine Kinder ebenfalls in die USA gegangen waren. Seine Frau und er hatten den Kontakt seit seiner Fahnenflucht im Geheimen aufrechterhalten. Sie hatte ihm sogar ein Gedicht geschickt, in dem es hieß: »Ich verstehe dich und das, was du getan hast.« In Amerika bereitete sich Chen auf die Promotion an der George Washington University vor.

In Chicago begann Lin mit der Untersuchung von Chinas Wiedergeburt, die ihn auch die nächsten Jahrzehnte nicht loslassen sollte, und seine Ergebnisse stellten sich als überaus kontrovers heraus. Nachdem Lin und seine Frau ihre Doktortitel erworben hatten, kehrten sie nach Peking zurück. Dort sah sich Lin einem empfindlichen Problem gegenüber: Wie sollte jemand wie er, der gerade erst aus den Vereinigten Staaten zurückgekehrt war, den Sozialisten Milton Friedman näherbringen?

»Ich ging zu allen Treffen und sagte kein einziges Wort«, erzählte er mir. Nach und nach habe er jedoch seine Stimme gefunden. »Sie waren überrascht, weil ich ähnliche Begriffe wie sie und eine ihnen vertraute Sprache verwendete«, sagte er. Als sich in den späten neunziger Jahren beispielsweise unverkaufte Fernsehgeräte, Kühlschränke und andere Konsumgüter in den chinesischen Warenhäusern zu stapeln begannen, waren viele Ökonomen im Land der Meinung, das sei auf das niedrige Einkommensniveau in China zurückzuführen. Aber Lin sah die Sache anders. »Damals verfügten die Menschen einfach nicht über die nötige Infrastruktur, um solche Produkte benutzen zu können«, erklärte er. Also setzte er sich vehement für den Ausbau des Elektrizitäts- und des Wassernetzes sowie für höhere Investitionen in den Straßenbau im ländlichen Raum ein, was die Partei in einem Reformpaket berücksichtigte, das sie unter der Losung »Der neue sozialistische ländliche Raum« auf den Weg brachte.

Das Ende des Kalten Krieges und das brutale Vorgehen auf dem Tiananmen-Platz rüttelten an den politischen und ökonomischen Grundfesten des chinesischen Establishments. Zhao Ziyang, reformorientiertes Mitglied von Deng Xiaopings erstem Wirtschaftsstab, wurde vorgeworfen, die Proteste nicht schnell genug zerschlagen zu haben; von ihm gegründete Thinktanks wurden aufgelöst, und eine Reihe Ökonomen mussten ins Gefängnis, weil sie die Proteste unterstützt hatten. Zhao wurde unter Hausarrest gestellt und verbrachte die restlichen fünfzehn Jahre seines Lebens damit, Golfbälle in ein Netz in seinem Garten zu schlagen und seine geheimen Memoiren auf Band aufzunehmen. Der chinesische Staat tilgte ihn aus der offiziellen Geschichtsschreibung über die Erfolge des Landes.

In ökonomischer Hinsicht war ein Wendepunkt gekommen: Zwei Jahre nach den Protesten auf dem Tiananmen-Platz sank das Wirtschaftswachstum so dramatisch wie seit 1976 nicht mehr, und Deng musste mit ansehen, wie sich seine Erfolge in Luft auflösten. Also machten sich die chinesischen Ökonomen auf sein Geheiß hin abermals ans Werk. Der Reformkurs wurde wieder aufgenommen, doch dieses Mal bot die Partei dem chinesischen Volk den ultimativen Handel, weil sie eine Wiederholung der Proteste auf dem Tiananmen-Platz verhindern wollte: mehr wirtschaftliche Freiheit im Tausch gegen weniger politische Freiheit. Alle Zeichen deuteten darauf hin, dass sich der Deal als äußerst widersprüchlich herausstellen würde: In einem Lebensbereich förderte die Partei individuellen Ehrgeiz und den Drang nach Selbstschöpfung, während sie selbige im anderen zu unterdrücken versuchte. Diese Wirtschaftsstrategie entsprach genau dem Gegenteil dessen, was führende westliche Ökonomen forderten, die den kollabierenden Sowjetstaaten zu einer »Schocktherapie« rieten: Staatsausgaben kürzen, staatliche Unternehmen privatisieren und die Grenzen für internationalen Handel und Investitionen öffnen – ein Rezept, das als Washington Consensus bekannt wurde.

In einem kleinen, vom Geographie-Institut der Peking-Universität geliehenen Büro gründete Lin 1994 gemeinsam mit vier anderen Wirtschaftswissenschaftlern das China Center for Economic Research, einen Thinktank für im Ausland ausgebildete chinesische Wissenschaftler. Lin arbeitete wie ein Besessener und saß oft bis ein oder zwei Uhr morgens an seinem Schreibtisch, um am nächsten Tag um acht Uhr in der Früh wieder an seinem Platz zu sein. Unter Kollegen galt er als extrem getriebener und in gewisser Weise unnahbarer Mensch. Im Lauf der Jahre schrieb er neben Dutzenden von Aufsätzen achtzehn Bücher; seinen Studenten erklärte er: »Mein Ziel ist es, am Schreibtisch zu sterben.« Sein Forschungszentrum wuchs ebenso beständig wie sein Einfluss, und schließlich fungierte Lin bei der Erstellung des Fünf-Jahres-Plans und bei anderen Projekten als Regierungsberater. Er sollte zwar nie Zugang zu den innersten Parteikreisen erhalten, in denen die wichtigen Entscheidungen getroffen wurden, dennoch war sein Werdegang überaus beeindruckend für einen Einwanderer, der früher einmal für einen taiwanesischen Spion gehalten worden war.

Jahr für Jahr nahm Lins kritische Haltung gegenüber der im Westen verbreiteten Meinung zu, nach der schocktherapieähnliche Reformen für die ehemaligen Sowjetstaaten das einzig Richtige seien, während gleichzeitig seine Überzeugung wuchs, dass der Schlüssel zum Aufschwung Chinas in der Verbindung der freien Marktwirtschaft mit einem starken Staat zu finden sei. In den zehn Jahren nach dem Zerfall der Sowjetunion litt der Großteil der osteuropäischen Staaten, die überstürzt die Privatwirtschaft eingeführt hatten, unter Arbeitslosigkeit, wirtschaftlicher Stagnation und politischer Instabilität, weshalb sich letztlich immer weniger Ökonomen für die Schocktherapie-Methode aussprachen. Gleichzeitig setzte Ende der neunziger Jahre ein starkes Wachstum der chinesischen Wirtschaft ein, bei der es sich um ein Mischwesen handelte, das in keinen Bereich des Spektrums zu passen schien. In manchen Branchen herrschte ein ungezügelter Kapitalismus, in anderen übte der Staat starke Kontrolle aus. Unerbittlich lag der Fokus auf Wachstum. Wann immer die Partei zwischen Wachstum und der Umwelt oder Wachstum und sozialer Sicherheit entscheiden musste, entschied sie sich für Ersteres. Der Preis für diesen Wandel war allerdings hoch. Die Kranken- und die Rentenversicherung existierten praktisch nicht mehr, die Umweltzerstörung verwüstete ganze Landstriche, und im urbanen Raum ließen Stadtplaner große Teile der Ortschaften dem Erdboden gleichmachen, um Platz für neue Wohnhäuser zu schaffen. Der Unmut in der Öffentlichkeit wuchs, aber die Partei nutzte ihre Macht und den wachsenden Wohlstand im Land, um die Unzufriedenheit im Zaum zu halten.

Und die Daten sprachen eine klare Sprache: 1949 betrug die durchschnittliche Lebenserwartung eines Chinesen 36 Jahre; 20 Prozent der chinesischen Bevölkerung konnten lesen und schreiben. Im Jahr 2012 lag die Lebenserwartung bei 75 Jahren, und mehr als 90 Prozent aller Chinesen konnten lesen und schreiben. Jeffrey Sachs, Wirtschaftswissenschaftler an der Columbia University, schrieb, China werde »mit hoher Wahrscheinlichkeit das erste der großen, von Armut geplagten Länder des 20. Jahrhunderts sein, das diesem Schicksal im 21. Jahrhundert entrinnt«. Als China ein Paket zur Wirtschaftssteigerung aufsetzte, um damit die Auswirkungen der weltweiten Finanzkrise von 2008 zu bekämpfen, hatte man bereits so viele neue Flughäfen und Schnellstraßen gebaut, dass sich die Planer nicht sofort entscheiden konnten, was als Nächstes an der Reihe war.

Lin war gerade dabei, sich eine Meinung darüber zu bilden, welche Rolle politische Reformen für ökonomischen Erfolg spielten, und er machte sich mit seiner Haltung nicht gerade beliebt bei chinesischen Liberalen, die sich eine umfassendere Demokratisierung wünschten.

Er brachte *The China Miracle: Development Strategy and Economic Reform* heraus, ein Buch, das er gemeinsam mit Fang Cai und Zhou Li geschrieben hatte und in dem er sich mit dem Chaos auseinandersetzte, das der Zusammenbruch der Sowjetunion hinterlassen hatte. Darin zog er folgenden Schluss: »Je radikaler die Reformen, desto gewalttätiger und zerstörerischer werden die resultierenden sozialen Unruhen und der Widerstand gegen eben diese Reformen sein.« Bei einem Vortrag an der Cambridge University im Jahr 2007 wies er auf »das Scheitern der im Rahmen des Washington Consensus angestrengten Reformen« hin. Er scherzte, dass es sich bei der durch den Internationalen Währungsfonds eingeleiteten Schocktherapie in Wirklichkeit um einen »Schock ohne Therapie« gehandelt habe, der zwangsläufig zu »Wirtschaftschaos« habe führen müssen. Er erinnerte daran, wie der schrittweise Reformkurs Chinas von den Anhängern des Washington Consensus als »schlechtmöglichste Übergangsstrategie« bezeichnet worden war, wie Lin es ausdrückte, die »unausweichlich auf einen Zusammenbruch der Wirtschaft hinauslaufen werde«. Lin war zum bedeutendsten Verfechter der chinesischen Erfolgsgeschichte geworden.

Im November 2007 erhielt Lin einen Anruf von der Weltbank, die Kredite und Know-how bereitstellt, um die globale Armut zu bekämpfen. Robert Zoellick, Präsident der Bank, würde Peking bald besuchen und wollte bei dieser Gelegenheit Lins Meinung zur chinesischen Wirtschaft hören. Sie trafen sich in Zoellicks Hotelzimmer. Zwei Monate später rief die Bank erneut bei Lin an und bot ihm den Posten des Chefökonomen an. Und abermals war Lin der Erste: der erste Chinese, tatsächlich sogar der erste Mensch aus einem Entwicklungsland, der eine Aufgabe übernahm, die zuvor nur hervorragend ausgebildeten Persönlichkeiten aus dem Westen zugänglich gewesen war, darunter Joseph Stiglitz, Nobelpreisträger und Professor an der Columbia University, und Lawrence Summers, der später als US-Finanzminister und Direktor von Präsident Obamas National Economic Council fungieren sollte.

Der Große Vorsitzende Mao hatte die Weltbank noch für ein Instrument imperialistischer Aggression gehalten, doch mittlerweile war China das drittgrößte Mitglied und setzte sich ganz offen dafür ein, bei internationalen Wirtschaftseinrichtungen ein größeres Mitspracherecht zu erhalten. Im Juni 2008 zogen Lin und seine Frau nach Washington, D. C. Lins gesamtes Gepäck passte in zwei Koffer. Das Ehepaar mietete ein Haus mit Veranda am Rande von Georgetown, damit Lin an der frischen Luft schreiben konnte. In die Küche stellten sie ein Laufband. Wenn Lin auf Geschäftsreise war und seine Kollegen ausgingen, um sich besser kennenzulernen, begab er sich in sein Hotelzimmer, wo er bis spät in die Nacht hinein arbeitete.

Als ich Li an einem drückend heißen Augusttag in Washington besuchte, fand ich ihn in einem geräumigen Eckbüro im vierten Stock des Weltbankhauptsitzes, eines prächtigen, dreizehnstöckigen Gebäudes ein paar Blocks vom Weißen Haus entfernt. Er erhob sich von seinem Schreibtisch. Wie immer schrieb er gerade an einem seiner Aufsätze. »Wie kann ein Entwicklungsland die entwickelten Ländern einholen?«, fragte er. Sein gesamtes Lebenswerk hatte er dieser polarisierenden Frage gewidmet, und mittlerweile befand er sich in einer Position, in der er seinen Worten Taten folgen lassen konnte. »Ein paar Erfolge können wir zwar schon vorweisen, aber leider überwiegen noch die Misserfolge«, erläuterte er. Lin leitete einen Mitarbeiterstab, der aus fast dreihundert Wirtschaftswissenschaftlern und anderen Forschern bestand und der die Bank und die armen Staaten bei der Festlegung von Strategien zur Anhebung des Einkommensniveaus unterstützte – eine Angelegenheit, die seit Jahrzehnten von großen ideologische Debatten begleitet wurde.

Kaum war Lin ein paar Wochen im Amt, wurde die Welt von der schlimmsten Finanzkrise seit der Großen Depression erschüttert. Diese Krise stellte Lin vor ein Rätsel: Die Regierungen der Vereinigten Staaten und Europas sowie der Währungsfonds forderten eine Aufwertung des Yuan, um die Kaufkraft der chinesischen Verbraucher zu steigern. Charles Schumer, ein demokratischer Senator aus New York, erklärte Reportern: »Chinas Währungsmanipulationen sind wie ein Messer an der Kehle unseres Aufschwungs.« Lin sah die Sache anders. In seinen Augen werde eine erzwungene Aufwertung »das Ungleichgewicht nicht aufheben und einen weltweiten Aufschwung unter Umständen sogar verhindern«, wie er einem Hongkonger Publikum erläuterte. Dabei vertrat er die Ansicht, dass ein solches Vorgehen vor allem die Nachfrage der amerikanischen Verbraucher senken werde, weil eine Aufwertung des Yuan nur zu einer Verteuerung chinesischer Exporte führte. Das wiederum sei für die Wirtschaft der Vereinigten Staaten nicht gerade von Vorteil, weil viele der Waren, die Amerikaner in China kauften, in den USA gar nicht hergestellt würden.

Die Finanzkrise änderte die Formel grundlegend, auf der der chinesische Aufschwung basierte: Die europäische und amerikanische Nachfrage nach chinesischen Exportgütern nahm stark ab, deshalb erhöhte der chinesische Staat die Investitionen, um eine Verlangsamung des Wirtschaftswachstums zu vermeiden. Er pumpte öffentliche Gelder in den Bau von Bahnstrecken, Straßen, Häfen und Immobilien. Außerdem senkte er die Steuern auf Grundbesitz und drängte die Banken zur Kreditvergabe, was alles im allem dazu führte, dass es 2009 zu einer Welle von Darlehen kam, die das gesamte Bruttosozialprodukt Indiens überstieg. Auch bei den Staatsdienern setzte der Bauwahn große Ambitionen frei: In Wuhan plante man, in nur sieben Jahren rund zweihundertdreißig Kilometer neuer U-Bahn-Schienen zu verlegen – dagegen sollten in New York City im selben Zeitraum nicht mehr als knapp drei Kilometer der geplanten Second Avenue Subway gebaut werden.

Die Finanzkrise ermöglichte Lin außerdem die Umsetzung seiner Visionen. Vor gar nicht allzu langer Zeit waren chinesische Intellektuelle und Funktionäre noch davor zurückgeschreckt, die Erfahrungen Chinas als Alternative zum Vorgehen des Westens darzustellen, weil sie befürchteten, auf diese Weise Rivalitäten anzuheizen oder von der weiterhin großen Armut der meisten Chinesen abzulenken. Während die Länder im Westen gegen die Rezession ankämpften, musste China sehr viel weniger Schäden verkraften. Ein in Peking lebender westlicher Diplomat erklärte mir: »Wir Ökonomen sollten aus dieser Krise lernen, mehr Bescheidenheit zu zeigen. Ich glaube, wir sollten langsam die Möglichkeit in Betracht ziehen, dass China tatsächlich so etwas wie ein vollständig entwickeltes Land werden könnte, ohne zuvor tiefgreifende politische Reformen durchzumachen.« Als Weltbankvertreter zur Feier des dreißigsten Jubiläums der Mitgliedschaft der Volksrepublik nach Peking reisten, lobte Zoellick China für die Senkung der Armut und meinte: »Wir – und die ganze Welt – können davon sehr viel lernen.«

Lin schrieb während seiner Zeit bei der Bank wie am Fließband und warb in einer ganzen Reihe von Aufsätzen für ein Umdenken in Bezug auf die Methoden der Armutsbekämpfung, wobei vieles von dem, was er schrieb, im Grunde eine Abrechnung mit dem in den neunziger Jahren vorherrschenden Washington Consensus darstellte. Gemeinsam mit dem kamerunischen Wirtschaftswissenschaftler Célestin Monga sprach sich Lin in einem Report dafür aus, den Staat »wieder in den Mittelpunkt zu rücken«. Eine Politik, die gewisse Bereiche der Industrie unterstützte – von Kritikern als »picking the winners« bezeichnet –, habe im Westen einen schlechten Ruf, so Lin, und das aus gutem Grund, denn dieses Vorgehen führe sehr viel häufiger zu Misserfolgen als zu Erfolgen. Er argumentierte jedoch, dass es sogar noch schlimmer wäre, *gar keine* Industriepolitik zu betreiben. In diesem Zusammenhang wies er auf eine aktuelle Studie hin, in der dreizehn Staaten mit einer überaus schnell wachsenden Wirtschaft untersucht worden waren. »In allen erfolgreichen Ländern übernimmt der Staat eine aktive Rolle«, erklärte er. Daher befürworte er eine »weiche« Industriepolitik, in der ein lebhafter freier Markt neue Industrien und Unternehmen hervorbringe und der Staat die Besten auswähle, um diesen Branchen durch Steuererleichterungen und den Aufbau von Infrastruktur unter die Arme zu greifen, wie es etwa beim Bau von Häfen und Schnellstraßen überall in der Volksrepublik der Fall war. Chicago und Peking wurden gleichsam miteinander vermählt: Um die Armut zu bekämpfen, schrieben Monga und Lin, seien die Märkte »unverzichtbar«; allerdings sei der Staat »gleichermaßen unverzichtbar«.

Lin nutzte seine Stellung bei der Weltbank und argumentierte, Chinas Vorgehen habe grundsätzliche Stärken, die auch anderen Ländern helfen könnten. Beim Besuch von Entwicklungsländern achtete er stets darauf, die Bemerkung fallen zu lassen, das jeweilige Land erinnere ihn an China vor dreißig Jahren. In einer Rede mit dem Titel »Die Enträtselung des chinesischen Wunders« stellte er folgende Frage: »Werden andere Entwicklungsländer zu einer ähnlichen Leistung in der Lage sein, wie China sie in den letzten dreißig Jahren vollbracht hat?« Für ihn lautete die Antwort »ganz eindeutig Ja«. Er riet armen Ländern, politische Reformen aufzuschieben und zunächst mehr Wohlstand zu schaffen, denn sonst würden sie Opfer desselben Chaos wie das postsowjetische Russland. Er war der Meinung, dass nicht die Freiheit von Unterdrückung Priorität habe, sondern »von der Angst vor Armut und Hunger, an die ich mich aus meiner Kindheit noch sehr gut erinnern kann«. Schrieb er in seinem eigenen Namen und nicht in als Repräsentant der Weltbank, war er sogar noch kompromissloser: Er lehnte die »optimistische und vielleicht sogar naive Auffassung einiger Ökonomen [ab], dass Demokratien [...] eher zu Wirtschaftsreformen neigen«. Er zitierte Deng Xiaoping, der einst gesagt hatte: »Die Vereinigten Staaten prahlen gern mit ihrem politischen System, aber im Wahlkampf vertritt ihr Präsident eine Position, im Amt dann eine andere und nach der Hälfte seiner Zeit im Weißen Haus schließlich eine dritte, um am Ende seiner Amtszeit wiederum das komplette Gegenteil zu behaupten.«

Ein paar Monate später hielt sich Lin für ein paar Tage in der chinesischen Hauptstadt auf und ließ sich in einer warmen Nacht von seinem Chauffeur in einer schwarzen Audi-Limousine quer durch die Stadt fahren, um an einem Empfang zu Ehren des zehnten Geburtstags des MBA-Programms teilzunehmen, das er gemeinsam mit anderen ins Leben gerufen hatte. Der Empfang fand in einem traditionellen chinesischen Innenhof statt, der einst im Besitz der Kaiserinwitwe Cixi gewesen war und in dem Glyzinien und Kirschapfelbäume den Besuchern Schatten spendeten. An diesem Abend hatte man den Hof allerdings mit einem roten Teppich und Scheinwerfern ausgestattet, die jeder Modenschau zur Ehre gereicht hätten. Der Wein floss in Strömen, und um die einhundert Gäste – vor allem Paare mittleren Alters, ehemalige Studenten und Kollegen von Lin – befanden sich bereits in überaus festlicher Stimmung, als Lin und seine Frau auf der Feier erschienen. Lins Frau galt mittlerweile als führende Expertin für chinesische Sonderpädagogik und war Mitglied des Nationalen Volkskongresses. Als das Ehepaar eintraf, klatschten die gut betuchten Gäste und drängten sich um die beiden, um der Reihe nach für einen Schnappschuss mit Lin zu posieren. Ein Fernsehteam wollte ein Interview. Ein Teenager bat um ein Autogramm. Endlich erreichte Lin einen ruhigeren Tisch, wo er jedoch von einem Gast bedrängt wurde, der ihm aufregende Investitionsmöglichkeiten im Zusammenhang mit dem Bau von Golfplätzen ans Herz legte. Lin schaute höflich, aber verzweifelt aus der Wäsche, also beeilten sich die Gastgeber, ihn und seine Frau in einen privaten Bereich zu schaffen, wo er sich auf seine Rede vorbereiten konnte.

Lin betrat die Bühne und ließ seinen Blick über das Publikum schweifen. Als Erstes lenkte er die Aufmerksamkeit auf die »markerschütternden Veränderungen«, die Chinas Wirtschaft in den vergangenen zehn Jahren durchgemacht hatte, und kündigte dann an: »Die nächsten zehn oder fünfzehn Jahre werden sogar noch spektakulärer.« Die Menge applaudierte. Er wies auf die Tatsache hin, dass noch im Jahr 2000, zu Beginn des Peking International Executive MBA-Programms, weniger als ein Dutzend chinesische Unternehmen in den Fortune Global 500 vertreten waren, dafür aber fast zweihundert amerikanische. »Ich glaube, die chinesische Wirtschaft wird bis 2025 zwanzig Prozent der globalen Ökonomie ausmachen und als größte Wirtschaftsmacht der Welt nicht mehr im Schatten der Vereinigten Staaten stehen«, erklärte er. »Dann wird man wahrscheinlich einhundert chinesische Firmen unter den Fortune Global 500 finden.« Er beendete seine Rede mit folgender Mahnung: »Ich hoffe, dass auch Sie beim Aufbau der chinesischen Wirtschaft mithelfen, damit eine bessere, harmonischere Gesellschaft entsteht.«Der Begriff »harmonische Gesellschaft« ging allerdings nicht allen chinesischen Intellektuellen so leicht über die Lippen wie Lin. Präsident Hu Jintao benutzte die Parole ganz besonders gern, um auf sein Ziel einer gerechten und stabilen Gesellschaft hinzuweisen; Hus Kritiker jedoch benutzten die Wendung inzwischen als Synonym für die Unterdrückung kritischer

Stimmen. (So bezeichneten sie eine gesperrte Webseite beispielsweise als »harmonisiert«.) Lin dagegen verwendete den Begriff positiv, weil er weiterhin an die Macht des Staates glaubte. Der bekannte liberale Wirtschaftswissenschaftler Yang Xiaokai hielt 1999 einen Vortrag, in dem er argumentierte, dass es »ohne politische Reformen keine Gerechtigkeit« geben könne, »was wiederum zu gesellschaftlichen Unruhen« führen werde. Yang stellte sich und den Anwesenden die Frage, ob China ohne Demokratie überhaupt in der Lage sein werde, sich zu einem starken Land zu entwickeln. Lins Reaktion auf diese Frage bestand aus einem Verweis auf Chinas Wirtschaftskraft, die größer als die Indiens war. Er schrieb: »Ob nun in Bezug auf die Geschwindigkeit oder das Ausmaß des Wirtschaftswachstums – China entwickelt sich einfach besser als Indien.« In Lins Augen war China auch ohne Demokratie bereits auf dem besten Weg, zu einem starken Land zu werden, daher sah er kaum einen Anlass für politischen Wandel. Als ich Lin zu dieser Debatte befragte, antwortete er, der 2004 verstorbene Yang und er seien gute Freunde gewesen, die sich in dieser Angelegenheit nicht hätten einigen können. »Er war der Auffassung, China müsse erst eine Verfassung nach dem Vorbild Großbritanniens oder der Vereinigten Staaten haben, bevor das Land erfolgreich sein könne«, erklärte Lin. »Ich dagegen vertrete eine andere Ansicht: Ich denke, wir wissen nicht, welche Staatsform die beste der Welt ist.«

Lins Bekanntheitsgrad wuchs, während sein Leben weiterhin von einem außergewöhnlichen Umstand überschattet wurde: Mehr als dreißig Jahre waren seit seiner Flucht übers Meer vergangen, trotzdem bestand gegen ihn immer noch ein vom taiwanesischen Verteidigungsministerium ausgestellter Haftbefehl wegen »Überlaufens zum Feind«. Nach all den Jahren empfand die Mehrheit der Taiwanesen patriotischen Stolz auf seine Leistungen, und prominente Politiker hatten sich beim Militär für eine Aufhebung des Haftbefehls eingesetzt. Doch der Verteidigungsminister wiederholte unaufhörlich, man werde Lin festnehmen und wegen Verrats vor ein Militärgericht stellen, sollte er jemals wieder taiwanesischen Boden betreten.

Lins älterer Bruder, Lin Wang-sung, erklärte gegenüber Reportern: »Ich verstehe nicht, warum ihn die Leute für einen Bösewicht halten.

Mein Bruder wollte doch nichts anderes, als seinen Ambitionen zu folgen.« Als Lins Vater 2002 starb, bat seine Familie die taiwanesischen Behörden um die Erlaubnis, Lin an der Beerdigung teilnehmen zu lassen, aber das Militär weigerte sich und entgegnete: »Er soll bis ans Ende seiner Tage mit der Schande leben.« Lin blieb nichts anderes übrig, als die Beerdigung von Peking per Videoübertragung zu verfolgen. Er errichtete einen Altar in seinem Büro und kniete davor nieder. Dann las er seine Grabrede vor, in der es hieß: »Als Mutter im Sterben lag, konnte ich ihr nicht helfen. Als Vater ans Bett gefesselt war, hatte ich immer noch keine Möglichkeit, nach Hause zurückzukehren. Ich kann meine Eltern auf den Weg ins Jenseits nicht begleiten [...]. Wie groß die Sünde der Respektlosigkeit doch ist! Möge der Himmel mich bestrafen!«

Lin hatte es in der Volksrepublik zu etwas gebracht, weil er sich zum leidenschaftlichsten Fürsprecher des chinesischen Wirtschaftswegs aufgeschwungen hatte. Wer diese Sicht allerdings nicht teilte, dem schien das Leben in China nur immer schwieriger zu werden. Ein paar Tage nachdem ich Zeuge von Lins Rede zur strahlenden Zukunft der chinesischen Wirtschaft geworden war, besuchte ich Wu Jinglian, der es in den zehn Jahren nach dem Beginn der chinesischen Reformen zu einem der führenden Wirtschaftsberater des Landes gebracht hatte. Mittlerweile war er fast achtzig Jahre alt. Der kleingewachsene Mann mit lebhaften Augen, die unter buschigen weißen Augenbrauen hervorspähten, arbeitete in einem winzigen Büro am Stadtrand. Obwohl er offiziell immer noch als Berater des chinesischen Staates tätig war, klangen seine Worte eher wie die eines Querulanten. »Die Korruption stellt im Augenblick Chinas größtes Problem dar, so viel ist klar«, informierte er mich. »Die Kluft zwischen Arm und Reich existiert nur wegen der Korruption. Und wie ist die Korruption überhaupt entstanden? Durch eine zu große staatliche Kontrolle über die chinesischen Ressourcen.«

Wu brachte zahllose wutentbrannte Bücher und Essays heraus, in denen er auf die Vetternwirtschaft in China und den Graben zwischen Arm und Reich hinwies, die aus seiner Sicht zeigten, dass Chinas Wirtschaftsmodell die Grenzen des Möglichen erreichen würde, wenn der Staat nicht bald größere politische Offenheit zuließ, um zwischen den konkurrierenden Ansprüchen zu vermitteln. In den letzten Jahren war Wu sogar so weit gegangen, die Einführung einer Demokratie nach westlichem Vorbild zu fordern. Daraufhin hatten ihm die Nationalisten Verrat vorgeworfen, und schließlich wurde die ganze Diskussion auch noch persönlich: Die *People's Daily* veröffentlichte Gerüchte aus dem Internet, nach denen man Wu wegen Verdachts auf Spionage im Dienst der Vereinigten Staaten verhörte. Die Behauptungen waren zwar haltlos – die Regierung brachte schließlich eine Erklärung heraus, in der sie Wu ihre Unterstützung aussprach und die Anschuldigungen zurückwies –, doch die Schwere dieses Angriffs verdeutlichte, dass seine Kritik mächtige Personen mit Verbindungen zur *People's Daily* verärgert hatte.

Ich wollte von Wu wissen, ob sich die Dinge beruhigt hätten. Er seufzte. »Vor ungefähr einem Monat stand im Internet, ich sei mit einem Stein niedergeschlagen worden, hätte das Ganze aber überlebt.« Die Geschichte stimmte nicht, daher fragte ich ihn, was er von der ganzen Sache hielt. »Das ist ein Versuch, die Leute dazu anzustacheln, Gewalt gegen mich anzuwenden«, erklärte er. Der Eintrag war von einer »Chinesischen Gesellschaft zur Eliminierung von Feinden« unterzeichnet worden. Wu hatte nicht die geringste Ahnung, wer ihn da zu dämonisieren versuchte; allerdings war die Liste der Verdächtigen lang: vielleicht die Nationalisten des rechten Flügels? Mächtige Parteipersönlichkeiten, die Reformen ablehnten?

Mittlerweile waren die finanziellen Risiken in China so groß geworden, dass selbst bei den undurchsichtigsten wirtschaftlichen Debatten der Eindruck entstand, es ginge um gefährliche oppositionelle Positionen. Wu hatte sich kürzlich für eine Aufwertung des Yuan ausgesprochen. Dann las er die Reaktionen im Internet. »In einem Kommentar zu meinem Artikel erwähnt jemand nicht nur meinen Wohnort, sondern weist auch darauf hin, dass ich nicht besonders gut bewacht werde«, sagte er. Er lachte leise. »In Amerika verstößt so eine Bemerkung gegen das Gesetz. In China interessiert sich niemand dafür.«

Als die Debatte größere Kreise zu ziehen begann, erhielten ehemals harmlose Begriffe plötzlich eine neue politische Bedeutung. Lin Yifu bezeichnete den Wirtschaftsaufschwung gern als »das chinesische Wunder«, doch der liberale Schriftsteller und Regierungskritiker Liu Xiaobo störte sich an dieser Formulierung. Er schrieb, er könne nicht viel mehr erkennen als »das ›Wunder‹ systembedingter Korruption, das ›Wunder‹ einer ungerechten Gesellschaft, das ›Wunder‹ moralischen Verfalls und das ›Wunder‹ einer vergeudeten Zukunft«. Für ihn mache der Boom das Land zu einem »Paradies für Raubtierkapitalisten«. »Nur mit Geld vermag die Partei die Kontrolle über die größten chinesischen Städte zu behalten, die Eliten für sich zu vereinnahmen, den von so vielen Chinesen gehegten Wunsch zu befriedigen, über Nacht zu Reichtum zu kommen, und den Widerstand jeder aufkeimenden Opposition zu zerschlagen. Nur mit Geld vermag die Partei Geschäfte mit den westlichen Mächten zu machen; nur mit Geld vermag sie Schurkenstaaten zu bestechen und diplomatische Unterstützung zu kaufen.«

Liu Xiaobo war einundfünfzig Jahre alt und drahtig wie ein Windhund; sein Haar war kurz, und er hatte Geheimratsecken. Er rauchte Kette und hatte einen ironischen und gewitzten Sinn für Humor. Aufgewachsen war er in der Mandschurei. Als er elf Jahre alt war, schloss seine Schule im Zuge der Kulturrevolution – eine »zeitweilige Emanzipation«, wie er es nannte –, und dieser erste Vorgeschmack auf die Unabhängigkeit ebnete den Weg für seine Laufbahn als der unkonventionelle Geist, der er später einmal sein würde. Er promovierte an der Pädagogischen Universität Peking in Literaturwissenschaft, war jedoch nicht besonders gut darin, auf den Knien herumzurutschen, wie es für eine Karriere im akademischen Betrieb Chinas nun einmal erwartet wurde. Chinesische Schriftsteller hielt er »für nicht sonderlich kreativ, weil ihr Leben nicht ihnen gehört«. Von westlichen Sinologen hielt er ebenso wenig, denn für ihn waren sie »zu achtundneunzig Prozent vollkommen nutzlos«. Er nahm sich nicht bewusst vor, andere zu beleidigen, schreckte jedoch auch nicht davor zurück, wenn es in seinen Augen nötig war. »Vielleicht liegt es an meinem Charakter, dass ich stets mit dem Kopf voran in jede Wand auf meinem Weg laufen muss«, schrieb er dem Wissenschaftler Geremie Barmé. »Das nehme ich gerne in Kauf, selbst wenn es bedeuten sollte, mir am Ende den Schädel einzurennen.«

Neben siebzehn Büchern hatte Liu Hunderte Gedichte, Artikel und Essays verfasst. Ein Großteil seiner Arbeit war überaus politisch, und das hatte seinen Preis: Bis zum Frühjahr 2008 hatte er bereits drei Haftstrafen hinter sich gebracht, angefangen bei einer Verurteilung wegen »konterrevolutionärer Propaganda und Hetze« aufgrund seiner Teilnahme an den Protesten auf dem Tiananmen-Platz. Die Anschuldigungen wies er zwar zurück, er begrüßte jedoch die Bezeichnung »Aufrührer«, da er sie für eine »Ehrenmedaille« und eines der wenigen Dinge hielt, die man ihm auch im Gefängnis nicht wegnehmen konnte. In einem während seiner Haft verfassten Gedicht heißt es: »Abgesehen von einer Lüge / gehört mir nichts.«

Im Lauf der Jahre hatte Liu Xiaobo aufgehört, zwischen Gefängnissen, Straf- und Arbeitslagern zu unterscheiden. »Im Gefängnis saß ich in einer kleinen Zelle mit Wänden«, erklärte er mir am Telefon, als er gerade für einige Zeit unter Hausarrest stand. »Seitdem ich entlassen wurde, hält man mich dagegen in einer größeren Zelle ohne Wände gefangenen.« Als er 1996 wegen »Störung der öffentlichen Ordnung« in ein Arbeitslager gesteckt wurde, heiratete er seine langjährige Lebensgefährtin, die Künstlerin Liu Xia. Die Wächter fragten die Braut sicherheitshalber zweimal, ob sie eigentlich wisse, was sie da tue. »Ja!«, antwortete sie. »Diesen ›Staatsfeind‹ da, den will ich heiraten!«

Nach drei Jahren Haft wurde er 1999 entlassen. Er kehrte in die gemeinsame Wohnung zurück, wo er einen PC vorfand. »Zu Hause stand bereits ein Computer, den Freunde meiner Frau geschenkt hatten«, erinnerte er sich in einer seiner Schriften, »und sie war gerade dabei, Tippen und den Umgang mit dem Internet zu lernen [...]. Als ich wieder zu Hause war, mahnten mich nahezu alle Freunde, die vorbeischauten, schnellstens den Umgang mit dem Internet zu lernen. Ich versuchte es ein paarmal, und hatte das Gefühl, vor so einer Maschine würde ich nicht schreiben können. Deshalb habe ich mich noch eine Weile gegen den Computer gesträubt und weiter mit Kugelschreiber auf Papier geschrieben.«

Erst als er seinen ersten Text per E-Mail einreichte, wurde ihm bewusst, welche Möglichkeiten mit dieser Technologie verbunden waren. »Auf die erste E-Mail, die ich verschickt habe, kam zu meiner Überraschung bereits nach ein paar Stunden eine Reaktion von der Redaktion; das war das erste Mal, das ich spürte, was für ein Wunderding dieses Internet war.« Seine Frau erhielt ihren Computer nie zurück. Liu hatte noch die alten Rituale des Dissidentendaseins während des, wie er es nannte, »Fahrrad-und-Telefon-Zeitalters« erlebt, als Intellektuelle für ein Treffen auf eine Beerdigung oder einen Jahrestag warten mussten, weil sonst das Misstrauen der Behörden gegenüber großen Gruppen geweckt worden wäre. Im Internet scherte sich niemand darum, welchen Dialekt man sprach, welcher Klasse man angehörte oder wo man lebte, weshalb die Redakteure von Chinas erstem Onlinemagazin *Tunnel* 1997 schrieben: »Weil sie über das Informationsmonopol verfügten, konnten die Autokraten unsere Augen und Ohren verschließen und unsere Gedanken erstarren lassen. Der Computer und das Internet haben dieses Gleichgewicht inzwischen jedoch verschoben.«

Allerdings schätzte nicht jeder die Macht des Internets so idealistisch ein wie sie. Auf der ganzen Welt vertraten Kritiker des »Cyber-Utopismus« die Ansicht, das Internet biete nur die Illusion von Offenheit und das schwache Gefühl einer Gemeinschaft, stärke in Wirklichkeit jedoch autoritäre Regime, da es ihnen erlaube, ein Sicherheitsventil zu schaffen und so den Druck zugunsten grundlegender gesellschaftlicher Veränderungen nach außen abzuleiten. Aber für Liu wogen diese Faktoren nicht so schwer wie die praktischen Vorteile des Digitalzeitalter-Aktivismus. Jahrelang hatte das Postamt seine Manuskripte auf dem Weg ins Ausland abgefangen; und wenn er dann einen offenen Protestbrief aufsetzte, verbrachte er einen ganzen Monat damit, von einem Teil der Stadt in den anderen zu laufen und Unterstützer aufzutreiben, die den Brief unterzeichneten. Dann »mussten Inhalt, Wortwahl und Zeitpunkt der Veröffentlichung des Briefes diskutiert werden, und es brauchte mindestens ein paar Tage, um zu einem Konsens« zu gelangen, schrieb er; »anschließend musste ein Ort gefunden werden, wo man den handgeschriebenen offenen Brief setzen, drucken und vervielfältigen konnte«. Liu Xiaobo war zu einem überzeugten Cyber-Utopisten geworden. »Ein paar leichte Mausklicks genügen, und mit ein paar E-Mails können grundsätzlich alle Probleme gelöst werden«, schrieb er. »Das Internet ist wie eine Wundermaschine, die mein Schreiben sprudeln lässt wie eine Quelle.«

Im Herbst 2008 saß Liu Xiaobo in seiner Wohnung im fünften Stock eines fahrstuhllosen Pekinger Hauses und feilte an einem Text, von dem er annahm, er werde größere Wellen schlagen als jede seiner vorherigen Schriften. Worum es sich dabei genau handelte, musste für den Augenblick geheim bleiben, aber sobald der Text fertig wäre, würde er ihn mithilfe der Technologie, die er ein »Geschenk Gottes an die Chinesen« nannte, der Welt offenbaren.

Im vorherigen Winter saßen Liu und ich eines Nachmittags in einem Teehaus in der Nähe seiner Wohnung. Er sah ausgemergelter aus als sonst: Seinen Gürtel hatte er gleich doppelt um die Hüften geschlungen, und sein Wintermantel hing von seinen Schultern wie von einem Kleiderbügel. Sein hintergründig stets vorhandenes Stottern war heute stärker als sonst. Er hustete in seinen Tee. Mittlerweile war er zum bekanntesten Dissidenten des Landes geworden, was bedeutete, dass er unter chinesischen Intellektuellen fast schon als ein Prominenter galt, der breiteren chinesischen Öffentlichkeit jedoch so gut wie unbekannt war. In China waren seine Texte schon seit Jahren verboten, und auch im Internet spürten die Zensoren seine Essays auf. Er veröffentlichte im Ausland, sprach jedoch kein Englisch und hatte bereits mehrere Angebote ausgeschlagen, China zu verlassen. China war seine Heimat, ob das dem Staat nun gefiel oder nicht.

Was mich an jenem Tag überraschte, war seine unerwartete Ruhe. Die Jahre hinter Gittern hatten seinen Zorn gemildert, und er ging mit mir langsam und systematisch die Argumente eines neuen offenen Briefs durch: Er warnte die chinesische Führung, dass eine »Legitimationskrise« bevorstünde, sollte sie nicht auf die immer lauter werdenden Rufe nach politischen Reformen eingehen.

»Die westlichen Staaten fordern unser Land auf, sein Versprechen einzuhalten und die Menschenrechtslage zu verbessern; wenn sich allerdings niemand in China selbst dafür einsetzt, wird die Regierung sagen, es handele sich dabei einzig und allein um ein ausländisches Anliegen, nach dem die chinesische Bevölkerung keinerlei Bedürfnis verspürt«, sagte er. »Ich möchte beweisen, dass nicht nur die internationale Gemeinschaft auf eine Stärkung der Menschenrechte in China hofft, sondern auch das chinesische Volk.«

Lius Optimismus erstaunte mich. Während China seinen Platz in der Welt fand, werde vielleicht auch »das Regime selbstbewusster«, erklärte er. Er lehnte sich in seinem Stuhl zurück und erfreute sich am Klang seiner Vorhersage. »Unter Umständen wird es etwas nachsichtiger, flexibler und offener.« In seinen Augen hatte er die Pflicht, weiter zu schreiben und weiter zu kämpfen. »Unabhängig davon, ob ich Erfolg habe oder nicht: Ich werde den Staat unablässig an die Einhaltung seiner Versprechen erinnern.«

Und das tat er auch. Im Lauf der Monate wurde er immer ehrgeiziger. Im Spätherbst standen er und eine kleine Gruppe von Mitstreitern kurz davor, ihr geheimes Projekt zu vollenden – eine detaillierte Erklärung, in der sie nach Menschenrechten und nach politischen Reformen verlangten. »Die politische Realität sieht, wie unschwer zu erkennen ist, anders aus: Es gibt Gesetze, aber keinen Rechtsstaat; es gibt eine Verfassung; aber keine verfassungsgemäß handelnde Regierung«, schrieben sie. »Die politischen Cliquen in der Regierung halten an ihrer autoritären Macht fest und wehren sich gegen ernsthafte politische Reformen.«

Anders als sonstige Manifeste von Dissidenten beschränkte sich dieses nicht auf die Behandlung eines Einzelfalls oder auf eine obskure Maßnahme; Liu und seine Gruppe forderten neunzehn grundlegende politische Reformen, darunter regelmäßige Wahlen, unabhängige Gerichte, ein Verbot der staatlichen Kontrolle über das Militär und ein Ende der »Kriminalisierung der Worte«. Die Gruppe hatte sich von der Charta 77 inspirieren lassen, einer Erklärung, die Václav Havel und andere tschechische Aktivisten vor mehr als dreißig Jahren aufgesetzt hatten, geeint in dem Willen, »sich einzeln und gemeinsam für die Respektierung der Bürger- und der Menschenrechte in unserem Land und in der Welt einzusetzen«, wie es dort hieß. In der chinesischen Version beendeten Liu und seine Koautoren ihre Einleitung mit dem Hinweis, das Land sei wie eine tickende Zeitbombe: »Die Rückständigkeit des gegenwärtigen Systems ist an einem Punkt angekommen, an dem Reformen unausweichlich sind.«

Intern einigte sich die Gruppe, das Manifest, dem sie den Namen »Charta 08« gaben, noch in diesem Winter zu veröffentlichen – nämlich am 10. Dezember 2008, dem sechzigsten Jahrestag der Allgemeinen Erklärung der Menschenrechte der Vereinten Nationen. Zu Beginn unterzeichneten 303 Personen, doch jemand musste der Aktion sein Gesicht leihen. Liu Xiaobo übernahm diese Rolle, die den meisten seiner Mitstreiter wenig attraktiv erschien. Nicht umsonst heißt es in China oft: »Erschossen wird der Vogel, der als Erster seinen Kopf hebt.«

11. Ein Chor aus Solisten

Der Immobilienboom breitete sich mit einer enormen Geschwindigkeit in Peking aus und bewegte sich dabei von Ost nach West und von Neu nach Alt. Bald zog er an der Global Trade Mansion vorbei bis zum Trommelturm, und im Herbst 2008 konnte ich mir die Miete in meinem Viertel nicht mehr leisten. Ich fand eine günstigere Wohnung einen knappen halben Kilometer weiter westlich, die in einer unsanierten Straße namens Baumwollblütenallee lag. An den Straßenrändern wuchsen Pappeln, und heruntergekommene Hinterhöfe säumten die Allee, die besonders bei Arbeitsmigranten aus Shandong, Anhui und anderswo beliebt waren. Diese Neuankömmlinge vom Land unterschieden sich von den Stadtmenschen durch ihre kleinere Statur, ihr dunkleres Haar und ihre größere Wachsamkeit. Sie teilten sich Etagenbetten in winzigen Mietzimmern, nur in sehr heißen Sommernächten zerrten sie ihre Matratzen hinaus auf die Straße und hofften auf etwas Wind.

Man konnte eine ganze Menge über die Wirtschaft lernen, ohne seine *hutong* überhaupt zu verlassen: Die Arbeitslosigkeit konnte ich leicht anhand der Zahl der Tagelöhner erkennen, die an der Ecke der Kuttelfischstraße auf Arbeit warteten. Die Männer, die dort von einem Fuß auf den anderen traten, waren allesamt mittleren Alters und trugen geflickte Sportjacken und Kunstlederlatschen. Als sich die Finanzkrise verschlimmerte, verdreifachte sich ihre Zahl. Wenn ich mir sie so anschaute, konnte ich gut nachvollziehen, warum der Baumarkt Home Depot in China kaum Erfolg mit seinem romantischen Heimwerkerideal gehabt hatte. Die Männer hielten Schilder hoch, auf denen sie ihre Fertigkeiten feilboten und die mir wie das Gegenstück der Anzeigen der jungen Liebeshungrigen erschienen: »Biete Bau kleinerer Häuser, Trockenmauern, Fliesenlegen, Maurer-, Maler- und Dichtungsarbeiten, Einziehen von Innenwänden, Reinigung verstopfter Rohre, Betonieren, Dekorieren, Wasser und Elektrizität.«

Das Leben war ständig im Fluss, und jeder schien nur einen Katzensprung von Erfolg oder Misserfolg entfernt zu sein. Ein paar Häuser weiter eröffnete im Februar ein winziger Laden, in dem Sesamkekse verkauft wurden. Diese Bude bestand bloß aus einer zur Straße gewandten Theke, und ständig quoll Dampf aus der Tür auf die Gasse hinaus. Pausenlos rief eine Frau mittleren Alters mit einem Papierhut auf dem Kopf und einer blauen Schürze um die Hüften Passanten lautstark dazu auf, eine Gratiskostprobe zu versuchen. Ihr Name war Frau Guo, und sie hatte einen deutlichen Henaner Akzent. Während sie hinter der Theke stand, bearbeitete ihr Mann, ein hochgewachsener, ruhiger Herr, hinter ihr in einer Wolke aus Mehl und Dampf den Teig. Zählte man die sieben Stunden pro Nacht nicht dazu, in denen sie die Tür mit einem Laken verhängten und auf den Tischen schliefen, betrieben sie ein Vierundzwanzig-Stunden-Geschäft.

Als ich jedoch ein paar Wochen später zum Frühstück vorbeischaute, entdeckte ich ein »Zu vermieten«-Schild im Fenster. »Wir verdienen überhaupt kein Geld«, klagte Frau Guo. Die Miete betrug umgerechnet hundertfünfzig Dollar im Monat, und das war zu viel. »Die Leute radeln einfach vorbei. In dieser Gegend gibt es nicht viel Laufkundschaft«, fuhr sie fort, während ich mich bemühte, nicht versehentlich in Richtung all der Fußgänger zu schauen, die den Laden passierten. Ich war ratlos. Dem BH-Verkäufer auf der anderen Straßenseite ging es gut, und auch der Gemischtwarenladen mit dem Hot-Dog-Grill, bei dem die Würstchen nur einen Yuan kosteten, kam über die Runden. »Wir ziehen runter nach Fuxingmen« – ein anderes altes Viertel in Peking, das ungefähr einen halben Kilometer im Süden lag – »und versuchen dort unser Glück«, erklärte sie. Ein paar Tage später ging ich wieder zum Laden, doch er war bereits leer. Durch das Fenster hindurch konnte ich nur noch alte Fußspuren im Mehl erkennen. Die beiden hatten ihre Bude innerhalb von nur sieben Wochen eröffnet und wieder geschlossen.

Bald schon übernahm Herr Ye das Lokal. Er war fünfundzwanzig Jahre alt, recht nervös und kam aus der Provinz Fujian. Er hatte die Grundlagen der Zubereitung von Pekinger Crêpes erlernt und wollte nun auf dem freien Markt sein Glück versuchen. (Unsere Straße war ein fürchterlicher Standort für Crêpes.) Er hielt nicht einmal bis zum Frühjahr durch. Schon prangte am Laden ein beeindruckendes neues Schild, auf dem »Der große mythische Vogel. Werkzeugladen« stand, und ich bereitete mich innerlich bereits darauf vor, dort alle möglichen Informationen über jegliches Arbeitsgerät erhalten zu können, das ich je benötigen würde. Als das Geschäft jedoch eröffnete, stellte sich heraus, dass es ein Bordell war. Es gab nur eine einzige Angestellte, und die saß den ganzen Tag mürrisch an dem Fenster, an dem vor Kurzem noch die Keksverkäuferin gestanden hatte; doch auch das Bordell hielt sich nur zwei Wochen. Im Herbst war der Laden dicht, und nur das kopfüber herunterbaumelnde Schild erinnerte noch an seine Existenz. Woran das alles lag, war schwer zu sagen – vielleicht an der Finanzkrise oder am Standort oder einfach an der gnadenlosen Geschwindigkeit des modernen Lebens in einer *hutong*.

Nachts war das Internetcafé auf der Baumwollblütenallee der lebendigste Ort der Straße, denn in diesem großen niedrigen Raum, in dem reihenweise klapprige alte PCs standen, spielten junge Männer mit glasigen Augen stundenlang Videospiele und rauchten Zigaretten. So einen Laden gab es in fast jeder Stadt, die ich in China besuchte, egal wie abgelegen sie auch sein mochte. Die Fenster waren fast immer geschwärzt wie bei einem Kasino, und in den Internetcafés schienen sich die Leute ausnahmsweise einmal nicht im ständigen Wettlauf mit der Zeit zu befinden.

Trotz all der Energie, die das Internet Intellektuellen wie Liu Xiaobo gab, und trotz des nationalistischen Eifers, den es in Tang Jie und seinen Freunden entfacht hatte, drehte sich der Großteil des Onlinelebens in China, wie in anderen Ländern auch, um weniger ernsthafte Dinge. Als Forscher im April 2010 einen dramatischen Anstieg der Zahl der chinesischen Internetnutzer bemerkten, die die Große Firewall umgingen, hätte das durchaus auf ein gewachsenes politisches Interesse der Chinesen hindeuten können. Tatsächlich lag das Ganze jedoch an dem japanischen Porno-Sternchen Sola Aoi, die gerade einen eigenen Twitter-Account eröffnet hatte – die jungen Chinesen scheuten keine Mühen, um ihr Profil aufzurufen. Es gab jedoch unzählige Möglichkeiten, um im chinesischen Web die Aufmerksamkeit auf sich zu ziehen. Blogger begaben sich auf die Suche nach von Parteipropagandisten bearbeitetem Bildmaterial, auf dem das jeweilige Publikum größer oder der jeweilige Amtsträger wichtiger erschien, als es in Wirklichkeit der Fall war. Techniken, die dem Ministerium jahrzehntelang gute Dienste geleistet hatten, wurden nun der Lächerlichkeit preisgegeben: Ein Blogger entdeckte, dass eine staatliche Nachrichtenmeldung über Chinas neueste Kampfjets Szenen aus *Top Gun* enthielt. Schaute man ganz genau hin, konnte man Tom Cruise bei der Zerstörung einer sowjetischen MiG erkennen.

Im Internet scherten sich die Leute nur wenig um das, was Orwell einst »Schwarzweiß« genannt hatte – »die loyale Bereitschaft zu sagen, Schwarz sei Weiß, wenn die Parteidisziplin dies verlangt«. Althergebrachte Rituale verloren immer mehr an Bedeutung. Bei einem vom Staatsfernsehen übertragenen Neujahrsbesuch Präsident Hu Jintaos in der Sozialwohnung einer armen Familie erklärte die Mutter: »Ich bin der Partei und dem Staat unendlich dankbar, dass sie ein so großartiges Land geschaffen haben.« Online entdeckten die Leute jedoch schnell, dass es sich bei der Mutter um eine örtliche Verkehrspolizistin handelte; als man dann noch herausfand, dass sie Urlaubsfotos ins Internet gestellt hatte, die sie gemeinsam mit ihrer Tochter in Shanghai und auf der Ferienresort-Insel Hainan zeigten, war auch das angeblich geringe Einkommen der Familie nicht länger haltbar.

Das Internet wurde für die Staatsmedien zu einem immer größeren Problem. Der Blogger Ran Yunfei nannte das World Wide Web ein »paralleles Sprachsystem«, und die Konflikte zwischen den verschiedenen Sprachen ließen im Land eine Respektlosigkeit aufleben, die über Jahrzehnte eingeschlafen war. Autokraten können nur sehr schlecht mit Ironie umgehen, und die chinesischen Führer waren dem Humor gegenüber besonders feindselig eingestellt: Kurz nach der Revolution 1949 berief die Partei eine Kommission zur Bewertung der chinesischen Komödie ein, die ganz offiziell zu dem Schluss kam, dass Bühnenkomiker von nun an Satire durch »Lob« zu ersetzen hätten. Im Internet waren die Menschen dagegen nicht sonderlich freigiebig mit ihrem Lob. Als die Regierung den neuen Sitz von China

Central Television enthüllte – zwei hohe, abgeschrägte und oben miteinander verbundene Türme –, nannten die Chinesen diesen Bau bald »die große Unterhose«. Nervös schlug die Partei stattdessen die Bezeichnung »Fenster zum Wissen« bzw. *zhichuang* vor, was die Menschen zwar akzeptierten, allerdings nicht ohne die Aussprache so zu verändern, dass der Begriff auf einmal »Hämorrhoiden« bedeutete.

Chinesische Jugendliche schauten sich im Internet kostenlos mit Untertiteln versehene Folgen der Serie *Friends* an; gleichzeitig echauffierte sich ein Apparatschik des Staatsfernsehens vor der Presse darüber, er habe es in Betracht gezogen, die Serie im chinesischen Fernsehen zu zeigen, bis er sie mit eigenen Augen sah. »Ich dachte, es ginge darin um Freundschaft. Als ich sie mir jedoch genauer anschaute, stellte sich heraus, dass sich in jeder Folge alles um Sex dreht«, erklärte er. Und selbst in den Fällen, in denen es der Partei gelang, das Sehverhalten des Publikums zu beeinflussen, ärgerte sie sich anschließend über die Reaktion der Zuschauer. Die Partei segnete ein mit einem gewaltigen Budget produziertes Drama über ihre eigene Entstehung ab, das *Die Gründung der Partei* hieß und für das sich eine lange Liste bekannter Filmdarsteller freiwillig zur Verfügung stellte. Als die ersten Bewertungen des Streifens auf einer Popkultur-Seite namens Douban eintrudelten, waren die Kritiken so schlecht, dass die Webseite von heute auf morgen das Bewertungssystem einstellte.

Im Prinzip war die Internetkultur nahezu das komplette Gegenteil der von der Kommunistischen Partei gepflegten: Chinesische Führer schätzten Ernst, Konformität und Verschwiegenheit, das Netz dagegen interessierte sich vor allem für Ungezwungenheit, Innovation und die allerneuesten Enthüllungen. Noch vier Jahre zuvor musste der Journalist Shi Tao wegen der Veröffentlichung von Zensurdirektiven ins Gefängnis, nunmehr tauchten diese bereits wenige Stunden nach der Herausgabe durch das Ministerium, durch das Nachrichtenbüro des Staatsrats oder durch andere Behörden im Internet auf. Die Zensoren löschten so schnell sie nur konnten; allerdings wurden die Einträge oft gesammelt und außerhalb der Firewall wieder online gestellt, wo die Propagandabeamten keinen Zugriff hatten. Die *China Digital Times*, eine ausländische Nachrichtenseite, schuf ein Archiv, das in Anlehnung an Orwell »Anweisungen aus dem Wahrheitsministerium« hieß. Die Vorgaben waren oft so kurz und knapp formuliert wie ein Tweet, als ob der Staat die Muster der von ihm so verteufelten Technologie übernommen hätte. Jede Einzelne las sich wie eine spiegelverkehrte Schlagzeile der Staatspresse:

> Alle Webseiten müssen mit sofortiger Wirkung den Artikel »Viele hochgradig korrupte Regierungsvertreter erhalten Vollstreckungsaufschub« löschen.

Ich meldete mich mit meiner E-Mail-Adresse an, um die neuesten Anweisungen aus dem Wahrheitsministerium zu erhalten, was mein Telefon jedes Mal mit demselben Summen signalisierte, das auch den Eingang einer normalen Kurznachricht begleitete.

> *Bzzzz*
> Alle Webseiten müssen mit sofortiger Wirkung den Artikel »94 Prozent aller Chinesen unzufrieden mit der unverhältnismäßig großen Anhäufung von Besitz an der Spitze der Gesellschaft« löschen.
> *Bzzzz*
> Anzeige: Der Sunshine Yu Lin Golfclub macht ein einmaliges Angebot: »Erwerben Sie eine Business-Mitgliedschaft und erhalten Sie gratis zwei dazu.«
> *Bzzzz*
> Die Medien dürfen die Solderhöhung bei der Volksbefreiungsarmee nicht aufbauschen.
> *Bzzzz*
> Alle möglichen Quittungen zu großartigen Preisen. Lassen Sie sich im Internet nicht übers Ohr hauen! Was immer Sie auch benötigen, rufen Sie unter folgender Nummer an: 13 811 902 313

Im Netz herrschte ein Gewirr unterschiedlichster Stimmen, und eine der ersten, die mir dort auffielen, war die des sechsundzwanzigjährigen Han Han aus Shanghai. Sein Blog erinnerte mit seinem hellblauen Hintergrund und dem Foto eines gelben Labradorwelpen in der Ecke eher an den eines Teenagers, und doch verspottete Han

Han dort tagtäglich die Heuchelei der sich selbst so überaus wichtig nehmenden chinesischen Behörden. Während sich die ältere Generation noch aller möglichen Euphemismen und Allegorien bedient hatte, um auf die Wahrheit anzuspielen, fragte Han ganz direkt, warum der Staat beim Tod eines Politikers eine Trauerbeflaggung anordnete, nicht aber nach Katastrophen, die viele Zivilisten das Leben gekostet hatten. (»Ich hätte da eine typisch chinesische Lösung parat«, schrieb er. »Die Höhe aller Fahnenmaste sollte verdoppelt werden, damit alle Seiten zufrieden sind.«) Er sprach Gerüchte an, nach denen sich hohe Funktionäre für sehr viel Geld Geliebte erkauften. (»Gibt man einhundert Yuan für die intimen Dienste einer Dame aus, gilt das als obszön; gibt man jedoch eine Million aus, ist man kultiviert.«) Er machte sich über die Parteistrategie lustig, das Internet mit Pro-Regierungserklärungen zuzupflastern. (»Nur weil man mit ansieht, wie sich eine Menschenmenge an einer Straßenecke versammelt und Scheiße frisst, will man sich nicht zwangsläufig mitten hineindrängen, um einen Happen abzubekommen.«)

Han Han war kein Dissident. Seine Position im Spektrum der politischen Lager Chinas war alles andere als eindeutig. Manchmal gehörte seine Stimme zu den unverblümtesten im Land. »Wie viel Böses hat China Central Television in der Vergangenheit bereits getan? Anstatt die Wahrheit zu sagen, verbreiten sie Lügen, manipulieren die öffentliche Meinung, entweihen die Kultur, missbrauchen Fakten, verschleiern Fehlverhalten, vertuschen Probleme und schaffen so ein falsches Bild der Harmonie.« (Auch dieser Eintrag wurde wie unzählige andere von den Zensoren gelöscht, obwohl es vielen Lesern gelang, den Post rechtzeitig überall zu verbreiten.) Aufgrund seiner Kritik befand er sich in einem ständigen Konflikt mit der »wütenden Jugend«. Als Tang Jie und seine Freunde im Frühjahr 2008 nationalistische Videos in Umlauf brachten, schrieb Han Han: »Wie kann die Selbstachtung unseres Landes so zerbrechlich sein und von solchen Oberflächlichkeiten abhängen? [...] Jemand sagt, wir seien nichts als ein Mob, und wir haben nichts Besseres zu tun, als diesen Jemand zu verfluchen und anzugreifen. Und dann behaupten wir auch noch: ›Wir sind kein Mob.‹ Als ob dich jemand als einen Narren bezeichnet, und um das Gegenteil zu beweisen, hältst du ein großes Schild vor dem Hund des Bruders seiner Freundin hoch, auf dem steht: ›Ich bin kein Narr.‹ Die Botschaft wird ihn zwar erreichen, allerdings wird er dich weiterhin für einen Narren halten.« Eine regierungstreue Webseite zählte Han Han einmal zu den sogenannten »Sklaven des Westens« und versah ein Bild von ihm mit einem Strick um den Hals. Han Han verstand sich jedoch auf das Spiel der Auslassungen: Musste er einen politisch sensiblen Begriff verwenden, der die automatischen Onlinefilter mit Sicherheit in Gang bringen würde, schrieb er einfach »sensibler Begriff« und überließ es seinen Lesern herauszufinden, welchen er damit meinte.

Im September 2008, kurz nach dem Ende der olympischen Spiele, überholte Han Han mit seiner Leserschaft sogar den Blog eines chinesischen Filmstars, was ihn zum beliebtesten Blogger des Landes machte. Seit seinen Anfängen hatte mehr als eine viertel Milliarde Menschen seinen Blog besucht – nur chinesische Börsentipp-Blogs hatten ein größeres Publikum. Bald stand für mich ein Aufenthalt in Shanghai an, also fragte ich Han Han, ob ich ihm einen Besuch abstatten dürfte. Er schlug vor, ich solle ihn auf eine Reise begleiten. Ein- bis zweimal die Woche kehrte er Shanghai den Rücken und fuhr in das Dorf zurück, in dem er in einem mittlerweile von seinen Großeltern bewohnten Bauernhaus aufgewachsen war.

Er holte mich in einem schwarzen GMC-Van mit abgedunkelten Scheiben ab; sein Freund Sun Qiang saß am Steuer. Han absolvierte längere Reisen mit dem Auto, weil er sich vor dem Fliegen fürchtete. Er war 1,72 Meter groß und wog weniger als sechzig Kilo. Er hatte die hohen Wangenknochen eines koreanischen Soapstars und buschige Brauen über dunklen Augen. Für seine Kleidung bevorzugte er die Farben Grau, Weiß und Jeans – die in der chinesischen Popkultur übliche Ästhetik. Mit seinem schicken Auftreten und seinen manikürten Händen war er das komplette Gegenteil von Liu Xiaobo und dem Klischee des zerzausten chinesischen Intellektuellen. Han Han hatte einen eigenen Stil, der sich zu fünfzig Prozent an Jack Kerouac und zu fünfzig Prozent an Justin Timberlake orientierte. Er war ein herzlicher, aber gleichzeitig lakonischer Mensch, und wenn er sprach, legte er ein Lächeln auf, mit dem er das Schneidende seiner Bemerkungen gekonnt verschleierte.

Das Internet hatte Han Hans Leben verändert. Als er 1998 die zehnte Klasse besuchte, fiel er in sieben Fächern durch und brach daraufhin die Schule ab. Im nächsten Jahr schickte er ein handgeschriebenes Manuskript an einen Verlag – einen Roman mit dem Titel *Die dreifache Tür*, in dem es um einen chinesischen Oberschüler ging, der sich durch »stundenlangen, nicht enden wollenden Unterricht« schleppte, die Inhalte »von der Tafel ins Schulheft und dann in die Klausur« übertrug und von seiner Mutter Pillen zur Erhöhung seines IQs verabreicht bekam. Han verglich Chinas Schulsystem mit der Herstellung von Stäbchen: ein System, das auf die Erzeugung von Produkten »von genau derselben Länge« abzielte. Ein zweiter Verlag hielt das Buch für zu düster und unzeitgemäß; erfolgreiche Bücher über die chinesischen Jugend ähnelten damals eher *Harvard Girl*, in dem eine ehrgeizige Eliteuniversitätsaspirantin Eiswürfel in den Händen halten muss, um ihr Durchhaltevermögen zu trainieren. Ein Lektor war jedoch von Hans Roman begeistert, also ließ sein Verlag dreißigtausend Exemplare drucken. In nur drei Tagen waren sie ausverkauft. Weitere dreißigtausend Bücher wurden gedruckt und waren ebenfalls bald weg.

Im Vergleich zu dem, was weltweit in Büchern über jugendlichen Weltschmerz üblich war, erschien Hans Text geradezu als harmlos, doch in China hatte es Vergleichbares noch nie gegeben: eine vernichtend realistische Satire über Bildung und Autorität, verfasst von einem absoluten Niemand. Das Staatsfernsehen versuchte, der Hysterie um Han mit einer sechzigminütigen, landesweit ausgestrahlten Diskussionsrunde Herr zu werden, aber im Fernsehen versprühte Han Han mit seiner stufigen Frisur, die ihm in Strähnen über das linke Auge hing, den frechen Esprit eines Boygroup-Mitglieds. Als Pädagogen in Anzug und Krawatte gegen seine »Aufsässigkeit« wetterten, die »zu sozialer Instabilität« führe, lächelte Han nur, schnitt ihnen das Wort ab und erklärte: »Es klingt so, als hätten Sie in Ihrem Leben sogar noch oberflächlichere Erfahrungen gemacht als ich.« Er wurde auf der Stelle berühmt, denn er war jemand, der sich auf höchst verführerische Weise für eine neue Spielart des jugendlichen Trotzes einzusetzen wusste. In der chinesischen Presse sprach man bereits vom sogenannten »Han-Han-Fieber«.

Die dreifache Tür ging über zwei Millionen Mal über den Ladentisch und mauserte sich schnell zu einem der meistverkauften chinesischen Romane der letzten zwanzig Jahre. In den nächsten Jahren veröffentlichte Han vier weitere Romane und eine Reihe Aufsatzsammlungen, in denen er den Themen treu blieb, von denen er am meisten verstand: Teenager, Mädchen und Autos. Auch diese verkauften sich millionenfach, obwohl nicht einmal sein Verleger, Lu Jinbo, Präsident von Guomai Culture and Media, darin richtige Literatur erkennen wollte. »Normalerweise haben seine Romane einen Anfang, aber kein Ende«, erklärte er mir. 2006 begann Han Han schließlich mit dem Bloggen, und er konzentrierte sich dabei ziemlich eindeutig auf einige der sensibelsten Themen Chinas: Parteikorruption, Zensur, die Ausbeutung junger Arbeiter, Umweltverschmutzung, die Kluft zwischen Arm und Reich – als ob Stephenie Meyer, Autorin von Vampir-Büchern für Teenager, ihre *Twilight*-Serie aufgegeben und begonnen hätte, die Aufmerksamkeit ihrer Leser auf den Missbrauch öffentlicher Gelder zu lenken. Han Han war der Schutzheilige all jener jungen Aufstrebenden, die in seinem Tun eine Möglichkeit sahen, ihre wachsende Skepsis mit der von ihnen ersehnten materiellen Befriedigung zu versöhnen. In Hans Welt war politisches Interesse nicht länger gleichbedeutend mit Armut.

»Sobald ich mit dem Schreiben Geld verdiente, kaufte ich mir meinen ersten Sportwagen, um damit Rennen zu fahren«, erzählte er mir, während wir uns zentimeterweise durch den Verkehr der Rushhour kämpften. »Andere Fahrer schauten auf mich herab, weil sie wohl dachten: ›Du bist Schriftsteller, du wirst in die nächste Wand hineinfahren.‹«

Fast zehn Jahre lang verfolgte Han neben dem Schreiben eine zweite Karriere als Rennfahrer für das Shanghaier Volkswagen-Team und die Rallye-Mannschaft von Subaru. Seine Bilanz war sehr ordentlich. Die Welt des Rennsports bestand aus Sponsoren und Champagnerduschen und unterschied sich damit auf verwirrende Weise von seinem Leben als Autor. Alles in allem interessierten sich seine Leser nicht im Geringsten für Autorennen; trotzdem nahm Han aufgrund seiner so unterschiedlichen Interessen einen einzigartigen Status als Prominenter ein: Einerseits war er auf den Covern von Lifestyle-Magazinen vertreten, andererseits übersetzten und analysierten unabhängige Webseiten wie Han Han Digest, Danwei oder ChinaGeeks jede seiner Bemerkungen. Einmal begann er ein Fernsehinterview mit den Worten »Wenn Sie Chinesisch können, werden Sie wissen, wer ich bin« – eine Prahlerei, die tatsächlich gar nicht so weit von der Wahrheit entfernt war, wie sie klang.

Er war der einzige Regierungskritiker, der Unternehmen vorweisen konnte, die ihn sponserten, und setzte sich leidenschaftlich für die Belange der Bobos ein, für die er ein überaus gutes Gespür hatte. Sein mit dem Slogan »Ich bin Vancl« versehenes Gesicht zierte Anzeigen des Modediscounters gleichen Namens. Johnnie Walker wiederum warb mit seinem Bild und den Zeilen: »Träumen heißt, alle Ideen umzusetzen, die einem in den Sinn kommen«. Der Schweizer Luxusuhrenhersteller Hublot produzierte eine exklusive »Han Han F1 Watch« mit der Gravur »For Freedom« auf der Rückseite und versteigerte sie für wohltätige Zwecke.

Als wir uns seinem Heimatort Tinglin näherten, fuhren wir von der Hauptstraße auf kleinere Landstraßen ab. Schließlich kamen wir an eine Schlucht, über die eine im Vergleich zu unserem Wagen nur wenige Zentimeter breitere Betonbrücke führte. Sun Qiang zögerte am Lenkrad. Han schaute von hinten zwischen den Vordersitzen hindurch und sagte in einem ernst-ironischen Tonfall: »Diese Brücke soll der Test sein!« Wir überquerten sie ohne Probleme. »Dort hatte ich schon sehr oft Pech«, erklärte Han.

Nur eine kurze Autofahrt von atemberaubendem Reichtum entfernt liegt am Rande Shanghais ein sich immer stärker ausdünnender Ring aus kleineren Bauernhöfen und Fabriken. Als wir ankamen, hing Nebel über den brachliegenden, von Fußwegen durchzogenen Feldern. Wir erreichten ein zweistöckiges Bauernhaus aus Stein, an dessen Vorderseite sich eine schmale Parzelle Land befand. Hans Großeltern – kleine Leute in geflickter Baumwollkleidung – kamen uns zur Begrüßung entgegen. Ein Golden Retriever kläffte laut. Wir durchquerten ein Wohnzimmer, in dem sich die feuchte Kälte der Landluft staute, und betraten einen kleinen Innenhof, in dem mir Han lächelnd bedeutete, durch ein Fenster in den Teil des Hauses zu steigen, den er bewohnte. »Ein winziger Baufehler«, erläuterte er. »Wir haben auf dieser Seite des Hauses keine Tür eingesetzt.«

Drinnen sah es aus, als entspränge die Einrichtung der Fantasie eines chinesischen Teenagers vom Lande: An der einen Wand lehnte ein ramponiertes Motorrad von Yamaha, die andere zierte ein gewaltiger Fernseher. Für seine Rennspiele hatte Han einen zweiten riesigen Bildschirm mit einem Lenkrad und Pedalen verbunden. Mitten im Raum stand ein Billardtisch. Han sammelte die Kugeln und Queues ein, denn er war ein rastloser Mensch und ständig in Bewegung. Um zu verdeutlichen, dass ich seine vollkommene Aufmerksamkeit genoss – was selten genug der Fall war –, drehte er seine beiden Mobiltelefone um, die sofort wie aus Protest vor sich hin piepten und summten. Beim Billardspiel gelang mir ein guter Stoß, den zweiten vermasselte ich allerdings. Han versenkte die restlichen Kugeln.

Die Veränderungen in seinem Heimatort wirkten sich stark auf Hans Sicht auf China aus. Er deutete auf das Fabrikgelände eines Chemieherstellers in der Ferne, den er für die Verschmutzung des Flusses verantwortlich machte, an dem er früher Krebse gefangen hatte. Auf seinem Blog schrieb er:

> Mein Großvater kann anhand der Farbe des Wassers den Wochentag bestimmen. Der Gestank ist einfach überall. Das Umweltschutzamt behauptet, die Wasserqualität sei in Ordnung, obwohl der Fluss voller toter Fische ist […]. Immer wieder werden in meinem Heimatort Pläne für die Errichtung von Asiens größtem Industriehafen, Asiens größtem Freiluft-Skulpturengarten oder Asiens größtem Shoppingcenter vorgelegt. Bislang sind dabei aber nur Tausende Hektar Bauschutt entstanden.

~

Han wurde oft als Symbol der chinesischen Jugend bezeichnet, was allerdings nicht immer als Kompliment gemeint war. Er gehörte zur ersten Generation, die nach dem Tode Maos und mit dem Beginn der Ein-Kind-Politik geboren wurde: die *baling hou* bzw. »Post-1980er«, die analog zu den US-amerikanischen Babyboomern bei chinesischen Debatten über die Werte und den Charakter des Landes als Bezugspunkt herhalten mussten. Diese Generation wurde inmitten eines umfassenden gesellschaftlichen Wandels erwachsen, der sie von ihren Eltern entfremdete und mit einem neuen Selbstbewusstsein ausstattete – oder einer neuen Zügellosigkeit, je nachdem, mit wem man sich gerade unterhielt.

In seinen Texten ging Han hemmungslos mit der offiziellen Darstellung von Chinas Aufschwung ins Gericht und drängte die Arbeiter im Land, nicht blindlings den Schlagzeilen über den neuen Wohlstand zu glauben, solange ihre »schlecht bezahlten Stellen nur eine weitere Schraube im Getriebe des Rolls-Royce ihres Vorgesetzten bedeuteten«. Nachdem sich eine siebenundvierzigjährige Frau selbst angezündet hatte, um so den Abriss ihres Hauses zu verhindern, schrieb er: »Ist man kein Häufchen Asche [...] und sind noch alle Familienmitglieder am Leben, gilt das bereits als Inbegriff des glücklichen Lebens.«

Wir spazierten durch die Kälte, und ich kam darauf zu sprechen, dass er mit seiner Kritik die Vorteile der reichsten Phase der chinesischen Geschichte herunterzuspielen schien. Er schaute mich fragend von der Seite an. Dann entgegnete er, das Ausmaß von Chinas Wachstum verschleiere in Wirklichkeit nur, in wessen Taschen die Profite tatsächlich flossen. »Für die Rallyes reisen wir sehr viel herum, weil die oft auf unbefestigten Straßen in kleinen, ärmlichen Ortschaften stattfinden. Die jungen Leute dort interessieren sich nicht für Literatur, Kunst oder Film, Freiheit oder Demokratie, wissen jedoch, dass sie eine Sache dringend nötig haben – und das ist Gerechtigkeit. Was sie um sich herum sehen, empfinden sie als ungerecht.«

Um sein Argument zu verdeutlichen, erwähnte er eine Reportage, die er kürzlich gesehen hatte und in der es um einen siebzehnjährigen, in der Stadt arbeitenden Migranten vom Land gegangen war, der auf seinem Nachhauseweg ganze zweiundsechzig Stunden im Gang eines Zuges gestanden hatte. Das war die Art von Qual, die chinesische Zeitungen so gern als strahlendes Beispiel für eisernes Durchhaltevermögen anführten. Han dagegen bewertete die Tatsache, dass der Mann zweieinhalb Tage am Stück in einem Zug gestanden hatte, etwas anders. »Der Typ musste Erwachsenenwindeln tragen!«, rief er angewidert. Darauf basierte sein nächster Blog-Eintrag. Er schrieb, junge Chinesen würden »im Zuge der Urbanisierung immer rücksichtsloser ausgenutzt«. Er skizzierte das Leben, das der Aufschwung für seine Generation bereithielt: »Arbeite ein ganzes Jahr ohne Unterbrechung, verbring dann einen ganzen Tag in einer Schlange, um ein Ticket ohne jegliche Ermäßigung zu kaufen, zieh dir Windeln an und steh dir anschließend auf dem Weg nach Hause die Beine in den Bauch – wie überaus ehrenhaft!«

In Phasen, in denen sich Han dem Schreiben widmete, schlief er bis mittags und arbeitete dann zügig und alleine bis in die frühen Morgenstunden. Er war mit Lily Jin verheiratet, einer Highschool-Freundin, die auch als seine Assistentin und seine Empfangsdame tätig war. »Han Han vertraut den Menschen so schnell, dass es fast schon an Leichtsinn grenzt«, erklärte sie mir. »In der Vergangenheit wurde er von Verlegern übers Ohr gehauen und hat dadurch Verluste erlitten.« Als die Tochter der beiden zur Welt kam, feierten die chinesischen Klatschblätter dieses Ereignis wie die Geburt eines Königskinds. (»Han Han wird Vater und spricht das erste Mal über seine Tochter.«)

Er selbst bezeichnete sich voller Stolz als »Landpomeranze«. Im Gegensatz zu anderen bekannten chinesischen Regierungskritikern verfügte er kaum über Verbindungen in den Westen: Europa hatte er zwar besucht, nicht jedoch die Vereinigten Staaten, und er scherte sich nicht besonders um westliche Literatur. Schon vor langer Zeit hatte er erkannt, dass sein Image des »Rebellen« eigentlich ein Klischee war – »Wäre ich wirklich ein Rebell, würde ich keinen Audi oder BMW fahren«, sagte er gerne –, und auch sonst führte er eher ein ruhiges Leben: Er rauchte nicht, trank nur selten und ging nicht in Nachtclubs.

Hans Eltern waren im Staatsdienst tätig gewesen: Seine Mutter, Zhou Qiaorong, hatte bei einem örtlichen Sozialamt die Sozialhilfe ausgeteilt; sein Vater, Han Renjun, hatte ursprünglich Romanautor werden wollen, bis er bei einem örtlichen Parteiblatt steckenblieb und schließlich für die übliche Karriereleiter nur noch Verachtung übrig hatte. »Er mochte das Leben nicht, in dem man täglich trinken und seinen Vorgesetzten in den Arsch kriechen musste«, erzählte mir der Sohn. Bevor die Eltern überhaupt wussten, ob sie einen Jungen oder ein Mädchen erwarteten, einigten sie sich, das Kind Han Han zu nennen – der alte Künstlername seines Vaters. Als ihr Sohn mit seinen Büchern immer bekannter wurde, fiel es auch seinen Eltern zunehmend schwerer, ihrer Arbeit nachzugehen, weil Han Han das Establishment regelmäßig in die Zange nahm; er bot ihnen finanzielle Unterstützung an, und sie gingen in Frührente.

Als Han noch ein Kind war, stellte sein Vater literarische Werke in die untersten Fächer des Bücherregals, damit sein Sohn sie erreichen konnte, während er die orthodoxen Parteitexte weiter oben verstaute. Je mehr Han las, desto mehr seien ihm die Unterschiede zwischen »den Schulbüchern und der Wahrheit« aufgefallen, wie er es ausdrückte. »Ich glaube nicht, dass irgendein echter Literaturliebhaber Mao Zedong verehren kann«, sagte er. »Das ist einfach nicht miteinander vereinbar. Selbst wenn man Maos politische Leistungen außer Acht lässt oder wie viel Schlimmes er getan hat, oder wie viele Leute wegen ihm verhungert sind, oder wie viele Menschen er umgebracht hat, ist eine Sache klar: Mao Zedong war der Feind aller Schriftsteller.«

Han besuchte die Songjian-Highschool Nummer 2 und widmete sich hin und wieder dem Schreiben; als er sechzehn Jahre alt war, suchte eine Zeitschrift aus Shanghai nach jungen Autoren, die an einem Aufsatzwettbewerb für Neue Konzepte teilnehmen wollten. Han Han hatte bereits erste Erfahrungen bei anderen Wettbewerben gesammelt. »Wir sollten über eine gute Tat schreiben – zum Beispiel darüber, wie wir einer alten Dame über die Straße halfen oder eine verlorene Brieftasche zurückbrachten – auch wenn es realistischer gewesen wäre, das Geld einfach selbst zu behalten.« Doch der Neue-Konzepte-Wettbewerb wollte anders sein als alle anderen, deshalb wurde Han in der letzten Runde eine recht abstrakte Aufgabe gestellt: Einer der Preisrichter ließ ein weißes Blatt Papier in ein leeres Glas fallen – das war das Thema. »Dann kam mir irgendein zufälliger Gedanke darüber in den Sinn, was das auf den Boden sinkende Papier über das Leben aussagen könnte«, erzählte er mir, und fügte dann hinzu: »Alles Unsinn.« Er belegte den ersten Platz.

Schließlich fiel er in einigen Fächern durch und musste eine Klasse wiederholen. Als er kurz davor stand, ein weiteres Mal sitzenzubleiben, brach er die Schule ab und versuchte verzweifelt, seine Manuskripte zu veröffentlichen – »um mich zu beweisen«, wie er sagte. »Meinen Klassenkameraden und meinem Lehrer hatte ich gesagt, ich sei ein guter Schriftsteller und könne damit meinen Lebensunterhalt verdienen, aber sie hielten mich für verrückt.« Ein paar Jahrzehnte früher hätte Han für seine Kritik am Staat leicht im Gefängnis landen können, aber als *Die dreifache Tür* schließlich erschien, zog das Buch die jungen Leute nicht nur deshalb in seinen Bann, weil darin das chinesische Bildungssystem offen und ehrlich kritisiert wurde – in den Worten des Shanghaier Schriftstellers Chen Cun gab ihnen schon Hans bloße Existenz »das Recht, ihr eigenes Vorbild zu wählen«.

Der Verleger Lu Jinbo glaubte, Hans Fans verehrten ihn aus einem einfachen Grund: Sie erkannten eine seltene Wahrheit, die aus seinem Leben und seinem Schreiben sprach. »Die chinesische Kultur zwingt uns, Dinge zu sagen, die wir gar nicht wirklich so meinen. Wenn ich zum Beispiel sage ›Bitte kommen Sie doch heute Abend zum Essen vorbei‹, möchte ich das in Wirklichkeit gar nicht. Und Sie antworten dann: ›Das ist wirklich sehr nett von Ihnen, aber leider habe ich heute schon etwas vor.‹ Die Leute sind diese Art der Kommunikation gewohnt, ob nun von den Parteivorsitzenden in den Zeitungen oder von den normalen Menschen auf der Straße. Alle Chinesen wissen, dass Worte und Taten zwei unterschiedliche Paar Schuhe sind. Aber Han Han ist anders. Er interessiert sich nicht für die Gefühle anderer Menschen und spricht lieber aus, was er denkt, bevor er gar nichts sagt.« Kurzum: »Wenn Han Han meint, ›Das ist richtig‹, dann halten das auch zehn Millionen seiner Fans für richtig, und wenn er sagt, ›Das ist falsch‹, dann finden sie es eben falsch«, erklärte Lu.

Authentizität – oder der Anschein derselben – war in China zu einem seltenen Gut geworden. In den fünf Jahren, seitdem Gong Haiyan im Internet auf falsche Junggesellen gestoßen war, hatte sich der Betrug wie eine Epidemie in alle Lebensbereiche ausgebreitet, wobei es in der Milchindustrie am dramatischsten zuging. 2008 entdeckte der Milchhersteller Sanlu, dass Bauern ihre Milch zur Erhöhung des Eiweißgehalts mit Melamin streckten, und trotzdem rief das Unternehmen seine Produkte nicht zurück. Stattdessen überredete es die Provinzregierung, der Presse einen Maulkorb zu verpassen. Als das Gesundheitsministerium schließlich doch begann, die Öffentlichkeit vor dieser Milch zu warnen, waren bereits dreihunderttausend Säuglinge erkrankt. Sechs davon starben. Chinesische Eltern, die genug Geld zum Reisen hatten, deckten sich in Hongkong mit so viel Babynahrung ein, dass die Stadt ein Gesetz erließ, nach dem nicht mehr als zwei Dosen pro Person erlaubt waren.

Han Han polarisierte die Intellektuellen des Landes. Leung Man-tou, Schriftsteller und Fernsehmoderator aus Hongkong, sprach bereits davon, Han Han könne zu einem »zweiten Lu Xun« werden und Letzterem sogar den Rang als Chinas bekanntestem Gesellschaftskritiker ablaufen. Der Künstler Ai Weiwei ging einen Schritt weiter und erklärte gegenüber Journalisten, Han sei »sogar noch einflussreicher als Lu Xun, weil seine Texte mehr Menschen erreichen«. Andere jedoch zuckten bei diesem Vergleich zusammen. Als ich Lydia H. Liu, Dozentin der Literatur- und Medienwissenschaften an der Columbia University, zu ihm befragte, erklärte sie: »Han Han ist nur ein Spiegelbild seiner Verehrer. Und wie soll eine Reflexion allein Veränderungen bewirken können?« Dann fügte sie hinzu: »Als erstes erscheint auf seinem Blog nicht einer seiner Texte, sondern eine Werbung für Subaru.«

Aber vielleicht war es eine seiner größten Stärken, als Spiegel seiner Fans zu dienen. Er fasste in Worte, was andere dachten, sich aber nicht auszusprechen trauten. Während Chinas mutigste Intellektuelle und Dissidenten durch ihre extravagante Andersartigkeit auffielen, war Han besonders gut darin, wie alle anderen zu sein, wodurch er seinen Fans eine Identifikationsfläche bot und die Prinzipien, für die er sich einsetzte, in ihre Reichweite zu rücken schienen. In seiner Biografie standen all die kleinen Siege und Niederlagen und all die Gründe für Sehnsucht und Zynismus, die das Leben eines jungen rastlosen Chinesen heutzutage bestimmten – und deshalb war er so mächtig. Seit den Protesten auf dem Tiananmen-Platz vor zwanzig Jahren zeichnete sich die chinesische Jugend durch eine apolitische Haltung aus, die nicht nur auf eine Verbesserung ihrer Lebensgrundlagen zurückging, sondern auch auf eine hoffnungslose und beängstigende Alternativlosigkeit. Letztlich vermochten Hans Texte weder das politische Leben der Jugend in China zu beeinflussen, noch zwangen sie die Politiker zum Handeln, dennoch war er ein mächtiger Fürsprecher der Skepsis und ihrer Freuden.

Trotz all seiner Konflikte mit der wütenden Jugend hatte Han Han etwas mit Tang Jie gemeinsam: Beide suchten nach einem Weg, ihre Unzufriedenheit in Bahnen zu lenken und ihren Vorstellungen von Chinas Zukunft Ausdruck zu verleihen. Beide hatten den Eindruck, dass sie im anbrechenden Kulturkampf auf unterschiedlichen Seiten standen, und doch gaben sich beide der neuen Gewohnheit der Selbstschöpfung hin und wussten die ersten zaghaften Möglichkeiten zur Kultivierung eines eigenen politischen Geschmacks für sich zu instrumentalisieren. Darüber hinaus unterschieden sich beide insofern von ihrer Vorgängergeneration, die ihren Protest einst auf den Tiananmen-Platz getragen hatte, als sie nicht die Straße, sondern das Internet für sich nutzten. Han Han und Tang Jie waren in einer Zeit des Wohlstands und der Sehnsucht aufgewachsen, und trotz ihrer unterschiedlichen Ansichten konnte sich keiner der beiden vorstellen, nicht mehr gehört zu werden.

Als Han Hans Anhängerschaft die Grenzen seines Blogs zu sprengen drohte, gründete er eine Zeitschrift namens *Duchangtuan*, was »Ein Chor aus Solisten« bedeutet. Aus Angst vor politischen Konsequenzen zwang ihn sein Verleger noch vor Erscheinen der ersten Ausgabe, fünfzig Prozent des Inhalts zu streichen; trotzdem blieben einige interessante Texte erhalten. Die klügste Rubrik hieß »Jeder fragt jeden«, eine satirische Meditation darüber, wie in China Informationen zurückgehalten wurden: Die Leser dachten sich Fragen aus – zum Beispiel an ihre Freundin oder an eine Behörde –, und die Redakteure versuchten, Antworten zu finden, egal, wie kompliziert das auch sein mochte. Zehn Stunden nach dem Verkaufsstart hatte die Zeitschrift bereits den ersten Platz bei Amazon China erreicht. In den Buchhandlungen wurden eigens für den Ansturm auf das Magazin gesonderte Verkaufstheken eingerichtet. Die Zensoren waren erbost. Ein paar Tage später summte mein Telefon – eine Anweisung der Shanghaier Abteilung des Propagandaministeriums:

> Abgesehen von seinen Autorennen, darf nicht über die Aktivitäten und Kommentare von Han Han berichtet werden.

Im Dezember 2010 bereitete Han Han eine zweite Ausgabe vor; man hatte den Herausgeber jedoch angewiesen, das Heft einzustellen. Ganze Berge der Zeitschrift wurden eingestampft. »Da haben sich wohl ein paar Leute Sorgen gemacht«, erklärte mir Han später. Wir saßen in dem Büro, das er eigens für sein Magazin angemietet hatte und das mittlerweile fast leergeräumt war. »Vielleicht dachten sie auch: ›Tja, begonnen hast du mit Veröffentlichungen in von *uns* kontrollierten Zeitschriften. Und nun versuchst du allen Ernstes, selbst die Kontrolle zu übernehmen?‹« Han fragte sich, was das Ende seines Magazins über die Zukunft der chinesischen Kultur aussagte. »Wir können uns nicht immer nur auf Pandas und Tee verlassen«, erklärte er. »Was haben wir sonst noch? Seide? Die Große Mauer? Das allein macht China aber nicht aus.«

Als das Nachrichtenmagazin *Time* nach Kandidaten für die jährliche Liste der weltweit einflussreichsten Menschen des Jahres 2010 suchte, schaffte es Han Han in die Auswahl. Die chinesischen Behörden waren darüber gar nicht erfreut. Sie sperrten die Begriffskombination »Han Han« und »*Time*« auf chinesischen Suchmaschinen, und die *People's Daily* titelte: »Ist das *Time Magazine* wirklich so kurzsichtig?« Han spürte keinen Triumph, denn er hegte keine Illusionen darüber, was einer Einzelperson in China blühen konnte. Er schrieb:

> Vielleicht helfen meine Texte manchen dabei, ihren Unmut zu artikulieren oder Ärger abzulassen. Wie viel sind sie jedoch darüber hinaus überhaupt wert? Diese ›Beeinflussung‹ ist eine Illusion. In China können nur die Mächtigen die Dinge beeinflussen – die Menschen, die aus Wolken Regen machen können; die Menschen, die über Leben oder Tod entscheiden; die Menschen, die dafür sorgen, dass man sich in einem Schwebezustand zwischen Leben und Tod befindet. Das sind die Leute mit echtem Einfluss [...]. Wir restlichen sind bloß kleine Figuren, die im Scheinwerferlicht auf der Bühne stehen. Den Mächtigen gehört das Theater wirklich: Sie können jederzeit den Vorhang fallen lassen, die Lichter ausschalten, die Türen schließen und drinnen die Hunde loslassen.

Als er diesen Text online stellte, erhielt er mehr als fünfundzwanzigtausend Kommentare, manche davon voller leidenschaftlicher Verzweiflung. (»Ich bin bereit, mein Leben zu opfern, um Han Han zu schützen – einen Mann voller Mut und Integrität.«) Die Liste der *Time* basierte auf einer Leserabstimmung, und in der letzten Runde belegte Han den zweiten Rang weltweit, gleich hinter dem iranischen Oppositionsführer Mir Hossein Mussawi.

Als ich eines Nachmittags bei einem Autorennen zusah, an dem Han teilnahm, begegnete ich einer kleinen, überschwänglichen Gruppe Fans, die darauf warteten, einen Blick auf ihr Idol erhaschen zu können. Unter ihnen war Wei Feiran, ein drahtiger Neunzehnjähriger mit Stachelfrisur aus der Provinz Anhui, der *Die dreifache Tür* in der zehnten Klasse gelesen hatte und zutiefst davon beeindruckt gewesen war. Er hatte sich von Hans Versuch, eine eigene Zeitschrift zu gründen, inspirieren lassen, und nun wollte er gemeinsam mit Freunden in der Stadt Changsha ebenfalls ein Magazin starten. »Ich möchte meine Sache gut machen. In dieser Hinsicht bin ich irgendwie Idealist«, erklärte Wei. »Wir kümmern uns um alles selbst, ohne ein Unternehmen oder sonst wen im Hintergrund.« Für die erste Ausgabe hatten sie ein Interview mit Han geplant, also hatte sich Wei auf eine vierzehnstündige Zugfahrt begeben, um ihn zu finden.

Immer wenn ich mit Hans Anhängern über seine Arbeit sprach, bezeichneten sie diese als einen Augenöffner – »einen Adrenalinkick, der uns von unserer Apathie befreit«, wie es ein Blogger formulierte. Eine Weile hatte Wei beim Betrieb einer Fanseite geholfen, auf der Hans Blog-Einträge gesammelt und kommentiert wurden. »Die Internetpatrouille von Ningxia zwang uns zur Schließung der Seite«, erklärte Wei. »Bei uns stand jeder Text, den er jemals online gestellt hatte, deshalb meinten sie, der Inhalt sei zu sensibel.« Ein schüchternes Mädchen in einem orangefarbenen Pullover mischte sich ein, da sie unser Gespräch mit angehört hatte. »Han Han steht für die Art von Mensch, die wir alle sein möchten, und für die Dinge, die wir alle tun möchten, uns aber nicht trauen.«

Wenn ich mit all den jungen Bewunderern von Han Han Zeit verbrachte, musste ich oft an Michael denken, den Schüler von Li Yangs Crazy English. Michael war ebenfalls ein Fan von Han, und bei unserem nächsten Treffen zog er sein Handy hervor und zeigte mir eine App, die er heruntergeladen hatte und mit der man auf alle Bücher von Han zugreifen konnte.

Kurz nach meinem Treffen mit Michael begann er, auch außerhalb von Crazy English Unterricht zu geben. Um weitere Schüler zu gewinnen, kaufte er sich einen kleinen Verstärker und gab in einem Guangzhouer Park Gratisunterricht unter einem knapp acht Meter langen Banner, das er so beschriftet hatte, als handelte es sich um eine offizielle Veranstaltung: »Heißen wir die Olympischen Spiele willkommen! Lasst die Spiele in Asien beginnen! Freiluftaktivitäten der Englisch-Freiwilligen«. Trotz des Einspruchs seiner Eltern, die das alles für viel zu riskant hielten, lieh sich Michael fünfzigtausend Yuan von einer Genossenschaftsbank aus dem Viertel. »Meine gesamte Familie war dagegen«, erzählte er mir. Doch nach ein paar Monaten hatte er die ersten zahlenden Schüler. Außerdem gelang es ihm, einen kleinen Vertrag mit dem für die olympische Propagandakampagne zuständigen Amt in Guangzhou an Land zu ziehen: Dafür sollte er einhundert Beispielsätze aufnehmen, die sich die Freiwilligen einprägen konnten. Er schrieb in sein Tagebuch: »Ich war so stolz. Und ich verdiente endlich genug Geld, um mir ein paar neue Anzüge und eine Krawatte zu leisten.«

Im Januar 2009 verließ er Crazy English und tat sich zur Gründung eines eigenen Unternehmens mit einem anderen Lehrer zusammen. Sie nannten ihre Firma Beautiful Sound English; Michael war für die Kundenakquise zuständig, sein Geschäftspartner wurde Cheflehrer. Michael begann, Vorträge in anderen Städten zu verabreden, und sein Geschäft wurde immer erfolgreicher.

Ich war stets von der Qualität von Michaels Englisch beeindruckt. Für jemanden, der China nie verlassen hatte, drückte er sich klar, deutlich und leicht verständlich aus, und bei Gesprächen und in seinen Texten machte er nur sehr wenig Fehler – was vor allem daran lag, dass es so gut wie nichts gab, was er für seine Sprachkenntnisse nicht getan hätte. Als ihm ein Musiklehrer vorschlug, seine Aussprache zu verbessern, indem er sich vor einen Spiegel stellte und mit seinem Mund übertriebene Verrenkungen machte, tat er das sogar im Bus und fing sich dafür den ein oder anderen schiefen Blick ein. Als ihm ein anderer Lehrer sagte, er solle sogar noch lauter rufen als Li Yang empfahl, versuchte Michael auch das. »Ich habe mein Ziel nicht erreicht«, schrieb er in sein Tagebuch. »Dafür habe ich mir eine chronische Rachenentzündung eingefangen – mehr nicht.« Ein Arzt verschrieb ihm zur Behebung der Schäden einen Inhalator.

Vor allem jedoch durchforstete Michael das Internet auf der Suche nach Aufnahmen auf Englisch, die ihm gefielen, und diese rezitierte er dann zur Verbesserung seiner Aussprache wieder und wieder. Er las mir einen seiner Lieblingstexte vor: »Etwas Erstaunliches geschieht gerade bei Verizon Wireless, und es wird die Kommunikation in Amerika auf den Kopf stellen. Es ist etwas Großes. Etwas Gewagtes. Etwas Neues.« Während ich ihm zuhörte, fiel mir auf, dass Verkaufsgespräche überall gleich klangen, selbst wenn man sich nicht im Geringsten dafür interessierte, was man unter die Leute zu bringen versuchte. Er fuhr fort: »Landesweit unbegrenzt telefonieren – nur mit Verizon Wireless. Jetzt dreißig Dollar sparen in Amerikas größtem und verlässlichstem Mobilfunknetz. Verizon.« Michael grinste.

Besonders gern mochte er Werbespots und Radiosendungen; dann verstellte er seine Stimme und spulte eine Eilmeldung ab: »In Taiwan wurden heute Morgen bei einem Erdbeben der Stärke 6,2 auf der Richterskala fünf Personen leicht verletzt. James Pomfret berichtet.« Gerade arbeitete er an einem Südstaatenakzent. »Hallo, hier spricht Vic Jonson. Bevor ich die Lektionen von Bob Proctor kennenlernte, verdiente ich 14027 Dollar im Jahr.« Michael erinnerte sich zwar nicht mehr, wo er die Aufnahme herhatte, liebte aber den für die Südstaaten typischen, leicht nasalen Tonfall. »Ein paar Jahre später verdiente ich dasselbe in nur einer Woche. Mittlerweile ist es für mich ganz normal, all das – und noch viel mehr – in ein paar Minuten zu machen. Ich kann mir nicht einmal vorstellen, wo ich heute ohne Bob Proctor wäre.«

Ein Lebensbereich, in dem Michael allerdings keine Fortschritte machte, war die Liebe. Seit der Hochschule hatte er zwei ernsthafte Beziehungen gehabt, die aber unter anderem an seiner Lernbesessenheit gescheitert waren. »Normalerweise finden die Mädchen irgendwann, dass jemand, der mitten in der Nacht aufsteht, um sich Mitschnitte auf Englisch anzuhören, irgendwie lächerlich wirkt«, schrieb er. Im Herzen war er ein Romantiker: »Wenn deine Frau dich wirklich liebt, wird sie sich für nichts als dein Inneres interessieren«, erklärte er mir. Wenn es jedoch um Finanzen ging, war er nicht gerade auf der Höhe der Zeit, denn im Gegensatz zu seinen Altersgenossen interessierte er sich kaum für Geld. Er zeigte mir eine Reihe Unterrichtseinheiten, die er für seine Schüler verfasst hatte, und seine Sicht der Dinge schlug sich auch in diesen Übungsaufgaben nieder:

A: Du siehst gut aus heute.
B: Danke
A: Liebst du mich?
B: Nein, ich liebe nur das Geld.

Hin und wieder bat mich Michael, einen Blick auf seine chinesischen Texte zu werfen oder die Grammatik in einem der Englischsätze zu verbessern, die er für seine Schüler schrieb. Ich war oft überrascht, wie leicht es ihm fiel, sich selbst zum Zentrum der Geschichte zu machen; früheren Generationen wäre so etwas deutlich schwerer gefallen. Ich bat seinen Vater, mir etwas über die Zeit in der Kohlemine zu erzählen, wo er dreißig Jahre gearbeitet hatte. Er entgegnete: »Minen sind sehr gefährlich. Es waren harte Zeiten. Wir verdienten um die sechzig Yuan im Monat.« Das war alles, was er zu dem Thema zu sagen hatte. Michael dagegen begriff sein Leben als epische Fabel voller Siege und Niederlagen. Er schrieb: »Zwischen 2002 und 2007 war ich extrem einsam und verwirrt. Ich wollte wichtig sein und kein normales Leben führen […]. Würde ich wirklich ein Versager bleiben? Was sollte ich nur tun? Vielleicht war ich zu einem Leben als gewöhnlicher Mensch verurteilt.« Die Aussicht, wie alle anderen zu sein, beleidigte ihn geradezu. Er schrieb: »Warum sollte ich wie alle anderen sein wollen, nur weil ich in eine arme Familie geboren wurde?«

Das Englischstudium machte er zu einer Frage des moralischen Anspruchs. Seinen Schülern gab er Folgendes mit auf den Weg: »Ihr seid die Herren eures eigenen Schicksals. Ihr verdient es, glücklich zu sein. Ihr verdient es, anders sein zu dürfen auf dieser Welt.«

12. Die Kunst des Widerstands

Je härter die Partei gegen die unbeugsame chinesische Netzkultur vorging, desto unbändiger wurde diese. Als die Behörden 2009 verkündeten, das Internet von »Online-Vulgarität« bereinigen zu wollen, antworteten die Leute mit der Erfindung einer lächelnden Zeichentrickfigur namens Gras-Schlamm-Pferd – eines mythischen Wesens, das einem Alpaka ähnelte und dessen Name auf Hochchinesisch auch »Fick deine Mutter« bedeuten konnte, weil es sich dabei um ein Homonym handelte. Fast über Nacht galoppierte das Gras-Schlamm-Pferd noch durch die letzten Winkel des Internets, sang in Musikvideos mit und trat in animierten Kurzfilmen auf. Oft tollte es dabei zusammen mit der Flusskrabbe herum, einer weiteren Cartoon-Figur, mit der man sich über das von der Partei und auch von Lin Yifu gepriesene Ideal der »Harmonie« lustig machte. Jede neue Satire und jede neue Doppeldeutigkeit lief letztlich darauf hinaus, dem Staat den Mittelfinger zu zeigen. Die Zensoren gaben dringende Anweisungen heraus, und ich erhielt eine neue Textmitteilung:

> Jegliche mit dem »Gras-Schlamm-Pferd« in Zusammenhang stehende Inhalte dürfen weder aufgenommen noch durch eine entsprechende Berichterstattung aufgebauscht werden. (Dasselbe gilt für die Flusskrabbe und für alle anderen vergleichbaren mythischen Wesen.)

Das machte die Sache jedoch nicht gerade besser. Schon bald prangte das Gras-Schlamm-Pferd auf T-Shirts und existierte in Form kinderfreundlicher Kuscheltiere. Dabei nahm niemand dieses Symbol so begeistert auf wie Ai Weiwei, der ein Nacktbild von sich ins Internet stellte, auf dem er einen Luftsprung vollführt und ein Gras-Schlamm-Pferd-Kuscheltier schützend vor seine Genitalien hält. Er nannte das Bild »Das Gras-Schlamm-Pferd verdeckt die Mitte« – ein fast vollkommenes Homonym für »Fick deine Mutter, Zentralkomitee der Partei«.

Seit Ai Weiwei vor Jahren mit einem eigens zu diesem Zweck entworfenen Kronleuchter die neue Opulenz in China verspottet und eine Gruppe seiner Landsleute nach Deutschland geschickt hatte, um das chinesische Verhältnis zum Westen zu untersuchen, erfuhr er als Künstler und Architekt immer mehr Anerkennung. Sein Mitwirken bei öffentlichen Bauprojekten brachte ihn stärker als je zuvor mit der Politik in Berührung, und er erkannte mehr und mehr, »wie sie funktioniert und wie sie arbeitet«, so Ai Weiwei. Er fügte hinzu: »Man hat dann im Detail ziemlich viel zu kritisieren.« Ais Kritikfreudigkeit wuchs und machte ihn zu Chinas leidenschaftlichstem Provokateur. Als er als künstlerischer Berater des Schweizer Architekturbüros Herzog & de Meuron engagiert wurde, um an der Gestaltung des chinesischen Nationalstadiums in Peking mitzuarbeiten, wandelten sich seine Ansichten im Lauf des Projekts drastisch. Noch vor Abschluss der Bauarbeiten distanzierte er sich von den Spielen und verglich sie mit einem »falschen Lächeln«, das von den tatsächlichen Problemen des Landes ablenken sollte.

Ai Weiwei war von falstaffscher Statur: ein gewaltiger Bauch, ein fleischiges, ausdrucksstarkes Gesicht und ein schwarzweißer Bart, der ihm bis zur Brust reichte. Er wirkte imposant, jedenfalls bis er seine skurrile Weltsicht enthüllte. »Sein Bart ist sein Make-up«, erklärte mir sein Bruder, Ai Dan. Der Künstler lebte und arbeitete am nordöstlichen Rand von Peking in einer selbst entworfenen Studioanlage – einem von kreativer Exzentrik erfülltem Bienenstock, den einer seiner Freunde einmal »eine Mischung aus Kloster und Mafia« genannt hatte. Hinter einem türkisfarbenen Metalltor befand sich ein mit Gras und Bambus bepflanzter Innenhof, der von luftigen Gebäuden aus Backstein und Beton gesäumt wurde. Die eine Seite bewohnten er und seine Frau, die Künstlerin Lu Qing, in der anderen waren einige Dutzend seiner Assistenten untergebracht. Besucher durften ebenso ungehindert umherwandern wie der altersschwache Cockerspaniel Danni und das Rudel halbwilder Katzen, das hin und wieder Ais Architekturmodelle zerstörte.

Seine Frau und er hatten keine Kinder; es gab aber einen Sohn aus einer Affäre mit einer Dame, die bei einem seiner Filme mitgewirkt hatte. Die beiden lebten nahebei, und Ai verbrachte einen Teil des Tages bei ihnen. Er habe nie geplant, Vater zu werden. »›Ja, ich möchte das Baby behalten‹, teilte sie mir damals mit«, erzählte er. »Woraufhin ich entgegnete: ›Eigentlich finde ich nicht, dass ich Nachwuchs haben sollte, aber wenn du darauf bestehst, ist das natürlich dein Recht, und ich werde die volle Verantwortung als Vater des Kindes übernehmen.‹« Bald habe sich jedoch herausgestellt, wie sehr er sich mit seiner Meinung über das Vatersein geirrt hatte, was ihm sehr gefiel. »Den sogenannten menschlichen Verstand sollten wir nicht allzu ernst nehmen«, erklärte er mir. »Manchmal kann ein Unfall auch schön sein.«

Ai verbrachte viel Zeit auf Reisen und besaß eine Wohnung im Manhattaner Stadtteil Chelsea. In China beschränkte sich sein Leben sehr stark auf sein Atelier, das für das kulturelle Leben der Hauptstadt eine ähnliche Rolle spielte wie es Andy Warhols Factory einst in New York getan hatte. Tag und Nacht wanderte er zwischen den Gebäuden umher, weshalb oft nicht leicht zu erkennen war, wann er arbeitete und wann nicht – wobei diese Trennung in den letzten Jahren ohnehin immer undeutlicher geworden war, in denen er die Grenzen zwischen seiner Kunst und seinem Leben zunehmend verwischt hatte. Seitdem er Twitter für sich entdeckt hatte, war er zu einem der aktivsten User des Landes geworden, und er verbrachte dort oft bis zu acht Stunden täglich. Ich fragte ihn, ob sich das Ganze negativ auf seine Kunst auswirke. »Ich glaube, meine Sicht auf die Welt und auf das Leben *ist* meine bedeutendste Kunst«, erläuterte er. »Die anderen Werke mag man sammeln oder an die Wand hängen können, aber letztlich ist das eine sehr konventionelle Perspektive. Wir sollten Dinge nicht auf eine bestimmte Art und Weise tun, nur weil es schon Rembrandt so getan hat. Würde Shakespeare heute noch leben, würde er vielleicht auch Twitter benutzen.« Er genieße die Spontanität des Internets, erkenne jedoch auch, welche Bedeutung darin für die chinesische Bevölkerung lag; »zum ersten Mal seit tausend Jahren« hätten die Chinesen »die Möglichkeit, von ihrer Meinungsfreiheit Gebrauch zu machen«, ohne dass der Staat sich zwischen ihre Worte und die Öffentlichkeit stellen könne.

Zehn Monate nach dem Erdbeben in Sichuan und neun Monate nach Hu Shulis Enthüllungen über die eingestürzten Schulen konzentrierte Ai Weiwei seine Aufmerksamkeit ganz besonders auf eine Sache: Die Regierung weigerte sich immer noch, die Zahl und die Namen der zu Tode gekommenen Schüler bekanntzugeben. Trotz wiederholter Anfragen wurde weder eine Liste noch die Anzahl der Todesopfer, noch ein Bericht darüber vorgelegt, was damals schiefgelaufen war. Als manche Eltern allzu offensiv Informationen einforderten, wurden sie in ein Gefangenenlager gesteckt. Das rüttelte Ai Weiwei wach und erzürnte ihn in einem Ausmaß, wie es abstraktere politische Debatten kaum je vermocht hatten. »Angefangen haben wir mit ganz simplen Fragen: Wer ist gestorben? Wie lauten ihre Namen?«, erklärte er mir. In einem sogar für seine Verhältnisse außergewöhnlich harschen Blog-Eintrag schrieb Ai über die für das Katastrophengebiet zuständigen Beamten: »Sie verschleiern die Tatsachen im Namen der Stabilität, schüchtern ein, stecken die Menschen ins Gefängnis, verfolgen Eltern, die nur die Wahrheit über ihre Kinder erfahren möchten, und treten die Verfassung und die Menschenrechte schamlos mit Füßen.«

Im Dezember desselben Jahres lancierte er eine Kampagne, die er »Bürgeruntersuchung« nannte und mit der er dokumentieren wollte, wie und warum so viele Schulgebäude in Sichuan eingestürzt waren; außerdem wollte er die Namen so vieler Todesopfer wie nur möglich sammeln. Er heuerte Freiwillige an und schickte sie ins Erdbebengebiet, um Ermittlungen anzustellen. Sie fanden 5212 Namen heraus und überprüften sie mithilfe von Eltern, Versicherungsunternehmen und sonstigen Quellen. Die Ergebnisse füllten achtzig an die Wände von Ais Büro geheftete Blätter Papier – eine Tabelle, die Tausende Namen und Geburtsdaten enthielt. Außerdem wurde auf Twitter täglich eine Liste von Schülern veröffentlicht, die am jeweiligen Tag Geburtstag hatten und bei dem Erdbeben umgekommen waren. »Heute sind es siebzehn«, teilte mir Ai eines Wintermorgens in seinem Atelier mit. »So viele hatten wir noch nie.«

Wir saßen in seinem Büro, und wie immer schrieb er gerade Twitter-Posts an seinem Computer. Während wir uns unterhielten, schaute er auf die Uhr und verkündete, es sei nun an der Zeit, zum Gericht zu gehen. Im Lauf des letzten Jahres hatte sein Büro unter Berufung auf das Gesetz über den freien Zugang zu Regierungsdokumenten mehr als einhundertfünfzig Briefe an verschiedene Behörden geschickt und um Informationen zu den Erdbebenopfern und den baulichen Problemen gebeten. Eine substanzielle Reaktion stand bis heute aus. An diesem Tag wollte er Klage gegen das Ministerium für Zivile Angelegenheiten einreichen, weil es seine Anfragen ignorierte.

Er glitt auf den Beifahrersitz einer kleinen schwarzen Limousine, und wir machten uns gemeinsam mit dem Fahrer und der Leiterin der Briefkampagne, einer Frau namens Liu Yanping, auf den Weg. »Laut Gesetz müssen die Behörden innerhalb von fünfzehn Werktagen antworten«, erklärte sie, während sie ein Bündel Papiere auf ihrem Schoß festhielt. Ich fragte sie, ob sie Anwältin sei, aber sie lachte nur. »Ich war lange zu Hause und habe mich um mein Kind gekümmert«, informierte sie mich. »Ai Weiwei hat über seinen Blog nach Freiwilligen gesucht, also schrieb ich ihm eine E-Mail. Die Arbeit klang interessant, und ich war neugierig.« Das Ganze führte schließlich zu einer Vollzeitstelle und einer Vielzahl neuer Erfahrungen: Kurz nachdem Liu mit der Arbeit für Ai begonnen hatte, wurde sie in Sichuan verhaftet, wo sie über den Prozess eines Erdbebenaktivisten berichtete. Wegen »Störung der öffentlichen Ordnung« verbrachte sie zwei Tage in Polizeigewahrsam.

Wir erreichten das Zweite Mittlere Volksgericht von Peking, einen hohen, modernen Wolkenkratzer mit einem großen bogenförmigen Eingang und einem bescheidenen, im hinteren Teil des Gebäudes gelegenen Büro, in dem neue Fälle bearbeitet wurden. Wir passierten einen Metalldetektor, neben dem zwei junge Wachleute in Uniform in ihr Comicheft vertieft waren. Drinnen fiel der Blick wie in einer Bank auf eine Reihe verglaster Schalter. Am nächstgelegenen bellte eine winzige alte Dame in einer rosafarbenen gefütterten Jacke in eine rechteckige Öffnung in der Scheibe. »Wie konnte die Gegenseite so ganz ohne Beweise überhaupt gewinnen?«, brüllte sie. »Wurde der Richter etwa bestochen?« Auf der anderen Seite der Scheibe hörten ihr zwei uniformierte Beamtinnen mit ausdruckslosen Gesichtern zu, was darauf hindeutete, dass die alte Dame schon eine Weile schimpfte.

Ai und Liu stellten sich an Schalter eins an, und als sie an der Reihe waren, reichten sie ihre Papiere durch die Öffnung an einen Mann mittleren Alters, der eine hellbraune Anzugjacke trug. Seine Augen waren glasig, und er sah erschöpft aus. Er las die Dokumente sorgfältig durch, doch dann fiel ihm ein Problem auf: »Sie geben an, das Ministerium für Zivile Angelegenheiten müsse die Informationen der Öffentlichkeit zugänglich machen, aber warum interessieren Sie sich überhaupt dafür?«

Ai beugte sich vor, um in die Öffnung im Glas zu sprechen: »Laut Gesetz hat jeder das Recht, nach diesen Informationen zu fragen – und zwar ohne Ihre Zustimmung.« Nach einigem Hin und Her willigten Ai und Liu ein, ihre Gründe schriftlich zu formulieren. Sie fanden ein paar freie Sitze in einem Wartebereich voller Menschen, die ebenfalls Dokumentenstapel mit sich herumtrugen. »Sie wollen es einfach nicht akzeptieren«, erklärte Ai, »denn wenn unser Antrag erst einmal in den Mühlen der Bürokratie angekommen ist, müssen sie darüber entscheiden.« Eine Stunde später standen Ai und Liu wieder am Schalter. Nun mussten sie entdecken, dass sie beim Ausfüllen die falsche Farbe benutzt hatten, denn bei schriftlich eingereichten Papieren durfte nur schwarze Tinte verwendet werden, sie aber hatten blaue benutzt. Also setzten sie sich wieder hin und schrieben alles noch einmal auf. Dann stellten sie sich wieder an.

»Kafkas Schloss«, murmelte Ai. Aus zwei Stunden wurden drei, und ich fragte ihn, warum er sich überhaupt damit befasse, wo er doch ohnehin keine Reaktion erwarte. »Weil ich zeigen möchte, dass das System nicht funktioniert«, erklärte er. »Allerdings kann man das nicht einfach nur behaupten. Man muss sich durchkämpfen und es dadurch beweisen.« Zwanzig Minuten vor Dienstschluss nahm der Mann hinter dem Glas endlich ihre Akten entgegen, und Ai und Liu wandten sich zufrieden zum Gehen. Die alte Dame schimpfte immer noch.

Ai Weiwei hatte immer gespürt, dass er in die falsche Familie geboren worden war – oder zumindest in eine wenig verheißungsvolle. Sein

Vater, Ai Qing, hatte zu Chinas führenden literarischen Köpfen gehört. Bereits als junger Mann war er der Kommunistischen Partei beigetreten und hatte sich mit leicht zugänglichen, vom Geist der Revolution erfüllten Versen einen Ruf gemacht. Besonders beeindruckte ihn der Große Vorsitzende Mao, für den er ein Lobgedicht verfasste, das wie folgt beginnt: »Wo immer Mao Zedong auch erscheint / bricht donnernder Jubel aus.«

Seine Frau Gao Ying, eine Mitarbeiterin der Schriftstellervereinigung, gebar dem damals siebenundvierzigjährigen Ai Qing 1957 einen Sohn. Zu dieser Zeit befand sich gerade die »Bewegung gegen rechte Elemente« im Aufwind, eine von Mao angestoßene Säuberungskampagne gegen chinesische Intellektuelle. Ai Qings Hingabe an die Partei wurde infrage gestellt. Er hatte eine Fabel mit dem Titel *Des Gärtners Traum* geschrieben, in der er betonte, dass ein größeres Spektrum künstlerischer Sichtweisen zugelassen werden müsse. In der Fabel erkennt ein Gärtner, der nur chinesische Rosen züchtet, dass er »unter allen anderen Blumen Unmut sät«. Daraufhin wurde Ai Qing von dem Dichter Feng Zhi angegriffen, der meinte, Ai sei »in den Sumpf des reaktionären Formalismus« geraten.

Ai Qing wurde all seiner Posten enthoben und aus der Schriftstellervereinigung ausgeschlossen. Nachts hämmerte er seinen Kopf gegen die Wand und rief immerzu: »Glaubt ihr, ich bin gegen die Partei?« In diesen unglücklichen Zeiten musste das Ehepaar seinem kleinen Jungen einen Namen geben. Der Vater schlug kurzerhand ein Wörterbuch auf und legte seinen Finger auf das erstbeste Schriftzeichen – 威, ausgesprochen *wei*, was »Kraft« bedeutet. In Anbetracht der Umstände war die Ironie einfach zu groß, also änderte er die Aussprache ein wenig, so dass ein anderes *wei* entstand: 未, was »noch« nicht bedeutet. Ihr Sohn hieß nun also »Noch nicht, noch nicht«.

Man befahl der Familie, in ein abgelegenes Gebiet im Westen Xinjiangs zu ziehen, wo Ai Qing die Aufgabe erhielt, täglich dreizehn öffentliche Toiletten zu reinigen. Um mehr zu essen zu haben, sammelte die Familie erfrorene Ferkel und abgetrennte Schafshufe, die von den Schlachtern weggeworfen worden waren. Als die Kulturrevolution über China hereinbrach, verschlechterte sich ihre Lage zusehends.

Ai Qings Peiniger schütteten ihm Tinte ins Gesicht, Kinder bewarfen ihn mit Steinen. Man wies der Familie eine unterirdische Höhle als Unterkunft zu, die einst als Geburtsstall für Nutztiere gedient hatte. Dort lebten sie fünf Jahre. Wei sagte über seinen Vater: »Diese Zeit war bei Weitem die schlimmste und schmerzhafteste in seinem Leben. Er unternahm mehrere Selbstmordversuche.«

Als Kind lenkte sich Ai Weiwei mit der Herstellung von Schlittschuhen oder Schießpulver ab. Ais Eltern vermochten ihren Sohn nicht vor dem zu bewahren, was Ai Dan »den Druck, die Erniedrigung und die Hoffnungslosigkeit« nannte. Über seinen Bruder, Ai Dan, sagte Wei: »Er war ein sensibles und zerbrechliches Kind, deshalb sah und hörte er mehr als andere.« In seiner Jugend schrieb Ai Weiwei einen Brief an seinen Bruder, in dem er sich an ihre gemeinsame Kindheit erinnerte: »Das Geräusch zersplitternder Möbel und um Gnade flehender Menschen; die erhängte Katze [...], das Rumgeschubse und die Beschimpfungen vor anderen Leuten. Wir waren noch so jung und mussten all diese Verbrechen ertragen.« Er beschloss, niemals die Kontrolle über sein Leben zu verlieren, was immer sein Land in Zukunft auch erwartete. »Ich will ein besseres Leben führen und mein Schicksal selbst bestimmen.«

Im selben Jahr, in dem die Familie nach Peking zurückkehren durfte, schloss Ai die Oberschule ab. Die Kunst hatte ihn bereits in ihren Bann gezogen, und ein als Übersetzer tätiger Freund der Familie schenkte ihm verbotene Bücher über Maler wie Edgar Degas oder Vincent van Gogh, die er gleich Talismanen an seine Freunde weitergab. (Er erhielt auch ein Buch über Jasper Jones, aber die Abbildungen von Karten und Flaggen verwirrten ihn, weshalb es »direkt in den Müll wanderte«.) Ai geriet in den Bann der als »Sterne« bekannten Avantgarde-Künstlergruppe, doch deren Aktivismus währte nicht lange. 1979 zerschlug Deng Xiaoping eine aufkeimende politische Bewegung, die sich »Mauer der Demokratie« nannte; die zentrale Figur dieser Bewegung, Wei Jingsheng, wurde zu fünfzehn Jahren Haft verurteilt, weil er angeblich Staatsgeheimnisse verraten hatte. Danach, erinnerte sich Ai Weiwei, »fühlte ich, dass ich nicht länger in diesem Land leben konnte«. Seine damalige Freundin habe zu diesem Zeitpunkt kurz davor gestanden, für ein Studium in die USA zu ziehen, also habe er sich ihr im Februar 1981 angeschlossen.

In New York lernte Ai Englisch und fand eine günstige Wohnung im Keller eines Hauses in der Nähe der East Seventh Street und der Second Avenue. Seine Wochenenden verbrachte er damit, Galerien abzuklappern und, wie es sein Bruder ausdrückte, »wie ein Lungenfisch, der sich überall dort vergräbt, wo es Schlamm gibt«, durch die Stadt zu streifen. Er sei förmlich berauscht gewesen von der rohen Energie des East Village, das sich für ihn angefühlt habe »wie ein Vulkan, aus dem unaufhörlich Rauch aufsteigt«. Joan Lebold Cohen, eine auf China spezialisierte und mit vielen chinesischen Künstlern befreundete Kunsthistorikerin aus New York, erzählte, wie sie Ai einmal zu Hause besuchte. »Überall stank es nach Urin«, sagte sie. »Seine Wohnung bestand nur aus einem einzigen, unmöblierten Zimmer, in dem ein Bett und ein Fernsehgerät standen. Das Fernsehen faszinierte ihn.« Sie fuhr fort: »Wenn ich mich recht entsinne, fanden damals gerade die Anhörungen zur Iran-Contra-Affäre statt. Ai war sehr aufgeregt, weil sich der Staat freiwillig dieser Säuberung und dieser Tortur aussetzte und dabei fast zerbrach. Er konnte es einfach nicht glauben, dass dies in aller Öffentlichkeit geschah.«

Ai verbrachte seine Zeit mit Gelegenheitsjobs – etwa als Reinigungskraft, Gärtner, Babysitter oder Bauarbeiter –, vor allem aber spielte er Blackjack in Atlantic City. (Tatsächlich hielt er sich derart häufig dort auf, dass Spielerzeitungen Jahre später berichteten, wie überrascht seine Mitspieler gewesen seien, als sie erfuhren, dass er außerdem Künstler war.) Er verdiente etwas Geld, indem er auf der Straße Porträts malte, wobei er andere Einwanderer als Kunden mied, weil die immer verhandeln und den Preis drücken wollten. Bald schon gab Ai das Malen auf und experimentierte mit den Möglichkeiten der Objektkunst. Er entfernte den Griff und die Saiten der Geige eines Freundes und versah sie stattdessen mit einem Schaufelgriff. (Sein Freund war nicht besonders begeistert.)

Ai sammelte Eindrücke, wo er nur konnte. Bei einer Dichterlesung in der St. Mark's Church-in-the-Bowery lernte er Allen Ginsberg kennen, und die beiden schlossen eine unwahrscheinliche Freundschaft. Niemand beeinflusste ihn jedoch mehr als Marcel Duchamp, dessen unorthodoxe Methoden den mit einem akademischen Realismus aufgewachsenen Chinesen elektrisierten. Ai wandte sich der Fotografie zu und verkaufte aktuelle Reportagebilder an die *Times*. Er dokumentierte Demonstrationen am Tompkins Square Park und hatte seine ersten Zusammenstöße mit der Polizei. »Es macht süchtig, bedroht zu werden«, erklärte er später einem chinesischen Reporter. »Wenn die Mächtigen einen Narren an dir gefressen haben, hast du das Gefühl, du wärst etwas wert.«

Der Markt für zeitgenössische chinesische Kunst war jedoch nicht gerade vielversprechend. Joan Cohen erinnerte sich: »Einer der Kuratoren, auf die ich zuging, sagte mir ganz unverblümt: ›Wir zeigen keine Kunst aus der Dritten Welt.‹« Als Cohen das Guggenheim kontaktierte, musste sie feststellen, »dass nicht nur der Direktor mich nicht empfing – noch nicht einmal die Sekretärin tat es«. Als Ai im April 1993 erfuhr, dass sein Vater krank geworden war, kehrte er nach Peking zurück. Bei seiner Ankunft entdeckte er, dass sich in den Jahren seit den Protesten auf dem Tiananmen-Platz viele junge chinesische Intellektuelle aus der Öffentlichkeit zurückgezogen hatten. Auf einem beliebten T-Shirt waren drei Affen abgebildet, von denen sich je einer Augen, Ohren und Mund zuhielt, daneben der Spruch »Dem Ärger aus dem Weg gehen«.

1999 pachtete Ai Weiwei schließlich einige Gemüsefelder in der Ortschaft Caochangdi am Rande von Peking und entwarf an einem einzigen Nachmittag seine zukünftige Studioanlage. Zwar hatte er keine Ausbildung in Architektur absolviert, dennoch war seine Handschrift so unverwechselbar, dass eine ganze Reihe von Aufträgen für die Planung von Gebäuden und die Installation von Kunstobjekten im öffentlichen Raum bei ihm eintrudelten. Schon bald hatte er einen der einflussreichsten Baustile Chinas entwickelt, den er FAKE Design nannte – ein Hinweis auf seinen recht zufälligen Erfolg und seine Faszination für Fragen der Authentizität. (»Von Architektur verstehe ich nichts«, sagte er gerne.)

Im Lauf der Jahre verbrachte Ai Weiwei mehr und mehr Zeit am

Schnittpunkt von Politik, freier Meinungsäußerung und Internet. Das chinesische Webportal Sina lud ihn ein, sich einen Blog einzurichten, eine Einladung, die er zunächst auf äußerst seltsame Art und Weise in die Tat umsetzte: Er stellte sich selbst unter permanente Beobachtung und lud täglich Dutzende, manchmal sogar Hunderte Schnappschüsse hoch, auf denen seine Besucher, seine Katzen und seine Spaziergänge zu sehen waren. Mit seinem Blog vermochte er ein sehr viel größeres Publikum zu erreichen als je zuvor. Er begann, sich zu Angelegenheiten zu äußern, die weit über die Kunst hinausgingen. Er berichtete von einem Land namens »C«, das von »stämmigen und einfältigen Vielfraßen« bewohnt wurde, die »jährlich zweihundert Milliarden Yuan für Essen und Trinken und eine ähnliche Summe für das Militär ausgeben«. Im Gegensatz zu den Journalisten des Landes, die sich den Anweisungen des Ministeriums zu beugen hatten, verhielt sich die Sache mit Ai vollkommen anders, denn er hatte keinen Job, den er hätte verlieren können, weil er seine Meinung äußerte.

Ai setzte sich mit einer sensiblen Angelegenheit nach der anderen auseinander. »Er las die Nachrichten und rief dann ›Wie kann das nur sein?‹«, erzählte mir der junge Künstler Zhao Zhao, einer von Ais Assistenten. »Und am nächsten und am übernächsten Tag sagte er dasselbe.« Bis Mai 2009 war er zu einer der offensten Stimmen im Land geworden. Schließlich statteten Polizeibeamte seiner Mutter und ihm einen Besuch ab, um Ai zu seinen Aktivitäten zu befragen. Darauf reagierte er mit einem offenen Brief, den er im Internet veröffentlichte: »Ich habe die Abhörung meines Telefons akzeptiert. Ich habe die Überwachung meines Hauses akzeptiert. Ich kann es jedoch nicht akzeptieren, wenn man in mein Haus eindringt und mich vor meiner sechsundachtzigjährigen Mutter bedroht. Die Menschenrechte kennen Sie offenbar nicht – aber haben Sie vielleicht schon einmal von der Verfassung gehört?« Am nächsten Tag wurde sein Blog gesperrt.

Die Verbindung aus Reichtum und Autoritarismus brachte die Mitglieder der neuen kreativen Klasse Chinas in eine Zwickmühle. Sie waren nicht die ersten Künstler, die es mit einer Gesellschaft aufnehmen mussten, die die Künste zwar unterstützte, Meinungsfreiheit jedoch unterdrückte. Mies van der Rohe arbeitete mit den Nazis zusammen und wurde dafür kritisiert. Während der Kulturrevolution durften chinesische Musiker keine Stücke von Bach, Beethoven oder anderen Komponisten spielen und nur zulässige »Revolutionsopern« auf die Bühne bringen. Der gegenwärtig ausgeübte Druck war da schon subtiler: Der chinesischen Kunst stand nie mehr Geld zur Verfügung als zu dieser Zeit; wer jedoch etwas davon abhaben wollte, war gezwungen, die Grenzen anzuerkennen, die dem künstlerischen Ausdruck auferlegt wurden. Schriftsteller, Maler und Filmemacher mussten entscheiden, wie sehr sie den Aktivismus in ihre Arbeiten einfließen lassen und zu welchem Anteil sie einfach nur Waren produzieren wollten. Es galt, die Kräfte eines heiß laufenden Marktes, die Erwartungen aus dem Ausland, das Bild des hart arbeitenden chinesischen Künstlers und natürlich den Einfluss der Partei auszubalancieren

Um zu verstehen, was dieses Dilemma für chinesische Kunstschaffende bedeutete, besuchte ich Xu Bing, der in den achtziger Jahren mit überaus kontroversen Arbeiten bekannt geworden war, etwa mit der Installation »Ein Buch aus dem Himmel«, die aus einer Reihe handgeschriebener Bücher und Schriftrollen mit erfundenen und durch und durch bedeutungslosen Schriftzeichen bestanden, die eine Kritik an Chinas engstirniger literarischer Kultur darstellten. Xu verschlug es in die USA, wo er große Erfolge feiern, den »Genie-Preis« der MacArthur-Stiftung einheimsen und hohe Summen für seine Kunst verlangen konnte. 2008 überraschte er dann die chinesische Kunstwelt: Er gab sein Außenseiterdasein auf und kehrte nach Peking zurück, um Vizepräsident der Zentralen Hochschule für Bildende Kunst zu werden, der besten staatlichen Kunstschule des Landes. Wir trafen uns in einem Pekinger Museum, wo Xu Bing gerade damit beschäftigt war, einige gewaltige, von Baukränen herabhängende Stahlkraniche zu installieren. Wir besorgten uns etwas zu trinken, und ich fragte ihn, warum er gerade in dieser Funktion nach China zurückgekehrt sei. »In diesem Land gibt es immer noch viele Probleme, beispielsweise den Unterschied zwischen Arm und Reich, die Frage der Arbeitsmigranten usw. Viele dieser Schwierigkeiten wurden jedoch bereits gelöst.

Chinas Wirtschaft wächst mit atemberaubender Geschwindigkeit, und ich möchte wissen, *warum* das so ist.«

»An meiner Schule finden ständig Meetings statt«, fuhr er fort. Das gehöre in einer staatlichen Institution einfach dazu. »Man findet schnell heraus, dass die Treffen in Wirklichkeit ziemlich langweilig und vollkommen nutzlos sind. Manchmal schreibe ich dabei Aufsätze, dann halten mich die Leute für besonders engagiert, weil ich mir Notizen mache.« Er lachte und fügte hinzu: »Manchmal denke ich dann, dass in China täglich Meetings dieser Art abgehalten werden, und obwohl sie so sinnlos sind, hat sich das Land sehr schnell entwickelt. Wie ist das möglich? Dafür muss es einen Grund geben, und das interessiert mich.«

Ai Weiwei besetzte eine besonders merkwürdige Nische in der Welt der zeitgenössischen chinesischen Kunst: Im Ausland wuchs sein guter Ruf (genau wie die Preise für seine Werke stiegen) – zum Beispiel durfte er seine Arbeiten in der kathedralenhaften Turbine Hall der Londoner Tate Modern ausstellen –, in China dagegen erhielt er nie eine Einladung, eine große Schau auf die Beine zu stellen, und auch seine Beziehungen zu anderen Künstlern waren nicht besonders gut. »Galerien und Zeitschriften schicken ihm Sachen, aber er macht sie nicht einmal auf«, erzählte mir Zhao Zhao.

Ich bat Feng Boyi, einen Kurator und Kunstkritiker, der im Lauf der Jahre mit Ai zusammengearbeitet hatte, er möge mir schildern, was andere Intellektuelle von Ai hielten. »Manche bewundern ihn tatsächlich, besonders junge Leute außerhalb der etablierten Kunstszene«, erklärte Feng. Unter bestimmten Künstlern herrsche jedoch ein anderer Eindruck vor: »Sie greifen ihn an. Sie sagen, er wolle nur Wirbel machen. Sein Kunstverständnis gefällt ihnen nicht.«

Genau wie andere Mitglieder der gesellschaftlichen Elite Chinas, beschäftigten sich auch chinesische Künstler mit dem westlichen Liberalismus oder lebten gar ganz im Ausland, doch wie bei Tang Jie oder bei dem in Stanford studierenden Ingenieur, den ich in Palo Alto kennengelernt hatte, verstärkten diese Erfahrungen nur den Patriotismus und das Misstrauen gegenüber Kritikern aus dem Westen. In den Augen seiner Gegner bediente Ai Weiwei allzu bereitwillig das westliche Klischee des »Dissidenten«; zudem reduziere er einseitig die Komplexität des modernen China, um im Ausland Sympathie zu wecken. Sie warfen ihm Heuchelei vor, weil er die Passivität anderer Künstler und Intellektueller angesichts der Ungerechtigkeiten im Land anprangerte, während sein berühmter Familienname und sein Ruf im Westen offenkundig für einen gewissen Schutz sorgten, auf den andere nicht hoffen konnten. Dass Ai vor allem im Ausland ausstellte, heizte die Kritik zusätzlich an und nährte den Verdacht, dass ihm eher daran lag, dass Menschen aus dem Ausland ihre moralischen Sehnsüchte auf ihn projizieren konnten, als sich ernsthaft mit den Widersprüchen in China auseinanderzusetzen. (Einmal kursierte im Internet so hartnäckig das Gerücht, Ai habe seine chinesische Staatsbürgerschaft aufgegeben, dass er sich schließlich gezwungen sah, ein Foto seines chinesischen Passes online zu stellen.)

Früher waren Ai Weiwei und Xu Bing, der Stipendiat der MacArthur-Stiftung, der mittlerweile an der Zentralen Hochschule für Bildende Kunst arbeitete, miteinander befreundet gewesen. Inzwischen hatten sie sich jedoch auseinandergelebt, und ich fragte Xu, was er von Ais politischen Aktivitäten hielt. »Er glaubt fest an solche Ideale wie die Demokratie und die Freiheit, weil sie ihn so tief beeindruckt haben – allerdings stammen diese Dinge noch aus der Zeit des Kalten Krieges«, erklärte Xu. »Ganz sinnlos sind sie bestimmt nicht – sie haben ihren Wert –, und auch Ai erfüllt im heutigen China einen wichtigen und bedeutenden Zweck. Aber das China, in das ich zurückgekehrt bin, war in meinen Augen nicht mehr das China, in das er zurückkam.« Er fügte hinzu: »Wir können nicht für immer an der Haltung des Kalten Krieges festhalten, besonders nicht im gegenwärtigen China, denn zwischen dem heutigen China und dem des Kalten Krieges liegen Welten.«

Dann meinte Xu: »Nicht jeder kann wie Ai Weiwei sein, denn dann würde China auf der Stelle treten, nicht wahr? Wenn China allerdings einen Mann wie Ai Weiwei nicht akzeptieren kann – tja, dann hat das Land ein ernsthaftes Problem.«

Ein paar Monate nach der Schließung seines Blogs reiste Ai Weiwei nach Chengdu, der Hauptstadt Sichuans, um dem Gerichtsverfahren gegen Tan Zuoren beizuwohnen, einen Erdbeben-Aktivisten, der wegen angeblicher »Anstiftung zur Untergrabung der Staatsgewalt« angeklagt war. Am 12. August klopfte die Polizei um drei Uhr morgens an die Tür des Hotelzimmers, in dem Ai gerade schlief, und befahl ihm, die Tür zu öffnen. Er entgegnete, dass er keinerlei Möglichkeit habe zu überprüfen, ob sie tatsächlich waren, wer sie vorgaben zu sein, also nahm er den Telefonhörer in die Hand und rief bei der örtlichen Polizeidienststelle an. (Außerdem schaltete er ein Aufnahmegerät ein, mit dem er alles festhalten wollte.) Bevor er die Polizeistation erreichen konnte, brachen die Beamten die Tür auf. Es kam zum Kampf, und die Polizisten schlugen Ai oberhalb seines rechten Wangenknochens ins Gesicht. »Es waren drei oder vier«, erzählte er mir. »Sie zerrten an mir. Sie zerrissen mein Hemd und schlugen mir gegen den Kopf.«

Ai und elf seiner freiwilligen Mitarbeiter und Assistenten wurden von den Beamten in ein anderes Hotel gebracht und dort bis zum Abend festgehalten, so dass sie Tans Verhandlung verpassten. Als Ai sich vier Wochen später zur Vorbereitung einer Ausstellung in München aufhielt, bekam er hartnäckige Kopfschmerzen, sein linker Arm fühlte sich taub an. Er konsultierte einen Arzt, der ein auf stumpfe Gewalteinwirkung zurückgehendes Subduralhämatom diagnostizierte – einen Bluterguss in der rechten Gehirnhälfte. Der Arzt hielt die Blutung für lebensbedrohlich und nahm noch am selben Abend einen Eingriff vor. Während sich Ai im Krankenhaus erholte, lud er von seinem Krankenbett aus Fotos ins Internet hoch, die seine Hirnscans, die Diagnose des Arztes und seinen Kopf zeigten, aus dem eine Drainage führte. Im Anschluss widmete er sich wieder der größten Ausstellung seiner Karriere: einer riesigen Installation an der Außenwand des Münchner Hauses der Kunst, die aus neuntausend eigens für diesen Zweck angefertigten, leuchtend bunten Kinderrucksäcken bestand. Er ordnete die Rucksäcke so an, dass dort in riesigen chinesischen Schriftzeichen das Statement einer Mutter zu lesen war, die bei dem Erdbeben ein Kind verloren hatte: »Sieben Jahre lang lebte sie glücklich und zufrieden auf dieser Erde.«

Ai erholte sich in den Monaten nach der Operation vollständig, obwohl er weiterhin schnell ermüdete und Schwierigkeiten bei der Wortfindung hatte. Gleichzeitig entdeckte er Anzeichen für eine stärkere staatliche Überwachung. Sein Gmail-Account wurde gehackt und seine Einstellungen so verändert, dass seine Nachrichten an eine unbekannte Adresse weitergeleitet wurden. Seine Bank erhielt von offizieller Seite Anfragen zu seinen Finanzen. Auf den Strommasten vor seinem Tor tauchten Überwachungskameras auf, die aufmerksam beobachteten, wer dort ein und aus ging – ungeachtet dessen, wie überflüssig die Überwachung einer Person war, die ohnehin schon jede Einzelheit ihres Lebens im Internet dokumentierte. Als er versuchte, aus diesem Material eine DVD zusammenzustellen, machten sich die Produzenten Sorgen, sie könnten für ihre Zusammenarbeit mit ihm bestraft werden. »Noch nicht einmal die aus der Pornobranche wollen mitmachen«, erzählte mir Zuoxiao Zuzhou, ein Rockmusiker, der bei Ais Medienproduktionen mitwirkte.

Ai Weiwei verabscheute mittlerweile den indirekten Modus, in dem in China abweichende Meinungen geäußert wurden. Traditionell erwartete man von den Intellektuellen im Land, dass sie ihre Kritik an der Regierung und am Staat auf eine Weise vorbrachten, die den Anschein der Einheit wahrte. Sie sollten »auf den Maulbeerbaum zeigen, um die Esche in Verruf zu bringen«, wie es in einem Sprichwort hieß. Ai Weiwei hatte für so etwas keine Geduld mehr. Als ihn eine Gruppe weniger bekannter Künstler um Rat fragte, was sie gegen den aus städtebaulichen Gründen geplanten Abriss ihrer Ateliers unternehmen könnten, gab er ihnen Folgendes mit auf den Weg: »Wenn ihr nur protestiert, ohne die Sache öffentlich zu machen, könnt ihr es ebenso gut in euren eigenen vier Wänden tun.« Ai und die Künstler wollten gemeinsam auf der Straße des Ewigen Friedens demonstrieren und bis ins Zentrum von Peking marschieren, was wegen der Nähe zum Tiananmen-Platz eine überaus symbolische Geste gewesen wäre. Obwohl die Polizei den Protestzug nach wenigen hundert Metern gewaltlos zum Erliegen brachte, erregte der Mut der Demonstranten weit über die Grenzen der Kunstwelt hinaus einige Aufmerksamkeit. Pu Zhiqiang, ein renommierter Menschenrechtsanwalt, erklärte mir: »Zwanzig Jahre lang war ich der Meinung, es sei auf keinen Fall möglich, auf der Chang'an-Straße zu demonstrieren. Und er tut es einfach. Was sollten sie dagegen schon unternehmen?«

Die subversive Dynamik des Internetzeitalters – die Wiederauferstehung der Ironie, die Suche nach Gemeinschaft und der Mut, sich zu beschweren – hatte bei den Chinesen die Lust auf eine neue Art der Kritik geweckt. Die Zeitschriftenmacherin Hu Shuli und ihre Reporter vermochten diesen Appetit nicht zu stillen, dafür waren sie weder unabhängig genug noch verspürten sie das Verlangen, die Wut der Öffentlichkeit zu kanalisieren. Traditionelle Dissidenten wie Liu Xiaobo waren zu ernst und zu elitär, um für die breite Bevölkerung zu sprechen. Tang Jie und die Nationalisten verschreckten die Leute mit ihrer ungestümen Art, und Han Han war in der Regel zu glatt, um in die Fußstapfen klassischer Regimekritiker zu treten. Ai Weiwei hingegen verband einen makellosen roten Stammbaum mit populistischem Esprit und bediente sich dabei einer Sprache, die Ironie, Fantasie und Wut miteinander kombinierte.

»Manche Leute sagen, er sei eine Art Performancekünstler«, erklärte mir Chen Danqing, ein chinesischer Maler und Sozialkritiker. »Ich glaube allerdings, dass er dieser Definition schon vor sehr langer Zeit entwachsen ist. Was er tut, ist nämlich sehr viel interessanter und ambivalenter.« Dann fügte Chen hinzu: »Er möchte herausfinden, was man mit der Kraft eines Individuums erreichen kann.«

13. Sieben Sätze

Die Technologie, die Liu Xiaobo ein »Geschenk Gottes an die Chinesen« genannt hatte, führte die Polizei direkt bis zu seiner Haustür. Seit Monaten hatten die Beamten seine E-Mails gelesen und seine Unterhaltungen im Internet verfolgt. Im Dezember 2008 hatten seine Koautoren und er die ersten dreihundert Unterschriften unter der von ihnen »Charta 08« genannten Erklärung gesammelt, und gerade waren sie dabei, die Veröffentlichung vorzubereiten. Zwei Tage vor dem angepeilten Datum versammelte sich eine Gruppe Polizisten im Flur vor Lius Wohnung.

Als die Beamten Liu abführten, wehrte er sich nicht. Seine Frau Liu Xia wurde weder darüber informiert, wo man ihn hinbrachte, noch warum das alles geschah. Tage vergingen. Lius Anwalt, Mo Shaoping, versuchte herauszufinden, welche staatliche Einrichtung seinen Klienten festgenommen hatte und wo er sich aufhielt, doch die für politische Dissidenten zuständige örtliche Behörde – das dem Pekinger Ministerium für Öffentliche Sicherheit unterstehende Amt für Allgemeine Angelegenheiten – befand sich genauso wie das Propagandaministerium in einem Gebäude, das es offiziell gar nicht gab. Nirgendwo stand eine Adresse oder eine Telefonnummer. Als der Anwalt sich nicht mehr anders zu helfen wusste, als persönlich bei der Behörde vorstellig zu werden, weigerten sich die Pförtner zu bestätigen, dass es sich um das gesuchte Amt handelte. Mo wusste nicht, was er noch tun sollte, also griff er auf eine ältere Taktik zurück: Er bat in einem Brief um weitere Informationen, gab als Empfänger die geheime Behörde an und warf das Schreiben in den Briefkasten.

Als die Charta 08 ein paar Tage nach Lius Verhaftung schließlich veröffentlicht wurde, stellte sich heraus, dass darin gar nicht nach sofortigen, sondern nach schrittweisen Veränderungen verlangt wurde – die Verfasser hatten ihre Botschaft absichtlich modifiziert, weil sie nicht nur Intellektuelle am Rande der Gesellschaft, sondern auch normale Bürger ansprechen wollten, die bei der Aussicht auf vollständige Instabilität vielleicht zurückschrecken würden, im Ruf nach Reformen unter Umständen jedoch ihre eigenen Kämpfe erkennen konnten. »Die Rückständigkeit des gegenwärtigen Systems ist an einem Punkt angekommen, an dem Reformen unausweichlich sind«, hatten Liu und seine Koautoren geschrieben, und aus diesem Grund schlugen sie neunzehn Maßnahmen vor, darunter die Einführung einer unabhängigen Judikative und einer demokratischen Legislative. Auf dem Papier hatten ihre Forderungen nach Menschenrechten, Demokratie und Rechtsstaatlichkeit einiges mit den Begrifflichkeiten gemeinsam, deren sich der Staat selbst bediente: Die chinesische Verfassung versprach vieles, so garantierte Artikel 35 beispielsweise die »Freiheit der Rede, der Publikation, der Versammlung, der Vereinigung, der Durchführung von Straßenumzügen und Demonstrationen«. In der Praxis musste sich die Partei jedoch nicht daran halten, daher war die Verfassung im Großen und Ganzen nutzlos. Lobte die Partei die »Demokratie«, meinte sie eigentlich »demokratischen Zentralismus«, was tatsächlich bedeutete, dass Debatten nur in den eigenen Reihen geführt wurden und das Volk sich unter allen Umständen an endgültige Entscheidungen zu halten hatte, ohne sie infrage zu stellen.

Vier Monate vergingen, und noch immer war kein ein Wort über Lius Aufenthaltsort durchgedrungen. Am 23. Juni 2009 wurde Lius Frau schließlich darüber informiert, dass ihr Ehemann wegen »Anstiftung zur Untergrabung der Staatsgewalt« belangt werden sollte. Zwei Tage vor Weihnachten sollte sein Verfahren beginnen. »Anstiftung zur Untergrabung der Staatsgewalt« war ein typisch chinesisches Verbrechen. Andere autoritäre Staaten zogen es im Allgemeinen vor, Dissidenten aus konkreteren Gründen zu inhaftieren: Natan Scharanski wurde wegen angeblicher Spionage in ein sowjetisches Gefängnis gesteckt. (Auch wenn er gar kein Spion war.) In Myanmar wurde Aung San Suu Kyi von der damaligen Militärregierung »zu ihrer eigenen Sicherheit« jahrelang unter Hausarrest gestellt. Der chinesische Staat sah jedoch keinen Anlass für solcherlei Kniffe, und so wurde Liu Xiaobo wegen genau sieben Sätzen aus seinen Schriften vor Gericht gestellt – Worte, die in den Augen seiner Ankläger »Verunglimpfungen und Verleumdungen« gegen die »demokratische Diktatur des Volkes« enthielten. Bei einem seiner Artikel hatte schon der Titel, »Veränderung des Regimes durch die Veränderung der Gesellschaft«, ausgereicht, um in die Anklageschrift aufgenommen zu werden.

Was die Partei allerdings verschwieg, war die Tatsache, dass sie Liu für eine besonders große Bedrohung hielt. Mit seinen Auslandskontakten und angesichts des Umstands, dass er das Internet so eifrig für sich zu nutzen wusste, erfüllte er gleich zwei Tatbestände, vor denen sich die Partei ganz besonders fürchtete: das Risiko einer aus dem Westen unterstützten »Farbrevolution« und das Mobilisierungspotenzial des Internets. Im vorherigen Jahr hatte Präsident Hu Jintao das Politbüro darüber informiert, dass »die Stabilität des Landes« davon abhinge, »ob es uns gelingt, mit dem Internet umzugehen«.

Bei Lius Verfahren im Dezember brauchte die Anklage nur vierzehn Minuten, um den Fall darzulegen. Liu selbst stritt keinen der Anklagepunkte ab. Stattdessen las er eine Stellungnahme vor, in der er ankündigte, seine Verurteilung werde »vor der Geschichte keinen Bestand haben«:

> Ich freue mich auf den Tag, an dem in unserem Land Meinungsfreiheit herrschen und China ein Land sein wird, in dem die Worte jedes einzelnen Bürgers gleichermaßen geachtet werden – ein Land, in dem unterschiedliche Werte, Vorstellungen und politische Ansichten miteinander konkurrieren und dennoch friedlich koexistieren; ein Land, in dem Mehrheits- und Minderheitsmeinungen gleichermaßen geschützt werden; und vor allem ein Land, in dem auch die Vorstellungen respektiert werden, die von den politischen Ansichten der herrschenden Elite abweichen; ein Land, in dem die Bürger frei zwischen allen politischen Einstellungen wählen dürfen, die es unter der Sonne gibt, und in dem jeder Bürger ohne die geringste Furcht seine Meinung äußern darf; ein Land, in dem man für seine politische Meinung nicht verfolgt wird. Ich hoffe inständig, das letzte Opfer der in China seit Langem herrschenden Kriminalisierung der Worte zu sein.

~

Mitten in seinem Plädoyer wurde er vom Richter unterbrochen, der ihn darüber informierte, dass der Verteidigung nur vierzehn Minuten Redezeit zur Verfügung stünden, weil die Anklage auch nicht länger gebraucht habe (chinesischen Anwälten war dieses Prinzip allerdings neu). Zwei Tage später, am ersten Weihnachtsfeiertag 2009, wurde Liu zu elf Jahren Haft verurteilt. Das war selbst nach chinesischen Standards eine lange Zeit, und örtliche Aktivisten interpretieren die Strafe vor allem als Abschreckung, ganz im Geiste des alten Sprichworts »Töte ein Huhn, um den Affen Angst einzujagen«.

Das strenge Urteil war teilweise deshalb so überraschend, weil die Charta in der Öffentlichkeit kaum Reaktionen hervorgerufen hatte. Die Zensoren hatten sie schon kurz nach ihrem Erscheinen wieder entfernt, und der Zeitpunkt der Veröffentlichung war ohnehin schlecht gewählt: Die chinesische Bevölkerung genoss noch die Nachwirkungen der Olympischen Spiele; außerdem hatte das im Frühjahr desselben Jahres erschienene Video des Philosophiestudenten Tang Jie die chinesischen Befindlichkeiten gegenüber westlicher Kritik in eindrückliche Bilder gefasst. Darüber hinaus breitete sich die Finanzkrise aus, und im Gegensatz zu vielen Staatsoberhäuptern im Westen schienen die Leistungen der chinesischen Führung in wirtschaftlicher Hinsicht geradezu vorbildlich zu sein. Roland Soong, ein Schriftsteller und Übersetzer, schrieb: »Die Charta 08 war wegen George W. Bush schon bei ihrem Erscheinen tot.« Außerdem sagte er voraus: »Die neuen Mitglieder der Mittelschicht werden ihre Wohnungen, Autos, Fernsehgeräte, Waschmaschinen und Hoffnungen nicht wegen eines bloßen Gebetes riskieren wollen.«

Zunächst schien auch der Staat dieser Meinung zu sein, denn öffentlich ging er kaum auf die Charta 08 ein. In den folgenden Monaten unterzeichneten allerdings immer mehr Menschen die Charta: Intellektuelle, Bauern, Jugendliche und ehemalige Beamte. Schließlich zählte sie zwölftausend Unterstützer, was zwar immer noch eine verschwindend geringe Minderheit in der chinesischen Bevölkerung darstellte, dem Ganzen aber einige Symbolkraft verlieh: Die Charta hatte sich zur größten koordinierten Kampagne gegen das chinesische Einparteiensystem seit 1949 entwickelt. Sie bewies, dass es eine ganze

Menge normaler Bürger gab, die sich nicht davor fürchteten, ihren Namen unter Forderungen dieser Art zu setzen – Menschen, die bis dato »in Einsamkeit und Isolation« gelebt hatten, wie einer der Unterzeichner schrieb. Nun konnte die Partei nicht länger schweigen. Im Oktober 2010 verurteilte die Staatspresse die Charta als »vollkommen überholt« und behauptete, sie sei nur aufgesetzt worden, »um die Menschen zu verwirren« und eine »gewaltsame Revolution« in Gang zu setzen. Sie rief die Bevölkerung dazu auf, sich an das Jahrhundert der Demütigung zu erinnern: »Eine Umsetzung der Charta hieße letztlich, China zum bloßen Anhängsel des Westens zu machen, den Fortschritt der chinesischen Gesellschaft zu beenden und das Glück des Volkes aufs Spiel zu setzen.«

Zwei Monate nach seiner Verurteilung ging Liu in Berufung. Sein Antrag wurde abgewiesen. Als sich ausländische Journalisten beim Sprecher des Außenministeriums, Ma Zhaoxu, nach dem Richterspruch erkundigten, ging er nicht auf ihre Nachfrage ein und erklärte: »Es gibt keine Dissidenten in China.« Dann versuchte er, die Stimmung aufzuhellen: Das chinesische Neujahrsfest stand kurz bevor, deshalb wünschte er allen Anwesenden am Ende der Pressekonferenz ein frohes Jahr des Tigers, während er einen Stofftiger hochhielt. Er bat die Reporter inständig, »bei Fragen Vorsicht walten zu lassen«, denn sonst »könnte der Tiger sehr böse werden«.

Auf der anderen Seite der Stadt las Ai Weiwei den Satz »Es gibt keine Dissidenten in China«, und er blieb in seinem Gedächtnis hängen. Ais Besucher wandten den Begriff des Dissidenten zwar immer öfter auf den Künstler an, ihm selbst erschien das aber zu einfach, um die neue Art des politischen Dissenses zu erfassen, der im Land um sich griff. Für westliche Ohren klang »Dissident« nach moralisch unzweifelhaftem Ungehorsam im Angesicht von Unterdrückung, in China jedoch war es sehr viel komplizierter, zum Dissidenten zu werden, als Außenstehende oft annahmen.

Der chinesische Staat stellte nämlich kein einfaches Ziel dar, da es ihm immerhin gelungen war, die Lebensgrundlage von mehreren hundert Millionen Menschen zu verbessern, während er ihnen gleichzeitig jede politische Freiheit nahm. Stieß die Regierung auf einen Kritiker, versuchte sie oft, das Problem zu lösen, indem sie auf einer ganz praktischen Ebene argumentierte: Wen Kejian, ein Menschenrechtsaktivist und erfolgreicher Geschäftsmann, erinnerte sich mir gegenüber, wie ihn die Polizei besucht und mit folgenden Worten von der Politik abzubringen versucht hatte: »Schauen Sie sich doch nur Ihr schäbiges altes Auto an, das ist doch bestimmt schon sechs oder sieben Jahre alt. All Ihre Freunde fahren längst in einem Benz durch die Gegend.« Wen hörte sich alles an und hielt die Argumente der Polizeibeamten für ebenso lächerlich wie sie seine. Beide Seiten versuchten, die jeweils andere von ihrer Auffassung zu überzeugen, aber letztlich bedienten sie sich unterschiedlicher Sprachen. Sie führten die Art von Unterhaltung, die man in China »Huhn spricht mit Ente« nennt. *Gacker, gacker, gacker, quak, quak, quak* – keiner versteht den anderen.

Abgesehen vom offensichtlichen Druck der Sicherheitsbehörden, konnte das Leben als Dissident in China auch die Beziehungen zu Freunden und Förderern in Gefahr bringen. Chinesische Intellektuelle misstrauten oft gerade denjenigen in den eigenen Reihen, die zu viele ausländische Bewunderer hatten oder die weniger daran interessiert zu sein schienen, praktische Erfolge zu feiern, als den offenen politischen Konflikt zu suchen, der im chinesischen Denken traditionell gemieden wird. Ai Weiwei genoss die Konfrontation. Mittlerweile waren ihm Zivilfahnder der Staatssicherheit auf den Fersen, also begann er, die Polizei auf sie zu hetzen und wie in einem Marx-Brothers-Film die verschiedenen Zuständigkeitsbereiche gegeneinander auszuspielen – »ein zur Farce gewordener absurder Roman«, wie er es nannte. Kurzerhand stellte er die sonst hinter Kunst und Politik steckende Logik auf den Kopf: Anstatt die Kunst in den Dienst seines Protests zu stellen, stellte er den autoritären Staatsapparat in den Dienst seiner Kunst.

Bisweilen erschien er geradezu als der geborene Querulant. Einmal wurde er um ein Kunstwerk gebeten, das am Ort der bekannten Statue »Die kleine Meerjungfrau« von Edvard Eriksen in Kopenhagen aufgestellt werden sollte, weil diese nach Shanghai ausgeliehen wurde. Statt einfach eine andere Statue zu errichten, entschied sich Ai für eine Nonstop-Liveübertragung der Meerjungfrau an ihrem neuen Zuhause in China. Die Dänen hielten die überdimensionale Überwachungskamera, die er zu diesem Zweck entwickelte, für nicht besonders schön. »Für uns ist das Realität«, erklärte Ai. »Jeder bei uns wird auf die eine oder andere Weise überwacht. Und das ist alles andere als schön.«

Jedes Mal, wenn ein chinesischer Aktivist die Vor- und Nachteile des Dissenses abwog, hatte er stets im Hinterkopf, was geschehen konnte, sollte der Staat die Geduld verlieren. Man musste sich nur an den Namen Gao Zhisheng erinnern. Im Jahr 2005 war Gao als Anwalt tätig und so etwas wie der aufgehende Stern am Himmel der chinesischen Justiz: Das Justizministerium hatte ihn bereits 2001 auf die Liste der zehn besten Anwälte des Landes gesetzt. Je mehr Erfolge er vor Gericht feiern konnte, desto kampfeslustiger wurde er, und desto gewillter war er, auch sensible Fälle wie die Verteidigung der Anhänger der verbotenen Sekte Falun Gong zu übernehmen. Weil er den Staat für seine Auslegung der Gesetze kritisierte, wurde er vorübergehend ins Gefängnis gesteckt; trotzdem weigerte er sich, seine Arbeit aufzugeben. Im September 2007 kam schließlich eine Gruppe Männer auf offener Straße auf ihn zu. Er spürte einen Schlag in den Nacken, dann wurde ihm ein Sack über den Kopf gestülpt.

Gao wurde in einem Auto an einen unbekannten Ort gebracht, wo man ihm den Sack wieder abnahm. Er wurde entkleidet, geschlagen und anschließend mit Elektroschocks malträtiert. »Dann zogen zwei der Angreifer meine Arme auseinander und drückten mich zu Boden«, schrieb er in einem ins Ausland geschmuggelten Bericht. »Sie durchbohrten meine Genitalien mit Zahnstochern.« Vierzehn Tage lang wurde er gequält und weitere fünf Wochen gefangen gehalten. Endlich ließ man ihn frei, allerdings nicht ohne die Warnung, ja kein Wort darüber zu verlieren, was ihm zugestoßen war, denn sonst würde es das nächstes Mal vor seiner Frau und seinen Kindern geschehen. Als ihn ein Journalist ein paar Jahre später besuchte, hatte Gao die Arbeit als Aktivist aufgegeben. Seine Erklärung lautete: »Ich habe einfach nicht die Kraft dazu.«

Ai Weiwei betrachtete abermals den Satz »Es gibt keine Dissidenten in China«. Er schrieb eine Botschaft an die Zehntausenden Leser seines Blogs, in der er sich damit auseinandersetzte, was die Regierung wohl damit meinte, wenn sie Folgendes verkündete:

1. Alle Dissidenten sind kriminell.
2. Nur Kriminelle teilen die Ansichten der Dissidenten.
3. Ob jemand kriminell ist oder nicht, entscheidet sich anhand der Frage, ob er ein Dissident ist.
4. Sind Sie der Meinung, es gäbe in China Dissidenten, sind Sie ein Krimineller.
5. Es gibt keine Dissidenten in China, weil es sich bei diesen in Wirklichkeit um Kriminelle handelt.
6. Gibt es irgendjemanden, der seinen Dissens gegen diese Sichtweise vorbringen möchte?

Die Partei hatte so viel Erfahrung im Umgang mit Dissidenten des alten Schlags, dass sie leicht übersah, wie groß ihr Informationsproblem bereits geworden war. Weil das Internet schon vor langer Zeit eine Größe erreicht hatte, die die Überwachungsmöglichkeiten des Propagandaministeriums überstieg, fiel die Onlinezensur einer ganzen Reihe unterschiedlicher Behörden zu, darunter dem Amt für Internetangelegenheiten. Dieses Amt bewertete die damit verbundenen Schwierigkeiten offen und ehrlich. Der stellvertretende Leiter, Liu Zhengron, räumte frustriert ein: »Unsere größte Herausforderung besteht darin, dass das Internet ständig wächst.«

Im alten Mediensystem hatten sich die Zensoren auf die berüchtigte Anakonda im Kerzenleuchter verlassen – auf die Tatsache, dass Hu Shuli und die anderen Redakteure sich selbst zensierten, um ihr Presseprivileg zu behalten. Im Internet konnte man dagegen nie wissen, wer etwas Gefährliches schreiben würde, bis er es schließlich tat. Zwar entfernten die Zensoren unliebsame Kommentare so schnell wie nur möglich, doch war das immer noch zu langsam, um die Weiterleitung, Speicherung und geistige Verarbeitung zu verhindern. In einem Ausmaß, wie es China in seiner Geschichte nie zuvor erlebt hatte, wurden Meinungen zuerst geäußert und dann zensiert.

Das führte wiederum zu einem weiteren Problem: Zensur, einst ein abstrakter und unsichtbarer Prozess, der sich über geheime Anweisungen und in vor der Öffentlichkeit verborgenen Redaktionssitzungen abspielte, war nun für alle Augen sichtbar. Wenn die Behörden einen von Han Hans Blog-Einträgen löschten, war das keineswegs mit dem Abfangen der per Post verschickten Manuskripte von Liu Xiaobo zu vergleichen: Millionen Internetnutzer wurden mehr oder weniger zufällig Zeuge dieses Vorgangs, auch wenn sie sonst damit zufrieden waren, ein vom bevormundenden System der Zensur unbehelligtes Leben zu führen. Wie Han Han mir erklärte, kam das einem Signal gleich: »Da gibt es etwas, dass ich in deren Augen nicht wissen sollte. Deshalb möchte ich es *erst recht* erfahren.«

Und so wuchs eine ganze Generation seiner Fans in dem Glauben auf, dass »alles, was man zu verbergen versucht, letztlich wahr wird«, wie Han Han es ausdrückte. In einer seiner Reden erklärte er: »Ich darf nicht über die Polizei schreiben. Ich darf nicht über unsere Staatsführung schreiben. Ich darf nicht über politische Maßnahmen schreiben. Ich darf nicht über das System schreiben; ich darf nicht über die Justiz schreiben; ich darf über viele geschichtliche Ereignisse nicht schreiben; ich darf nicht über Tibet schreiben; ich darf nicht über Xinjiang schreiben; ich darf nicht über Massenversammlungen schreiben; ich darf nicht über Demonstrationen schreiben; ich darf nicht über Pornografie schreiben; ich darf nicht über Zensur schreiben; ich darf nicht über Kunst schreiben.«

Am ehesten konnte die Partei noch darauf hoffen, Konversationen im Internet zu unterbinden, bevor sie überhaupt entstanden, indem sie sensible Begriffe automatisch herausfilterte. Weil politische Debatten über Nacht aufzutauchen pflegten, mussten die Zensoren ähnlich wie im Fall der auf meinem Mobiltelefon eintrudelnden Mediendirektiven ein permanent zu aktualisierendes Glossar der verbotenen Begriffe pflegen. Das Amt für Internetangelegenheiten gab Instruktionen an Webseiten im ganzen Land heraus, manchmal mehrmals täglich. Heute konnte ein Wort noch erlaubt und morgen schon verboten sein. Gab man es dann bei Baidu, der chinesischen Version von Google ein, erschien die Mitteilung »Entsprechend der aktuellen Gesetze, Bestimmungen und Verordnungen können die Suchergebnisse für ›…‹ nicht angezeigt werden.«

Die Bevölkerung passte sich jedoch genauso schnell an die neuen Regelungen an, wie sie aufgestellt wurden. Um die Filter zu umgehen, tauschten die Leute ähnlich klingende chinesische Schriftzeichen miteinander aus, wodurch eine Art Code oder Schattensprache entstand. Statt von der verbotenen Charta 08 – *ling ba xianzhang* – sprachen sie zum Beispiel von *linba xianzhang*. (Dabei scherte sich niemand darum, dass dies eigentlich »Bezirksrichter-Lymphknoten« bedeutete.)

Der Staat befand sich in einem ständigen Wettlauf mit der Fantasie der eigenen Bevölkerung, und es wollte ihm einfach nicht gelingen, sie einzuholen. Der Juni war der schwierigste Monat des Jahres, denn in diesem jährte sich das brutale Vorgehen auf dem Tiananmen-Platz, und die Leute dachten sich Möglichkeiten aus, um indirekt darüber zu sprechen. Abgesehen von den ohnehin stets auf der schwarzen Liste stehenden Begriffen wie »Demokratiebewegung« oder »4. Juni 1989«, bemühten sich die Zensoren, das Verzeichnis auf den neuesten Stand zu bringen, sobald alternative Wendungen auftauchten. Ich las mir die aktuellste Verbotsliste durch, und sie schien mir eine Erinnerungskultur der ganz eigenen Art zu repräsentieren:

Feuer
Zusammenprall
Wiedergutmachung
Niemals vergessen

Sollten diese Zensurmaßnahmen nicht fruchten, verfügte die Partei noch über eine allerletzte Waffe: den Aus-Schalter. Am 5. Juli 2009 protestierten die Mitglieder der muslimischen Uiguren-Minderheit in der weit im chinesischen Westen gelegenen Stadt Ürümqi gegen das Durchgreifen der örtlichen Polizei bei einem Handgemenge zwischen Han-Chinesen und Uiguren. Gewalt brach aus, und fast zweihundert Menschen kamen bei den Demonstrationen ums Leben, die meisten davon Han-Chinesen, die aufgrund ihrer Volkszugehörigkeit angegriffen worden waren. Es folgten Racheangriffe auf uigurische Wohngegenden, und schließlich unterband der Staat nicht nur Ferngespräche und das Senden von Kurzmitteilungen über das Mobilfunknetz, sondern er deaktivierte darüber hinaus nahezu jeden Internetzugang in der Region, damit die Leute nicht mehr miteinander kommunizieren und sich organisieren konnten. Der digitale Totalausfall dauerte zehn Monate und hatte verheerende Folgen für die Wirtschaft: Die Exporte aus dem uigurischen autonomen Gebiet Xinjiang sanken um mehr als vierundvierzig Prozent. Die Partei war jedoch bereit, immensen ökonomischen Schaden auf sich zu nehmen, um die in ihren Augen existierende politische Bedrohung im Keim zu ersticken. Sollte es eines Tages zu einer größeren Krise kommen, würden wohl zu viele Kanäle nach China hinein- und wieder herausführen, um eine landesweite Totalblockade durchzusetzen, aber selbst eine begrenzte Version hätte tiefgreifende Folgen.

Die Unruhen in Xinjiang bedeuteten noch in vielerlei anderer Hinsicht einen Wendepunkt. In den vergangenen Jahren hatten Hu Shuli und die Zeitschrift *Caijing* bewiesen, dass investigativer Journalismus beim Volk sehr wohl beliebt sein konnte. Je mehr Informationen die chinesische Bevölkerung erhielt, desto mehr schien sie letztlich zu verlangen. Hu Shuli verdreifachte die Mitarbeiterzahl ihrer Redaktion auf mehr als zweihundert Angestellte. Die Zeitschrift stellte eine ehemalige Investmentbankerin namens Daphne Wu ein, die den Posten der Geschäftsführerin übernahm und die Werbeeinnahmen in nur zwei Jahren auf hundertsiebzig Millionen Yuan steigerte, was ebenfalls eine Verdreifachung bedeutete. Hu und sie hatten große Pläne, die weit über eine gedruckte Zeitschrift hinausgingen: Sie träumten von einer »multimedialen Plattform für den Austausch von Informationen und Kommentaren«, wie mir Wu in ihrem Büro mitteilte, von dem aus sie einen guten Ausblick auf Peking hatte. Sie klang eher wie ein Manager aus Silicon Valley als wie eine chinesische Journalistin. »Wir möchten stets dieselbe Qualität liefern, ganz gleich über welches Medium«, erklärte sie.

Als die Zeitschrift jedoch immer profitabler und damit immer abenteuerlustiger wurde, begannen sich Hus gute Beziehungen zu ihrem Förderer, Wang Boming, zu verschlechtern. Je mehr sie reiste und die ausländische Presse las, desto ehrgeiziger wurde sie. Sie wünschte sich ein eigenes Medienunternehmen, das auf internationalem Parkett mithalten konnte. Wang dagegen hatte andere Prioritäten: Er war Verleger geworden, um etwas Geld zu verdienen und das im kleinen Maßstab durchaus glamouröse Leben eines Medienmoguls zu führen – auf keinen Fall hatte er geplant, zum politischen Märtyrer zu werden. Deshalb fühlte er sich unwohl. Als ich mich mit ihm über Hu unterhielt, machte sich ein erschöpfter Ausdruck auf seinem Gesicht breit, was darauf hindeutete, dass er sich mit Hu mehr Ärger als Nutzen eingefangen hatte. »Uns war nicht klar, dass die ganze Sache mit so viel Risiko verbunden sein würde«, sagte er.

Im Frühjahr 2009 wurde *Caijing* offiziell gewarnt, keine Untersuchungen über Korruption im Staatsfernsehen anzustellen oder sich einer Reihe weiterer hochgradig sensibler Themen zu widmen. »Aber sie tun es trotzdem!«, rief Wang. Nervös zog er an seiner Zigarette. Investigativer Journalismus war bei den Lesern zwar beliebt, nicht aber bei den Werbekunden. »Auf der einen Seite steht die Anzeige einer Firma und auf der nächsten dann ein Artikel darüber, dass dasselbe Unternehmen betrügt«, erklärte er. »Sie können sich gar nicht vorstellen, was für Anrufe wir hier dann kriegen. *Caijing* berichtet nie etwas Positives. All diese Firmen stehen Hu Shuli Rede und Antwort und hoffen auf einen netten Artikel, aber sie sind immer negativ.«

Bis zum Sommer hatten sich die Beziehungen zwischen der Redaktion und dem Verlag dramatisch verschlechtert. Als die Unruhen in Xinjiang ausbrachen und die Internetzugänge deaktiviert wurden, gestatteten die Propagandabeamten nur den offiziell zugelassenen Journalisten, online zu gehen. Hu Shuli hatte drei Reporter in die Gegend geschickt, obwohl ihr die Behörden nur zwei gestattet hatten. Der dritte Journalist lieh sich einen Presseausweis von einem Freund und schlich sich ins Medienzentrum, wo man sich noch ins Internet einwählen konnte. Er wurde erwischt; sein Laptop sollte durchsucht werden. Er wehrte sich und geriet mit einer Sicherheitskraft in ein Handgemenge. Daraufhin setzte man ihn in ein Flugzeug zurück nach Peking.

Meldungen über diesen Vorfall drangen bis in die höchsten Regierungskreise vor. Das Propagandaministerium hatte *Caijing* bereits einmal in diesem Jahr abgewatscht, und nun setzten Hu Shulis Förderer auch noch eine Liste von Maßnahmen auf, die sie wieder unter Kontrolle bringen sollten: Von nun an musste die Redaktion vor dem Druck jede Titelgeschichte absegnen lassen; sie sollte jede Anweisung akzeptieren, »ohne Fragen zu stellen«; und, was noch wichtiger war, die politische Berichterstattung aufgeben und »zu positiven Artikeln über das Finanzwesen und die Wirtschaft zurückkehren«.

Hu Shuli war empört. »Wie genau definieren Sie ›politische Berichterstattung‹?«, wollte sie von Wang Boming wissen. »Und was sind ›positive Artikel‹? Wer entscheidet das überhaupt?« Im Lauf der nächsten Wochen versuchte sie, sich mit den neuen Vorgaben anzufreunden. Aber ihre Vorgesetzten lehnten eine Titelgeschichte nach der anderen ab. Nach der dritten Absage fürchtete Hu, ihre besten jungen Redakteure könnten das Blatt verlassen, wenn alles so weiterging. Als eine vierte Story abgelehnt wurde, veröffentlichte sie sie trotzdem.

Während in Peking die Nachricht die Runde machte, dass Hu Shuli mit ihren Förderern im Clinch lag, hatte sie bereits einen Ausweg aus der Bredouille gefunden. Einige Investoren kamen auf sie zu, und sie erkannte, dass sie mit deren Unterstützung mehr Kontrolle über die Zeitschrift erlangen konnte. Bei den Konflikten mit Wang Boming ging es um mehr als um bloße redaktionelle Freiheiten. Hu leitete die profitabelste Zeitschrift in seinem Portfolio, und sie hatte es auf einen größeren Anteil vom Gewinn abgesehen, weil sie befürchtete, im anbrechenden Digitalzeitalter auf der Strecke zu bleiben, wenn sie nicht expandierte.

Deshalb unterbreitete sie Wang einen waghalsigen Übernahmeplan, der die Kontrolle über das Magazin aufteilen würde: vierzig Prozent sollten an die Investoren gehen, dreißig Prozent an sie und ihre Redakteure, dreißig Prozent an Wangs Unternehmen. Vor allem kam es ihr auf die volle redaktionelle Entscheidungsfreiheit an. In Zukunft wollte sie diejenige sein, die mit dem Ministerium verhandelte. »Ich glaube, als ausgebildete Journalistin sollte ich das letzte Wort haben«, erklärte sie.

Doch in Wang Bomings Augen kam der Vorschlag einem Verrat gleich. Aufgrund seiner Unterstützung hatte sie größere journalistische Freiheiten erhalten als jeder andere in China – und anstatt ihm zu danken, schien sie den Hals nicht voll genug zu bekommen, ähnlich wie die chinesische Bevölkerung mehr von einer herrschenden Klasse verlangte, die glaubte, bereits genug gegeben zu haben. Wang hielt sie für naiv. Oder schlimmer noch: Für eine Selbstdarstellerin, denn in seinen Augen hüllte sie sich in die Fahne der Meinungsfreiheit, um ihre wahren Absichten zu verbergen – den Wunsch, das komplette Unternehmen zu kontrollieren. Er lehnte ab.

Im September brach das Arrangement schließlich in sich zusammen: Die Geschäftsführerin, Daphne Wu, und sechzig ihrer Mitarbeiter kündigten; gleichzeitig wurden in der Redaktion Gerüchte laut, dass auch die Redakteure die Zeitschrift verlassen wollten, um gemeinsam einen Neuanfang zu wagen. »Schließt euch uns an!«, forderte Hus Stellvertreter, Wang Shuo, eine Gruppe junger Redakteure und Reporter auf. In Wahrheit war bis zu diesem Zeitpunkt noch nicht einmal klar, wie besagter Neuanfang aussehen sollte; trotzdem musste jeder eine Entscheidung treffen. Die Redakteure, die *Caijing* verließen, gaben ihren Kollegen drei Tage Bedenkzeit, denn sie hofften, so alle Beteiligten vom Weggang überzeugen zu können.

Für die Journalisten bedeutete das eine Zwickmühle. Wer würde Hu Shuli nun den gewohnten politischen Schutz bieten? Würden sich jemals wieder Investoren mit ihr einlassen? Darüber hinaus gab es eine Menge, was den Mitarbeitern an Hus Führungsstil nicht gefiel: Obwohl sie so viel von Transparenz und Gewaltenteilung spreche, habe sie etwas von einer Diktatorin; einige ihrer Enthüllungsreporter waren außerdem der Ansicht, sie würde ihre mächtigen Freunde vor Kritik schützen; und auch die in der Anfangszeit noch sehr hohen Gehälter seien später nicht mehr an das rasante Wirtschaftswachstum im Land angepasst worden. Die Journalisten hätten ihr Gehalt verdreifachen können, wären sie zu den Unternehmen gewechselt, über die sie in der Zeitschrift berichteten.

Trotz all dieser Unsicherheiten hatte Hus bloße Existenz eine große Wirkung auf die aufstrebenden jungen Journalisten in ihrem Umfeld. »Wir sagen gern, dass nur alle einhundert Jahre jemand wie Hu Shuli auf der Bildfläche erscheint«, erklärte mir die Reporterin Cao Haili, die an der Geschichte über das SARS-Virus mitgearbeitet hatte. »Sie ist wirklich einzigartig. In den Vereinigten Staaten mag es eine Menge solcher Leute geben, hier in China sind sie dagegen selten.«

Am 9. November verließ Hu Shuli die Zeitschrift *Caijing*, hundertvierzig Mitarbeiter der Redaktion folgten ihr. Hu hatte sich für den Weggang entschieden, obwohl das nie ihr Wunsch gewesen war. »Vielleicht wurden wir verjagt, vielleicht sind wir auch freiwillig gegangen – schwer zu sagen«, erklärte sie mir. Sie bemühte sich, das Ganze positiv zu betrachten: »Eventuell können wir jetzt etwas Größeres und Interessantes wagen.« Unter den chinesischen Intellektuellen sahen jedoch nur wenige einen Grund für Optimismus. »Blut klebt an ihrem Schwert und Schießpulver an ihrer Kleidung«, schrieb der Blogger Hecaitou. »Es wird nicht leicht sein, eine zweite Hu Shuli zu finden.«

Am 8. Oktober 2010, zehn Monate nach seiner Verurteilung, verlieh das Nobelpreiskomitee Liu Xiaobo aufgrund »seines langen und gewaltlosen Kampfes für fundamentale Menschenrechte« den Friedensnobelpreis. Zählte man den seit Jahren im Exil lebenden Dalai Lama nicht dazu, war Liu der erste Chinese in der Geschichte, der diesen Preis erhielt. Diese Aussicht versetzte die chinesische Staatsführung in eine dermaßen große Wut, dass sie die Entscheidung des Komitees als »Entweihung« des Erbes von Alfred Nobel bezeichnete. Jahrelang hatte man in China auf einen Nobelpreis als Bestätigung der Fortschritte im Land und als Ausdruck der weltweiten Akzeptanz gehofft. Diese Obsession wurde von Wissenschaftlern als »Nobelpreis-Komplex« bezeichnet; jeden Herbst wurde in China – ähnlich wie vor großen Sportereignissen – über die Chancen spekuliert, eine der Auszeichnungen zu erlangen. Einmal lief im Fernsehen sogar eine Debatte mit dem Thema »Wie lang dauert es noch, bis uns der Nobelpreis verliehen wird?«

Als bekannt wurde, wer den Preis in diesem Jahr erhalten sollte, hatten die meisten Chinesen noch nicht einmal von Liu gehört; deshalb hatten die Staatsmedien die Möglichkeit, den ersten Eindruck zu prägen. Schnell brachten sie im ganzen Land einen Bericht in Umlauf, laut dem sich Liu seinen Lebensunterhalt mit der »Verunglimpfung seines Heimatlandes« verdiene. Das Porträt war ein Klassiker des Genres: Es hieß, Liu sammle teure Weine und Porzellan; zu seinen Mitgefangenen habe er angeblich gesagt: »Ich bin nicht wie ihr. Ich habe genug Geld. Ich bekomme jährlich etwas aus dem Ausland, selbst wenn ich im Gefängnis sitze.« Liu scheue »keine Mühen, um mit antichinesischen Kräften aus dem Westen zu kollaborieren«, und habe »die Grenze zwischen Meinungsfreiheit und Kriminalität überschritten«.

Aktivisten waren überrascht, als sie die Nachricht aus Norwegen hörten. »Viele brachen in Tränen aus, schluchzten gar unkontrolliert«, berichtete einer von ihnen später. In Peking versammelten sich Blogger, Anwälte und Wissenschaftler im Hinterzimmer eines Restaurants, um den Preis zu feiern, aber die Polizei erfuhr von dem Treffen und inhaftierte zwanzig der Anwesenden. Als das Nobelpreiskomitee seine Entscheidung bekanntgab, verwirrte Han Han Zensoren und Leser seines Blogs gleichermaßen: Er postete nur ein Paar Anführungszeichen, ohne Text dazwischen. Der Eintrag wurde mehr als 1,5 Millionen Mal angeklickt und fast dreißigtausendmal kommentiert.

Zwei Tage nachdem die Verleihung des Preises an Liu bekanntgegeben worden war, besuchte ihn seine Frau, Liu Xia, im Gefängnis von Jinzhou in der Provinz Liaoning. »Ich widme den Preis den verlorenen Seelen vom 4. Juni«, erklärt er ihr. Als sie nach Peking zurückkehrte, wurde sie unter Hausarrest gestellt. Die Regierung gestattete es weder ihr noch einem anderen Vertreter Lius, nach Oslo zu reisen und den Preis entgegenzunehmen. Ähnliches war in der Vergangenheit nur ein einziges Mal geschehen: als Hitler Verwandte des deutschen Schriftstellers und Pazifisten Carl von Ossietzky, der nach einer Haft im Konzentrationslager im Krankenhaus lag und dort von der Gestapo überwacht wurde, von der Annahme des Preises abhielt.

Liu Xias Telefon- und Internetanschluss wurde unterbrochen, und sie durfte nur noch mit ihrer Mutter in Kontakt treten – der Beginn einer Isolationskampagne, die sich über Jahre hinziehen sollte.

Als die Preisverleihung im Dezember bevorstand, rief China andere Länder zum Boykott auf. Die Staatspresse nannte das Ganze »sich für eine Seiten entscheiden«. Vizeaußenminister Cui Tiankai, ein ausgebuffter Diplomat mit einem Abschluss der Johns Hopkins University, stellte den mit China verbündeten Ländern die Frage, ob »sie Teil des politischen Spiels« sein wollten, »das Chinas Justiz herausfordert«, oder ob sie »an einer echten freundschaftlichen Beziehung zum chinesischen Staat und zu seinem Volk interessiert« seien. Fünfundvierzig Länder nahmen an der Verleihung teil; neunzehn blieben ihr fern, darunter der Irak, Pakistan, Russland, Saudi-Arabien und Vietnam. (Die *China Daily* titelte: »Großteil der Länder gegen Verleihung des Friedensnobelpreises an Liu.«) Vor Lius Wohnung in Peking wurde hastig ein blauer Bauzaun aus Metall errichtet, der die Fotografen davon abhalten sollte, Bilder von der unter Hausarrest stehenden Liu Xia zu schießen. Als die BBC die Preisverleihung übertrug, wurden die Fernsehbildschirme in China schwarz.

Im Lauf der Jahre war ich mehrfach Zeuge dieser Strategie geworden. Vor Jahrzehnten hatte der schwarze Bildschirm auf recht anschauliche Weise die beschränkte Weltsicht, die Rückständigkeit und die Isolation des Landes verdeutlicht. Mittlerweile jedoch stand der Drang der Partei, unangenehme Tatsachen vor der Öffentlichkeit zu verbergen, im absurden Gegensatz zu der Offenheit und Kultiviertheit, die andere Lebensbereiche in China bestimmten. Außerdem schien er den Wert dessen zu mindern, was der durchschnittliche Chinese durch harte Arbeit erreicht hatte. China war zwar nicht Hitler-Deutschland, dennoch ließen es die Führer des Landes zu, dass sie im Hinblick auf die Geschichte des Nobelpreises mit den Nazis verglichen werden konnten. Entweder waren die stärksten Kräfte im Staat nicht klug genug, um zu erkennen, welchen Preis sie dafür zahlten, oder die klügsten Kräfte waren nicht stark genug, um die anderen von der Dummheit dieser Herangehensweise zu überzeugen.

Die einfachen Chinesen dagegen erfuhren nichts von der Verleihung. Sie hörten nie, wie der Laudator Liu zitierte und erklärte, politische Reformen müssten »graduell, friedlich, geordnet und kontrolliert« vonstattengehen, und sie sahen auch nicht, wie die Medaille und die Preisurkunde auf einen leeren blauen Stuhl auf der Bühne gelegt wurden. In China selbst wurde das Ereignis nur schemenhaft wahrgenommen, wie eine Art Gespenst. Im selben Winter ergänzten die Internet-Zensoren ihre schwarze Liste um einen weiteren Begriff: »der leere Stuhl«.

14. Das Virus im Hühnerstall

Es dauerte eine Weile, bis die Menschen mit den Sonnenbrillen auf den Nasen Aufsehen erregten. Als im Herbst 2011 die ersten Bilder von Sonnenbrillenträgern in den sozialen Medien des Landes auftauchten, waren es nicht mehr als ein paar Dutzend. Bald wurden es aber immer mehr, und auch Kinder und Ausländer setzten sich für ihre Profilbilder Sonnenbrillen auf oder stellten mit Sonnenbrillen geschmückte Cartoon-Versionen von sich online. Die ersten Blogger wurden auf dieses Phänomen aufmerksam und verbreiteten die Neuigkeiten in Windeseile im Netz. Als schließlich mehr als fünfhundert dieser Porträts aufgetaucht waren, begannen die Zensoren mit dem Löschen, doch die Bilder blieben im Umlauf, was für jeden, der wusste, was er da sah, einen Meilenstein bedeutete: Es handelte sich um die wahrscheinlich erste politische Onlinekampagne in der Geschichte des Landes, die sich wie ein Lauffeuer im Internet verbreitete. Gewidmet war sie einem Mann, den nahezu keiner der Onlineaktivisten je persönlich getroffen hatte – dem blinden Bauernanwalt Chen Guangcheng.

Sechs Jahre waren seit meinem gescheiterten Versuch vergangen, Chen in seinem Haus in Dongshigu zu besuchen. Die Provinzregierung war weiterhin fest entschlossen, die Verbreitung seiner Ideen zu verhindern, selbst wenn das hieß, ihn wie den Träger eines Virus zu isolieren. Kurz bevor ich ihn im Herbst 2005 treffen wollte, hatte ihn der stellvertretende Bürgermeister des Ortes, Liu Jie, in sein Büro bestellt. Liu wollte von Chen wissen, warum er mit ausländischen Journalisten über die Verletzungen der Vorgaben der Ein-Kind-Politik sprach. »Warum haben Sie sich nicht der üblichen offiziellen Kanäle bedient und sich stattdessen mit feindlichen ausländischen Mächten unterhalten?«

Zu diesem Zeitpunkt war allerdings bereits klar, dass Chen mit seiner Entscheidung, an die Öffentlichkeit zu gehen, eine Grenze überschritten hatte. Das wollte der Staat nicht länger tolerieren. Er war zwar noch nicht offiziell angeklagt, stand jedoch unter Hausarrest. Ein paar Monate später kam es in China mal wieder zu einem Stromausfall – ein häufiges Problem in den besonders schnell wachsenden ländlichen Gebieten –, und zu Chens großer Überraschung wurde dabei das Gerät beschädigt, das sein Telefon blockierte und seine Isolation aufrechterhielt. Chen schaffte es, seine Anwälte in Peking zu erreichen, die wiederum bei mir anriefen. Also wählte ich abermals Chens Nummer. Er lachte darüber, wie seltsam die Umstände doch waren, aber dann hielt er inne, als ob er versuchte, einen angemessen gewichtigen Tonfall für dieses Ereignis zu finden. »Ich möchte der Welt mitteilen«, erklärte er feierlich, »dass die hiesige Provinzregierung ihre eigenen Gesetze nicht befolgt.« Es habe ihn verblüfft, dass er gerade wegen seiner Versuche, die Regierung auf Gesetzesbrüche aufmerksam zu machen, in Isolationshaft gesteckt worden sei. Ich wollte von ihm wissen, welche Frage ihn am meisten beschäftigte. Und er antwortete: »Ich würde gerne erfahren, ob die Zentralregierung das Ganze nicht beenden *kann* oder ob sie es nicht *möchte*.«

Im März stand Chen bereits seit fast sechs Monaten unter Hausarrest. Sein Bruder und andere Dorfbewohner begannen schließlich, mit der Polizei über die Umstände seiner Haft zu verhandeln. Chen wurde »Zerstörung von Eigentum« und »Einberufung einer Versammlung zur Störung des öffentlichen Verkehrs« vorgeworfen, obgleich das seine Unterstützer angesichts seiner körperlichen Beeinträchtigung wenig nachvollziehbar fanden. Am Abend vor seiner Verhandlung wurde sein Anwalt festgenommen; Chen erhielt einen Strafverteidiger, der keinen einzigen Entlastungszeugen vor Gericht rief. Er wurde für schuldig erklärt und zu einer Gefängnisstrafe von vier Jahren und drei Monaten verurteilt.

Wer im chinesischen Kaiserreich die Aufmerksamkeit der Herrscher auf sich lenken wollte – etwa um Einspruch gegen ein Gerichtsurteil zu erheben oder Machtmissbrauch anzuklagen –, konnte auf eine eigens zu diesem Zweck am Eingang jedes Gerichtsgebäudes aufgestellte Trommel schlagen. Wenn das nichts nützte, warfen sich die Menschen vor den Sänften kaiserlicher Beamter zu Boden. Wer seine Beschwerde schließlich vorzubringen vermochte, gehörte von nun an offiziell zu den sogenannten *yuanmin* – den »Menschen mit Sorgen« – und erhielt damit das Recht, seine Forderung Instanz für Instanz bis zum kaiserlichen Gerichtshof in der Hauptstadt vorzutragen.

Als die Kommunistische Partei an die Macht kam, übernahm sie einige Institutionen aus dem alten System: Sie richtete das Amt für Briefe und Besuche ein, wo die Menschen mit Sorgen vorsprechen konnten, damit ihre Fälle an die richtigen Behörden weitergeleitet wurden. Im 21. Jahrhundert allerdings war das Amt für Briefe und Besuche nur noch eine überlastete Antiquität, deren Arbeitsabläufe im Dunkeln blieben. Laut den Ergebnissen einer Untersuchung vermochte das Amt nur 0,2 Prozent der erhaltenen Fälle tatsächlich auch zu lösen. Vor Gericht wurden nur selten abschließende Urteile gefällt, weshalb sich die Menschen mit Sorgen, die ihren Fall entweder verloren oder nie mehr etwas davon gehört hatten, noch tiefer in den Kampf für Gerechtigkeit stürzten, der sich über Jahre hinziehen konnte.

Die modernen Nachfolger der Menschen mit Sorgen waren die sogenannten »Petitionsschreiber«, die auch mich oft mit ungebetenen Anrufen überhäuften. Sie spürten mich in der Hoffnung auf, ich könnte als ausländischer Journalist den Staat vielleicht dazu bringen, ihren Fall endlich aufzugreifen. Hatten sie mich erst einmal an der Strippe, war das Mindeste, was ich tun konnte, ihnen zuzuhören – mehr war normalerweise leider nicht drin. Ihre Fälle waren verzwickt und verwirrend, und die Einreichung einer Petition ähnelte einer Odyssee, was dazu führte, dass Tausende Menschen inmitten von zerknitterten Aktenbergen an den Rändern Pekings in Wellblechsiedlungen hausten, die »Dörfer der Petitionsschreiber« genannt wurden. Manchmal wusste ich nicht einmal zu sagen, ob diese Leute im Labyrinth der Konflikte mit den Behörden die Orientierung verloren hatten, weil es ihnen ohnehin nicht gut ging oder weil sie die Irrfahrt selbst in den Wahnsinn getrieben hatte.

Als das Internet China erreichte, gehörten die Menschen mit Sorgen zu den Ersten, die es für sich nutzten. Im September 2002 fielen in Nanjing mehr als vierzig Menschen einer Lebensmittelvergiftung zum Opfer, aber in den landesweiten Abendnachrichten wurde dieses Ereignis ignoriert und stattdessen über ein örtliches Kostümfestival und über Arbeiter berichtet, die den Parteiführern »zutiefst für ihr Mitgefühl dankten«. Also beschwerten sich die Leute im Internet. »Sind einfache Chinesen denn keine Menschen?«, fragte einer. Ein anderer schrieb: »Es ist schwieriger, den Leuten das Maul zu stopfen, als einen Fluss aufzuhalten.«

Schon bald nutzten die Menschen mit Sorgen die neue Technik, um miteinander in Kontakt zu treten. Als der fünfundzwanzigjährige Zhang Xianzhu entdeckte, dass er wegen eines positiven Hepatitis-Tests nicht als Beamter zugelassen worden war, fand er im Internet Leidensgenossen mit denselben Erfahrungen, und gemeinsam setzten sie eine Gesetzesänderung durch, um diese Form der Diskriminierung in Zukunft zu vermeiden. Bald entstanden ähnliche Kampagnen für die Rechte von Schwulen und Lesben, für die Anhänger verschiedenster Religionen und für Diabetiker. Der Wunsch, sich zu organisieren, drang immer weiter bis in die Mitte der Gesellschaft vor.

2007 machte in der Küstenstadt Xiamen eine SMS die Runde, in der die Pläne für den Bau einer örtlichen Chemiefabrik angeprangert wurden. Die Nachricht zeichnete ein düsteres Bild: »Die Herstellung dieser hochgradig giftigen Chemikalien kommt dem Abwurf einer Atombombe über der Stadt gleich [...]. Werden Sie aktiv, unseren Enkeln zuliebe! Nehmen Sie am Marsch der Zehntausend am 1. Juni um acht Uhr morgens teil. Leiten Sie diese Nachricht an all Ihre Freunde und Bekannten in Xiamen weiter.« Doch anstatt eine chaotische Demonstration zu mobilisieren, riefen die Veranstalter zu einem »Protest-Spaziergang« auf, also einem zurückhaltenden Marsch, der kein gewaltsames Einschreiten der Polizei provozieren sollte. Tausende Männer und Frauen nahmen daran teil – städtische, gut betuchte Mitglieder der neuen mittleren Einkommensschicht, manche mit ihren Kindern auf dem Arm –, die langsam und friedlich die Straße entlangspazierten und demonstrierten. Die Provinzregierung war überrascht, denn bislang war sie immer von Mengzis Worten ausgegangen, die da lauteten: »Wenn das Volk keinen festen Lebensunterhalt hat, verliert es dadurch auch die Festigkeit des Herzens.« Mengzi hatte allerdings nie einen Protest-Spaziergang erwähnt. War das nun ein Versuch, die Stabilität zu wahren oder sie zu stören? Ganz offensichtlich waren es keine Unruhen – was immer es jedoch war, legal war es nicht. Nach ein paar Tagen des Hin und Her zwischen Polizei und Demonstranten legte die Provinzregierung die Pläne für die Chemiefabrik schließlich auf Eis, um sie später »neu zu bewerten«.

Der gleichermaßen koordinierte wie moderate Geist der aktuellen Proteste bedeutete für den Staat ein delikates neues Problem. Jerome Cohen, Chinaspezialist an der juristischen Fakultät der New York University, fragte sich: »Wird sich in China ein Justizsystem durchsetzen, das all diesen Entwicklungen gerecht zu werden, die Spannungen in der Gesellschaft abzubauen und die Bedürfnisse der Bevölkerung zu befriedigen vermag, oder handelt es sich in Wirklichkeit bloß um einen riesengroßen Schwindel, der die Leute dazu bringt, auf die Straße zu gehen und alle möglichen Formen des Protests zu ergreifen, was letztlich die Stabilität und die Harmonie im Land verringern würde?« Cohen hielt den Kampf von Chen Guangcheng für einen Lackmustest, der letztlich beweisen würde, ob sich das autoritäre System in China den großen Ambitionen im Land würde anpassen können oder nicht. Chen fragte Cohen einmal: »Was soll ich deren Meinung nach jetzt bitte tun? Auf die Straße gehen? Ich möchte aber vor Gericht.« Insofern war Chen laut Cohen »kein Dissident, obwohl sie ihn vielleicht zu einem machen«.

Cohen und Chen kannten sich seit 2003, als Letzterer auf Einladung des International Visitor Leadership Programme durch die Vereinigten Staaten reiste. Damals hatte das amerikanische Außenministerium bei Cohen angefragt, ob er Zeit habe, einen chinesischen Anwalt zu treffen, aber der Professor stand kurz vor einer dringenden Abgabe, deshalb wollte er wissen, welche Universität der Anwalt besucht hatte.

»Er hat nicht studiert«, entgegnete der Anrufer.

»Warum behelligen Sie mich dann?«, antwortete Cohen.

»Dieser Bursche ist etwas Besonderes. Ich glaube, Sie werden seine Bekanntschaft machen wollen.«

Also trafen sie sich. Später erzählte mir Cohen: »Nach einer halben Stunde wurde mir klar, dass ich hier wirklich jemand Besonderen vor mir hatte.« Das war der Beginn einer unwahrscheinlichen Freundschaft. Cohen war dreiundsiebzig Jahre alt, ein hochgewachsener, kahlköpfiger Herr mit einem strahlend weißen Schnurrbart und einer Vorliebe für Fliegen. Bevor er als erster Anwalt aus dem Westen in der Volksrepublik praktizierte, hatte er zum Mitarbeiterstab von zwei Obersten Bundesrichtern der Vereinigten Staaten von Amerika gehört. Er galt als führender ausländischer Experte für die chinesische Justiz. Als sich Chen und er ein zweites Mal in Peking trafen, brachte Cohen einen Stapel juristischer Fachbücher mit, woraufhin Chen erklärte: »Sie werden nie verstehen, gegen was ich ankämpfe oder was ich zu erreichen versuche, wenn Sie nicht mit mir hinunter nach Dongshigu fahren und es sich mit eigenen Augen ansehen.«

Also reiste Cohen gemeinsam mit seiner Frau Joan (bei der es sich zufälligerweise um die bereits erwähnte Kunsthistorikern handelte, die in New York Freundschaft mit Ai Weiwei geschlossen hatte) von New York nach Dongshigu. Selbst nach ihrer jahrzehntelangen Arbeit in China erschütterte die beiden die Armut vor Ort. Cohen lernte auch Chens Klienten kennen. »Ich habe nie einen traurigeren Haufen zu Gesicht gekommen«, erklärte Cohen. »Lahme, vom Leben Geschlagene, Kleinwüchsige – alle möglichen Leute, denen die Lizenz zur Eröffnung eines Geschäfts verweigert wurde, wenn sie nicht bereit waren, die Behörden zu bestechen, oder die ungerecht besteuert oder von der Polizei misshandelt wurden.« Dann habe er die Bücher gesehen, die er Chen mitgegeben hatte: Sie seien voller Eselsohren gewesen. »Seine Frau und sein ältester Bruder hatten sie ihm vorgelesen.«

Bevor Cohen wieder abreiste, legte ihm Chen noch sein Vorhaben dar: Er wollte das Wissen über die chinesischen Gesetze mündlich verbreiten; zu diesem Zweck wollte er zweihundert Dorfbewohnern die Grundlagen des Rechtswesens beibringen, damit sie eigene Fälle bearbeiten konnten. Cohen fragte: »Glauben Sie wirklich, dass uns die örtlichen Behörden erlauben werden, einen Raum im hiesigen zentralen Verwaltungssitz zu mieten, um den Leuten dort zu erzählen, wie man die Autorität des Staates untergräbt und den Beamten schlechte Laune bereitet?« »Ja«, antwortete Chen.

Als Chen Guangcheng seine Haft antrat, war die Partei zu dem Schluss gelangt, dass sie nicht energisch genug gegen die Verbreitung unliebsamer Ideen vorging. Im Frühjahr 2007 informierte Präsident Hu Jintao die anderen Mitglieder des Politbüros darüber, dass digitale Filter und menschliche Zensoren nicht länger ausreichten. Auch die Partei müsse das Internet für sich »nutzen«, wie er sagte. Sie müsse »die Vorherrschaft über die öffentliche Meinung im Internet erlangen«.

Um das zu erreichen, vergrößerte die Partei den Stab der sogenannten »Beeinflusser der öffentlichen Meinung«: Von der Partei angeheuerte Menschen, die sich im Internet herumtrieben und sich als ganz normale Bürger ausgaben, in Wirklichkeit aber die Aufgabe hatten, Diskussionen eher in eine bestimmte Richtung zu lenken, als sie im Keim zu ersticken. Für jeden Kommentar erhielten sie einen halben Yuan, weshalb sie von Kritikern »die Fünfzig-Cent-Partei« genannt wurden. Wie die Mitarbeiter des Ministeriums sollten auch sie allgegenwärtig, aber unsichtbar sein; unter keinen Umständen durften sie zugeben, dass sie für die Partei arbeiteten. Ai Weiwei bot daraufhin jedem Beeinflusser der öffentlichen Meinung ein iPad, der sich bereit erklärte, über seine Aufgaben zu sprechen. Ein sechsundzwanzigjähriger Mann, der sich W. nannte, ging auf das Angebot ein. Er hatte Journalismus studiert und arbeitete hin und wieder für das Fernsehen, verdiente jedoch den Großteil seines Lebensunterhalts als Teilzeit-Beeinflusser der öffentlichen Meinung.

W. erklärte, bei jedem seiner Aufträge ginge es entweder darum, »auf die öffentliche Meinung einzuwirken«, oder darum, »die Gefühle der Netzbürger zu stabilisieren«. Lobte er den Staat jedoch allzu offensichtlich, ignorierten ihn die Leute oder verspotteten ihn gar als »Fünfzig-Cent-Heini«. Also versuchte er es durch die Hintertür: Sobald irgendwo im Netz eine größere Gruppe miteinander diskutierte, warf er einen dummen Scherz in die Runde oder postete eine langweilige Werbung, um zufällig vorbeikommende Leser dazu zu bringen, sich anderswo umzusehen. Wurde die Partei beispielsweise wegen der steigenden Benzinpreise kritisiert, brachte W. eine Granate zum Platzen, indem er folgenden Gedanken einstreute: »Wenn du zu arm zum Fahren bist, geschieht dir das ganz recht.« »Wenn die Menschen das merken, beginnen sie, mich anzugreifen«, erklärte er, »und langsam, aber sicher bewegt sich das Gespräch von den Benzinpreisen weg und hin zu meinen Kommentaren – Mission erfüllt.«

W. tat erst gar nicht so, als wäre er stolz auf seine Arbeit. Er machte es wegen des Geldes und verschwieg seinen Job sogar vor seiner Familie und seinen Freunden, weil das »meinem Ruf schaden könnte«, wie er sagte. »Alle möchten dringend die Wahrheit erfahren, mich eingeschlossen. Heute haben wir mehr Meinungsfreiheit als früher. Wenn man die jedoch erst einmal hat, erkennt man schnell, dass andere sogar noch größere Freiheiten besitzen. Dann fühlt man sich wieder unfrei. Das Traurige daran ist der Vergleich.« Ai veröffentlichte das Interview im Internet, doch bereits nach wenigen Minuten hatten es die Zensoren wieder entfernt. Das spielte jedoch keine Rolle mehr, denn diese kurze Zeit hatte bereits genügt, um es überall im Netz zu verbreiten.

Skepsis und Kritik waren wie Muskeln, die bei ausreichender Benutzung wuchsen. Immer wieder fegten Stürme der öffentlichen Entrüstung durchs Land, die als »Internet-Vorfälle« bekannt wurden. Bei einem nutzten Arbeiter Onlineforen und Mobiltelefone, um in nur zwei Monaten in mehr als vierzig Fabriken eine große Zahl schnell aufeinander folgender Streiks zu organisieren – ein plötzlicher Anstieg der Unzufriedenheit in der Bevölkerung, der besonders für die Partei eine große Belastung darstellte, denn wenn jemand wusste, welche Kraft aufgestachelte Arbeiter an den Tag legen konnten, dann war sie es. Jede noch so undurchsichtige staatliche Einrichtung konnte nun in aller Öffentlichkeit bewertet werden. Einmal besuchte ich eine winzige Berufsschule in der ländlichen Gegend Sichuans, und als ich Jahre später im Internet nach ihr suchte, stieß ich als Erstes auf die Meldung, dass ein Berufsschüler offiziell beim Bürgermeister des Ortes Beschwerde eingelegt hatte, weil die Schule ihre Schüler angeblich

»betrog«, indem sie auf ihren Abschlusszeugnissen »Teilzeitunterricht« eintrug. »Wir haben Schulgebühren für einen vollen Abschluss bezahlt«, schrieb der Schüler. »Und jetzt bleiben uns noch nicht einmal unsere Tränen.« Als sich die Schüler der Abschlussklasse beschwerten, wurden sie von den örtlichen Behörden einbestellt und gewarnt, bloß kein Aufsehen zu erregen. »Wir haben nicht die geringsten Schwierigkeiten gemacht oder randaliert oder so etwas. Ebenso wenig haben wir gegen das Gesetz verstoßen oder die gesellschaftlichen Konventionen gebrochen«, schrieb er weiter. »Wir wollten schlicht und ergreifend eine Erklärung.«

In Shanghai entdeckte eine Reihe von Eltern, dass ihren Kindern von den Schulen Krankenversicherungen verweigert wurden, weil sie auf dem Land registriert waren. Also veröffentlichten sie eine Beschwerde im Internet, die sie mit der Überschrift versahen »Wir leben in einem Land mit einer undurchlässigen Hierarchie«. Sie schrieben: »Wie kann die Schule mit so einem Verhalten überhaupt Hingabe zur Partei und Vaterlandsliebe lehren?« In einem anderen, in gewisser Hinsicht seltsam symbolträchtigen Fall beklagte sich der Drehbuchautor einer überaus erfolgreichen Fernsehserie namens *Aufstrebend*, in der es um junge, unabhängige Männer und Frauen ging, im Internet über seine Arbeitsbedingungen: »Wie viele Zuschauer muss ich denn noch erreichen, bis ich von meinem Job leben kann?«

Die Partei stand vor einem Rätsel, das sie selbst geschaffen hatte: Im Lauf der Jahre hatte sie so viele Möglichkeiten der freien Meinungsäußerung beseitigt, dass den Leuten gar nichts anderes übrig blieb, als die Art von gesellschaftlicher Unruhe heraufzubeschwören, vor der die Partei sich am meisten fürchtete. Ihr Rezept lautete, einfach noch rigoroser durchzugreifen – und der Teufelskreis nahm kein Ende. Als Hausbesitzer in der wohlhabenden Küstenstadt Ningbo mehrere Tage auf den Straßen protestierten, um den Bau neuer Chemieanlagen zu verhindern, gab die Stadtregierung die Pläne schließlich auf. Trotzdem nahmen die Zensoren der Vollständigkeit halber die Parole der Demonstranten – »Wir möchten überleben und über die Runden kommen« – auf ihre schwarze Liste auf.

Selbst wenn Bestechungsgelder nicht die gewünschte Wirkung zeigten, beschwerten sich die Leute im Internet. Ein Immobilienmagnat namens Huang Yubiao wollte sich einen Sitz im Provinzparlament kaufen; nachdem er fünfzigtausend Dollar ausgehändigt hatte, wurde er jedoch darüber informiert, dass sein Schmiergeld zu gering sei. (Daraufhin stellte er aus Rache ein Video des Mittelsmanns ins Internet, der das Geld entgegengenommen hatte.) Auch eine junge Frau namens Wang Qian beklagte sich, dass sie fünfzehntausend Dollar für die Aufnahme in die Armee geboten hatte (eine überaus beliebte Form der Bestechung, weil sich dort weitere Möglichkeiten für Kungelei ergaben), ihr Musterungsoffizier ihr jedoch mitgeteilt hatte, dass andere Kadetten mehr gezahlt hätten.

Öffentliche Beschwerden galten allerdings nicht nur den Behörden. Die Kunden der Online-Singlebörsenbetreiberin Gong Haiyan beklagten sich bei ihr, sie seien auf ihrer Seite von Betrügern hereingelegt worden. Man warf ihr vor, einfach wegzusehen, während sich Hochstapler auf dem Portal herumtrieben. Ein Mann wurde verhaftet und später von einem Pekinger Gericht zu zweieinhalb Jahren Haft verurteilt, weil er eine Frau hereingelegt hatte, die er über Jiayuan kennengelernt hatte. Das Unternehmen wies jegliche Verantwortung von sich, trotzdem verloren die Aktien vierzig Prozent ihres Werts. Langsam, aber sicher kamen der Singlebörse die Kunden abhanden. Zum Schutz vor Betrug wurde ein System zur Verifizierung von Profilen installiert, bei dem offizielle Dokumente in Kopie eingereicht werden mussten, etwa Gehaltsschecks, Personalausweise oder Scheidungspapiere. Je mehr Dokumente zur Verfügung standen, desto mehr Sterne erschienen neben dem Mitgliedsnamen. Das Unternehmen engagierte eine Reihe von Experten, die gefälschte Papiere und verdächtige Aktivitäten ausfindig machen sollten, etwa Nutzer, die ständig ihren Namen wechselten oder ihr Geburtsdatum änderten.

Trotzdem wuchs die Kritik. Die staatliche Zeitung *Jinghua Weekly* beklagte sich über die »Heiratsvermittler für wohlhabende VIPs«, deren einzige Aufgabe darin bestehe, die reichsten, meist männlichen Mitglieder mit den begehrtesten weiblichen zu verkuppeln. Diese sogenannten »Diamant-Junggesellen« gaben bis zu fünfzigtausend Dollar für sechs Rendezvous aus, was den Verdacht erregte, in Wirklichkeit handele es sich um eine Art Internet-Eskortservice. Als ich Gong dazu befragte, blieb sie ungerührt. Laut ihrer Aussage steckte dahinter nichts als Angebot und Nachfrage. »Diamant-Junggesellen suchen nach hübschen jungen Damen. Und manche dieser jungen Damen suchen eben nach einem wohlhabenden Herrn für die Ehe«, erklärte sie. »Das passt perfekt.«

Weil Gongs Unternehmen so schlechte Presse bekam, florierte die Konkurrenz. Online-Singlebörsen, die es in China vor Jiayuan kaum gegeben hatte, waren zu einer mehr als eine Milliarde Yuan schweren Industrie geworden, deshalb benötigte Gong jemanden mit Erfahrung, der das Ruder herumriss. Im März 2012, als die Einnahmen sanken und der Aktienkurs fiel, stellte Jiayuan eine erfahrene technische Führungskraft namens Linguang Wu ein, der den Posten eines Ko-Vorstandsvorsitzenden übernahm. Das Geschäft mit der Liebe wurde immer gnadenloser, und so war es wohl kein Zufall, dass Wu vorher ein Onlineballerspiel namens World of Tanks betrieben hatte.

Zunächst waren die Chinesen von den Möglichkeiten des Internets schlichtweg begeistert, doch inzwischen wurden ihre Erwartungen täglich größer, und sie bemühten sich erst gar nicht, ihre Verachtung für all jene zu verbergen, die ihre Onlinefreiheiten zu beschneiden versuchten. Keinen hassten die Leute allerdings mehr als den etwa fünfzigjährigen Informatikprofessor Fang Binxing. Fang hatte die chinesische Internet-Zensur entscheidend mitgeprägt, weshalb ihn die Staatspresse voller Bewunderung den »Vater der Großen Firewall« nannte. Als Fang jedoch ein eigenes Profil in den sozialen Medien anlegte, postete ein User »Schnell, werft Steine auf Fang Binxing!« und machte die anderen so auf ihn aufmerksam. Ein weiterer User stimmte sofort mit ein: »Irgendwann werden die Feinde des Volkes ihrem Richter gegenüberstehen.« Die Zensoren entfernten die Beleidigungen so schnell wie möglich, allerdings überforderte sie die Geschwindigkeit, in der neue, hasserfüllte Kommentare auftauchten. Fang wurde als »Eunuch« und als »streunender Hund« beschimpft. Jemand setzte mithilfe von Photoshop seinen Kopf auf den Körper einer Voodoopuppe, die Stirn von einer Stecknadel durchbohrt. Fang war einem rasenden Mob in die Hände gefallen.

Weniger als drei Stunden nachdem Fang im Internet entdeckt worden war, schloss der Vater der Großen Firewall seinen Account und zog sich aus der Welt zurück, bei deren Aufbau er geholfen hatte. Ein paar Monate später, im Mai 2011, hielt Professor Fang gerade einen Vortrag an der Wuhan-Universität, als ein Student zunächst ein Ei und dann einen Schuh nach ihm warf und ihn an der Brust erwischte. Die Dozenten versuchten den Verantwortlichen, einen Naturwissenschaftsstudenten einer nahe gelegenen Hochschule, festzusetzen, aber andere Studenten schirmten ihn ab und brachten ihn in Sicherheit. Im Internet wurde er sofort berühmt. Die Leute wollten ihm Bargeld schenken oder Ferien in Hongkong oder Singapur spendieren. Eine Bloggerin bot sogar an, mit ihm zu schlafen.

Als man ihn fragte, warum er den Schuh geworfen habe, entgegnete er, es sei ein Akt der Verzweiflung gewesen: »Es gibt sonst keine Möglichkeit, auf Augenhöhe mit Fang zu diskutieren«, erklärte er einem chinesischen Reporter. »Deshalb kann ich meinen Unmut nur auf diese doch recht extreme Art und Weise äußern.«

Als Chen Guangcheng im September 2009 entlassen wurde, hatte er seine gesamte Haft verbüßt. Es bestanden keine offenen Anklagepunkte mehr gegen ihn. Dennoch musste er bei seiner Rückkehr nach Dongshigu feststellen, dass sich die Provinzregierung auf seine Ankunft vorbereitet hatte: Sie hatte stählerne Gitter vor den Fenstern seines Hauses anbringen lassen und rund um den unbefestigten Hof Scheinwerfer und Kameras installiert, um ihn vierundzwanzig Stunden am Tag zu überwachen. Ein Team aus Wachleuten arbeitete eigens dafür im Schichtdienst. Einmal versuchten Cohen und Chen, die Kosten für das Wachpersonal, die Verpflegung und andere Dinge, die für die Aufrechterhaltung der Isolation benötigt wurden, wenigstens annäherungsweise zu schätzen – sie kamen auf sieben Millionen Dollar.

Am meisten litt Chen jedoch unter Strafen, die auf seine Psyche zielten: Hin und wieder beförderten die Wachleute alle Gegenstände aus dem Haus hinaus in den Hof, so dass seine Familie und er sie Stück für Stück wieder zurückbringen mussten. Sein Telefon und sein Computer wurden beschlagnahmt und die Stifte des Fernsehsteckers so stark verbogen, dass er nicht mehr zu gebrauchen war. Einmal gelang es Chen, ein kurzes Video hinauszuschmuggeln, in dem er seine Lebensumstände schilderte; als das jedoch herauskam, rollten ihn die Wärter zur Strafe in einen Teppich und schlugen auf ihn ein.

Die Isolationstaktik, die Chen die meisten Sorgen bereitete, galt allerdings nicht ihm, sondern seiner sechsjährigen Tochter, die vom Wachpersonal vom Schulbesuch abgehalten wurde. Das war auch letztlich der Grund, warum die internetaffinen Bewohner Pekings, Shanghais und anderer chinesischer Großstädte auf die Straße gingen. Am 23. Oktober 2011 versuchten dreißig seiner Unterstützer, ihn in seinem Haus zu besuchen, doch die Wärter nahmen ihnen Handys und Kameras ab, bewarfen sie mit Steinen und schlugen sie schließlich in die Flucht. Diese dramatischen Ereignisse erregten das Interesse von Menschen wie He Peirong, einer in Nanjing lebenden Englischlehrerin, die nie etwas von Chen Guangcheng gehört hatte, bis einer ihrer Freunde ihn im Herbst desselben Jahres erwähnte. »Als Erstes überprüfte ich, ob Chen die Wahrheit sagte«, erzählte sie mir. Je mehr sie über seinen Hausarrest erfahren habe, desto mehr habe sie sich davon beleidigt gefühlt. »Selbst wenn er bei seiner Arbeit für die Menschenrechte nur ein einziges Mal das Gesetz gebrochen haben sollte – er hat dafür bezahlt, finde ich. Es erschreckte mich, wie er nach seiner Entlassung behandelt wurde. Ich konnte mir gar nicht vorstellen, dass im heutigen China eine derartige Gewalt überhaupt noch möglich ist. Meine Freunde – manche davon Polizisten – konnten gar nicht glauben, was ich ihnen da erzählte.«

He Peirong schloss sich der Internetkampagne für Chen an und lud ein Selbstporträt mit Sonnenbrille hoch. Sie berichtete auf ihrem Blog über Chens Fall und ihren Plan, Chen an seinem Geburtstag am 5. November zu besuchen. Scheinbar las die Polizei mit, denn fünf Tage vor besagtem Termin nahmen die Beamten ihre Verfolgung auf, und schließlich begleitete man sie sogar zur Arbeit, um sie darüber zu informieren, dass sie unter keinen Umständen den Versuch wagen sollte, in Chens Dorf zu reisen. Die Polizisten boten ihr sogar an, die Kosten für eine Urlaubsreise zu übernehmen, solange sie sich nur von Chen fernhielt. Als sie das ablehnte, wurde sie bis nach Chens Geburtstag unter Hausarrest gestellt. Davon ließ sie sich jedoch nicht abschrecken: Gemeinsam mit anderen Unterstützern Chens verteilte sie viertausend Autoaufkleber, auf denen in stilistischer und farblicher Anlehnung an eine Kentucky-Fried-Chicken-Werbung Chens Gesicht abgebildet war, darunter die Worte »Free CGC«. (Wenn sich die Polizei nach der Bedeutung der Abkürzung erkundigte, antworteten die Aktivisten, es handle sich um eine Anzeige für Gratishühnchen.) Diese Form des Protests verriet einiges über die Teilnehmer. »Im Vergleich zu anderen Menschenrechtskampagnen in China haben wir hier eine andere Form des Aktivismus vor uns«, erklärte mir Hei Peirong. »Ich glaube, die Sache mit den Autoaufklebern für Chen Guangcheng spiegelt vor allem die Ansichten der Mittelschicht wider, weil nur Autobesitzer daran teilnehmen konnten.«

Die Kampagne schaffte es sogar in die internationalen Nachrichten, und nach zwei Wochen lenkte die Provinzregierung schließlich ein: Chens Tochter durfte wieder zur Schule gehen. Chen jedoch blieb in seinen eigenen vier Wänden gefangen. Sein Fall brachte den Staat in große Verlegenheit, aber je mehr sich Chen und seine Unterstützer beschwerten, desto weniger wollte die Regierung dem Druck nachgeben. Als sich ein ausländischer Journalist während des Nationalen Volkskongresses nach Chens Zustand erkundigte, wurde die Frage aus dem Protokoll gestrichen.

15. Sandsturm

Im Frühjahr ziehen die Sandstürme über Peking hinweg. Der Wind fegt aus der mongolischen Steppe herab und nimmt auf seiner Reise zahllose Sandkörner mit. Bevor der Sturm die Hauptstadt erreicht, kann man ihn am Horizont bereits kommen sehen: Der Himmel nimmt ein blasses Gelb an, das wie aus einer anderen Welt zu sein scheint, und der Sand beginnt, sich gleich winzigen Schneegestöbern auf den Fenstersimsen zu sammeln. Das Haus in der *hutong*, in der ich im März 2011 gemeinsam mit Sarabeth Berman lebte (meiner damaligen Verlobten und späteren Ehefrau), war nach dem Winter vollkommen ausgedörrt. Meine Nachbarn unternahmen die ersten Ausflüge der Saison zu den am Rande Pekings gelegenen Blumenmärkten und verschönerten ihre Häuser mit ein paar Farbtupfern. Vor Kurzem hatten die Blumenverkäufer der Stadt allerdings eine merkwürdige Anweisung erhalten: Sie sollten keinen Jasmin mehr verkaufen. Jasmin gehört zu den Lieblingsblumen der Chinesen, denn er eignet sich ganz hervorragend für Tee und hat kleine weiße Blütenblätter, die in klassischen chinesischen Gedichten mit Unschuld assoziiert werden. In diesem Jahr galt für die Händler allerdings »kein Jasmin«, ganz egal, wie viel Geld man ihnen dafür bot. Sollte jemand vorbeikommen und sich nach der Pflanze erkundigen, hatten sie das Autokennzeichen zu notieren und es den Behörden zu melden.

Mittlerweile verströmte die Blume in China nämlich den Duft der Subversion. Am 17. Dezember, also ein paar Wochen zuvor, hatte ein Polizist in Tunesien die Waren des sechsundzwanzigjährigen Mohamed Bouazizi beschlagnahmt, der trotz Schulabschluss arbeitslos war und Obst ohne die nötige Genehmigung verkaufte. Als sich der Mann beschwerte, wurde er geschlagen. Bouazizi war der Alleinernährer einer elfköpfigen Großfamilie. Er wollte bei der Stadtverwaltung gegen das Vorgehen der Polizei protestieren, wurde allerdings von niemandem empfangen. Verzweifelt und gedemütigt wie er war, übergoss er sich mit Farbverdünner und zündete sich mit einem Streichholz an.

Als er einige Wochen später starb, hatte sein Schicksal in ganz Tunesien Proteste gegen das autoritäre Regime von Präsident Zine el-Abidine Ben Ali ausgelöst. Bei Facebook und auf Youtube tauchten immer mehr Handyvideos auf, auf denen zu sehen war, wie die Polizei gegen die Demonstranten vorging. Die Proteste richteten sich bald auch gegen die Korruption, die Inflation, die Arbeitslosigkeit und die Einschränkung politischer Freiheiten im Land. Innerhalb eines Monats wurde der tunesische Präsident von der neuen Bewegung gestürzt, während sich in der ganzen arabischen Welt ähnliche Proteste entzündeten. Ausländische Medien nannten die Ereignisse in Anlehnung an die tunesische Nationalblume »Jasminrevolution«, doch in Tunesien selbst bezeichnete man sie als »Revolution der Würde«. Wie auch immer man sie nannte: Die Demonstrationen erregten in China sofort Aufmerksamkeit. Als Präsident Hosni Mubarak in Kairo gestürzt wurde, twitterte Ai Weiwei: »Heute sind wir alle Ägypter.«

Die chinesische Führung begegnete diesen Entwicklungen mit Gelassenheit – oder tat wenigstens so. Zhao Qizheng, der ehemalige Leiter des Staatlichen Nachrichtenamts, erklärte: »Allein der Gedanke, dass es in China zu einer Jasminrevolution kommen könnte, ist vollkommen lächerlich und entbehrt jeglicher Grundlage.« Die *Beijing Daily* verkündete: »Jeder weiß, dass Stabilität ein Segen und Chaos eine Katastrophe ist.« Ein Bericht der *China Daily* betonte ganze sieben Mal die überragende Bedeutung der »Stabilität«. Intern reagierte die Partei allerdings anders. Mein Telefon summte. Es war eine Anweisung aus dem Ministerium, gerichtet an die Redakteure im Land:

> Es dürfen keine Vergleiche zwischen den politischen Systemen im Nahen Osten und dem in China gezogen werden. Tauchen die Namen der ägyptischen, tunesischen, libyschen oder anderer Staatsoberhäupter in unseren Medien auf, dürfen die Namen der chinesischen Führer auf keinen Fall im selben Kontext genannt werden.

~

Der Arabische Frühling verunsicherte die Oberhäupter Chinas stärker als jedes Ereignis der letzten Jahre. »Aus einem Funken kann ein Steppenbrand entstehen«, hatte Mao gesagt. Man durfte die Macht des Internets zwar nicht überbewerten, dennoch war es den Gegnern des Autoritarismus ganz eindeutig eine Hilfe. Die Partei war noch aus einem weiteren Grund alles andere als erfreut, und der war philosophischer Natur: Allzu oft hatte sie in der Vergangenheit den Standpunkt vertreten, dass die Menschen in den Entwicklungsländern mehr an Wohlstand und Stabilität interessiert seien als an »westlichen Vorstellungen« von Demokratie und Menschenrechten. Nun, da Frauen und Männer in der arabischen Welt für Demokratie und Menschenrechte auf die Straße gingen, war diese Auffassung kaum noch zu halten.

Einige Machthaber, etwa der König von Jordanien, reagierten auf den Arabischen Frühling mit dem Versprechen größerer Freiheiten, da sie hofften, so gesellschaftliche Unruhen vermeiden zu können. Die chinesische Führung schlug den entgegengesetzten Weg ein. Aus dem Sturz Mubaraks zogen sie dieselbe Lehre wie nach dem Zusammenbruch der Sowjetunion: Unkontrollierte Proteste führten zu offener Rebellion. Das Politbüro beauftragte Wu Bangguo, einen der konservativsten Köpfe der Partei, seine Theorie der »Fünf Neins« aus der Versenkung zu holen: In China würde es keine oppositionellen Parteien, keine alternativen Prinzipien, keine Gewaltenteilung, kein föderales System und keine vollständige Privatisierung geben. Bei einem Treffen von dreitausend Parlamentariern erklärte er: »Zögern wir, könnte der Staat im Chaos versinken.«

Am Samstag, den 19. Februar, tauchte eine anonyme Botschaft auf einer im Ausland betriebenen chinesischen Webseite auf, in der Chinesen dazu aufgerufen wurden, sich am nächsten Tag um 14 Uhr in dreizehn chinesischen Städten zu versammeln, um »schweigend spazieren zu gehen, in der Hand eine Jasminblüte«. Die Regierung mobilisierte Zehntausende Polizisten und Beamte der Staatssicherheit, die sich in Bereitschaft hielten, falls es zu Problemen kommen sollte. Die Militärzeitung, die *People's Liberation Army Daily*, warnte vor einem »rauchfreien Krieg«, der »das Land zu einem Abziehbild des Westens machen und dadurch kastrieren« werde.

Zur besagten Uhrzeit unterbrachen die Behörden in weiten Teilen der Stadt das Mobilfunknetz, damit keine Kurznachrichten mehr verschickt werden konnten. Die meisten, die bei der Mahnwache auftauchten, waren ausländische Journalisten. Vor dem McDonald's im Einkaufsbezirk Wangfujing sammelte sich eine aus etwa zweihundert Chinesen bestehende Menschenmenge, bei der niemand sagen konnte, wer Demonstrant, wer Polizist und wer bloß Zaungast war. Zu meiner Überraschung war auch Tang Jie vor Ort, der junge Nationalist aus Shanghai. »Ich wollte mir die Sache einfach ansehen, weil ich dachte, es könnte etwas Aufregung geben«, erklärte er mir. »Ich habe aber nicht damit gerechnet, dass außer Reportern überhaupt jemand auftaucht. Wir haben Bilder von den Journalisten gemacht.« Lachend fügte er hinzu: »Auf jeden Fall gibt es keine Revolution.«

Vor drei Jahren hatten wir uns kennengelernt, und inzwischen hatte Tang nicht nur in Philosophie promoviert, sondern seine patriotische Leidenschaft zum Beruf gemacht: Nachdem sein Video im Internet zur Sensation geworden war, kam er mit ähnlich denkenden Menschen in Kontakt, darunter Rao Jin, dem Gründer von Anti-CNN.com, einer Webseite, auf der die westliche Berichterstattung über China kritisiert wurde. Rao Jin stellte gerade eine eigene Produktionsfirma auf die Beine, und Tang war nach Peking gezogen, um mitzuhelfen. Sie nannten die Firma »April Media« (kurz m4), nach dem Monat, in dem sie sich zur Verteidigung des olympischen Feuers erhoben hatten. Sie übertrugen chinesische Artikel ins Englische und umgekehrt, außerdem veröffentlichten sie Videos und Vorträge in der Hoffnung, »ein wahres und objektiveres Bild der Welt« zu zeichnen, wie sie es ausdrückten.

Ein paar Stunden nach dem missglückten Protestversuch meldeten sich einige seiner Mitstreiter bei Tang, weil sie mit einer seltsamen Aufnahme von der Demonstration vor dem McDonald's zurückgekehrt waren: Der Botschafter der USA, Jon Huntsman jr., hatte sich kurz blicken lassen. Der Diplomat bestand darauf, es handle sich um reinen Zufall, er sei nach dem Mittagessen einfach noch kurz spazieren gegangen, doch für die chinesischen Nationalisten bewies sein Erscheinen, dass die Vereinigten Staaten die Auslösung einer »chinesischen Jasminrevolution« planten. In dem Video, das Tangs Freunde aufgenommen hatten, stellte ein Mann Huntsman folgende Frage: »Sie möchten, dass China im Chaos versinkt, nicht wahr?« Der Botschafter verneinte und verließ auf der Stelle den Ort des Geschehens; Tang Jie jedoch erkannte sofort, dass dieser Vorfall im Internet zur Sensation werden könnte. Also begann er mit der Arbeit, fügte Untertitel hinzu und legte seine Argumente mithilfe zerplatzender roter Sprechblasen dar: »China hat mit Sicherheit sehr viele Probleme«, schrieb er. »Trotzdem wollen wir nicht zum zweiten Irak werden. Wir wollen nicht zum zweiten Tunesien werden. Wir wollen nicht zum zweiten Ägypten werden. Wenn das Land erst einmal im Chaos versinkt, werden die USA und die sogenannten ›Reformer‹ unser 1,3 Milliarden Menschen zählendes Volk dann ernähren können? Setzt es verdammt noch mal nicht in den Sand!«

Um drei Uhr morgens war Tang endlich fertig, doch bevor er das Video ins Internet stellte, zögerte er kurz. Die Behörden hatten die Seite gewarnt, die Demonstrationen im Land oder die Unruhen im Nahen Osten ja nicht zu erwähnen. »Aber dann dachte ich mir, dass ich die Aufnahme auf jeden Fall hochladen muss«, erklärte er. »Jede Redaktion, der dieses Material in die Hände gefallen wäre, hätte genau gewusst, dass es eine Meldung wert ist.« Also klickte er auf »Veröffentlichen«. Keine vierundzwanzig Stunden später war aus der Angelegenheit ein diplomatischer Vorfall erster Güte geworden. Das chinesische Außenministerium beschwerte sich über Huntsmans Anwesenheit bei der Kundgebung; Tang selbst wurde von Journalisten aus so fernen Orten wie Salt Lake City angerufen, Huntsmans Heimatstadt.

In der darauffolgenden Woche besuchte ich Tang Jie in seinem neuen Büro in Peking, das sich in einem Gebäude ganz in der Nähe des Olympiastadions befand. Er schien energiegeladen, obwohl er die Nächte auf einem kaputten roten Sofa im Büro verbrachte, während er nach einer Wohnung in der Stadt Ausschau hielt. Er empfand das neue Projekt allerdings als überaus aufregend. Das Büro verfügte über die Ikea-Ästhetik, die ich bereits bei vielen chinesischen Start-ups gesehen hatte, und an den Wänden hingen inspirierende Fotos von Kornfeldern oder Fahnen im Wind. Der Unternehmensslogan lautete: »Unsere Bühne. Unsere Hoffnung. Unsere Geschichte. Unser Glauben.«

Wir gingen hinunter in die Kantine. Beim Mittagessen erwähnte ich, dass ich den Schriftsteller und Unternehmer Han Han kennengelernt hatte, der ungefähr im selben Alter war wie Tang. Tang machte ein abfälliges Geräusch. »Er ist zu einfach gestrickt, manchmal geradezu naiv«, erklärte er. »Han Han weist zwar auf viele Probleme Chinas hin, tut das aber auf sehr oberflächliche Art und Weise. Immerzu sagt er ›Der Staat ist böse‹.« Ich entgegnete, Han spreche auf seinem Blog viele der Probleme an, die auch Tang thematisierte, beispielsweise die Korruption, die Umweltverschmutzung oder die Notwendigkeit politischer Reformen, aber Tang sah die Sache anders. »Der Unterschied zwischen uns und Han Han besteht darin, dass wir uns wenigstens um Konstruktivität bemühen. Er spricht zum Beispiel über Bestechung und über zu hohe Wohnkosten und stachelt damit die Leute auf. Wir dagegen setzen uns für ein schrittweises Vorgehen ein. Das Ganze ist schließlich ein Prozess.«

Trotz der fehlgeschlagenen Jasminproteste riefen die Organisatoren zu einem weiteren Versuch am folgenden Wochenende auf. Zu diesem Zweck verbreiteten sie eine Nachricht auf chinesischen Webseiten im Ausland: »Das chinesische Volk muss selbst für seine Rechte kämpfen.« Sie verlangten von der Partei, entweder eine unabhängige Judikative einzurichten sowie die ungerechte Einkommensverteilung und die Korruption zu bekämpfen oder, sollte ihr das nicht gelingen, »die Bühne der Geschichte« endgültig zu verlassen. Die Organisatoren kombinierten bei der Wahl ihrer Parolen das Praktische (»Wir verlangen Arbeit und Unterkunft!«) mit dem Abstrakten (»Wir verlangen Gerechtigkeit und gleiche Behandlung für alle!«).

Ebenso wie die im Ausland lebenden chinesischen Studenten vor ein paar Jahren eine große Rolle bei den Protesten der Nationalisten gespielt hatten, war es nun an der anderen Seite, ihre Meinung zu äußern. Studenten in Seoul, Paris, Boston und andernorts schrieben Texte im Namen der »Jasminbewegung«, wie sie die Kampagne nannten, veröffentlichten diese auf einem eigens dafür eingerichteten Blog, betrieben eine Facebook-Seite und tauschten sich in Google-Gruppen und auf einem Twitter-Profil darüber aus. Sie riefen »entlassene Arbeiter und die Opfer von Zwangsumsiedlungen [auf], sich den Demonstrationen anzuschließen, Parolen zu rufen und nach Freiheit, Demokratie und politischen Reformen zu verlangen, um die ›Einparteienherrschaft‹ zu beenden«.

In Wirklichkeit wies allerdings sehr wenig darauf hin, dass ihr Aktivismus über die Grenzen der digitalen Welt hinaus Wirkung zeigte. Als die nächsten Kundgebungen anstanden, überließ der Staat dennoch nichts dem Zufall. Er schickte Hunderte Polizisten in Uniform und Beamte in Zivil und stattete ein Sondereinsatzkommando mit Schutzwesten, Schnellfeuergewehren und Polizeihunden aus. Außerdem rief die Polizei bei ausländischen Journalisten an, um sie zu warnen, bloß nicht bei den Protesten aufzutauchen. Dennoch erschien ein ganzer Haufen Reporter, der von der Polizei gewaltsam vertrieben wurde. Stephen Eagle von Bloomberg Television wurde am Boden fixiert, am Bein weggezerrt, geschlagen und getreten. Einige Beamte gingen auf einen Kameramann los und schlugen und traten ihm ins Gesicht. Als der chinesischen Außenminister später von Journalisten um eine Untersuchung dieser Fälle gebeten wurde, antwortete seine Sprecherin mit den üblichen diplomatischen Floskeln und erklärte dann geradeheraus, dass »kein Gesetz [die Journalisten] beschützen kann, die China Schwierigkeiten bereiten«. Die Proteste waren vorüber. Die Organisatoren versuchten, die Chinesen in einem letzten Aufruf dazu zu bewegen, sich zu einer bestimmten Uhrzeit im McDonald's zu versammeln und dort Menü Nummer drei zu bestellen.

Bald schon begannen die Vergeltungsmaßnahmen. Manch einer, der sich positiv über die Proteste geäußert hatte, verschwand plötzlich spurlos, zumindest für eine Weile. Bei einigen klingelte es an der Tür, sie öffneten und lösten sich dann in Luft auf; andere gingen die Straße entlang und wurden plötzlich in parkende Autos gezerrt. Als sich der Künstler Ai Weiwei am Sonntag, den 3. April 2011, frühmorgens am

Pekinger Flughafen aufhielt, um die Maschine nach Hongkong zu besteigen, wurde er aus der Warteschlange gezogen und in ein Büro abgeführt. Am anderen Ende der Stadt spähte einer seiner Assistenten durch das türkisfarbene Tor vor Ais Studio und blickte auf eine Meute Polizisten. Gleichzeitig tauchten Beamte in der nicht weit vom Atelier gelegenen Wohnung auf, in der Ais Sohn gemeinsam mit seiner Mutter lebte. Andernorts in Peking wurde ein Journalist namens Wen Tao, der oft über Ais Aktivitäten berichtet hatte, gewaltsam in eine schwarze Limousine gezerrt. Drei weitere Mitarbeiter von Ai wurden auf ähnliche Weise verhaftet.

Die Polizei trug Dutzende Computer und Festplatten aus Ais Atelier. Acht seiner Assistenten wurden in Gewahrsam genommen. Ais Frau, Lu Qing, musste für eine Befragung vor Ort bleiben. Als es in Peking Abend wurde, ließ die Polizei die Assistenten laufen, verriet jedoch kein Wort über Ai Weiwei und die anderen. Als sich die Meldung über die Festnahme verbreitete, wurde die schwarze Liste der Internetzensur um folgende Begriffe erweitert:

Ai Weiwei
Weiwei
Ai Wei
Ai, der Dicke

Allerdings entgingen den Zensoren einige kryptischere Verweise, die in der Bevölkerung schnell die Runde machten, darunter auch eine Anspielung, in der die berühmten Worte des Theologen Martin Niemöller aufgegriffen wurden:

> Als sie die Dicken holten, sagtest du »Mit mir hat das nichts zu tun, denn ich bin dünn«. Als sie die Bärtigen holten, sagtest du »Mit mir hat das nichts zu tun, denn ich habe keinen Bart«. Als sie die Sonnenblumenkernverkäufer holten, sagtest du »Mit mir hat das nichts zu tun, denn ich verkaufe keine Sonnenblumenkerne«. Als sie jedoch die bartlosen Dünnen holten, die noch nie im Leben Sonnenblumenkerne verkauft hatten, gab es keinen mehr, der für dich protestieren konnte.

Mitte April bezeichneten Menschenrechtsorganisationen das Vorgehen der chinesischen Polizei als den größten Angriff auf die Meinungsfreiheit seit dem brutalen Vorgehen auf dem Tiananmen-Platz vor gut zwanzig Jahren. Zweihundert Personen waren befragt oder unter Hausarrest gestellt worden; fünfunddreißig weitere befanden sich wahrscheinlich in Haft. Die Liste umfasste nicht nur Dissidenten der alten Schule, sondern auch bekannte Journalisten und Stars der sozialen Medien. Nachdem die Ersten freigelassen worden waren, beschrieben sie ihre Erfahrungen. Der Anwalt Jin Guanghong erklärte, er sei in einer psychiatrischen Anstalt an ein Bett gefesselt und geschlagen worden, außerdem habe man ihm unbekannte Stoffe injiziert. Manche berichteten, die Polizei habe sie an das Schicksal des Anwalts Gao Zhisheng erinnert, der in seiner Autobiografie schilderte, wie er gefoltert worden war. Die Aktivistin Li Tiantian musste ihr Sexualleben vor einem ganzen Raum voller Polizisten ausbreiten. Sie wurde gewarnt, nie ein Wort darüber zu verlieren, was ihr zugestoßen war. Trotzdem veröffentlichte sie einen Bericht im Internet. »Tief im Innersten schämte ich mich so sehr«, schrieb sie. »Als ob ich lächelte, während man mich schlug, und ich behauptete, ich hätte keine Schmerzen. Ich hatte keine andere Wahl, war vollkommen hilflos.«

Als die Polizei immer gewaltsamer vorging, warf US-Außenministerin Hillary Clinton der chinesischen Regierung vor, »den Lauf der Geschichte aufhalten zu wollen, was nur ein Narr versuchen würde«. Die *People's Daily* reagierte, in dem sie die Aufmerksamkeit auf eine Umfrage des Pew Research Centers lenkte, nach der die Chinesen unter den Einwohnern von zwanzig befragten Ländern mit siebenundachtzig Prozent die zufriedensten waren. Inmitten all dieser Entwicklungen ließ sich nur allzu leicht ein gerade erschienener Haushaltsbericht übersehen, der eine überraschende Information enthielt: Das erste Mal in der Geschichte der Volksrepublik investierte der Staat mehr in die innere als in die äußere Sicherheit, was bedeutete, dass China mehr Geld für die Überwachung und Kontrolle der eigenen Bevölkerung ausgab als für die Abwehr von Bedrohungen aus dem Ausland. Die *People's Daily* führte die missglückten Proteste allerdings darauf zurück, dass »ein ehemals rückständiges und verarmtes Land zur zweitgrößten Wirtschaftsmacht geworden ist [...] und nun von der ganzen Welt geschätzt wird«.

Tage vergingen, ohne dass etwas über Ais Aufenthaltsort an die Öffentlichkeit drang. Schließlich kamen seine Mutter und seine ältere Schwester auf den Gedanken, handgeschriebene Flugblätter zwischen die »Zu Vermieten«- und »Hund entlaufen«-Anzeigen in ihrer Nachbarschaft zu hängen. Ganz oben schrieben sie »Vermisst«:

> AI WEIWEI, MÄNNLICH, 53 JAHRE ALT
> Am 3. April 2011 gegen 8:30 Uhr nahmen ihn zwei Männer vom Pekinger Flughafen mit, kurz bevor er an Bord der Maschine nach Hongkong gehen konnte. Mehr als fünfzig Stunden sind seitdem vergangen, doch sein Aufenthaltsort bleibt unbekannt.

Später am Nachmittag erklärte das chinesische Außenministerium, Ai werde wegen »Wirtschaftsverbrechen« verhört, was, wie man eilends hinzufügte, »nichts mit Menschenrechten oder Meinungsfreiheit« zu tun habe. Die *Global Times*, das Boulevardblatt der Partei, nannte Ai »einen Außenseiter der chinesischen Gesellschaft«, der für seinen Ungehorsam »den Preis zahlen« müsse. »China macht große Fortschritte, und niemand hat das Recht, einem ganzen Land seine ganz persönlichen Vorlieben und Abneigungen aufzuzwingen.«

Der Künstler selbst war am Flughafen auf den Rücksitz eines weißen Lieferwagens verfrachtet worden, flankiert von Beamten, die ihn an den Armen festhielten. Sie hatten ihm eine schwarze Kapuze über den Kopf gezogen. Als der Lieferwagen anhielt, wurde Ai in ein Zimmer gebracht und auf einen Stuhl gesetzt. Man zog ihm die Kapuze vom Kopf. Ein muskulöser Mann mit kurzem Haar stand vor ihm. Ai bereitete sich innerlich auf eine Tracht Prügel vor, stattdessen leerten die Wachleute seine Taschen, nahmen ihm den Gürtel weg und fesselten seinen rechten Arm mit Handschellen an den Stuhl. In dieser Position musste er acht Stunden verharren. Dann betraten zwei Beamte den

Raum und vernahmen ihn. Einer öffnete einen Laptop, während der andere sich eine Zigarette anzündete. Letzterer war mittleren Alters und trug ein Nadelstreifensakko mit Flicken an den Ellbogen. Später stellte er sich Ai als Herr Li vor. In den nächsten zwei Stunden wurde Ai von Herrn Li zu seinen Auslandskontakten, zu seinen Einkommensquellen und zur politischen Botschaft seiner Kunst befragt. Er ging auf Ais Blog und seinem Twitter-Profil Jahre zurück und untersuchte die Einträge Zeile für Zeile. Er fragte den Künstler, ob er wisse, wer hinter den Aufrufen zur Jasminrevolution stecke. Ai bat darum, seinen Anwalt treffen zu dürfen. »Das Gesetz wird Ihnen nicht helfen«, lautete die Antwort. »Folgen Sie einfach den Anweisungen, und Sie werden die Sache erheblich erleichtern.«

Trotz all der Angst, die Ai in diesem Augenblick spürte, faszinierte ihn das Geschehen auch. Nachdem er lange versucht hatte, die Partei aus so vielen unterschiedlichen Blickwinkeln wie möglich zu betrachten, saß er ihr nun von Angesicht zu Angesicht gegenüber. Die Ermittler, die ihn befragten, schienen einige Schwierigkeiten zu haben, seine Welt zu verstehen: So erkundigte sich Herr Li etwa danach, wie man ein Aktbild arrangierte. Als die Beamten nach seinen Finanzen fragten, erklärte Ai, dass eine einzige Skulptur bis zu achtzigtausend Dollar einbringen könne, was sie ihm zunächst nicht so recht glauben wollten.

Herr Li informierte Ai darüber, dass seine Verhaftung bereits seit einem Jahr vorbereitet worden sei. »Wir mussten die überaus schwere Entscheidung treffen, ob wir Sie nun festnehmen oder nicht. Letztlich kamen wir zu dem Schluss, dass wir es einfach tun mussten.« Dann fügte er hinzu: »Sie haben den chinesischen Staat der Lächerlichkeit preisgegeben, was nicht den Interessen unseres Landes entspricht.« Außerdem sagte er: »Sie sind Teil der als ›friedliche Evolution‹ bekannten ausländischen Strategie geworden.« Früher oder später habe ihn der Staat einfach »zerquetschen« müssen, erklärte Li. Außerdem teilte er Ai mit, dass er höchstwahrscheinlich wegen »Anstiftung zur Untergrabung der Staatsgewalt« vor Gericht gestellt werde, also wegen desselben Verbrechens wie der Schriftsteller Liu Xiaobo.

In den folgenden Tagen war Ai keinen Augenblick allein. Er wurde auf ein Militärgelände verlegt, wo er in einem engen, fensterlosen Raum mit Gummiwänden wie in der Psychiatrie untergebracht wurde. Zwei junge Wachleute in olivgrünen Uniformen wichen ihm nie weiter als einen Meter von der Seite, zuweilen standen sie sogar nur zehn Zentimeter vor seinem Gesicht. Sie begleiteten ihn zur Toilette und zur Dusche. Wenn er in seiner Zelle auf und ab ging, taten sie dasselbe. Wenn er schlief, wollten die Beamten seine Hände sehen; wenn er sich ins Gesicht fassen wollte, hatte er um Erlaubnis zu bitten. Ai fragte sich oft, wer diese Männer um ihn herum wohl waren. Hielten sie sich für Verteidiger des chinesischen Wohlstands? Dachten Sie, sie könnten auf diese Weise die egoistischen und zerstörerischen Taten von Menschen wie ihm vereiteln? Oder betrachteten Sie sich gar in einem dunkleren Licht und verstanden sich als die Muskeln eines Körpers, der von der Furcht vor der eigenen Vergänglichkeit geplagt wurde?

Die Befragungen hörten nicht auf, Ai wurde jedoch nie körperlich misshandelt. Aus Angst wurde Erschöpfung. Er verlor Gewicht. Er nahm Medikamente gegen seine Diabetes, seinen Bluthochdruck, sein Herzproblem und die Folgen seiner Kopfverletzung. Immer wieder wurde er von einem Arzt untersucht, manchmal alle drei Stunden täglich. Langsam, aber sicher verlor er jegliches Zeitgefühl. Er vergaß, aus welchem Grund er überhaupt festgehalten wurde. Es habe sich angefühlt, als wäre er mutterseelenallein »durch einen Sandsturm« gewankt, wie er es ausdrückte.

Nach sechs Wochen wurde Ai ganz plötzlich ein sauberes weißes Hemd in die Hand gedrückt, und man befahl ihm, sich zu duschen. Er sollte seine Frau wiedersehen. Gerüchte über Folter machten die Runde, deshalb stand der Staat unter immensem Druck und musste sie entkräften. Die ganze Inszenierung machte Ai sehr wütend. Deshalb erklärte er: »Ich möchte meine Frau nicht sehen, denn laut Ihrer Aussage besteht nicht die geringste Chance, mich mit einem Anwalt zu treffen. Was sollte ich ihr also über die Geschehnisse der letzten eineinhalb Monate erzählen?« Doch das Angebot war nicht verhandelbar. Er wurde darüber informiert, was er zu sagen hatte: dass man ihn wegen »Wirtschaftsverbrechen« verhöre und er sich in einem guten Gesundheitszustand befinde – sonst nichts.

Ai Weiweis Verhaftung zog eine internationale Aufmerksamkeit auf sich, wie sie seiner Kunst nie zuteilgeworden war. Quasi über Nacht war er einer der bekanntesten Dissidenten der Welt. Seine Unterstützer demonstrierten vor chinesischen Botschaften. Sein Porträt mit dem Bart, den Schlupflidern und den Pausbacken wurde auf Hauswände projiziert und auf T-Shirts gedruckt, die in Europa und Amerika verkauft wurden. Der britische Bildhauer Anish Kapoor rief zu weltweiten Protesten auf und widmete Ai sein neuestes Kunstwerk – eine gewaltige, lilafarbene Installation im Pariser Grand Palais, die er *Leviathan* nannte. Salman Rushdie erinnerte in der *New York Times* an die großen Kämpfe zwischen der Kunst und der Tyrannei – Augustus und Ovid, Stalin und Mandelstam – und schrieb: »Am heutigen Tag ist der chinesische Staat zur weltweit größten Bedrohung für die Meinungsfreiheit geworden, aus diesem Grund brauchen wir jemanden wie Ai Weiwei.«

In China selbst waren die Meinungen allerdings gespalten. Bei einem Abendessen ein paar Tage nach Ais Verschwinden kritisierte mich eine amerikanische Kunsthändlerin, die sich auf chinesische Kunst spezialisiert hatte und in der Hauptstadt tief verwurzelt war, weil ich über die Verhaftung berichtet hatte. »Es ist nun wirklich an der Zeit, sich ein klein wenig zurückzunehmen«, riet sie mir. Dann zitierte sie ein chinesisches Gesetz, nach dem es der Polizei erlaubt sei, einen Verdächtigen dreißig Tage ohne Anklage festzuhalten, und sie sagte voraus, dass Ai nach Ablauf dieser Frist freigelassen werde. »Beschämen Sie China nicht weiter«, bat sie mich. »Und warten Sie erst einmal die dreißig Tage ab.« Unsere Gastgeberin, eine Ausländerin, die sich schon vor langer Zeit im Land niedergelassen hatte und daher weniger Vertrauen in die chinesische Justiz hatte, erklärte der Kunsthändlerin: »Ich habe zwanzig Jahre damit verbracht, China in Schutz zu nehmen, aber in diesem Fall kann ich es einfach nicht. Denn Sie liegen verdammt falsch.« Nach dieser Auseinandersetzung war das Abendessen recht schnell vorbei.

In Wahrheit kämpfte ich jedoch tatsächlich damit, wie viel ich über Ai Weiwei berichten sollte – oder den blinden Anwalt Chen Guangcheng oder den Nobelpreisträger Liu Xiaobo. Wie viel sagte ihr Leid tatsächlich über das Land aus? Ging man davon aus, dass der durchschnittliche Nachrichtenkonsument aus dem Westen nicht mehr als einen Bericht pro Woche über China las (oder sich anhörte oder sich anschaute), sollten in diesen dann Menschen mit außergewöhnlichen oder mit normalen Leben im Mittelpunkt stehen? Das Komplizierteste an der Berichterstattung über China war nicht etwa, dass man sich an der autoritären Bürokratie vorbeischlängeln oder sich hin und wieder auf der Polizeistation einfinden musste. Es war vielmehr eine Frage der Verhältnismäßigkeit: Wie viel des Schauspiels war hell und leicht und wie viel dunkel und bedrückend? Wie sehr sollte es um das Ergreifen neuer Möglichkeiten gehen und wie sehr um Unterdrückung? Außenstehenden fiel es schwer, diese Dinge aus der Distanz zu beurteilen, aber leider musste ich erkennen, dass es auch aus der Nähe betrachtet nicht sehr viel einfacher wurde, denn es kam stets darauf an, worauf man sich konzentrierte.

Folgte man dem in China über westliche Journalisten verbreiteten Vorurteil, schenkten wir Dissidenten zu viel Aufmerksamkeit. Es hieß, das liege daran, dass wir mit ihnen sympathisierten, weil sie auf eine liberale Demokratie hofften, weil sie Englisch sprachen und weil sie wussten, wie sie uns möglichst prägnante Sätze für unsere Artikel liefern konnten. Und tatsächlich war der innere Kampf eines Menschen, der sich gegen den Staat auflehnte, sehr verführerisch, was auch erklärte, warum das bekannteste Bild, das in den letzten dreißig Jahren in China entstand, nicht den wirtschaftlichen Aufschwung zeigt, sondern einen Mann, der sich in der Nähe des Tiananmen-Platzes einem Panzer entgegenstellt. Jedes Mal, wenn ich über Menschenrechtsverletzungen in China schrieb, wusste ich, dass die kritischsten Stimmen wahrscheinlich von anderen Amerikanern oder Europäern kommen würden, die sich aus beruflichen Gründen in China niedergelassen hatten. Und das konnte ich durchaus nachvollziehen, denn Ausländer, die keinen Anlass hatten, genauer nachzuforschen, konnten Jahre in China verbringen, ohne jemals mit einem Menschen zu sprechen, der gefoltert oder ohne Prozess ins Gefängnis gesteckt worden war. In den Augen dieser Leute konzentrierte ich mich auf die falschen Dinge. Die einfache chinesische Bevölkerung hatte oft noch nie von den Dissidenten gehört, die in New York oder Paris überaus bekannt waren, was wiederum darauf hindeutete dass Diskussionen über Demokratie und Menschenrechte nicht zu den täglichen Sorgen der Normalbevölkerung zählten.

Diese Argumente prallten jedoch mehr und mehr an mir ab. Vielmehr bin ich schon immer der Ansicht gewesen, dass es wenig Sinn macht, die Wichtigkeit einer Idee anhand ihrer Popularität zu messen – gerade in einem Land, in dem Gedanken zensiert werden. (Eine Gruppe Wissenschaftler von der Harvard University entdeckte später, dass Ais Festnahme einen der am häufigsten zensierten Inhalte des Jahres darstellte, was die Annahme Lügen strafte, dass die Chinesen sich nicht für ihn interessierten.) Die *Global Times* ging davon aus, dass Ais Weltsicht mitnichten der »in der chinesischen Gesellschaft am weitesten verbreiteten Ansicht entspricht«. Auf gewisse Weise hatte sie damit auch recht, denn Ais Lebensweise bewegte sich ganz bewusst außerhalb des gesellschaftlichen Mainstreams. Wenn es aber um seine Sicht der Dinge ging, war die Sache nicht mehr so eindeutig wie früher: Der Einsturz der Schulen beim Erdbeben von Sichuan hatte nicht nur die Aufmerksamkeit der städtischen Eliten, sondern auch die ganz normaler Chinesen erregt, und Ai Weiwei setzte bei seinen Bemühungen, dem Tod einiger der wehrlosesten Menschen des Landes zumindest ein bisschen Würde zu verleihen, einen Gedanken um, den viele andere unterstützten. Selbst wenn es sich dabei nur um eine Minderheit handelte, erschien mir die Tatsache, dass der Staat eine kleine Gruppe leidenschaftlich engagierter Menschen ignorierte, wie eine wenig überzeugende Lehre aus der chinesischen Geschichte, in der kleine Gruppen häufig großen Einfluss ausgeübt hatten

Um China verstehen zu können, war es überaus wichtig, die Gründe für die Festnahme von Ai Weiwei nachzuvollziehen – oder die Gründe für die Misshandlung von Gao Zhisheng oder für die Gefängnisstrafe von Liu Xiaobo. Der Grad, in dem das Land jemanden wie Ai Weiwei akzeptierte, war der beste Indikator dafür, wie nah oder fern China unseren Vorstellungen von einer modernen, offenen Gesellschaft war.

Als aus einem Monat Haft zwei wurden, zeigte sich, dass Ai Weiweis Schicksal unter den kreativen Köpfen des Landes überaus umstritten war: Viele empörten sich über seine Inhaftierung, weil sie zeigte, dass niemand zu berühmt oder zu gut vernetzt war, um nicht isoliert zu werden. Manche hingegen nahmen ihm seine Kritik an anderen Intellektuellen übel oder hielten sein Vorgehen für konfrontativ und alles andere als zielführend. Die Leute in Peking verdrehten die Augen, wenn sie an den internationalen Aufschrei dachten, den sein Verschwinden ausgelöst hatte. Es wurde zur Mode, sich hinter vorgehaltener Hand zuzuflüstern, Ai Weiwei und Liu Xiaobo dächten wohl, sie seien die Erlöser des chinesischen Volkes.

Aber selbst die Empörten sahen nach der Inhaftierung Ais um einiges klarer: Sie konnten nun besser einschätzen, was in China möglich war und was nicht. Als ich mich mit dem Schriftsteller Han Han traf, erklärte er mir: »Gegen das Verschwinden von Ai Weiwei können wir nichts unternehmen.« Für eine politische Diskussion befanden wir uns an einem überaus seltsamen Ort: einer Autorennbahn in einem Shanghaier Vorort. Hochgewachsene Models stöckelten in Volkswagen-Miniröcken und bauchfreien, mit Kia-Logos bedruckten Plastikoberteilen vorbei. Han Han trug einen silbernen Rennanzug, auf Brust, Ärmeln und Handschuhen prangte Werbung von VW, Red Bull und einem chinesischen Alufelgenhersteller. Wir befanden uns im Mannschaftszelt, wo die Luft nach Öl und Gummi roch und vom Brummen der Wagen erfüllt war, die wie ein Schwarm wütender Bienen durch die Kurven flogen. Rennfahrer stolzierten ins Zelt und wieder hinaus und schlugen dabei jedes Mal die Tür auf, als wären sie ein Sultan in einem alten Hollywoodfilm.

In den vergangenen Jahren hatten Han Han und Ai Weiwei eine distanzierte, aber freundschaftliche Beziehung gepflegt. Der Künstler hatte Hans Arbeit gelobt, und der Autor hatte in seiner Zeitschrift die radiologischen Ergebnisse von Ais Schädeluntersuchung nach seiner Hirnblutung veröffentlicht. Nun aber wählte Han seine Worte mit Bedacht: »Wenn der Staat davon überzeugt ist, dass Ai ein großes Problem darstellt, dann soll er es sagen; schließlich verfügt er über die Macht, ihn festzunehmen, wenn er es möchte. Es ist in Ordnung, wenn alle wissen, was vor sich geht. Als Grund für die Verhaftung wurden ›Wirtschaftsverbrechen‹ genannt. Ai ist ein bekannter Künstler, wer also von ›Wirtschaftsverbrechen‹ spricht, sollte dafür Beweise vorlegen.« Er wollte das Thema allerdings nicht auf seinem Blog ansprechen, denn das sei »zwecklos«, wie er mir mitteilte. »Das System kann den Namen automatisch blockieren.«

Unsere Unterhaltung erinnerte mich daran, wie leicht es doch war, die Nuancen in den Positionen von Chinesen zu übersehen, die auf den ersten Blick einige Einstellungen zu teilen schienen. Ein paar Tage zuvor hatte der in London lebende Autor Ma Jian in einem Kommentar in einer außerhalb Chinas erscheinenden Zeitung darüber spekuliert, dass Han Han und drei andere prominente Kritiker nach der Verhaftung von Ai Weiwei die nächsten Ziele sein könnten. »Das Regime wird von den Verfolgungen erst ablassen, wenn nur noch die Stimmen der ›offiziellen‹ Künstler im Land zu hören sind«, schrieb Ma. Wer Han Han und Ai Weiwei in eine Schublade steckte, weil es sich bei beiden um reformorientierte Liberale handelte, verschloss die Augen vor den tiefgehenden Unterschieden zwischen ihnen. Han erklärte mir, dass »Ais Kritik direkter ist, außerdem beschäftigt er sich länger mit einem einzigen Thema. Ich dagegen kritisiere eine Sache, sorge dafür, dass sich die Verantwortlichen in der Regierung schlecht fühlen, und wenn die mir dann sagen, ich solle über etwas anderes berichten, kritisiere ich eben etwas anderes. Es gibt eintausend Dinge, über die wir sprechen können.«

Wer herausfinden wollte, wie weit ein Individuum im kreativen Leben Chinas gehen durfte, konnte ebenso gut versuchen, mitten in der Nacht bei Ebbe eine Linie in den Sand zu ziehen: das politische Terrain veränderte sich ständig. In einem Augenblick war der Grund noch fest, im nächsten bereits unterspült. Han Han hielt an seiner launenhaften Entspannungspolitik gegenüber dem chinesischen Staat fest, ließ allerdings nur wenige Illusionen darüber aufkommen, dass er beabsichtigte, lieber auf der sicheren Seite zu bleiben. Er hatte nie versucht, seinen Internetaktivismus hinaus auf die Straße zu tragen; außerdem war er gegen Wahlen mit unterschiedlichen Parteien. »Die Partei würde ohnehin gewinnen, weil sie reich genug ist, um die Leute zu bestechen«, erklärte er. »Aber die Kultur sollte lebendiger und die Medien offener werden.« Außenstehende verwechselten seinen Ruf nach mehr Offenheit oft mit einer direkten Forderung nach mehr Demokratie, obwohl der Unterschied essenziell war.

Am 22. Juni, und damit am zweiundachtzigsten Tag seiner Haft, wurde Ai Weiwei darüber informiert, dass man ihn entweder für zehn Jahre ins Gefängnis stecken oder ihn noch am selben Nachmittag entlassen würde, falls er einer Verurteilung wegen »Steuerhinterziehung« zustimmte. Man legte ihm eine Erklärung zur Unterzeichnung vor. Abermals bat er um ein Treffen mit seinem Anwalt, was abermals abgelehnt wurde. »Wenn Sie das nicht unterzeichnen«, informierte ihn einer der Beamten, »werden wir Sie nie gehen lassen, weil wir unsere Arbeit nicht beenden können.« Dieser Satz kam einer Offenbarung gleich. »Im Augenblick kämpfst du gar nicht gegen das System«, erkannte er. »In Wirklichkeit hast du es mit diesen beiden Typen da zu tun, die selbst ganz unten in der Hierarchie stehen und dich eigentlich gar nicht für einen Kriminellen halten, sondern einfach nur ihre Arbeit tun möchten. Sie sind genauso frustriert wie du.«

Die wichtigste Bedingung für seine Entlassung war, dass er ein Jahr mit keinem Ausländer sprechen und keine Texte im Internet veröffentlichen sollte. Er unterzeichnete. Daraufhin brachte man ihn zu einer Polizeistation, wo seine Frau bereits auf ihn wartete. Zwar war sein Fall damit noch nicht abgeschlossen, doch fürs Erste durfte er gehen. Das überraschte ihn. Warum hatte man ihn freigelassen? Er konnte nur raten. Lag es am Druck aus dem Ausland? Premierminister Wen Jiabao wollte bald nach Großbritannien und Deutschland reisen, wo die Menschen gegen Ais Verhaftung protestierten, doch die einzige offizielle Erklärung kam von der staatlichen Nachrichtenagentur, die berichtete, Ais Firma habe »im großen Maßstab Steuern hinterzogen und die betreffenden Dokumente absichtlich vernichtet«. Ai sei »wegen seiner guten Zusammenarbeit in Form eines Geständnisses und aufgrund einer chronischen Krankheit« gegen eine Kaution freigelassen worden, so die Agentur.

Als er in jener schwülen Sommernacht vor seinem Atelier eintraf, erwartete ihn dort bereits eine große Menge Fernsehkameras. Seine abgemagerten Arme schauten aus einem abgetragenen blauen T-Shirt heraus, und er hielt den Bund seiner Hose fest, damit sie ihm nicht herunterrutschte. Er hatte knapp zwölf Kilo verloren, sein Gürtel lag immer noch bei der Polizei. Die Reporter umringten ihn, während er inständig um etwas Verständnis für seine Lage bat. Es sei ihm nicht gestattet, mit ihnen zu sprechen. Eine seltsame Atmosphäre lag in der Luft, denn es war nicht klar, ob er einen Sieg oder eine Niederlage davongetragen hatte. Ähnlich wie Hu Shulis Weggang von *Caijing* bedeutete auch Ai Weiweis Entlassung eine teuer erkaufte Freiheit. Seit sich die Partei der Schaffung einer »harmonischen Gesellschaft« verschrieben hatte – dem Traum von einem Land ohne Differenzen und Dissens –, hatte ich über die Jahre beobachtet, wie die unterschiedlichen Stimmen immer lauter geworden waren und die Partei sich dieser Herausforderung gestellt hatte. Das Streben nach Wahrheit, das innerhalb der engen Grenzen von Organisationen wie Hu Shulis Zeitschrift ihren Anfang genommen hatte, griff im Lauf der Zeit auf Menschen wie Ai Weiwei und Chen Guangcheng über, die keine Institutionen repräsentierten und daher weniger leicht vom Staat zu kontrollieren waren. Von dort war es auf die Leute auf der Straße übergegangen, wobei das Internet diese Entwicklung noch verstärkte.

Da mittlerweile so viele Stimmen gleichzeitig ertönten, brach der Glaube der Partei an eine »zentrale Melodie« und an einen ideologischen Konsens mehr und mehr in sich zusammen. Die Chinesen wandten sich nicht mehr nur einander zu, um Informationen auszutauschen, sondern auch, um etwas oder jemanden zu finden, dem sie vertrauen konnten. Ein Jahr nach dem Start des Mikroblogging-Dienstes Weibo fand man im Zuge einer Studie heraus, dass siebzig Prozent aller chinesischen Nutzer die sozialen Medien als Hauptnachrichtenquelle benutzten, in den USA lag der Anteil hingegen bei neun Prozent.

In letzter Instanz stürzte sich die Autorität der Partei auf physische Gewalt: Sie konnte ihre Kritiker festnehmen und einsperren. Als ich dem gedemütigten Ai Weiwei dabei zusah, wie er durch das türkisfarbene Tor in sein Haus verschwand, wo er der nächsten Schritte des Staates harrte, fragte ich mich, ob es der Partei gelungen war, die Macht wiederzuerlangen, die sie über die Meinungen der Chinesen verloren hatte. Es schien, als habe die Partei durch den Einsatz schierer Gewalt die Regeln der Meinungsäußerung einmal mehr zu ihren Gunsten verändert. Kaum einen Monat später sollte ich erkennen, wie falsch ich mit dieser Einschätzung lag.

16. Das Gewitter

Mit seiner gewölbten, metallenen und von Strahlern erhellten Decke erinnert der Pekinger Südbahnhof eher an eine fliegende Untertasse als an einen Bahnhof. In den Bau des Gebäudes floss die gleiche Menge Stahl wie ins Empire State Building, zweihundertvierzig Millionen Fahrgäste können dort jährlich abgefertigt werden – dreißig Prozent mehr als in der New Yorker Penn Station, dem belebtesten Bahnhof der gesamten Vereinigten Staaten. Als der Südbahnhof 2008 eröffnet wurde, galt er als der größte Bahnhof Asiens, bis in Shanghai ein noch größerer gebaut wurde. In den letzten Jahren hat das chinesische Bahnministerium, für das fast so viele Menschen arbeiten wie für die US-Regierung, etwa dreihundert Bahnhöfe neu errichtet oder umgebaut.

Am Morgen des 23. Juli 2011 hasteten die Reisenden durch die Bahnhofshalle, um noch den Schnellzug D 301 zu erwischen, der auf der weltweit größten, schnellsten und neuesten Hochgeschwindigkeitsstrecke, dem »Harmonie-Express«, Richtung Süden fährt. Sein Ziel war das fast zweitausend Kilometer entfernte Fuzhou. Als die Passagiere den Bahnsteig erreichten, erblickten sie dort ein Fahrzeug, das weniger wie ein Zug als vielmehr wie ein Flugzeug ohne Flügel wirkte: Vor ihnen stand eine insgesamt rund vierhundert Meter lange, glänzend weiß lackierte und mit blauen Rennstreifen versehene Röhre, die aus nicht weniger als sechzehn Wagen bestand. Die Fahrgäste wurden von Zugbegleiterinnen an ihre Plätze geführt, die mit ihren Pillbox-Hüten und Bleistiftröcken an Pan-Am-Stewardessen erinnerten und nach den staatlichen Anforderungen mindestens 1,64 Meter groß sein und beim Lächeln genau acht Zähne zeigen mussten. Die zwanzigjährige Studentin Zhu Ping setzte sich an ihren Platz und schickte ihrer Mitbewohnerin eine SMS, in der stand, dass ihr »Heimflug« über die Schienen bald beginnen werde. »Selbst mein Laptop ist schneller als sonst«, meinte sie.

Für Familie Cao im Schlafwagenabteil bewies die stilvolle Fahrt im Schnellzug, was sie schon alles erreicht hatte: Vor zwanzig Jahren waren die Eltern in den New Yorker Stadtteil Queens ausgewandert und hatten sich dort bis zu Festanstellungen als Aufseher am Flughafen LaGuardia hochgearbeitet. Sie hatten zwei Söhne durchs College gebracht, die amerikanische Staatsbürgerschaft erworben und waren nun wieder in China, wo sie eine Rundreise unternahmen und für Erinnerungsfotos stocksteif und mit zusammenpassenden Hüten auf dem Kopf unter Maos Porträt auf dem Tiananmen-Platz posierten. Als Nächstes stand ein Wiedersehen mit Verwandten in Fuzhou auf dem Plan. Es war der erste Urlaub ihres Lebens. Ihr Sohn Henry, der ein Fotofachgeschäft in Colorado betrieb, kehrte das erste Mal in ein Land zurück, an das er sich aufgrund von Erzählungen nur als ein armes erinnerte.

Bis vor Kurzem hatte die chinesische Eisenbahn noch auf eindrückliche Weise die Rückständigkeit des Landes symbolisiert. Vor mehr als einem Jahrhundert hatte man der Kaiserinwitwe eine Miniatureisenbahn geschenkt, mit der sie durch die Verbotene Stadt fahren konnte; allerdings stellte der »Feuerwagen« in ihren Augen eine derartige Beleidigung der natürlichen Ordnung dar, dass sie ihn vom kaiserlichen Hof verbannte und ihren Wagen weiterhin von Eunuchen ziehen ließ. Der Große Vorsitzende Mao überzog das Land mit einem Schienennetz, das teilweise militärischen Zwecken diente, doch für die einfache Bevölkerung blieb das Reisen eine elende Angelegenheit, geprägt von ständig verspäteten und überfüllten Zügen, denen man aufgrund der verrußten Waggons verschiedene Spitznamen gab: »Grünhäute« waren die langsamsten Züge, »Rothäute« auch nicht viel besser. Selbst als Japan in den fünfziger Jahren die ersten Hochgeschwindigkeitszüge baute und die Europäer auf dem Fuß folgten, hinkte China hinterher und konnte nur mit fünf Zentimetern Schiene pro Einwohner dienen – »weniger als eine Zigarettenlänge«, klagten die Staatsmedien.

2003 verkündete Chinas Bahnminister Liu Zhijun, man plane den Bau von rund zwölftausend Kilometern Hochgeschwindigkeitsstrecke, mehr als zum damaligen Zeitpunkt insgesamt auf der Welt existierte. Jeder, der Erfahrungen mit der chinesischen Eisenbahn hatte, hielt das für kaum vorstellbar. »Hätten Sie mir 1995 erzählt, dass China einmal so weit sein könnte wie heute, hätte ich Sie für vollkommen verrückt erklärt«, vertraute mir Richard Di Bona an, ein Brite, der in Hongkong als Berater im Transportwesen arbeitet. Investitionen von summa summarum zweihundertfünfzig Milliarden Dollar machten den Bau zum kostspieligsten mit öffentlichen Geldern finanzierten der Welt, seit Präsident Eisenhower in den fünfziger Jahren die Interstate Highways in den USA hatte ausbauen lassen.

Um die erste Strecke bis 2008 fertigstellen zu können, trieb Minister Liu – dessen Ehrgeiz und Extravaganz ihm den Spitznamen Großer-Sprung-Liu eingebracht hatten – seine Arbeiter und Ingenieure zu ununterbrochenen Höchstleistungen an. Sie arbeiteten im Schichtdienst rund um die Uhr, verlegten Schienen, überarbeiteten Pläne und gruben Tunnel. »Für einen großen Sprung«, sagte er gern, »muss man eine ganze Generation opfern.« (Manche Kollegen nannten ihn deshalb den Wahnsinnigen Liu.) Die staatliche Nachrichtenagentur machte einen Ingenieur namens Xin Li zum Helden des Tages, weil er so lange am Computer gesessen und gearbeitet hatte, bis er auf dem linken Auge teilweise erblindet war. (»Ich werde auch mit einem Auge weitermachen«, erklärte er einem Reporter.) Als im Juni 2008 der erste Streckenabschnitt in Betrieb genommen wurde, war das Budget bereits um fünfundsiebzig Prozent überschritten, während die Züge sich sehr stark an deutschen Entwürfen orientierten, was auf der Feier jedoch niemanden sonderlich interessierte. Bei der Einweihung einer weiteren Strecke setzte Liu sich auf der Jungfernfahrt neben den Lokführer und erklärte: »Wenn jemand stirbt, bin ich der Erste.«

Um den Auswirkungen der weltweiten Rezession entgegenzuwirken, verdoppelte die chinesische Staatsführung im Herbst desselben Jahres die Ausgaben für den Bau des Hochgeschwindigkeitsnetzes und erhöhte die Zielvorgaben für das Jahr 2020 auf sechzehntausend Kilometer, was der fünffachen Gesamtlänge der ersten transkontinentalen Eisenbahn in den Vereinigten Staaten entspricht. China bereitete sich nicht nur darauf vor, die chinesische Eisenbahntechnik in den

Iran, nach Venezuela und in die Türkei zu exportieren, sondern erstellte auch Pläne für eine Güterverkehrsstrecke durch die Berge Kolumbiens, die, so kündigte man an, den Panamakanal in den Schatten stellen werde; außerdem schloss China einen Vertrag zum Bau des »Pilger-Express« ab, der Gläubige von Medina nach Mekka und wieder zurückbringen soll. Im Januar 2011 erwähnte US-Präsident Barack Obama den Boom bei der chinesischen Eisenbahn in seiner Rede zur Lage der Nation und zog ihn als Beweis für die Tatsache heran, dass »unsere Infrastruktur früher einmal die beste war, wir unsere Führungsposition jedoch mittlerweile eingebüßt haben«. Rick Scott, der Gouverneur von Florida, lehnte im folgenden Monat die Gelder der Bundesregierung für den Bau der ersten Hochgeschwindigkeitsstrecke Amerikas ab und verhinderte so die Einführung dieser Technik in den USA. Das amerikanische Unternehmen National Railroad Passenger Corporation, auch bekannt unter dem Namen Amtrak, hatte Pläne veröffentlicht, laut denen man bis 2040 Züge einführen wollte, die es in Sachen Geschwindigkeit mit den chinesischen würden aufnehmen können.

Von Peking schoss Schnellzug D 301 durch smaragdgrüne Reisfelder nach Süden und Osten in Richtung Küste. Für Henry Cao, der im letzten Abteil des zweiten Wagens am Fenster saß, schien der Zug förmlich zu schweben, während er lange, elegante Kurven fuhr und hin und wieder unter einem *Wumpf* erschauerte, wenn ein in entgegengesetzter Richtung fahrender Schnellzug vorbeiglitt. Bei Sonnenuntergang zog ein Sommergewitter auf, und Henry schaute zu, wie die Blitze über den Himmel zuckten. Er legte sich auf das Klappbett in seinem Abteil. Zu seinen Füßen saß seine Mutter. Sie hatte kurzes welliges Haar und trug ein blau-weiß gestreiftes Hemd. Fast ihr halbes Leben hatte sie in Amerika verbracht, dennoch hatte sie die Gewohnheiten chinesischen Reisender beibehalten und trug mehr als zehntausend Dollar in bar in einer Bauchtasche mit sich herum, dazu Jadeschmuck, der als Geschenk gedacht war. Gegenüber saß ihr Ehemann, sein iPhone in der Hand. Er machte einen verwackelten Schnappschuss der digitalen Geschwindigkeitsanzeige am Ende des Wagens, die ein Tempo von 300 Stundenkilometern anzeigte.

Der Schnellzug befand sich gerade am Stadtrand von Wenzhou, als um 19:30 Uhr der Blitz in einen Metallkasten neben den Gleisen einschlug. Der Kasten, der ungefähr dieselbe Größe hatte wie ein Wäschetrockner, war Teil einer Signalanlage, die den Lokführern und den Fahrdienstleitern mitteilte, wo auf der Strecke eine Eisenbahn unterwegs war. Weil Radarsignale nicht bis in Tunnels hineinreichen, ist das Zugpersonal auf solche miteinander verkabelten Kästen angewiesen, über die man kommunizieren und die Signale steuern kann, die den Lokführern anzeigen, ob sie anhalten oder weiterfahren sollen. Als der Blitz in den Signalkasten einschlug, brannte eine Sicherung durch. Das hatte zwei katastrophale Folgen: Erstens wurde jegliche Kommunikation unterbrochen, zweitens steckte das Signal bei Grün fest.

Ein Techniker an einem nahe gelegenen Bahnhof empfing verstümmelte Signale von dem betroffenen Streckenabschnitt. Um der Sache nachzugehen, schickte er eine Reparaturmannschaft hinaus ins Gewitter, während er die Störung gleichzeitig einem Fahrdienstleiter namens Zhang Hua in Shanghai meldete. Der Schnellzug mit Familie Cao war zwar noch Kilometer entfernt, aber ein weiterer Zug, D 3115, der ebenfalls nach Fuzhou fuhr und 1072 Personen an Bord hatte, befand sich vor D 301. Zhang setzte sich mit dem Lokführer von D 3115 in Verbindung und warnte ihn, sein Zug werde wegen eines defekten Signals unter Umständen automatisch angehalten. Falls das geschehe, solle er die Automatik umgehen und den Zug so lange vorsichtig von Hand steuern, bis die Eisenbahn wieder einen normal funktionierenden Streckenabschnitt erreichte. Wie angekündigt, brachte der Computer den Zug zum Stehen; der Lokführer bemühte sich vergebens, ihn wieder in Gang zu bringen. In den nächsten fünf Minuten versuchte er sechs Mal, Shanghai zu erreichen – ohne Erfolg. Ein Fahrgast lud ein Bild des plötzlich in Dunkelheit getauchten Waggons ins Internet hoch und fragte: »Was ist nach diesem verrückten Gewitter bloß mit unserem Zug passiert?? Im Augenblick fährt er langsamer als eine Schnecke … Hoffentlich passiert nichts.«

Fahrdienstleiter Zhang jonglierte mittlerweile mit zehn verschiedenen Zügen. Da er von Schnellzug D 3115 nichts mehr hörte, ging er wohl davon aus, dass er nach seiner Zwangsbremsung wieder angefahren war. Der Zug mit Familie Cao hatte inzwischen bereits eine halbe Stunde Verspätung, also gab Zhang um 20:24 Uhr das Signal zur Weiterfahrt. Fünf Minuten später brachte der Lokführer von D 3115 den Motor endlich wieder zum Laufen, und der Zug rollte langsam los. Als er einen funktionierenden Streckenabschnitt erreichte, tauchte er plötzlich wieder im System auf. Einer der Fahrdienstleiter erkannte sofort, welche Katastrophe bevorstand. Der Zug hinter D 3115 hatte grünes Licht erhalten und schoss über die Gleise. Der Fahrdienstleiter alarmierte sofort den Lokführer: »Schnellzug D 301, seien Sie vorsichtig! Zug D 3115 befindet sich direkt vor Ihnen auf Ihrem Abschnitt! Bitte seien Sie vorsichtig! Die Anlage …« Dann war die Leitung tot.

Schnellzug D 301 wurde von Pan Yiheng gesteuert, einem Achtunddreißigjährigen mit einer breiten Nase und weit auseinanderstehenden Augen. In den Sekunden vor dem Aufprall zog Pan die Notbremse. Sein Zug befand sich gerade auf einem schmalen Viadukt, das über ein flaches Tal führte. Direkt vor ihm fuhr Zug D 3115 mit so niedriger Geschwindigkeit, dass D 301 darauf zuraste wie auf eine Mauer. Beim Aufprall wurde Pan von der Handbremse durchbohrt und Henry Cao in die Luft geschleudert. Innerlich bereitete sich Henry auf den Aufschlag vor. Aber er kam nicht. Stattdessen fiel er: Er fiel und fiel und wusste später nie zu sagen, wie lang eigentlich. »Ich hörte meine Mutter schreien«, erzählte er mir später. »Dann wurde alles schwarz.« Der Waggon, in dem er sich befand, wurde mit zwei weiteren von den Gleisen gerissen, fiel knapp zwanzig Meter in die Tiefe und schlug auf einem Feld auf. Ein vierter, vollbesetzter Wagen hing funkensprühend vom Rand der Brücke herab. Henry wachte in einem Krankenhaus auf, nachdem ihm die dortigen Ärzte seine Milz und eine Niere entfernt hatten. Einer seiner Fußknöchel war zertrümmert und einige Rippen gebrochen, außerdem hatte er eine Hirnverletzung davongetragen. Als er wieder bei Bewusstsein war, erfuhr er, dass seine Eltern bei dem Unglück ums Leben gekommen waren. Im

Chaos der Rettungs- und Bergungsarbeiten waren die zehntausend Dollar seiner Mutter verloren gegangen.

Beim Zugunglück von Wenzhou wurden 40 Menschen getötet und 192 verletzt. Aus gleichermaßen symbolischen wie praktischen Gründen war es der chinesischen Regierung überaus wichtig, den Zugverkehr wieder in Gang zu bringen, weshalb die Strecke vierundzwanzig Stunden nach dem Unfall wieder für den Verkehr freigegeben wurde. Das Propagandaministerium wies die Medien an, so wenig wie möglich über den Unfall zu berichten. »Keine Kritik und keine detaillierten Meldungen«, warnte es. Als am nächsten Tag die Zeitungen erschienen, wurde das erste Unglück im chinesischen Hochgeschwindigkeitsnetz auf den Titelseiten mit keiner einzigen Silbe erwähnt.

Dieses Mal wandte sich die chinesische Öffentlichkeit allerdings nicht einfach anderen Themen zu, sondern wollte ganz genau wissen, was geschehen war und warum. Schließlich war da nicht nur irgendein Bus in einer abgelegenen Provinz von der Straße abgekommen: Eine der stolzesten Errungenschaften des Landes hatte Dutzende Männer und Frauen das Leben gekostet – und das in einer Zeit, in der sich die Chinesen immer stärker vernetzten und Mobiltelefone besaßen, so dass Augenzeugen und Kritiker daher endlich über die Mittel verfügten, das Propagandaministerium zu demütigen. Das Erdbeben in Sichuan, das sehr viel mehr Todesopfer gefordert hatte, war zwar erst drei Jahre her, dennoch breitete sich die Nachricht über das Zugunglück auf eine vollkommen neue Weise in China aus.

Die Leute wollte zum Beispiel erfahren, warum nach Abbruch der Rettungsarbeiten ein zweijähriges Kind in den Trümmern gefunden wurde, das noch am Leben war. Ein Bahnsprecher erklärte, es handele sich um »ein Wunder«. Aber die Kritiker überschütteten ihn mit Spott und bezeichneten seine Aussage als »eine Beleidigung der Intelligenz des chinesischen Volkes«. In den Tagen unmittelbar nach dem Unfall wurden allein auf Weibo zehn Millionen Nachrichten zu dem Thema veröffentlicht, und das von Menschen aus ganz China, die Dinge schrieben wie: »Wenn ein Land so korrupt ist, dass ein einziger Blitzeinschlag ein Zugunglück verursachen kann …, dann betrifft uns das alle. Das heutige China ist wie ein Zug, der durch ein Gewitter rast ... Und wir sind die Passagiere.«

Die Behörden beschlossen schließlich, eine Grube auszuheben und Teile des zerstörten Schnellzugs darin zu vergraben, weil sie angeblich festen Untergrund für die Bergungsmaßnahmen benötigten. Als ihnen Journalisten vorwarfen, in Wirklichkeit nur die Untersuchungen behindern zu wollen, versuchte ein glückloser Sprecher mit folgenden Worten zu schlichten: »Ob Sie es nun glauben oder nicht, ich glaube es« – ein Satz, der im Internet als Symbol für die schwindende Glaubwürdigkeit des Staates die Runde machte. (Der Zug wurde wieder ausgegraben und der Sprecher seines Amtes enthoben. Inzwischen soll er irgendwo in Polen arbeiten.)

Nur wenige Tage später entschuldigte sich das staatliche Unternehmen, das den Signalkasten hergestellt hatte, für Fehler in der Konstruktion der Anlage. In den Augen vieler Chinesen übersah man bei der ganzen Debatte um ein einzelnes defektes Teil allerdings, dass hinter dem Aufschwung in China mit hoher Wahrscheinlichkeit ein sehr viel tiefergehendes Problem lag: die wachsende Korruption und die sinkende Moral, die bereits zu gepanschter Milch in den Supermärkten, minderwertigen Schulgebäuden mitten im Erdbebengebiet Sichuans und instabilen Brücken geführt hatte, die nur deshalb überhaupt in Betrieb genommen worden waren, weil die Vorgaben der Politik erfüllt werden mussten. Ein Moderator des Staatsfernsehens namens Qiu Quiming erhob unerwartet seine Stimme, als er vom Skript abwich und während einer Live-Sendung fragte: »Können wir noch ein Glas Milch trinken und uns dabei sicher fühlen? Können wir in einer Wohnung leben, die nicht über unseren Köpfen einstürzt? Können wir die Straßen unserer Städte nutzen, ohne dass die in sich zusammensacken?«

Premierminister Wen Jiabao blieb nichts anderes übrig, als die Unglücksstelle zu besuchen und baldige Ermittlungen anzukündigen. »Sollte sich herausstellen, dass Korruption hinter der ganzen Sache steckt, müssen wir dem Gesetz entsprechend handeln – und wir werden keine Milde walten lassen«, erklärte er, »denn nur so kann den Verstorbenen Gerechtigkeit widerfahren.« Als Wen gefragt wurde, warum er fünf Tage mit seinem Besuch gewartet hatte, antwortete er, er habe die letzten elf Tage krank im Bett gelegen. (Im Internet gruben die Menschen jedoch Artikel und Fotos aus, die ihn beim Empfang von Würdenträgern und bei Sitzungen zeigten.)

Die Bevölkerung vergaß Wens Versprechen nicht, und als der erste Termin für die Veröffentlichung der Ermittlungsergebnisse verstrich, forderte sie abermals eine genaue Prüfung der Unglücksursachen. Im Dezember brachten die Behörden endlich einen beispiellos detaillierten Bericht heraus, in dem sie »gravierende Baumängel« und eine »Missachtung der Sicherheitsbestimmungen« sowie Probleme beim Bieterverfahren und bei der Überprüfung der Strecken zugaben. Außerdem nannten sie vierundfünfzig Verantwortliche im Staat und in der Industrie, an erster Stelle Großer-Sprung-Liu. Als ich mich mit einem Ingenieur unterhielt, der beim Bau der Eisenbahn mitgewirkt hatte, erzählte der mir: »Ich weiß nicht genau, welche Schritte vernachlässigt worden sind oder für welche man nicht genug Zeit anberaumt hat, weil der gesamte Prozess von Anfang bis Ende zu knapp angelegt war.« Dann fügte er hinzu: »In China gibt es ein Sprichwort: ›Wer einen zu großen Sprung wagt, kann sich leicht die Eier zerreißen.‹«

Zunächst schien Bahnminister Liu Zhijun noch ein recht unwahrscheinlicher Kandidat für eine spektakuläre öffentliche Bloßstellung zu sein. Liu war ein kleiner schmaler Bauernsohn mit schlechten Augen und Überbiss. Er wuchs in einem Dorf in der Nähe von Wuhan auf und ging noch als Jugendlicher von der Schule ab, um eine Arbeit anzunehmen, bei der er mit einem Hammer und einem Maßstab die Gleise abging. Er hatte ein hervorragendes Gespür dafür, was auf dem Weg zur Macht verlangt wurde. Eine schöne Handschrift war in der Provinz eine Seltenheit, also perfektionierte Liu seine Schrift und wurde bald ein loyaler Sekretär örtlicher Parteiführer mit geringer Bildung. Er heiratete in eine Familie ein, die gute Verbindungen zur Politik pflegte; mit einundzwanzig Jahren trat er der Partei bei. Unermüdlich setzte er sich für die Eisenbahn und für sich selbst ein, weshalb er schnell aufstieg und auf seiner Reise zum Sitz der Macht in

Peking regionale Parteibüros leitete. 2003 herrschte er als Bahnminister schließlich über ein bürokratisches Reich, das in seiner Größe und seiner Unabhängigkeit nur vom Militär übertroffen wurde und das mit einer eigenen Polizei, eigenen Gerichten, eigenen Richtern und Milliarden Dollar zu seiner freien Verfügung ausgestattet war. Sein Ministerium, ein Staat im Staate, wurde in China auch *tie laoda* genannt – »Boss-Bahn«.

Liu hatte unordentlich zur Seite gekämmtes Haar und trug eine der bei älteren Apparatschiks so beliebten viereckigen Hornbrillen auf der Nase, die auch »Führerbrillen« genannt wurden. Ein Bahnangestellter, der mit Liu eng zusammengearbeitet hatte, erzählte mir: »Seit der Revolution sehen die meisten chinesischen Beamten vollkommen gleich aus. Sie haben dasselbe Gesicht, tragen dieselbe Uniform und legen sogar dieselben Charakterzüge an den Tag. Sie arbeiten Schritt für Schritt und sind damit zufrieden, sich zurückzulehnen und auf eine Beförderung zu warten. Liu Zhijun allerdings war anders.« Falls es überhaupt möglich sein sollte, einer Anstellung bei der Bahn einen gewissen Glanz zu verleihen, war er wild entschlossen, eben dies zu tun. Sitzungen berief er gerne nach Mitternacht ein, und er genoss es, seine Arbeitsgepflogenheiten prahlerisch zur Schau zu stellen. Selbst als er den höchsten Rängen der Macht immer näher kam, hörte er nie auf, seinen Vorgesetzten zu schmeicheln. Als Präsident Hu Jintao eines Sommers mit dem Zug zurück nach Peking reiste, eilte Liu so schnell über den Bahnsteig, um ihn in Empfang zu nehmen, dass er beinahe aus seinen Slippern gerutscht wäre. Der Bahnangestellte erinnerte sich: »Ich rief, ›Herr Liu, Ihre Schuhe! Fallen Sie nicht hin!‹ Aber er interessierte sich nicht im Geringsten dafür. Er lief einfach breit lächelnd weiter.«

Lius Bruder, Liu Zhixiang, profitierte von Lius Erfolg, denn er trat ebenfalls in das Bahnministerium ein und legte einen steilen Aufstieg hin. Er war ein launischer und notorischer Witzbold. Im Januar 2005 wurde er verhaftet und wegen Veruntreuung, Annahme von Bestechungsgeldern und Anstiftung zum Mord verhört, weil er den Mord an einem Bauunternehmer in Auftrag gegeben haben sollte, der seine Machenschaften aufdecken wollte. Zu diesem Zeitpunkt war Liu

Zhixiang Vizedirektor des Wuhaner Bahnamtes. (Das Opfer wurde vor den Augen seiner Frau mit einem Klappmesser erstochen. Laut einem Gerichtsprotokoll hatte der Bauunternehmer in seinem Testament Folgendes vorhergesagt: »Sollte ich ermordet werden, wird dies durch die Hand des korrupten Beamten Liu Zhixiang geschehen.«) Der Bruder des Bahnministers unterschlug einen gewaltigen Teil der Einnahmen aus dem Fahrkartenverkauf und häufte umgerechnet fünfzig Millionen Dollar in Form von Bargeld, Immobilien, Schmuck und Kunstgegenständen an. Als ihn die Ermittler aufspürten, lebte er inmitten riesiger, kaum zu bändigender Berge von Geldscheinen, die bereits Schimmel ansetzten. (Die Lagerung von Bargeld gehört zu den schwierigsten Herausforderungen für chinesische Funktionäre, weil der größte im Umlauf befindliche Geldschein nur hundert Yuan bzw. etwa fünfzehn Dollar wert ist.) Man verurteilte ihn zum Tode, die Strafe wurde allerdings ausgesetzt und später in eine sechzehnjährige Haftstrafe umgewandelt. Anstatt diese jedoch in einer Einrichtung für Schwerverbrecher abzusitzen, wurde er in ein Krankenhaus verlegt, wo er Berichten zufolge per Telefon weiterhin Bahngeschäfte tätigte.

In Peking umgab sich Minister Liu mit loyalen Verbündeten. Zhang Shuguang, Stellvertreter des Leitenden Ingenieurs, war der *capo di tutti i capi*, der bei Konferenzen in einem Pelzmantel und einem weißen Schal erschien und seine Verhandlungstaktik gern als »geballte Faust« umschrieb. Den größten Teil seiner Karriere leitete er die Abteilung für Personenverkehr, was ihm die Kontrolle über gewaltige Summen verschaffte. »Alles hing von einem Nicken seines Kopfes ab«, erklärte mir Zang Qij, ein pensioniertes Mitglied der Akademie für Eisenbahnwissenschaften. Von Wissenschaft verstand Zhang indes nur wenig, doch verlangte es ihn nach Glaubwürdigkeit, und so versuchte er, sich die Mitgliedschaft in einer elitären akademischen Vereinigung zu sichern, indem er zwei Professoren den Auftrag gab, ein Buch in seinem Namen zu verfassen. (Trotzdem verpasste er die Mitgliedschaft wegen einer einzigen fehlenden Stimme knapp.)

Liu setzte alles auf Hochgeschwindigkeitszüge. Um einen Anstieg der Grundstücks-, Arbeits- und Materialkosten zu verhindern, mahnte er vor allem zur Eile. »Wir müssen alle Möglichkeiten ergreifen und mehr Bahnstrecken bauen, und das, so schnell es geht«, erklärte er 2009 auf einer Konferenz. Lius Ambitionen und der in China so verbreitete Autoritarismus bildeten dabei eine brisante Mischung. Der Minister und sein Stab duldeten keine abweichenden Meinungen und stellten auf diese Weise sicher, dass sich das Ministerium nahezu unbeaufsichtigt selbst regulierte. Als Professor Zhao Jian von der Pekinger Jiaotong-Universität in aller Öffentlichkeit das Tempo kritisierte, in dem das Hochgeschwindigkeitsnetz aus dem Boden gestampft wurde, zitierte ihn Liu zu sich und ermahnte ihn, Stillschweigen über die Angelegenheit zu wahren. Zhao allerdings wollte nicht nachgeben, und so wurde er vom Dekan der Universität einbestellt: »Er informierte mich darüber, dass ich meine Ansichten nicht länger kundzutun hätte.« Obwohl sich der Professor widersetzte, wurden seine Mahnungen weiter ignoriert – bis zum Eisenbahnunfall von Wenzhou. »Aber da war es zu spät«, sagte er.

Die Geschwindigkeitssucht erfasste alles und jeden. Das gesamte System wuchs in einem enormen Tempo, weshalb so gut wie alles, was die Zulieferer produzierten, auch einen Abnehmer fand, unabhängig von der Qualität der Ware. Laut den Ermittlern hatte die staatliche China Railway Signal and Communication Corporation im Juni 2007 mit der Entwicklung der für das Unglück von Wenzhou verantwortlichen defekten Signalanlage begonnen und sie bereits nach sechs Monaten abgeschlossen. Für die Firma arbeiteten etwa eintausenddreihundert Ingenieure, aber der Zeitdruck war einfach zu groß: Die Unfallermittler entdeckten, dass die für die Signalanlage Zuständigen nur eine »sehr laxe« Inspektion durchgeführt hatten, »bei der ernste Mängel und große versteckte Gefahren unentdeckt blieben«. Das zuständige Amt sei »chaotisch« gewesen, Akten seien »verloren gegangen«. Das Signalsystem überstand jedenfalls die Prüfung im Jahr 2008 und wurde im gesamten Land installiert. Als die Industrie im selben Jahr Preise für neue Technologien vergab, erhielt das System den ersten Preis. Später erklärte mir ein für das Unternehmen arbeitender Ingenieur, dass er nicht überrascht gewesen sei, als er erfahren habe, dass die ganze Sache überstürzt worden sei.

Es gab weitere Verdachtsmomente. Im April 2010 erklärte der Vorsitzende der Central Japan Railways, Yoshiyuki Kasai, die von China gebauten Hochgeschwindigkeitszüge würden sich sehr stark an japanische Pläne anlehnen. Als der Schwerindustrie-Konzern Kawasaki Heavy Industries mit einer Klage drohte, weil die Chinesen fremde Entwürfe als eigene ausgegeben hatten, wischte das Bahnministerium in Peking die Vorwürfe als Beweis »für einen labilen Geisteszustand und fehlendes Selbstbewusstsein« vom Tisch. Außerdem wies Kasai darauf hin, dass die Züge in China mit einer um ein Viertel höheren Geschwindigkeit führen, als in Japan erlaubt. »Wir würden die Züge unter keinen Umständen derart an den Rand ihrer Belastungsgrenze bringen«, erklärte er der Londoner *Financial Times*.

In den Tagen vor dem Unfall kam aufgrund der Eile, mit der die Strecke fertiggestellt wurde, ein letzter tödlicher Faktor hinzu: Im Juni wurde die Eröffnung des wichtigsten Teilabschnitts von Peking nach Shanghai zur Feier des 90. Jahrestags der Kommunistischen Partei Chinas pompös in Szene gesetzt. Ein ganzes Jahr war aus der Bauplanung gestrichen worden, und schon in den ersten Wochen des Betriebs kam es auf der Strecke zu unzähligen Verspätungen und Stromausfällen. Laut einem Manager aus dem Ministerium hatte man die Mitarbeiter der Schnellzüge darüber informiert, dass weitere Verspätungen Auswirkungen auf ihre Bonuszahlungen hätten. Als sich die Züge am Abend des 23. Juli 2011 zu stauen begannen, beeilten sich die Fahrdienstleiter und das Wartungspersonal mit der Reparatur des fehlerhaften Signals, ohne jedoch die einfachste Lösung in Betracht zu ziehen: alle Züge zu stoppen und dann erst das Signal zu reparieren. Wang Mengshu, Wissenschaftler an der chinesischen Ingenieursakademie und stellvertretender Leiter des für die Untersuchung des Unglücks zuständigen Komitees, sagte mir: »Das Wartungspersonal war mit seiner Arbeit nicht ausreichend vertraut und wollte den Zug nicht zum Halten bringen. Sie haben es sich einfach nicht getraut.«

Als sich das Unglück ereignete, war Großer-Sprung-Liu nicht mehr der amtierende Bahnminister. Im August 2010 hatte der chinesische Rechnungshof die Bücher eines großen staatlichen Unternehmens überprüft und war dabei auf eine »Provision« in Höhe von sechzehn Millionen Dollar gestoßen, die ein Mittelsmann für Aufträge im Zusammenhang mit der Hochgeschwindigkeitsbahn erhalten hatte. Wie sich herausstellte, vertrat der Mittelsmann eine Frau namens Ding Shumiao, die wohl wie kaum jemand sonst die reichen Glücksritter verkörperte, die Chinas Eisenbahnboom hervorgebracht hatte. Die 1,77 Meter große Ding war eine analphabetische Hühnerbäuerin mit breiten Schultern und der durchdringenden Stimme eines Nebelhorns. Sie stammte aus der ländlichen Gegend Shanxis. Nachdem Deng Xiaoping das Land für die freie Marktwirtschaft geöffnet hatte, begann Ding in den achtziger Jahren, die Hühnereier von Nachbarn in der Provinzhauptstadt am Straßenrand zu verkaufen. Allerdings war das ohne eine Genehmigung nicht erlaubt. Ihre Eier wurden beschlagnahmt, und noch Jahre später sprach sie von diesem für sie überaus demütigenden Vorfall. Bald betrieb sie ein kleines, gut laufendes Restaurant, in dem sie mächtigen Gästen Essen spendierte und ihre eigenen Erfolge in übertrieben schillernden Farben ausmalte. »Selbst wenn sie nur einen Yuan besitzt, behauptet sie, es wären zehn«, erzählte mir ein langjähriger Mitarbeiter. »Dadurch entsteht der Eindruck, sie sei sehr einflussreich, also dachten sich die Leute mit der Zeit, sie könnten von ihrer Freundschaft profitieren.«

Ihr Restaurant wurde bei den Chefs der Kohleindustrie und bei den Parteifunktionären sehr beliebt. Bald schon stieg sie in den Kohletransport ein. Dann »handelte« sie mit Waggons, wie es im Bahngeschäft hieß: Sie nutzte ihre Kontakte, um sich für wenig Geld die Zugangsrechte für die heißbegehrten Güterverkehrsstrecken zu sichern, die sie dann »für den zehnfachen Preis« weiterverkaufte, so der Ermittler Wang. Um das Jahr 2003 herum freundete sie sich mit Großer-Sprung-Liu an, und aufgrund ihrer Verbindungen zur Bahnwelt wurde sie noch erfolgreicher. Ihr Unternehmen, Broad Union, gründete Joint Ventures und versorgte das Ministerium mit Zugrädern, Schallwänden und mehr. Laut der staatlichen Nachrichtenagentur verzehnfachten sich die Gewinne der Firma von 2008 bis 2010 auf umgerechnet 680 Millionen Dollar.

Dings Rufname, Shumiao, verriet ihre ländlichen Wurzeln, also änderte sie ihn auf Anraten ihres Feng-Shui-Lehrers in Yuxi. Es war nur allzu einfach, sie zu verspotten – die Leute nannten sie »Dumme Frau Ding« –, allerdings bewies sie ein großes Talent für die Pflege von Geschäftsbeziehungen. Ein langjähriger Kollege von ihr erzählte mir: »Als ich ihr beizubringen versuchte, wie man den Markt analysiert und ein Unternehmen führt, sagte sie nur ›Das muss ich nicht wissen.‹« In der chinesische Presse wurde ihr atemberaubender gesellschaftlicher Aufstieg aufmerksam beobachtet. Um Kontakte ins Ausland zu knüpfen, finanzierte sie einen »Club für internationale Diplomaten«, dem 2011 sogar der ehemaliges britische Premierminister Tony Blair einen Besuch abstattete. Ihre verschwenderischen Empfänge lockten auch die Mitglieder des Politbüros an. Sie zog ins Unterhaus des Provinzparlaments ein und spendete für so viele unterschiedlichen wohltätigen Zwecke, dass sie es im Jahr 2010 auf Platz sechs der *Forbes*-Liste der chinesischen Philanthropen schaffte.

Im Januar 2011 wurde Ding festgenommen und schließlich wegen Bestechung und illegaler Geschäftspraktiken vor Gericht gestellt. Sie wurde überführt, Bestechungsgelder in Höhe von insgesamt fünfzehn Millionen Dollar an Liu und andere Beamte gezahlt zu haben, um dreiundzwanzig Bauunternehmen Aufträge im Wert von dreißig Milliarden Dollar zuzuschanzen. Für ihre Dienste erhielt sie eine stattliche Belohnung: Die Unternehmer zahlten ihr Schmiergelder von insgesamt mehr als dreihundert Millionen Dollar. Ebenso wie viele andere hatte Ding entdeckt, was die staatlichen Buchprüfer erst später erkennen sollten: Chinas bekanntestes, mit öffentlichen Geldern finanziertes Projekt war in Wirklichkeit ein Ökosystem, das sich aufgrund seiner Undurchsichtigkeit, der fehlenden Kontrollen und der riesigen Größenordnung der dort bewegten Geldsummen für Korruption fast schon perfekt eignete. In manchen Fällen wurde die Frist für das Bieterverfahren von fünf Tagen auf dreizehn Stunden gekürzt. In anderen war das Verfahren selbst die reinste Farce, weil der Bau längst begonnen hatte. Es war bekannt, dass Geld verschwand:

Einmal löste sich eine Summe von zweiundachtzig Millionen Dollar einfach in Luft auf, die eigentlich für die Entschädigung zwangsenteigneter Personen gedacht gewesen war, deren Häuser für das Hochgeschwindigkeitsnetz zerstört worden waren. Mittelsmänner erwarteten einen Anteil zwischen ein und sechs Prozent. »Ist ein Projekt viereinhalb Milliarden wert, nimmt der Mittelsmann zweihundert Millionen mit nach Hause«, erklärte mir Wang. »Und natürlich sagt niemand ein Wort.«

Zu den am weitesten verbreiteten Machenschaften gehörte die illegale Auftragsvergabe an Subunternehmen: ein Bauauftrag konnte aufgeteilt und für ein Bestechungsgeld immer weiter verkauft werden, bis schließlich das untere Ende des Arbeitsmarkts erreicht war, wo die Arbeitskräfte billig und ungelernt waren. Auch die Stellen bei der Bahn waren käuflich: Ein Posten als Zugbetreuer kostete viereinhalbtausend Dollar, eine Stelle als leitender Steward fünfzehntausend. Im November 2011 wurde ein ehemaliger Koch ohne jegliche Ingenieurserfahrung dabei erwischt, wie er zusammen mit einer Mannschaft aus ungelernten Arbeitsmigranten eine Brücke für eine Hochgeschwindigkeitsstrecke errichtete und für das Fundament zerstoßene Steine statt Zement verwendete. In Bahnkreisen war es üblich, die eigentlich benötigten Materialien durch billigere zu ersetzen; dafür gab es sogar einen eigenen Ausdruck: *touliang huanzhu* – »Balken stehlen, um Säulen daraus zu machen«.

Weil so viel Schmiergeld die Besitzer wechselte, erstaunte es kaum noch, dass bei Teilen des Streckennetzes das ursprüngliche Budget weit überschritten wurde. Ein Bahnhof in Guangzhou, für dessen Bau 316 Millionen Dollar veranschlagt worden waren, kostete schließlich sieben Mal so viel. Das Bahnministerium war so groß, dass sich die Beamten Abteilungen ausdachten, nur um Gelder dafür einzustreichen. Für ein fünfminütiges Werbevideo, das kaum jemand je zu Gesicht bekam, hatte man fast drei Millionen Dollar ausgegeben. Das Video führte die Ermittler zur stellvertretenden Propagandaministerin, einer Dame, die in ihrem Haus eineinhalb Millionen Dollar in bar und die Besitzurkunden von neun weiteren Immobilien aufbewahrte.

Sobald Journalisten versuchten, die Korruption bei der Bahn aufzudecken, gerieten sie schnell in eine Sackgasse. Zwei Jahre vor dem Unglück hatte der Reporter Chen Jieren einen Artikel mit dem Titel »Fünf Gründe, warum Liu Zhijun die Verantwortung übernehmen und zurücktreten sollte« verfasst. Sein Text wurde jedoch von allen großen Webportalen wieder entfernt. Später erfuhr Chen, dass Liu einen Fonds für Schmiergelder kontrollierte, mit dem er die Loyalität der Redakteure der größten Print- und Onlinemedien kaufte. Auch andere Behörden hatten ernste finanzielle Probleme – die Buchprüfer stießen bei neunundvierzig von fünfzig auf Ungereimtheiten –, doch das Ausmaß der in Bahnkreisen im Umlauf befindlichen Bestechungsgelder bewegte sich in einer ganz anderen Liga. Liao Ran, Asien-Experte bei Transparency International, erklärte gegenüber der *International Herald Tribune*, das Hochgeschwindigkeitsnetz befinde sich auf dem besten Weg, »nicht nur zum größte Finanzskandal Chinas, sondern vielleicht sogar der ganzen Welt zu werden«.

Im Februar 2011, fünf Monate vor dem Zugunglück, ging die Partei endlich gegen Liu Zhijung vor. Laut Wang Mengshu zogen die Ermittler den Schluss, dass Liu kurz davor stünde, seine illegal erwirtschafteten Gewinne als Bestechungsgelder einzusetzen, um bis ins Zentralkomitee der Partei und schließlich ins Politbüro vorzustoßen. »Zu Ding Shumiao soll er gesagt haben: ›Du musst 400 Millionen Yuan für mich bereitstellen. Ich werde ein wenig Geld verteilen müssen‹«, erzählte mir Wang. 400 Millionen Yuan entsprechen ungefähr 64 Millionen Dollar. Laut Wang schaffte es Liu, fast 30 Millionen Yuan aufzutreiben, bevor er gefasst wurde. »Die Zentralregierung befürchtete, er könne sich einen Sitz in der Regierung erkaufen, falls es ihm tatsächlich gelänge, 400 Millionen Yuan aufzutreiben. Deshalb wurde er festgenommen.«

Im folgenden Mai wurde Liu wegen »massiver Verstöße gegen die Parteidisziplin« und »Hauptverantwortlichkeit für das ernste Korruptionsproblem der Bahn« aus der Partei ausgeschlossen. Nach einem Bericht der Staatspresse soll Liu bei Bahngeschäften stets einen Anteil von vier Prozent in die eigene Tasche gesteckt haben; nach einem anderen soll er Bestechungsgelder im Wert von 152 Millionen Dollar angenommen haben. Er war der höchste Beamte, der innerhalb der letzten fünf Jahre wegen Korruption verhaftet worden war. Was die Leute jedoch am meisten überraschte, war Lius Privatleben. Das Ministerium beschuldigte ihn, »sexuelles Fehlverhalten« an den Tag gelegt zu haben, und die Hongkonger Zeitung *Ming Pao* berichtete, er habe achtzehn Geliebte. Seine Freundin Ding habe ihm Zugang zu Schauspielerinnen einer Fernsehsendung verschafft, in die sie investierte. Chinesische Funktionäre werden regelmäßig überführt, sich auf vielfältige Weise der Fleischeslust hinzugeben, was Präsident Hu Jintao vor ein paar Jahren dazu veranlasste, seine Genossen in einer Rede vor den »vielen Versuchungen der Macht, des Geldes und der schönen Frauen« zu warnen. Der Gedanke an einen flirtenden Großer-Sprung-Liu und an die schiere Logistik, die hinter dem Unterhalt von achtzehn Geliebten steckte, machte ihn bald zum Gespött des Tages. Als ich Lius Kollegen fragte, ob die Geschichte mit den Geliebten stimme, entgegnete er nur: »Wie genau definieren Sie eine Geliebte?«

Als man den lüsternen Liu schließlich absetzte, waren mindestens acht weitere leitende Beamte von ihren Posten entfernt und entsprechende Untersuchungen eingeleitet worden – darunter auch Zhang, Lius aufgeplusterter Helfer. Die Lokalpresse berichtete, Zhang besitze trotz eines Jahreseinkommens von weniger als fünftausend Dollar ein luxuriöses Haus in der Nähe von Los Angeles, was die Spekulationen nur noch weiter anheizte, dass auch er sich der wachsenden Zahl von Funktionären anzuschließen gedachte, die ihr Vermögen aus China hinausschafften. In den letzten Jahren waren korrupte Parteikader, die ihre Familie ins Ausland schickten, in China als »nackte Beamte« bekannt geworden. Im Jahr 2011 stellte die Zentralbank einen internen Bericht ins Internet, nach dem seit 1990 achtzehntausend korrupte Beamte, die insgesamt hundertzwanzig Milliarden Dollar gestohlen haben sollen, das Land verlassen hätten – eine Summe, mit der man damals Disney oder Amazon hätte kaufen können. (Der Bericht wurde alsbald entfernt.)

In den Monaten, die ich mit Gesprächen über Liu Zhijun verbrachte, schien die Geschichte seines Aufstiegs und Falls Freunde und Feinde gleichermaßen zu verblüffen. Seine Rivalen würdigten die Tatsache, dass er im Gegensatz zu vielen anderen korrupten Beamten sogar etwas erreicht hatte: Er hatte ein Eisenbahnnetz geschaffen, das trotz aller damit verbundenen Probleme das chinesische Verständnis von Zeit und Entfernungen grundlegend veränderte. Andererseits, erklärten seine Verteidiger ungeschickterweise, habe er nichts getan, was andere in der Partei nicht auch täten. Ein Kollege Lius, ein freundlicher ehemaliger Militär, sagte mir, dass die Korruption ab einem bestimmten Punkt in Lius Laufbahn kaum noch zu vermeiden gewesen sei: »Wer im heutigen System keine Bestechungsgelder annimmt, hat dort nichts verloren. Es ist einfach unmöglich, kein Geld anzunehmen und seinen Posten zu behalten. Wenn drei von uns in einer Abteilung arbeiten und zwei von uns Schmiergelder annehmen, einer jedoch nicht, wie sollen sich die beiden anderen dann jemals sicher fühlen?«

Kurz nach dem Unglück traf ich einen Bahn-Subunternehmer und fragte ihn, ob die Dinge nach Lius Sturz nun sauberer abliefen. Er lachte trocken. »Sie haben ein riesiges Spektakel aus der ganzen Sache gemacht, aber eigentlich gelten immer noch dieselben Regeln wie früher«, erklärte er. »Ding Shumiao mögen sie erwischt haben, aber sie ist ohnehin nur eine von vielen. Von ihrem Schlag gibt es viel, viel mehr.«

Ein paar Wochen nach dem Unglück von Wenzhou kündigte das Bahnministerium eine Reihe von Maßnahmen zur Erhöhung der Sicherheit an: Es rief vierundfünfzig Hochgeschwindigkeitszüge für weitere Tests zurück, unterbrach den Bau neuer Strecken und wies die Lokführer an, die Höchstgeschwindigkeit von 350 auf 300 Stundenkilometer zu drosseln. Bald wuchs die chinesische Eisenbahn allerdings wieder im gewohnten Tempo, weshalb der erste Jahrestag des Zugunglücks Anlass zur strengsten Überwachung gab. Die staatlichen Medien durften den Unfallort auf keinen Fall besuchen, und die Überlebenden wurden gewarnt, kein Wort über den Unfall zu verlieren. Als einer von ihnen, ein Mann in den Zwanzigern namens Deng Qian, trotzdem den Versuch unternahm, die Stelle zu besichtigen, verfolgte ihn die Polizei auf Schritt und Tritt und filmte jede seiner Bewegungen. »Sie hatten eine eindeutige Botschaft für mich: Von nun an war ich ihr Feind und deshalb eine Bedrohung«, erzählte er mir. »Ich glaube nicht, dass sie unsere Überwachung je aufgeben werden.«

Henry Cao verbrachte fünf Monate in einem chinesischen Krankenhaus, wo er sich von seinen Knochenbrüchen, den neurologischen Schäden sowie dem Verlust seiner Niere und seiner Milz erholte. Als er zu seiner Familie in Colorado zurückkehrte, musste er sein Fotofachgeschäft aufgeben. Sein Bruder Leo und er flogen nach China zurück, um die sterblichen Überreste ihrer Eltern entgegenzunehmen. Sie baten darum, eine Gedenkfeier in Fujian, dem Heimatort ihrer Familie, abhalten zu dürfen, aber die Behörden lehnten das ab. Die Brüder bestatteten ihre Eltern auf einem Friedhof in Long Island.

Schließlich wurde Liu Zhijun vor Gericht gestellt. Das Urteil war absehbar – achtundneunzig Prozent aller chinesischen Gerichtsverhandlungen enden mit einer Verurteilung. In diesem Fall gab es jedoch einen weiteren Hinweis auf Lius zukünftiges Schicksal, denn die Partei pflegte eine ihrer ältesten Traditionen: Früher wurden in Ungnade gefallene Funktionäre einfach aus den Archiven getilgt, heute geschieht dasselbe im Internet. Zensoren hatten bereits damit begonnen, das Netz nach Jubelberichten und Dokumentationen über Lius Leistungen zu durchkämmen und löschten diese nun nach und nach, bis nur noch lückenhafte Hinweise auf seine Verhaftung übrig blieben. Bald schon war Großer-Sprung-Liu so gründlich aus der chinesischen Geschichte entfernt worden, dass kaum noch zu ahnen war, dass er jemals existiert hatte.

Zu dieser Zeit war die Zugkatastrophe von Wenzhou bereits zu einem Symbol für die fundamentalen Risiken geworden, denen sich die Kommunistische Partei gegenübersah. Das Unglück erschütterte vor allem jene Mitglieder der Mittelschicht, die den großen postsozialistischen Tauschhandel akzeptiert hatten und der Partei die unangefochtene Herrschaft überließen, solange die sich als halbwegs kompetent erwies. Doch der Unfall verstieß gegen die Bedingungen dieses Handels, und für viele versinnbildlichte das Unglück das, was der

Hurrikan Katrina für die Amerikaner repräsentierte: das totale Versagen des Staates. Es war ein gnadenloses Urteil. Gerald Ollivier, ein leitender Infrastrukturexperte bei der Weltbank in Peking, wies darauf hin, dass die chinesischen Eisenbahnen immer noch zu den mit Abstand sichersten Verkehrsmitteln des Landes gehörten. »Denkt man einmal darüber nach, erkennt man, dass die chinesischen Hochgeschwindigkeitszüge jährlich mindestens vierhundert Millionen Personen befördern«, erklärte er. »Und wie viele sind dabei in den letzten vier Jahren ums Leben gekommen? Vierzig. Das entspricht der Anzahl der Menschen, die in fünf, sechs Stunden bei Autounfällen sterben. Also ist die Bahn das sicherste Verkehrsmittel in China. Das Unglück im letzten Jahr war überaus tragisch und hätte nie passieren dürfen. Aber im Vergleich zum Auto ist der Zugverkehr mindestens hundertmal sicherer.«

Die Chinesen verwiesen jedoch lieber auf eine andere Statistik: In den siebenundvierzig Jahren, in denen Hochgeschwindigkeitszüge in Japan bereits in Betrieb waren, hatte es dort nur ein einziges Todesopfer gegeben, als ein Fahrgast in eine Tür eingeklemmt wurde. Es wurde daher immer deutlicher, dass Teile des neuen China viel zu schnell errichtet worden waren. Für den Bau einer der längsten Brücken Nordchinas hatte man drei Jahre veranschlagt, doch sie wurde bereits achtzehn Monate nach Beginn der Arbeiten fertiggestellt. Als sie neun Monate später, im August 2012, einstürzte, wurden fünf Menschen verletzt und drei getötet. Obwohl es sich um die sechste Brücke handelte, die innerhalb eines einzigen Jahres in sich zusammenbrach, behaupteten die Behörden, überladene Lkw hätten das Unglück verursacht.

Der Bevölkerung reichte der Wohlstand nicht mehr, den ihnen der Aufschwung in China gebracht hatte. Der Sturz des Bahnministers war das Symbol einer Kultur des entfesselten und übersteigerten Anspruchsdenkens. Über Jahre hinweg hatte sich Liu vor allem darum gekümmert, seine Aussichten parallel zu denen des Landes zu verbessern. Dabei hatte er jegliches Maß verloren, und die Frage war, ob dasselbe auch für seinen Staat galt.

17. Alles, was glänzt

Die erste Lektion, die mir Hu Gang über die chinesische Kunst der Bestechung erteilte, galt der großen Wichtigkeit des Essens. »Jeder lehnt die erste Einladung ab. Nach vier oder fünf Versuchen geht dann allerdings jeder darauf ein – und wenn man erst einmal miteinander gegessen hat, gehört man quasi schon zur Familie.« Trotz all des Geredes über die Korruption im Land blieb mir ihre Funktionsweise stets ein Rätsel – die im Verborgenen wirkenden Mechanismen, die Rituale, die Tabus. Im Lauf der Jahre hatte ich anhand meiner Erfahrungen in Macao, anhand der Geschichte von Bahnminister Liu oder anhand der Lektüre von Hu Shulis investigativen Artikeln einen kleinen Einblick erhascht, allerdings wollte es mir einfach nicht gelingen, die Bruchstücke zu einem Gesamtbild zusammenzufügen. Als ich Hu Gang kennenlernte, füllte er die Leerstellen nach und nach für mich aus.

Auf den ersten Blick war Hu Gang nicht gerade der wahrscheinlichste Kandidat, um mir die dunkle Kunst des Erfolgs beizubringen. Als wir uns das erste Mal begegneten, arbeitete er als Schriftsteller. Er war ein kleingewachsener akribischer Fünfzigjähriger, der mit dem Stolz eines besorgten Vaters ein gewaltiges Aufsehen um seine Tochter veranstaltete und ihren Rat befolgte, es beim Mittagessen nicht allzu sehr zu übertreiben. Wie viele vor ihm konnte auch er den Versuchungen nicht widerstehen, die ihm das neue China bot. Er hatte Philosophie studiert und sich nach seinem Abschluss einer ruhigen Laufbahn in der Personalverwaltung der Universität gewidmet. Als Chinas Wirtschaft zu wachsen begann, fand er eine Anstellung in einem Auktionshaus, wo er klassische chinesische Gemälde verkaufte und bei jedem Stück eine Provision erhielt. »Ich entdeckte, dass viele der eingeschickten Gemälde und Bildrollen Fälschungen waren, und das faszinierte mich«, erzählte er mir eines Tages beim Mittagessen. »Und da dachte ich mir, dass ich diese Werke immer noch zu hohen Preisen unter die Leute bringen könnte, obwohl ich mich tief im Herzen nie wohl dabei fühlte.«

Sein Unwohlsein hielt jedoch nicht lange an. Die Leute schickten ihm eine derart gewaltige Menge gefälschter Kunstgegenstände, dass er sich schließlich selbst am Fälschen versuchte und zu seiner Überraschung herausfand, dass er ein gewisses Talent dafür besaß, die kraftvollen Pinselstriche Qi Baishis und den Realismus Xu Beihongs nachzuahmen. Außerdem weitete er sein Auktionsgeschäft auf Zwangsvollstreckungen aus, bei denen die Unterschrift eines einzigen Richters bereits ausreichte, um Gebäude, Grundstücke und andere Vermögenswerte zu veräußern und dabei deftige Provisionen einzustreichen. Jeder habe seine Finger in solchen Geschäften gehabt, so Hu. Deshalb habe er sich gedacht: »Wenn die das tun, kann ich das auch.«

Doch wie bei so vielem in China herrschte auch auf diesem Gebiet überaus große Konkurrenz, weil sich viele darum rissen, die Mächtigen zu bestechen. Hu erkannte schnell, dass Geschenke allein nicht ausreichten, um sich hervorzutun. Er musste Kontakte knüpfen, und in dieser Hinsicht stellte er sich als Naturtalent heraus. Dabei ging er wie folgt vor: Zunächst bestach er einen Richter mit Zigaretten, dann mit einem Festmahl und schließlich mit einem Aufenthalt in einem Massagesalon. Niemand hatte ihm je beigebracht, wie das Ganze funktionierte, er war jedoch ein äußerst genauer Mensch und stellte einige Regeln auf, die er exakt einhielt: Niemals durfte man Fremden Bestechungsgelder anbieten; Geldgeschenke machte man im Herbst, denn dann trudelten die Rechnungen für Schul- und Studiengebühren ein. Schon bald jonglierte er mit so vielen Richtern, dass er an einem einzigen Tag hintereinander drei Ausflüge in einen Massagesalon unternehmen musste. »Dreimal an einem Tag!«, rief er und schaute mich entsetzt an. »Das ist nicht gerade angenehm – nein, das ist anstrengend!«

Im Lauf der Jahrhunderte hatte jeder chinesische Herrscher seine ganz eigenen Strategien zur Bekämpfung der Korruption entwickelt. Zhu Yuanzhang, der im 14. Jahrhundert Kaiser wurde, ließ des Diebstahls schuldige Beamte hinrichten, häuten und mit Stroh ausstopfen, um die Leichen seinen Besuchern anschließend wie Puppen vorzuführen. Allerdings hielt die Wirkung dieser Maßnahmen nicht lange an. Hohe Ämter blieben ein verlässlicher Weg zum Wohlstand. Als ein Höfling namens Heshen im Jahr 1799 endlich überführt wurde, hatte er ein Vermögen angehäuft, das zehnmal größer war als der Jahreshaushalt des Kaiserreichs. Der Schriftsteller und Übersetzer Lin Yutang stellte 1935 fest: »Obgleich man in China für den Diebstahl einer Geldbörse verhaftet werden kann, wird man verschont, wenn man die Staatskasse plündert.«

In der Moderne gediehen die Korruption und die chinesische Wirtschaft Hand in Hand. In den achtziger Jahren reichten ein Päckchen chinesischer Double-Happiness-Zigaretten und ein paar Flaschen heimischer Schnaps vollkommen aus, um sich eine Versetzung oder den Bezugsschein für eine Waschmaschine zu sichern. Als der Staat 1992 jedoch den Privatbesitz von Grundstücken und Fabriken ermöglichte, begann auch die Bestechung immer weiter um sich zu greifen. Im Lauf nur eines Jahres verdreifachte sich die durchschnittlich bei Korruptionsfällen sichergestellte Summe auf sechstausend Dollar. Double-Happiness-Zigaretten wichen schließlich Hermès-Handtaschen, Sportwagen und Studiengebühren für Kinder auf ausländischen Universitäten. Je größer der Deal sein sollte, desto höher mussten die zustimmenden Funktionäre in der Parteihierarchie sein – und das Schmiergeld wurde umso höher, je weiter man in der Hierarchie hinaufging. Beamte und Geschäftsleute organisierten sich zum gegenseitigen Vorteil in sogenannten »Schutzschirmen«, was chinesische Wissenschaftler als die »Mafiasierung« des Staates bezeichneten.

War die Wirkung dieser Entwicklungen zunächst noch recht abstrakt, wurde sie schon bald spürbar. In einem Fall nach dem anderen stellte sich heraus, dass die Katastrophen, die das Volk so empörten, in Wirklichkeit auf Bestechung, Betrug, Veruntreuung und Patronage zurückgingen: So war man beim Bau der beim Erdbeben von Sichuan zerstörten Schulen einige Kompromisse eingegangen, während der bei Wenzhou verunglückte Schnellzug von einer der korruptesten Einrichtungen im ganzen Land betrieben worden war. Im Fall der gepanschten Babynahrung, der 2008 eine Reihe Säuglinge zum Opfer gefallen waren, hatten die Milchprodukthersteller und -händler zunächst die staatlichen Inspektoren bestochen, damit sie ein Auge zudrückten. Als schließlich die ersten Kinder erkrankten, schmierte der Hersteller Redaktionen, damit sie die Geschichte unter den Teppich kehrten.

Mit ausreichend Kreativität ließ sich so gut wie alles zur Bestechung nutzen. Geschäftsleute stellten Pokerabende auf die Beine, bei denen die eingeladenen Funktionäre einfach jede Runde gewannen. Alkohol ging immer, und irgendwann gestand sogar die Staatspresse ein, dass die Verkaufszahlen von Chinas berühmtestem Schnaps, Maotai, »einen Indikator für die Korruption in China« darstellten. Allein im Jahr 2011 verkaufte sich das Getränk so gut, dass der Produzent die höchsten Dividenden in der Geschichte der chinesischen Börse ausschüttete. Der Hersteller musste die Lagerbestände aufgrund der großen Nachfrage sogar rationieren.

Einmal schaute ich bei Mao Yushi vorbei, einem liberal eingestellten Wirtschaftswissenschaftler, der zufälligerweise in der Nähe der mächtigsten Planungsinstitution im ganzen Land lebte: der Staatlichen Kommission für Entwicklung und Reform. Er wies darauf hin, dass der Sitz der Kommission von lauter Geschenkartikelläden umgeben sei, in denen man Alkohol und Porzellan erwerben könne. Brauchte jemand Hilfe, wusste er genau, dass er sich erst mit kleinen Aufmerksamkeiten eindecken musste, bevor er sich zu seinem Termin aufmachte. »All diese Leute aus den Provinzen gehen mit lauter großen und kleinen Tüten hinein und kommen mit leeren Händen wieder hinaus«, stellte der Ökonom fest. »Und wenn die Beamten dann Feierabend haben, verlassen sie mit all diesen großen und kleinen Tüten das Amt. Da sie das alles jedoch beim besten Willen alleine nicht aufbrauchen können, verkaufen sie die überschüssigen Waren zurück an die Geschenkartikelläden, die sie wiederum an andere verhökern, die wegen einer Mission in Peking sind. Das ist also aus unserer Straße geworden!«

Beschäftigte im öffentlichen Dienst – die offiziell nicht mehr als zwanzig- bis dreißigtausend Dollar im Jahr verdienten – kauften so häufig bei Gucci und Louis Vuitton ein, dass den hochpreisigen Boutiquen in der Stadt jedes Mal die Waren ausgingen, wenn der Nationale Volkskongress tagte. (Die Politiker lernten schnell, vorher anzurufen und ihre Lieblingsstücke reservieren zu lassen.) In manchen Fällen wurde ein Funktionär auch von einem Geschäftsmann durch die Gänge begleitet; wem das jedoch zu auffällig war, der konnte eine Kreditkarte hinterlassen, die bei Bedarf belastet wurde. Meistens war schwer zu sagen, wer eigentlich wen bezahlte, aber hin und wieder ließ ein Gerichtsverfahren einen flüchtigen Blick darauf zu, wie das Geld die Besitzer wechselte. Als die Macaoer Polizei Ao Man Long festnahm, den dortigen Minister für Öffentliches Verkehrs- und Bauwesen, fanden sie bei ihm eine Reihe von »Freundschaftsbüchern«, wie er sie nannte, in denen er den Erhalt von Bestechungsgeldern in einer Höhe von hundert Millionen Dollar dokumentiert hatte.

Die zweite Lektion, die mir Hu Gang erteilte, galt der Bestechung von Richtern und lautete, dass es mindestens sechs Monate dauerte, bis man etwas zurückbekam. »Das Wichtigste dabei ist Freundschaft«, erklärte er. »Eine so enge Freundschaft, dass keinerlei Geheimnisse voreinander erlaubt sind.« Während wir uns unterhielten, schob er einen kleinen Haufen Schweinefleisch in seiner Essschale zusammen. »Erst wenn man seine Loyalität bewiesen hat, darf man seine Fähigkeiten zeigen und demonstrieren, dass man seine Versprechungen einhält und es sich jedes Mal wieder lohnt.« Er zog seine Brauen zusammen und kaute eine Weile schweigend vor sich hin, während er über das eben Gesagte nachdachte. »Wenn man diese Schritte befolgt, lässt sich einfach jeder festnageln. Danach wird die Verbindung unzertrennlich sein.«

Hu Gangs Taktik war allerdings recht kostspielig. Im ersten Jahr, in dem er sich an der Bestechung von Richtern versuchte, gab er allein für Esseneinladungen, Geschenke und Frauen eine viertel Million Yuan aus. Nach fünf Jahren machte sich das Ganze jedoch ganz wunderbar bezahlt. Er besaß nicht nur eines der größten Auktionshäuser der Stadt, sondern verfügte auch über einen bescheidenen Notgroschen von umgerechnet eineinhalb Millionen Dollar. Er hatte seinen

Rhythmus gefunden. »Ich schlief bis mittags und drehte dann meine Runde, zu der es unter anderem gehörte, mich um die Geliebten aller möglichen Leute zu kümmern«, erzählte er.

Doch selbst dann habe er den Eindruck gehabt, dass ihm etwas fehlte. »Wenn ich in einem Jahr drei Millionen oder fünf Millionen verdiene, kann ich nur daran denken, wie ich im nächsten Jahr noch mehr Geld machen kann. Wenn ich im Ort die Nummer drei bin, wie kann ich dann zur Nummer eins werden? Es ist, als ob man losläuft und nicht mehr anhalten kann. Man rennt einfach immer weiter. Über die philosophische Bedeutung macht man sich keine Gedanken. Und psychologisch befindet man sich ohnehin in einer ganz eigenen Welt.«

Für Außenstehende war das Ausmaß der politischen Korruption in China oft schwer nachzuvollziehen, was teilweise gerade daran lag, dass es die meisten Ausländer kaum betraf. Wer China besuchte, wurde im Gegensatz zu anderen Entwicklungsländern kaum je von Zollbeamten oder Streifenpolizisten auf kleinere Summen angesprochen, und wenn Ausländer keine chinesischen Schulen oder öffentlichen Krankenhäuser betraten, bemerkten sie gar nicht, wie weit die Bestechung in so gut wie jeden Bereich der chinesischen Gesellschaft vorgedrungen war. Auf dem Papier war das öffentliche Schulwesen zwar kostenlos und allen zugänglich, aber alle Eltern wussten, dass man »Gebühren für Patenschaften« zahlen musste, um seine Kinder auf die besten Schulen des Landes zu bringen: In Peking beliefen sich diese Gebühren auf bis zu sechzehntausend Dollar – mehr als doppelt so viel wie ein durchschnittliches chinesisches Jahresgehalt. Bei einer landesweiten Umfrage gaben sechsundvierzig Prozent aller Eltern an, dass ausgeprägte »gesellschaftliche Beziehungen« oder die Zahlung von Gebühren die einzigen Optionen seien, um ihren Kindern eine gute Bildung zu ermöglichen. Laut einem Bericht der chinesischen Akademie für Sozialwissenschaften eröffneten die Behörden 2011 täglich mindestens ein Korruptionsverfahren gegen hohe Beamte auf der Hierarchiestufe eines Oberbürgermeisters.

Sich Macht zu kaufen war so weit verbreitet, dass sich das *Wörterbuch des modernen Chinesisch* 2012 zur Aufnahme des Begriffs *maigu-*

an gezwungen sah – was so viel bedeutet wie »sich eine staatliche Beförderung erkaufen«. In manchen Fällen lasen sich die Auswahlmöglichkeiten wie die Karte eines Restaurants. In einer kleinen Stadt in der Inneren Mongolei ging der Posten des Leitenden Stadtplaners für umgerechnet 103 000 Dollar über den Tisch. Die Anstellung als örtlicher Parteisekretär war bereits für 101 000 Dollar zu haben. Das Ganze folgte einer gewissen Logik: In schwachen Demokratien bezahlte man für die Stimmen der Menschen; in einem Staat, in dem es keine Wählerstimmen gab, bezahlte man eben die Menschen, die die Posten vergaben. Selbst das Militär blieb von Vetternwirtschaft nicht verschont: Wie bei einer Pyramide erhielten die Befehlshaber an der Spitze Zahlungen von den loyalen Offizieren direkt unter ihnen. Laut Berichten durfte ein Einsternegeneral mit Geldgeschenken und Geschäften im Wert von zehn Millionen Dollar rechnen, während ein Viersternegeneral davon ausgehen konnte, mindestens fünfzig Millionen Dollar in die eigene Tasche zu stecken.

Korruption gibt es wohl in jedem Land, aber die Bestechlichkeit in China nahm mittlerweile eine ganz eigene Qualität an. Wer an der Spitze war, sah sich Versuchungen ausgesetzt, die sich nicht mit denen im Westen vergleichen ließen. Zu erkennen, welche angeblich mit bloßen Händen erarbeiteten Vermögen tatsächlich auf legalem Weg erworben worden waren, war nicht immer leicht; allerdings bedeutete ein politisches Amt einen besonders verlässlichen Weg zum Wohlstand. Im Jahr 2012 verfügten die siebzig reichsten Mitglieder des Nationalen Volkskongresses zusammen über Nettovermögen in Höhe von mehr als neunzig Milliarden Dollar – mehr als zehnmal so viel wie alle Abgeordneten des US-Kongresses zusammen.

Diese Mischung aus derart viel Geld und dermaßen wenig Transparenz passte nicht so recht zu den heiligsten Ritualen der Partei. Das Jahr 2012 sollte eigentlich ganz im Zeichen eines sauberen politischen Spektakels stehen, bei dem die alten Apparatschiks ihre Macht an die nächste Generation weitergeben würden. Es stand schon alles fest: An einem bestimmten Tag sollte die neue Parteispitze über die Bühne der Großen Halle des Volkes schreiten und sich vor einem fast zwanzig Meter breiten Gemälde der Großen Mauer höflich gegenseitig beklatschen. Kaum hatte das Jahr allerdings begonnen, wurden diese Pläne auch schon nach und nach zunichtegemacht.

Wang Lijun war der ehemalige Polizeichef der im Westen Chinas gelegenen Stadt Chongqing. Die Parteipresse hatte ihn für seine strenge und innovative Arbeitsweise gelobt, zu der auch die Perfektionierung der Organentnahme bei hingerichteten Sträflingen gehört hatte. Am 6. Februar floh er jedoch mit seinem Auto in das Konsulat der Vereinigten Staaten in Chengdu, um amerikanischen Schutz in Anspruch zu nehmen. Er erklärte, er habe einen Mord aufgedeckt; verantwortlich machte er die Familie seines Vorgesetzten, Bo Xilai, des Parteisekretärs von Chongqing, der bis zu diesem Augenblick als einer der führenden Kandidaten für die Bühne der Großen Halle gegolten hatte. Das Opfer war ein ortsansässiger britischer Geschäftsmann namens Neil Heywood, ein Mann von einundvierzig Jahren, der meist helle Leinenanzüge trug und eine zurückhaltende Persönlichkeit hatte – »eine Figur wie aus einem Roman von Graham Greene: stets ohne Fehl und Tadel, sehr vornehm und gebildet«, wie es einer seiner Freunde gegenüber der britischen Presse ausdrückte. Heywood hatte als Teilzeitwirtschaftsberater für eine Firma gearbeitet, die von ehemaligen Agenten des britischen Auslandsgeheimdienstes MI6 gegründet worden war, und fuhr in einem Jaguar mit dem Kennzeichen 007 durch Peking. (Freunde erkannten jedoch mehr Gemeinsamkeiten mit dem legendären Tagträumer Walter Mitty als mit James Bond.) Als seine Leiche im Winter desselben Jahres im Lucky Holiday Hotel gefunden wurde, einer heruntergekommenen Absteige in den Bergen, schob die Polizei seinen Tod auf Alkoholkonsum. Der Polizeichef eröffnete den Amerikanern jedoch, dass sich Heywood gegen Bezahlung um die Probleme der Familie Bo Xilais gekümmert hatte. Bos Frau habe die Vergiftung des Engländers in die Wege geleitet, weil sie nicht mehr mit ihm zurechtgekommen sei.

Bo war die charismatischste Gestalt der politischen Elite des Landes und ein Schultern klopfender Populist. Zufälligerweise begegnete ich ihm während seiner Reise an die Macht; damals leitete er das Handelsministerium und wartete auf einen Sitz im Politbüro. Er war ein hochgewachsener, auf mediale Aufmerksamkeit fokussierter Sprössling eines Parteiführers, hatte die weichen Händen eines Kronprinzen und gehörte zur Pekinger High Society. Seine Frau, Gu Kailai, war eine berühmte Anwältin, die ein Buch über ihre Erfolge im Gerichtssaal veröffentlicht hatte – »die Jackie Kennedy Chinas«, wie es ein amerikanischer Kollege später ausdrückte. Als Bo Parteisekretär von Chongqing wurde, roch er eine Möglichkeit, seine liberalen Rivalen auszustechen, also machte er sich auf, zum chinesischen Äquivalent des volksnahen amerikanischen Populisten Huey Long zu werden. Er hüllte sich in die Fahne des Maoismus und ermutigte die Chinesen, »rotes Liedgut« zu singen, beispielsweise »Einheit bedeutet Kraft« oder »Revolutionäre bleiben immer jung«. Bei einer von ihm als »Zerschlagung der Schwarzen« bezeichneten und von Festnahmen und Folter bestimmten Kampagne trieb er mit seinen Polizeieinheiten Tausende Wirtschaftsmagnaten, politische Rivalen und angebliche Kriminelle zusammen.

Als ich Bo kennenlernte, begleitete ich den Bürgermeister von Chicago, Richard M. Daley, um herauszufinden, wie es sich für einen amerikanischen Politiker anfühlte, das erste Mal in unmittelbaren Kontakt mit der chinesischen Politik zu geraten. Wir warteten gerade vor Bos Büro, als der lachend aus der Tür kam und sich von seinem vorherigen Termin verabschiedete, einer Delegation hochgewachsener, schlanker Afrikaner, die sehr erfreut über die herzliche Behandlung zu sein schienen. Ich erkundigte mich bei einer der Tee-Damen nach diesen Herren.

»Sudan«, entgegnete sie nur.

Bo winkte den Sudanesen an der Eingangstür zum Abschied hinterher, machte dann auf dem Absatz kehrt und warf seinen Arm um seinen nächsten Besucher. Bevor man mich aus dem Zimmer hinauskomplimentierte, wurde ich Zeuge, wie Bo seine Begrüßung mit ein paar Brocken Englisch aufpeppte – etwas, mit dem sich chinesische Beamte nur selten schmücken. Als ich ihn so neben Daley sitzen sah, einem bulligen Mann aus der Chicagoer South Side, wirkte er auf mich wie ein Filmstar.

~

Hätte Polizeichef Wang Lijun nicht versucht zu fliehen, hätte die Welt wohl nie etwas über die andere Seite von Bo Xilai und über das von ihm geschaffene Universum erfahren. Wangs Enthüllungen verblüfften alle. Schließlich erhielt er kein Asyl bei den Amerikanern, verließ mit hängenden Schultern das Konsulat und begab sich in die Hände der chinesischen Behörden, die ihn wegen Machtmissbrauchs und der Annahme von Bestechungsgeldern vor Gericht stellten – eine klare Botschaft an alle, die ebenfalls mit dem Gedanken spielten, überzulaufen. Aber seine Geschichte war nun einmal in der Welt, und als immer mehr Details an die Öffentlichkeit drangen, begannen einige Mythen, die sich um die Mächtigen Chinas rankten, zu erodieren.

Gerüchte über Wangs Aussagen breiteten sich in Windeseile im Internet und auf den Straßen und Gassen Chinas aus. Die Parteizensoren gaben ihr Bestes, um den Informationsfluss einzudämmen, aber der politische Schaden für Bo Xilai war immens. Innerhalb von zwei Monaten wurde er all seiner Ämter enthoben; außerdem wurde ein Verfahren wegen Annahme von Bestechungsgeldern, Machtmissbrauch und wegen anderer Vergehen gegen ihn angestrengt. Die Partei war in einer heiklen Lage: Man musste einerseits zumindest den Anschein erwecken, als strebe man nach Gerechtigkeit; andererseits sollten die pikanten Informationen nicht ans Tageslicht kommen. In einem eintägigen Schauprozess wurde Bos Frau, Gu Kailai, für den Mord an Heywood verurteilt; allerdings brachte dies den öffentlichen Argwohn nicht wirklich zum Verstummen: Im Gerichtssaal sah sie deutlich fülliger aus als auf alten Fotos, weshalb Gerüchte aufkamen, man habe ein Double engagiert, das an ihrer Stelle die Strafe absitzen solle. (Sosehr die Regierung das auch abstritt, so hielt sich das Gerücht doch hartnäckig, weshalb der liberale Kommentator Zhang Yihe schließlich schrieb: »All das erinnert uns an die Fabel vom Hirtenjungen, der immerzu ›Wolf‹ rief und log und log, bis ihm niemand mehr glaubte und er gefressen wurde.«) Bos Untergang hatte schmerzhafte Folgen, denn er offenbarte, was für eine Mär der Mythos vom bescheidenen chinesischen Beamten in Wirklichkeit war. Wie sich herausstellte, hatte seine Familie Kapital im Wert von mehr als hundert Millionen Dollar angehäuft, während Bo Xilai im Jahr offiziell nur neunzehntausend Dollar verdient hatte.

Ausländische Geschäftsleute empfanden das Schicksal des englischen Kollegen als beunruhigend. Es erinnerte sie daran, dass Wirtschaft und Politik in China trotz allen Wachstums und aller Fortschritte von einer Bandenmentalität geprägt waren, die jederzeit an die Oberfläche brechen konnte. Ein britischer Altmetallhändler namens Anil Srivastav erzählte mir von der gereizten Atmosphäre bei Verhandlungen über eine Ladung Metall: »Diese Leute stürmten einfach herein und zerrten mich hinaus auf die Straße. Ich rief um Hilfe, aber niemand hat sich dafür interessiert«, sagte er. »Dann steckten sie mich in einen Lieferwagen und fuhren los.« Später wurde er freigelassen. »Bis dahin kannte ich so etwas nur aus Filmen«, meinte er.

Für die chinesische Öffentlichkeit hielt Bos Untergang sogar noch eine bedeutendere Botschaft bereit; sie betraf die Informationen, die in der Gesellschaft zirkulierten: Ein zunächst nur im Internet existierendes Gerücht, das die Zensoren abgetan und dann gelöscht hatten, verwandelte sich quasi über Nacht in eine Tatsache. Ein User namens Jieyigongjiang schrieb auf Weibo: »Angriffe, die angeblich von ›reaktionären Kräften aus dem Ausland‹ verbreitet wurden, haben sich als wahr herausgestellt. Welche anderen, von den internationalen Medien aufgedeckten ›Wahrheiten‹ sollen wir glauben?«

Ständige Skandale waren die Hintergrundmusik von Chinas Aufstieg. Die Mischung aus Internet, Wohlstand und einer endemischen Bereitschaft zur Indiskretion zog den Vorhang zur Seite, der die Führer der Kommunistischen Partei einst vor der Neugier der Außenwelt geschützt hatte. Nie zuvor hatte die chinesische Bevölkerung so viel über die Nebeneinkünfte ihrer Oberhäupter erfahren. Über zwei Jahre hinweg dokumentierte ein nachrangiger Parteifunktionär namens Han Feng in mehr als fünfhundert Tagebucheinträgen sein Leben als Leiter des Tabakmonopolamts in der südchinesischen Stadt Laibin. Als Han Fengs Tagebuch plötzlich im Netz auftauchte – wie es dort gelandet war, sollte er nie herausfinden –, offenbarte sich darin ein Leben voller Festmähler, außerehelicher Liebschaften und angenehmer Geschäftsreisen, die hin und wieder von dem einen oder anderen Parteiritual unterbrochen wurden. Nach einem typischen Arbeitstag notierte er:

> Dienstag, 6. November (11-25 °C, sonnig): Ich habe eine Rede zum Thema »Zivilisiertes Benehmen« überarbeitet. Li Dehui und andere Leute aus Xiamen kamen zum Mittagessen vorbei, und wir haben zusammen getrunken. Anschließend habe ich mich im Unternehmensschlafsaal hingelegt. [...] Bin zum Abendessen gegangen und habe viel getrunken [...]. Um 22 Uhr kam Frau Tan Shanfang mit dem Auto vorbei und schaffte mich in ihr Haus. Dort haben wir dreimal miteinander geschlafen, und dann noch einmal bei Sonnenaufgang.

Kaum war sein Tagebuch an die Öffentlichkeit gelangt, wurde Han Feng im März 2010 verhaftet und zu einer Freiheitsstrafe von dreizehn Jahren verurteilt, weil er Bestechungsgelder und Immobilien im Wert von über hunderttausend Dollar angenommen hatte. In der politischen Nahrungskette war er nur ein kleiner Fisch, daher machte es der Partei nichts aus, ihn über Bord zu werfen. Als ich sein Tagebuch las, fiel mir besonders die Banalität des Ganzen auf, denn er war weder ein Gauner noch ein Staatsmann, sondern einfach nur jemand, der tat, was er konnte, um sich die Vorteile zu sichern, die er in diesem System ständig vor der Nase hatte. (Die drei häufigsten Wege, öffentliche Gelder zu verschwenden – Reisen, Festmähler und Autos –, werden in China ironisch »die drei Volksprinzipien« genannt; nach Berechnungen des Finanzministeriums kostet das den Staat jährlich vierzehn Milliarden Dollar – mehr als die Hälfte des Verteidigungsetats.) Am letzten Tag des Jahres zog der Tabakbeamte Han schließlich Bilanz:

> In diesem Jahr lief die Arbeit besser als je zuvor [...]. Meine Autorität unter den Arbeitern ist gewachsen [...]. Mein Sohn macht sich hervorragend, er wurde für die Hochschule empfohlen, ohne dass er einen Aufnahmetest ablegen musste. Nach zwei Jahren Studium wird er problemlos eine Anstellung finden. Mein fotografisches Können hat eine neue Qualität erreicht, und ich werde mich bemühen, den Rest meines Lebens

> immer besser zu werden. Mit den Damen läuft es auch gut. Ich habe ein Verhältnis mit der kleinen Frau Pan angefangen; außerdem vergnüge ich mich regelmäßig mit Frau Tan Shanfang, und auch die Zeit mit Frau Mo Yaodai genieße ich in vollen Zügen. In Sachen Liebe ist es also ein gutes Jahr gewesen, obwohl ich bei so vielen Partnerinnen auf meine Gesundheit achten sollte.

Im Lauf der Zeit lernten chinesische Blogger, offizielle Fotos nach Indizien abzusuchen, die auf nicht so recht zu den offiziellen Gehältern passende Gepflogenheiten hindeuteten. Sie stellten Bilder von Polizeistationen ins Internet, auf denen blau-weiß lackierte Porsches und Maseratis zu sehen waren. Sie wiesen darauf hin, dass ein kommunaler Stadtplaner namens Zhou Jiugeng oft beim Rauchen von Zigaretten fotografiert worden sei, die vierundzwanzig Dollar das Päckchen kosteten; nachdem eine Untersuchung wegen des Verdachts aus Bestechung gegen ihn angestrengt worden war, wurde er zu einer Haft von elf Jahren verurteilt. Die Spezialität eines anderen Bloggers war die Zurschaustellung von Genossen mit verdächtig teuren Uhren, was ihm den Spitznamen »Armbanduhr-Wachhund« einbrachte.

Die Zensoren verhinderten so gut es ging, dass solche Informationen ins Internet durchsickerten, doch jeder neue Fall, der bekannt wurde, riss nur noch ein weiteres Loch in das Image der Partei, die stets geschworen hatte, als »Erste Mühen zu ertragen und als Letzte davon zu profitieren«. Außerdem bewies jedes Vorkommnis dieser Art, dass solch ein Verhalten eher die Regel als die Ausnahme zu sein schien, und jedes in die Öffentlichkeit gelangende unschöne Detail illustrierte abermals die Kluft zwischen der zur Schau gestellten Seriosität der Partei und der Wirklichkeit dahinter. Eine Frau schilderte im Internet eine Affäre mit ihrem Chef, Yi Junqing, dem Leiter des Zentralen Übersetzungsbüros – einem der größten Prediger orthodoxer marxistischer Werte überhaupt. Die Geliebte beschrieb, wie sie ihm Bargeld gegeben hatte, damit er ihr eine Anstellung besorgte, außerdem postete sie eine drei Jahre abdeckende, aus Kurzmitteilungen bestehende Chronik ihrer Beziehung sowie eine verschlungene Erzählung über Sushi, Sake und Mittagspausen-Flirts.

In einem anderen Fall tauchten eine Reihe Fotos auf, die von einem Computer stammten, den man zur Reparatur geschickt hatte, und auf denen die Verrenkungen von fünf Damen und fünf Herren bei einer Hotelzimmer-Orgie zu bestaunen waren. Schnell identifizierten die Leute eine Reihe hoher Funktionäre. Problematisch daran war nicht die peinliche Enthüllung, sondern die Heuchelei: Vor gar nicht allzu langer Zeit war ein bei seiner Mutter wohnender Informatikprofessor von den Behörden verfolgt worden, weil er in seiner Freizeit Gruppensex-Treffen für ein paar Leute organisiert hatte, die ihn unter dem Internet-Pseudonym »Lodernde Manneskraft« kannten. Er wurde verhaftet und wegen »Massenunzucht« zu dreieinhalb Jahren Haft verurteilt – ein Relikt aus Zeiten, als man für unehelichen Sex noch wegen »Rabaukentums« vor Gericht gestellt werden konnte. »Lodernde Manneskraft« wurde zu einer Gallionsfigur für all jene, die sich mehr Privatsphäre wünschten, und deshalb wurden die Berichte über die Orgie der Parteifunktionäre gewissermaßen zu einem PR-Problem. Eine Bezirksregierung entschloss sich schließlich, aus der Sache eine Verwechslungskomödie zu machen, was die *People's Daily* in der Schlagzeile »›Nackter ist nicht unser Parteichef‹« zusammenfasste. (Später stellte sich heraus, dass er es doch war.)

Ich hatte große Schwierigkeiten, auf dem Laufenden zu bleiben. Ein Beamter aus Shanxi wurde im Land der Ein-Kind-Politik mit vier Ehefrauen und zehn Kindern erwischt. Außerdem war da noch der denkwürdige Fall des Parteisekretärs Lei Zhengfu, der bei anstrengenden Leibesübungen mit einer Frau gefilmt wurde, die noch nicht einmal ein Drittel so alt war wie er und darüber hinaus noch von einem örtlichen Immobilienunternehmer bezahlt worden war, um Lei zu verführen, damit man ihn anschließend erpressen konnte. (Lei war ein korpulenter Mann, dessen Foto chinesische Internetnutzer mit einem Bild von Jabba the Hutt kombinierten, dem fettleibigen Bösewicht aus den *Star-Wars*-Filmen.)

Der letzte Fall, den ich genauer mitbekam, bevor ich es ganz aufgab, solchen Berichten zu folgen, drehte sich um den Polizeichef des Verwaltungsbezirks Usu. Als sich herausstellte, dass er parallel Liebesbeziehungen zu zwei Damen unterhielt und diesen auch noch beim

Aufstieg durch die Polizeiränge geholfen hatte, während sie in einer von den Steuerzahlern finanzierten Luxuswohnung lebten, veröffentlichte sein Amt eine Erklärung, die unter den gegebenen Umständen fast schon eine gute Nachricht zu sein schien: Die Geliebten des Polizeichefs seien keineswegs *Zwillingsschwestern*, wie zunächst berichtet, sondern *ganz normale Schwestern*. Als ich das beim Mittagessen las, legte ich mein Besteck beiseite und schaute blinzelnd zur Decke, um mir die ganze Tragweite dieses Umstands bewusst zu machen: Die Rechtfertigung, dass es sich »nur« um Schwestern gehandelt habe, schien einen neuen Maßstab für das Image der chinesischen Beamten zu setzen.

Enthüllungen wie diese waren derart absurd, dass man darüber nur allzu leicht übersehen konnte, dass sie eine der Säulen der Parteiherrschaft untergruben: Seit Tausenden von Jahren stützten sich die chinesischen Führer auf das Konzept der *de zhi*, der »tugendhaften Herrschaft«. »Wer selbst recht ist, braucht nicht zu befehlen: und es geht«, sagt Konfuzius. »Wer selbst nicht recht ist, der mag befehlen: doch wird nicht gehorcht.« In diesem Sinne basierte auch die Autorität der Partei auf der Vorbildfunktion ihrer Führer: Selbst wenn untergeordnete Apparatschiks sich als korrupt erwiesen haben mochten, verfügten die Parteispitzen doch über so viel Weisheit, Gerechtigkeitssinn und Leistungsfähigkeit, dass es überhaupt keinen Grund für Dissens oder gar direkte Wahlen gab. Präsident Hu Jintao erklärte, dass »die Kultivierung der eigenen Moral die grundlegende Qualität eines jeden ehrlichen Beamten ausmacht«. Sobald die Öffentlichkeit jedoch entdeckte, dass der Staat das Prinzip der »tugendhaften Herrschaft« mit Füßen trat, konnte der öffentliche Aufschrei gewaltig sein: So gingen die Proteste auf dem Tiananmen-Platz in den achtziger Jahren nicht zuletzt auf die stark angestiegene Korruption im Land zurück.

Im Zuge der jüngsten Welle der Empörung brachte wohl nichts das Tugendproblem der Partei besser auf den Punkt als ein kurzes Video, dass die Menschen stärker in seinen Bann schlug als jedes ordinäre Filmchen: Ein Lokalreporter erkundigte sich bei einer Gruppe

Sechsjähriger, was sie einmal werden wollten, und die Kinder nannten die üblichen Berufe: Feuerwehrmann, Pilot, Artist. Schließlich entgegnete ein kleiner Junge: »Ich möchte Beamter werden.« »Was für ein Beamter?« »Ein korrupter Beamter«, antwortete der Junge, »weil die so viele Sachen besitzen.«

Enthüllungen über außergewöhnliche Reichtümer betrafen immer höhere Kader der Parteihierarchie. Im Juni 2012 errechnete Bloomberg News anhand von Unternehmensunterlagen und Interviews, dass die Familie des zukünftigen chinesischen Staatspräsidenten, Xi Jinping, ein Vermögen im Wert von mehreren hundert Millionen Dollar besaß. Die Partei hatte Mühe, diese Tatsache zu erklären, also versuchte sie es erst gar nicht: Im Lauf von nur vierundzwanzig Stunden ließ sie die Internetseite von Bloomberg sperren – was für eine ganze Weile so bleiben sollte – und hielt chinesische Banken und Unternehmen von der Unterzeichnung neuer Verträge für die Nutzung von Bloomberg-Terminals ab. Bloomberg verzeichnete Umsatz- und Werbeeinbußen in Millionenhöhe.

Während der Druck auf die chinesische Staatsführung wuchs, wetterten einige ihrer Unterstützer gegen die Enthüllungen und brachten ihre Wut auf recht merkwürdigen Wegen zum Ausdruck, was sich auch auf mein Leben auswirkte. Eines Nachmittags erhielt meine Frau Sarabeth, die für eine gemeinnützige Bildungsorganisation arbeitete, einen Anruf von einer Frau, die sie in geschäftlichen Zusammenhängen kennengelernt hatte und die mit einem chinesischen Professor verheiratet war, der gute Beziehungen zur Partei pflegte. Die beiden waren ein weltgewandtes Paar – ein Kind an einer Eliteuniversität an der amerikanischen Ostküste und enge Kontakte zu den höchsten Führern des Landes. Diese Frau bat Sarabeth also um eine Unterhaltung in einem nahe gelegenen Einkaufszentrum. Im Starbucks, gleich neben dem Apple Store, erkundigte sie sich nach meiner Arbeit als Journalist und wollte wissen, ob ich mit Michael Forsythe befreundet sei, einem der Bloomberg-Reporter, die die Einzelheiten über das Familienvermögen Xi Jinpings veröffentlicht hatten. Sarabeth sollte eine Warnung an mich weiterleiten, die ich wiederum an Mike weiterzugeben hatte. »Seine Familie und er können nicht in China bleiben. Es ist hier nicht mehr sicher«, erklärte die Frau. »Etwas wird passieren. Es wird wie ein Unfall aussehen. Niemand wird erfahren, was wirklich geschehen ist. Man wird nur seine Leiche finden.«

Sarabeth, die in solchen Angelegenheiten kaum Erfahrungen hatte, stand vor einem Rätsel. Geschah das gerade wirklich? Warum erzählte ihr diese Frau solche Dinge? Sarabeth merkte sich so viel sie konnte und fragte die Frau dann, wer hinter dieser Drohung stecke. »Es ist nicht seine unmittelbare Familie«, antwortete sie, wobei sie auf den Präsidenten anspielte. »Leute in seiner Umgebung, die ihre Loyalität beweisen möchten.«

Ich rief Mike an, der mit Frau und Sohn gerade Urlaub in Europa machte. Er erzählte mir, dass er bereits über einen anderen Mittelsmann von der Drohung erfahren habe. Er kenne die Frau des Professors, weil sie als PR-Beraterin für die Familie des Präsidenten tätig sei. Nun wisse er nicht mehr, was er glauben solle. Ob sie ihm zu helfen versuchte? Oder wolle sie ihn dazu bringen, das Land zu verlassen? Die Meldung über das Familienvermögen war eine PR-Katastrophe sondergleichen gewesen, deshalb hofften diese Leute wohl, Mikes Weggang könnte weitere Enthüllungen verhindern. Wir befanden uns in der Grauzone zwischen modernen Medien und Bandenpolitik.

Sicherheitsexperten bei Bloomberg untersuchten die Sache, stellten Befragungen an und suchten nach möglichen Verbindungen, und schließlich entschieden sie, dass Mike und seine Familie sicher nach Peking zurückkehren könnten. Mike jedoch fiel es schwer, diesen Vorfall einfach so zu vergessen. Weniger als ein Jahr später zog er mit seiner Familie nach Hongkong. (2013 verließ er dann auch Bloomberg.)

Falls die Drohungen und Vergeltungsmaßnahmen darauf abgezielt hatten, die Jagd auf unliebsame Informationen zu unterdrücken, hatten sie keinen Erfolg. Im Oktober errechnete die *New York Times* auf der Grundlage von Unternehmensberichten, dass die Familie von Premierminister Wen Jiabao während seiner Amtszeit ein Vermögen von 2,7 Milliarden Dollar angehäuft hatte. Davor war die Familie nicht gerade für ihren Reichtum bekannt gewesen: Der Vater hatte als Schweinebauer und die Mutter als Lehrerin gearbeitet. Mittlerweile war das Familienvermögen jedoch so groß geworden, dass es für einen Platz auf der *Forbes*-Liste der weltweit wohlhabendsten Familien reichte.

Diese Meldung führte eines der Parteimantras ad absurdum: Vor dem Erscheinen der Kommunisten sei das Land nur von vier Sippen beherrscht worden, deren Vermögen die Partei später an die Bevölkerung zurückgegeben habe. Mittlerweile war jedoch mehr als offensichtlich, dass China einhundert Jahre nach dem Ende des Kaiserreichs zu einer Form des Feudalismus zurückgekehrt war. Die Privilegien und der Egoismus der Funktionäre wirkten sich auf besonders merkwürdige Weise auf Wen Jiabaos Ruf aus, der sich stets als einer der liberalsten Fahnenträger der Partei präsentiert hatte. Weil er sich um die Armen im Land kümmerte, hatte man ihm den Spitznamen »Großväterchen Wen« verpasst; außerdem hatte er verkündet: »Oft spreche ich davon, dass es nicht genügt, dem Volk nur die Meinungsfreiheit zu geben – fast noch wichtiger ist die Schaffung von Bedingungen, die eine Kritik an Staat und Regierung ermöglichen.« Trotzdem ließ sein Kabinett noch am selben Morgen, an dem das Vermögen seiner Familie enthüllt worden war, um sechs Uhr in der Früh den Internetauftritt der *Times* sperren, und wie bei Bloomberg sollte er eine ganze Weile nicht aufrufbar sein.

Weil sich in diesem Verhalten die Entscheidungen der Partei widerspiegelten, verriet die Sperrung einer der einflussreichsten Nachrichtenseiten der Welt viel darüber, wie weit die Staatsführung gehen würde, um die chinesische Bevölkerung zu isolieren und sich selbst vor Schaden zu bewahren: Mittlerweile waren Facebook, Twitter, die *New York Times*, Bloomberg News und viele andere Seiten nicht mehr zugänglich. Die Internet-Zensoren beeilten sich, den Ruf von Premierminister Wen zu schützen, indem sie neue Begriffskombinationen herausfilterten, darunter »Premierminister + Familie« und »Wen + Hunderte Millionen«.

Dabei ging es nicht nur um Geld. Die Menschen dokumentierten beispielsweise auch, inwiefern chinesische Funktionäre ein gesünderes Leben führten als normale Bürger. Als ein Hersteller von Luftfiltergeräten Werbematerial veröffentlichte, in dem er damit prahlte, dass chinesische Beamte mithilfe von zweihundert seiner in den engen Büros der Hauptstadt eingebauten Qualitätsgeräte saubere Luft einatmeten, löste er damit versehentlich einen öffentlichen Aufschrei aus. »Die Bereitstellung sauberer, gesunder Luft für die Führer unseres Landes bedeutet einen Segen für die gesamte Bevölkerung«, behauptete die Firma. Während die Leute noch versuchten, sich einen Reim auf diesen Segen zu machen, erfuhren sie von einem Netzwerk »spezieller Bauernhöfe«, die Parteiführer mit qualitativ hochwertigen Lebensmitteln versorgten. (Laut einem Bericht der Asiatischen Entwicklungsbank aus dem Jahr 2007 erkrankten jährlich um die dreihundert Millionen Chinesen an den Folgen des Verzehrs minderwertiger Nahrung.) Als Reporter der *Southern Weekly* über diese Bauernhöfe berichteten, erhielten alle Redakteure im Land die Warnung, Ähnliches in Zukunft zu vermeiden.

Die letzte Lektion, die mir Hu Gang erteilte, lautete, dass die Bestechung eines Richters die Sache wert sei. Nachdem er sich fünf Jahre dieser Kunst gewidmet hatte, wurden seine Machenschaften bei einer routinemäßigen Untersuchung der Korruption im Gerichtswesen aufgedeckt und er daraufhin festgenommen. Insgesamt konnten hundertvierzig Richter dingfest gemacht werden, darunter der Vorsitzende des Obersten Volksgerichts der Provinz. Hu Gang wurde verurteilt und verbrachte ein Jahr im Gefängnis.

Nach seiner Entlassung veröffentlichte er unter dem Namen Fu Shi einen Roman und später ein weiteres Buch. Als ich ihn 2012 schließlich kennenlernte, arbeitete er gerade an einem Drehbuch fürs Fernsehen. Er hatte einiges aus seinen Erfahrungen gelernt: »Obwohl wir ein Rechtssystem mit allen möglichen Gesetzen und Verordnungen haben, werden diese nur äußerst selektiv angewendet«, erklärte er mir, während er sich mit vom Mittagessen glasigen Augen tief in seinen Stuhl sinken ließ. »Wenn die Regeln denen nutzen, die sie gemacht haben, dann werden sie angewandt, und wenn nicht, dann werden sie ignoriert. Die Schöpfer von Recht und Gesetz meinen: ›Weil ich die größte Macht im Land habe, bin ich die einzige Regel, an die man sich zu halten hat.‹ Jeder weiß das.« Er lachte. China, sagte er, basiere auf »ungeschriebenen Gesetzen«. Dann fuhr er fort: »So ist es immer gewesen – das Problem ist in den letzten Jahren nur deutlicher hervorgetreten.«

In den meisten Ländern lassen sich die Langzeitfolgen einer Kleptokratie leicht vorhersagen: Ökonomen haben errechnet, dass das Wirtschaftswachstum für jeden Punkt, den die Korruption in einem Land auf einer Skala von eins bis zehn steigt, entsprechend um einen Prozentpunkt sinkt. (Als Beispiele seien Haiti unter François Duvalier und Zaire unter Mobutu Sese Seko genannt.) Wichtig sind allerdings die Ausnahmen von der Regel. Der Wirtschaftsaufschwung in Japan und Korea zeichnete sich in beiden Fällen durch verbreitete Korruption aus. Für kein Land gilt das allerdings mehr als für die USA. Als 1872 entdeckt wurde, dass Abgeordnete, die den Bau der Union Pacific Railroad im Kongress unterstützt hatten, bestochen worden oder selbst an dem Bauunternehmen beteiligt waren, das die Arbeiten ausführte (ein Skandal, der unter dem Namen Crédit Mobilier in die Geschichte einging), bezeichnete die Presse das Ausmaß der Selbstbereicherung als »schädlichste Zurschaustellung von Schurkerei und Korruption auf staatlicher wie privater Ebene, die die Welt je gesehen hat«. Zwischen 1866 und 1873 wurden in den Vereinigten Staaten mehr als 35 000 Kilometer Schienen verlegt, ein Projekt, bei dem gewaltige Vermögen verdient wurden, das sich aber auch »durch schändliche Korruption auszeichnete«, wie Mark Twain es formulierte. Die Exzesse des Eisenbahnbooms führten zum Börsenkrach von 1873 und der darauf folgenden Finanzkrise, bevor dann in der Progressive Era der politische Druck zunahm, gegen solche Auswüchse vorzugehen.

Hinsichtlich der Frage, wie die Korruption sich auf Chinas Zukunft auswirken würde, gab es zwei Sichtweisen. Nach der optimistischen Einschätzung gehörte die Bestechung einfach zur Übergangsphase von der Plan- zur Marktwirtschaft dazu. Dennoch entstünden Schnellstraßen und Hochgeschwindigkeitszüge, um die man das Land sogar in der entwickelten Welt beneide, so die Verfechter dieser Theorie. »Die Chinesen sind erfolgreicher, weil bei ihnen bloß drei Personen alle Entscheidungen treffen. Bei uns sind es dreitausend«, erklärte der damalige US-Verkehrsminister Ray LaHood gegenüber einem Reporter. Der Wissenschaftler Minxin Pei sah die Sache jedoch weniger rosig. Er erklärte mir, dass die Partei nur drei bis sechs Prozent ihrer kriminellen Mitglieder tatsächlich verfolgte und nur ein Drittel der Verurteilten schließlich im Gefängnis landeten. Als Andrew Wedeman, ein auf China spezialisierter Politikwissenschaftler der Georgia State University, untersuchte, wie die Bestechung in China funktionierte und wie sie vom Staat geahndet wurde, erwartete er, dass die chinesische Korruption ähnlich wie in Japan oder Korea einem hierarchisch gegliederten System der Patronage folgte. Stattdessen entdeckte er jedoch Folgendes: »Alle Ergebnisse deuten darauf hin, dass die Bestechung im modernen China im Grunde genommen vollkommen chaotisch verläuft.« Er schreibt: »Die Korruption in China hat größere Ähnlichkeit mit der Korruption in Zaire als mit der in Japan.« Anders als in Zaire (seit 1997 Demokratische Republik Kongo) wurden in China viele für ihre Verbrechen bestraft: Im Lauf von fünf Jahren wurden 668 000 Parteimitglieder wegen Bestechung und Veruntreuung belangt sowie 350 Personen wegen Korruption zum Tode verurteilt, weshalb es laut Wedeman so aussehe, »als ob diese Maßnahmen für eine Eindämmung der Korruption gesorgt hätten«.

Folgte man allerdings dem düsteren Szenario, bedeutete die Bestechung weniger eine wirtschaftliche als vielmehr eine politische Bedrohung für China. Für die Anhänger dieser Theorie verlor der Pakt zwischen Volk und Staatsführung bereits an Bedeutung; die Angehörigen der herrschenden Klasse versuchten, in den letzten Jahren des ungebrochenen Wachstums so viel wie möglich zusammenzuraffen, während die Partei ebenso wenig in der Lage sei, sich von innen heraus zu reformieren, wie ihr Pendant in der Sowjetunion. Nach dem Skandal um Bo Xilai wollte manch einer an der Basis wissen, wie es um seine Partei bestellt war. Vier Beamte im Ruhestand unterzeichneten einen offenen Brief, in dem sie fragten: »In welchem Zustand befindet sich die Partei, wenn selbst Kader der höchsten Führungsebene in eine Geschichte verwickelt sind, die unheilvoller klingt als jede in *Tausendundeine Nacht*?« Die Mitglieder der neuen Führung, schrieben sie, »müssen [...] ihr gesamtes Privat- und Familienvermögen offenlegen«. Die Parteispitze glaubte, politische Reformen würden zu Instabilität führen, aber dachte man im Umkehrschluss auch, dass Nichtstun automatisch zu Stabilität führen würde? Solange eine Volkswirtschaft rapide wächst, finden sich die Menschen selbst mit der schamlosesten Korruption ab. Gerät das Wachstum jedoch ins Stocken, kann dasselbe Ausmaß an Korruption plötzlich unerträglich sein.

Ich fragte Hu Gang, ob er glaube, dass die Korruption in China irgendwann nachlassen werde, ob das Land also dieselbe Entwicklung durchmache wie die USA oder Korea. Er schwieg einen Augenblick und meinte dann: »Ich denke, unsere Gesellschaft ist wie ein riesiger Teich. Jahrelang haben ihn die Leute als Toilette benutzt, weil sie es eben konnten. Und wir genossen diese Freiheit, und zwar selbst dann noch, als der Teich immer dreckiger wurde. Nun aber brauchen wir jemanden, der sich traut, allen zu sagen, dass der Teich umgekippt ist und dass niemand überleben wird, wenn wir nicht aufhören, ihn auf diese Weise zu verschmutzen.«

18. Die harte Wahrheit

Mit dem Englisch-Guru Li Yang ging es bergab. In den Jahren nach unserer ersten Begegnung war ich Zeuge geworden, wie Tausende seiner Schüler ihr ganzes Leben Crazy English widmeten, während Li Yang selbst immer merkwürdiger und angriffslustiger wurde. Als ein Tsunami 2011 in Japan Zehntausende Todesopfer forderte, nannte er das Unglück »Gottes kleine Strafe« für den japanischen Einmarsch im Zweiten Weltkrieg. Ein Blogger aus Shanghai erklärte ihn daraufhin zum »Superstar-Spinner«.

Der beste Beleg für Li Yangs geistige Gesundheit hatte über Jahre hinweg darin bestanden, dass seine Frau Kim Lee ihn nach wie vor unterstützte. Im September 2011 warf sie ihm jedoch häusliche Gewalt vor und reichte die Scheidung ein. In einem Land, in dem die Opfer ehelicher Misshandlungen in den seltensten Fällen zur Polizei gingen, schafften es ihre Anschuldigungen bis in die landesweiten Nachrichten. Li Yang erklärte einem Reporter: »Es stimmt, ich habe sie hin und wieder geschlagen, aber ich hätte nie gedacht, dass sie damit an die Öffentlichkeit gehen würde, denn es entspricht nicht der chinesischen Tradition, Familienkonflikte vor aller Augen auszutragen.« In den darauffolgenden Monaten wurde ausgerechnet Kim Lee zu einer Symbolfigur, zu »einer Volksheldin aller geschundenen Frauen Chinas«, wie es in den chinesischen Medien hieß.

Li Yangs Unternehmen überstand den Skandal, aber seine Reputation erlitt schlimme Schrammen, und all die jungen Männer und Frauen, die so sehr an ihn geglaubt hatten, waren von dieser überraschenden Wendung geschockt. Als mich Michael Zhang, der ehemalige Schüler von Crazy English, mit dem ich mittlerweile gut befreundet war, eines Morgens anrief, um mich auf den neuesten Stand zu bringen, erklärte er: »Li hat seine Frau ganz fürchterlich zugerichtet. Er ist kein guter Vater, kein guter Lehrer und bestimmt keiner, dem man irgendetwas nachmachen sollte. Ich hasse …« Er unterbrach sich. »Nein, ich sollte nicht sagen, dass ich ihn hasse.« Ein paar Wochen später saß ich in einem Bus im Süden Chinas und befand mich auf dem Weg, um Michael und seine Eltern zu besuchen. Sie hatten ihre Wohnung in der Goldwäscherstraße in Guangzhou aufgegeben und waren nach Qingyuan gezogen, einer kleinen Stadt in der Nähe. Die war zwar nur eine Stunde entfernt, fühlte sich aber schmutziger und ländlicher an als Guangzhou. Qingyuan hatte noch keinen Anschluss an das direkt in die Hauptstadt führende Hochgeschwindigkeitsnetz. Während ich an der Bushaltestelle auf Michael wartete, stand neben mir ein Mann, der sein Gepäck mithilfe eines abgeschabten Holzstammes über seinen Schultern transportierte. Als Michael eintraf, wirkte er mit seinen trendbewusst um den Nacken gelegten Kopfhörern und dem modischen Windbreaker seltsam fehl am Platz. Er betrachtete die Kulisse um mich herum und schien sich dann zu bemühen, seinen neuen Wohnort in einem möglichst modernen Licht darzustellen. »In drei Jahren wird das hier eine Stadt von internationalem Standard sein«, erklärte er. »Guangzhou kann ich nicht leiden. Die Stadt ist voller Diebe. Dreimal wurde ich dort bereits überfallen.«

Wir nahmen ein Taxi und fuhren durch die Stadt. Michael lebte mit seinen Eltern in einem Viertel, das man getrost als den Porzellanbezirk bezeichnen konnte, denn er war voller Geschäfte, die in ihren Schaufenstern Waschbecken, Toiletten und Badezimmerfliesen feilboten. Überall auf der Straße lagen winzige Fliesenstückchen in allen erdenklichen Farben herum – das Ganze erinnerte an Konfetti. Die Wohnung befand sich im achten Stock eines fahrstuhllosen grauen Wohnblocks aus Beton. Als wir die Treppen hinaufstiegen, lauschte ich den Baugeräuschen in der Ferne. Michaels Eltern bereiteten gerade das Mittagessen zu. Die Wohnung wirkte zwar weniger städtisch als die in Guangzhou, war dafür aber ein bisschen größer; außerdem hatte Michael jetzt sein eigenes Zimmer. Die Motivationssprüche an den Wänden vermischten seinen üblichen Optimismus mit einem Hauch von Frustration: »Die Wendung meines Schicksal beginnt in meinem Kopf«, hieß es auf einem; »Ich kann es nicht mehr ertragen« stand auf einem anderen.

Ein großer, mit »Crazy English« beschrifteter Pappkarton stand oben auf seinem Kleiderschrank. Ich wollte wissen, was sich darin befand, aber Michael seufzte nur. Der Karton enthielt Dutzende Crazy-English-Bücher, von denen er gehofft hatte, er könnte sie irgendwann einmal verkaufen. »Li Yang kann sehr überzeugend sein«, erklärte er. »Er hat mich dazu gebracht, neun Jahre meines Lebens Crazy English zu schenken. Er ist bis tief in mein Herz vorgedrungen, und gleichzeitig bin ich wirklich merkwürdig geworden.« Er lachte. »Die Crazy-English-Methode ist überhaupt nicht gut«, fuhr er fort. »Eine Menge Schüler erklären mir, meine Aussprache sei immer noch sehr schlecht, trotz der neuntausend Yuan, die ich ausgegeben habe.«

Das Geschäft mit der Sprache war kein leichtes. Nachdem sich Michael für die Gründung von Basic English Geld geliehen hatte, lief das Unternehmen zwei Jahre lang gut, bis sich das Verhältnis zwischen den Geschäftspartnern verschlechterte. Michael war für die Kundenakquise zuständig, und er hatte Schwierigkeiten, Schüler aufzutreiben. Im Januar 2011 brach die Firma schließlich zusammen. Michael war pleite und hatte einen Haufen Schulden. Er verbrachte zwei elende Wochen damit, in der Wohnung seiner Eltern auf und ab zu gehen und über das Geschehene nachzudenken. Er sagte mir, er habe aus dieser Erfahrung eine gnadenlose Lehre gezogen: Man dürfe sich nur auf sich selbst verlassen.

Seine Familie war aus Guangzhou weggezogen, um noch mehr Geld zu sparen, und mittlerweile arbeitete Michael im achten Stock seines fahrstuhllosen Wohnhauses an einem eigenen Projekt: einem Englischlehrbuch. »Ich träume davon, das gesamte System der chinesisch-englischen Spracherziehung zu verändern«, erklärte er. Er war fest davon überzeugt, dass er ein erfolgreiches Buch schreiben konnte, wenn ihm nur jemand die Chance dazu gab. »Ich habe meine Stärken, und ich bin einzigartig«, erklärte er, und in seinen Worten hörte ich einige seiner Selbsthilfebücher nachklingen. »Ist das zu glauben?«

Als das Mittagessen fertig war, versammelten wir uns an einem Tisch im Wohnzimmer, wo an den Wänden Porträts ganz unterschiedlicher Ikonen um Aufmerksamkeit buhlten: Außen an Michaels Zimmertür hing immer noch ein Poster von Li Yang, während seine Mutter, die zum Christentum übergetreten war, an einer angrenzenden Wand ein Spruchband aufgehängt hatte, auf dem stand: »Christus ist die Säule, auf der jede Familie ruht.« (Was das Christentum anging, ließ Michael sich alle Möglichkeiten offen: »Ich picke mir einfach das Beste aus allen Religionen heraus«, erklärte er.)

Michael brannte darauf, mir von seiner Buchidee zu erzählen: Er wollte sich dem Problem widmen, das er abschätzig als »Examensenglisch« bezeichnete und bei dem es sich um die gekünstelte Sprache handelte, die sich viele chinesische Schüler aneigneten, um die Zulassungstests für die Hochschule zu bestehen. Stattdessen wollte er jene aus dem Leben gegriffenen Sätze lehren, die Nichtmuttersprachler oft in Verwirrung stürzten. Schnell ging er einige Beispiele durch: »Etwas raffen. Etwas auf die Beine stellen. Einen Braten in die Röhre schieben. Kopf hoch! Junge, mach mal halblang! Das kapier ich nicht. Mann, ich hab echt keinen Schimmer. Halt die Klappe!« Außerdem hatte er für seine Schüler achthundert Begriffe zusammengestellt, die sie zur Aufbesserung ihrer Aussprache ständig wiederholen sollten. Als er seine Technik vorführte, klang das Ganze wie die Geschichte des modernen China, heruntergebrochen auf einen Satz: »Ich kann, ich kann, ich kann, ich kann. Gelitten, gelitten, gelitten gelitten. Haben, haben, haben, haben.«

Ich beobachtete seine Eltern, wie sie ihm zuschauten, und mich beschlich der Eindruck, dass sie an so etwas bereits gewöhnt waren. Er hatte ihr Heim in ein Englischklassenzimmer verwandelt, obwohl sie wie die meisten ihrer Generation gar kein Englisch sprachen. Sie hatten kaum eine andere Wahl, als darauf zu vertrauen, dass ihr Sohn etwas tat, das die Mühe wert war. Später am Nachmittag machte ich mich gemeinsam mit Michael und seinen Eltern auf den Weg, um ihren neuesten stolzen Besitz zu bewundern: eine noch nicht fertiggestellte Wohnung für Michael und seine zukünftige Braut, die er hoffentlich eines Tages finden würde. Wir spazierten durch den Porzellanbezirk; Michaels Vater trug Armeeschuhe in Camouflage-Optik, die mit den Fliesenstückchen auf der Straße verschmolzen. Wir erreichten ein modernes, schmales Hochhaus mit einer ebenso modernen, sauberen und gepflegten Eingangshalle, in der die Armeeschuhe auf einmal fehl am Platze wirkten. In der Mitte der Eingangshalle befand sich außerdem ein maßstabgetreues Modell des Gebäudes, komplett mit winzigen Arbeitslichtern und Plastikfigürchen unter Palmen. Darüber hinaus diente die Lobby noch als Verkaufszentrum, aber heute waren keine Käufer anwesend, denn die chinesische Wirtschaft geriet allmählich ins Stocken, was sich auch auf den Immobilienmarkt in Qingyuan auswirkte. Wir hatten geplant, die neue Wohnung der Familie zu besichtigen, aber das betreffende Gebäude war noch nicht fertiggestellt, deshalb baumelten die Bedienelemente an nicht sonderlich vertrauenerweckenden Drähten aus der Wand. Michael drückte eine Weile auf den leblosen Knöpfen herum und schlug dann vor, wir sollten uns stattdessen eine Modellwohnung ansehen.

Die Wände in der Wohnung waren unverputzt, was entweder auf eine vielversprechende Zukunft oder ein in Schwierigkeiten geratenes Bauprojekt hindeutete. Wir gingen hinaus auf den Balkon und schauten auf einen See. Die Leute unten wirkten vom achtzehnten Stock aus ebenso winzig wie die Figürchen in der Eingangshalle. Die Wohnung, die sich Michael und seine Eltern leisten konnten, befand sich allerdings auf der anderen Seite des Gebäudes und bot damit keinen Ausblick auf einen See, sondern auf die Fliesengeschäfte. Wir gingen zum Fahrstuhl zurück, aber Michael schien sich unwohl zu fühlen. Damit ihn seine Eltern nicht verstanden, erklärte er auf Englisch: »Ich werde hier nicht einziehen. Ich werde meinen Eltern die Wohnung überlassen. Ich muss zurück in die große Stadt, zum Beispiel nach Shenzhen oder Peking oder Shanghai. Qingyuan ist so ländlich. Provinz eben. Hier lernen sie nur ›Examensenglisch‹. Die Leute hier haben keine großen Träume.«

Im Lauf der Jahre hatte sich bei mir der Eindruck gefestigt, dass Michael nicht der einzige junge Aufstrebende war, der zunehmend frustrierter wurde. Arbeit für Geringqualifizierte war dabei nicht das Problem, denn in diesem Bereich stiegen die Gehälter, es gab allerdings nicht genug Stellen für die mehr als sechs Millionen Hochschulabsolventen, die Jahr für Jahr auf den Arbeitsmarkt drängten.

Zwischen 2003 und 2009 stieg der durchschnittliche Einstiegslohn für Arbeitsmigranten um fast achtzig Prozent, während die Gehälter für Hochschulabsolventen recht niedrig blieben. Wenn man dann noch die Inflation berücksichtigte, war ihr Einkommen in Wirklichkeit gesunken. Die jungen Aufstrebenden im Land, die sich so verzweifelt darum bemühten, ein Auto und ein Eigenheim zu besitzen, einen Partner zu finden und sich durch den Einsatz ihrer Ellbogen Zugang zu der neuen mittleren Einkommensschicht zu verschaffen, kannten die Wahrheit bereits: Der neue Wohlstand in China war keineswegs gleichmäßig verteilt. 2012 musste man beim Kauf einer typischen chinesischen Stadtwohnung eine Summe hinblättern, die acht- bis zehnmal über dem durchschnittlichen Jahreseinkommen lag. (Selbst auf dem Höhepunkt der amerikanischen Immobilienblase erreichte dieses Verhältnis nie mehr als fünf zu eins.) Junge Männer vereinnahmten selbstironisch eine neue Bezeichnung für sich: Wer nicht über die Beziehungen verfügte, um zu Wohlstand zu kommen, oder über das Geld, um zu heiraten, nannte sich *diaosi* – »Sackhaar«. Diese jungen Leute waren in der Ära der Selbstschöpfung herangewachsen, in der Handys mit dem Spruch »Mein Revier, meine Entscheidung« beworben wurden und in der sie in der Schule Folgendes gelernt hatten: »Ich bin das größte Wunder der Natur!« Sie hatten jeden Grund, desillusioniert zu sein. Als wieder einmal die Onlineabstimmung über das chinesische Schriftzeichen anstand, das das Jahr am besten beschrieb, wählten die Leute 2009 被 (ausgesprochen *bei*), eine bei Passivkonstruktionen verwendete Präposition, zum Beispiel bei »von jemandem gefeuert werden« oder »von jemandem missbraucht werden«.

Eine neue Stimmung machte sich im Land breit: Der Boom in China hatte die Lebensbedingungen der Bevölkerung zumindest zu einem gewissen Grad verbessert – das Durchschnittseinkommen hatte sich in den letzten zehn Jahren mehr als verdreifacht –, aber die Kluft zwischen Arm und Reich war sehr viel größer geworden, als die Partei je beabsichtigt hatte. 2001 wurde der sich oft recht unverblümt ausdrückende Premierminister Zhu Rongji gefragt, ob er sich Sorgen mache, dass die stetig wachsende soziale Ungleichheit zu Unruhen führen könne. Zhu antwortete: »Im Augenblick noch nicht.« Dann verwies er auf den Gini-Koeffizienten, ein statistisches Maß zur Darstellung von Einkommensungleichheit (der Koeffizient kann einen Wert zwischen 0 und 1 annehmen, wobei 1 für maximale Ungleichheit steht). Der chinesische Staat ging davon aus, dass das Land so lange stabil bleiben würde, wie der Gini-Koeffizient nicht über die von Zhang so genannte »Gefahrenlinie« von 0,4 stieg. Elf Jahre später war der Wert derart hoch, dass ihn der Staat einfach nicht mehr veröffentlichte und stattdessen erklärte, die Wohlhabenden verschleierten einen so großen Teil ihres tatsächlichen Einkommens, dass die Statistik nicht mehr aussagekräftig sei.

Dabei war die Einkommenskluft keine abstrakte Zahlenspielerei: Ein Kind, das im abgelegenen Hochland von Tibet zur Welt kam, verstarb mit einer siebenmal höheren Wahrscheinlichkeit noch vor seinem fünften Geburtstag als ein in der Hauptstadt geborenes Kind. Der Staat stand unter Druck und musste handeln. Er hätte das Steuerwesen reformieren können – es gab immer noch keine Kapitalertrags- und keine Erbschaftssteuern –, verfolgte stattdessen jedoch eine direktere Strategie: Im April 2010 verbot die Regierung in Peking die Verwendung des Begriffs »Luxus« in Firmennamen oder Werbeanzeigen. Die »Luxusbäckerei Schwarzer Schwan«, die Hochzeitstorten für 314000 US-Dollar das Stück verkaufte, musste sich in »Kunstbäckerei Schwarzer Schwan« umbenennen. (Das Verbot hatte nicht lange Bestand.)

Nachdem man sich jahrelang vor der Berechnung des Gini-Koeffizienten gedrückt hatte, veröffentlichte der chinesische Staat im Januar 2013 schließlich die Zahl 0,47, aber viele Experten taten sie ebenso ab wie der Ökonom Xu Xiaonian, der sie als »Märchen« bezeichnete. (Nach einer unabhängigen Berechnung lag der Koeffizient in Wirklichkeit bei 0,61 – höher als der für Simbabwe ermittelte Wert.) Trotz all des Geredes über Einkommen wurde bald deutlich, dass sich die Leute am meisten darüber sorgten, wie groß der Graben zwischen den unterschiedlichen Möglichkeiten bereits war, die ein Mensch in China haben konnte. Als der Soziologe Martin Whyte von der Harvard University 2009 eine Umfrage in der chinesischen

Bevölkerung durchführte, entdeckte er, dass die Chinesen eine überraschend große Toleranz für den Aufstieg der Plutokratie im Land zeigten. Sie verurteilten jedoch die Hindernisse, die sie davon abhielten, etwas vom Kuchen abzubekommen: schwache Gerichte, Machtmissbrauch, mangelnde Klagerechte.

Die beiden Wissenschaftler Yinqiang Zhang und Tor Eriksson folgten den Spuren chinesischer Familien von 1989 bis 2006 und stießen dabei auf »eine hohe Chancenungleichheit«. Sie schrieben: »Der grundlegende Gedanke hinter den Wirtschaftsreformen war, einigen wenigen Reichtum zu ermöglichen und dadurch der restlichen Bevölkerung zu Wohlstand zu verhelfen. Unsere Studie beweist jedoch, dass wenigstens bislang nur wenig auf eine Beseitigung der Unterschiede durch die Reformen hindeutet.« Sie fanden heraus, dass der Bildungsgrad der Eltern in anderen Entwicklungsländern den größten Einfluss darauf hatte, wie viel ein Kind irgendwann verdienen würde. In China allerdings seien »die Beziehungen der Eltern« der ausschlaggebende Faktor. Laut einer anderen Studie über Eltern und Kinder in chinesischen Städten gab es eine »erschreckend niedrige intergenerationelle Mobilität«. Als sie ihre Ergebnisse im Jahr 2010 veröffentlichten, schrieben die Forscher, chinesische Städte zählten »zu den Orten mit der geringsten sozialen Mobilität weltweit«.

Noch bevor die Menschen über statistische Beweise verfügten, die ihre Eindrücke untermauerten, entdeckten sie neue Spaltungen innerhalb der chinesischen Gesellschaft. Mittlerweile existierten nicht mehr nur Unterschiede zwischen den Bobos und den DINKS (doppeltes Einkommen, keine Kinder) und der neuen mittleren Einkommensschicht – inzwischen gab es auch eine Kluft zwischen den Angestellten und den sogenannten »schwarzen Eminenzen«. In einem anonymen Aufsatz beschrieb der Autor die Eminenzen wie folgt: »Ihre Kleidung ist schwarz. Ihre Autos sind schwarz. Ihr Einkommen ist geheim. Ihr Leben ist geheim. Ihre Arbeit ist geheim. Alles an ihnen ist geheim – wie bei jemandem, der einen schwarzen Anzug trägt und im Dunkeln steht.«

~

Als der Eindruck, die Möglichkeiten seien unbegrenzt, nachließ, büßten die Menschen, die sich ihr Vermögen mit bloßen Händen erarbeitet hatten, einiges von ihrem Glanz ein. Huang Guangyu, ein Elektronikmagnat, der als reichster Chinese galt, wurde wegen Insiderhandels und anderer Vergehen zu vierzehn Jahren Haft verurteilt. In acht Jahren wurden mindestens vierzehn Yuan-Milliardäre für Straftaten hingerichtet, die von Schneeballsystemen bis hin zu Auftragsmord reichten. (Yuan Baojing, ein ehemaliger Börsenmakler, der vor seinem vierzigsten Lebensjahr drei Milliarden Yuan gemacht hatte, wurde wegen Anstiftung zum Mord an einem Mann verurteilt, der ihn erpressen wollte.) Die jährlich erscheinende Liste der reichsten Chinesen wurde bald auch »Todesliste« genannt.

Die Königin des Abfalls hatte dagegen ganz andere Sorgen. Weniger als ein Jahr nachdem Cheung Yan als reichste Selfmadefrau der Welt gefeiert worden war, begann ihr Ruf in China zu bröckeln. Eine Gruppe, die sich für Arbeitnehmerrechte einsetzte und sich »Studenten und Wissenschaftler gegen Firmenfehlverhalten« nannte, veröffentlichte einen »Sweatshop-Bericht«, in dem sie Cheungs Unternehmen, Nine Dragons Paper, Verstöße gegen das Arbeitsrecht vorwarf, darunter eine Häufung von Arbeitsunfällen, mangelhafte Sicherheitsausrüstung und die Diskriminierung von Hepatitis-B-Infizierten, ein in China weitverbreitetes Problem. Die Gruppe veröffentlichte Auszüge aus dem Angestelltenhandbuch von *Nine Dragons Paper*, in dem unter anderem folgende Verhaltensregeln standen: »Respektieren Sie die Führungskräfte. Wenn Sie auf einen leitenden Angestellten treffen, bleiben Sie stehen und grüßen Sie ihn. Wenn Sie mit einem leitenden Angestellten unterwegs sind, gehen Sie ein paar Schritte hinter ihm.« Die Beschäftigten konnten mit vielfältigen Geldbußen bedacht werden, darunter dreihundert Yuan für das Spucken aus dem Fenster eines Firmenbusses oder für das Vordrängeln in der Kantine; fünfhundert Yuan für ein Nickerchen während der Arbeitszeit, für das Spielen von Mahjong und für Mitarbeiter, die Unbefugte auf das Firmengelände ließen; tausend Yuan sowie eine Entlassung für das Organisieren eines Streiks oder für »die Verbreitung von geschäftsschädigenden Gerüchten«. In dem Handbuch stand außerdem, dass

Löhne vertraulich zu behandeln seien und die »Offenlegung von Gehältern« oder das »Sicherkundigen nach dem Einkommen anderer« als Grund für eine Entlassung genügten.

Eine chinesische Zeitung beschwor das Bild des amerikanischen »Gilded Age« herauf und warf Cheung vor, sie verwandle »Blut in Gold«. Die Leute verwiesen auf folgende Aussage von ihr: »Wenn ein Land weder Arm noch Reich kennt, wird es nie stark und wohlhabend werden.« Die bekannte Zeitschrift *Sanlian Shenghuo* schrieb, Cheung müsse ihre Mitgliedschaft im beratenden Gremium der Regierung, der Politischen Konsultativkonferenz des chinesischen Volkes, aufgeben, falls »sie noch einen Funken Verstand« besitze. »Jedes von Nine Dragons hergestellte Blatt Papier«, hieß es, sei »bis zum Rand vollgesogen mit dem Blut der Arbeiter.« Selbst einige der energischsten Fürsprecher des freien Marktes spürten, dass sich eine Ära ihrem Ende entgegenneigte. In einem Artikel über Cheung Yan erklärte die Zeitschrift *China Entrepreneur*: »Noch vor fünf Jahren hätte man in der chinesischen Gesellschaft ein erfolgreiches Unternehmen, das in anderer Hinsicht vielleicht nicht ganz vollkommen ist, nicht nur toleriert, sondern sogar verehrt. Die Dinge haben sich allerdings geändert.«

Als der Bericht erschien, reagierte Cheung gereizt und erklärte: »Wir haben so viel Geld gemacht, weil wir das richtige Geschäftsmodell gefunden haben, mit dem sich Altpapier in einen Schatz verwandeln lässt – und nicht, weil wir unsere Arbeiter ausbeuten.« Das Unternehmen verteile mehr Bonuszahlungen, als es an Bußgeldern zurückbehalte, betonte sie. Außerdem stellte sie die politische Motivation der Gruppe für Arbeitnehmerrechte infrage und behauptete, sie erhalte »Geld aus Europa«.

Als ich mich mit Cheung über diese Sache unterhielt, meinte sie, ihre Firma habe aufgehört, die Beschäftigten mit Bußgeldern zu belegen. Eine taktisch klügere Managerin hätte es wohl bei dieser Bemerkung belassen, Cheung jedoch beugte sich in ihrem Stuhl vor und sagte, sie sei tatsächlich weiterhin der Meinung, finanzielle Strafen seien unter bestimmten Umständen legitim. »Wenn man keine Bußgelder verlangt, werden die Arbeiter unvorsichtig, verletzen sich und fordern anschließend Entschädigungen«, informierte sie mich. Nachdem das Unternehmen von einer regionalen Gewerkschaft untersucht worden war, kritisierte diese zwar den Strafenkatalog der Firma und andere Praktiken des Managements, bezeichnete Nine Dragons unterm Strich jedoch als »anständiges Unternehmen«. Das half allerdings nicht wirklich: Cheungs Kommentare führten zusammen mit dem Bericht dazu, dass ihr Image in der Öffentlichkeit endgültig kippte. Sie war zur Antiheldin einer Ära des ungezügelten Kapitalismus geworden.

Je länger ich in China lebte, desto mehr schien es mir, als betrachteten die Leute den Wirtschaftsaufschwung wie einen Zug mit einer begrenzten Anzahl an Sitzen. Für alle, die einen Platz ergattern konnten – weil sie besonders früh erschienen waren, aus der richtigen Familie stammten oder das entsprechende Schmiergeld bezahlt hatten –, überstieg der Fortschritt alles, was sie je zu träumen gewagt hätten. Alle anderen konnten so schnell laufen, wie sie wollten, und würden doch nur dabei zuschauen, wie der Zug in der Ferne verschwand.

In Extremsituationen explodierte die Frustration geradezu. Von 2006 bis 2010 hatte sich die Zahl der Streiks, Aufstände und anderer »Massenvorfälle« laut amtlichen Statistiken auf 180000 pro Jahr verdoppelt – das entsprach fast fünfhundert Vorfällen am Tag. Am 24. Juli 2009 griffen Stahlarbeiter in der Provinz Jilin aus Angst vor Entlassungen den Geschäftsführer ihrer Fabrik an, einen jungen Hochschulabsolventen namens Chen Guojun. Sie prügelten ihn mit Steinen und Stöcken zu Tode, während sie gleichzeitig Polizei und Krankenwagen davon abhielten, zu ihm durchzudringen. Zerschlug die Partei Aufstände wie diesen, erklärte sie oft, er sei überhaupt nur entstanden, weil »Teile der Bevölkerung die Wahrheit nicht kannten«. Mehr und mehr schien die Wahrheit selbst jedoch zum Problem zu werden. In gewisser Hinsicht hatte das von Deng Xiaoping angestoßene große Wettrennen von Anfang an nicht auf Chancengleichheit basiert: Nicht genug, dass das Spielfeld uneben war – die Leute spielten noch nicht einmal dasselbe Spiel.

Im Januar 2010 sprang der neunzehnjährige Ma Xiangqian vom Dach des Fabrikwohnheims der Firma Foxconn Technology, die iPhones und andere elektronische Geräte herstellte. Er hatte sieben Nächte die Woche elf Stunden am Stück am Fließband verbracht, bis er schließlich zur Toilettenreinigung abkommandiert worden war. In den Monaten nach Mas Tod begingen noch dreizehn weitere Arbeiter bei Foxconn Selbstmord. Die Leute fragten sich allmählich, ob das Ganze wie ein Fieber um sich griff, wiesen aber auch darauf hin, dass die Zahl der Selbstmorde für eine Fabrik von der Größe einer Stadt noch relativ niedrig war.

Foxconn ließ um die Dächer der Werksgebäude herum Netze spannen und erhöhte die Löhne, und schließlich hörten die Selbstmorde so plötzlich auf, wie sie begonnen hatten. Außenstehende stellten sich das Ganze reflexartig als einen Sweatshop vor, allerdings entsprach das nicht ganz der Wahrheit. Als Psychologen engagiert wurden, um mit den Arbeitern zu sprechen, bestätigte sich, was Soziologen bereits bei Befragungen der neuen Mittelschicht entdeckt hatten: Zunächst war die erste Generation der Fließbandarbeiter einfach nur dankbar gewesen, nicht mehr auf den Feldern arbeiten zu müssen, doch die jetzige Generation verglich sich mit wohlhabenderen Altersgenossen. »Welches Gefühl ist im heutigen China am häufigsten?«, fragte der Soziologe Guo Yuhua von der Tsinghua-Universität im Jahr 2012. »Ich denke, eine Menge Leute würden wohl ›Enttäuschung‹ sagen, und dieser Eindruck beruht auf der Tatsache, dass sich die Lebensumstände der meisten Menschen nur langsam verbessern, obwohl um sie herum die Wirtschaft brummt. Eine weitere Ursache ist die Diskrepanz zwischen individuellen Statusverbesserungen und der Vorstellung vom ›Aufstieg einer großen und starken Nation‹.«

Mir fiel auf, dass die Menschen immer noch den *Großen Gatsby* zitierten, wenn sie nach Analogien für ihren ganz persönlichen Erfolgsmoment während des Booms suchten, allerdings erhielt diese Referenz nun eine düstere Konnotation. Sie beriefen sich auf die »Große-Gatsby-Kurve«, die der Arbeitsökonom Miles Corak mit einer seiner Studien bekannt gemacht hatte, die weitere Belege dafür ans Licht brachte, dass China weltweit zu den Ländern mit der geringsten sozialen Mobilität gehörte. Ein chinesischer Blogger las die Arbeit von Corak und schrieb: »Die Söhne von Ratten werden sich ebenfalls Löcher graben [...]. Die Klassenzugehörigkeit wird bei der Geburt festgelegt.« *Der Große Gatsby* wurde nicht länger als Geschichte eines erfolgreichen Selfmademan interpretiert. Ein anderer Blogger erklärte: »Kriminelle können tun und lassen, was sie wollen, Bauern verlassen ihr Land und eilen in die großen Städte an der Ostküste, das Bauernleben stirbt. Das Geld drückt der Moral seinen Stempel auf [...]. Alldem sieht sich das heutige China gegenüber.« Das Propagandaministerium ließ verlauten, dass Berichte, die nahelegten, die Menschen seien unzufrieden, ignoriert werden sollten. April 2012 summte mein Telefon:

> Keine Webseite darf über folgende Meldung berichtet: »UN veröffentlicht World Happiness Report, China belegt Platz 112.«

An einem sonnigen Wintertag traf ich nach meinem Besuch bei Michael wieder in Peking ein, und ich holte mein Fahrrad hervor, um eine große Runde durch die Nachbarschaft zu drehen. Ich radelte die Straße des Ewigen Friedens hinab, bog dann rechts ab und fuhr zurück Richtung Norden, vorbei am Propagandaministerium mit seinem Pagodendach.

Seit ich vor Jahren das erste Mal auf das Phänomen aufmerksam geworden war, hatte der Drang nach Wahrheit eine einst unvorstellbare Dimension angenommen, und das Ministerium hatte sich angepasst. Das Ministerium hatte der Partei bei der Überwindung der Finanzkrise und bei der Ausschaltung der Bewunderer des Arabischen Frühlings geholfen. Die Partei hatte Liu Xiaobo und Ai Weiwei hinter Gitter gebracht und den Verlegerträumen von Han Han einen Riegel vorgeschoben. Selbst die Enthüllungsjournalistin Hu Shuli – der Specht, der das System geradliniger wachsen lassen wollte – war schließlich an die Grenzen dessen gestoßen, was die Partei hinzunehmen bereit war. Diese Erfolge bestärkten die Partei in ihrer Entschlossenheit, die Sehnsucht nach der Wahrheit zu unterdrücken und zu kontrollieren. Als Chinas oberster Zensor, Liu Binjie, im Frühjahr 2012 gebeten wurde, seine Leistung während der vergangenen sechs Jahre zu bewerten, antwortete er: »Objektiv gesehen, war sie herausragend.«

Seine Zuversicht erschien mir jedoch als voreilig. In China hatte man Staatsangelegenheiten vor den Augen der breiten Bevölkerung stets verborgen und sie erst am Schluss als Fait accompli enthüllt. Doch nun wurden die Ingredienzien – die Absprachen, die Fehden, die kleinen Sünden und der Verrat – nach und nach ans Licht der Öffentlichkeit gezerrt, wo sie bewertet und beurteilt wurden. Die Menschen glichen die Werte, die das aktuelle System kennzeichneten, mit ihren eigenen moralischen Ansprüchen ab. Im Jahr 2012 ging alle zwei Sekunden ein Chinese das erste Mal in seinem Leben online – und trotzdem nutzte noch nicht einmal die Hälfte der Bevölkerung das Internet. Nach der Veröffentlichung von Havels Charta 77 vergingen über zwanzig Jahre, bevor das politische System sich so entwickelte, wie die Autoren des Manifests es sich erhofft hatten. Wer unter der Kommunistischen Partei überleben wollte, musste nach Havels Ansicht ein Doppelleben führen – musste willens sein, das eine in der Öffentlichkeit und das andere im Privaten zu sagen, aus Angst oder aus Eigeninteresse oder aus einer Mischung aus beidem. Letzten Endes war dieses Doppelleben jedoch unerträglich.

In China brachen solche Doppelleben langsam in sich zusammen. Vor der extremen Ungleichheit konnte niemand mehr die Augen verschließen: Ein Teil von China lebte in einem vollkommen anderen materiellen Universum als der Rest des Landes. Damit war China zwar nicht allein – man denke nur an meine eigene Heimat, die USA –, die Chinesen spürten dieses Problem aber besonders stark, weil man ihnen noch vor einer Generation im Namen der absoluten Gleichheit die bittersten Opfer abverlangt hatte. Außerdem wurde die Kluft zwischen dem meritokratischen Gesellschaftsideal und der oligarchischen Wirklichkeit immer deutlicher. 2012 stellte ein Team aus Politikwissenschaftlern (Victor Shih, Christopher Adolph und Mingxing Liu) einen der grundlegendsten Allgemeinplätze über den Aufschwung in China infrage: Die Partei hatte stets darauf beharrt, ihr rücksichtsloses Bekenntnis zum Fortschritt – »die harte

Wahrheit«, wie Deng es genannt hatte – sichere das Funktionieren der Meritokratie, weil gerade die Funktionäre belohnt würden, die die klügsten wirtschaftlichen Entscheidungen trafen. Die Forscher fanden jedoch keinerlei Belege für diese These – ganz im Gegenteil: Beamte, die in Wirtschaftsdingen eine positive Bilanz vorweisen konnten, wurden nicht häufiger befördert als jene, die schlechter arbeiteten. Am wichtigsten waren Kontakte zu hochrangigen Kadern.

Als sich das Informationsmonopol der Partei auflöste, sank auch ihre moralische Glaubwürdigkeit. Wenn Menschen wie der Philosophiestudent Tang Jie sich auf die Suche nach Wahrheit begaben, wurde ihre Skepsis nicht besänftigt – im Gegenteil: Sie stellten sich nun tiefergehende Fragen danach, wer sie sein und wem sie glauben wollten. Im Sommer 2012 bemerkten die Chinesen, dass ein weiterer Suchbegriff im Internet gesperrt worden war. Der Jahrestag der Proteste auf dem Tiananmen-Platz war gerade erst vorüber, und die Menschen hatten sich verschlüsselt darüber unterhalten, indem sie von »der Wahrheit« sprachen – *zhenxiang*. Die Zensoren wurden darauf aufmerksam, und wer auf Weibo nach weiteren Informationen suchte, erhielt schließlich folgende Meldung: »Entsprechend den aktuellen Gesetzen, Bestimmungen und Verordnungen können Suchergebnisse für ›die Wahrheit‹ nicht angezeigt werden.«

Teil III
Glaube

19. Die spirituelle Leere

Als die Shanghaier Genossenschaftsfabrik für Anstecknadeln 1966 mit der Produktion eines einfachen Aluminiumansteckers von rund einem Zentimeter Durchmesser begann, auf dem das Konterfei des Großen Vorsitzenden Mao abgebildet war, griff noch im selben Sommer das »Mao-Anstecker-Fieber« um sich. Die Kulturrevolution warf ihre langen Schatten voraus, und die Anstecker waren eine Sensation. Bereits wenige Wochen später stellte man die Buttons bereits in ganz China her; Männer, Frauen und Kinder hefteten sie als Zeugnis ihrer Hingabe an Mao direkt über ihr Herz, wobei das Motto »Je mehr, desto besser« zu gelten schien, denn oft bedeckten sie fast die gesamte Brust bis zu den Armen.

Der Große Vorsitzende Mao war auf den Ansteckern entweder von vorn oder im Profil zu sehen. Nie wandte er seinen Blick nach rechts, weil das die Richtung der Konterrevolutionäre war. Manche Anstecker leuchteten im Dunkeln, andere hatte man aus dem Metall in Vietnam abgeschossener amerikanischer Kampfjets hergestellt. Mao wurde darauf oft als »Arbeiter-Messias«, »Heiland« oder »Rote Sonne in unseren Herzen« bezeichnet.

Die Kulturrevolution war Maos letztes großes Spiel um die Macht. Nach dem katastrophalen Großen Sprung nach vorn war Mao von seinen Rivalen zur Seite gedrängt worden, deshalb hetzte er die chinesische Jugend gegen seine Gegner auf und ließ »das Hauptquartier unter Beschuss nehmen«. Die Kampagne verlieh Mao eine ganz neue Aura: »Überlasst Mao die Kontrolle über alle Gedanken«, verkündeten die Medien, und die Menschen beichteten ihre Sünden zu Füßen seiner Statuen. Der »Mao-Bibel«, also den *Worten des Vorsitzenden Mao Tsetung*, schrieb man fast schon magische Kräfte zu: Laut der Staatspresse soll ein Team von Chirurgen einzig und allein unter Zuhilfenahme dieses Büchleins einen knapp fünfundvierzig Kilogramm schweren Tumor entfernt haben; außerdem sollen Arbeiter in Shanghai mit seiner Hilfe die in den Erdboden einsinkende Küstenstadt um mehr als einen Zentimeter angehoben haben.

Von Maos Hand berührt zu werden, erhielt eine spirituelle Bedeutung: Als eine pakistanische Delegation 1969 dem Großen Vorsitzenden einen Korb Mangos überreichte, schenkte der die Früchte chinesischen Arbeitern, die darüber in Tränen ausbrachen und die Mangos auf Altären aufstellten; es bildeten sich lange Schlangen, weil die Menschen sich vor den Mangos verbeugen wollten. Eine Frucht wurde mit einem eigens dafür gecharterten Flugzeug nach Shanghai gebracht, damit Arbeiter und Arbeiterinnen wie Wang Xiaoping sie sehen konnten. »Was eine Mango überhaupt war, wusste damals niemand«, erinnerte sie sich später in einem Essay. »Kluge Menschen sagten, es sei eine äußerst seltene Frucht, vergleichbar mit dem ›Pilz der Unsterblichkeit‹.« Als die Mangos zu faulen begannen, wurden sie mit Formaldehyd konserviert; auch ein paar Nachbauten aus Plastik wurden angefertigt. Ein Dorfzahnarzt, dem eine Ähnlichkeit mit Süßkartoffeln auffiel, wurde wegen »bösartiger Verleumdung« vor Gericht gestellt und hingerichtet.

Während Mao zur Gottheit stilisiert wurde, zerstörten seine Anhänger Chinas traditionelle Glaubensstruktur. Karl Marx hatte die Religion als ein »illusorisches Glück« bezeichnet, das sich nicht mit dem Kampf für den Sozialismus vereinen lasse, und die *People's Daily* rief die Jugend zur »Zerstörung der vier Relikte« auf – der alten Gedanken, der alten Kultur, der alten Gebräuche und der alten Gewohnheiten. Die Roten Garden verwüsteten Tempel und Heiligtümer in einer Welle der Gewalt, welche die Wissenschaftler Vincent Goossaert und David A. Palmer als »die vollständigste Zerschlagung jeglichen religiösen Lebens in der Geschichte Chinas und vielleicht der ganzen Welt« bezeichneten. Zuweilen ließ sich die Apotheose Maos und die Vernichtung seiner Feinde kaum noch voneinander trennen. Die Mao-Bibel wurde als »Spiegel zur Enthüllung dämonischer Kräfte« eingesetzt, um vermeintliche »Klassenfeinde« zu entlarven. In zwei Provinzen gipfelte der Eifer schließlich in Kannibalismus: Angebliche Feinde der Arbeiterklasse wurden ausgeweidet und ihre Organe anschließend bei Festmählern verspeist.

1969 war der Kult um Mao bereits vollkommen außer Kontrolle geraten. Chinas Zukunft stand auf dem Spiel. Die Zahl der Todesopfer stieg in schwindelerregende Höhen, die Tempel des Landes lagen in Schutt und Asche, und selbst die Mao-Anstecker waren mittlerweile zum Problem geworden: China stellte derart große Mengen her (insgesamt zwischen zwei und fünf Milliarden), dass Aluminium für die Industrie fehlte. Schließlich beendete Mao das Fieber, indem er verkündete, das Metall werde für »den Bau von Flugzeugen zum Schutze des Landes« benötigt.

Als der Große Vorsitzende 1976 schließlich starb, sahen Sammler und Spekulanten in den Ansteckern eine Möglichkeit, Profit zu machen, weshalb sie die Buttons als eine Art Wertanlage anzuhäufen begannen. Tatsächlich war der Handel damit so lukrativ, dass der Markt bald mit Fälschungen überschwemmt wurde. Aus den einst so beliebten Glücksbringern wurden Allerweltsgegenstände, die ich zwischen allerlei Ramsch auf den Flohmärkten der Hauptstadt entdeckte. Im Internet wurden sie direkt ab Fabrik als Schüttgut verkauft – für sieben Cent das Stück.

Maos Kulturrevolution zerstörte das alte Glaubensgerüst Chinas, und Dengs Wirtschaftsrevolution vermochte es nicht wieder aufzubauen. Das ruhelose Streben nach Wohlstand hatte die Entbehrungen der Vergangenheit erträglicher erscheinen lassen, konnte jedoch nie die Bedeutung der Nation und des Individuums definieren. Mittlerweile war die Wahrheit nur allzu deutlich: Die Kommunistische Partei herrschte über ein Land des zügellosen Kapitalismus, der Korruption und der immer größer werdenden Ungleichheit. Die Chinesen waren ohne Rücksicht auf Verluste losgestürmt und hatten sich dabei über jegliche Grenzen hinweggesetzt, die einst die Korruption und den Werteverfall eingedämmt hatten. Mitten im Leben der chinesischen Bevölkerung klaffte ein Loch, das *jingshen kongxu* genannt wurde – »spirituelle Leere« – und das irgendwie ausgefüllt werden musste.

Im Winter 2010 zogen wir in ein kleines Backsteinhaus in der Guoxue Hutong, der Nationalstudiengasse. Das war ein recht hochtrabender Name für eine Sackgasse, die so eng und verwinkelt war, dass dort noch nicht einmal zwei Autos nebeneinander Platz hatten. Im Frühjahr wurde es sogar noch enger, weil sich dann die Nachbarschaft draußen auf dem schattigen Bordstein versammelte und Karten spielte.

Die nördlich der Verbotenen Stadt gelegene und von lärmenden Prachtstraßen umgebene Nationalstudiengasse war ein Überbleibsel des alten Pekings und hatte den Zerstörungen standgehalten, weil sie genau zwischen zwei besonderen Schätzen lag: dem Lamatempel (dem ältesten tibetischen Tempel der Stadt) und dem Konfuziustempel (einem siebenhundert Jahre alten Schrein zu Ehren von Chinas bedeutendstem Philosophen). An keinem anderen Ort in Peking standen die Läden der Wahrsager so dichtgedrängt wie hier, und gemeinsam mit den Tempeln machten sie das Viertel zu einem der spirituell lebendigsten Flecken der gesamten Hauptstadt. Es schien, als befände man sich mitten auf einem chaotischen Freiluftmarkt, auf dem keine Waren, sondern Glaubensbekenntnisse feilgeboten wurden.

Der Name der Straße ging auf ihre Lage zurück: »Nationalstudien« bezog sich auf die Mischung aus Philosophie, Geschichte und Politik, die im Zentrum der chinesischen Kultur stand. Allerdings war eine genaue Definition nicht einfach, denn es war unklar, welche Geschichte gelehrt werden sollte und welche Ideen zulässig waren, obwohl Generationen chinesischer Denker davon geträumt hatten, ein Rezept zu finden, wie sie das Land endlich von der Last der Verwestlichung befreien könnten. Liang Qichao, der führende chinesische Intellektuelle des frühen 20. Jahrhunderts, hatte zur Förderung des »Nationalwesens« aufgerufen, und in den letzten Jahren hatte der chinesische Staat diesen Gedanken aufgegriffen, weil er hoffte, auf diese Weise die Überbleibsel des Sozialismus tiefer in der chinesischen Kultur verankern zu können. Die Verbreitung politischer Werte aus dem Westen erzürnte die Partei, also griff sie zu ihrer Verteidigung auf die chinesischen Klassiker zurück, ähnlich wie der Philosophiestudent Tang Jie. In unserem Viertel wurde ein Plakat aufgehängt, auf dem stand: »Das Heilige Land der Nationalstudien.«

In unserer Straße gab es keine Geschäfte, keine Kneipen und keine Restaurants. Zwar lag sie keine hundert Meter von der Hauptstraße,

Yonghegong Dajie, entfernt; dennoch wirkte die Nachbarschaft aufgrund der vielen alten Häuser und des Umstandes, dass es sich um eine Sackgasse handelte, wie ein Dorf aus vergangenen Zeiten inmitten einer neunzehn Millionen Einwohner zählenden Metropole. Ein Nachbar hielt sich einen Hahn, der jeden Morgen den Tag begrüßte. Ein anderer machte Frühsport, indem er eine Pferdepeitsche in der Morgenluft knallen ließ. Wir lebten sehr nah beieinander, und jeden Abend saß ich an meinem Schreibtisch und wartete darauf, dass meine Nachbarin, die Witwe Jin Baozhu, um genau 18 Uhr ihren Herd anzündete. Um 18:05 Uhr folgte dann das zischende Geräusch heißen Öls, um 18:15 Uhr schließlich das Abendessen.

Weil das Leben in unserer Straße so abgeschieden war, hatte es etwas Improvisiertes. Ein Nachbar lud uns am chinesischen Neujahrsfest zu einem Feuerwerk ein, was streng genommen nicht legal war. Einmal fiel eine der Raketen um und flog direkt in die Menschenmenge. Zwei Monate später entschied sich Frau Jinn, ihr Haus abzureißen und etwas größer wieder aufzubauen. Die zusätzlich benötigte Fläche zweigte sie von dem unbebauten, an ihr Grundstück angrenzenden Land ab. Mir war das egal; außerdem schien mir der Umbau ihres Hauses aufgrund seiner geringen Größe mehr als nötig zu sein, aber meinen Vermieter erzürnte die Sache über alle Maßen. Er warf ihr »Sonnenlichtraub« vor und reichte Klage gegen sie ein. Die beiden konnten sich nicht einigen, wem welcher Teil des Grundstücks gehörte, was teilweise darauf zurückging, dass sich die Leute während der Kulturrevolution so rücksichtslos aneinander bereichert hatten.

In der Nähe unserer Eingangstür hing ein offizielles schwarzes Brett, das für »Warnungen vor Sekten und allgemeine Sicherheitshinweise« bestimmt war. Oben stand in großen chinesischen Schriftzeichen: »Vorsicht vor Sekten! Schafft Harmonie!« Die gesamte Nachbarschaft bebte nur so vor spiritueller Energie, und der Staat behielt alles ganz genau im Auge, denn er fürchtete sich vor Gruppierungen, die mit ihm um die Loyalität und die Hingabe der Bevölkerung konkurrierten. Als die religiöse Gruppe Falun Gong in den neunziger Jahren auf der Bildfläche erschien und nach mehr Rechten und mehr Aufmerksamkeit rief, wurde sie von der Partei kurzerhand zur Sekte erklärt, die Mitglieder werden bis heute polizeilich verfolgt. Auf einem Plakat stand: »Im täglichen Kampf gegen Falun Gong, deren Komplotte Aufruhr und Untergang bedeuten«. Weiter hieß es, Sekten benutzten »das Internet, um Gerüchte zu streuen und die gesellschaftliche Ordnung ins Chaos stürzen«. In meinem Viertel hatte ich allerdings nie jemanden über einen möglichen Beitritt zu einer Sekte sprechen hören, aber für den Fall, dass ich selbst mit dem Gedanken spielte, gab es auch dafür ein Plakat, das mir erklärte, wie ich zu reagieren hatte: »Hören Sie erst gar nicht hin! Lesen Sie nichts! Teilen Sie nichts, und treten Sie unter keinen Umständen bei!«

Außenstehende halten die Chinesen oft für Pragmatiker, die nur wenig Zeit für solche Dinge wie Glauben haben, obwohl das Land über Tausende Jahre hinweg vor allem von seinem Glauben und seinen Traditionen zusammengehalten wurde. Früher gab es in Peking mehr Tempel als in jeder anderen asiatischen Stadt. Der Daoismus und der Buddhismus florierten Seite an Seite mit einer Vielzahl einheimischer Gottheiten: Gelehrte beteten zum Gott der Literatur, Kranke zum Gott des Rheumas, und Artilleristen verehrten den Gott der Kanonen. Menschen verließen ihren Heimatort, um Tausende Kilometer bis nach Peking zu pilgern, manche wie eine Raupe, den ganzen Weg auf den Knien kriechend, das Gesicht zu Boden.

Nach dem Ende der Kulturrevolution wurde es chinesischen Gelehrten allmählich gestattet, Marx' Satz, wonach die Religion »das Opium des Volkes« sei, neu zu interpretieren, und die Wissenschaftler argumentierten, er habe sich auf die Bedeutung der Religion im damaligen Deutschland bezogen, nicht auf Religion per se. Zu dieser Zeit waren die Chinesen bereits auf die Befriedigung materieller Bedürfnisse erpicht, doch sie mussten entdecken, dass nicht all ihre Wünsche auf diese Weise erfüllt werden konnten. Ging es um existenzielle Fragen – etwa den Sinn des Lebens oder die Notwendigkeit der Selbstkultivierung –, endete die bloße Sehnsucht nach Wohlstand oft in einer Sackgasse. Hin und wieder erlebte das Land eine Welle des Patriotismus, die den Menschen eine Richtung gab, doch galt für diese nationalistischen Anwandlungen, was der japanische Schriftsteller Haruki Murakami über den Nationalismus in seinem Land geschrieben hatte – sie waren nichts als »billiger Schnaps«: »Bereits nach ein paar Schlucken ist man betrunken und aufbrausend, und am nächsten Morgen bleiben nach dem alkoholbedingten Tobsuchtsanfall nur schreckliche Kopfschmerzen zurück.«

Als wir uns in unserem Viertel niederließen, befand sich China gerade mitten in einem religiösen Revival. Laut einer Studie füllte sich die »spirituelle Leere« allmählich mit einer »religiösen Welt, die kreisförmig in alle Richtungen ausstrahlt«. Die Chinesen vertrauten den Institutionen im Land nicht mehr: In der Partei grassierte die Heuchelei, die Medien waren von Bestechung und Zensur gelähmt, und die großen Unternehmen waren bekannt für Vetternwirtschaft und Kungelei. Also begann die Bevölkerung, an andere Dinge zu glauben. In den ärmsten Gegenden auf dem Land öffneten die Tempel wieder ihre Pforten und boten den Gläubigen eine wilde Mischung aus Daoismus, Buddhismus und Volksreligionen. Mittlerweile gab es in China sechzig bis achtzig Millionen Christen, was der Mitgliederschaft der Kommunistischen Partei entsprach. Ich lernte Richter kennen, die zur Pfingstbewegung gehörten, und Wirtschaftsmagnaten, die sich Bahai-Gemeinden angeschlossen hatten.

Angesichts so vieler Wahlmöglichkeiten sicherte sich manch einer gegen alle Eventualitäten ab, indem er spirituell mehrgleisig fuhr: Vor den Schulprüfungen in jedem Frühjahr beobachtete ich, wie chinesische Eltern in den Lamatempel strömten und dort für gute Noten beteten, um als Nächstes auf der anderen Straßenseite den Konfuziustempel zu besuchen. Manche beschlossen den Nachmittag dann in einer katholischen Kirche – für alle Fälle.

Bei einigen der am schnellsten wachsenden Gruppen vermischten sich Religion, Wirtschaft und das Ideal der Selbstoptimierung. Ich nahm an einem Treffen der Organisation »Menschen an der Spitze« teil, die ehrgeizigen Männern und Frauen »inspirierende Marketingerzeugnisse« verkaufte, die ihnen angeblich beim »Erkennen der eigenen Psychologie« halfen. Lokalzeitungen fragten sich, ob es sich dabei um ein »spirituelles Marketingkonzept« oder um eine »Religion« handelte. Schließlich wurde die Gruppe verboten und die Gründer hinter Gitter gebracht, laut Medienberichten wegen Steuerhinterziehung.

Im Lauf der Jahre hatten mich besonders die Geschichten von Menschen fasziniert, die nach einer so langen Zeit der Armut nach mehr Wohlstand strebten. Ich hatte das Land bereist, um mich mit Leuten zu treffen, die sich auf die eine oder andere Weise nicht davor scheuten, die Wahrheit auszusprechen. Je mehr Zeit ich allerdings in China verbrachte, desto mehr versuchte ich, die weniger augenscheinlichen Veränderungen zu verstehen, die mit der Suche nach Sinn zu tun hatten. Nichts hatte in China während der letzten hundert Jahre mehr Chaos ausgelöst als der Kampf um den richtigen Glauben. Ich wollte wissen, wie die Männer und Frauen lebten, die die wirklich wichtigen Dinge im Leben zu erfassen versuchten, und um das herauszufinden, musste ich nicht weit reisen: Die Buchläden in meinem Viertel waren voll mit chinesischen Handbüchern, die Titel trugen wie *Ein Ratgeber für die Seele* oder *Wofür leben wir?*. Wenn ich aus meiner Haustür trat, konnte ich in jede Himmelrichtung gehen und stets eine andere Antwort finden.

Östlich der Nationalstudiengasse befand sich der Lamatempel, ein spektakuläres Gebäude, das aus bunten, vom Rauch der Räucherstäbchen gebeizten Pavillons bestand. Der Lamatempel in Peking gehört zu den wichtigsten lamaistischen Klöstern außerhalb Tibets, weshalb er für den chinesischen Staat einen der empfindlichsten Orte der gesamten Stadt darstellt. Es gab eine Zeit, in der Peking eine enge Beziehung zum tibetischen Buddhismus gepflegt und die Kaiser Tausende Mönche in der Stadt aufgenommen hatten, damit sie für den Schutz des Reichs beteten. Nachdem der Dalai Lama, der geistige Führer Tibets, den Anspruch der Kommunistischen Partei auf sein Heimatland zurückgewiesen hatte, floh er 1959 über die Berge nach Indien. Im Exil wurde ihm der Friedensnobelpreis verliehen; außerdem half er von dort dabei, die Tibeter zu den »Robbenbabys der Menschenrechtsbewegung« zu machen, wie es sein Freund Robert Thurman ausdrückte, ein ehemaliger Mönch, der mittlerweile eine Professur an der Columbia University innehatte. So wie Papst Johannes Paul II. die antisowjetische Opposition symbolisiert hatte, wurde der Dalai Lama zum Gesicht des Widerstands gegen die chinesische Herrschaft über Tibet. Nachdem im Frühjahr 2008 Unruhen in Tibet ausgebrochen waren, warf der chinesische Staat dem Dalai Lama »Aufwiegelei« vor. Er bestritt, etwas mit den Ausschreitungen zu tun gehabt zu haben; dennoch galt er in China fortan als »Wolf in der Mönchskutte«, der »das Vaterland spalten« wolle.

Uniformierte Polizisten und Beamte in Zivil überwachten den Lamatempel rund um die Uhr, was angesichts der Tatsache, dass es sich beim Großteil der Besucher gar nicht um Tibeter handelte, recht merkwürdig war: Meist waren es wohlhabende junge chinesische Paare, die im Kloster ein Räucherstäbchen anzündeten und für ein gesundes Baby beteten. Viele von ihnen hielten Tibet für den Wilden Westen Chinas – für ein schickes Reiseziel, das in den Köpfen der Menschen mit Spiritualität und rauem Individualismus verbunden war. »Wenn ich Tibet besuche«, erklärte mir ein junger chinesischer Rockmusiker, »fühle ich mich frei.«

Ich kannte eine Reihe Han-Chinesen, die dem tibetischen Buddhismus anhingen, darunter ein Private-Equity-Investor namens Lin, der an einem Handgelenk eine buddhistische Gebetskette und am anderen eine Schweizer Armbanduhr trug. Es war nicht leicht für ihn, seinen Glauben mit den staatlichen Warnungen vor dem Dalai Lama zu vereinbaren. »Als ich den Buddhismus bei meinen tibetischen Lehrern studierte, fragte ich sie jedes Mal: ›Sind Sie Chinese oder Tibeter? Werden Sie mein Geld für den Waffenkauf verwenden?‹« Lin hatte sich zunächst an der Psychologie und dann an spirituellen Sachen ausprobiert, sich schließlich aber für den tibetischen Buddhismus entschieden, weil ihm der unverfälschter als der chinesische erschienen war, der sich mit Elementen aus dem Daoismus und anderen religiösen Traditionen vermischt hatte. Über den Dalai Lama sagte er: »Insgesamt hat er um die sechzig Bücher geschrieben, und ich habe bestimmt die Hälfte davon gelesen.«

Wir saßen in einem Pekinger Straßencafé, und ein weiterer Freund an unserem Tisch – ein Restaurantbesitzer, der zufällig zur Kommunistischen Partei gehörte – seufzte theatralisch und erklärte: »Ganz schön mutig, all das zuzugeben.« Lin verdrehte die Augen, und ich hatte das Gefühl, er genoss es, dass sein Glauben mit einer gewissen Verwegenheit verknüpft war. »Ich denke nicht, dass der Dalai Lama wirklich ein tibetischer Separatist ist«, erklärte Lin. »Wäre er das nämlich, wären die Dinge in Tibet mittlerweile vollkommen außer Kontrolle geraten.«

Im Umkreis des Lamatempels befanden sich in allen Himmelsrichtungen winzige Läden von Feng-Shui-Beratern, blinden Wahrsagern und sogenannten »Namensgebern« (Letztere enthüllten für den richtigen Preis den vielversprechendsten Namen für ein Neugeborenes oder ein neu gegründetes Unternehmen). Nachdem sich das Geschäft mit der Wahrsagerei jahrzehntelang im Untergrund abgespielt hatte, begegnete man ihm nun wieder auf offener Straße – und es befand sich im Aufschwung. Erfolg und Misserfolg hängen in China sehr stark von geheimnisvollen Faktoren ab, von im Verborgenen liegenden Verbindungen und unsichtbaren Deals, weshalb die Bevölkerung auf einen kleinen göttlichen Vorteil ganz versessen ist.

Die Wahrsager bewarben ihre Dienste mit Schaufensterschildern, auf denen beispielsweise stand: »Ich sage die politische und finanzielle Zukunft voraus, bewerte die Aussichten einer Ehe und sorge für ein besseres Ergebnis bei einer Hochschulzugangsprüfung.« Prozeduren, die fortgeschrittener Fähigkeiten bedurften, waren nur auf Anfrage erhältlich, beispielsweise die »Aufhebung eines Zaubers oder Ähnliches«, wie es auf einem Schild hieß. Jedes Mal, wenn ich den Laden von Shang Degang betrat, erinnerte er mich an die Praxis eines Geburtshelfers, nur dass dort keine Bilder von heranwachsenden Kindern, sondern Fotos von zufrieden lächelnden Kunden hingen. »Diese junge Dame hier, Peng Yuan, war ein Niemand, als sie nach Peking kam«, erzählte er mir eines Nachmittags, während er auf das Bild einer Frau mit angestrengtem Lächeln und roten Wangen zeigte. »Und heute arbeitet sie als Kosmetikerin und ist mit vielen Berühmtheiten bekannt.« Auf dem Foto hielt sie ein grünes, flaches Etwas in der Hand. »Ich habe diesen Jadeteller extra für sie angefertigt, und er hat ihr gesamtes Schicksal auf den Kopf gestellt.«

Überall in Meister Shangs Büro lagen Bücher herum, auch solche mit wenig altertümlichen Titeln wie *Wall-Street-Feng-Shui*. Seine Dienste bestanden aus einer Mixtur aus Buddhismus, Daoismus und einem Hauch von Hokuspokus. Vor allem aber gründete sich seine Verkaufsmasche auf eine Verbindung zur chinesischen Geschichte, denn er behauptete, er sei ein Nachfahre von General Shang Kexi. Deshalb lag auf seinem Schreibtisch ein zehn Zentimeter dickes, in Leder gebundenes Exemplar des Familienstammbaums der Shangs. Seine Kunden beeindruckte das sehr, weil die meisten dieser Familienstammbäume während der Kulturrevolution vernichtet worden waren. Kunden, die nie irgendwelche Einzelheiten über ihre eigene Familiengeschichte erfahren würden, spendete der Gedanke Trost, dass sie nun wenigstens die der Shangs kannten. Auf seinem Schild versprach er »ehemals nur der Oberschicht zugängliche übernatürliche Dienste«.

Trotz der gegenteiligen Bemühungen Maos gedieh der Volksglaube in jedem Lebensbereich weiter. Im ersten Herbst nach unserem Einzug hörte ich ein kratzendes, schabendes Geräusch, das von der Decke über meinem Schreibtisch zu kommen schien. Zunächst dachte ich mir nichts dabei, aber nach ein paar Wochen begann es in meinem Büro zu stinken wie in einem Zoo. Eines Nachts beobachtete ich durch das Fenster, wie ein Wesen mit hellem Fell einen Baum hinaufflitzte und in einem Loch in unserem Dach verschwand. Ich erwähnte meine Beobachtung gegenüber meinem Nachbarn, Huang Wenyi. Er lächelte.

»Das ist ein Wiesel«, rief er. »Darüber sollten Sie sich freuen!« Wiesel, klärte er mich auf, bedeuteten, dass ein großer Geldsegen bevorstand; Gleiches gelte übrigens für Igel, Schlangen, Füchse und Ratten. Da sich diese Tiere oft in der Nähe von Gräbern aufhielten, glaubte man, dass die Seelen der Verstorbenen der Familie in ihnen lebten. »Lassen Sie es einfach in Ruhe«, meinte Huang. Ich erzählte unserer Haushälterin, Tante Ma, von dem Tier, woraufhin sie mir sehr ernst mitteilte: »Schlagen Sie es bloß nicht! Wiesel darf man unter keinen Umständen schlagen.«

Allerdings fiel mir die Arbeit aufgrund des strengen Geruchs über meinem Schreibtisch zunehmend schwerer. Ein paar Tage später stand ich mit einem Kammerjäger namens Han Changdong in unserem Hof und beschrieb, was ich gesehen hatte. Er nickte bestätigend.

»Es handelt sich um ein Wiesel«, sagte er. »Sie sind ja mal ein Glückspilz.«

»Aber sie sind doch ein Kammerjäger, oder nicht?«, fragte ich.

Han zuckte mit den Schultern. »Ein Chinese würde es für ein überaus gutes Zeichen halten, wenn ein Wiesel bei ihm einzöge.« Han erklärte mir, dass immer größere Teile der Stadt zubetoniert worden seien und deshalb sehr viele Wildtiere auf der Suche nach Holz und Stroh in den Gassen auftauchten. Er kramte in seiner Werkzeugtasche herum. »In meinem Heimatort verbrennt man normalerweise ein Dankesopfer für den Gott des Wohlstands. Aber dieser Fall hier ist anders. Wir kümmern uns drum.« Er zog eine Packung Rattengift aus seiner Tasche, was mich ziemlich beunruhigte.

»Warten Sie!«, rief ich. »Halten Sie das wirklich für eine gute Idee – spirituell gesehen, meine ich?«

Han dachte über die Frage nach und entgegnete dann: »Ihnen wird nichts geschehen, denn Sie sind Ausländer und glauben gar nicht an solche Dinge.«

Dabei war ich mir gar nicht mehr so sicher, an was ich eigentlich glaubte. Aber es war ohnehin zu spät. Han war bereits damit beschäftigt, rosafarbenes Rattengift in die Löcher im Dach zu stopfen. Er informierte mich, dass seine Arbeit von einer einjährigen Geld-zurück-Garantie abgedeckt werde. »Sollte das Wiesel abermals auftauchen, rufen Sie mich an.«

Zunächst war es auf dem Dach ruhig. Zwei Wochen später hörte ich dann aber wieder das altbekannte Kratzen, nur war es dieses Mal noch lauter. Der Geruch war zwar sehr streng – der Geruch der Rache, dachte ich –, dennoch rief ich nie bei Kammerjäger Han an, um auf meine Geld-zurück-Garantie zu bestehen. Stattdessen kaufte ich mir einen Ventilator zur Belüftung meines Büros und lernte, mit dem Wiesel über meinem Kopf zu leben.

Unser nächstgelegener Nachbar war der Konfuziustempel, an dessen Außenmauer unsere Küchenwand angrenzte. Der Schrein gehörte zu den ruhigsten Orte der Stadt: Eine abgeschiedene, im Jahr 1302 errichtete Anlage, auf der uralte Bäume wuchsen und ein großer hölzerner Pavillon stand, der gleich einem dräuenden Gewissen über unserem Haus aufragte. Morgens ging ich mit einer Tasse Kaffee in der Hand vor die Tür und lauschte den Geräuschen der erwachenden Tempelanlage: dem Besen auf dem steinernen Gehweg, dem Quietschen des Wasserhahns, dem Gemecker der Elstern über mir.

Dass der Tempel die Geschichte überdauert hatte, war ein kleines Wunder. Früher einmal hatte es in China Tausende von Schreinen zu Ehren von Konfuzius gegeben, dem Philosophen und Politiker, der im 6. Jahrhundert v. Chr. geboren worden war. In der chinesischen Geschichte nahm er einen ähnlichen Platz ein wie Sokrates in der westlichen Kultur, was zum Teil daran lag, dass seine Philosophie zu Ordnung und Loyalität aufrief. »Der Fürst sei Fürst, der Diener sei Diener; der Vater sei Vater; der Sohn sei Sohn«, heißt es bei Konfuzius. Außerdem verband er Moral mit einer starken Herrschaft: »Wer kraft seines Wesens herrscht, gleicht dem Nordstern: Der verweilt an seinem Ort, und alle Sterne umkreisen ihn.« Der Vorsitzende Mao glaubte an die »permanente Revolution«, als er junge Rotgardisten im Zuge der Kulturrevolution zur »Zerstörung der vier Relikte« aufrief: der alten Gedanken, alten Kultur, alten Gebräuche und alten Gewohnheiten. Die Eiferer verurteilten Konfuzius, weil seine Lehren »schlechte und rechte Elemente, Monster und Missgeburten« hervorgebracht hätten. Deshalb erteilte einer von Maos Generälen schließlich auch die Erlaubnis zur Schändung von Konfuzius' Grab. Hunderte Tempel wurden zerstört. In den achtziger Jahren war der Konfuzianismus so verpönt, dass der Historiker Ying-shih Yu Konfuzius »eine umherirrende Seele« nannte.

Eines Morgens im September 2010 bemerkte ich, wie im Inneren der Tempelmauern ein Lautsprecher knisternd zum Leben erwachte. Dumpfe Glockenschläge folgten, dann Trommeln, eine Flöte und schließlich ein Erzähler, der Passagen aus den Klassikern rezitierte. Die Vorstellung dauerte zwanzig Minuten und wurde jede Stunde wiederholt; am nächsten Tag fing alles von vorn an. Die umherirrende Seele begann sich zu regen – auf die eine oder andere Weise. Als in den achtziger Jahren deutlich wurde, dass die »spirituelle Leere« irgendwie gefüllt werden musste, war die Partei wild entschlossen, ein Wörtchen dabei mitzureden. Die alten Werte der Arbeiterbewegung (Revolution und Klassenbewusstsein) waren längst überholt. Die neuen Führer benötigten einen unverbrauchten Wortschatz der Sittlichkeit, der zur Partei an der Macht passte und sie irgendwie mit der Zivilisation des glorreichen alten China verband. Das Land benötigte eine auf die Bedürfnisse der neuen mittleren Einkommensschicht abgestimmte Moral und Politik. Die Renaissance des Konfuzianismus in chinesischen Gemeinden in Singapur und Taiwan faszinierte die Partei, schließlich stammte der Philosoph aus dem eigenen Land; er war eine moralische Symbolfigur und fester Bestandteil der chinesischen »Nationalstudien«. Also wurde Konfuzius rehabilitiert.

China gründete mehr als vierhundert »Konfuzius-Institute« auf der ganzen Welt, um überall die chinesische Sprache und die chinesische Geschichte zu vermitteln. (Ausländische Wissenschaftler beklagten sich darüber, dass die Konfuzius-Institute Diskussionen über kontroverse Themen wie Tibet oder Taiwan nicht zuließen.) Anhänger des Konfuzius-Revivals behaupteten, es schütze China vor der »egoistischen Philosophie« des Westens, und sie verglichen Qufu, den Heimatort des Philosophen, immer öfter mit Jerusalem. In der Nähe der Höhle, in der Konfuzius geboren worden sein soll, begann man mit dem Bau eines fünfhundert Millionen Dollar teuren Museumsparks, unter anderem plante man eine Konfuzius-Statue, die fast so groß wie die Freiheitsstatue werden sollte. Qufu vermarktete sich als »die Heilige Stadt des Orients«. 2012 besuchten 4,4 Millionen Menschen den Ort, mehr als die Zahl der Touristen, die jährlich nach Israel reisen. Die Chinesische Gesellschaft für das Konfuzius-Studium rief neue Traditionen ins Leben, darunter die Erneuerung des Eheschwurs vor einer Statue des weisen Gelehrten. Um Konfuzius ein frischeres Image zu verpassen, enthüllten Historiker ein von ihnen so genanntes »standardisiertes Porträt«, auf dem ein freundlicher alter Herr in einem chinesischen Gewand zu sehen war, der seine Hände vor der Brust faltete.

Universitäten baten hochpreisige Schulungen für Unternehmer an, die in den Klassikern nach »kaufmännischer Weisheit« suchten. Das National Studies Web, eine Internetseite, die sich dem Konfuzianismus widmete, ging in Shenzen an die Börse, und einige geschäftstüchtige Konfuzianer riefen ein internationales Konfuzius-Festival ins Leben, das von einem nach Konfuzius benannten Weinhersteller gesponsert wurde. Während des Festivals füllten Tausende Besucher ein örtliches Sportstadion; über den Köpfen der Gäste schwebten riesige Ballons mit den Namen klassischer chinesischer Gelehrter, und ein koreanischer Popstar in einem knappen Outfit gab Rockmusik zum Besten.

In den sechziger Jahren profitierte die konservative Bewegung in den USA von der Sehnsucht nach einem postliberalen Rückzugsort, an dem Anstand und Edelmut noch etwas galten; ganz ähnlich setzte die Renaissance der Klassiker in China auf nostalgische Vorstellungen davon, was es bedeutete, ein Chinese zu sein. Das Revival beschwor dabei Bilder einer vermeintlich einfacheren Vergangenheit herauf, die in den idealisierten Geschichten des alten China und den chinesischen Erzählungen über edle Ritter und ehrliche, moralisch einwandfreie und entschlossene Herrscher zum Ausdruck kam. Junge Nationalisten wie Tang Jie organisierten Veranstaltungen, bei denen sie den Konfuziustempel besuchten und, in klassische Gelehrtengewänder gekleidet, traditionelle Rituale nachspielten, die die meisten längst vergessen hatten – falls sie überhaupt jemals davon gehört hatten.

Das Konfuzius-Revival fand seinen Markt. Der überraschendste Bestseller der letzten Jahre war eine Sammlung konfuzianischer Vorträge, zusammengestellt von Yu Dan, einer telegenen Medienwissenschaftlerin, die nebenbei als politische Beraterin für die Partei tätig war. Sie schrieb: »Um die wahre Stärke eines Landes zu beurteilen, kann man nicht bloß das Wachstum des Bruttosozialprodukts betrachten und die inneren Erfahrungen der Menschen außer Acht lassen. Die eigentlichen Fragen müssten lauten: ›Fühlt sich die Bevölkerung sicher? Ist sie zufrieden?‹« Skeptiker nannten das Ganze spöttisch »Hühnersuppe für die konfuzianische Seele«, dennoch wurde Yu bald zur am zweitbesten bezahlten Autorin des Landes.

Ein paar Tage nachdem mir die Geräusche im Tempel aufgefallen waren, wurde dort das erste Mal seit der Machtübernahme der Kommunisten 1949 eine Feier zum Geburtstag von Konfuzius abgehalten. Während der Zeremonie hielten Funktionäre und Universitätsprofessoren Reden, und eine Gruppe Kinder rezitierte Passagen aus dem Werk des Gelehrten. Ich erwartete, dass die musikalischen Darbietungen damit beendet wären, in Wirklichkeit ging die Show jedoch wie gehabt in regelmäßigen Abständen weiter: sieben Tage die Woche, einmal die Stunde, zwischen 10 Uhr morgens und 18 Uhr abends, bei Regen und bei Sonnenschein. Die Hauswände in der Nationalstudiengasse warfen den Schall zurück, und was zunächst als aufregende Neuigkeit begonnen hatte, nutzte sich in den Augen meiner Nachbarn bald immer mehr ab. »Ich kann die Musik nachts in meinem Kopf hören«, erzählte mir Huang eines Nachmittags. »Als ob ich den ganzen Tag auf einem Boot verbracht hätte und immer noch das Schwanken in meinen Gliedern spürte.«

Plötzlich hellte sich seine Miene auf, als ob ihm ein Gedanke gekommen wäre. »Sie sollten hinübergehen und um eine Reduzierung der Lautstärke bitten.« »Warum denn ausgerechnet ich?«, wollte ich wissen.

»Weil Sie Ausländer sind. Ihnen wird man zuhören.«

Ich war mir allerdings nicht sicher, ob ich mir die Art von Gehör wirklich wünschte, die eine Beschwerde über Chinas berühmtesten Philosophen zwangsläufig mit sich brächte. Aber die Show hatte auch meine Neugierde geweckt, also machte ich einen Termin beim Tempelleiter, einem Mann namens Wu Zhiyou. Er war überhaupt nicht so, wie ich erwartet hatte – tatsächlich erinnerte er mich weniger an einen Theologen, als an einen Schauspieler, der in einer chinesischen Seifenoper den gütigen Vater mimt: Er war Mitte fünfzig, hatte ein schmales, ansprechendes Gesicht, zwei perfekt sitzende Grübchen auf den Wangen und eine Stimme, die im Ohr blieb und mir irgendwie bekannt vorkam. Bevor ihm die Leitung des Tempels übertragen worden war, hatte Wu den Großteil seiner Karriere in der Forschungsabteilung des städtischen Propagandaministeriums verbracht; außerdem hatte er ein gutes Gespür für Marketing. Über die Veranstaltung sagte er: »Zu der Show kommen Menschen aus allen Gesellschaftsschichten: Chinesen und Ausländer, Frauen und

Männer, Gebildete und Ungebildete, Experten und ganz normale Leute.«

Ich fragte ihn, ob er an der Produktion maßgeblich beteiligt gewesen sei. »Ich habe sie konzipiert«, antwortete er mit strahlenden Augen. »Ich habe jedes noch so kleine Detail überwacht. Ich spreche sogar den Erzähler.«

Die Show sei unter Bedingungen zusammengestellt worden, die allen Beteiligten sehr viel abverlangt hätten, erklärte er. Zwar sei Konfuzius seit mehr als zweitausend Jahren tot, dennoch habe Wu nur einen Monat Zeit für die Organisation gehabt. Also habe er einen Komponisten sowie einige Tänzer einer örtlichen Kunstschule engagiert und ein paar Zeilen aus den Klassikern ausgewählt, die er dann in die für die Veranstaltung benötigte Form brachte. »Eine Show braucht Rhythmuswechsel, Wendungen und einen Höhepunkt«, erklärte er, »wie bei einem Film oder einem Theaterstück. Wenn es langweilig wird, funktioniert die Sache nicht mehr.« Wu hatte offenkundig Spaß daran, Konfuzius für die Bühne zu adaptieren. »In der unteren Mittelstufe leitete ich die Propagandaabteilung der Schülervertretung. Ich mag es, laut vorzulesen. Die Musik und die Kunst gefallen mir auch.« Bis heute beschäftige er sich in seiner Freizeit mit den typisch chinesischen, aus schnellen Wortwechseln bestehenden Comedy-Nummern, der chinesischen Variante der Stand-up-Comedy. Ich hatte den Eindruck, als habe Wu den Konfuziustempel erfolgreich in sein eigenes kleines Laientheater verwandelt. Pläne für die Zukunft hatte er auch: »Wir bauen gerade ein neues Bühnenbild mit Porzellanstatuen der zweiundsiebzig Jünger. Wir brauchen jedoch mehr Beleuchtungstechnik. Dann kann ich vielleicht endlich sagen, dass wir fertig sind.«

Wu schaute auf die Uhr. Er empfahl mir, ich solle die Show um 15 Uhr besuchen. Bevor ich ging, gab er mir ein Buch über die Geschichte des Tempels. Dann erklärte er: »Wenn Sie das gelesen haben, werden keine Fragen mehr offen sein.«

Die Bühne stand vor einem Pavillon auf der Nordseite der Tempelanlage und war mit Scheinwerfern ausgestattet. Das aus fünfzehn jungen Männern und Frauen bestehende Ensemble trug Gelehrtengewänder, und jede aus Tanz und Gesang zusammengesetzte Nummer war nach einer Zeile aus den Klassikern benannt worden, wobei die durchaus optimistisch interpretiert wurden: Die Nummer »Zufriedenheit« basierte auf der Zeile »Glück im Unglück – Unglück im Glück«, wobei die Bühnenversion die Unheil verkündende zweite Hälfte ausließ. Im »Harmonie« genannten Finale wurde Konfuzius schließlich mit der Kommunistischen Partei vermählt. In einer Broschüre stand, Sinn und Zweck sei die Vermittlung der »auf Harmonie beruhenden Philosophie und der harmonischen Gesellschaft des alten China, die eine positive Wirkung auf die Schaffung einer zeitgenössischen harmonischen Gesellschaft haben werden«.

Ich studierte das Buch, das mir der Tempel-Regisseur gegeben hatte, und die Fülle an Details über das alte China beeindruckte mich: Man konnte darin nachlesen, wer vor siebenhundert Jahren welchen Baum gepflanzt hatte; außerdem enthielt das Buch in dem Abschnitt »Anekdoten über die Elite« lebensnahe Porträts wichtiger Persönlichkeiten aus der Geschichte des Tempels. Es war jedoch verdächtig einsilbig, was gewisse historische Ereignisse anging, beispielsweise die Zeit zwischen 1905 und 1981. Die offizielle Geschichtsschreibung des Konfuziustempels ließ den Großteil des 20. Jahrhunderts einfach aus.

Während meiner Zeit in China hatte ich mich daran gewöhnt, auf lückenhafte geschichtliche Darstellungen zu stoßen, wie Tonbandaufnahmen, bei denen plötzlich die Musik aufhört, nur um kurz darauf weiterzugehen, als wäre nichts geschehen. Manche dieser Manipulationen wurden »von oben« angeordnet: Die Partei unterband beispielsweise jegliche Berichterstattung über die Proteste auf dem Tiananmen-Platz oder die durch den Großen Sprung nach vorn ausgelöste Hungersnot, weil sie die Verantwortung für beides nie zugegeben und sich auch nie mit der Frage beschäftigt hatte, welche Veränderungen man im Land vornehmen musste, um Ähnliches in Zukunft zu vermeiden. Lange Zeit waren ganz normale Chinesen bereit gewesen, diesen Prozess des Vergessens zu unterstützen, und das nicht nur, weil sie arm waren oder lieber nach vorne schauen wollten, sondern auch, weil viele von ihnen gleichermaßen Opfer und Täter waren.

Es gab jedoch noch mehr Bücher über den Konfuziustempel, und die füllten besagte Leerstellen aus – ganz besonders, was die Nacht vom 23. auf den 24. August 1966 betraf. Die Kulturrevolution hatte begonnen, und der Befehl zur »Zerstörung der vier Relikte« hatte eine Welle der Gewalt gegen jegliche Form der Autorität losgetreten. In dieser Nacht wurde Lao She, der bekannteste Schriftsteller Chinas, von einer Gruppe Rotgardisten an den Haupteingang des Konfuziustempels zitiert.

Er war siebenundsechzig Jahre alt und eine der größten Hoffnungen des Landes auf den Literaturnobelpreis. Er war ganz in der Nähe des Tempels in großer Armut aufgewachsen. Sein Vater war als Soldat der kaiserlichen Garde im Kampf gegen ausländische Truppen ums Leben gekommen. 1924 brach Lao She nach London auf, wo er fünf Jahre in der Nähe des Stadtteils Bloomsbury lebte und seine Zeit mit der Lektüre von Joseph Conrad und James Joyce verbrachte. Er trug Leinenhosen, weil er sich keine aus Tweed leisten konnte. 1939 veröffentlichte er den Roman *Rickscha Kuli*, in dem es um einen jungen, eigenständig denkenden Rikschakuli geht, der aufgrund seiner Erfahrungen mit dem Unrecht zu einer »heruntergekommene[n], egoistische[n], glücklose[n] Ausgeburt eines kranken Wurfs der Gesellschaft« wird, wie der Autor schreibt. Was Victor Hugo für Paris war, wurde Lao She für Peking: der literarische Repräsentant der Stadt. Die Partei nannte ihn »Volkskünstler«. Er verabscheute es zwar, Propagandaschriften zu verfassen, dennoch war er wie viele andere ebenso ein loyaler Diener des chinesischen Staates, der Autorenkollegen mit Kritik überhäufte, sobald sie die Gunst der Partei verloren hatten.

Jetzt hatten sie es auf ihn abgesehen. Eine Gruppe Rotgardisten – die meisten Schulmädchen im Alter zwischen dreizehn und sechzehn Jahren – schoben ihn durch das Tor des Tempels und zwangen ihn, sich neben einem Feuer auf den Steinboden zu knien, um ihn herum andere Schriftsteller und Künstler. Seine Ankläger warfen ihm seine Verbindungen zum Westen vor. Immerzu riefen sie: »Nieder mit den parteifeindlichen Elementen!« Dann schlugen sie die alten Männer und Frauen mit abgenutzten Ledergürteln, die mit schweren Messingschnallen versehen waren. Lao She blutete aus einer Wunde am Kopf, blieb aber bei Bewusstsein. Drei Stunden dauerte sein Martyrium, bis er endlich zu einer Polizeistation gebracht wurde, wo ihn seine Frau schließlich fand.

Am nächsten Morgen stand er früh auf und ging zu einem nordwestlich von seinem Haus gelegenen Teich, dem See des Großen Friedens. Er las Gedichte und schrieb bis zum Sonnenuntergang. Dann zog er sein Hemd aus und hängte es über einen Ast. Er füllte seine Hosentaschen mit Steinen und watete in den See.

Als seine Leiche am nächsten Morgen gefunden wurde, rief man seinen Sohn, Shu Yi, damit er sie entgegennahm. Die Polizei hatte die Kleidung, den Stock, die Brille und den Füller seines Vaters sowie ein Bündel Papiere gefunden, das er hinterlassen hatte. Offiziell hieß es über seinen Tod, Lao She habe sich »vom Volk isoliert«. Da er nun ein »Konterrevolutionär« war, wurde ihm ein anständiges Begräbnis versagt. Seine Frau und seine Kinder legten seine Brille und seinen Füller in eine Schatulle und begruben sie an seiner statt.

Ich fragte mich, was aus Lao Shes Sohn, Shu Yi, geworden war, nachdem er die Leiche seines Vaters in Empfang genommen hatte. Mittlerweile müsste er in den Siebzigern sein – älter als sein Vater zum Zeitpunkt seines Todes. Ich fragte herum, und es stellte sich heraus, dass er nur ein paar Gehminuten von meinem Haus entfernt wohnte. Er lud mich zu sich ein. Seine Wohnung, die mich an den Laden des Wahrsagers erinnerte, war bis oben hin voller Bücher, Schriftrollen und Gemälde. Shu hatte weißes Haar und ein wuchtiges, freundliches Gesicht. Während wir uns unterhielten, wehte ein leichter Wind vom nahen Kanal durchs Fenster. Ich wollte von ihm wissen, ob er jemals Genaueres über den Geisteszustand seines Vaters kurz vor seinem Tode erfahren habe.

»Schwer zu sagen, aber ich glaube, dass sein Dahinscheiden nur den Schlussakt eines schweren Kampfes darstellte«, sagte er. Dann fuhr er fort: »Viele Jahre später stolperte ich über einen Artikel mit dem Titel ›Dichter‹, den er im 1941 verfasst hatte – also ein Vierteljahrhundert vor seinem Tod. Darin schrieb er: ›Dichter sind schon ein seltsames Völkchen. Sind alle anderen glücklich, vermag ein Dichter etwas vollkommen Entmutigendes zu sagen. Sind alle anderen traurig, vermag ein Dichter zu lachen und zu tanzen. Ist das Land jedoch in Gefahr, muss ein Dichter sich ertränken, auf dass sein Tod eine Warnung im Namen der Wahrheit sei.‹«

Diese Art von Opfer entsprach einer chinesischen Tradition, die bis ins 3. Jahrhundert v. Chr. zurückreichte. Damals ertränkte sich der Dichter Qu Yuang aus Protest gegen die Korruption. Shu Yi erläuterte: »Auf diese Weise wehrt sich ein Dichter gegen Missstände, denn so erfahren alle die Wahrheit.« Sein Vater, meinte er, »wollte lieber untergehen, als sich zu beugen«.

Nach meinem Treffen mit Shu Yi besuchte ich abermals Wu Zhiyou, den Leiter des Tempels, und ich befragte ihn zu der letzten Nacht des Dichters. »Die Geschichte stimmt. Während der Kulturrevolution fanden hier Kampfsitzungen statt. Kurz darauf warf sich Lao She in den See. Das ist eine historische Tatsache.«

Ich erkundigte mich, warum diese Tatsache dann in den Texten über die Geschichte des Tempels unerwähnt blieb. Es fiel ihm schwer, diese Frage zu beantworten, und ich bereitete mich innerlich bereits auf ein wenig Propaganda vor, doch dann sagte Wu etwas Überraschendes: »Es macht die Leute einfach zu traurig. Ich glaube, es ist am besten, wenn so etwas nicht in den Büchern steht. Die Sache ist zwar historisch belegt, hat allerdings nichts mit dem Tempel an sich zu tun. Sie ist der damaligen Zeit geschuldet und sollte daher nicht in der Chronik des Konfuziustempels erscheinen.«

Diese Erklärung fand ich zwar nachvollziehbar, dennoch schien sie mir zu kurz zu greifen. Lao She war im Tempel misshandelt worden, weil es sich um einen Ort des Wissens, des Geistes und der Geschichte handelte. Die Erlaubnis, einen von Chinas bekanntesten Romanciers anzugreifen, bedeutete in Wirklichkeit eine Attacke auf die chinesische Identität – wie so vieles während der Kulturrevolution. In den folgenden Jahrzehnten hatten weder die Partei noch die Bevölkerung je ganz aufgearbeitet, was damals verloren ging. Selbst wenn jemand ein Denkmal an der Stelle errichten wollte, an der Pekings größter Geschichtenerzähler seinem Leben ein Ende setzte, wäre das kein leichtes Unterfangen, weil der See des Großen Friedens vor langer

Zeit zugeschüttet wurde, um Platz für den Ausbau des U-Bahn-Netzes zu schaffen. Ich wunderte mich oft, wie viel die chinesische Bevölkerung bereits verdrängt hatte: Revolution, Krieg, Armut und die Unruhen der Gegenwart. Mein Nachbar, Huang Wenyi, lebte Tür an Tür mit seiner achtundachtzigjährigen Mutter. Als ich die einmal fragte, ob sie noch alte Familienfotos besitze, antwortete sie: »Die sind alle während der Kulturrevolution verbrannt.« Und dann lachte sie – das typische leere Lachen, das in China besonders fürchterlichen Dingen vorbehalten ist.

Täglich tauchten Scharen von Beamten aus den Provinzen und Schülern aus der Stadt am Konfuziustempel auf, ließen sich herumführen und schauten sich die Show an. Ich beobachtete eine junge Touristenführerin mit Pferdeschwanz, die einer Gruppe Chinesinnen mittleren Alters gegenüberstand. Sie streckte ihre Hände aus. »Auf diese Weise beweist man Konfuzius seinen Respekt«, erklärte sie. Die Besucherinnen versuchten ihr Bestes und taten es ihr nach. In diesem Augenblick erkannte ich, dass Konfuzius aufgrund der lückenhaften chinesischen Geschichte für viele Chinesen zu einem Fremden geworden war.

Einige wollten dieses Vakuum unbedingt für sich ausnutzen und den Philosophen für vermeintlich sinnvollere politische Zwecke instrumentalisieren. Nachdem Liu Xiaobo den Friedensnobelpreis erhalten hatte, rief eine Gruppe chinesischer Nationalisten den sogenannten »Friedenskonfuziuspreis« ins Leben und verliehen ihn im folgenden Jahr an Wladimir Putin, weil er »Stabilität und Sicherheit« nach Russland gebracht habe. Einige konfuzianische Gelehrte verurteilten die Pläne für den Bau einer christlichen Kirche im Heimatort des Konfuzius und schrieben: »Wir flehen Sie an, den heiligen Boden der chinesischen Kultur zu respektieren.«

Andere dagegen hatten langsam genug von dieser Auslegung Konfuzius'. Das Insistieren auf Harmonie ließ, politisch gesehen, nur wenig Spielraum für Verhandlungen oder ehrlichen Meinungsaustausch. Li Ling, Professor an der Peking-Universität, kritisierte die »Fabrikation von Konfuzius«, wie er es nannte, als er schrieb: »Der echte Konfuzius – der Konfuzius, der tatsächlich gelebt hat – war weder ein Weiser noch ein König [...]. Weder verfügte er über Macht noch über Status, sondern einzig und allein über Moral und Wissen, und er wagte es, die mächtigen Eliten der damaligen Zeit zu kritisieren. Er reiste durchs Land und warb um Unterstützung für seine Vorschläge, zermarterte sich den Kopf, um den Herrschenden beim Lösen ihrer Probleme behilflich zu sein, und versuchte dabei stets, die Mächtigen davon zu überzeugen, alles Schlechte aufzugeben und gerechter zu werden [...]. Er war ein Gequälter, ein Besessener, der gezwungen war, umherzuwandern und sich für seine Ideen einzusetzen – eher ein streunender Hund als ein weiser Gelehrter. Das war der wahre Konfuzius.«

Als der Autor das veröffentlichte, bezeichneten ihn Konfuzianer als »Prophet[en] des Jüngsten Gerichts«. Liu Xiaobo gehörte dagegen zu seinen Verteidigern. Bevor er ins Gefängnis ging, warnte er vor einer Stimmung im Land, die den »Konfuzianismus verehrte und alle anderen Denkrichtungen untersagte«. Anstatt Konfuzius ins Feld zu führen, schrieb Liu, sollten die chinesischen Intellektuellen »die Unabhängigkeit des Geistes und die Eigenständigkeit des Individuums« achten.

Die chinesische Bevölkerung besuchte das heilige Land der Nationalstudien, weil man sich eine gewisse moralische Kontinuität wünschte. Allerdings war die Suche damit in den seltensten Fällen beendet. Um ihre Deutungshoheit über die Geschichte zu wahren, bot die Partei ihrem Volk eine Karikatur von Konfuzius. Generationen von Chinesen hatten gelernt, die ethischen und philosophischen Traditionen des Landes zu schmähen, um dann zu entdecken, dass sich die Partei dieser plötzlich wieder bediente, ohne jedoch eine Diskussion darüber zuzulassen, was in der Zwischenzeit geschehen war. Ein Stadtviertel, das dem Schutz des »Nationalwesens« gewidmet war, schien nur die Tatsache zu bestätigen, dass es dieses eine »Wesen« schon lange nicht mehr gab.

Außerdem deutete manches darauf hin, dass nicht nur die liberalen Intellektuellen die Geduld mit einer so energischen Instrumentalisierung von Konfuzius zu verlieren begannen. Im Januar 2011 tauchte eine riesige Statue des Weisen auf dem Tiananmen-Platz auf – das erste zusätzliche Objekt, dass seit der Errichtung der Gedenkhalle für den Vorsitzenden Mao vor etwas mehr als dreißig Jahren an diesem empfindlichen Ort errichtet wurde. Philosophen und Politikwissenschaftler fragten sich, ob man daraus auf ein sich wandelndes Selbstverständnis der Partei schließen könne. Doch dann verschwand die Skulptur wieder. Drei Monate nach ihrem plötzlichen Erscheinen wurde die Statue in einer Nacht-und-Nebel-Aktion abtransportiert und an einer weniger prominenten Stelle im Hof eines Museums aufgestellt. Warum das Ganze? Es sollte ein Mysterium bleiben, das Zentrale Propagandaministerium unterband jegliche Debatten zu dem Thema. Die Leute scherzten, dass Konfuzius, der umherwandernde Lehrmeister aus der Provinz Shandong, wahrscheinlich ohne die erforderliche Wohnsitz-Registrierung in Peking erwischt worden sei.

20. Wegsehen

Es gibt Augenblicke in der Geschichte eines Landes, in denen die Bevölkerung innehält, einen Schritt zurück tritt und sich fragt, ob sie eventuell die Orientierung verloren haben könnte. In China kam es am Nachmittag des 13. Oktober 2011 in der weit im Süden des Landes gelegenen Stadt Foshan zu einem solchen Moment. Foshan ist ein Handelszentrum, in dem es riesige, luftig überdachte Markthallen gibt, die direkt nebeneinander liegen und in denen jeweils bestimmte Waren verkauft werden: Da wäre zum Beispiel die Stahl- und Eisenwelt, die Blumen- und Pflanzenwelt oder die Kinderbekleidungsstadt, in der jährlich so viele Kleidungsstücke verkauft werden, dass man damit jedes amerikanische Kind zweimal komplett ausstaffieren könnte.

In einer der größten dieser Markthallen – der Eisenwarenstadt – leben und arbeiten dreißigtausend Menschen. Man hat sich dort auf Produkte spezialisiert, die im gnadenlosen chinesischen Bauwesen gebraucht werden, beispielsweise Stahlketten, Elektrowerkzeuge, Fässer voller Chemikalien und Trommeln für Kabel, die so dick sind wie ein menschlicher Arm. Der Markt besteht aus einem weitläufigen Labyrinth aus Geschäften und Gassen, das sich über rund vierzig Hektar erstreckt und auf dem ein Dach aus Plastik und Blech sitzt, das die Welt darunter in beständiges Zwielicht taucht. In der Eisenwarenstadt riecht es nach Sägespänen und Diesel. Die rund zweitausend Läden reihen sich in endlosen Karrees aneinander; der Markt ist derart schnell und chaotisch gewachsen, dass es kein einziges Straßenschild und keine Ampel gibt. Man kann sich dort nur allzu leicht verlaufen.

An besagtem Oktobertag holte Qu Feifei, eine junge Mutter und Ladenbesitzerin, ihre Tochter gegen 14 Uhr aus der Kinderkrippe ab und machte sich gemeinsam mit ihr zurück auf den Weg in die Eisenwarenstadt. Qu war schrecklich vernarrt in ihr Kind; wenn sie ihr ein

Kleid nähte, brauchte sie dafür viermal länger, als wenn sie für sich selbst eines herstellte. Mit ihrem Mann betrieb sie den kleinen Laden »Gewinnbringende Kugellager für Walzen«. Mit den beiden zwei und sieben Jahre alten Kindern bewohnte das Ehepaar einen dunklen Lagerraum direkt über dem Geschäft, in dem die Decke gerade einmal hoch genug war, dass ein Erwachsener dort aufrecht stehen konnte.

Qus Ehemann, Wang Chichang, arbeitete seit acht Jahren in der Eisenwarenstadt. Er war dreißig Jahre alt, hatte große, weit auseinanderstehende Augen und einen ausgefransten Pony, der ihm bis über die Brauen reichte. Ursprünglich stammte er aus einem einst für seine Pfirsiche und Birnen bekannten Bezirk in der Provinz Shandong, in dem jetzt vor allem Chemikalien produziert wurden. Wang hatte eine Ausbildung als Tierpfleger absolviert und sein Glück zunächst in einem Zoofachhandel und später als Bauarbeiter in Peking versucht, bevor es ihn in die Eisenwarenstadt verschlagen hatte. Nach der Hochzeit brachte Qu einen Sohn zur Welt, den das Paar Wang Shuo taufte (»Wang, der Gelehrte«). Als die beiden noch ein Mädchen bekamen, bezahlten sie die Gebühren für das zweite Kind und gaben ihm den Namen Wang Yue, aber jeder nannte es nur Kleine Yueyue, »Kleine Freude«. Im Alter von zwei Jahren war die Kleine bereits sehr weit für ihr Alter und schnappte neue Wörter aus der Zeichentrickserie *Der kluge Tiger* auf. Sonst war sie damit zufrieden, Kochen zu spielen, während ihre Eltern das Abendessen im Laden zubereiteten. Als Mutter und Tochter an diesem Nachmittag von der Kindertagesstätte nach Hause kamen, ging Qu in die Wohnung im ersten Stock, um die trockene Wäsche von der Leine nach oben zu bringen. Wang Yue spielte unten. Als die Mutter zurückkam, war die Tochter verschwunden. Das kam öfters vor, denn die Kleine flitzte gerne zwischen den angrenzenden Läden hin und her und besuchte die Nachbarn. Dennoch machte sich Qu auf die Suche nach ihrer Tochter. Als es langsam Abend wurde, zog der Himmel zu, und der Herbstregen begann hart auf das Dach des Basars zu prasseln.

Ein paar Straßen weiter machte sich ein junger Verkäufer namens Hu Jun auf den Weg, um die letzten Erledigungen des Tages hinter sich zu bringen. Hu Jun und seine Frau hatten ebenso wie Familie

Wang eine kleine Tochter und betrieben ein Kugellagergeschäft, und auch sie stammten aus der Provinz Shandong. Der Markt war allerdings so riesig, dass sich die beiden Familien nie kennengelernt hatten. Hu Jun stieg in einen billigen Kleinlaster (ein Modell, das die Chinesen »Brotlaib« nennen) und schlängelte sich durch die überfüllten Gassen. Er wollte in einem ihm unbekannten Teil der Eisenwarenstadt eine Rechnung eintreiben, weshalb er beim Fahren die Ladenschilder studierte.

Die kleine Yueyue war nicht bei den Nachbarn, sondern spazierte zwischen den Geschäften umher. Bald war sie eineinhalb Straßenzüge von ihrem Zuhause entfernt. Um Kundschaft anzulocken, stellten die zur Gasse gewandten Geschäfte draußen Artikel auf, obwohl die Warenberge die Straße sehr unübersichtlich machten. Das Kind passierte Stapel, die so hoch waren wie es selbst groß. Dann ging das kleine, in ein dunkles Hemd und rosafarbene Hosen gekleidete Mädchen an einem Eckladen vorbei, wo auf einem klapprigen Computer die Aufnahmen der Überwachungskameras vorne an der Straße zusammenliefen – und die zeigten aus sechzehn verschiedenen Perspektiven, was als Nächstes geschah: Um 17:25 Uhr schaut Yueyue im Gehen über die Schulter. Als sie sich eine Sekunde später umdreht, kann sie gerade noch sehen, wie der Kleinlaster auf sie zukommt, aber es ist bereits zu spät, um ihm auszuweichen. (Hu Jun gab später an, er habe nur einen leichten Schlag am Reifen bemerkt und gedacht, er sei über Abfall gefahren, etwa ein Bündel alter Lumpen oder einen Pappkarton. Er hielt nicht an, um nachzusehen.)

Yueyue wird zweimal überrollt: zunächst vom Vorder-, dann vom Hinterreifen; erst am Ober-, dann am Unterkörper. Sie bleibt neben einem Haufen ausgestellter Waren auf der Straße liegen. Nur ihr linker Arm bewegt sich leicht.

Zwanzig Sekunden nach dem Unfall geht ein Mann in einem weißen Hemd und dunklen Hosen an dem kleinen Mädchen vorbei. Er schaut in ihre Richtung, wird langsamer – und geht dann einfach weiter. Fünf Sekunden später nähert sich ein Moped: Der Fahrer späht über seine Schulter auf das Kind, behält sein Tempo jedoch bei. Weitere zehn Sekunden später kommt ein weiterer Mann vorbei und schaut ebenfalls, ohne anzuhalten, auf das Mädchen. Neun Sekunden später nähert sich ein zweiter Kleinlaster und fährt über die Beine der kleinen Yueyue.

Noch mehr Menschen gehen vorbei – ein Mann in einer blauen Regenjacke, ein Fahrradfahrer in einem schwarzen T-Shirt, ein Arbeiter, der an der Kreuzung Waren auflädt. Ein Mann auf einem Mofa starrt das Mädchen am Boden an und spricht mit einem Ladenbesitzer, dann hasten beide davon. Vier Minuten nach dem ersten Aufprall nähert sich die elfte Person: eine Frau mit einem kleinen Kind an der Hand. (Sie betrieb ganz in der Nähe ein Geschäft und hatte ebenfalls ihre Tochter von der Krippe abgeholt.) Sie hält an, fragt einen Ladenbesitzer nach dem Kind auf der Straße und beeilt sich dann, ihre Tochter vom Ort des Geschehens wegzuschaffen. Und so geht es weiter: Ein Mann auf einem Moped, ein Fußgänger, ein Arbeiter vom Laden an der Ecke.

Um 17:31 Uhr – sechs Minuten nachdem das Mädchen das erste Mal angefahren worden ist – taucht eine kleine Frau mit einem Sack verbeulter Dosen und Flaschen auf. Die achtzehnte Passantin. Sie schaut nicht einfach weg: Sie lässt ihren Beutel fallen und versucht, Yueyue hochzuheben. Der kleine, geschundene Körper stöhnt vor Schmerzen auf. (Bei der Helferin handelte es sich um ein des Lesens und Schreibens unkundiges Großmütterchen namens Chen Xianmei, das sich seinen Lebensunterhalt mit dem Sammeln von Müll und Altmetall verdiente.) Sie zieht das Kind an den Straßenrand, dann macht sie sich auf die Suche nach Hilfe. Sie spricht einige Ladenbesitzer in der Nähe an, doch einer bedient gerade einen Kunden, während der andere nur »Das ist nicht mein Kind« erwidert. Chen versucht es im nächsten Block, während sie immer weiter nach Hilfe ruft. Dort begegnet ihr endlich die Mutter, Qu Feifei, die immer noch verzweifelt nach ihrer kleinen Tochter Ausschau hält. Chen führt sie zu ihr. Die Mutter beugt sich zu dem Mädchen hinunter, nimmt es in die Arme und läuft so schnell sie kann los.

Notarztwagen sind in China eine Seltenheit, deshalb legten Vater und Mutter ihre Tochter in den kleinen Buick der Familie. Als sie das fünfzehn Minuten entfernte Huangqi-Krankenhaus erreichten, kümmerten sich Schwestern in rosafarbenen Kitteln um die hereinströmenden Neuaufnahmen. Der Wartesaal war modern und sauber, doch die Schilder an den Wänden warnten die Patienten vor den Tücken des chinesischen Gesundheitssystems. Auf einem stand, man solle die Ärzte nicht bestechen, um eine bessere Behandlung zu bekommen; ein anderes warnte vor »Termin-Betrug«: »Versucht ein Fremder, Sie aus dem Krankenhaus zu locken, indem er behauptet, er kenne einen Spezialisten, gehen Sie nicht darauf ein!«

Die Ärzte diagnostizierten bei Yueyue eine Schädelfraktur und schwere Hirnschäden. Zunächst hielten die Reporter vor Ort das Ganze für einen ganz normalen Fall von Fahrerflucht. Dann schauten sie sich das Überwachungsvideo an, und die Geschichte der siebzehn ungerührten Passanten schlug im ganzen Land sofort hohe Wellen. Selbstanklagen folgten: »Wie sollen wir uns überhaupt Respekt verschaffen und eine führende Rolle in der Welt einnehmen«, fragte etwa die Autorin Zhang Lijia, »wo dieses Land doch aus 1,4 Milliarden herzlosen Menschen zu bestehen scheint?« Als Lehrstück über die Teilnahmslosigkeit und moralische Verrohung der chinesischen Großstädte wurde das Video endlos im Fernsehen und im Internet gezeigt. Für viele bewiesen diese Aufnahmen, dass gerade die Verletzlichsten beim großen Wettbewerb im Land auf der Strecke blieben. Das kollektive Schuldgefühl schwoll an – wegen an kontaminierter Babynahrung erkrankter Neugeborener; wegen unter einstürzenden Schulgebäuden begrabener Kinder; wegen einer ganzen Reihe von Fällen, in denen Hilfsbedürftige von Passanten einfach ignoriert worden waren. Erst kürzlich hatten die chinesischen Zeitungen über den Tod eines Achtundachtzigjährigen berichtet, der auf einem Gemüsemarkt gestürzt und an Nasenbluten erstickt war, weil ihn niemand umgedreht hatte.

Die Lokalreporter eilten zum Unfallort in der Eisenwarenstadt, um das Bild zu vervollständigen. Der Besitzer des Eckladens »Neues China – Großhandel für Sicherheitsausrüstung« erklärte, er sei zum Zeitpunkt des Unfalls mit seinen Büchern beschäftigt gewesen, während seine Frau das Abendessen zubereitet habe. »Ich hörte ein Kind schreien«, erklärte er den Journalisten, »aber nur für einen oder zwei Augenblicke, dann war es wieder still. Ich habe einfach nicht genug darüber nachgedacht.« Die Reporter spürten den Mann auf dem roten Roller auf, doch der sagte nur immer wieder »Ich habe sie nicht gesehen« – ein Satz, den er ganze zehn Mal wiederholte. Im Internet nahmen die Leute das Video derart gründlich unter die Lupe, dass der Inhaber eines Geschäfts für Klempnerbedarf um die Ecke identifiziert werden konnte: Er war nach dem Unfall aus seinem Laden gekommen, hatte einen Blick auf den Boden geworfen und war wieder in seinem Geschäft verschwunden. Er bestand darauf, dass er das verletzte Kind auf der Straße nicht gesehen habe, doch die Leute nannten ihn »gewissenlos«. Seine Webseite wurde schließlich von Hackern verschandelt. Gleichzeitig wurde die Müllsammlerin zur Heldin stilisiert, da sie als Einzige dem Mädchen geholfen hatte. Immer wieder wollten Reporter von ihr wissen, warum sie das getan habe. Das überraschte sie. Nachdem die Reporter gegangen waren, fragte sie ihre Schwiegertochter: »Was hatte ich denn zu befürchten, als ich diesem Kind half?«

Die Chinesen sind stolz auf ihre »Menschlichkeit« – auf ihr *ren*, wie sie es nennen. Dieses Konzept ist so zentral für das Moralverständnis des Landes wie die Goldene Regel für den Westen. Allerdings wird den chinesischen Kindern in jüngster Zeit aus praktischen Gründen beigebracht, daneben noch an weniger erbauliche Losungen zu denken, etwa an *zuo haoshi bei e* – was bedeutet, »etwas Hilfreiches zu tun und dabei übers Ohr gehauen zu werden«. Für solche Ängste gibt es die unterschiedlichsten Ursachen, die so spezifisch sein können wie im Falle eines *pengci'r* – eines Menschen, der »anderen für das Zerschlagen von bereits zerbrochenem Porzellan die Schuld gibt«.

Vielen erschien das Leben in China zu dieser Zeit, als befänden sie sich auf einer neuerdings wohlhabenden Insel, die umgeben war von trügerischen Strömungen: Blieb man auf dem Festland, konnte das Leben sicher und einträglich sein; ging man jedoch einen Schritt zu weit, konnte die Welt um einen herum in sich zusammenbrechen. Die Menschen hatten so wenig Spielraum, dass eine kleine Katastrophe schnell alles aus dem Gleichgewicht brachte, also sicherten sie sich ständig gegen alle Eventualitäten ab. Meine Bekannte Faye Li, eine Journalistin, erzählte mir von dem Tag, an dem ihr Vater, ein pensionierter Physiklehrer, von einem Auto vom Fahrrad gerissen wurde. »Er stand auf und ist so schnell wie möglich davon geradelt«, sagte sie. Erst zu Hause sei ihm aufgefallen, dass *er* das Opfer gewesen war. Er sei sich sicher gewesen, dass jemand seine Situation ausnutzen werde. Sie erklärte: »In meinen Augen ist es in China sehr einfach, in Schwierigkeiten zu geraten.« Im Lauf der Jahre brachten die Zeitungen immer wieder Geschichten auf den Titelseiten, die das Risiko veranschaulichten, selbst beschuldigt zu werden, wenn man jemandem seine Hilfe anbot. Im November 2006 stolperte eine ältere Frau an einer Bushaltestelle in Nanjing; ein junger Mann namens Peng Yu hielt an und brachte sie ins Krankenhaus. Während sie sich dort erholte, beschuldigte sie Peng, ihren Sturz verursacht zu haben; schließlich entschied ein örtlicher Richter zu ihren Gunsten. Peng musste über siebentausend Dollar Schmerzensgeld zahlen – wobei das Urteil nicht aufgrund von Beweisen, sondern aufgrund »logischen Denkens« gefällt wurde: Es hieß, Peng hätte der alten Dame erst gar nicht geholfen, hätte er sich nicht schuldig gefühlt.

Das Urteil war bald ein Riesenthema, und je mehr ich mich für das Schicksal der kleinen Yueyue interessierte, desto mehr fiel mir auf, dass so gut wie jeder, den ich darauf ansprach, vom »Fall Peng Yu« gehört hatte. Oft berichteten die Leute von ähnlichen Ereignissen, ohne dass ich sie überhaupt danach gefragt hätte, zum Beispiel von einem hilfsbereiten jungen Mittelschichtler aus der Stadt, der von einem Gauner mit stechenden Augen übers Ohr gehauen worden war. Die Moral von der Geschicht blieb dabei stets dieselbe: Das wenige, was man in seinem Leben erreicht hatte, konnte sich im Bruchteil einer Sekunde in Luft auflösen. Nachdem ein junger Mann namens Chen zu Unrecht beschuldigt worden war, einen Fahrradfahrer verletzt zu haben, erklärte er Reportern: »Ich weiß wirklich nicht, ob ich in einer ähnlichen Situation noch einmal meine Hilfe anbieten werde.«

Obwohl die Wahrscheinlichkeit, als Wohltäter zum Opfer zu werden, in Wahrheit eher gering war, nahm das Risiko in der öffentlichen Wahrnehmung enorme Dimensionen an, weil es einerseits zeitgenössische Ängste widerspiegelte und andererseits den Eindruck zu bekräftigen schien, dass der Wettlauf um die vorderen Plätze die Moral der Chinesen untergraben hatte. Und je weniger Gedanken sich die Menschen um ihre Mitbürger machten, desto weniger waren sie im Fall der Fälle bereit, jemandem zu helfen, wenn es darauf ankam – ein endloser Teufelskreis. Der Ethnologe Zhou Runan, der die Eisenwarenstadt erforschte, erklärte mir, dass sich niemand mehr vor Betrug fürchtete als Arbeitsmigranten, die sich weit weg von zuhause befanden. »In Amerika bildet das Individuum die Grundlage der Zivilgesellschaft; in China jedoch bricht das früher einmal so wichtige Kollektiv immer mehr in sich zusammen, und noch gibt es nichts, was es ersetzen könnte [...]. Wenn man an einen neuen Ort zieht, kümmert man sich um das eigene Leben, in dessen Zentrum die Familie steht – die Ehefrau, der Ehemann, das Kind. Alle anderen im Umfeld verlieren an Wichtigkeit«, erläuterte er. »Man setzt Prioritäten.«

Die Presse beeilte sich, eine Theorie zu bekräftigen, laut der solche Fälle ein typisches Phänomen des entfremdeten Großstadtlebens seien: »Herzlose Passanten sind nicht bloß in China ein Problem«, hieß es in der *Global Times*, während die *People's Daily* betonte, Vorkommnisse wie dieses seien »im Zuge der wachsenden Verstädterung des ländlichen Raumes unvermeidlich«. Je länger ich mich jedoch mit der Geschichte der kleinen Yueyue und ähnlichen Fällen beschäftigte, desto unbefriedigender fand ich diese Erklärungen.

Die Chinesen waren nicht die Ersten, die den Verdacht hegten, die Urbanisierung zerstöre ihre moralische Gesundheit. 1964 erschütterte der Mord an der achtundzwanzigjährigen Kitty Genovese in New York ganz Amerika. Die *New York Times* schrieb damals: »Mehr als eine halbe Stunde lang beobachteten achtunddreißig ehrbare, gesetzestreue Bürger in Queens, wie ein Mörder eine Frau verfolgte und niederstach.« Niemand kam dem Opfer zu Hilfe oder alarmierte wenigstens die Polizei. Die Amerikaner waren so empfänglich für diese Geschichte, weil sie die Befürchtung zu bestätigen schien, dass die

USA im Begriff standen, sich in eine gleichgültige urbane Gesellschaft zu verwandeln. Das nach diesem Vorfall benannte »Genovese-Syndrom« wurde bald zu einer Standarderklärung der Sozialpsychologie.

Allerdings hatte das Ganze sich nicht genau so abgespielt, wie in den Pressemeldungen kolportiert. Jahre später holten Wissenschaftler die Zeugenaussagen und die Gerichtsprotokolle erneut hervor und fanden heraus, dass in Wirklichkeit gerade einmal drei oder vier der Menschen, die Kitty Genoveses Schreie gehört hatten, tatsächlich den Ernst der Lage erkennen konnten, und mindestens einer davon rief höchstwahrscheinlich auch die Polizei. Die erreichte den Tatort allerdings zu spät. (Von den achtunddreißig passiven Zuschauern hatte die Presse vermutlich nicht zufällig ausgerechnet vom New Yorker Polizeichef erfahren.) Im Fall der kleinen Yueyue gab es neben Teilnahmslosigkeit noch weitere Erklärungen für die fehlende Hilfsbereitschaft der Passanten. Der Ethnologe Yan Yunxiang untersuchte sechsundzwanzig Fälle, in denen »gute Samariter« in China Opfer von Falschbeschuldigungen wurden, und fand dabei heraus, dass Polizei und Gerichte von der Schuld der Helfer ausgingen, bis ihre Unschuld bewiesen war. In keinem der Fälle musste derjenige, der die Vorwürfe vorbrachte, Zeugen oder andere Beweise beibringen; außerdem wurden die Denunzianten selbst dann nicht bestraft, wenn sich herausstellte, dass sie die Helfer zu Unrecht beschuldigt hatten.

Die Zeit des Wirtschaftsaufschwungs bot den Leuten jedenfalls viele Anlässe, die Justiz eher zu fürchten als ihr zu vertrauen. Wer in einer Phase heranwuchs, in der Jobs bei den Strafverfolgungsbehörden oft an die Höchstbietenden gingen und sich Richter regelmäßig bestechen ließen, musste einfach auf der Hut sein. Als der Chinaexperte Wang Zhengxu 2008 eine Umfrage durchführte, fand er heraus, dass »die Bürger nach den Reformen sehr viel weniger Vertrauen für den Staat und die Partei hegten als davor«. Die Polizei war vor allem darauf aus, Menschen ins Gefängnis zu bringen, was eine Reihe von Fällen belegte, bei denen man allzu überstürzt vorgegangen war. Ein Mann namens She Xianglin verbrachte elf Jahre in Haft, weil er seine Ehefrau ermordet haben sollte, mit der er zerstritten war – bis sie eines Tages wieder auftauchte, um ihre Familie zu besuchen. Wie sich herausstellte, war sie in eine andere Provinz gezogen und hatte dort erneut geheiratet. Der Angeklagte, den man zehn Tage und Nächte gefoltert hatte, um ein falsches Geständnis zu erzwingen, wurde 2005 entlassen. In der Zeitschrift *Science* erschien im Jahr 2013 eine Studie über die Einstellungen der Chinesen, die zu dem Ergebnis kam, dass junge Menschen »misstrauischer, weniger zuverlässig, risikoscheuer, weniger ehrgeizig, pessimistischer und weniger gewissenhaft« waren.

So gut wie alle Passanten, die an Yueyue vorbeigegangen waren, bestanden darauf, dass sie nichts gesehen hatten – bis auf eine: die Mutter, die gemeinsam mit ihrer Tochter vorbeigekommen war. Ihr Name war Lin Qingfei, und als sie von Reportern ausfindig gemacht wurde, scheute sie sich nicht zu erklären, was sie in diesem Augenblick gedacht hatte: »Sie weinte sehr leise vor sich hin [...]. Ein junger Mann stand vor dem Laden, und ich fragte ihn, ob das sein Kind sei. Er machte eine abwehrende Handbewegung und sagte dabei kein Wort. Meine Tochter rief: ›Das kleine Mädchen ist ja voller Blut!‹ Ich hatte schreckliche Angst, also zog ich mein Kind weg.« Als Lin ihren eigenen Laden erreichte, erzählte sie ihrem Mann, was sie gesehen hatte, aber der steckte bis über beide Ohren in Arbeit. »Niemand sonst hat sich getraut, sie anzurühren«, erklärte Lin. »Warum also hätte ich das tun sollen?«

Im Krankenhaus fragten sich die Eltern der kleinen Yueyue, ob ihre Tochter vielleicht eine bessere Behandlung erhalten könne, wenn sie nur eine Möglichkeit fänden, sie in einem der Elitekrankenhäuser des Landes unterzubringen, die für die normale Bevölkerung meistens nicht zugänglich waren. Sie gingen ihre Bekannten auf dem Markt durch und setzten sich dann mit einem anderen Einwanderer aus Shandong in Verbindung, der wiederum den Kontakt zu einem weiteren Migranten herstellte, der einen Laden namens »Schleifmittelkönig« besaß, in dem er Ersatzteile für Elektroschleifer verkaufte. Früher war er bei der Armee gewesen, also machte er einen Anruf und schaffte es, ein Bett auf der Intensivstation eines Militärkrankenhauses in Guangzhou zu organisieren. Er hatte das Video gesehen. »Ich habe eine Menge der Leute erkannt, die einfach vorbeigingen«, erklärte er später. Als er einen davon auf sein Verhalten ansprach, entgegnete dieser: »Das ist ja noch nicht einmal Ihr Kind! Warum kümmern Sie sich um Dinge, die Sie nichts angehen?«

Am 15. Oktober, zwei Tage nach dem Unglück, lag Yueyue, an Schläuche und Maschinen angeschlossen, in einem großen Krankenzimmer mit blass türkisfarbenen Wänden. Bei einer Notoperation hatte man ihren Schädel geöffnet, doch ihr Zustand war weiterhin kritisch. Ihre Eltern begannen, sich auf die Suche nach der Person zu machen, die für den Zustand ihrer Tochter verantwortlich war. Sie gingen von Tür zu Tür und fragten: »Kennen Sie den Fahrer des Kleinlasters, der in diesem Video zu sehen ist?« Sie hängten Zettel in der Eisenwarenstadt auf und boten fünfzigtausend Yuan – mehr als achttausend Dollar – für Hinweise auf die Identität des Fahrers. Wang stellte unter dem Usernamen »Nu'er Hui Haode« eine Anzeige ins Internet, was so viel bedeutet wie »Meine Tochter wird wieder gesund«.

Im Haus von Hu Jun, dem Fahrer des Kleinlasters, machte sich indes eine düstere Erkenntnis breit. Der Schwager des Mannes war der Erste, der die Aufnahme zu Gesicht bekam. »In diesem Augenblick dachte Hu Jun an jenen Tag zurück und realisierte: ›Ich glaube, ich habe vor zwei Tagen jemanden überfahren‹«, erklärte mir sein Anwalt, Li Wangdong. Hu Jun schaute sich das Video an. »Es lief ihm eiskalt über den Rücken«, so Li.

Der Fahrer stellte sich der Polizei. »Es regnete, und die Tropfen fielen so laut auf mein Autodach, dass ich das Kind nicht schreien hörte. Ich schaute in den rechten Außenspiegel, konnte aber nichts erkennen, also fuhr ich weiter«, gab er laut der *Yangcheng Evening News* bei den Beamten zu Protokoll. »Hätte ich den Unfall bemerkt, wäre ich niemals weitergefahren.« In den Stunden danach habe er sich überhaupt nicht wie jemand verhalten, der sich schuldig fühlte, erzählte mir sein Anwalt. »Er hat sein Auto nicht gewaschen und auch nicht mit einem Lappen abgewischt. Als er zu Hause ankam, war er kein bisschen nervös oder panisch. In Gesprächen mit anderen Ladenbesitzern verhielt er sich ebenfalls ganz normal.«

Nach der Festnahme drängten Reporter den Vater des Mädchens, Wang Chichang, zu einer Stellungnahme. »Ich weiß wirklich nicht, wie ich darauf reagieren soll. Mit Hass? Mit Wut? Wozu? Von Hass wird meine Tochter auch nicht wieder gesund.« Tage vergingen. Yueyue lag immer noch auf der Intensivstation, wo sie ihre Eltern nur durch eine Glasscheibe hindurch sehen durften. Sie wurde nicht wieder gesund. Kurz nach Mitternacht am Morgen des 21. Oktober starb sie an multiplem Organversagen.

Einige Monate nachdem die Fernsehkameras aus der Eisenwarenstadt verschwunden waren, befand ich mich gerade in Foshan und entschied, den Unfallort zu besuchen. Alles sah aus wie damals im Fernsehen: die großen Warenberge am Straßenrand, das Zwielicht. Ich spazierte in das nächstgelegene Geschäft, das »Kluge Werkzeuge« hieß und in dem ich von einem Mann hinter einer unordentlichen Ladentheke begrüßt wurde. Sein Name war Chen Dongyang. Er war Ende fünfzig, trug die Haare im Stile Maos nach hinten gekämmt und hatte eine Lesebrille auf der Nase. Er schien zu wissen, warum ich dort war, also bat er mich, Platz zu nehmen. Bevor ich irgendeine Frage stellen konnte, erklärte er, seine Tochter habe an diesem Tag gearbeitet und »rein gar nichts gehört«.

Chen und ich unterhielten uns eine ganze Weile. Für ihn bedeutete ein Gespräch über Yueyue ein Gespräch über Vertrauen. »Früher wusste man, dass die Dinge, die man zu sehen bekam, stimmten, denn wer hatte damals schon die Zeit oder das Geld, etwas zu fälschen?«, erklärte er. Dann fügte er hinzu: »Heutzutage kann man noch nicht einmal mehr sagen, ob die Flosse eines Fisches wirklich echt ist. Wer früher nicht genug zu essen hatte, dem gaben die anderen etwas ab. So war das damals. Aber nach den Reformen und nach der Liberalisierung hat sich einfach alles verändert. Wenn ich etwas zu essen habe und Sie etwas zu essen haben, werde ich eher versuchen, mir auch noch Ihre Mahlzeit unter den Nagel zu reißen, damit Sie mit leeren Händen dastehen.« »All diese schlechten Eigenschaften haben wir von Ländern wie Ihrem gelernt«, meinte er lächelnd. »Gleichzeitig haben wir unsere guten alten Traditionen vernachlässigt. Schauen Sie mich an: Ich habe noch nicht einmal daran gedacht, Ihnen eine Tasse Tee anzubieten!« Er sprang auf und durchsuchte seinen Laden nach Tee, gab dann jedoch auf und setzte sich wieder hin. Ich fragte ihn, ob er es mit der Nostalgie für die »guten alten Zeiten« nicht etwas übertreibe.

»Heutzutage hat jeder ein wenig Bargeld in der Tasche, obwohl das nicht gerade sicher ist. Man braucht aber ein Gefühl der Sicherheit, um sich wohl zu fühlen.« Ich fragte Chen, wie er reagiert hätte, wenn er das kleine Mädchen auf der Straße entdeckt hätte. Einen Augenblick lang sagte er nichts.

»Vor den Reformen und der Öffnung wäre ich hinaus auf die Straße gelaufen und hätte mein Leben aufs Spiel gesetzt, um sie zu retten«, sagte er. »Aber heute? Ich hätte vermutlich gezögert. So mutig wäre ich nicht. Das versuche ich ja zu sagen: Es liegt an der Welt, in der wir heute leben.« Chen hatte eine Enkelin, also wollte ich von ihm wissen, was für eine Art Mensch seiner Ansicht nach eines Tages aus ihr werden solle.

»Das kommt auf die Gesellschaft an«, entgegnete er. »Wenn gute Menschen an der Macht sind, wird aus ihr auch etwas Gutes werden. Wenn es schlechte Menschen sind – tja, dann hat man gar keine andere Wahl, als ebenso schlecht zu sein.«

Am selben Tag aß ich mit Chen Xianmei zu Abend, der alten Frau, die Yueyue von der Straße gezerrt hatte. Sie war vielleicht die kleinste Erwachsene, die mir je begegnet war: Sie maß kaum mehr als 1,40 Meter, was die Familie auf ihre Kindheit in Guangdong zurückführte, wo es nicht immer genug Nahrung für alle gegeben hatte. Sie sprach bloß den dortigen Dialekt, den andere nur mit Mühe verstanden. Ihr Sohn und seine Frau fungierten als ihre Übersetzer und als ihre Verbindung zur Außenwelt. Morgens kochte sie für die Arbeiter in der Eisenwarenstadt, und am Nachmittag machte sie sich auf die Suche nach herumliegenden Schrauben und Metallschrott. »Jedes winzige bisschen kann weiterverkauft werden«, erklärte sie. Am Tag des Unfalls habe ihre Familie sie dringend gebeten, wegen des Regens zu

Hause zu bleiben. Ein Regentag sei jedoch eine Goldgrube, erklärte sie, weil andere Müllsammler an solchen Tagen nicht vor die Tür gingen.

Als die Leute erfuhren, wie die alte Dame Yueyue geholfen hatte, wurde sie zu einer kleinen Berühmtheit. Zeitungsfotografen kamen vorbei und stellten sie auf ein Feld, um sie bei der Ernte abzulichten und ihre bescheidenen Wurzeln zu betonen – ganz gleich, wie oft sie ihnen auch zu erklären versuchte, dass noch gar nicht Erntezeit war. Sie erhielt sechs Einladungen nach Peking, um an Veranstaltungen teilzunehmen, bei denen »gute Taten« öffentlich gefeiert wurden, doch die Erfahrungen in der Hauptstadt führten letztlich nur dazu, dass sie sich unwohl fühlte. »Ich verstehe die Leute nicht, und die Leute verstehen mich nicht.«

Lokale Beamte und Unternehmer brannten darauf, sich mit ihr fotografieren zu lassen; außerdem erhielt sie eine Belohnung von umgerechnet etwa dreißigtausend Dollar. Als sie jedoch immer bekannter wurde, entwickelten sich die Dinge in eine unschöne Richtung. Die Leute in ihrem Heimatort wurden auf ihre Berühmtheit aufmerksam und dachten daher, Chen besäße sehr viel mehr Geld als in Wirklichkeit der Fall. Deshalb baten sie die alte Frau immer öfter um Kredite. Sie konnte sagen, was sie wollte, die Leute blieben bei ihrer Meinung. Sie forderten sie sogar auf, die ins Dorf führende Straße befestigen zu lassen.

Chen Xianmei erklärte mir, sie sei sehr dankbar für die finanzielle Belohnung, allerdings wäre es ihr lieber gewesen, wenn die Provinzregierung ihrem Enkel einfach den Besuch der öffentlichen Schule erlaubt hätte. Er besaß nämlich nur eine *hukou* für die ländliche Gegend, weshalb er den städtischen Kindergarten nicht besuchen durfte. Aus diesem Grund müssten seine Eltern siebenhundert Yuan monatlich für eine Privateinrichtung ausgeben. Ihre Belohnung werde aber nicht ewig reichen, so Chen.

Die seltsamen Folgen ihrer guten Tat wirkten sich irgendwann auch auf das Leben ihres Sohnes aus. Ganz gleich, wie oft er seinen Kollegen bei der Arbeit sagte, dass er nicht reich sei, dachten sie doch, dass seine Mutter ein riesiges Vermögen vor ihnen verbarg. Schließlich wurde der Druck so groß, dass er kündigte. Die beste neue Stelle, die er finden konnte, war sehr anstrengend, denn von nun an fuhr er dreizehn Stunden am Tag einen jener berüchtigten Brotlaibe durch die Gegend.

Im ganzen Land spendeten die Menschen Geld für die Eltern der kleinen Yueyue. Eine Schulklasse schickte ihnen eine Keksdose voller Banknoten. Eine gutmeinende Zeitung in der Heimatprovinz des Vaters ermutigte ihre Leser, sich persönlich bei ihm zu melden, obwohl ihn die Aktion letztlich vollkommen überforderte. In nur fünf Minuten zählte er einundfünfzig verpasste Anrufe auf seinem Handy.

Zur selben Zeit machte im Internet die verrückte Theorie die Runde, bei der ganzen Sache handele es sich um einen Bluff. Das Videomaterial, das Mädchen, die Ärzte – in den Augen mancher Leute nichts als Schwindel. Hannah Arendt hatte solche Phänomene in einem anderen Kontext einmal auf »jene[n] Zynismus« zurückgeführt, »der sich weigert, irgendetwas als wahr anzuerkennen« und der sich besonders in Gesellschaften ausbreitete, »[w]o Tatsachen konsequent durch Totalfiktionen ersetzt werden«. Der Vater bemühte sich, diese Gerüchte zu zerstreuen, indem er lokale Journalisten dazu einlud, ihn beim Zählen des Geldes und beim Einzahlen der Summe auf sein Konto zu begleiten. Insgesamt waren es vierundvierzigtausend Dollar, die er zur Bank brachte. Aber die Anspielungen auf einen angeblichen Betrug hörten nicht auf. Ende Oktober war Wang schließlich so verzweifelt, dass er das Geld möglichst schnell loszuwerden versuchte. Er spendete es an zwei bedürftige Krankenhauspatienten; dann zog er sich mit seiner Frau aus der Öffentlichkeit zurück. Er verabscheute es mittlerweile, aus dem Haus zu gehen. Nachts träumten die Eltern immer wieder von ihrer Tochter: Der Vater träumte, dass er das Mädchen in seine Arme schloss und es auf seine Schultern hob; die Mutter sah Yueyue im Traum lachend in einem gelben Kleid vor sich. Schließlich verließ die Familie die Eisenwarenstadt.

Das Gericht entschied letztlich, Hu Jun habe keine vorsätzliche Fahrerflucht begangen. Die Polizei hatte den Tathergang nachgestellt und sogar den Regen simuliert, indem sie das Dach des Marktes mithilfe eines Feuerwehrschlauchs bespritzte. In Bezug auf den Vorwurf der fahrlässigen Tötung plädierte Hu auf nicht schuldig. Er entschuldigte sich bei der Familie, und sein Anwalt bat um Nachsicht. Er legte sogar Schnappschüsse von Hu Jun vor, der seine eigene, zehn Monate alte Tochter im Arm hielt. Als ich die genauer betrachtete, fiel mir auf, dass sein Kind anstelle der in China traditionell üblichen, am Hintern aufklappbaren Hosen Windeln trug – vielleicht das deutlichste Zeichen dafür, dass die Familie allmählich in die Mittelschicht aufstieg. Als die Aufnahmen der Überwachungskameras im Gerichtssaal gezeigt wurden, wendete Hu Jun seinen Blick ab. Er wurde zu zwei Jahren und sechs Monaten Haft verurteilt.

Einige Wochen nach Yueyues Tod brachte Shenzhen als erste chinesische Stadt einen Gesetzesentwurf zum Schutze der guten Samariter auf den Weg. Die Beweislast lag nun bei denen, die die Vorwürfe erhoben; außerdem präsentierte man einen Strafkatalog für falsche Beschuldigungen, der von einer öffentlichen Entschuldigung bis hin zu einem Gefängnisaufenthalt reichte. Zwar ging das Gesetz nicht so weit, Passanten für unterlassene Hilfeleistung zu belangen – wie es in Frankreich, Japan und anderen Ländern der Fall ist –, dennoch handelte es sich um die bislang umfassendste Gesetzesänderung in China. Mit der Zeit empfand ich immer mehr Mitleid für die Männer und Frauen in der Eisenwarenstadt – und ich muss zugeben, dass dieses auch jene Passanten einschloss, die einfach weggeschaut hatten. Ohne es zu wollen, waren sie Figuren in einer Parabel geworden, die ihren Lebensumständen überhaupt nicht gerecht wurde. Die chinesische Öffentlichkeit hatte den Tod des Mädchens auf ähnliche Weise aufgenommen wie die amerikanische in den sechziger Jahren die Geschichte von Kitty Genovese, und das, obwohl mehr dahintersteckte, als auf den ersten Blick zu erkennen war.

Der deutlichste Gegenbeweis für die Theorie, dass sich die Chinesen nicht mehr füreinander interessierten, war die Tatsache, dass sie es *eben doch* taten: Für jedes Video, in denen sich die Leute gegenseitig ignorierten, gab es zig andere, in denen Menschen für andere ihr Leben riskierten. Als im Dezember 2012 ein geistig verwirrter Mann mit einem Messer in einer Grundschule in Henan auftauchte und zweiundzwanzig Kinder verletzte, zeigten die Überwachungskameras, wie ein nur mit einem Besen bewaffneter Mann hinter ihm herstürmte. Trotz der atomisierenden Wirkung des Marktzeitalters ging die Solidarität nicht zurück – im Gegenteil: Sie nahm sogar zu. Private Wohltätigkeitsvereine, die von der Partei entweder geschlossen oder übernommen worden waren, erschienen wieder auf der Bildfläche. Die Zahl der Blutspenden wuchs derart, dass die alten Bluthändler, die früher von Tür zu Tür gegangen waren und die Bauern Kopfstände hatten machen lassen, nahezu ausstarben. Nach dem Erdbeben in Sichuan machte sich mehr als eine viertel Million meist freiwilliger junger Helfer auf den Weg ins Krisengebiet, wobei der Großteil von ihnen für die Anreise selbst aufkam. Der Ethnologe Zhou Runan erklärte mir: »Junge Leute lernen, vollständige Individuen zu werden und keine egoistischen, isolierten Einzelgänger. Die Jugend ist unsere Hoffnung.«

Die Anstrengungen der Partei, die Tugend im Land zu fördern, kamen den meisten Menschen phrasenhafter vor denn je. Während ich mich mit den Menschen über den Fall der kleinen Yueyue unterhielt, berichtete das Staatsfernsehen über den sechzigsten Jahrestag der Entdeckung des Soldaten Lei Feng durch den Vorsitzenden Mao, der ihn danach zu einem Symbol für sozialistische Hingabe gemacht hatte. Lei Feng war an allen Bushaltestellen und auf allen Parteiplakaten zu sehen. Die Partei hatte drei Filme über ihn in Auftrag gegeben, doch die zu diesem Zweck ins Leben gerufene Propagandakampagne endete in einer Katastrophe. Niemand wollte die Filme sehen, und die *Global Times* berichtete über ein Kino, in dem einer der Streifen in einem leeren Saal vorgeführt wurde – »für den Fall, dass doch noch jemand auftaucht«. Im Internet machten sich die Leute über Lei Feng lustig und stellten Berechnungen an, nach denen Lei neun Stunden lang alle elf Schritte etwas Mist gefunden haben musste, um die Masse an Dung zu sammeln, die er angeblich geschafft hatte. In einem anderen Onlinekommentar hieß es, Lei Fang sei vermutlich korrupt gewesen und habe mehr Geld für seine Kleidung ausgegeben, als sein Salär erlaubte. Die beiden Männer, die diese Geschichte in Umlauf gebracht hatten, wurden schließlich verhaftet. In einer polizeilichen Stellungnahme hieß es: »Einige Internetnutzer haben das glorreiche Bild Lei Fengs in den Dreck gezogen. Viele andere Nutzer meldeten das daraufhin den Behörden und verlangten eine genaue Untersuchung darüber, wer hinter den diffamierenden Gerüchten über Lei Feng steckte.«

Hin und wieder dachte ich, wie anders die Dinge in China doch hätten sein können, wenn es auf Seiten der Staatsführung glaubhafte Anzeichen dafür gegeben hätte, dass sie ihre Institutionen ehrlicher, tugendhafter und vertrauenswürdiger machen wollten, anstatt ständig die Fahne für Lei Feng und eine harmonische Gesellschaft zu schwenken. Die moralische Haltung eines Staates kommt, jedenfalls in den Augen von Konfuzius, darin zum Ausdruck, was ein Staat tut – oder eben nicht. »Das Wesen des Herrschers ist der Wind, das Wesen der Geringen ist das Gras. Das Gras, wenn der Wind darüber hinfährt, muss sich beugen.« Weil der Staat seine Macht missbrauchte und die Öffentlichkeit täuschte, fand die Partei keine überzeugende Antwort auf die Frage, was die chinesische Identität in der heutigen Welt ausmachte. Die Autorität der Partei hatte auf Wohlstand, Stabilität und einem ganzen Pantheon nunmehr bedeutungsloser Helden basiert. Dadurch hatte sie sich im Kampf um die Seelen der Chinesen gleichsam selbst entwaffnet, und nun begann die Bevölkerung, auf der Suche nach eigenen Helden auf dem Markt der Ideen umherzuwandern.

21. Seelenhandwerk

Irgendwann im Lauf der Zeit verlor ich einen meiner Freunde aus den Augen. Sein Name war Lin Gu; er war ein gut vernetzter Journalist und nach eigener Aussage ein überaus geselliger Mensch, der stolz darauf war, den Herd in seiner Wohnung nicht ein einziges Mal benutzt zu haben. Als ich mich bei Bekannten nach ihm erkundigte, erklärte mir einer, er sei in die Berge gegangen, um Mönch zu werden. Das war nichts Ungewöhnliches, denn nicht umsonst war die buddhistische Gemeinde in China mittlerweile die größte der Welt. Als Lin zwischendurch nach Peking zurückkehrte, verabredeten wir uns zum Abendessen. Wir trafen uns an der U-Bahn-Station. Er trug ein Gewand aus fließender brauner Baumwolle, sein Kopf war rasiert. Er lebte mit etwa zwei Dutzend anderen Mönchen in einer abgelegenen Gegend, etwa zwei Stunden von der nächsten Stadt entfernt. »Ein ziemliches Klischee, nicht wahr?«, fragte er lachend. »Der chinesische Mönch aus der Mittelschicht?«

Als Lin noch Journalist gewesen war, hatte er sich an seine »Goldene Regel« gehalten: Begegne allem mit Skepsis. Er war achtunddreißig Jahre alt und in den fetten Jahren nach der Kulturrevolution groß geworden, als die Politik kaum jemanden sonderlich interessierte. Seine Mutter hatte sich früher hingebungsvoll in der Partei engagiert, aber solche Bedingungslosigkeit schreckte Lin ab. Entsprechend hielt er zunächst nur wenig vom Buddhismus: »Alte Großväterchen und Großmütterchen knien nieder und verbrennen Räucherstäbchen«, sagte er. Im Winter 2009 buchte er für seine Mutter und sich einen teuren Urlaub in Thailand. Vor dem Abflug ging er in eine Chengduer Buchhandlung und stolperte dort über die Memoiren eines Mönchs. Er war auf die Wirkung, die das Buch auf ihn haben sollte, kein bisschen vorbereitet. »Buddha wurde zu meiner größten Inspiration. Er forderte mich auf, mutig über die Welt nachzudenken, in der wir leben«, erklärte Lin. »Buddha kritisierte jede gesellschaftliche Norm, beispielsweise das indische Kastensystem.« Er fügte hinzu: »Vom ersten Tag an war er bereit, sein eigenes Gedankengebäude immer wieder zu hinterfragen.«

Lin verbrachte den gesamten Thailand-Aufenthalt im Hotelzimmer und las. »Ich bin noch nicht einmal zum Pool gegangen«, erzählte er. Nach seiner Rückkehr begann er, regelmäßig ein buddhistisches Kloster in der Nähe seiner Pekinger Wohnung zu besuchen. Der Augenblick der Erkenntnis sei gekommen, als ihm bewusst wurde, »dass die Welt reine Fantasie ist«, wie er es ausdrückte. Es sei ihm unmöglich erschienen, weiter als Journalist zu arbeiten. Er fragte sich: »Warum sollte unser Wohlergehen so sehr von Geld, Ruhm und gesellschaftlichem Status abhängen?« Weiterhin sagte er: »Als chinesischer Journalist musst du in diesem Land ständig in Fesseln tanzen. Du musst versuchen, dich an dem entlangzuhangeln, was dir zur Verfügung steht. Du musst Spielchen spielen mit dem Staat und den Propagandabeamten und die Themen deiner Artikel entsprechend anpassen [...]. Wir vergeuden eine Menge Zeit und Energie bei dem Versuch, den Hindernissen auszuweichen, die uns die Propagandamaschinerie in den Weg legt. Dann steht die Abgabe an und du bist vollkommen erschöpft. Beruflich gesehen, bist du mit dem Inhalt deines Artikel nicht wirklich zufrieden, weshalb du die Kollegen im Westen zu beneiden beginnst, die sich nur auf das Schreiben konzentrieren können.« Der Buddhismus beantworte ihm Fragen, die der Journalismus nie zu lösen vermocht habe. »Ich habe sehr lange nach der Wahrheit gesucht«, erklärte er.

Wer zu Beginn des 21. Jahrhunderts in China lebte, wurde Zeuge eines spirituellen Revivals, das sich mit der als »Great Awakening« bekannten protestantischen Erweckungsbewegung vergleichen lässt, die im 19. Jahrhundert die USA erfasste. Das Zerrbild des Chinesen, der moralische Fragen bereitwillig hintanstellte, bis er ein Haus und ein Auto besaß, schien mit der Realität immer weniger zu tun zu haben. Denn je besser die Menschen ihre Grundbedürfnisse befriedigen und die Wahrheit erkennen konnten, desto mehr begannen sie, das alte System zu hinterfragen. Auf der Suche nach neuem Sinn im Leben griffen sie nicht nur auf die Religion, sondern auch auf die Philosophie, die Psychologie und die Literatur zurück, um sich in einer Welt zu orientieren, die von ideologischer Inkohärenz und großen Ambitionen geprägt war. Welche Pflichten hat der Mensch gegenüber einem Fremden in einer hyperaktiven, marktorientierten Gesellschaft? Wie groß ist die Verantwortung des Einzelnen gegenüber der Wahrheit, wenn allein schon die Äußerung derselben gefährlich sein kann? Sollte ein autoritär geführter Staat von innen heraus verändert oder von außen bekämpft werden, selbst wenn sich dies letztlich als vergeblich herausstellen würde?

Die Suche nach Antworten rüttelte die Menschen wach und elektrisierte sie mit einer Macht, wie es einst das Streben nach Wohlstand getan hatte. An einem Abend im Dezember 2012 befand ich mich auf dem Campus der Universität von Xiamen, einer ganz im Süden Chinas gelegenen Küstenstadt. Draußen vor dem Auditorium versammelte sich gerade eine große Menge Studenten – viel mehr, als überhaupt in das Gebäude passten. Ich stand drinnen hinter der Tür und beobachtete, wie sich auf der anderen Seite des Glases ein immer größer werdendes junges Publikum mit vor Aufregung fleckigen Gesichtern einfand. Nervöse Sicherheitskräfte riefen die Menge auf, Ruhe zu bewahren. Der Universitätspräsident hatte die Organisatoren der heutigen Veranstaltung im Vorfeld angerufen und gewarnt, bloß nicht die Kontrolle zu verlieren. Grund für die Vorfreude war ein introvertierter Amerikaner aus Minnesota namens Michael J. Sandel – ein Mann, der laut der *China Daily* so berühmt war wie sonst »nur Hollywood-Stars und NBA-Spieler«. Sandel war Professor für politische Philosophie an der Harvard University, wo er ein äußerst beliebtes Seminar zum Thema Gerechtigkeit hielt, in dem die Studenten die Säulen des westlichen Denkens kennenlernten: Aristoteles, Immanuel Kant, John Rawls und andere.

Deren moralphilosophische Theorien veranschaulicht er an direkt aus dem Leben gegriffenen Dilemmata: Sind Fälle denkbar, in denen Folter gerechtfertigt ist? Würden Sie ein Medikament stehlen, wenn Ihr Kind nur damit überleben kann? Die Vorlesung wurde auf PBS ausgestrahlt und war im Internet abrufbar. Als die Mitschnitte auch in China zu zirkulieren begannen, erstellten einige chinesische Freiwillige chinesische Untertitel. Nach gerade einmal zwei Jahren hatte Sandel in China eine fast schon absurde Popularität erlangt. Die untertitelten Folgen seiner Vorlesungsreihe zur westlichen politischen Philosophie wurden mehr als zwanzig Millionen Mal angeklickt. Die Zeitschrift *China Newsweek* erklärte ihn zum »einflussreichsten Ausländer« des Jahres 2010.

Sandel war Ende fünfzig, ein akribischer Intellektueller mit schütterem grauen Haar und hellblauen Augen, der die Welt stets mit einem leicht skeptischen Blick betrachtete. Eigentlich war er eher an das ruhige Leben gewöhnt, das er gemeinsam mit seiner Frau und seinen zwei Kindern in Brookline, Massachusetts, führte; allerdings wusste er mittlerweile, mit welch enthusiastischen Reaktionen er im Ausland – vor allem in Ostasien – zu rechnen hatte. In Seoul hatte er in einem Stadion vor vierzehntausend Menschen einen Vortrag gehalten; in Tokio wurden Tickets für seine Veranstaltungen auf dem Schwarzmarkt für fünfhundert Dollar gehandelt. In China hatte die Hingabe jedoch quasireligiöse Züge angenommen; jedes Mal, wenn er das Land bereiste, tauchte er in ein Paralleluniversum ein, in dem er ein echter Star war. Einmal wurde er am Shanghaier Flughafen von einem Beamten der Passkontrolle angehalten, weil der ihm sagen wollte, was für ein großer Fan er war.

Vor dem Auditorium der Xiamen-Universität versammelten sich immer mehr Menschen, so dass die Veranstalter schließlich entschieden, die Türen zu öffnen, um ein Chaos zu verhindern. Also ignorierte man die Feuerschutzbestimmungen, und die jungen Frauen und Männer strömten in den Saal, bis auch noch der letzte Zentimeter besetzt war. Sandel betrat die Bühne. Hinter ihm stand auf einem riesigen Banner der chinesische Titel seines neuesten Buches: *Was man für Geld nicht kaufen kann*. Darin beschäftigte er sich mit der Frage, ob in modernen Gesellschaften nicht zu viele Dinge in »Instrumente[n] zur Gewinnerzielung« verwandelt würden, wie er es nannte. In einem Land, in dem scheinbar alles einen Preis hatte – ob eine Einberufung ins Militär, eine Heirat oder ein Kindergartenplatz –, begeisterte er sein Publikum mit diesem Gedanken. »Ich habe nichts gegen den Markt als solches«, erklärte er seinen Zuschauern. »Ich versuche bloß zu verdeutlichen, dass wir uns in den vergangenen Jahrzehnten unbemerkt von einer Marktwirtschaft zu einer Marktgesellschaft entwickelt haben.«

Dann erwähnte Sandel eine Geschichte, die kürzlich Schlagzeilen gemacht hatte: Der siebzehnjährige Oberschüler Wang Shangkun, der aus einer armen Gegend in der Provinz Anhui stammte, war in einem Chatroom auf das illegale Angebot eingegangen, eine Niere zu verkaufen, was ihm dreitausendfünfhundert Dollar einbrachte. Seine Mutter entdeckte den Handel erst, als er mit einem iPad und einem iPhone nach Hause kam und kurz darauf die verbliebende Niere versagte. Der Chirurg und acht seiner Komplizen wurden festgenommen – sie hatten die Niere für den zehnfachen Preis verkauft. »In China warten 1,5 Millionen Menschen auf eine Transplantation«, erklärte Sandel, »es gibt jedoch nur zehntausend Organspenden im Jahr.« Er fragte ins Publikum, wie viele der Anwesenden dafür seien, dass Spendernieren ganz legal auf dem freien Markt gehandelt werden könnten.

Ein junger Chinese namens Peter, der ein weißes Sweatshirt und eine klobige Brille trug, hob die Hand und brachte einige libertäre Argumente vor, wonach eine Legalisierung des Organhandels den Schwarzmarkt aushebele. Andere widersprachen, und Sandel erhöhte den Einsatz. »Nehmen wir einmal an, ein chinesischer Vater hätte bereits seine erste Niere verkauft, doch ein paar Jahre später muss er für die Ausbildung eines zweiten Kindes aufkommen. Dann fragt ihn auf einmal jemand, ob er seine zweite Niere nicht auch noch zu Geld machen wolle – oder sein Herz, sollte er denn gewillt sein, sein Leben zu opfern. Was wäre falsch daran?«

Peter dachte noch einmal nach und antwortete dann: »Solange die Menschen sich frei entscheiden können und die Sache offen und transparent abläuft, sollte es reichen Leuten möglich sein, sich ein besseres oder längeres Leben zu erkaufen. Daran gibt es nichts auszusetzen.« Aufgeregtes Gemurmel machte sich breit, und direkt hinter mir rief ein Mann mittleren Alters: »Doch!« Sandel brachte den Saal zur Ruhe. »Die Frage der Märkte«, erklärte er, »dreht sich in Wirklichkeit darum, wie wir das Zusammenleben auf dieser Welt gestalten möchten. Wünschen wir uns wirklich eine Gesellschaft, in der man alles kaufen kann?«

»In der chinesischen Jugend«, erklärte mir Sandel am nächsten Tag, »ist der Glaube an die Annahmen und Überzeugungen rund um den freien Markt nach meinen Erfahrungen so deutlich ausgeprägt wie nirgends sonst auf der Welt, außer vielleicht in den Vereinigten Staaten«. Sandel interessierte sich jedoch vor allem für die Gegenstimmen – das Gemurmel, das bei dem Gedanken an den Verkauf der zweiten Niere im Publikum aufgekommen war. »Wenn man erst einmal danach sucht, stößt man auf unzählige Beispiele dafür, wie die Übertragung der Marktmechanismen auf nahezu alles und jeden an seine Grenzen stößt«, erklärte er.

Ideen aus dem Ausland hatten in China schon oft ein Fieber ausgelöst. Nach dem Ersten Weltkrieg reiste John Dewey durchs Land und vermochte Heerscharen von Anhängern hinter sich zu versammeln. Später waren es Sigmund Freud und Jürgen Habermas. Als Sandel 2007 das erste Mal China besuchte, war die Zeit abermals reif. Als man ihn an der Tsinghua-Universität in Peking vorstellte, erklärte Professor Junren Wan, dass Chinas »Herz blutet«. Sandel hatte einen Großteil seiner Karriere damit verbracht, über die »moralische Verantwortung gegenüber unseren Mitbürgern« nachzudenken, wie er es formulierte. Aufgewachsen in Hopkins, Minnesota (einem Vorort von Minneapolis), zog er mit dreizehn mit seiner Familie nach Los Angeles, wo seine Klassenkameraden lieber surften, als zur Schule zu gehen. Das vertrug sich nicht mit seiner für den Mittleren Westen typischen Zurückhaltung. »Südkalifornien hat mich insofern geprägt, als ich das ungebundene Selbst in Aktion erleben durfte.« Schon früh interessierte er sich für den Liberalismus, besuchte erst die Brandeis University, ging dann mithilfe eines Rhodes-Stipendiums nach Oxford, um schließlich eines Tages während der Winterferien den Entschluss zu fassen, gemeinsam mit einem Freund einen Aufsatz über Ökonomie zu verfassen. »Dieser Freund hatte sehr seltsame Schlafgewohnheiten«, erzählte Sandel. »Während ich gegen Mitternacht ins Bett ging, blieb er bis in die Puppen wach … Dadurch konnte ich morgens meine Philosophiebücher studieren.« Am Ende der Ferien hatte Sandel Immanuel Kant, John Rawls, Robert Nozick und Hannah Arendt gelesen, was dazu führte, dass er die Wirtschaft für die Philosophie aufgab.

In den folgenden Jahren setzte er sich für eine offenere Debatte über moralische Fragen ein. Er meinte: »Martin Luther King hat sich explizit von spirituellen und moralischen Quellen inspirieren lassen. Als Robert Kennedy 1968 für die Präsidentschaft kandidierte, bemühte auch er sich um einen Liberalismus mit moralischer und spiritueller Relevanz.« Bis 1980 hatten sich amerikanische Liberale jedoch von einer Sprache der Tugend und Moral verabschiedet, weil sich das mittlerweile zu sehr »nach der religiösen Rechten anhörte«, wie Sandel es ausdrückte. »Ich hatte immer stärker den Eindruck, dass etwas an diesem gleichsam wertneutralen Verständnis von Politik und Wirtschaft nicht stimmte. Deshalb halte ich es auch keinesfalls für einen Zufall, dass der amerikanische Liberalismus von 1968 bis 1992 mehr oder weniger daniederlag und niemanden mehr zu inspirieren vermochte.«

2010 fanden sich unter dem Namen »Everyone's Television« chinesische Freiwillige zusammen, die ausländische TV-Produktionen mit Untertiteln versahen. Als alle Sitcoms und Krimis bearbeitet waren, wandten sie sich amerikanischen Vorlesungen zu, die mittlerweile auch im Internet abrufbar waren. Sandel war schon einmal in China gewesen, um vor einer kleinen Gruppe Philosophiestudenten zu sprechen. Als er erneut das Land bereiste, nachdem seine Vorlesungen ins Netz hochgeladen und untertitelt worden waren, merkte er schnell, dass sich etwas verändert hatte. »Die Veranstalter informierten mich, dass die Studenten schon ab 13:30 Uhr Plätze für eine Vorlesung belegten, die erst abends um sieben begann«, erzählte er. »Die Säle platzten fast aus allen Nähten, und ich watete direkt in diese begeisterte Menschenmenge hinein.« Zwar waren Sandels Überlegungen schon in anderen Ländern mit Begeisterung aufgenommen worden, aber nirgends entwickelte sich das Ganze so rasant wie in China. Wir sprachen darüber und versuchten, aus dem Phänomen schlau zu werden. Dass er in Harvard lehrte, war bestimmt von Vorteil, und der nichtkommerzielle Sender PBS hatte die Vorlesungen so professionell gefilmt, dass es wirklich Spaß machte, sich die Kurse anzusehen. Für chinesische Studenten war aber auch Sandels Art zu unterrichten eine Offenbarung: Er ermutigte sie, eigene moralische Argumente zu formulieren, sich in hitzigen Diskussionen über Fragen auszutauschen, bei denen es kein Richtig oder Falsch gab, und auf eine Weise kreativ und eigenständig über komplexe, mehrdeutige Sachverhalte nachzudenken, die in chinesischen Klassenzimmern so gut wie unbekannt war.

Sandel hatte allerdings das Gefühl, dass es hier nicht nur um seinen Stil und die Art der Präsentation ging, sondern dass es tiefere Gründe gab für das immense Interesse der Chinesen an der Moralphilosophie. »Das passiert vor allem in Gesellschaften, in denen es bislang – aus welchen Gründen auch immer – keine ernsthafte öffentliche Diskussion über die großen Fragen der Ethik gegeben hat«, erklärte er. Besonders die jungen Leute »fühlen eine gewisse Leere hinsichtlich des öffentlichen Diskurses und sehnen sich nach mehr«. Im Zeitalter der Bobos und der mit bloßen Händen erarbeiteten Vermögen war China zu einem Land des ungebundenen Selbst geworden – zu einem Ort, an dem die Menschen sich von sozialen sowie historischen Fesseln befreien und sich in ihren Entscheidungen in einem Ausmaß an Eigeninteressen orientieren konnten, wie es früher undenkbar gewesen wäre. Dabei wurde China von Technokraten beherrscht, die öffentlich einer in Misskredit geratenen Ideologie anhingen, in Wirklichkeit aber gnadenlos auf Wirtschaft und Technik setzten. Als Deng den Wohlstand zur »einzigen harten Wahrheit« erklärte, lenkte er China in eine Richtung, die einerseits zu bislang unbekanntem Wohlstand führte, andererseits jedoch zu gepanschten Medikamenten, haufenweise verschimmelndem Bargeld und Junggesellen, die so lange allein blieben, bis sie keine dreifachen Habenichtse mehr waren. Mit seiner politischen Philosophie bot Sandel der chinesischen Jugend ein Vokabular, mit dem man sinnvoll und kritisch diskutieren konnte, ohne gleich ins Subversive abzurutschen; er gab ihnen ein Gerüst an die Hand, mit dessen Hilfe sie über Ungleichheit, Korruption und Gerechtigkeit sprechen konnten, ohne allzu politisch zu klingen. Sie waren nun in der Lage, sich mit Fragen der Ethik und der Moral auseinanderzusetzen, ohne auf hohle Ausreden à la »Es waren nur Schwestern« oder die ehrgeizigen Projekte in Macao eingehen zu müssen.

Sandel sprach die Tabus der chinesischen Politik nie direkt an, etwa die mangelnde Gewaltenteilung oder die Tatsache, dass die Partei über dem Gesetz steht. Gelegentlich verpassten ihm die chinesischen Behörden dennoch einen Dämpfer. Als ein Shanghaier Salon von Gelehrten und Schriftstellern ihn einlud, vor achthundert Personen einen Vortrag zu halten, wurde dieser am Vorabend von der Provinzregierung untersagt. Sandel erkundigte sich bei den Organisatoren und fragte, ob die irgendwelche Gründe genannt hätten.

»Nein«, antworteten sie. »Gründe werden nie genannt.«

Es gab auch Chinesen, die Sandel gegenüber skeptisch waren. Für manche klangen seine Argumente gegen den Markt theoretisch zwar gut, praktisch weckten vage Vorstellungen von Fairness und Gleichheit allerdings Erinnerungen an Lebensmittelkarten und leere Regale. Andere vertraten die Ansicht, Geld sei in China die einzige Möglichkeit, um sich vor Machtmissbrauch zu schützen, weshalb eine Einschränkung des Marktes nur dem Staat in die Hände spielen würde. Nach dem Vortrag an der Xiamen-Universität wurde ich Zeuge, wie Sandel noch vor einer Reihe weiterer Pekinger Hochschulgruppen sprach, und es wurde deutlich, dass die Zuhörer sehr genau wussten, was Sandel meinte, als er von der »Spaltung« der amerikanischen Gesellschaft in eine Welt für die Wohlhabenden und eine Welt für alle anderen sprach. Nach dreißig Jahren, in denen das Land geradewegs in eine Zukunft marschiert war, in der alles zum Verkauf stand, begannen viele Chinesen, diese Entwicklung zu überdenken.

An seinem letzten Abend in Peking hielt Sandel einen Vortrag an der Universität für Außenwirtschaft und Handel und traf sich danach mit einer Gruppe Studenten, die freiwillig an der Perfektionierung der Übersetzung seiner Vorlesung über Gerechtigkeit arbeiteten. Dabei sprudelte es aus einer jungen Dame heraus: »Ihr Kurs hat meine Seele gerettet!« Bevor sich Sandel erkundigen konnte, was genau sie damit sagen wollte, wurde er bereits von der Menge weggespült, die es auf Autogramme und Fotos abgesehen hatte. Ich blieb zurück und stellte mich vor. Die junge Dame hieß Shi Ye, und sie war vierundzwanzig Jahre alt. Sie machte gerade ihren Master in Personalmanagement. Als sie auf Sandels Arbeiten stieß, habe sie den Eindruck gehabt, »als hätte man mir die Augen geöffnet, denn von nun an begann ich, einfach alles zu hinterfragen«. Außerdem sagte sie: »Nach einem Monat fühlte ich mich ganz anders. Das war vor einem Jahr. Heute frage ich mich im Alltag oft, was für ein moralisches Dilemma ich in einer bestimmten Situation vor mir habe.«

Ihre Eltern hätten in der Landwirtschaft gearbeitet, bis ihr Vater in den Handel mit Fisch und Meeresfrüchten eingestiegen sei. »Ich habe meine Mutter immer zum Tempel begleitet, um zu Buddha zu beten und ein paar Nahrungsmittel als Opfer darzubringen. Früher habe ich darüber nie nachgedacht. Als ich ein Jahr später wieder mitging, wollte ich von ihr wissen: ›Warum tust du das?‹« Ihre Mutter sei von all der Fragerei nicht gerade begeistert gewesen. »Sie findet mein Verhalten ziemlich dumm. Ich begann nämlich wirklich, alles zu hinterfragen. Ich enthielt mich dabei moralischer Wertungen – ich stellte einfach nur Fragen.«

Mittlerweile kaufe Shi Ye ihre Zugtickets nicht mehr auf dem Schwarzmarkt, weil »es letztlich meine Auswahl einschränkt, wenn ich meine Fahrkarten zu einem vom Händler festgesetzten Preis erwerbe. Normalerweise kann ich mich für die erste oder die zweite Klasse entscheiden, aber diese Wahl wurde ja bereits getroffen, ohne dass ich Einfluss darauf gehabt hätte. Und das ist nicht fair.« Außerdem versuche sie, ihre Freunde zu überreden, dasselbe zu tun. »Ich bin noch jung und kann vielleicht nicht viel ändern, aber das Denken der anderen beeinflussen, das kann ich sehr wohl«, erklärte sie.

Seit sie die Moralphilosophie für sich entdeckt habe, hätten sich auch die Vorbereitungen auf ihren Universitätsabschluss verkompliziert. »Als ich die Vorlesungen noch nicht kannte, war ich mir sicher, dass ich eines Tages Expertin für Personalplanung oder Personalmanagerin werden und für die Angestellten in einem großen Unternehmen da sein würde. Aber jetzt bin ich verwirrt und stelle meine alten Träume infrage. Ich würde gerne etwas Sinnvolleres machen.« Sie traue sich allerdings nicht, ihren Eltern davon zu erzählen, auch wenn sie tief im Innersten hoffe, keine Anstellung als Personalplanerin zu finden. »Vielleicht nehme ich mir ein Jahr frei, gehe ins Ausland, reise herum, sehe die Welt und jobbe ein wenig in Teilzeit. Ich möchte herausfinden, was ich tun kann, um meinen Beitrag für die Gesellschaft zu leisten. Ich möchte lieber allein unterwegs sein, weil chinesische Reisegruppen oft sehr kommerziell sind. Außerdem geht es beim Reisen ohnehin vor allem darum, seine eigenen Erfahrungen zu machen.« »Und wo würden Sie gerne hin?«, erkundigte ich mich.

»Nach Neuseeland. Die Luft in Peking ist einfach fürchterlich, und ich möchte an einen sauberen und reinen Ort, um mich eine Weile auszuruhen. Und dann werde ich über das nächste Ziel nachdenken – vielleicht Tibet.«

Ich gewöhnte mich daran, Menschen kennenzulernen, die fast schon zufällig in neuen Glaubensbereichen gelandet waren. Ein Wirtschaftswissenschaftler namens Zhao Xiao erklärte mir: »Sollte mich chinesisches Essen stärker machen, esse ich das; sollte mich dagegen westliches Essen stärker machen, dann esse ich eben das.« Zhaos Pragmatismus war für ihn bislang stets von Vorteil gewesen: Mit Mitte vierzig war er Parteimitglied, hatte einen Doktor von der Peking-Universität und lehrte an einer Reihe renommierter Hochschulen in der Hauptstadt. Dann fasste er den Plan, herauszufinden, ob man in Sachen Politik von mehrheitlich christlichen Ländern etwa lernen könne. Er kam zu dem Schluss, das Christentum könne China beim Kampf gegen die Korruption, bei der Reduzierung der Umweltverschmutzung und bei der Förderung einer Kultur der Philanthropie helfen, wie sie Christen in den USA schon früh an den Tag gelegt hatten, als sie die Universitäten in Harvard und Yale gründeten. Und dann konvertierte er. »Wir haben mit angesehen, wie die kommunistischen Parteien der Sowjetunion und aller osteuropäischen Staaten zusammengebrochen sind, und ihre Länder gleich mit ihnen«, erklärte mir Zhao. In China habe die Partei jedoch überlebt, »weil sie sich ständig verändert«.

Die Partei sah sich zunehmend größerem Druck ausgesetzt, mit der Sehnsucht der Menschen nach Glauben anders umzugehen. Zwar existierte laut der chinesischen Verfassung Religionsfreiheit, allerdings wurde die durch Gesetze gegen Missionierung und ähnliche Aktivitäten eingeschränkt. Offiziell erkannte China fünf Religionen an: den Taoismus, den Buddhismus, den Islam, den Katholizismus und den Protestantismus. Diese durften von den Gläubigen in staatlich kontrollierten Einrichtungen ausgeübt werden. Mehr als zwanzig Millionen Katholiken und Protestanten besuchten Kirchen, die von der Chinesischen Katholisch-Patriotischen Vereinigung und ihrem evangelischen Gegenstück, der Patriotischen Drei-Selbst-Bewegung, betrieben wurden. Mehr als doppelt so viele Menschen beteten allerdings in den sogenannten »Heimkirchen«, deren Größe von kleinen Studiengruppen in Bauernhäusern bis hin zu riesigen, halböffentlichen Gemeinden in den Städten reichte. Die Heimkirchen waren gesetzlich oft nicht anerkannt, weshalb sie die Behörden von einem auf den anderen Tag schließen konnten, wenn striktere Anweisungen von oben dazu aufriefen. Im Lauf der letzten Jahre hatte die Partei die ersten zögerlichen Schritte hin zu mehr Religionsfreiheit unternommen: Unter der Hand hatte sie die Heimkirchen wachsen und gedeihen lassen, obwohl sie nach wie vor vollkommen kompromisslos gegen Falun Gong vorging; gleichzeitig brachen immer wieder Unruhen in den von ethnischen Minderheiten geprägten Gebieten Tibets und Xinjiangs aus, weil die Ausübung des Buddhismus und des Islams dort behindert wurde.

Trotz der Risiken wuchs die Zahl der Gläubigen schnell, besonders unter den Intellektuellen. Beim Mittagessen ging der Menschenrechtsanwalt Li Jianqiang eine lange Liste seiner Kollegen durch, die konvertiert waren und die nun vor Gericht für eine größere Anerkennung ihres Glaubens stritten. »Es ist ihnen egal, wer an der Macht ist – Cäsar, Mao Zedong oder die Kommunistische Partei«, erklärte er mir. »Sie möchten nur, dass sich niemand ihrem Glauben an Jesus Christus in den Weg stellt.« Li Fan, ein weltlich-liberaler Schriftsteller, sagte mir: »Wahrscheinlich sind die christlichen Kirchen mittlerweile die größten nichtstaatlichen Organisationen im Land.« Heimkirchen, die früher im Unsichtbaren agierten, wurden mittlerweile überall dort eingerichtet, wo genug Platz war. Ich besuchte einen besonders lebhaften Gottesdienst in der ansonsten nicht sonderlich frommen Umgebung von Sauna City, einem in Neonfarben gehaltenen und aus Nachtclubs und Massagesalons bestehenden Gebäudekomplex. Als ich mich bei Jin Mingri, dem Pastor, nach diesem recht deutlichen Kontrast erkundigte, grinste der nur und meinte: »Die Miete war günstig.«

Jin war neununddreißig Jahre alt, hatte leicht welliges, graues Haar und versprühte den Charme eines lebendigen amerikanischen TV-Geistlichen. Vor gar nicht allzu langer Zeit schien das Schicksal noch ein ruhiges Leben in der chinesischen Vorstadt für ihn bereitzuhalten: Aufgewachsen war er in einer Familie, in der Glaube nie eine große Rolle gespielt hatte; später trat er der Kommunistischen Partei bei und begann ein Studium an der Peking-Universität. Im ersten Semester erschütterte das brutale Vorgehen auf dem Tiananmen-Platz sein Vertrauen in den Staat. »In den achtziger Jahren hegte und pflegte der Staat die Studenten im Land. Man kam für unsere Studiengebühren und unseren Lebensunterhalt auf«, sagte er. Auf einmal habe ihn jedoch eine »gewaltige Hoffnungslosigkeit« ergriffen. Die Kirche sei für ihn zu einem Ausweg geworden, weil sie nicht nur moralische Eindeutigkeit versprach, sondern auch das Gefühl, Teil von etwas zu sein, das größer war als China. Er informierte seine Eltern darüber, dass er zu konvertieren plane. »Sie dachten, ich wäre verrückt geworden«, meinte er.

Zehn Jahre lang leitete er Gottesdienste in Gemeinden der offiziellen protestantischen Kirche in China. Dann kam ihm ein Gedanke. Statt einer traditionellen »Heimkirche«, bei der sich die Gläubigen in ein winziges Wohnzimmer quetschen mussten, wünschte er sich »Offenheit und Unabhängigkeit«. »Wir haben nichts zu verbergen«, erklärte er. Die Behörden drängten ihn, »nicht den Pfad der Illegalität zu beschreiten«, wie Jin es formulierte, aber er versicherte ihnen, dass er kein Interesse an einer Konfrontation hege. »Ursprünglich hatten wir diesen riesigen Staatsapparat, der einfach alles kontrollierte, mittlerweile schrumpft er jedoch ständig, während die Zivilgesellschaft immer größer und stärker wird«, erläuterte er. »Ich hatte das Gefühl, die Kirchen sollten diese Möglichkeit zu ihrem Vorteil nutzen und expandieren.« 2007 fand er schließlich im fünften Stock der Sauna City einen ruhig gelegenen Büroraum, der zwar recht steril war, dafür aber Platz für hundertfünfzig Personen bot. Laut den ungeschriebenen Gesetzen sollten die Gemeinden der nichtanerkannten Kirchen Chinas nicht nur klein sein, sie sollten zudem Kontakte mit den Behörden tunlichst vermeiden. Jin dagegen hängte ein Schild an die Tür, ließ Visitenkarten drucken und hieß die Polizei bei seinen Veranstaltungen willkommen. Er nannte seine Gemeinde »Zionskirche«.

Zu Beginn bestand sie nur aus zwanzig Personen. In nur einem Jahr wuchs sie auf dreihundertfünfzig Mitglieder an – und so gut wie alle waren unter vierzig und überaus gebildet. Als ich eines Sonntags vorbeischaute, war schon jeder Stuhl im Raum besetzt. Ich hörte Kinderstimmen aus einem Spielzimmer nebenan. Jin war ein Performer durch und durch: Bei seiner Predigt unterstützte ihn ein Chor in grell rosafarbenen Roben, der von einem Schlagzeug und einer E-Gitarre begleitet wurde. Jin bot Gläubigen aller Konfessionen eine konservative Auslegung des christlichen Evangelikalismus, wobei er seine Gottesdienste mit Verweisen auf die Popkultur und die Wirtschaft aufpeppte. An diesem Tag beendete er seine Predigt mit einer Aufforderung, die ich noch nie in einer Kirche gehört hatte: »Bitte verlassen Sie nun den Raum«, erklärte er lachend. »Wir haben nicht genug Sitzplätze für alle, deshalb sollte jeder nur einen Gottesdienst am Tag besuchen.«

Bald überraschte es mich nicht mehr, wenn ich auf meinen Reisen quer durchs Land irgendwo Christen begegnete. In Wenzhou, einer an der Ostküste gelegenen Handelsstadt, traf ich den Industriellen Zheng Shengtao, den Vorsitzenden der Handelskammer und einen der reichsten Männer des Landes, der sich in einem silbernen Rolls-Royce durch die Stadt chauffieren ließ. Zheng hatte die Welle des Wohlstands geritten wie kaum jemand sonst, war jedoch mittlerweile der Ansicht, dass etwas in einem Land nicht stimmte, in dem Kinder vergifteter Milch ausgesetzt waren. Er erzählte mir, dass er sich seit seinem Übertritt zum Christentum vor zehn Jahren der Aufgabe verschrieben habe, andere Geschäftsleute zur Unterzeichnung eines

Ethik-Gelöbnisses zu bewegen. Er zählte die einzelnen Punkte an seinen Fingern ab: kein Steuerbetrug; kein Verkauf von minderwertigen Waren; keine »Vertrags- und Vertrauensbrüche«. »Was ist, wenn ich vertrauenswürdig bin, alle anderen aber nicht«?, fragte er mich. »Stehe ich dann am Ende nicht als Verlierer da?«

Viele junge Männer und Frauen, die sich daran gewöhnt hatten, dass sie nicht frei über ihre finanziellen Angelegenheiten und ihr persönliches Leben entscheiden konnten, hielten es für antiquiert, dass man ihnen vorschreiben wollte, was sie glauben sollten. Ich lernte die fünfundzwanzigjährige Ma Junyan kennen, die zu einer christlichen Gesangsgruppe gehörte, die sich durch Auftritte in Kirchen finanzierte. Das Ganze wurde unter der Hand geregelt, und ich erkundigte mich bei Ma, ob die Gruppe sich ihre Auftritte von der Stadtregierung genehmigen ließ. Sie warf mir einen merkwürdigen Blick zu. »Jesus sagt, wir sollen die Worte des Herrn überall verbreiten«, erklärte sie. »Ganz bestimmt hat er damit nicht gemeint, dass wir zuerst eine Genehmigung einholen sollen.« In Wirklichkeit war die Sache komplizierter, aber ich verstand, worauf sie hinauswollte: Sie lebte in einer derart in sich abgeschlossenen Welt, dass sie kaum je über den Staat nachdachte. Ma teilte sich gemeinsam mit rund fünfzig anderen Mitgliedern der Gruppe eine Unterkunft in einer engen, holprigen, von Imbissbuden und Gemüseständen gesäumten Marktstraße. Streng genommen war die Truppe zwar nicht legal, ihre Aktivitäten spielten sich allerdings nicht im Verborgenen ab. Auf einem Plakat an der Wand stand: »Peking gehört Gott« – ein Spruch, der nicht besonders außergewöhnlich klang, bis man sich vor Augen hielt, dass die Stadt eigentlich der Kommunistischen Partei gehörte.

Ma und die anderen studierten gerade eine kleine Tanznummer ein, die von einem Klavier, einer Gitarre und einem Schlagzeug begleitet wurde. Der Raum war feucht und voller Menschen. Die jungen Männer, allesamt Teenager oder junge Erwachsene in den Zwanzigern, sprangen auf und ab und riefen immerzu »Die Kraft des Heiligen Geistes ist unaufhaltsam!«. In den Vereinigten Staaten hatte ich solche Orte bereits gesehen – zum Beispiel in West Virginia oder in der Chicagoer South Side –, aber in China überraschte mich dieser

Anblick. Anders als die Generation ihrer Eltern wuchsen Ma und ihre Freunde in einer Zeit auf, in der das Christentum kein gefährliches Geheimnis mehr war. Westliche Religionen hatten eine gewisse Anziehungskraft, vor allem wegen solch bekannter Konvertiten wie Yao Chen, einer Fernsehdarstellerin, die zudem die größte Berühmtheit der sozialen Medien des Landes war. Als Ma und ihre Freunde mit dem Proben fertig waren, senkten sie ihre Köpfe und schlossen die Augen. Tränen liefen ihre Wangen hinunter. Mitten in der dichtgedrängten Menge stand eine Frau, die ihr Gesicht gen Himmel wandte und laut betete: »O Herr, mach China zu einem christlichen Land.« Dass China sich eines Tages vollständig dem westlichen Glauben zuwenden würde, hielt außerhalb der Kreise der wahren Gläubigen allerdings niemand für sonderlich wahrscheinlich. Die Chinesen tendierten eher dazu, die in ihren Augen brauchbarsten Aspekte der westlichen Religionen und Philosophien aufzunehmen und den Rest links liegen zu lassen, so wie sie es schon mit dem Marxismus, dem Kapitalismus und anderen Importen getan hatten. Betrachtete man die Sache jedoch vor dem Hintergrund der neuen, sich überlappenden chinesischen Identitäten, war China längst ein christliches Land – ebenso wie es ein Land der Liebeshungrigen, des investigativen Journalismus und der Regimekritiker war. China war all dies gleichzeitig, und zwar auf eine zuvor nie dagewesene Weise. Für die Partei ging es nicht mehr in erster Linie darum, die Ausbreitung des Glaubens zu verhindern – die Aufgabe bestand vor allem darin, überhaupt mit ihm schrittzuhalten.

22. Kulturkämpfe

Als ich Ai Weiwei in seinem Atelier besuchte, herrschte dort eine merkwürdig gedämpfte, fast schon klaustrophobisch anmutende Stimmung. Seine Assistenten arbeiteten wie sonst auch, Entwürfe hingen an der Wand, doch Ai selbst lebte in einem juristischen Zwischenreich: er durfte zwar seiner Kunst nachgehen, die Hauptstadt aber nicht verlassen. Wollte er aus dem Haus gehen, musste er die Polizei informieren. »Ich soll ihnen sagen, wo ich hinmöchte und wen ich dort zu treffen gedenke«, erklärte er mir. »Im Prinzip halte ich mich auch daran, weil es mir egal ist. Außerdem möchte ich ihnen beweisen, dass ich keine Angst und keine Geheimnisse habe. Sie können mir ruhig folgen.« Die Zeitschrift *ArtReview* hatte kürzlich eine Liste der weltweit einflussreichsten Kunstschaffenden veröffentlicht und Ai Weiwei auf den ersten Platz gesetzt. Als ihn ein Reporter anrief und um eine Reaktion bat, entgegnete er, das Ganze sei absurd, weil er »nicht den geringsten Einfluss« habe. Er fühlte sich schwach und war zum ersten Mal seit Langem ein Gefangener von Mächten, die außerhalb seiner Kontrolle lagen.

Ai Weiwei war aus der Haft entlassen worden, anschließend aber direkt in einen größeren Kampf um die kulturelle Oberhoheit im Land geraten. Kurz nach der Freilassung des Künstlers versprach Präsident Hu Jintao, er werde die »kulturelle Sicherheit« im Land stärken, wie er es formulierte. Er warnte davor, dass »feindliche Mächte aus dem Ausland ihre Anstrengungen im Hinblick auf die Verwestlichung und die Teilung Chinas« verstärken würden. Der Präsident rief seine Landsleute dazu auf, wachsam zu bleiben und im Fall der Fälle Alarm zu schlagen. Allmählich erwachte die Partei und sah sich dringenden Fragen gegenüber: Wer sollte die Grenzen der Kunst, der Unterhaltung und der Ideenwelt bestimmen? Wem würde die Öffentlichkeit in Zukunft vertrauen – dem Staat, den Dissidenten, den Magnaten oder den investigativen Journalisten?

Die Partei beschloss, nach dem Muster zu verfahren, das sich bereits in der Wirtschaft bewährt hatte, und auch im Kulturbereich auf Planung, Investitionen und neue Regeln zu setzen. Als Erstes hatte sie es auf die zahlreichen Entscheidungsshows abgesehen, die das Fernsehen mittlerweile dominierten. Der Staat verordnete die Absetzung »repetitiver und übertriebener Sendungen« sowie von Formaten, die es in allzu vielen, kaum zu unterscheidenden Varianten gab, und zwar »einschließlich jener, die mit Liebe, Heirat und Freundschaft zu tun haben; Talentshows; Seifenopern; Gameshows, bunte Abende; Talkshows und Reality-TV«. In nur drei Monaten wurden zwei Drittel dieser Sendungen aus dem Programm genommen, und man kündigte an, das Fernsehen werde sich fortan wieder der Förderung »der wichtigsten Werte des Sozialismus« widmen.

Künstler, Schriftsteller und Filmemacher verloren allmählich die Geduld. Zwar wurden in China pro Tag zehn neue Kinos eingeweiht, die Filmemacher selbst hatten aber kaum noch Luft zum Atmen. Der Regisseur Jia Zhangke beklagte sich darüber, dass er alle Kommunisten als Superhelden darstellen müsse, wenn er wollte, dass seine Filme in chinesischen Kinos gezeigt wurden. China produzierte mehr TV-Sendungen als jedes andere Land auf der Welt – mehr als vierzehntausend im Jahr –, im Ausland wollte sie jedoch niemand einkaufen, weshalb China fünfzehnmal so viele Fernsehsendungen importierte wie exportierte. Als das trashige koreanische Lied »Gangnam Style« zum weltweiten Überraschungshit wurde – und zum beliebtesten Clip in der Geschichte des Internets –, beschwerten sich chinesische Künstler, dass sie etwas Vergleichbares nie hätten erschaffen können, weil die Kulturbeamten, die über ihre Arbeit wachten, auf keinen Fall eine alberne Parodie der im Luxus badenden Elite Pekings zugelassen und stattdessen darauf bestanden hätten, ein für den Export produziertes Video müsse würdevoll und erhebend sein. In Künstlerkreisen zirkulierte ein böser Comic mit dem Titel »Shanghai Style«, in dem der Erfinder der Gangnam-Style-Tanzschritte nicht mit Geld überhäuft, sondern inhaftiert wurde, »weil er wie ein Verrückter durch die Gegend rennt«.

Wichtige Persönlichkeiten des kulturellen Lebens wurden immer verbitterter. Der Regisseur Lu Chuan hatte sich zunächst bereit erklärt, einen Kurzfilm für die Olympischen Spiele in Peking zu drehen, sah sich dann aber mit so vielen »Anweisungen und Anordnungen« konfrontiert, dass er das Projekt aufgab und einen neuen Begriff prägte: das »*Kung-Fu-Panda*-Problem«. Er zielte damit auf das Phänomen, dass der erfolgreichste Film, der je über zwei chinesische Ikonen – Kung Fu und Pandas – gedreht wurde, von einem ausländischen Produktionsstudio (nämlich DreamWorks) stammte, weil man es einem chinesischen Filmemacher im Traum nicht erlaubt hätte, zwei derart aufgeladene Symbole in eine Komödie zu packen.

Die Zensoren der Staatlichen Verwaltung für Radio, Film und Fernsehen hatten schon immer im Verborgenen agiert und ihre Anweisungen nie publik gemacht, doch die Regisseure trugen ihre Klagen nun in die Öffentlichkeit. Als dem Filmemacher Feng Xiaogang im April 2013 eine Auszeichnung als Regisseur des Jahres verliehen wurde, hielt er zunächst eine recht banale Rede, nutzte dann aber die Gelegenheit, um etwas sehr Mutiges zu formulieren – er brach seine Danksagung ab und sagte stattdessen: »In den letzten zwanzig Jahren hat jeder chinesische Regisseur schreckliche Folter ertragen müssen, und diese Folter heißt Zensur.« Feng war beileibe kein Dissident, sondern jemand, der mit romantischen Komödien und epischen Blockbustern ein Vermögen gemacht hatte, aber die Jahrzehnte der Kompromisse und der Zugeständnisse waren irgendwann nicht mehr mit seinem Berufsethos vereinbar. »Um eine Zulassung zu erhalten, muss ich die Filme auf eine Weise schneiden, die sie in Wirklichkeit *schlechter* macht«, erklärte er dem Publikum. Falls das für die Zuschauer noch nicht eindeutig genug war, kümmerten sich die Zensoren ganz unbeabsichtigt um den Rest: Während seiner Rede drückte jemand in der Kontrollkabine genau in dem Augenblick auf den Knopf, als Feng den Begriff »Zensur« in den Mund nahm, weshalb die Zuschauer zu Hause nur »und diese Folter heißt [piep]« hörten.

Einige der kreativsten Köpfe des Landes schlossen daraus, dass es ihnen mehr Nachteile als Vorteile brachte, wenn sie sich an die Regeln hielten. Ein paar Wochen nachdem Regisseur Feng Xiaogang der

Kragen geplatzt war, stieß auch der Romancier und Essayist Muron Xuecun an die Grenzen des für ihn Erträglichen. Als die Zensoren seinen Account bei Weibo löschten, veröffentlichte er einen »Offenen Brief an einen namenlosen Zensor«. Darin schrieb er: »Mir ist vollkommen klar, dass mir dieser Brief nur Ärger einbringen wird.« Dann fügte er hinzu: »Früher hatte ich Angst, aber heute nicht mehr [...]. Das ist der Unterschied zwischen Ihnen und mir, verehrter namenloser Zensor – ich glaube an die Zukunft, während Sie nur die Gegenwart haben.«

Der Kampf um die Kreativität reichte weit über Filme und Bücher hinaus. Die chinesische Wirtschaft befand sich an einem Wendepunkt: Die Zeiten, in denen billige Arbeitskräfte schier grenzenlos zur Verfügung standen, neigten sich allmählich ihrem Ende zu; also versuchte die Staatsführung verzweifelt, Innovationen zu fördern, die es dem Land erlauben würden, die Fließbänder hinter sich zu lassen. Außer in den Vereinigten Staaten wurde in keinem Land der Welt mehr Geld in Forschung und Entwicklung gesteckt als in China; außerdem reichte man dort mittlerweile vor Japan und den USA weltweit die meisten Patente ein. Allerdings waren viele der Patente praktisch wertlos, weil sie eingereicht worden waren, um Vorgaben der Politik zu erfüllen oder Investitionen ins Land zu holen. Was die schiere Summe der Forschungsaufsätze anging, belegte man hinter den USA nun zwar Platz zwei, doch im Hinblick auf die Qualität (die daran gemessen wurde, wie oft diese Arbeiten durchschnittlich von anderen Autoren zitiert wurden) schaffte man es noch nicht einmal in die Top Ten. Noch dazu waren Plagiate in akademischen Kreisen ein großes Problem: Eine Fachzeitschrift der Zhejiang-Universität fand mithilfe der Software CrossCheck heraus, dass fast ein Drittel aller eingereichten Arbeiten Stellen enthielt, die eins zu eins aus anderen Texten kopiert worden waren. In einer staatlich unterstützten Studie mit sechstausend chinesischen Wissenschaftlern gab ein Drittel der Befragten zu, ihre Daten frei erfunden oder plagiiert zu haben.

Auf dem weitläufigen Campus der Tsinghua-Universiät in Peking beklagte sich Xue Lan, der Leiter des Instituts für Public Policy, dass viele staatliche Einrichtungen in China die talentiertesten jungen

Menschen des Landes in ihrer Entwicklung behinderten. So habe der Staat 1999 – als gerade die Ära der mit bloßen Händen erarbeiteten Vermögen und der Bauern da Vincis anbrach, weshalb mehr Risikobereitschaft gefragt war – einen Innovationsfonds für kleinere Unternehmen mit neuen Ideen ins Leben gerufen, bei dem die Beamten aufgrund ihrer bürokratischen Veranlagung allerdings nach wie vor lieber auf Nummer sicher gingen. »Da es sich um einen aus öffentlichen Geldern gespeisten Fonds handelt, befürchten die Verantwortlichen, dass die Prüfberichte nicht sonderlich gut ausfallen werden, sollten zu viele Investitionen floppen, und dass die Öffentlichkeit dann irgendwann sagt: ›Hey, ihr verschwendet unser Geld!‹«, erklärte mir Xue. »Ein Risikokapitalanleger dagegen würde sagen: ›Fehlschüsse sind ganz normal.‹« Die Förderung radikaler neuer Ideen erfordere eben mehr als nur guten Willen: Man benötige durchsetzungsfähige Gerichte, die unabhängig von politischer Einflussnahme agierten und geistiges Eigentum schützten, damit sich Unternehmer gegenseitig vertrauten und innovative Ideen hervorbrachten, an denen dann gemeinsam gearbeitet werden könne. Außerdem brauche man an den Universitäten ein Forschungsklima, in dem kreative Köpfe ihre Vorgesetzten kritisieren könnten, ohne Angst vor Strafe oder dem Zentralen Propagandaministerium haben zu müssen. Zhao Jing, ein Blogger und Analyst, der unter dem Pseudonym Michael Anti veröffentlichte, fragte sich: »Wenn man Milliardär werden kann, indem man ganz unverfroren eine amerikanische Internetseite kopiert und dann zum Verkauf anbietet, wer wird sich dann noch die Mühe machen, etwas Innovatives zu entwickeln?«

Zuweilen war der Kontrolldrang der staatlichen Institutionen auch auf atemberaubende Weise kontraproduktiv. Einmal wurde chinesischen Programmierern ein Update der beliebten Plattform Node.js untersagt, weil die Version 0.6.4 in den Augen des Propagandaministeriums an den 4. Juni und damit an das Datum der Proteste auf dem Tiananmen-Platz erinnerte. In einem anderen Fall stieß ein Digital-Design-Projekt auf den Widerstand der Zensoren, weil es nach der schwedischen Stadt Falun benannt war, was die Große Firewall wiederum als einen Hinweis auf Falun Gong interpretierte. Ein paar Tage vor dem Börsengang von Facebook blätterte Wang Ran, Investmentbanker, Absolvent der Harvard Business School und Gründer von China eCapital, durch den Firmenprospekt des Unternehmens und stieß auf einen Satz, der die Investoren daran erinnerte, dass das soziale Netzwerk in vier Ländern nicht zugänglich war: im Iran, in Nordkorea, in Syrien und in China. Dass China zu den »Problemstaaten« der Welt gehören sollte, erschreckte Wang. Also schrieb er eine Nachricht an seine Millionen Anhänger auf den verschiedenen sozialen Netzwerken und erklärte: »Ich weiß nicht, wie es euch geht, aber ich fühle mich von diesem Umstand allmählich beleidigt.« Hinter der Scham steckte die tiefergehende Frage nach Chinas Zukunft: Wie konnte das Land hoffen, den nächsten großen Hit oder das nächste Facebook hervorzubringen, wenn es seiner Bevölkerung noch nicht einmal Zugang zu diesem Netzwerk gewährte?

Niemand übte deutlichere Kritik an den Einschränkungen der chinesischen Kultur als Ai Weiwei. Deshalb entschied der Staat nun endgültig, mit welcher Strategie man ihn zum Schweigen bringen würde. Fünf Monate nach seiner Entlassung wurde im November 2011 bekannt, dass er 2,4 Millionen US-Dollar für »ausstehende Steuern und Gebühren« nachzahlen sollte, die im Zusammenhang mit drei Architekturprojekten standen: einer von ihm entworfenen Fotogalerie und zwei Wohnungen in England und Singapur. Ai Weiwei hegte den Verdacht, dass letztere Projekte beim Staat die größte Aufmerksamkeit erregt hatten, weil ausländische Privatkunden und Konten involviert waren. Anstatt den Bescheid jedoch einfach zu akzeptieren, wollte er Berufung einlegen. Laut Gesetz durfte er das vor Gericht auch tun, wenn er innerhalb von fünfzehn Tagen eine Kaution von achthunderttausend US-Dollar hinterlegte (ein Drittel der Gesamtsumme). Als die Nachricht über sein Vorhaben langsam die Runde machte, trafen viele Spenden bei ihm ein. Manche Leute falteten Hundert-Yuan-Scheine zu Papierflugzeugen und ließen sie über die Mauern seines Grundstücks in den Innenhof segeln. Sie wickelten Bargeld um Äpfel und Orangen und lieferten sie an seiner Haustüre ab. Oder sie überwiesen ihm Geld. »Nur keine Eile bei der Rückzahlung«, schrieb ein Spender. »Sie können es mir zurückgeben, wenn es eine neue Währung gibt – ohne das Antlitz Mao Zedongs.«

Der Künstler war von diesen Reaktionen überwältigt. »Ein junges Mädchen kam mit einem Rucksack voller Geld in mein Atelier und fragte nur ›Wo soll ich das abstellen?‹«, erzählte er mir. »›Das habe ich für ein Auto gespart. Doch das geht jetzt nicht mehr. Das Geld gehört Ihnen.‹« Ai fügte hinzu: »Diese Leute haben sich entschieden, den Mund aufzumachen und einem Mann Geld zu geben, den der Staat als ›Kriminellen‹ bezeichnet. Das ist einfach unfassbar.« Sein Buchhalter verzeichnete ständig den Eingang neuer Spenden. Die unterschiedlichsten Leute gaben Ai Geld – ich erkannte beispielsweise den Namen eines Vaters, dessen Sohn an gepanschter Milch erkrankt war –, und am Ende der ersten Woche war mehr zusammengekommen, als der Künstler für seine Kaution benötigte. Nachdem die Spendenaktion zum beliebtesten Thema auf Weibo geworden war, wurde Ais Account gelöscht. Mein Handy summte. Eine neue Anweisung an die Journalisten des Landes:

> Entfernen Sie jegliche Hinweise auf Ai Weiweis Spendenaktion zur Begleichung seiner Steuerschuld von Ihren Webseiten. Auf interaktiven Seiten müssen alle Stellungnahmen sofort entfernt werden, die im Zusammenhang damit die Partei, den Staat oder das Justizwesen angreifen.

Das Partei-Klatschblatt *Global Times* machte Andeutungen, dass über Grundstücksmauern segelnde Papierflugzeuge eine Form des »illegalen Spendensammelns« darstellten, weshalb die Zeitung gleich folgende Warnung hinterherschickte: »In den letzten dreißig Jahren sind ebenso viele Ai Weiweis aufgetaucht wie untergegangen. China geht es trotz der düsteren Vorhersagen dieser Leute immer besser. Der wahre Trend der Zeit ist die Ausmerzung dieser Stimmen.« Während Ai auf seinen Gerichtstermin wartete, wurde er von Tag zu Tag nervöser. Im Winter waren die Bäume vor seinem Haus kahl, deshalb konnte er die von den Laternenmasten hängenden Überwachungskameras gut sehen. Ai bewarf sie mit Steinen, woraufhin er wegen eines »Angriffs auf eine Überwachungskamera« festgenommen wurde, wie es die Polizei ausdrückte. Einer seiner Fans machte sich darüber lustig, indem er Anteilnahme für das Gerät vortäuschte: »Wurde die Kamera schwer verletzt? Musste sie von oben bis unten untersucht werden? Brauchte sie vielleicht ein CT?«

Ein paar Tage später saßen wir bei Ai im Esszimmer. Die Wintersonne fiel durch ein Südfenster herein, und Danni, der uralte, taube Cockerspaniel, torkelte wie ein Betrunkener durch den Raum. Ais Frau Lu Qing kam die Treppe hinunter und ging auf die Tür zu. Sie war das Rampenlicht nicht gewohnt, in das sie in den vergangenen Jahren geraten war, einerseits wegen der Verhöre und andererseits wegen der unbekannten Erfahrung, während Ais Haft für ihren Mann sprechen zu müssen. Da ihr Name in den Unterlagen des Ateliers auftauchte, war auch sie in den Fall um den angeblichen Steuerbetrug hineingezogen worden. Von seinem Platz am Tisch aus beobachtete Ai Weiwei, wie seine Frau einen leuchtend roten Schal um ihre Schultern legte und sich für die Kälte vor der Tür wappnete. Sie wollte noch einige Unterlagen bei Gericht abgeben. Eine Aktenmappe an die Brust gedrückt, öffnete sie die Haustür einen Spalt weit. Dann hielt sie inne. »Alles in Ordnung?«, fragte Ai Weiwei. Sie nickte, lächelte gezwungen und schlüpfte hinaus.

Ich fragte Ai, ob er wirklich Steuerbetrug begangen habe. Wenn ich ehrlich bin, hätte mich das noch nicht einmal besonders überrascht – in China scherzen die Leute gern, dass Steuerbetrug der Nationalsport schlechthin wäre. Laut staatlichen Angaben hatte der Staat deshalb allein im Jahr 2011 eine Billion Yuan verloren, was etwa 157 Milliarden US-Dollar entspricht; außerdem stellte sich heraus, dass die größten Steuersünder in Wirklichkeit Unternehmen im Staatsbesitz waren. Mehrmals täglich trudelten Spamnachrichten auf meinem Handy ein, in denen mir gefälschte Quittungen für angebliche Geschäftsausgaben angeboten wurden, um sie von der Steuer abzusetzen. Ai Weiwei verneinte meine Frage jedoch. Normalerweise hätte ich in solch einem Fall seine Akten studiert, aber die Polizei hatte seine Firmenunterlagen beschlagnahmt, die Gerichtsprotokolle waren für Presse und Öffentlichkeit nicht zugänglich. Als ich mich bei Gericht und Staatsanwaltschaft nach den Einzelheiten des Falls erkundigte, wollte niemand auf meine Fragen eingehen. Selbst Ais Anwalt, Pu Zhiqiang, durfte die Originalunterlagen nicht sehen. Ich fragte den Künstler, ob er glaube, er könne gewinnen. »Nein«, antwortete der. »Das ginge nur, wenn wir die Wahrheit aufdecken könnten.«

Er sollte Recht behalten. Im März 2012 wurde sein Antrag auf Berufung abgelehnt, also versuchte er es auf eine andere Weise: Er verklagte das Finanzamt, weil es wichtige Zeugenaussagen und beweiskräftige Unterlagen einfach ignoriert hatte. Zu seiner großen Überraschung stimmte das Gericht diesmal einer Anhörung zu. Als er jedoch den Termin wahrnehmen wollte, erhielt er einen Anruf von der Polizei: »Versuchen Sie erst gar nicht, bei Gericht zu erscheinen, denn bis dorthin würden Sie es nicht schaffen.« Seine Frau und sein Anwalt waren bei der Anhörung vor Ort, während das Gerichtsgebäude von Hunderten uniformierten Polizisten und Beamten in Zivil umstellt wurde, die Journalisten und Diplomaten davon abhielten, auch nur in die Nähe zu gelangen. Der Aktivist Hu Jia, der die Verhandlung beobachten wollte, wurde vor seiner Wohnung von Polizisten abgefangen, geschlagen und gewürgt. Die Stadt ließ sogar am Gerichtsgebäude vorbeifahrende Buslinien umleiten. Genau ein Jahr nach seiner Festnahme entschied Ai Weiwei, dessen Telefon angezapft, dessen E-Mails mitgelesen und dessen Atelier von Kameras überwacht wurde, dass er der Polizei ein Schnippchen schlagen wollte: Er installierte vier Webcams in seinem Studio – unter anderem an seiner Schlafzimmerdecke – und stellte sein Leben von nun an im Internet zur Schau. Erreichbar war das Ganze über Weiweicam.com. Die Behörden waren sprachlos. Ein paar Wochen später befahlen sie ihm, den Stecker zu ziehen und die Sache zu beenden. Er könne sich doch nicht einfach selbst überwachen, meinten die Beamten. Er scherzte, er werde bald ein Buch über das Steuerwesen schreiben, was wahrscheinlich kein zeitgenössischer Künstler je vor ihm getan habe. Wissen war für ihn die mächtigste Form der Kunst, die er zu schaffen imstande war. »Ihre Macht basiert auf Unwissenheit«, erklärte er. »*Wir dürfen nichts wissen.*«

~

Ai Weiwei war ursprünglich davon ausgegangen, dass er seinen Pass ein Jahr nach der Entlassung zurückerhalten würde, doch der Jahrestag im Juni 2012 verstrich, ohne dass etwas geschah. Man teilte ihm mit, dass er das Land nicht verlassen dürfe, weil ihm mittlerweile drei weitere Vergehen vorgeworfen wurden: Bigamie, illegaler Devisenhandel und Pornografie. Die Ermittlungen zum Verdacht auf Pornografie konzentrierten sich dabei auf ein einziges Foto: ein in seinem Atelier aufgenommenes Aktbild, auf dem er in einem Stuhl sitzt, während vier Frauen neben ihm stehen und in die Kamera schauen. Als seine Anhänger erfuhren, dass er für diese Aufnahme belangt werden sollte, stellten sie aus Solidarität Nacktbilder von sich selbst ins Internet.

Als ich eines Herbstmorgens bei ihm vorbeischaute, war er sehr schlecht gelaunt. Das Gericht hatte seinen letzten Antrag auf Berufung abgewiesen, und er hatte alle Spenden zurückgegeben. Seine Produktionsfirma, Fake Cultural Development Ltd., war geschlossen worden, weil die jährlich fällige amtliche Registrierung nicht erneuert worden war. (Was in Anbetracht der Tatsache, dass die Polizei alle dazu benötigten Unterlagen und Stempel beschlagnahmt hatte, auch ziemlich schwierig gewesen wäre.) »Als ob man mit einem Außerirdischen Schach zu spielen versucht«, sagte er. »Sie machen Züge, die man sich im Traum nicht vorstellen kann; außerdem ist das Spiel von Anfang an darauf ausgelegt, dass sie einfach gewinnen *müssen*. Ich habe keine andere Wahl, als mitzuspielen, aber ganz egal, wie gut ich auch bin, werde ich doch immer verlieren.«

Ich hatte ihn noch nie so pessimistisch erlebt wie heute. Er war zu dem Schluss gekommen, dass die größte Schwäche des Systems nicht etwa in einer mangelnden Übereinstimmung mit seinen eigenen Vorstellungen lag, sondern darin, dass es ihm jegliches Recht absprach, die Parteimeinung zu kritisieren oder sich an die Öffentlichkeit zu wenden. »Tag für Tag warte ich darauf, dass ein Beamter an meine Tür klopft und mir sagt ›Komm, Ai Weiwei, setzen wir uns hin und unterhalten wir uns ein wenig. Was genau versuchst du denn nun zu sagen? Schauen wir einmal, wie lächerlich du bist.‹«

Sein Sohn war mittlerweile dreieinhalb Jahre alt, deshalb fragte ich Ai, wie er ihm die Lage der Familie erklären wolle. Er schwieg eine ganze Weile, während sich seine Augen röteten. Dann meinte er, er habe da diese seltsame Fantasie, wie sich das Problem lösen ließe: »Ich wünschte mir, mein Sohn würde langsamer wachsen«, sagte er. »Ich möchte nämlich nicht, dass er zu früh groß ist und alles versteht.« Das war das erste Mal, dass Ai Unwissenheit dem Wissen vorzog. »Diese ganze Sache lässt sich einfach nicht erklären. Sie ist vollkommen irrational. Sie ergibt für mich überhaupt keinen Sinn. Es will mir nicht gelingen zu verstehen, warum die Dinge so sein müssen.« Seine Stimmung schien ihn selbst zu überraschen, deshalb wechselte er das Thema. Trotz all seiner Schwierigkeiten habe er das Gefühl, dass die Dinge um ihn herum einen grundlegenden Wandel durchmachten. »Ich glaube, heute erkennen die Menschen aus allen Gesellschaftsschichten, dass China hinsichtlich solcher Themen wie Vertrauen, Ideologie, Wertvorstellungen usw. eine große Krise durchmacht [...]. Die Dinge werden nicht auf ewig so bleiben. Wenn China keine Veränderungen in der politischen Struktur zulässt, hat das Land schon bald das Ende der Fahnenstange erreicht. Dieses sogenannte Wunder wird nicht für immer anhalten.« Dann fügte er hinzu: »Auch nach neunzig Jahren des Erfolgs agiert die Partei bis heute im Geheimen. Sie vermeidet es, ihre wirklichen Ansichten offenzulegen, und scheut die Auseinandersetzung mit jemandem, der sie intellektuell herausfordert.«

In den Jahren, die wir uns kannten, war Ai Weiwei zu einer Art Symbol geworden – zum mittlerweile bekanntesten chinesischen Dissidenten aller Zeiten. Es gab Artikel, Bücher und Filme über ihn. Als der Künstler jedoch zu einem Prominenten wurde, schien die Kunstwelt das Interesse an ihm zu verlieren und nach einem neuen, unverbrauchten Gesicht Ausschau zu halten. (In der Zeitschrift *New Republic* erschien ein Artikel mit folgendem Untertitel: »Ai Weiwei – großartiger Dissident, schrecklicher Künstler.«) Am meisten störte sich Ai wohl am Verhalten seiner chinesischen Künstlerkollegen. »Während ich verschwunden war, [fragte] so gut wie keiner von ihnen, wo ich wohl steckte oder welches Verbrechen ich angeblich begangen hatte.«

Ich erkundigte mich, warum sie seiner Meinung nach den Mund gehalten hatten.

»Ich glaube, sie haben Angst«, entgegnete Ai tonlos. »Wenn wir uns zufällig über den Weg laufen, sagen sie immer, dass sie vollkommen meiner Meinung sind, aber wenn man sie um eine öffentliche Stellungnahme bittet, gehen sie nicht darauf ein.«

Manche fanden, Ai Weiwei ginge zu hart mit anderen ins Gericht, denn er hielt es für feige, wenn ein Künstler, Schriftsteller oder Gelehrter der Konfrontation oder der Politik aus dem Weg ging. Als eine Ausstellung chinesischer Kunst in London auf positive Resonanz stieß, kritisierte er, dass sie sich nicht »den dringendsten Fragen des Landes« stelle. Er verglich die Ausstellung mit einem »Restaurant in Chinatown, in dem jedes Standardgericht serviert wird, zum Beispiel Kung-Pao-Huhn oder Schweinefleisch süßsauer«.

Der Druck auf die Kreativen des Landes führte zu Konflikten, die weit über die Welt Ai Weiweis hinausgingen, nämlich zu Kämpfen um moralische Autorität und Vertrauen, die nach und nach immer persönlicher wurden. Im Januar 2012 schrieb ein Blogger namens Mai Tian einen Text mit dem Titel »Menschengemachter Han Han«, in denen er die Zeiten und Tage, an denen Han Han Artikel auf seinem Blog veröffentlicht hatte, mit den Terminen seiner Autorennen verglich und daraus schloss, dass Han sie unmöglich selbst geschrieben haben konnte. Der Blogger behauptete, Han Han sei ein Betrüger, vielleicht handele es sich sogar um eine ganze Gruppe von Ghostwritern, die sich hinter diesem Namen verbargen. Han stritt die Vorwürfe ab und bot jedem drei Millionen Dollar, der Beweise für diese Unterstellungen vorlegte. Seine Fans wiesen auf Fehler in der Chronologie hin, auf der die Anklage basierte, woraufhin Mai die Anschuldigungen zurückzog. All das Gerede über Betrug erregte jedoch die Aufmerksamkeit einer außergewöhnlichen Figur namens Fang Zhouzi.

Fang war ein Biochemiker mit einem Abschluss von der Michigan State University, der dafür bekannt geworden war, Betrüger unter den Wissenschaftlern und Korruption im akademischen Betrieb aufzudecken. In China war das kein ungefährliches Unterfangen: Fang war bereits von einer Bande Schlägern mit einem Hammer und Pfefferspray angegriffen worden, und es stellte sich heraus, dass sie von einem Akademiker mit Doktortitel angeheuert worden war, weil ihm Fang vorgeworfen hatte, er habe Datenmaterial erfunden. Fang lag mit seinen Anschuldigungen nämlich nicht immer ganz richtig. Er war schon mehrfach wegen Verleumdung verklagt worden, wobei er nach eigener Aussage drei Fälle gewonnen und vier verloren hatte. In der neuen Kultur der Skepsis gelang es ihm jedoch, eine große Anhängerschar hinter sich zu versammeln. Als ich Fang kennenlernte, erklärte er mir, dass ihm Gläubige jeglicher Richtung verdächtig erschienen, weshalb er in der Vergangenheit den christlichen Evangelikalismus ebenso angeprangert habe wie Falun Gong. Er habe einige Gemeinsamkeiten mit der tiefen Hingabe entdeckt, die viele für Han Han verspürten. »Ich kritisiere den Umstand, dass sie aus ihm einen falschen Götzen machen«, erklärte er. Wenn Fang die Geschichte erzählte, klangen dieselben Fakten, die Han Han zum Star gemacht hatten, ganz plötzlich überaus verdächtig: sein kometenhafter Aufstieg; seine Angewohnheit, einsam und schnell zu arbeiten; die Tatsache, dass er nach eigenen Angaben lieber Autorennen fuhr, als Romane schrieb. Um der ganzen Sache endlich ein Ende zu bereiten, scannte Han Han schließlich etwa eintausend handgeschriebene Seiten ein und veröffentlichte sie im Internet. Fang behauptete jedoch, es seien Imitationen, die aufgrund mangelnder »Einzelheiten und Änderungen in der Geschichte« ebenso verdächtig erschienen. Er spekulierte, dass entweder Hans Vater, der frustrierte Schriftsteller, oder eine Gruppe Autoren, die für den aalglatten Verleger arbeiteten, den auch ich getroffen hatte, die Handschrift Hans nachahmten.

Der Streit zwischen Han Han und Fang Zhouzi, zwei der einflussreichsten Publizisten Chinas, sorgte für Furore: In nur zwei Wochen wurden fünfzehn Millionen Einträge zu diesem Thema auf Weibo gepostet. Einige von Han Hans Kritikern gingen sogar so weit, das Finanzamt um eine Steuerprüfung zu bitten; außerdem fragten sie sich, ob seine Autorennen manipuliert wurden, und warfen ihm sogar vor, seine Körpergröße zu übertreiben. Die Debatte um die Authentizität und die Verdienste Hans spaltete die Intellektuellen des Landes in zwei erbitterte Lager. Der Romanautor Murong Xuecun beobachtete, wie sie sich gegenseitig mit Dreck bewarfen: »Seit der Kulturrevolution haben chinesische Intellektuelle nicht mehr so viel Hass füreinander gezeigt.« Warum hatte gerade diese Angelegenheit zu solch einem Streit geführt? Der russische Dichter Jewgeni Jewtuschenko fragte einmal: »Wie kommt es, dass rechte Mistkerle stets Schulter an Schulter stehen, während Linke sich zerfleischen?« In Murongs Augen lagen die chinesischen Intellektuellen derart am Boden, dass sie sich sogar um die vom Tisch fallenden Krümel schlugen. Wenn so viele Denker »dermaßen viel Energie darauf verschwenden, über Worte und Tinte zu streiten, dann gerät die Kritik an der staatlichen Autorität und die Konzentration auf das gesellschaftliche Wohlergehen ins Hintertreffen. Und das sollte ein Grund zur Sorge sein.«

Ich stattete Han Han einen Besuch ab und befragte ihn zu den Anschuldigungen. »Es ist schwer, den Gegenbeweis für etwas zu erbringen, das man nie getan hat«, entgegnete er. Dann deutete er an, dass seine Ankläger verrückt geworden seien. »So wie die Menschen, die behaupten, die Amerikaner wären nie auf dem Mond gelandet«, erklärte er. Ich fragte ihn, ob sein Vater je einen Text in seinem Namen verfasst habe, und er verneinte. »Unsere Schreibstile unterscheiden sich.« Sein Vater interessiere sich für Geschichten, während es ihm vor allem um die Atmosphäre ginge. »Nicht, dass mein Stil so besonders gut wäre – er ist alles andere als vollkommen –, aber er ist ziemlich charakteristisch«, sagte er im leicht angeberischen Tonfall eines Rennfahrers. Dann erklärte er die Anschuldigungen gegen ihn in einem breiteren Zusammenhang. »Die Chinesen vertrauen sich nicht und nutzen dieses fehlende Vertrauen, um jeden anzugreifen, der ihnen nicht passt.« Über die vielen Internetanhänger Fangs sagte Han: »Sie glauben bloß ihrem Computer.«

Dass Han Han in Wirklichkeit ein von seinem Vater und seinem Verleger ausgedachtes Trugbild sein könnte, lag wenigstens theoretisch nicht außerhalb des Möglichen – oder war zumindest nicht weniger seltsam als der Gedanke, dass Bo Xilais Ehefrau einen britischen Geschäftsmann vergiftet oder der Bahnminister derart viel Geld gestohlen hatte, dass es bei ihm zu Hause verschimmelte. Um ehrlich zu sein: Ein Teil von mir wünschte sich sogar, dass die Anschuldigungen wahr waren, weil das eine verdammt gute Story abgegeben hätte. Zweimal traf ich mich mit chinesischen Autoren, die behaupteten, einen von »Han Hans Ghostwritern« zu kennen, doch jedes Mal, wenn ich einer Spur folgte, verlief sie irgendwann im Sand. Ich hatte ein Interview mit Hans Vater geführt und daraus geschlossen, dass sein Sohn und er entweder herausragende Schauspieler waren oder die Geschichte frei erfunden sein musste. Letztlich, dachte ich, war Han Han wahrscheinlich genau das, was er zu sein schien: Ein von den Erwartungen seines Marketingteams geformter Schriftsteller, kein Betrüger.

Ich hatte den Eindruck, ein Großteil der Kritik richte sich in Wirklichkeit nicht gegen Han selbst, sondern gegen die Zeit, die er repräsentierte. Für Menschen wie den stets hinter der Wahrheit herjagenden Fang Zhouzi, der Han einen »falschen Götzen« nannte, wurde das klassische Dasein eines chinesischen Intellektuellen durch den Erfolg Hans in den Dreck gezogen, weil der seine Arbeiten wie am Fließband produzierte und unvollendete Texte auf den Markt warf. Andere dagegen hielten Han für einen Schönwetterkritiker, der bereits bewiesen hatte, dass auf ihn kein Verlass war und er seine Forderung nach Veränderungen in China aufgab, sobald ihm die Risiken als zu groß erschienen. Nachdem Han sich geweigert hatte, Ai Weiweis Inhaftierung öffentlich zu kritisieren, verschlechterte sich das Verhältnis zwischen den beiden, und der Künstler bezeichnete den Autor als »zu fügsam«. Ich erkannte, dass all diese Vorwürfe gegen Han eins gemeinsam hatten: Die Leute hatten ihre Wünsche auf Han Han projiziert, der mit seinem Verhalten später jegliche Illusionen zerstört hatte. So gesehen war Han der ultimative Amateur – das Symbol des individualistischen Lebensentwurfs der Generation Ich. Je öfter mir sein Gesicht an Bushaltestellen und in U-Bahnhöfen begegnete, desto mehr erinnerte er mich an Lei Feng, den alten Liebling der Sozialisten. In gewisser Weise war Han Han zu einem Lei Feng in Jeans-Kluft geworden – zu einem Hoffnungsträger, von dem letztlich Unmögliches verlangt wurde.

Als ich im Frühjahr 2013 das letzte Mal bei Han Han vorbeischaute, spürte ich, dass die Jahre des Erfolgs ihren Tribut gefordert hatten. Nach all den Tänzen in Fesseln – nach der abgesetzten Zeitschrift und nach den Warnungen der Partei – war er in ein Büro gezogen, das sich in einer ruhigen Villa in einer Shanghaier Wohnanlage befand, in der einige kleinere IT-Unternehmen ansässig waren. Dort betrieb er ein Start-up, dass eine Android-App namens »One« entwickelte, mit der die Nutzer einmal täglich eine Geschichte, ein Gedicht, ein Video oder einen ähnlichen Inhalt erhielten. Bereits in den ersten sechs Monaten wuchs die Zahl der Abonnenten auf drei Millionen an, dennoch war die App immer noch unbedeutend genug, um den wachsamen Augen des Zentralen Propagandaministeriums zu entgehen. »Da ich keine Zeitschrift herausgeben darf, haben wir aus der ganzen Sache einfach eine App gemacht«, erklärte er mir. Wir befanden uns in einem kleinen, sonnendurchfluteten Konferenzraum im obersten Stock, während in den Räumen unter uns junge Angestellte inmitten von Plüschtieren, Pingpongtischen und anderen Insignien eines typischen Start-ups an ihren Computern saßen. Han Han erzählte, er verbringe den Großteil seiner Zeit mit seiner Tochter und mit Autorennen. Als ich ihn in seiner neuesten Inkarnation vor mir sah – als Bad Boy und Schriftsteller im Ruhestand –, fragte ich ihn, warum er das Schreiben über solch sensible Themen wie die Korruption oder die Ungerechtigkeit im Land aufgegeben habe. »Heute gibt es dafür Weibo. Dort finden die Leute alles, was sie brauchen«, erklärte er. »Ich schreibe kaum noch über Politisches. Mittlerweile finde ich das nur noch langweilig.«

»Langweilig?«, fragte ich.

»Ja, weil die gleichen schlimmen Dinge einfach immer wieder passieren. Als Autor möchte man sich nicht ständig wiederholen. Ich kann meine Wut und meine Unzufriedenheit auf andere Weise ausdrücken. Oder ich entscheide mich, sie ganz für mich zu behalten.«

~

Je nach Standpunkt war die Richtung, in die sich Han Hans schriftstellerische Aktivitäten bewegten, er- oder entmutigend. Als wir uns kennenlernten, befand er sich direkt auf Kollisionskurs mit der Partei, doch im Lauf der Jahre hatten er und das System einen Umgang miteinander gefunden. Seine Texte hatten sehr viel weniger Einfluss auf die chinesische Jugend als früher – doch man konnte ihn kaum dafür kritisieren, dass er einen ruhigeren Weg gewählt hatte, denn die Partei hatte die mit kompromisslosem Ehrgeiz verbundenen Gefahren mehr als deutlich gemacht. Deshalb fand ich es umso erstaunlicher, wenn Menschen, deren Kampf für mehr Autonomie bislang erfolglos geblieben war, den Mut hatten, sich immer wieder ins Gefecht zu stürzen. Im März 2010 erhielt ich eine Einladung zu einer Feier in der City von Peking: Die Redakteurin Hu Shuli nahm den investigativen Journalismus wieder auf. Weniger als vier Monate nach dem Bruch mit ihrem Verleger mietete sie den Ballsaal eines Hotels und lud Reporter, Funktionäre und Wissenschaftler dorthin ein. Unterstützt von unzähligen Redakteuren und Journalisten, die ihr nach dem Weggang von *Caijing* gefolgt waren, hatte sie eine Mediengruppe gegründet. Angriffslustig wie sie war, nannte sie ihr neues Unternehmen *Caixin*, was sich auf Chinesisch wie »das neue *Caijing*« anhörte.

Ich nahm im Publikum Platz und sah zu, wie Hu ans Rednerpult trat. Sie trug ein rotes, paillettenbesetztes Jackett. Hinter all den um das Mikrofon platzierten Blumenarrangements konnte man sie gerade noch erkennen. Mit hoher Stimme sagte sie: »Ziel unserer redaktionellen Arbeit ist immer die objektive Berichterstattung über die wichtigsten wirtschaftlichen und gesellschaftlichen Entwicklungen in Chinas gewesen, und das wird sich auch in Zukunft nicht ändern.« Bei ihrem neuen Projekt hatte Hu das Mitspracherecht, das sie sich immer gewünscht hatte, denn gemeinsam mit ihren Redakteuren gehörten ihr dreißig Prozent des Unternehmens, während eine Investorengruppe und eine relativ progressive Zeitung namens *Zhejiang Daily* den Rest unter sich aufteilten. Geschäftsbeziehungen mit einer staatlichen Zeitung waren mit ganz eigenen Gefahren verbunden, obwohl Hu im Lauf der Zeit Vertrauen schöpfte und glaubte, dass die

Zhejiang Daily ihr Versprechen einlösen und ihr mehr redaktionelle Freiheiten einräumen würde.

Während der nächsten Jahre beobachtete ich, wie Hu und ihre Mitarbeiter sich wieder zu etablieren versuchten. Nach der anfänglichen Freude über die neuen Geldgeber verließen viele Reporter die Redaktion, weil sie anderswo besser bezahlt wurden oder bei bekannteren Blättern unterkamen. Hu ging sehr große Risiken ein. Einmal baute sie eine Rundfunkabteilung auf, die sich aber als zu kostspielig und zu komplex erwies, so dass sie wieder eingestellt werden musste. In der Redaktion begann man, diesen Versuch »Hus Großen Sprung nach vorn« zu nennen. Sie aber machte weiter. Die Redaktion brachte Geschichten über Finanzbetrug und Machtmissbrauch heraus, in die hohe Funktionäre verwickelt waren. Die Artikel schlugen große Wellen: So entdeckten die Reporter beispielsweise, dass die für die Einhaltung der Ein-Kind-Politik zuständigen Beamten von dieser profitierten, indem sie Neugeborene beschlagnahmten und an Waisenhäuser verkauften, welche die Kinder zur Adoption ins Ausland vermittelten. Hu verfasste leidenschaftliche Leitartikel, in denen sie die grundlegende Argumentation der Partei infrage stellte, nach der Demokratie zwangsläufig Instabilität bedeutete. »Autokratie führt nur zu Chaos«, schrieb sie zur Zeit der Unruhen im Nahen Osten, »während Demokratie Frieden schafft. Eine Autokratie zu unterstützen, bedeutet in Wirklichkeit, kurzfristige Interessen über langfristige Verbesserungen zu stellen.«

Auch wenn Hu Shuli ihre Ansichten weiterhin mutig vertrat, ging ihre Stimme anders als früher, als sie vor zwölf Jahren ihre erste Zeitschrift herausgegeben hatte, mittlerweile fast schon unter, weil neben ihr inzwischen so viele andere ertönten. Heutzutage deckten ganz normale Bürger tagtäglich jene Machenschaften der Konzerne und die Folgen der Korruption im Land auf, für die früher Hu zuständig gewesen war – alles, was man dazu brauchte, war ein Internetanschluss. Wirtschaftsmagnaten, die Hu Shuli früher Exklusivinterviews gegeben hatten, gingen nun ebenfalls online, um sich Gehör zu verschaffen. Selbst Hus alte Zeitschrift, *Caijing*, hatte sich wieder aufgerappelt. Der Verleger, Wang Boming, schien zu spüren, dass sein glorreicher Ruf als Pressebaron in Gefahr war, weshalb er den Lesern versprach, sich »unangemessenen Kontrollversuchen von oben zu widersetzen«. Die Zeitschrift konzentrierte sich weiterhin auf investigativen Journalismus. Insofern hatte Hus Weggang die Enthüllungen nicht beendet, sondern sie in ihrer Zahl letztlich sogar verdoppelt.

Im Frühjahr 2013 begannen Sarabeth und ich, uns auf unseren Weggang aus Peking vorzubereiten. Nach acht Jahren wünschten wir uns etwas Distanz zu China, damit wir besser über unsere dortigen Erfahrungen nachdenken konnten. Natürlich würden wir das Land sehr vermissen, und irgendwann würden wir bestimmt zurückkehren, aber es war einfach an der Zeit, zu neuen Ufern aufzubrechen. Wir sagten unseren Freunden Lebewohl, und ich besuchte Hu Shuli ein letztes Mal in ihrem Büro. Im Lauf der Jahre hatte ich begonnen, Hu sozusagen als den Herzmonitor des intellektuellen Lebens in Peking zu betrachten, denn ihr Pulsschlag zeigte stets an, welchen Zwängen unabhängiges Denken in China unterworfen oder welche Möglichkeiten damit verbunden waren.

Als ich die Redaktion von *Caixin* betrat, war sie leerer als bei meinem letzten Besuch. Ich wusste, dass immer mehr Nachwuchsreporter die Zeitschrift wegen prestigeträchtigerer oder lukrativerer Angebote verließen. Hu hatte ihr Büro mit wenigen Möbelstücken funktional eingerichtet. Ich fragte sie, ob es inzwischen schwerer oder leichter sei, in China investigativen Journalismus zu betreiben, und sie bestätigte die zunehmende Konkurrenz. »Als ich damals mit *Caijing* anfing, hatte ich das Problem, dass ich mich kaum auf irgendwelche anderen Informationen stützen konnte, denn es gab ja nur *Caijing*«, erklärte sie. »Heute gibt es jedoch so viel Material, dass man entscheiden muss, was überhaupt stimmt. Wir möchten einflussreich sein und umfassend berichten – eine verlässliche Nachrichtenquelle.« Das war eine Seltenheit in einer Gesellschaft, der es an Vertrauen mangelte.

»Können Sie damit denn über die Runden kommen?«, wollte ich wissen.

»Das kommt auf die Gesamtsituation im Land an. Wenn sich die

Veränderungen in China durchsetzen und wir einer rosigen Zukunft entgegensehen, kann die Zeitschrift überleben und schnell wachsen.« Über die andere Möglichkeit sprach sie lieber nicht; stattdessen dachte sie einen Augenblick nach. Dann fuhr sie fort: »Ich glaube, China wird kaum kehrtmachen können, deshalb bin ich zuversichtlich.« Mittlerweile gebe sie auf Teilzeitbasis Kurse an der Sun-Yat-sen-Universität in Guangzhou. Der Kontakt mit den jungen Leuten habe ihr neue Energien verliehen. »An der Universität fragen mich die Studenten: ›Wir wissen, dass der Journalistenberuf nicht leicht ist, dennoch ermutigen Sie uns dazu – warum?‹ Ich antworte in so einer Situation, dass man gerade dann erfolgreich sein wird, wenn alle anderen etwas für zu kompliziert halten und man es trotzdem tut – wenn alle anderen Angst haben, gibt es weniger Konkurrenz.«

Als sie sich für den Neuanfang entschieden habe, sei es ihr um mehr gegangen als nur ums Geschäft. Sie glaube immer noch an das Ideal ihrer Anfangszeit. »Wir wollten nicht sterben, sondern leben«, erklärte sie. »Diese jungen Leute sind so zuversichtlich und optimistisch, dass sie mich inspirieren. Sie sind alle zwischen dreißig und vierzig Jahre alt und konzentrieren sich auf Start-ups. Sie vertrauen nicht nur mir, sie vertrauen der Zukunft. Für mich bedeutet das nicht nur Druck, sondern auch Ermutigung. Sie sagen: ›Warum machen wir nicht selbst den Anfang? Wir können ganz von vorn beginnen!‹« Sie lächelte und erklärte dann: »Natürlich stehe ich damit gewaltig unter Zugzwang, aber manchmal muss man sich einfach entscheiden.«

23. Wahre Gläubige

Wieder einmal war der Patriot Tang Jie ruhelos. Seit ihn sein nationalistischer Videoclip vor ein paar Jahren aus der Anonymität geholt hatte, hatte er in Shanghai, Berlin und Peking gelebt – und keine sechs Monate nachdem er sich der Produktionsfirma m4 in der Hauptstadt angeschlossen hatte, plante er bereits etwas Größeres. Er wollte sich nicht mehr nur auf eine Kritik der westlichen Medien beschränken, sondern sein Spektrum erweitern und nun auch die chinesischen Medien unter die Lupe nehmen; außerdem plante er eine Kolumne zur politischen Lage im Land. Seine Beobachtungen sollten die im Internet sonst übliche Qualität übersteigen und das Niveau »unabhängiger Medien« erreichen, wie er sagte. Seine Partner waren jedoch anderer Ansicht, denn sie fürchteten, eine größere Vielfalt könnte zur Abschaltung ihrer Seite führen. »Die anderen und ich sind sehr an den Problemen unseres Landes interessiert – und das bedeutet, an der Politik«, erzählte mir Tang. »Die Begriffe ›Politik‹ und ›Polizei‹ haben denselben Stamm; wenn man vom Aufstieg eines Landes spricht, kann man dieses Thema deshalb unmöglich vermeiden. Wenn junge Menschen wie wir nicht mehr über Politik sprechen wollen, wer dann?«

Im August 2011 verließen er und zehn weitere Mitarbeiter die Produktionsfirma und gründeten eine neue Seite namens Dujiawang – »Einzigartiges Internet« –, die eine ehrgeizige neue Prämisse vertrat: »Gemeinsam mit China aufsteigen«. In den vier Jahren, in denen Tang und ich uns kannten, hatte sich die Zahl der chinesischen Internetnutzer auf eine halbe Milliarde verdoppelt; Tang hoffte nun, seine neue Seite als das Youtube der chinesischen Nationalisten etablieren zu können. »Wir möchten mehr sein als eine bloße Geisteshaltung«, erklärte er. Tang Jie fand einen Privatinvestor und brachte drei Millionen Yuan für die Finanzierung des Unternehmens zusammen (etwa eine halbe Million Dollar); außerdem mietete er Büros im Technologiebezirk der Hauptstadt, direkt neben dem Sitz der Suchmaschine Baidu. Seine Kollegen und er bauten einen der Räume in ein Aufnahmestudio für Videomaterial um, wo sie Interviews und Vorträge fürs Internet produzierten. Um der Kulisse den Anstrich eines Gelehrtenzimmers zu verleihen, trieben sie ein Foto einer Dubliner Bibliothek auf, vergrößerten es und verwendeten es als Hintergrundbild im Studio.

Sie untersuchten in ihren Videos das chinesische Raumfahrtprogramm und die europäische Schuldenkrise, Goldman Sachs, Griechenland und die Reglementierung von Waffenbesitz. Dem Westen misstrauten sie nach wie vor, und sie kritisierten die Herausgeberin Hu Shuli für ihren Ruf nach Reformen; außerdem vertraten sie die Ansicht, dass die Einführung der Demokratie in China darauf hinausliefe, »ein gefälschtes Gemälde aus dem Westen« über eine »Originalkalligraphie aus China« zu kleben. Selbst nach chinesischen Standards war Tang Jies Nationalismus extrem. Einmal kritisierte er die staatliche Nachrichtenagentur, weil sie angeblich nicht genug Härte an den Tag legte, woraufhin ihn einer der dortigen Reporter in Anspielung auf die loyalen »Beeinflusser der öffentlichen Meinung« als »Fünfzig-Center« bezeichnete. »Die staatliche Nachrichtenagentur hat Sie einen Lockvogel der Regierung genannt?«, fragte ich. »Korrekt«, bestätigte er grinsend. »Irgendwie fanden wir das absurd.«

In der Vergangenheit hatte ich einige wohlhabende chinesische Geschäftsleute kennengelernt, die in Seiten wie diese investiert hatten, doch in Tang Jies Fall wollte der Geldgeber anonym bleiben. »Drei Millionen Yuan sind für ihn nur eine kleine Summe. Damit kann man sich noch nicht einmal eine Wohnung in Peking leisten«, meinte Tang und fügte dann hinzu: »Wir wollten Profit machen, und am Anfang glaubten unsere Investoren auch, dass wir das könnten.« Das stellte sich jedoch als komplizierter heraus, als gedacht: Im April 2012 versetzte die Meldung über den Mordskandal um Bo Xilai die Parteizensoren in Aufruhr, woraufhin sie eine derart breit angelegte Kampagne gegen politische Debatten im Internet lostraten, dass sich das Ganze auch auf Tangs Webseite auszuwirken begann. Er erhielt eine Nachricht vom Amt für Internetangelegenheiten, die ihn anwies, seine Seite einen Monat zu »Umstrukturierungszwecken«

vom Netz zu nehmen. Als wir uns darüber unterhielten, gab er sich so optimistisch wie möglich. »›Umstrukturierung‹ bedeutet, dass du ihnen von dir erzählen und ihnen sagen musst, wer den Betrieb leitet, damit sie alles dokumentieren können. Erst danach darfst du an die Arbeit zurück«, sagte er. »Wir sehen ein, dass der Staat das machen musste, weil sonst die Kommentare mit politischen Inhalten einfach alles überschwemmt hätten.« Er fuhr fort: »Es war zwar frustrierend, aber mit der Arbeit aufgehört haben wir nie. Selbst als unsere Seite gesperrt wurde, konnten wir unsere Videos an alle möglichen anderen weiterleiten.« »Hielten Sie die Sperrung für gerechtfertigt?«, wollte ich wissen, und er dachte über die Frage nach.

»In meinen Augen sind sie damit zu weit gegangen. Zu viele Webseiten wurden einfach so abgeschaltet«, antwortete er. Dann sagte er: »Natürlich hoffen wir, dass wir bald eine freiere Atmosphäre in China haben werden. Allerdings ist ›Freiheit‹ ein sehr abstrakter Begriff [...]. Wir müssen konstruktiv bleiben.«

Tang Jie bewahrte sich seinen Optimismus. Dann wurden aus einem Monat der »Umstrukturierung« zwei und schließlich drei. Sein Investor verlor den Mut und drehte den Geldhahn zu. Tang Jie fragte sich allmählich, wie er die Miete und die Gehälter bezahlen sollte. Fünf Monate nachdem seine Seite gesperrt worden war, durfte sie im September zurück ans Netz – gerade rechtzeitig, um bei der Verteidigung eines vom Staat als »heilig« bezeichneten Gebiets im Ostchinesischen Meer zu helfen: fünf kleine Inseln und drei Felsen, die in China die Diaoyu-Inseln heißen. Diese unbewohnte Inselgruppe liegt weit draußen im Meer und beherbergt nichts als Maulwürfe und Albatrosse. Sie wurde von Japan verwaltet, obwohl die Volksrepublik sie für sich beanspruchte. Jahrzehntelang hatte der Zwist geruht, doch nun wurden wertvolle Öl- und Gasvorkommen unter den Inseln vermutet, so dass der Konflikt neu entbrannte.

Die japanische Familie, in deren Besitz sich die Inselgruppe befand, verkaufte sie im September 2012 an den japanischen Staat, was zu Protesten in vielen chinesischen Städten führte. An manchen Orten gerieten sie vollkommen außer Kontrolle. In Xian mussten Einheiten der Bereitschaftspolizei eine Menschenmenge im Zaum halten, die ein Hotel belagerte, in dem einige japanische Touristen übernachten sollten. Andernorts in der Stadt wurde der Chinese Li Jianli angegriffen, weil er ein japanisches Auto fuhr. Er wurde aus seinem Toyota gezerrt und mit einem Fahrradschloss so schwer verletzt, dass er eine teilweise Lähmung davontrug. In Peking hängten einige Ladenbesitzer Schilder auf Englisch in ihre Fenster. So stand an einem Restaurant etwa: »Keine Japaner, Philippinos, Vietnamesen und keine Hunde.«

In solch einem Klima Zweifel an der nationalistischen Sache anzumelden, konnte durchaus gefährlich sein. Als der vierundachtzigjährige Wirtschaftswissenschaftler Mao Yushi kritisierte, dass der Staat das Geld der Steuerzahler ausgab, um ein paar Flecken Land zu verteidigen, die »keinerlei Bruttoinlandsprodukt und keine Steuereinnahmen« abwarfen, wurde er mitten in der Nacht mit Telefonanrufen bombardiert und als »Verräter« bezeichnet. Eine linke Internetseite stellte eine Galerie von vermeintlichen »Sklaven des Westens« zusammen, auf der vor allem Wissenschaftler und Journalisten mit einer Schlinge um den Hals abgebildet wurden – darunter die Herausgeberin Hu Shuli und der Nobelpreisträger Liu Xiaobo. Über den Bildern stand: »Solange China sicher ist, werden es auch die Sklaven des Westens sein. Ist das Land jedoch in Gefahr, werden wir diese Sklaven zu Hause besuchen und die Sache ein für alle Mal regeln.«

Eine weitere Demonstration sollte vor der japanischen Botschaft in Peking stattfinden, deshalb fuhr ich mit dem Rad quer durch die Stadt zum Ort des Geschehens. Dieses Mal war die chinesische Polizei allerdings vorbereitet. Spezialeinheiten in Tarnanzügen und Polizeibeamte in blauen Uniformen standen einer sehr viel kleineren Gruppe von Demonstranten gegenüber. Die Architektur der japanischen Botschaft spiegelte die schlechten Beziehungen zum Gastgeberland wider, denn die sechsstöckige graue Festung, die ein Stück abseits der Straße stand und deren Fenster von Stahlgittern geschützt wurden, lud geradezu dazu ein, mit Eiern beworfen zu werden.

Im Vergleich zu den Unruhen vor ein paar Tagen ähnelte der heutige Protestzug eher einer Parade. Bevor die Polizei die Demonstranten abdrängte, durften Letztere noch das Tor der Botschaft mit Wasserflaschen und Müll bewerfen. Während ich mich im Strom der Protestler die Straße entlangtreiben ließ, erstaunte es mich, wie sehr die chinesische Regierung darum bemüht war, die Demonstranten an die Tatsache zu erinnern, dass sie auf derselben Seite standen. Ich hörte eine Frauenstimme vom Band, und ich brauchte einen Augenblick, bis ich verstand, dass sie weder aus der Menge selbst kam, noch an die Japaner gerichtet war. Tatsächlich warb die Polizei durch ein Megafon um öffentliche Unterstützung:

> Wir teilen Ihre Sorgen. Der Staat hat eine klare Position: Er wird die Missachtung der Souveränität unseres Landes nicht akzeptieren. Wir sollten ihn dabei unterstützen, indem wir unseren Patriotismus auf legale, geordnete und vernünftige Weise zum Ausdruck bringen. Wir müssen uns an die Gesetze und Verordnungen halten und dürfen nicht zu drastischen Maßnahmen greifen oder die gesellschaftliche Ordnung stören. Bitte arbeiten Sie mit uns zusammen und folgen Sie den Anweisungen der Polizei.

Wenn man die Männer und Frauen auf der Straße aus der Nähe betrachtete, entstand der Eindruck, dass der chinesische Nationalismus weniger eine Ideologie an sich als eine weitere Option der Sinnsuche während der Boom-Jahre darstellte. Meine Bekannte Lu Han, eine Schriftstellerin und Übersetzerin, die für die antijapanischen Demonstrationen keinerlei Interesse zeigte, hatte einen Verdacht, warum andere davon angezogen wurden: »Wenn man in China aufwächst, hat man nur sehr selten die Möglichkeit, so etwas zu spüren – sich spirituell erhaben zu fühlen, weil man Teil von etwas wird, das größer ist als man selbst und wichtiger als der ganz normale Alltag.« So gesehen, war der Nationalismus zu einer Art Religion geworden, an die man genauso glauben konnte wie an den Konfuzianismus, das Christentum oder die Moralphilosophie Immanuel Kants. Der Zeitungsredakteur Li Datong war der Ansicht, die Wut der jungen Nationalisten beruhe auf einem »angestauten Wunsch, sich auszudrücken, der wie eine Flut plötzlich über sie hereinbricht«. Und gerade weil eine Flut von allen Seiten hereinzubrechen vermag, bedeuteten die jungen Konservativen im Land für die chinesische Staatsführung eine neue, unberechenbare Kraft.

Tang Jie war angesichts des anschwellenden Nationalismus hin- und hergerissen. Er freute sich zwar über dessen zunehmende Beliebtheit bei der Bevölkerung, fand die damit verbundene Gewalt jedoch abstoßend. Es war ihm sehr wichtig, auf den Unterschied zwischen seinen Ansichten und der Wut der Populisten hinzuweisen. »Die jungen Leute hier sind sehr viel gebildeter als die Menschen, die mit Transparenten auf die Straße gehen«, erklärte er mir, als ich ihn in seinen Geschäftsräumen besuchte, einem Großraumbüro voller Arbeitskabinen und einem mit Glaswänden abgetrennten Einzelbüro, in dem wir uns in zwei staubige Sessel fallen ließen. Trotz all seiner Reisen, trotz der Parteiskandale und trotz seiner Kenntnisse der westlichen Philosophie war sein Konservatismus ungebrochen. Er brannte darauf, sich auf eine Weise für das politische System Chinas einzusetzen, wie es der Staatsführung selbst kaum gelang. »In Peking gibt es mehr als zehn Millionen Pendler, die jeden Tag in die Stadt kommen, nebst Zehntausenden Lastern, die Obst und Gemüse liefern und den Müll aus der Stadt hinaustransportieren. In Anbetracht all dieser gleichzeitig auftretenden Probleme brauchen wir einfach einen starken Staat«, erklärte er und fügte dann hinzu: »Wir müssen lernen, uns selbst zu verstehen. Wir dürfen nicht vergessen, was uns so besonders macht. In nur sechzig Jahren sind wir zur zweitgrößten Wirtschaftsmacht der Welt geworden – nach anderen Messmethoden sogar zur größten –, ohne in der Zeit jemanden zu kolonisieren.«

Während unseres Gesprächs sagte er etwas, das mich überraschte: Tang hatte das Gefühl, dass sich die öffentliche Meinung gegen ihn wendete. Er hielt die nationalistischen Proteste in China für vage und ziellos, und er war zunehmend davon überzeugt, dass der Großteil der Chinesen seine Ansichten nicht teilte. »Alles bewegt sich in eine Richtung: die amerikanische«, erklärte er. »So jedenfalls sieht es der Mainstream, und das darf scheinbar nicht infrage gestellt werden. Die Leute finden, die Dinge im Land sollten eher wie in den Vereinigten Staaten laufen, ob nun in der Wirtschaft, in der Justiz oder in der journalistischen Berichterstattung. So lautet die gängige Meinung in China.« Zu meiner Verblüffung schien Tang mittlerweile davon überzeugt zu sein, dass auch die meisten im Staat dieser Meinung waren, selbst wenn sie nie etwas in der Art gesagt hatten. »Seitdem die Öffnung des Landes zur wichtigsten regierungspolitischen Maßnahme erklärt wurde, plädieren die meisten in der Staatsführung für Reformen, weshalb es ihnen auch so schwerfällt, alternative Herangehensweisen zu akzeptieren.«

Ein jüngerer, sehr ernster Mann betrat das Büro und klinkte sich in unser Gespräch ein. Sein Name war Li Yuqiang; begonnen hatte er seine Laufbahn als Tangs Assistent, doch mittlerweile war er für den täglichen Betrieb der Seite verantwortlich. Auch er hatte eine der führenden Hochschulen des Landes absolviert – er hatte an der Peking-Universität Psychologie und Softwareentwicklung studiert –, und während wir uns unterhielten, nahm er Tang Jies Gedanken über den ideologischen Umschwung auf. »Die meisten chinesischen Medien sind liberal, das wissen alle«, erklärte Li. Dann zählte er eine Liste von Programmpunkten auf, mit denen er nicht einverstanden war: »unabhängige Judikative, freie Marktwirtschaft, schlanker Staat«. Der Jüngere von beiden hatte eine strengere, konfrontativere Perspektive. »Die Leute, die die Medien kontrollieren, behaupten zwar, sie seien Liberale, benehmen sich jedoch wie Autoritäre. Alternative Sichtweisen sind nicht erlaubt.« Einen Augenblick lang dachte ich, er mache einen Scherz, aber dem war nicht so: Die aufstrebende Generation junger chinesischer Nationalisten beklagte sich tatsächlich über die fehlende Meinungsfreiheit im Land.

Zu den schwierigsten Dingen in China gehörte es, die öffentliche Meinung einzuschätzen. Umfragen mochten einen gewissen Eindruck liefern, doch nur bis zu einem bestimmten Grad, denn jeder, der einige Zeit im Land verbracht hatte, wusste genau, dass keine ehrlichen Antworten zustande kamen, wenn man sich bei den Bürgern eines autoritären Staates telefonisch nach ihren politischen Meinungen erkundigte. Aus der Ferne mochte es aufgrund der nationalistischen Ausbrüche und der zeitweiligen Gewalt so wirken, als ob das Land vor patriotischer Wut nur so schäumte. Aus der Nähe war das allerdings nicht der Fall, weshalb es nicht leicht war, in Erfahrung zu bringen, wie viele Chinesen diese Gefühle tatsächlich teilten. Die Partei hatte es stets mit Stolz erfüllt, die »zentrale Melodie« des chinesischen Lebens zu artikulieren. Im Lauf der Jahre schien ihre Interpretation der Melodie jedoch immer weniger zu der improvisierten Kakofonie zu passen, die überall um sie herum erklang. Es ließ sich unmöglich erahnen, was »die Mehrzahl der Chinesen« wirklich dachte, weil die Staatsmedien und das politische System des Landes gar nicht darauf ausgelegt waren, der öffentlichen Meinung zu dienen, sondern sie umgekehrt zum Diener der eigenen Interessen zu machen. Wie jeder andere Ton der Melodie vermochte der Nationalismus in einem Augenblick in den Vordergrund zu treten und im nächsten bereits wieder im Hintergrund zu verschwinden, aber entsprach er wirklich dem, was die Mehrheit der Bevölkerung dachte? Die Nationalisten selbst empfanden es jedenfalls nicht so.

Die fünfmonatige Abschaltung von Tangs Seite forderte ihren Tribut. Tang schaffte es nicht, einen anderen Investor aufzutreiben. »Das Geld ist so gut wie weg«, erklärte er. Inzwischen war er sich gar nicht mehr so sicher, ob er seine Karriere weiterhin dem Nationalismus widmen wollte. Er spielte mehr und mehr mit dem Gedanken, an die Hochschule zurückzukehren und zu lehren. Schließlich schrieb eine Universität in Chongqing, dem Heimatort seiner Frau, eine Teilzeitstelle am Philosophie-Institut aus, und Tang nahm sie an, so dass er nun zwischen Kursen über Platon in Chongqing und dem Betrieb einer nationalistischen Seite in Peking pendelte. »Wir sind besorgt«, sagte er nach einer Weile. »Nächste Woche habe ich einen Termin bei einem möglichen Finanzier, aber irgendwie bezweifle ich, dass er Geld in ein Projekt stecken wird, bei dem Gewinne nicht garantiert werden können.« Der Wissenschaftler Tang hatte entschieden, dass er kein besonders gutes Händchen fürs Geschäft hatte. »Das ist nichts für mich«, meinte er.

Es wurde bereits spät, also gingen wir zurück ins Aufnahmestudio, um gemeinsam vor dem Bibliothekshintergrund ein Abschiedsbild zu machen. Trotz all seines Zorns hatte ich manchmal den Eindruck, dass Tang Jie einiges am Westen beneidenswert fand. Er sagte zu mir:

»Als wir uns kennenlernten, habe ich Sie gefragt, was der grundlegendste amerikanische Wert sei, und Sie haben so etwas geantwortet wie ›Freiheit‹. Und ich dachte mir: ›Wow, in dem Land gibt es eine Staatsreligion, an die alle glauben, weil sie dazu erzogen wurden.‹« Das war zwar eine Idealisierung, aber ich verstand durchaus, worauf er hinauswollte. Er fuhr fort: »Ihr Amerikaner teilt diesen fundamentalen Glauben an die Freiheit, aber in China ist das immer noch ein Problem. Es gibt so viele Ansichten, an die man glauben kann, liberale und konservative, den Maoismus – alles Mögliche eben.« Ich fragte ihn, wie er seine eigenen Ansichten einschätzte, und er verpackte seine Antwort ihn geopolitische Begriffe: »Jahrhundertelang waren wir Gefangene einer auf den Westen fokussierten Weltsicht, die unseren Planeten in zwei Lager aufteilte: in West und Ost; in Demokratie und Autoritarismus; in Hell und Dunkel. Alles Helle wird mit dem Westen verbunden und alles Dunkle mit dem Osten. Dieses Weltbild sollte gestürzt werden.« In Tangs Fall kamen diese Gedanken so etwas wie einem Glauben am nächsten. »Das ist meine Revolution«, sagte er.

Während die Proteste im Herbst anhielten, begannen einige, dem Nationalismus die Stirn zu bieten. Li Chengpeng, ein liberaler Autor mit einer in die Millionen gehenden Anhängerschaft in den sozialen Netzwerken, schrieb, er sei bis zum Erdbeben von Sichuan ein »typischer chinesischer Patriot« gewesen. »Beim Patriotismus geht es nicht darum, die Mütter der beim Erdbeben ums Leben gekommenen Kinder zu bedrängen und das Volk gleichzeitig dazu aufzurufen, sich den feindlichen Mächten aus dem Ausland, die das Vaterland attackieren, in den Weg zu stellen«, schrieb Li. »Es geht darum, dem chinesischen Volk die Wahrheit zu sagen über Würde und Respekt.« Ein Nanjinger Autor wies in einem populären Essay darauf hin, dass die Volksrepublik angeblich heilige Gebiete im Ostchinesischen Meer verteidigte, während sie zur selben Zeit den Arbeitsmigranten im eigenen Land untersagte, ihre Kinder auf eine Schule in Peking zu schicken. »Wenn chinesische Kinder noch nicht einmal in China eine Ausbildung erhalten, wozu dann neue Gebiete?«, fragte er. Scherze machten die Runde, in denen die »Fünfzig-Center« immer wieder doch noch eine Mög-

und genoss unsere Gespräche darüber sehr. Ein Teil von ihm blieb mir jedoch stets fremd. Vor Jahren hatte sein kühner Entschluss zu desertieren, mein Interesse geweckt. Ich hatte mir vorgestellt, es sei die Tat eines Idealisten gewesen. Im Lauf der Jahre erkannte ich jedoch auch die praktische Seite seiner damaligen Entscheidung. Aber vor allen Dingen war Lin jemand, der fest daran glaubte, seine Ziele erreichen zu können, und er tat alles, was nötig war, damit das auch geschah. Wie mir klar wurde, war das überaus passend, denn er war wie der Treibstoff des Booms in China, reduziert auf seine härteste Wahrheit: ein einzelner Mann, der beschloss, dass er seine Bestimmung nur in der Volksrepublik erfüllen konnte. Bald schon würde ich dagegen jemanden treffen, der glaubte, er könne sein Schicksal nur erfüllen, indem er China verließ.

Unterhändlern gelang, einen Deal einzufädeln und die beiden in die Vereinigten Staaten zu schaffen. (Der Ausländer, der sich in der Geschichte des amerikanischen Außenministeriums am längsten in einer US-Botschaft aufhielt, war der ungarische Kardinal József Mindszenty, ein Gegner der von den Sowjets gestützten Regierung: er betrat die Botschaft in Budapest im Jahr 1956 und blieb dort fünfzehn Jahre.) Was die Sache im Fall Chen zusätzlich verkomplizierte, war der Umstand, dass die amerikanische Außenministerin Hillary Clinton in ein paar Tagen nach Peking kommen würde, um strategische und wirtschaftliche Gespräche zu führen. Beide Seiten bemühten sich daher verzweifelt um die Verhinderung einer ausgewachsenen diplomatischen Krise während ihres Besuchs.

Amerikanische und chinesische Unterhändler trafen sich im chinesischen Außenministerium und suchten nach einer Lösung. Zu Beginn lagen die Positionen weit auseinander: Die Amerikaner schlugen vor, Chen solle in Shanghai studieren, wo die New York University bald eine juristische Fakultät eröffnen würde. Die Chinesen dagegen wollten ihn wegen Hochverrats anklagen. Nach dreitägigen Verhandlungen einigten sich beide Seiten darauf, dass Chen die Möglichkeit erhalten sollte, ein Studium in der Stadt Tianjin zu beginnen. Er willigte ein und wurde anschließend in das Chaoyang-Krankenhaus in Peking gebracht, wo er wieder mit seiner Frau und seinen Kindern vereint wurde. Als die Familie die erste Nacht allein und ohne den Schutz der Amerikaner verbringen musste, bereute Chen jedoch, dass er die Botschaft verlassen hatte. Er rief Freunde in den Vereinigten Staaten an und bat um Hilfe. Im Lauf der Jahre hatten konservative religiöse Gruppen und Einzelpersonen in den USA begonnen, Chens Kampagne gegen Zwangsabtreibung zu unterstützen, darunter beispielsweise Bob Fu, ein Amerikaner chinesischer Abstammung, der eine christliche NGO namens ChinaAid leitete. Fu, der ein ausgeprägtes Gespür für die amerikanische Politik besaß, schlug Alarm und erklärte den Reportern, die Regierung der Vereinigten Staaten habe Chen fallen gelassen. Mitt Romney, der damalige Präsidentschaftskandidat der Republikaner, war der Meinung, es handele sich um einen »Tag der Schande« für seinen Gegner, Präsident Obama. Schließ-

lich inszenierte Fu im Zuge einer Anhörung im US-Kongress eine denkwürdige Szene: Er hielt sein Mobiltelefon ans Mikrofon, damit die ganze Welt Chen Guangchengs Stimme aus seinem Pekinger Krankenzimmer hören konnte. »Ich fürchte um das Leben meiner Familie«, erklärte der. Dann bat er inständig um Asyl in den Vereinigten Staaten. »Seit zehn Jahren komme ich nicht mehr zur Ruhe.«

Schnell wurde ein neuer Deal ausgehandelt: Chen sollte als Visiting Fellow an die renommierte NYU in New York gehen. Nicholas Becquelin, Chinaexperte bei Human Rights Watch, war überrascht, als er das hörte: »Ein einziger Mann hat den gesamten chinesischen Staat in die Knie gezwungen.« Am 19. Mai bestieg Chen – immer noch auf Krücken – gemeinsam mit seiner Frau und seinen beiden acht- und zehnjährigen Kindern eine Maschine nach Newark in den Vereinigten Staaten. Bei ihrer Ankunft wurde die Familie von einem Empfangskomitee erwartet, zu dem auch Chens alter Freund, Jerome Cohen, gehörte, der wie eh und je Jackett und Fliege trug. Sie fuhren zur NYU, wo eine große Menschenmenge auf sie wartete. Chen trat ans Mikrofon und bedankte sich bei den chinesischen Beamten dafür, dass sie »die Angelegenheit mit Ruhe und Gelassenheit behandelt« hatten. In China unterband das Zentrale Propagandaministerium währenddessen jegliche Berichterstattung über seine Ausreise und erweiterte die schwarze Liste im Internet um einige neue Suchbegriffe, die von den Menschen verwendet wurden, um über Chen und seine Lage zu sprechen:

Blinder
Die Verurteilten
Licht + Wahrheit
Bruder mit der Sonnenbrille

An einem milden Morgen sechs Monate später durchquerte ich den Washington Square Park in New York und wandte mich auf der MacDougal Street nach Süden. Als ich am US-Asia Law Institute der juristischen Fakultät der NYU ankam, stand Chen in der Tür seines Büros. Es war seltsam, ihm das erste Mal an einem Ort zu begeg-

nen, der meinem Heimatort so viel näher war als seinem. In seinem makellos sauberen, in Grau und Weiß gehaltenen Büro brummte die Klimaanlage leise im Hintergrund. Chen trug ein kurzärmeliges Hemd und eine Sonnenbrille mit schmalen, silbernen Gläsern. Die Bürowände waren kahl und die Regale bis auf ein paar Pflanzen und eine »I ♥ New York«-Tasse größtenteils leer.

Seit seiner Ankunft in den USA hatte sich Chen vor allem auf seine Vorträge, seine Autobiografie und die Unterschiede zwischen Dongshigu und Greenwich Village konzentriert, an die er sich noch gewöhnen musste. Viele seiner ersten Eindrücke nahm er dabei mit seinen Sinnen auf, etwa das nautische Aroma rund um die Flüsse und den Gestank der Abgase. Sein Lieblingsplatz war der botanische Garten, weil der für seine Nase solch ein Fest war. Einige Dinge überraschten ihn jedoch: Anders als in Peking war die New Yorker U-Bahn nicht klimatisiert. Er war nach Washington gereist und hatte John Boehner, den Sprecher des Repräsentantenhauses, besucht, der kaum ein Wort mit ihm sprach, dafür aber einen der bequemsten Ledersessel besaß, in denen Chen je gesessen hatte.

Chen erzählte mir, dass er sich im Augenblick am meisten um seine Verwandten in China sorgte. Als die Polizei Chens Flucht entdeckt hatte, waren sie zu seinem Bruder gegangen, Chen Guangfu. Sie schlugen ihn, stülpten ihm einen Sack über den Kopf und nahmen ihn mit zum Verhör. Dabei wurde ein Polizeibeamter von Chen Kegui, dem Sohn des Bruders, mit einem Küchenmesser verletzt; vor Gericht gab er zwar an, er habe aus Notwehr gehandelt, dennoch wurde er zu mehr als drei Jahren Haft verurteilt. In seinem Büro Chen sagte dazu: »Jeder Mensch verteidigt seine Rechte, wenn sie mit Füßen getreten werden oder wenn ihm eine Ungerechtigkeit widerfährt. In solchen Fällen lässt sich ein Kampf unmöglich vermeiden.«

Jahrelang hatte ich mich gefragt, wie Chen seine Vorstellungen von Gerechtigkeit und von den Rechten und Pflichten eines Bürgers entwickelt hatte, weshalb ich mich bei ihm nach der Verbindung zwischen seinem fehlenden Augenlicht und seinem Aktivismus erkundigte. »Je mehr Ungerechtigkeit man erfährt, desto mehr sehnt man sich nach Gerechtigkeit und desto mehr wünscht man sich gleiches Recht

für alle«, sagte er. Ich hatte jedoch das Gefühl, dass ihn die Frage langweilte – die bloße Anspielung darauf, dass seine Überzeugungen auf sein körperliches Gebrechen zurückgingen. Ich begriff, dass meine Mutmaßungen seiner natürlichen Neugierde nicht gerecht wurden. »Als ich noch klein war, stellte ich älteren Menschen gern alle möglichen Fragen, auf die ich selbst keine Antwort wusste«, erklärte er. »Wenn der Erste meine Frage nicht beantworten konnte, erkundigte ich mich bei einem Zweiten und dann einem Dritten, um verschiedene Erklärungen zu sammeln. Anschließend dachte ich darüber nach, welche am ehesten der Wahrheit entsprach.«

Er erinnerte sich daran, wie er als Kind in einem Traktor gesessen und nach jedem Teil gegriffen hatte, das sich in seiner Reichweite befand. Dabei ging seine Neugier über das rein körperlich Erfassbare hinaus. Einmal sei er mit seiner Mutter Bahn gefahren, als der Schaffner aufgrund von Brandgefahr eine Propangasflasche beschlagnahmte, die ein Fahrgast mit sich führte. »Also wollte ich von meiner Mutter wissen: ›Werden sie ihm das Geld zurückgeben, nachdem sie die Flasche weiterverkauft haben?‹ Sie aber antwortete nicht, sondern schwieg beharrlich, bis sie nach einer Weile sehr wütend wurde und mich fragte: ›Wie kannst du allen Ernstes glauben, dass sie ihm das Geld aushändigen werden?‹ Da dachte ich mir: ›Wie können diese Leute einfach fremdes Eigentum an sich nehmen, es verkaufen und dem ursprünglichen Besitzer nichts dafür geben?‹« Chen war vor allem seinem Vater dankbar, weil der in seinem Geist den Samen für den Glauben gesät habe, etwas erreichen zu können. »Er war der Ansicht, dass jeder Mensch zu Güte und Gerechtigkeit fähig sei und dass man den Mut haben müsse, seine Gedanken auch auszusprechen.« Ich fragte ihn, ob er glaube, dass sich die Partei eines Tages von innen heraus reformieren werde. »Das ist schwer vorstellbar«, antwortete er. »Die Partei glaubt immer noch an die Kraft der Gewalt, mit der sie das Land kontrollieren möchte.« Die Partei bezeichnete Chen und andere Dissidenten oft als »anormal«, doch Chen sah sich nicht so. »Vor zweitausendfünfhundert Jahren sagte Konfuzius bereits, dass die Menschen zwar verschiedene Wege wählen mögen, am Ende jedoch zum selben Schluss gelangen werden. Schauen Sie nur, wie sehr

sich Ai Weiweis Vorgeschichte von meiner unterscheidet: Er stammt aus einer Familie mit hohem sozialen Status, während ich in eine arme Familie hineingeboren wurde, und trotzdem eint uns die Suche nach Gerechtigkeit.« Dann zog er einen Vergleich: »Das Ganze verhält sich wie die Oberfläche des Wassers – bleibt sie unberührt, ist sie friedlich und ruhig. Wirft jemand allerdings einen Kieselstein hinein, entstehen kreisförmige Wellen, die sich zuweilen überschneiden. Sich seiner Rechte bewusst zu sein, funktioniert auf ähnliche Weise.«

Während wir uns unterhielten, ging Chen mit einem Braillemodul ins Internet – einem schwarzen Gerät ungefähr in der Größe einer Tastatur, das Texte statt auf einen Bildschirm in die mit den Fingern ertastbare Brailleschrift übertrug. Als ich Chen fragte, ob das Internet bei den Veränderungen im Land eine große Rolle gespielt habe, seufzte er und erklärte, Technologie sei nicht besonders wichtig. »Es ist nicht gerade so, als würden alle Chinesen vom Internet abhängen«, erklärte er. »Daneben gibt es noch viele andere Kanäle. In China sagen wir gern: Mündliche Überlieferung reist schneller als der Wind, und so werden aus einer Person bald zehn, und aus diesen einhundert.«

Mit Chen ein Interview zu führen, war nicht gerade einfach. Wenn er eine meiner Fragen für zu vage oder zu uninspiriert hielt, konnte ich seine Ungeduld förmlich spüren, was dazu führte, dass mein Chinesisch immer holpriger wurde. Je mehr ich meinen Satzbau zu ordnen versuchte, desto mehr widmete er sich seinem Computer. Ich bat seinen Assistenten, mir zu helfen, die richtigen Worte zu finden, aber nach ungefähr einer Stunde wusste ich, dass unser Gespräch vorüber war. Ich bedankte mich, und er begleitete mich höflich zur Tür.

Als ich durch den Washington Square Park zurückging, wurde mir bewusst, dass unser Treffen auf eine Weise kompliziert verlaufen war, die ich nicht vorhergesehen hatte. Er war streitlustig und ich frustriert. Aber was hatte ich denn erwartet? Schließlich hielt er sich nur aus einem einzigen Grund in New York auf – weil es ihm aufgrund seiner Persönlichkeit unmöglich war, etwas zu akzeptieren,

das er für wenig überzeugend hielt. Mir wurde klar, dass Chen bereits sein ganzes Leben im Exil verbracht hatte, selbst als er noch in seinem Heimatdorf lebte – ein Blinder in einem Land, das nur wenig Rücksicht auf sein Handicap nahm; ein Querulant in einer Kultur, in der es um Anpassung ging. Wie sonst hätte er sich die Grundlagen des Rechtswesens selbst beibringen, die Mauern seines Hofes überwinden und es an den Wachleuten vorbei schaffen können, um schließlich auch noch die um ihn schachernden Diplomaten zu überlisten? Es war dumm von mir, überhaupt mit etwas anderem gerechnet zu haben. In gewisser Weise hatte ich mich aus denselben Gründen für Chen interessiert wie für den Soldaten Lin Yifu und für viele andere im Lauf der Jahre: weil sie sich nach einigem Nachdenken gegen ihr ursprüngliches Schicksal entschieden hatten. Aus der Nähe betrachtet, schienen sie weniger wie die Helden und Bösewichte zu sein, die in der Vorstellung ihrer Anhänger und Gegner existierten, sondern einfach nur wie die »ungebundenen Füße« der chinesischen Geschichte.

Es sollte nicht das letzte Mal sein, dass Chen Guangcheng den Erwartungen anderer nicht entsprach. Vier Monate nach unserem Treffen unternahm er die ersten Schritte in die amerikanische Parteipolitik: Er verbündete sich mit Abtreibungsgegnern, neben Bob Fu von ChinaAid vor allem mit Mark Costello, einem PR-Berater und ehemaligem Sprecher des Justizministers John Ashcroft, der laut seiner Webseite »bei allen nachrichtenrelevanten Krisen mitgemischt [hatte], die die Republikaner in den letzten zehn Jahren in Washington durchzustehen hatten«. Christopher Smith, ein konservativer Kongressabgeordneter aus New Jersey, warf der New York University vor, ein Treffen mit Chen zu sabotieren, während Chen wiederum der Meinung war, die Universität weigere sich, sein Stipendium zu verlängern, weil sie dem chinesischen Staat einen Gefallen tun wolle. (Die Hochschule wies beide Vorwürfe zurück.) Chen gab ein Statement heraus, laut dem »der Einfluss der chinesischen Kommunisten in den akademischen Kreisen der Vereinigten Staaten […] viel größer [ist], als gedacht«, war aber nicht bereit, genauer zu erklären, was er damit meinte. Chens Zerwürfnis mit der NYU bestürzte viele seiner

Unterstützer, darunter auch Jerome Cohen, der niedergeschlagen mitteilte: »Als Mentor habe ich versagt.« Im Herbst 2013 wurde Chen Senior Fellow des Witherspoon Institute, eines konservativen Thinktanks, der sich gegen Abtreibung und die gleichgeschlechtliche Ehe einsetzt. Um eine eindeutige ideologische Zuordnung zu vermeiden, ging er außerdem als Junior Fellow an die Catholic University und nahm einen Posten als Berater der Lantos Foundation for Human Rights & Justice an, einer liberalen Organisation, die Chen im selben Jahr einen Preis verliehen hatte.

Während ich beobachtete, wie Chens Leben eine neue Richtung nahm, hatte ich das Gefühl, dass all die Instinkte, die er in China perfektioniert hatte, ihn in Amerika geradewegs in ein politisches Minenfeld führten, in dem nahezu jeder Orientierungsschwierigkeiten gehabt hätte, er aber ganz besonders. Er hatte jahrelang überlebt, indem er jeglicher Form von Autorität misstraut hatte, und diese Prämisse übertrug er nun auf vielfältige Weise auf sein neues Leben in New York. Dadurch brachte er Menschen gegen sich auf, die ihm vielleicht hätten helfen können. Chen wusste nicht, wie lang er in den USA bleiben würde, aber historische Beispiele legten nahe, dass das Leben im Exil nicht automatisch angenehmer werden musste, je länger es andauerte. Während der Sowjetära versteckte sich Alexander Solschenizyn in Vermont und wütete von dort gegen echte und eingebildete Feinde. Nachdem Milan Kundera aus Prag geflohen war und in Paris Unterschlupf gefunden hatte, machte er sich Sorgen, seine Arbeiten könnten »so bedeutungslos wie Vogelgezwitscher« werden. Chinesische Dissidenten hatten es im Ausland oft besonders schwer: Wei Jingsheng, der achtzehn Monate in chinesischen Gefängnissen verbracht hatte, war der bekannteste Exilant, als er 1997, frisch aus der Haft entlassen, in New York eintraf. In nur wenigen Jahren vergrämte er seine Förderer und andere Aktivisten, die alsbald das Interesse an ihm verloren. Manche fällten ein vorschnelles Urteil und meinten, Chen stehe ein ähnliches Schicksal bevor. Wenn sein bisheriger Werdegang jedoch eines nahelegte, dann war es die Aussicht, dass er sich noch mehrfach neu erfinden würde. Es erschien mir mehr als voreilig, seine Zukunft einzig und allein anhand der Erfahrungen

anderer Landsleute vorhersagen zu wollen. Schließlich hatte er sein ganzes Leben vor allem als eigenständiger Mensch behandelt werden wollen, wie es auch sein Recht war.

Chens Odyssee von Dongshigu über Peking nach New York und weiter war so spektakulär und gleichzeitig so speziell, dass man sie nur allzu leicht als kuriosen Einzelfall abtun konnte. Dissidenten waren schon immer aus autoritären Regimen geflüchtet; was hatte das alles also mit dem Leben ganz normaler Chinesen zu tun? Chen brachte mit der Entschlossenheit, mit der er den Umständen zu entkommen suchte, Kräfte ins Rollen, die sehr viel größer waren als er selbst. Vor Jahren war ich in ein Land gekommen, das von dem Drang beherrscht wurde, die Armut hinter sich zu lassen – ein Land, dessen Bevölkerung noch bis vor Kurzem so schrecklich Hunger gelitten hatte, dass sich ihre Ambitionen zunächst nur auf das Allernötigste beschränkten. Diese Zeiten waren allerdings vorbei. Chen trieb weder der Wunsch nach Wohlstand noch die Gier nach Macht; was ihn motivierte, war allein seine eigene Vorstellung von seinem Geschick und seiner Würde – womit er etwas sehr Grundlegendes mit vielen anderen Chinesen gemeinsam hatte.

Im März 2013 erhielt ich einen Anruf von dem Englischlehrer Michael. Jahrelang hatte er davon gesprochen, irgendwann nach Peking zu kommen, und endlich hatte er dazu eine Gelegenheit gefunden. Ein kleiner Verlag hatte ihn kontaktiert, nachdem ihn einer der Mitarbeiter beim Unterrichten erlebt hatte. Man bot ihm eine Stelle in Peking an, er sollte Lehrbücher verfassen. Als wir uns vor ein paar Monaten das letzte Mal begegnet waren, machte er gerade eine schlechte Phase durch, aber diese neue Option begeisterte ihn. »Die haben sich bei *mir* gemeldet«, erzählte er mir am Telefon, bevor er die dreizehnstündige Zugfahrt in Richtung Hauptstadt antrat. Selbst für einen jungen Mann wie ihn, der in einer Großstadt wie Guangzhou gelebt hatte, hielt Peking immer noch jenes transformative Potenzial bereit, das Mao einst als den »Schmelztiegel« bezeichnet hatte, in dem man unweigerlich verwandelt wird.

Gleich nach seiner Ankunft bat mich Michael, einige Lektionen

zu korrigieren, die er mitgebracht hatte. Also lud ich ihn zu mir nach Hause ein. Ich holte ihn von der U-Bahn-Haltestelle Lamatempel ab, und gemeinsam spazierten wir an den Wahrsagern und den Namensgebern vorbei. In meinem Wohnzimmer ließ er seinen Rucksack zu Boden sinken und holte einen Laptop hervor. Als sich sein früheres Idol, Li Yang von Crazy English, vor ein paar Monaten derart blamiert hatte, hatte Michael erkannt, dass Li Yangs Versuch, des Englischen Mächtige sozusagen am Fließband zu produzieren, verfehlt gewesen war, weil seine Methode zwar viele Menschen erreichte, sie allerdings nicht tief genug ging. »Li Yang sagte immer, es ginge darum, möglichst viel Geld zu verdienen. Das möchte ich aber nicht«, erklärte Michael. »Geld ist nicht alles im Leben, nur ein kleiner Teil. Man muss es zu etwas *bringen* – so wie Steve Jobs.«

Mittlerweile hatte Michael also einen neuen Helden. »Steve Jobs ist mein Idol«, sagte er. »Er hat mit dem iPod die gesamte Musikindustrie auf den Kopf gestellt, und mit dem iPhone 4 später die ganze Welt. Ist das zu glauben?« Seit seinem Tod im Jahr 2011 war Jobs in China zu einem Faszinosum geworden; seine jungen chinesischen Bewunderer erkannten in ihm einen Nonkonformisten, der es zum Milliardär gebracht hatte. Ich hatte junge Männer getroffen, die sich zwar kein iPhone leisten konnten, dafür aber die chinesische Übersetzung von Walter Isaacsons Biografie des Apple-Gründers, die sie wie eine heilige Schrift zitierten. Michael öffnete eine Videodatei auf seinem Laptop. Es war eine alte Fernsehwerbung für Apple, auf die er im Internet gestoßen war: »Here's to the crazy ones. The misfits. The troublemakers. The round pegs in the square holes« (»Auf die Verrückten. Die Außenseiter. Die Unruhestifter. Die Unangepassten«). Das Ganze endete mit der Aufforderung »Think different«. Michael flüsterte: »Wunderschön«.

Wie immer hatte Michael ein paar neue Ideen, die er gerne mit mir teilen wollte. Einige waren eher praktischer Natur (er wollte sich die Rechte für die Veröffentlichung einer kurzen, in vereinfachtem Englisch verfassten und zur leichteren Aussprache mit phonetischen Zeichen versehenen Version besagter Jobs-Biografie sichern), andere dagegen fast schon absurd. So hatte er es sich in den Kopf gesetzt, einen

Marketingbegriff zu popularisieren, den er sich selbst ausgedacht hatte und der auf Menschen wie ihn gemünzt war, die bis zum Wahnsinn von etwas entzückt waren – *charmiac*, zusammengesetzt aus *to charm* (englisch für »entzücken«) und *maniac* (englisch für »Wahnsinniger«; Anm. d. Ü.). Als ich entgegnete, das sei nicht gerade der beste Einfall, den er jemals gehabt habe, klang er enttäuscht und murmelte: »Hätte es Bruce Lee nicht gegeben, stünde ›Kung Fu‹ heute nicht im Wörterbuch.« Wir gingen einige seiner neuen Lektionen durch. In einer sollten die Schüler einen Lückentext ausfüllen und angeben, was sie motivierte: »Steve Jobs hatte die Mission, die Welt mithilfe von Technologie zu verändern. Thomas Alva Edison hatte die Mission, der Welt die Elektrizität zu bringen. Bruce Lee hatte die Mission, Kung Fu überall bekannt zu machen. Ich habe die Mission ______________.«

Als wir fertig waren, gingen wir hinaus, um etwas frische Luft zu schnappen, und dabei kamen wir an einem Plakat vorbei, auf dem das sechzigste Jubiläum der Entdeckung des selbstlosen Soldaten Lei Feng durch Mao gefeiert wurde. Dort stand: »Übernehmt das Banner von Lei Feng und leistet Freiwilligenarbeit!« Während Michael das las, lächelte er in sich hinein, denn bevor er Li Yang von Crazy English entdeckt hatte, war Lei Feng einer seiner Kindheitshelden gewesen. Ich fragte ihn, ob er immer noch an die Geschichten vom Socken stopfenden und Dung sammelnden Lei Feng glaube. »Mindestens zu vierzig Prozent.« Das schien mir eine vernünftige Antwort zu sein in einem Land, in dem Mao »zu siebzig Prozent Recht und zu dreißig Prozent Unrecht« hatte. Michael hielt Lei Feng für kein besonders großes Vorbild, und ich hatte das Gefühl, dass es dumm gewesen war, diese Frage überhaupt zu stellen. »Wenn mich jemand wirklich tief im Herzen berührt, glaube ich ihm auch«, erklärte er. Im Lauf der Jahre war mir aufgefallen, dass Michael Einflüsse aus den verschiedensten Lebensbereichen aufnahm, vom christlichen Glauben seiner Mutter bis hin zu seiner eigenen Hingabe an Crazy English. In einer seiner Unterrichtseinheiten fasste er das für seine Schüler zum Aufsagen zusammen:

»Wir sind hier, um eine Delle im Universum zu hinterlassen« – ein klassischer Ausspruch des Großen Jobs. Er brachte mir bei, dass die Seele das Mächtigste und Wertvollste im Leben ist und dass man sie letztlich im Glauben findet. Nichts hat einen größeren Einfluss auf uns als der Glaube. In der gesamten Menschheitsgeschichte fing alles mit dem Glauben an: Politik, Wirtschaft, Technik, Kultur, Kunst, Religion. Jesus, Konfuzius, Steve Jobs, Bruce Lee, Mao Zedong und Lei Feng – alle haben bei sich selbst angefangen, um eine bessere Welt zu schaffen.

Nach ein paar Tagen in Peking rief Michael mich an und meinte, die Sache mit dem Verlag liefe nicht besonders gut. »Sie wollen einfach alles kontrollieren«, erklärte er. »Für mich interessieren sie sich gar nicht, sondern nur für das Geld. Sie sind älter als ich und setzen mich unter Druck«, sagte er. Ich nahm ein Taxi, um mich im Verlag mit ihm zu treffen. Der befand sich im Technologiebezirk, nicht weit von dem Ort, an dem Tang Jie seine nationalistische Webseite betrieb. Michael holte mich an der U-Bahn-Station ab und führte mich in eine große Gebäudeanlage, an der ein Schild hing, auf dem »Amt für Veterinärmedizinische Arzneimittelkontrolle« stand. Er wusste nicht, warum sich der Lehrbuchverlag ausgerechnet in diesem Amt befand, doch er war an merkwürdige Geschäftsarrangements gewöhnt, weshalb er sich entschieden hatte, nicht zu viele Fragen zu stellen.

Es war Wochenende, daher war fast nichts los. Michael arbeitete in einem vom Verlag zur Verfügung gestellten Büro, das man mit traditionellen chinesischen Möbeln und Kalligrafien hübsch dekoriert hatte. Seine Notizblöcke und seine elektronischen Geräte lagen überall verstreut herum. Seit Tagen schrieb er Lektionen für den Englischunterricht und gab sie zur Bearbeitung an die Lektoren weiter, obwohl ihn deren Ansprüche überforderten. Während wir uns unterhielten, klopfte jemand kurz an die Tür und steckte den Kopf hinein. Es war Michaels Chef, ein untersetzter Mann mit faltigem Gesicht, den mir Michael unter höflichen Gesten vorstellte. Nachdem er wieder verschwunden war, verzog Michael das Gesicht und erklärte: »Der macht mich noch wahnsinnig. Ständig fragt er ›Und, was haben Sie heute schon geschafft? Zeigen Sie mal her!‹«

Wir beschlossen, zu gehen, bevor Michaels Chef zurückkehrte, um seine Arbeit abermals zu überprüfen. Ich fragte Michael, wo er wohne, und er führte mich zurück auf die Straße, vorbei an einer Reihe Imbissbuden auf einem Parkplatz hinter einem Supermarkt. Auf einer Seite stand eine zweistöckige Pension, in der Michael ein Bett in einem Zimmer gemietet hatte, das er mit neun anderen Männern teilte. Sein Schlafplatz kostete 280 Yuan im Monat – um die 1,50 Dollar am Tag. Laut den Hausregeln im Flur übernahm die Pension keinerlei Verantwortung für Diebstahl oder Ähnliches: »Die Bewohner«, hieß es, »müssen ihre Wertgegenstände (beispielsweise Laptops) stets bei sich führen.«

Als wir sein Zimmer erreichten, legte Michael den Finger auf die Lippen, um mich daran zu erinnern, möglichst leise zu sein. Es war zwar mitten am Tag, doch manche seiner Zimmergenossen arbeiteten in der Nachtschicht und schliefen jetzt. Drinnen war es stickig, eng und feucht. Es gab fünf Etagenbetten aus Metall, in der Mitte auf engstem Raum lauter Gepäckstücke, vor dem Fenster eine Kleiderstange. An der Decke konnte man ein ausgefranstes Loch in der Größe eines Basketballs erkennen. Solche Fremdenpensionen schossen an den Rändern der chinesischen Großstädte wie Pilze aus dem Boden, weil sich dort Hochschulabsolventen und Arbeitssuchende auf der Jagd nach einer Unterkunft stapelten. Diese Ansammlungen werden auf Hochchinesisch »Ameisenvölker« genannt.

Der Begriff erinnerte mich an das Buch über den »Herrn der blauen Ameisen« aus den siebziger Jahren. Damals hatte diese Metapher die chinesische Wirklichkeit gut beschrieben – eine Generation später bezeichneten sich die Jungen und Ambitionierten aus Frustration selbst als »Ameisen«. Falls es China nicht alsbald gelingen sollte, diese Massen in den Städten zu integrieren, würde die urbane Unterschicht bis 2030 auf fünfhundert Millionen Menschen anwachsen (die Hälfte der chinesischen Stadtbevölkerung). Dem Staat gefielen diese Aussichten ganz und gar nicht, weshalb das für die Ermittlung der Arbeitslosenzahlen zuständige Amt im Dezember 2010 einige schöngefärbte Statistiken herausgab, laut denen mehr als neunzig Prozent der letztjährigen Hochschulabsolventen bereits eine Anstellung gefunden

hatten. Die Leute machten sich über diese Behauptung lustig; und überall im Internet fanden sich Aussagen ehemaliger Studenten, wonach sie von ihrer ehemaligen Hochschule gezwungen worden waren, sich als »beschäftigt« zu melden, um die Zahlen in die Höhe zu treiben und den guten Ruf der Alma Mater zu wahren.

Michael und ich traten zurück hinaus ins mittägliche Sonnenlicht. Im Gegensatz zu dem klaustrophobisch anmutenden Raum hinter uns war die Luft draußen kühl und befreiend. Michael hatte sich zwar gewünscht, dass ich die Pension sah, doch nun schien er sich zu schämen. »Ich halte es dort nicht mehr aus«, klagte er im Gehen. Seine Wohnumstände brachten ihn in Verlegenheit. »Nebenan teilen sich zehn Mädchen ein Zimmer. Wir benutzen alle dieselben Waschräume und dieselben Toiletten. Ich verabscheue diesen Ort.« Unbehagen allein war nicht das Problem. »Ich vergeude dort meine Zeit«, erklärte er. »Ich kann diese Leute nicht länger ertragen.« Manche seiner Zimmergenossen waren arbeitslos, hingen den ganzen Tag im Zimmer herum, aßen, schliefen und spielten Videospiele. »Es zerrt an meinen Nerven«, sagte er. »Meine Leidenschaft für nahezu alles – mein Leben, meine Karriere – stirbt allmählich.«

Während unseres Spaziergangs schien ihm auf einmal bewusst zu werden, wie sein Leben auf einen anderen Menschen wirken musste, was wiederum eine Vokabelfrage nach sich zog. »Wie nennt man so etwas auf Englisch?«, wollte er wissen.

»Was?«, fragte ich.

»Etwas oder jemanden wie mich«, entgegnete er.

Ich dachte einen Augenblick nach, aber bevor ich überhaupt antworten konnte, schlug er »low society« vor.

»Nein«, entgegnete ich. »Auf Englisch gibt es dafür keinen guten Begriff.«

Wir gingen weiter. »Wenn ich Hilfe bei meinem Englisch brauche, suche ich sie mir im Internet. Wenn ich dort keine Lösung finde, frage ich einfach Sie«, sagte er. Ich hatte das Gefühl, ich schuldete ihm eine Antwort auf seine Frage zu seiner Identität. Es ging ihm sehr viel besser als den Leuten auf dem Land, auch wenn er auf halbem Weg zum Erfolg steckengeblieben war. »Ich glaube, man könnte sagen, Sie ge-

hören zur ›aufstrebenden Mittelschicht‹«, sagte ich endlich. Michael bat mich, diesen Begriff auf ein Blatt aus meinem Notizblock zu schreiben, das er dann in seine Tasche steckte.

Wir hielten vor einem günstigen Immobilienmaklerbüro, in dessen Fenster Wohnungsanzeigen hingen. Ich überflog die Angebote auf der Suche nach einem passenden für Michael, das ihm den Weg aus dem Ameisenvolk weisen könnte. Die günstigste Unterkunft war jedoch kaum zwölf Quadratmeter groß und kostete dreihundert Dollar im Monat. Das war mehr, als Michael normalerweise monatlich verdiente.

Letztlich wurden Michaels Erfahrungen in der Hauptstadt seinen Erwartungen nicht gerecht. Er misstraute den Leuten vom Verlag. »Sie wollen nur ihren Namen unter meine Arbeit setzen«, sagte er. Also beschloss er, zurück in den Süden des Landes zu ziehen, um sich dort an einem eigenen Buch zu versuchen. Vor seiner Abreise lud ich ihm zum Mittagessen ein – einerseits, um mich von ihm zu verabschieden, weil ich bald in die USA zurückgehen würde, andererseits, um ihn zu ermutigen, ein konkreteres Ziel ins Auge zu fassen. Es schien mir keine allzu gute Idee zu sein, wenn er wie bisher ganz allein in der Qingyuaner Wohnung herumfuhrwerkte, die er sich mit seinen Eltern teilte, daher hoffte ich, dass er bald wieder die Zusammenarbeit mit anderen in Betracht ziehen würde. Er schlitterte von einer Inspiration zur nächsten, doch sein Wille, es allein zu schaffen, verstärkte bloß seine Isolation.

»Um mich müssen Sie sich keine Sorgen machen«, erklärte er. »Ich bin stark.« Es war jedoch nicht mangelnde Stärke, die mich beunruhigte. Am meisten erinnerte mich Michael an die über die Straße kriechende Schildkröte aus *Die Früchte des Zorns* von John Steinbeck, die »sich grundlos zur Seite« wandte. Nachdem sie von einem Kleinlaster angefahren wird, bleibt sie zunächst liegen, rappelt sich dann aber wieder auf und setzt ihre Reise fort, während ihr Panzer »auf dem Sand eine flache wellige Spur« zurücklässt. Bei unseren Gesprächen schien Michael oft hin- und hergerissen zu sein zwischen dem Wunsch, seine Erfolge in einem möglichst guten Licht zu präsentie-

ren, und dem Drang, die Schwierigkeiten anzusprechen, die ihm auf seinem Weg begegneten. Ständig schwankte er zwischen Angeberei und Selbstmitleid. In einem Augenblick erzählte er, wie sehr er die »Englisch-Industrie« verachte und die Menschen dort verfluche, die nur seine Ideen stehlen wollten, um dann im nächsten Augenblick zu erklären: »Ich möchte die englische Sprache lehren, als wäre sie eine Religion. Ich habe einen Fünf- und einen Zehnjahresplan für meine Karriere aufgestellt.« Doch dann verschwand seine Zuversicht ganz plötzlich. »Die Chinesen sind so mies«, rief er. »Mindestens zu vierzig Prozent.«

In Wahrheit blieb Michael jedoch nicht viel Zeit zum Grübeln. Er spürte regelrecht, wie die Uhr an der Wand tickte, denn er war bereits achtundzwanzig. »In China muss man mit dreißig finanziell unabhängig sein«, erklärte er. Das sei eine beängstigende Frist. Er dachte eine Sekunde nach, dann hellte sich seine Miene auf. »Vielleicht werden Sie schon nächstes Jahr in einen Buchladen gehen und meine Bücher in den Regalen entdecken. Ist das zu glauben?«

»Ja«, sagte ich, denn irgendwie war es das auch.

Da Wochenende war, blieben wir ausnahmsweise etwas länger am Mittagstisch sitzen. Der Ansturm im Restaurant ließ allmählich nach. Michael sprach die Erfahrungen seines Vaters in den Kohleminen an, der dort ein äußerst gefährliches Leben geführt hatte. Einmal starben in der Mine Nummer fünf, wo Michael aufgewachsen war, bei einem Unglück unter Tage neunundvierzig Kumpel. Das war in China bis heute nichts Ungewöhnliches, denn trotz kürzlich vorgenommener Verbesserungen der Arbeitsbedingungen kamen in den chinesischen Minen immer noch durchschnittlich sechzig Bergarbeiter pro Woche ums Leben. Michael sagte über seinen Vater: »Er arbeitete mindestens vierzehn Stunden täglich. Morgens stand er um fünf Uhr auf und sprach kein Wort mit meiner Mutter oder mir. Warum, das habe ich damals nicht verstanden.« Erst später habe Michael teilweise nachvollziehen können, was für ein Druck auf seinem Vater lastete. »Er musste vier schulpflichtige Kinder durchbringen«, erklärte Michael. »Beschwert hat er sich nie.« Im Leben seines Vaters habe es jedoch etwas gegeben, das Michael nie verstehen werde. »Viele seiner Freunde

starben, aber ihre Namen finden sich nirgendwo in den Aufzeichnungen.« Jahrzehntelang blieben die detaillierten Zahlen zu Todesfällen in den Minen, Fabriken und auf den Baustellen des Landes unter Verschluss – die Opfer des chinesischen Aufschwungs. Zwar wurden grobe Statistiken herausgegeben, aber die genauen Einzelheiten dazu, wer wie gestorben war, blieben ein Staatsgeheimnis. »Sie erwähnten Mine Nummer eins oder Mine Nummer zwei, das war's«, erzählte Michael. Allein der Gedanke, dass die Kollegen seines Vaters unsichtbar verstorben waren, lag derart weit außerhalb Michaels' Verständnis der Welt und seiner selbst, dass er ihn nicht zu fassen vermochte. Er verbrachte so viel Zeit damit, von Anerkennung zu träumen – von der Veröffentlichung seiner Arbeiten, von der Verehrung durch das Publikum, vom Bekanntwerden –, dass ihn die Namenlosigkeit eines Menschen vor ein Rätsel stellte. Anonymität stieß ihn in einem Ausmaß ab, das mich an die Suche Ai Weiweis nach den Namen der beim Erdbeben von Sichuan ums Leben gekommenen Kinder erinnerte. Michael interessierte sich noch nicht einmal ansatzweise für Politik; ein Name hatte für ihn vielmehr etwas mit Würde zu tun – und daran war in seinen Augen nichts Politisches.

Am nächsten Morgen stieg Michael in einen Zug Richtung Heimat. Die Fahrt nach Qingyuan würde dreizehn Stunden dauern. Er hoffte, er könne sich eines Tages ein Ticket für einen der Hochgeschwindigkeitszüge leisten, die vom Bahnhof abfuhren, der wie eine fliegende Untertasse aussah. Noch war es allerdings nicht so weit. Im Augenblick kämpfte er noch mit der Last einer Vergangenheit, die ihn geformt hatte, und mit der einer Zukunft, die er so verzweifelt selbst zu formen gedachte. Er war hin- und hergerissen zwischen der althergebrachten Forderung nach Anpassung und dem zeitgenössischen Wunsch nach Eigenständigkeit. Wie sonst auch schrieb er seine Gedanken in einem Text nieder, den seine Schüler später aufsagen sollten und der in meinen Ohren wie ein Mantra, ein Ave Maria oder eine Beschwörungsformel klang. Michael betete darin jedoch nur zu sich selbst: »Ich werde alle meine Eigenschaften akzeptieren, mit denen ich auf die Welt gekommen bin«, hieß es, »und mein Bestes geben, um mich zu ändern.«

Epilog

Während meiner letzten Monate in Peking gelang es der Kommunistischen Partei für einen kurzen Augenblick, eine zwanzig Millionen Einwohner zählende Stadt in eine einfachere Vergangenheit zurückzuversetzen. Im November 2012 begann die Partei mit den Vorbereitungen für ihr bislang heiligstes Fest des Jahrzehnts: den XVIII. Parteitag der Kommunistischen Partei Chinas, zu dem mehr als zweitausend Delegierte erwartet wurden und dessen Höhepunkt die Bekanntgabe des neuen Politbüros darstellte, das die Volksrepublik zukünftig führen sollte. Das Zentrale Propagandaministerium rief seine Abteilungen im ganzen Land dazu auf, »eine Atmosphäre zu schaffen, die den Austausch über die siegreiche Zusammenkunft des XVIII. Parteitags erleichtert und zu einem massenhaften Anstieg der Onlinepropaganda führt«. Die Zensoren beendeten die aktuellsten Debatten über Korruption und politische Ränkespiele, verboten die neuesten Doppeldeutigkeiten und brachten die Quellen inakzeptablen Humors zum Schweigen: Als der bei einem Investmentfonds tätige Zhai Xiaobing einen albernen Witz twitterte, in dem der Kongress mit einem aktuellen Endzeitfilm verglichen wurde, verhaftete man ihn und hielt ihn für drei Wochen fest.

Ebenso entschlossen ging die Partei gegen physische Bedrohungen vor. Die Taxiunternehmen wiesen ihre Fahrer an, die Kurbeln von den Seitenfenstern ihrer Wagen zu entfernen, damit die Passagiere keine »Luftballons mit Sprüchen oder Tischtennisbälle mit reaktionären Botschaften« verteilen könnten, wie es in den Anweisungen hieß. Die Fenster öffentlicher Busse wurden verklebt. Die Stadt verbannte die Vergnügungsschiffe von den Seen, untersagte den Verkauf von ferngesteuerten Modellflugzeugen für Kinder und ordnete an, dass Brieftauben während der Feierlichkeiten in ihren Käfigen zu bleiben hätten – vielleicht wollte man so den Transport von Sprengladungen vermeiden, das wurde aber nie wirklich geklärt. Vor der Großen Halle

des Volkes wurden Spezialeinheiten der Feuerwehr stationiert, weil sich in letzter Zeit einige Tibeter aus Protest gegen das politische und religiöse Vorgehen Chinas in ihrer Heimatregion selbst angezündet hatten. Solange der Kongress tagte, waren die einzigen Tibeter, die in die Nähe der Großen Halle durften, die Mitglieder der tibetischen Delegation, die gekommen waren, um die Nachricht zu verkünden, dass Lhasa zum vierten Mal in fünf Jahren zur »zufriedensten Stadt Chinas« gewählt worden war.

Zur Begrüßung der Teilnehmer hielt der scheidende Präsident Hu Jintao eine letzte offizielle Rede mit dem Titel »Marschiert entschlossen auf dem Weg des chinesischen Sozialismus und strebt nach der Vollendung des Aufbaus einer Gesellschaft des bescheidenen Wohlstands in allen Bereichen«. Sein denkwürdigster Satz war prägnanter: »Wir werden nie ein politisches System aus dem Westen kopieren.« Die staatliche Nachrichtenagentur berichtete von einer Delegierten, die die Rede so berührt habe, dass sie »ganze fünf Mal in Tränen ausbrach«, während es an anderer Stelle hieß, ihre Hände seien von den fünfunddreißig Runden Applaus ganz taub geworden.

Nach der ersten Kongresswoche drängelte ich mich durch eine Traube von Reportern, um dem großen Augenblick beizuwohnen, auf den alle warteten – die Bekanntgabe des neuen Ständigen Ausschusses des Politbüros. Insgesamt würde er aus sieben Mitgliedern bestehen: Neben dem Präsidenten und dem Premierminister, die dem Ausschuss die nächsten zehn Jahre angehören sollten, gab es fünf weitere Herren, die fünf Jahre im Amt bleiben würden. Obwohl das Ganze »Pressekonferenz« genannt wurde, war es der Presse nicht gestattet, irgendwelche Fragen zu stellen. Als Erster erschien Xi Jinping, der Generalsekretär der Kommunistischen Partei Chinas und zukünftige Staatspräsident der Volksrepublik, auf der Bühne. Er stammte aus einer angesehenen Familie von Revolutionären, und sein Vater hatte zu den als »die Acht Unsterblichen« bekannten Parteiältesten gehört. Sah man Xi leibhaftig vor sich stehen, sprang der große Unterschied zu seinem Vorgänger sofort ins Auge. Xi war ein Bär von einem Mann, mit einem roten Gesicht, einer vollen Radiostimme und einer Vorliebe für bequeme Anzüge aus dem Westen. Alles in allem erinnerte

er eher an den amerikanischen Komödianten Jackie Gleason als an Zhou Enlai. »Unser Volk liebt das Leben«, erklärte Xi. »Es hofft auf ein besseres Bildungssystem, einen stabileren Arbeitsmarkt, ein befriedigenderes Einkommen, zuverlässigere Sozialleistungen, bessere Gesundheitsversorgung, angenehmere Lebensumstände sowie eine schönere Umwelt, und es wünscht sich, dass es die Kinder im Land einmal leichter haben werden, dass sie mehr verdienen und generell ein besseres Leben führen werden – und dafür kämpfen wir.«

Seine Sprache war erfrischend anders, weil er weitgehend auf die sonst üblichen Lobgesänge auf die Partei verzichtete. Dennoch bewies das Bild, das Xi und die anderen auf der Bühne abgaben, eines ganz deutlich: Die Zukunft und die Vergangenheit der Partei sollten sich auch weiterhin nicht allzu sehr voneinander unterscheiden, denn vier der sieben Herren, die von nun an das Land führen würden, gehörten zur alteingesessenen Parteiaristokratie. Früher hatte sich die Partei mit aller Kraft darum bemüht, jeden Eindruck von Nepotismus zu vermeiden, doch inzwischen legte sie vor allem Wert auf politische Verlässlichkeit, weshalb ererbte Macht in der nachrückenden Generation eine größere Rolle spielte als je zuvor in der Geschichte der Volksrepublik. Nach außen versprach die Partei, künftige Amtsträger in einem »demokratischen, nachvollziehbaren, auf Konkurrenz basierenden und leistungsorientierten« Verfahren auszuwählen, doch Beobachter waren in der Lage gewesen, anhand der Hinterzimmerverhandlungen zwischen den verschiedenen Familien, den Parteiältesten und den mächtiger Fraktionen die Besetzung des Ausschusses lange vor der öffentlichen Verkündung vorherzusagen. Reformorientierte Kandidaten blieben außen vor, denn alle Mitglieder waren bekannte Konservative. Liu Yunshan war ein erfahrener Propagandist. Zhang Dejiang hatte ein Wirtschaftsstudium in Nordkorea absolviert. Der Glaube der Politiker an die Tradition und an die Konformität spiegelte sich auch in ihrem Aussehen wider: Bis auf einen trugen sie alle dunkle Anzüge und rote Krawatten; ihre Haare hatten sie sich ausnahmslos im selben, nichtssagend schimmernden Schwarz gefärbt.

Als sich die sieben Mitglieder des Ständigen Ausschusses zwei Wochen später das erste Mal gemeinsam außerhalb der Großen Halle der Öffentlichkeit präsentierten, wählten sie als Hintergrund für das symbolträchtige Bild nichts Zukunftsweisendes wie ein IT-Unternehmen oder eine Universität, sondern eine Ausstellung im Chinesischen Nationalmuseum: eine politische Schau mit dem Titel »Der Pfad zur Erneuerung«, die laut dem Museum »den Niedergang des Landes in eine halb imperialistische, halb feudalistische Gesellschaft« und die anschließende Rettung durch die Partei nachzeichnete. Bei der Eröffnung sagte Xi: »Jeder Mensch hat eigene Wertvorstellungen, eigene Wünsche und eigene Träume [...]. In jüngster Zeit träumt das chinesische Volk vor allem von der Wiedergeburt der großen chinesischen Nation [...]. Wenn es dem Staat und der Nation jedoch nicht gut geht, wird es niemandem im Land gut gehen.«

Schon bald tauchte Xis Verweis auf den »Chinesischen Traum« im Fernsehen und auf Werbetafeln auf. Im Lauf einer einzigen Woche erschien der Begriff ganze vierundzwanzigmal auf der Titelseite der *People's Daily*. Es gab eine neue Talentshow namens *The Voice of the Chinese Dream*, und die Partei schickte »Sinnvermittlungsteams« in nichtsozialistische Länder, die dort vom neuen chinesischen Traum berichten sollten. Wissenschaftler wurden animiert, Vorschläge für Forschungsprojekte zum chinesischen Traum einzureichen, während Künstler ermuntert wurden, »Meisterwerke« zu diesem Thema zu schaffen. Xi bestärkte das Militär in seinem »Traum von einer starken Armee«, während der Propagandachef der Partei, Liu Yunshan, anordnete, den Begriff in die Lehrbücher aufzunehmen, damit er »sich in den Gehirnen der Schüler festsetzt«.

Einerseits spiegelte der Slogan vom chinesischen Traum Fakten wider – nämlich, dass China tatsächlich zu neuem Leben erwachte –, andererseits war er eine Würdigung der großen Ambitionen im Land. Einige Ziele waren dabei leichter zu erreichen als andere. Um die Partei an der Macht zu halten, musste der Wohlstand der Bevölkerung auch in Zukunft wachsen. Dafür wurde der Bau von weiteren rund hunderttausend Kilometern Schnellstraße, fünfzig neuen Flughäfen

und mehr als fünftausend Kilometern zusätzlicher Hochgeschwindigkeitsstrecke geplant. Die neue Regierung war sich jedoch bewusst, dass die Normalbevölkerung dringendere Sorgen hatte, und kaum war sie im Amt, versprach sie, die niedrigsten Einkommen im Land zu erhöhen und höhere Zinsen auf Ersparnisse zu gewähren.

Die Befriedigung der Sehnsucht nach Wahrheit entpuppte sich im Vergleich dazu jedoch als komplizierter. Während der ersten sechzig Jahre ihrer Herrschaft hatte die Kommunistische Partei die Stabilität im Land durch Zensur, durch Geheimniskrämerei und durch Einschüchterung gewahrt, doch nun schlug ihr eine Kultur der Skepsis, der Enthüllungen und der sinkenden Angst entgegen. Das Zentrale Propagandaministerium mit seiner modernen Fassade und seinem traditionellen Pagodendach stand wie eh und je auf der Straße des Ewigen Friedens – ein Bauwerk, das zum gründlichen Nachdenken anregte. Als ich ein letztes Mal daran vorbeifuhr, kam mir der Gedanke, dass man ab dem Augenblick davon ausgehen könnte, dass die chinesische Regierung endlich bereit wäre, der Realität ins Auge zu schauen, in dem das Ministerium ein Namensschild erhielt.

Am schwierigsten zu erfüllen wird vielleicht der Wunsch der Menschen sein, etwas zu haben, an das sie glauben können. Im Augenblick herrscht ein ideologisches Gleichgewicht in China, bei dem kein politischer Flügel die Nase vorn hat. Auch in Zukunft wird es nationalistische Ausbrüche geben, und neue Demagogen werden die Bühne betreten, die wie ihre Vorgänger mit dem Gefühl der nationalen Demütigung spielen werden, obwohl das der Partei letztlich mehr schaden als nutzen könnte. Weil die Partei »universelle Werte« bewusst ablehnt, wird es auch in Zukunft Rüffel aus dem Ausland, Proteste im Inland und Erinnerungen an den leeren Stuhl Liu Xiaobos geben. Dennoch macht sie die Bevölkerung glauben, dass Schmach und Erniedrigung ebenso wenig zu tolerieren seien wie die dafür Verantwortlichen.

Dreißig Jahre nachdem die Partei mit der schrittweisen Einführung der freien Marktwirtschaft begann, gibt es in China kein einzelnes, alles verbindendes Dogma und keine »zentrale Melodie« mehr, und nach wie vor ist nicht absehbar, wohin sich das Land entwickeln

wird. Als der Präsident den chinesischen Traum ausrief, versuchte er, einen einenden Mythos zu schaffen, doch die Bevölkerung las »Träume« im Plural. Zufällig begegnete ich meiner Nachbarin, der Witwe Jin Baozhu, die von meinem Vermieter wegen Sonnenlichtraubs vor Gericht gezerrt worden war. Jin hatte im Fernsehen von der neuen Losung erfahren. »Was mein chinesischer Traum ist?«, fragte sie. »Dass ich noch ein paar Jahre länger in meinem Häuschen bleiben darf.«

Schon bald rotierten die Zensoren auf der Jagd nach Bildern, auf denen handgeschriebene Schilder mit Texten hochgehalten wurden wie »Mein chinesischer Traum sind Anstand und Gerechtigkeit« oder »Mein chinesischer Traum ist, dass Xi Jinping für meine Sicherheit und mein Recht auf Fortpflanzung sorgt«. Als eine von der *People's Daily* betriebene Webseite in einer Umfrage zum chinesischen Traum wissen wollte, ob die Chinesen das Einparteiensystem unterstützten und an den Sozialismus glaubten, verneinten achtzig Prozent der achttausend Befragten beides, weshalb die Studie von einem Tag auf den anderen zurückgezogen wurde. Früher sprachen die Leute davon, dass ihre zensierten Arbeiten »harmonisiert« worden seien. Heute sagten sie, man habe sie »weggeträumt«.

Kurz nach Xis Amtsantritt gab er zu, was viele in China längst ahnten: Falls es der Partei nicht gelingen sollte, die Korruption auszumerzen, würden »die Partei und das Land unweigerlich untergehen«. Er verglich die Situation mit »Maden, die sich vom Verfall ernähren«, und kündigte an, nicht nur die »Fliegen« der unteren Parteiränge, sondern auch die mächtigen »Tiger« an der Spitze für Fehlverhalten zu bestrafen. Er rief seine Genossen dazu auf, »fleißig und gewissenhaft zu sein«, und ging mit gutem Beispiel voran: Als Xi seine erste Dienstreise antrat, berichtete das Staatsfernsehen, er habe eine »normale Hotelsuite« gebucht und sein Abendessen nicht im Rahmen eines großen Banketts eingenommen, sondern sich am Buffet bedient – was für die politische Kultur Chinas eine derart radikale Veränderung darstellte, dass der Begriff »Buffet« fast schon metaphysische Bedeutung erhielt. Die staatliche Nachrichtenagentur titelte: »Xi Jinping besucht arme

Familien in Hebei – Abendessen bestand aus nur vier Gerichten und keinem Alkohol.«

Xi forderte die hohen Funktionäre auf, Wagenkolonnen, frische Blumen und langatmige Reden aufzugeben. Örtliche Behörden beeilten sich, seine Anweisungen in neue Regularien aufzunehmen, was dazu führte, dass die vorherige Lage im Land unfreiwillig illustriert wurde: In der Stadt Yinchuan durften Beamte »bei Hochzeiten, Umzügen oder zum Schulanfang keine Umschläge mit Geld mehr entgegennehmen«. Auf die »Vier Gerichte und eine Suppe«-Kampagne folgte die »Operation leerer Teller«. (Bei Letzterer wurden Funktionäre dazu angehalten, ihre Teller leer zu essen, wenn sie etwas im Restaurant bestellten.) Es sollte nicht lange dauern, bis sich die plötzlich abnehmende Maßlosigkeit der Staatsdiener auch auf die Wirtschaft auswirkte: Die Verkaufszahlen von Haifischflossen (bei einem großen Bankett unerlässlich) sanken um mehr als siebzig Prozent, in den Spielkasinos von Macao tauchten weniger VIPs auf, und die Exportzahlen von Schweizer Uhren fielen im Vergleich zum Vorjahr um ein Viertel. Die Hersteller von Luxusgütern trugen Trauer.

Wang Qishan, ein altes Schlachtross der Partei, der vom Präsidenten zum neuen starken Mann der Korruptionsbekämpfung ernannt worden war, hatte Geschichte studiert und empfahl seinen Genossen daher die Lektüre von Alexis de Tocquevilles *Der alte Staat und die Revolution*. Das Buch entwickelte sich daraufhin schnell zum Bestseller, weil das chinesische Publikum einiges wiedererkennen konnte in der Erzählung vom zügellosen Adel, vom frustrierten Handelsstand und von einem Staat, der beherrscht wurde von Menschen, die die Angehörigen der Mittelklasse bis zuletzt für ihre wichtigsten Unterstützer gehalten hatten – bis sie bei der Hinrichtung des Königs halfen. Tocqueville schrieb: »Sie [die Französische Revolution] ist allerdings der Welt ganz unerwartet gekommen, und doch war sie nur die Vollendung der langwierigsten Arbeit.« Wang erläuterte allerdings nie, welche Lehren in seinen Augen aus dem Buch gezogen werden sollten, obwohl sich die Diskussionen vor allem um Tocquevilles Feststellung drehten, dass ein Land nicht aufgrund seiner Armut an Stabilität verliere, sondern sobald der Staat den Druck vermindere.

Um zu beweisen, wie wichtig die Bekämpfung der Korruption für die Regierung war, wurde Bahnminister Liu Zhijun im Juni 2013 vor Gericht gestellt. Zunächst ging der Schauprozess glatt über die Bühne. Die Verhandlung dauerte weniger als vier Stunden, und Großer-Sprung-Liu spielte seine Rolle wie bestellt: Er machte unter Tränen ein Geständnis und fand sogar eine Möglichkeit, die neue Parole des Präsidenten aufzugreifen, indem er angab, die Versuchung habe dazu geführt, dass er den chinesischen Traum aus den Augen verlor. Um unerwünschte Debatten über Patronage und Bestechung zu vermeiden, wurde Liu wegen Machtmissbrauchs und der Annahme von Schmiergeldern in Höhe von nur 10,6 Millionen US-Dollar angeklagt. Als er zu einer »Todesstrafe auf Bewährung« verurteilt wurde, die später sehr wahrscheinlich in eine Haft von etwa dreizehn Jahren umgewandelt werden würde, hieß es in der Bevölkerung, Liu habe sich aus der Sache herausgeredet. Die *South China Morning Post* fragte sich: »Wie konnte er überhaupt aufsteigen und so lange schalten und walten, wie es ihm gefiel? Wer an der Spitze beschützte ihn und wie viel Geld hat diese Person dafür erhalten? Diese wirklich wichtigen Fragen interessieren die Ermittler in Korruptionsfällen nie.« Um sicherzustellen, dass niemand auf eigene Faust Untersuchungen anstellte, unterband das Zentrale Propagandaministerium kurzerhand jede Diskussion über das Thema. »Die Akte Liu Zhijun ist geschlossen«, teilte es den Redaktionen im Land mit. »Die Berichterstattung der Medien darf sich nur auf die offizielle Version von Xinhua stützen – keine detaillierten Reportagen, keine Kommentare und kein Sensationsjournalismus.«

Großer-Sprung-Liu fand zum Abschied ganz eigene Worte. Über seinen Anwalt ließ er seiner Tochter ausrichten: »Was immer du auch tust, halt dich bloß von der Politik fern!« Es war ein knallhartes Geschäft, das noch härter zu werden versprach. Xi Jinping sah sich einem politischen Problem gegenüber, das seinen Vorgängern unbekannt gewesen war: Das chinesische Volk hatte Xi zwar nicht gewählt, dennoch musste er im Informationszeitalter eine Möglichkeit finden, damit er ihren Respekt nicht verlor. Mao hatte seine Genossen einst mit Fischen und die Bevölkerung mit dem Wasser verglichen: »Der Revolutionär schwimmt im Volk wie ein Fisch im Wasser.« Nun, da Ideologie nicht mehr das Wichtigste war, hing die Autorität des chinesischen Staates mehr denn je davon ab, ob er die Bevölkerung zufriedenzustellen vermochte.

Durch einige grundlegende Maßnahmen, etwa die Beseitigung des Hungers und des Analphabetismus oder die Verbesserung der medizinischen Versorgung, waren die Chinesen inzwischen zufriedener als die Bewohner der meisten Länder der Welt. Als der Soziologe Martin Whyte von der Harvard University im Jahr 2004 die Chinesen befragte, ob ihre Arztkosten von der gesetzlichen Krankenversicherung übernommen würden, bejahten dies nur fünfzehn Prozent der Landbevölkerung; als die Umfrage 2009 wiederholt wurde, war der Anteil auf neunzig Prozent gestiegen. Zwar schwankten Reichweite und Qualität der Gesundheitsversorgung weiterhin sehr stark und sie deckte nur grundlegendste Bedürfnisse ab, dennoch war der Fortschritt nicht von der Hand zu weisen.

Wenn man die Zufriedenheit der Chinesen mit der Leistung ihrer Regierung mit der Situation in anderen Ländern verglich, erhielt man stets ein überaus schmeichelhaftes Ergebnis für die Partei: Im Mai 2013 berichteten die Medien des Landes, dass laut dem Pew Research Center achtundachtzig Prozent der befragten Chinesen mit der wirtschaftlichen Entwicklung zufrieden waren – der höchste Wert in allen teilnehmenden Staaten. Das entsprach jedoch nicht der ganzen Wahrheit. Als eine Forschergruppe unter Leitung des Wirtschaftswissenschaftlers Richard Easterlin von der University of Southern California fünf Langzeitstudien genauer untersuchte, die in den letzten zwanzig Jahren in China angestellt worden waren, fanden sich »keinerlei Hinweise für eine höhere Durchschnittszufriedenheit der Chinesen [...]. Wenn überhaupt, sind sie heutzutage weniger glücklich als noch im Jahr 1990, wobei die Zufriedenheit vor allem im ärmsten Bevölkerungsdrittel abnimmt. Doch selbst die Zufriedenheit des reichsten Bevölkerungsdrittels ist nur leicht gestiegen.« Die Forscher kamen zu dem Schluss, dass »Wirtschaftswachstum allein nicht ausreicht – ein verlässlicher Arbeitsmarkt und eine hohe soziale Sicherheit sind ebenso wichtig«. Umfragen aus dem Jahr 2013 ergaben wiederum, dass dreiundneunzig Prozent aller Chinesen der Ansicht waren, dass »die besten Zeiten des Landes noch bevorstehen«; doch dieses Ergebnis sagte weniger über die Zufriedenheit der Bevölkerung als über deren Erwartungshaltung aus. Die Hoffnung sei »wie die Straßen im Antlitz der Erde«, hatte Lu Xun einst gesagt. »Sie waren nicht da gewesen; die Füße der Wanderer hatten sie geschaffen.«

Indem er sich auf die Korruption konzentrierte, spekulierte der Präsident darauf, dass die Öffentlichkeit ihre Aufmerksamkeit eher auf den Kampf gegen dieses Laster richten würde als auf das Laster selbst. Das war riskant, denn seit Jahrzehnten hieß es unter Parteiführern bereits: »Geht man nicht entschlossen genug gegen die Bestechung vor, zerstört sie das Land. Geht man zu entschlossen dagegen vor, zerstört man die Partei.« Die Kampagne gegen die Korruption erfreute sich sofort einer überaus großen Beliebtheit. Auf neuen, von Bürgern betriebenen Webseiten wie »I Made a Bribe« konnte man jeden melden, der ein Schmiergeld gefordert hatte. Der Anwalt Xu Zhiyong, der zuvor im Stadtparlament von Peking gedient hatte, brachte eine Petition in Umlauf, in der er hohe Beamte zur Offenlegung ihrer Einkommen aufforderte. Diese Neue Bewegung der Bürger, wie er sie nannte, zog Tausende von Unterstützern an.

In Anbetracht von so viel Enthusiasmus begann die Partei bald, sich unwohl zu fühlen. Mein Telefon summte:

> Wer über Beamte berichtet, gegen die der Verdacht der Bestechlichkeit im Raum steht oder die der Dekadenz verfallen sind, muss sich ganz genau an die Informationen der Behörden halten. Spekulieren und übertreiben Sie nicht, stellen Sie keine eigenen Ermittlungen an und zitieren Sie nicht aus dem Internet!

Im Sommer war es der Staat schließlich leid: Er ließ »I Made a Bribe« sperren und fast einhundert Personen verhaften, die sich der neuen Kampagne gegen die Korruption angeschlossen hatten, darunter Xu Zhiyong, dem »Anstiftung zur Störung der öffentlichen Ordnung« vorgeworfen wurde. Als sich einige Unterstützer für Xu einsetzten, wurden auch sie festgenommen; ein Investor namens Wang Gongquan, der mit Risikokapitalanlagen Milliarden verdient hatte, startete eine Petition für die Freilassung von Xu, wurde daraufhin aber ebenfalls wegen Störung der öffentlichen Ordnung verhaftet. Seine mutigen Stellungnahmen und der Umstand, dass er es aus eigener Kraft nach oben geschafft hatte, bescherten Wang zwar eine große Anhängerschaft im Internet; allerdings empfanden es die Behörden als besonders unangenehm, wenn sich Plutokraten mit Aktivisten zusammentaten und sich in die Politik einmischten.

Im September probierte der Staat eine neue Taktik aus, mit der er die widerspenstige Macht des Internets doch noch zähmen wollte: Der Oberste Volksgerichtshof gab bekannt, dass jeder »falsche und diffamierende« Kommentar, der mehr als fünftausendmal angeklickt oder mehr als fünfhundertmal geteilt wurde, zu einer dreijährigen Freiheitsstrafe führen konnte. Ebenso wie der Staat die freie Meinungsäußerung bekämpfte, versuchte er die Bevölkerung von der Wiedergabe von Gehörtem abzuhalten. Lu Wei, der Leiter des Staatlichen Internetamts, erklärte in einer Rede, dass »es keine Freiheit ohne Ordnung geben kann«. In den darauffolgenden Monaten wurden die Debatten auf Weibo weniger kontrovers geführt; gleichzeitig nahm die Zahl der User ab, weil sich die Menschen nach sichereren Plattformen umsahen.

Die offizielle Kampagne gegen die Korruption stieß an ihre Grenzen. Statt Festmähler in der Öffentlichkeit abzuhalten, richteten manche Ministerien ihre Bankette nun in ihren Räumlichkeiten aus und engagierten dafür Köche von Luxushotels. Ein neuer inoffizieller Slogan begann die Runde zu machen: »Iss geräuschlos, nimm nicht zu viel, spiel im Geheimen.«

Welches Ziel die Partei langfristig verfolgte, war kein Geheimnis: Sollte es Xi Jinping gelingen, seine Amtszeit an der Spitze der Partei bis zum Jahr 2023 zu erfüllen, würde China den bis dato von der UdSSR gehaltenen Weltrekord des am längsten bestehenden Einparteienstaats der Geschichte brechen. Die Sowjets hatten vierundsiebzig Jahre regiert, und die chinesischen Führer fürchteten ganz offen, dass ihnen irgendwann dasselbe Schicksal drohen könnte wie ihren Genossen. Kurz nach seinem Amtsantritt hielt Xi Jinping vor Parteimitgliedern eine Rede, in der er fragte: »Warum brach die Kommunistische Partei der Sowjetunion in sich zusammen? Ein wichtiger Grund bestand darin, dass sie in ihren Werten und Überzeugungen zu wanken begann. Schließlich genügte ein einziges, leises Wort von Gorbatschow, um die Kommunistische Partei der Sowjetunion aufzulösen, und ihre großen Leistungen gehörten der Geschichte an. Letztlich war niemand Manns genug, sich dieser Entscheidung zu widersetzen.«

Xis »Manns-genug-Rede« löste einen neuen Propagandasturm aus: Für den Fall, dass sich die Chinesen dafür interessierten, was ohne die Partei aus ihrem Land werden würde, zeichnete die *People's Daily* ein düsteres Bild: Es hieß, nach dem Untergang der Sowjetunion hätten die Russen mit ansehen müssen, wie ihr »Bruttoinlandsprodukt um die Hälfte sank [...]; ihre Schiffe zu rosten und zu verfallen begannen, bis nur noch ein Haufen Altmetall übrig blieb; wie Oligarchen auf der Bildfläche erschienen und die Staatskasse plünderten; sich die Bevölkerung in langen Schlangen vor den Geschäften anstellen musste, weil es zu Versorgungsengpässen kam; und wie Kriegsveteranen ihre Auszeichnungen verkauften, um sich Brot leisten zu können«. Die Zeitung fragte sich, was eine ähnliche Bedrohung für das heutige China darstellen könnte, und die Antwort lautete: das Internet. »Tagtäglich bringen Blogger und ihre Vertrauten Gerüchte in Umlauf, erfinden verleumderische Nachrichten über die Gesellschaft, beschwören ein apokalyptisches Bild von Chinas Untergang herauf und ziehen den Sozialismus in den Dreck – alles nur, um das europäisch-amerikanische Modell des Kapitalismus und der demokratisch legitimierten Verfassung voranzutreiben.«

Unter Xi Jinping zeigte die Partei weiterhin nicht die geringsten Anzeichen für eine Aufgabe der ideologischen Verrenkungen der Vergangenheit. Nach wie vor trug sie das Banner des Sozialismus vor sich her und blieb ihren alten Vorstellungen treu (der Gedankenreform und dem Primat der Partei an der Macht), während sie sich zur selben Zeit einem schrankenlosen Raubtierkapitalismus und einem lärmenden Markt der Ideen gegenübersah. Falls es innerhalb der Parteispitze so etwas gab wie eine vernünftige Vorstellung davon, wie man diese Spannungen auflösen könnte, war davon zumindest nie etwas nach außen gedrungen. Stattdessen sickerte im August 2013 ein parteiinternes Memo durch, dass nahelegte, dass zumindest ein Teil der Führungsspitze immer paranoider wurde. Das sogenannte »Dokument Nummer neun« rief zur Ausmerzung von sieben den chinesischen Staat angeblich unterwandernden Ideen auf. Neben der »konstitutionellen Demokratie nach westlichem Vorbild« umfasste die Liste unter anderem Pressefreiheit, Partizipation des Volkes, »allgemeine Menschenrechte« und »nihilistische« Lesarten der Geschichte der Partei. Die »sieben Tabus« wurden Universitätsprofessoren und prominenten Personen aus dem Bereich der sozialen Medien vorgelegt, die man zudem warnte, ja nicht zu weit zu gehen. Die *People's Daily* bediente sich der Sprache eines vergangenen Zeitalters und mahnte, die Forderungen nach einer demokratischen Verfassung und der Einführung von Rechtsstaatlichkeit seien »eine Propagandawaffe der psychologischen Kriegsführung, die von amerikanischen Monopolkapitalisten und ihren Helfern in China eingesetzt werden, um den chinesischen Sozialismus zu unterminieren«.

Die Partei hatte allen Grund zur Nervosität, denn sie steckte in einer Zwickmühle, die sie selbst geschaffen hatte. Sie hatte sich erneut dem Versuch verschrieben, vermeintlich ketzerisches Gedankengut zu unterdrücken und die Stabilität im Land unter allen Umständen zu wahren, doch dieses Vorgehen führte letztlich nur zu mehr Ketzerei und weniger Stabilität. Die Partei war richtigerweise davon überzeugt, dass Chinas Zukunft von neuen, innovativen Ideen abhing, die das Potenzial hatten, die Welt zu erobern, fürchtete sich jedoch vor dem Gegenteil – »globalen Werten«, die ihr eigenes Überleben bedrohten.

Um weiteres Wachstum zu garantieren, hatte die chinesische Führung zwei Möglichkeiten: Sie könnte das politische System demokratischer gestalten, wie es zum Beispiel Südkorea in den achtziger Jahren getan hatte; oder sie wandte sich mehr denn je dem Autoritarismus zu. Historisch gesehen, war die zweite Alternative einigermaßen riskant, weil autoritär geführte Staaten sich langfristig nicht so zuverlässig entwickeln wie Demokratien, denn sie sind zerbrechlicher und können oft nur mit visionären Einzelpersonen an der Spitze bestehen. »Auf jeden Lee Kuan Yew kommen unzählige Mobutu Sese Sekos«, schrieb dazu der Ökonom Dani Rodrik von der Harvard University. Auf kurze Sicht mochte die Partei ihre Kritiker zum Schweigen gebracht haben – was jedoch auf lange Sicht geschehen würde, war weniger eindeutig, insbesondere falls Teile der Partei auf die Idee verfielen, die Vor- und Nachteile der Loyalität noch einmal durchzurechnen und dabei zu dem Schluss kämen, dass mehr zu holen war, wenn man sich auf die Seite des Volkes stellte.

Das einst für seine Konformität bekannte China beherbergte mittlerweile äußerst gegensätzliche Kräfte: Liberale westlicher Prägung und Nationalkonservative; Apparatschiks und ruhelose Plutokraten; Ameisenvölker und Bobos; Propagandisten und Cyber-Utopisten. Offen blieb indes, ob man die Spannungen nach außen würde lenken können, also gegen den Westen, oder ob sie sich gegen den Staat richten würden. Dass ein umfassendes Bündnis die Macht der Partei herausfordern würde, war im Augenblick noch schwer vorstellbar, denn obwohl die chinesische Mittelschicht von vielen Fragen beherrscht wurde, die auch am Vorabend der Demokratisierung in Taiwan, Südkorea und auf den Philippinen eine Rolle gespielt hatten (Verbraucherrechte, Umweltverschmutzung, Arbeitnehmerrechte, Mieten, freie Meinungsäußerung usw.), gab es in China nur wenige Organisationen, in denen sich die Menschen zusammenschließen konnten, um gemeinsam eine Alternative zur Einparteienherrschaft zu erarbeiten.

Vorerst zielten die Aktivisten aus der chinesischen Mittelschicht vor allem auf Reformen, nicht auf einen Sturz der Regierung. In vielen Ländern forderte eine immer besser ausgebildete und unternehmerisch denkende Mittelschicht mehr Kontrolle über ihre eigenen Belange. Politikwissenschaftler gehen davon aus, dass Länder ab einem Pro-Kopf-Einkommen von viertausend US-Dollar eine »Zone des Übergangs zur Demokratie« erreichen, so dass die Wahrscheinlichkeit von Regimewechseln steigt. Diese Marke hatte China längst passiert, 2013 lag das durchschnittliche Pro-Kopf-Einkommen bereits bei achttausendfünfhundert Dollar. Der Chinaforscher Minxin

Pei untersuchte fünfundzwanzig Autokratien mit einem hohen Einkommensniveau, deren Führungen sich der Demokratisierung widersetzten. Einundzwanzig davon waren Ölstaaten. China nicht.

Als deutlich wurde, dass Xi Jinping auf den Erhalt des Status quo setzte, nutzte der dreiundsechzigjährige Hu Dehua, der Sohn des ehemaligen Parteichefs Hu Yaobang und damit ebenfalls ein Mitglied des Parteiadels, den Schutz, den sein Familienname und sein Stammbaum gewährten, um den Präsidenten öffentlich zu kritisieren. Hu Dehua argumentierte, der wahre Grund für den Untergang der Sowjets sei gewesen, dass sie sich mit ihrer »Bestechlichkeit unentwegt Volkseigentum unter den Nagel« gerissen hätten. Die Partei, so Hu, stehe tatsächlich vor einer Krise. »Wir haben nun zwei Möglichkeiten: Entweder unterdrücken wir weiterhin die Opposition, oder wir streben eine Versöhnung mit dem Volk an«, erklärte er. Das Land habe bereits 1989 vor derselben Wahl gestanden, sagte er, um dann mit einer erstaunlichen Offenheit bezüglich des brutalen Vorgehens auf dem Tiananmen-Platz hinzuzufügen: »Was bedeutet es, ›Manns genug zu sein‹? Bedeutet es, Panzer gegen das eigene Volk einzusetzen?«

Aus der Entfernung wurde China oft als ein Land beschrieben, das geradewegs in eine strahlende Zukunft marschierte. In China selbst waren die Menschen allerdings vorsichtiger. Alles, was die Chinesen je erreicht hatten, ging auf Eisen, Feuer und Blut zurück, deshalb wussten sie besser als alle anderen um die Vergänglichkeit der Dinge – um »die Unwirklichkeit der Wirklichkeit«, wie es F. Scott Fitzgerald einmal ausgedrückt hatte, »das Versprechen, dass der Fels der Welt sicher auf einem Feenflügel ruht«. In meinen letzten Monaten in Peking setzte sich dieses Gefühl der Zerbrechlichkeit immer mehr durch. Im Juli 2013 schrieb der Ökonom und Nobelpreisträger Paul Krugman in der *New York Times*: »Die Art und Weise, in der das Land Geschäfte macht, ist ebenso an seine Grenzen gestoßen wie das Wirtschaftssystem, das zu dreißig Jahren unfassbaren Wachstums geführt hat.«

Das Wirtschaftswachstum hatte sich verlangsamt und den niedrigsten Wert seit 1990 erreicht; gleichzeitig wurden einige Zutaten des chinesischen Erfolgsrezepts langsam knapp. Die Ein-Kind-Politik hatte zu einem dramatischen Rückgang an jungen Arbeitskräften geführt, die es chinesischen Fabriken lange erlaubt hatten, derart billig zu produzieren. Man geht davon aus, dass die arbeitende Bevölkerung in China zwischen 2010 und 2030 um siebenundsechzig Millionen Menschen schrumpfen wird; eine Zahl, die der Gesamtbevölkerung Frankreichs entspricht. Darüber hinaus steckte China die Hälfte des Bruttoinlandsprodukts in Investitionen – mehr als jedes andere große Land der Moderne –, dennoch ging das Wachstum zurück, was wiederum bedeutete, dass die Investitionen in neue Anlagen, Ausrüstungsgüter und Kapital nicht mehr so hohe Wachstumsraten bewirkten. Vermutlich stand China kein plötzlicher Wirtschaftskollaps bevor, denn Peking verfügte über Devisenreserven im Wert von drei Billionen US-Dollar und kontrollierte den Zu- und Abfluss von Kapital, so dass ein Sturm auf die Banken unwahrscheinlich war. Dass die chinesischen Provinzregierungen so viel Geld in den Wirtschaftsaufbau gepumpt hatten, war dagegen gefährlicher, weil sich ihre Verschuldung seit 2010 verdoppelt hatte und auf fast neununddreißig Prozent des Bruttoinlandsprodukts angestiegen war. Anstatt das Geld also den Konsumenten zu überlassen, wurde es verwendet, um die Zahlungsfähigkeit der Städte und Gemeinden zu garantieren – ein Szenario, das den Menschen die japanische Wirtschaftsflaute ins Gedächtnis rief.

Wer sich ohnehin bereits an das Japan der achtziger Jahre erinnert fühlte – an die lockere Kreditvergabe und die vom Südpol herbeigeschafften Eiswürfel –, konnte sich bestätigt sehen, als im Juli 2013 in der chinesischen Stadt Changsa der Grundstein für den höchsten Wolkenkratzer der Welt gelegt wurde: Sky City. Ökonomen wissen, dass Wellen neuer höchster Gebäude der Welt historisch häufig mit Phasen nachlassenden Wirtschaftswachstums zusammenfallen. Dabei geht es nicht um ein Verhältnis von Ursache und Wirkung, allerdings sind solche Projekte Indizien für niedrige Zinsen, exzessiven Optimismus und überhöhte Grundstückspreise – ein Muster, das sich bis zum ersten Wolkenkratzer der Welt zurückverfolgen lässt, dem Equitable Life Building. Dieses Gebäude wurde 1873 auf dem Höhepunkt des »Gilded Age« fertiggestellt; in den folgenden fünf Jahren erlebten die USA eine fünfjährige Rezession, die als die Lange Depression in die Geschichte eingehen sollte. Die Zeitschrift *Skyscraper*, eine Publikation aus Shanghai, die über Hochhäuser berichtete wie über Berühmtheiten, schrieb 2012, dass in den folgenden drei Jahren in China alle fünf Tage ein neuer Wolkenkratzer fertiggestellt werden würde und dass das Land vierzig Prozent aller im Bau befindlichen Hochhäuser der Welt beheimatete.

Im Sommer 2013 packten Sarabeth und ich in dem Haus in der Nationalstudiengasse unsere sieben Sachen in Umzugskartons. Als ich die Witwe Jin Baozhu darüber informierte, dass wir in die Vereinigten Staaten zurückgehen würden, riet sie zur Vorsicht. Obwohl sie China nie verlassen hatte, verfolgte sie die Nachrichten sehr genau. »Amerika ist ein reiches Land, in dem es viele Waffen gibt«, erklärte sie mir. Ich buchte zwei One-way-Tickets nach Washington, D.C. Unseren Ventilator verschenkten wir an Freunde, und ich bemerkte, dass ich allmählich nostalgisch wurde, als ich über ein Leben ohne das Wiesel unterm Dach nachzudenken begann. In diesem Frühjahr hatte es vier Junge gekriegt, und wenn es abends dunkel wurde, kletterten die fünf aufs Dach und tobten sich aus. Ich erwähnte diese Tatsache gegenüber meinem Nachbarn, Huang Wenyi, der meinte, das sei ein sehr gutes Zeichen für unseren Umzug in die USA.

Ich unterhielt mich gerade draußen auf der Straße mit Huang, als ein Mann in einem leuchtend orangefarbenen Overall auf uns zukam. Die Männer und Frauen in den orangefarbenen Arbeitsanzügen waren für das Bezirksgesundheitsamt tätig und machten in der Nachbarschaft sauber; bei vielen handelte es sich um Arbeitsmigranten vom Land. Sie fegten die Gassen, reinigten die öffentlichen Toiletten und sammelten den Müll ein. Manche trugen Strohhüte, die ihre Gesichter verdeckten, und die Arbeitsuniformen machten es noch schwieriger, sie auseinanderzuhalten. Ich vermochte nicht zu sagen, ob es drei waren oder dreißig. Der Mann, der sich uns näherte, hatte zerzaustes Haar, Lachfalten um die Augen und ein breites Grinsen voller schiefer Zähne. Er zeigte auf einen grauen Pflasterstein zu unseren Füßen.

»Können Sie den Kaiser darauf erkennen?«, fragte er.

Ich dachte, ich hätte mich verhört.

»Ich kann ein Bild des Kaisers genau auf diesem Stein dort sehen«, beteuerte der Mann.

Huang und ich schauten abwechselnd den Stein und dann den Mann an. Huang hatte kein Interesse. »Was verbreiten Sie hier für dummes Zeug?«, schnauzte er ihn an. »Sie haben doch nicht die geringste Ahnung, wovon Sie da reden.«

Der Straßenreiniger lächelte. »Wollen Sie damit etwa sagen, ich wäre kein kultivierter Mensch?« »Ich versuche zu sagen, dass Sie Unsinn reden«, entgegnete Huang.

Der Mann schaute Huang kurz von der Seite an und wandte sich dann mir zu. »Ich erkenne das Wesen von allem, was ich ansehe«, erklärte er. »Ganz egal, wie alltäglich etwas auf den ersten Blick auch erscheinen mag, wenn ich es anschaue, wird daraus ein Schatz. Glauben Sie mir das?«

Huang war genervt: »Alter Mann, ich versuche gerade, mich mit unserem ausländischen Freund hier zu unterhalten. Bitte stören Sie uns nicht weiter und kümmern Sie sich um ihre Arbeit.«

Der Reinigungsmann gab nicht auf und redete schneller und schneller, während er von alter chinesischer Dichtkunst und von dem Schriftsteller Lu Xun sprach. Manche seiner Verweise gingen dabei aufgrund des hohen Tempos oder aufgrund ihrer Unverständlichkeit an mir vorbei. Er wirkte auf mich gleichzeitig verrückt und interessant. Der stolze Pekinger Huang hatte schließlich genug und begann, sich über den ländlichen Akzent des Mannes lustig zu machen. »Kommen Sie wieder, wenn Sie gelernt haben, wie jemand aus Peking zu sprechen«, meinte er.

Der Straßenreiniger murmelte daraufhin: »Jeder Dialekt ist erlaubt, solange menschliche Wesen ihn sprechen.« Das hörte Huang allerdings nicht mehr, weil er mit einer abfälligen Geste in seinem Haus verschwunden war. Ich dagegen stellte mich vor. Der Mann hieß Qi Xiangfu. Er stammte aus der Provinz Jiangsu und war vor drei Monaten nach Peking gekommen. »Warum sind Sie hergezogen?«, erkundigte ich mich.

»Um die Kultur zu entdecken«, erklärte er feierlich.

»Welche Kultur?« »Vor allem die Dichtkunst. Alte chinesische Dichtkunst. Damals, während der Tang-Dynastie, als die Dichtkunst in ihrer größten Blüte stand, wollte jeder Dichter nach Chang'an«, sagte er, wobei er auf den Namen der alten Hauptstadt und Vorgängerin Pekings anspielte. »Ich war auf der Suche nach einer größeren Bühne«, erklärte Qi. »Es spielt keine Rolle, ob ich erfolgreich sein oder untergehen werde. Ich bin hier, das ist alles was zählt.« Seine Erklärungen erinnerten mich an den »Ruf«. Als ich nach China kam, schien es, als ob vor allem die Jungen und Hungrigen dem Ruf folgten, Menschen wie Gong Haiyan und Tang Jie. Seitdem hatten jedoch noch sehr viel mehr Menschen die Stimme vernommen – die Straßen entstanden, wenn die Wanderer sie schufen.

Qi erzählte mir, dass er an Dichterwettbewerben teilnahm. »Ich habe mir den Titel ›Superkönig der chinesischen Reimpaare‹ geholt.« In seiner Freizeit betrieb er ein Onlineforum über moderne chinesische Dichtkunst. »Im Internet können Sie alles über mich nachlesen«, informierte er mich.

An diesem Abend setzte ich mich an meinen Computer und gab seinen Namen ein. Und da war er auch schon: Qi Xiangfu, Superkönig der chinesischen Reimpaare. Für das Foto hatte er sich in ein Jackett geworfen und eine Fliege angelegt; er sah jung und zuversichtlich aus. Beim Verständnis chinesischer Gedichte hatte ich ohnehin so meine Schwierigkeiten, aber seine waren auf undurchdringliche Weise seltsam. Allerdings gab es einige elegante Zeilen, die ich durchaus zu schätzen wusste: »Die Erde kennt die Leichtigkeit unserer Füße«, hieß es da etwa. »Zwischen Himmel und Erde/treffen wir aufeinander.«

Als ich immer weiter über Qi Xianfgu recherchierte, entdeckte ich zu meiner Überraschung, dass er einen Teil seines Lebens in der Öffentlichkeit des Internets verbrachte. Er hatte eine kurze Autobiografie geschrieben, die er in der dritten Person verfasst hatte, ein Stilmittel, das eigentlich den bekanntesten Schriftstellern Chinas vorbehalten ist. Er gab an, sein Vater sei schon früh gestorben, weshalb ihn ein Onkel großgezogen habe. Über sich selbst sagte er: »Als Qi das erste Mal Maos Gedicht ›Der lange Marsch‹ las, beschloss er, dass Mao von nun an sein Lehrer sein sollte. Später studierte er die Gedichte von Li Bai, Du Fu, Su Dongpo, Lu You und anderen und gelobte, eines Tages ein Meister der Schreibkunst zu werden.«

Er erzählte, wie er zum ersten Mal einem größeren Publikum eines seiner Gedichte präsentiert hatte – über einen Lautsprecher auf einer Baustelle –, und wie er auf einer Busfahrt »ein Mädchen traf, die verstand«. Sie heirateten, womit »sein vagabundierendes Dasein« zu Ende war. Es gab auch Anzeichen für harte Phasen in seinem Leben – einmal musste er schriftlich um Spenden bitten, da »Genosse Qi leider schwere Zeiten durchmacht«. Ein Gedanke fesselte mich ganz besonders, als ich mich mit dem Geist beschäftigte, der seine Onlinepersönlichkeit umwehte: wie viel davon noch vor ein paar Jahren unmöglich gewesen wäre – seine Reise in die Stadt, seine Internetidentität, sein Seelenleben, das so gar nicht zu dem Bild passen wollte, das er der Welt präsentierte. Jeder, der an der Oberfläche des chinesischen Daseins kratzte, entdeckte darunter eine facettenreichere Auseinandersetzung mit dem guten Leben, als man zunächst hätte annehmen können, denn die Sehnsucht nach Werten und Würde war ebenso wichtig wie der Wunsch nach Autos und Wohnungen.

Nachdem ich Qi Xiangfu kennengelernt hatte, lief ich ihm noch öfter über den Weg. Wir tauschten unsere Handynummern aus, und manchmal schickte er mir eins seiner Gedichte per SMS. Wegen seiner schlechten Augen tippte er es mithilfe einer Lupe ein. Viele seiner Gedichte strotzten nur so vor kommunistischer Leidenschaft, während andere merkwürdig und rätselhaft waren. Ich fühle jedoch mit jedem, der versucht, sich mittels des Schreibens einen Reim auf sein Dasein zu machen; außerdem bewunderte ich sein Durchhaltevermögen. »Ich habe schon alle möglichen Arten der menschlichen Kälte und der Ignoranz erlebt«, erzählte er mir, »und dennoch habe ich mich mit Wissen versorgt, auch auf dem Niveau, wie man es eigentlich nur an Universitäten findet. Ein Diplom habe ich nicht. Wenn die Leute mich sehen, behandeln sie mich von oben herab.«

Zwei Wochen vor meiner Abreise begegnete ich Qi noch einmal auf der Straße. Er war nicht in Arbeitskluft unterwegs, sondern trug seine normale Kleidung – ein frisch gewaschenes weißes Hemd und ein schwarzes Jackett –, weil er seine Tochter besuchen wollte, die in einem Restaurant in der Nähe arbeitete. Unter seinem Arm klemmte ein Buch: *Zehn zeitgenössische Prosa-Autoren*. Zum ersten Mal sah ich die Identität aus dem Internet und die aus dem wahren Leben verschmelzen und gemeinsam vor mir stehen. »Was inspiriert Sie?«, hatte ich ihn einmal gefragt. »Wenn ich schreibe«, hatte er geantwortet, »wird mir alles zu Material. Im Leben muss ich praktisch denken, aber wenn ich schreibe, liegt es ganz allein bei mir.«

Zu den Quellen

Dieses Buch beruht auf acht Jahren des Lebens und der Arbeit in China. Im Juni 2005 zog ich nach Peking und blieb, bis ich mit meiner Frau, Sarabeth Berman, im Juli 2013 nach Washington, D.C., ging. Der Großteil meiner Recherche basiert auf persönlichen Erfahrungen und auf Interviews, die ich mit Menschen vor Ort geführt habe; dennoch verdanke ich ebenso viel den Werken unzähliger Wissenschaftler, Journalisten, Künstler und Schriftsteller. Während ich an dieser Reportage arbeitete, führte ich Dutzende Interviews, studierte Hunderte Tagebücher und las Tausende Seiten Gerichtsdokumente, in denen einige der von mir beschriebenen Dramen behandelt werden. Aktuelle Nachrichtenberichte stammen aus chinesischen und aus ausländischen Quellen, etwa von der BBC, von Bloomberg, aus *Caijing*, *Caixin*, dem *Economic Observer*, dem *Economist*, der *Financial Times*, der *New York Review of Books*, der *New York Times*, der *South China Morning Post*, dem *Wall Street Journal* und der *Washington Post*. Ohne einige Webseiten, auf denen journalistische Texte, durchgesickerte geheime Staatsdokumente und Kommentare in den sozialen Medien übersetzt und analysiert werden, wäre es mir unmöglich gewesen, den Überblick über die sich ständig verändernde Internetkultur im Land zu behalten; zu nennen wären hier Beijing Cream, China Digital Times, ChinaFile, China Media Project, chinaSMACK, Danwei, GreatFire, Shanghaiist und Tea Leaf Nation.

Prolog

Ich danke Yuanxing Yan, der mir von seinen Erinnerungen an das Dorf Xiajia berichtet hat, wo er während der Kulturrevolution als Bauer arbeitete und wohin er später als Ethnologe für eine Reihe von Langzeitstudien zurückkehrte. Er hat die Veränderungen dieser in der Provinz Heilongjiang gelegenen Ortschaft in mehreren detaillierten Arbeiten untersucht, darunter *Private Life Under Socialism: Love, Intimacy, and Family Change in a Chinese Village 1949-1999* (Stanford 2003) und *The Individualization of Chinese Society* (Oxford 2009).

Über Hoffnung schrieb Lu Xun in seiner Kurzgeschichte »Gu Xiang« (»Meine alte Heimat«), die im Januar 1921 erschien.

Der Vergleich mit Großbritannien, der aus der 2012 vom McKinsey

Global Institute vorgelegten Studie »Urban world: Cities and the rise of the consuming class« stammt, basiert auf Recherchen von Angus Maddison von der Reichsuniversität Groningen.

Ich danke Arthur Krober, dem Geschäftsführer von GaveKal-Dragonomics, der mir beim Vergleich der Einkommensverteilung vor den Reformen und danach geholfen hat. Durchgeführt wurde er auf Grundlage der Weltbank-Daten zum chinesischen Bruttoinlandsprodukt, die mit der Atlas-Methode erhoben wurden.

Einen guten Eindruck von der Situation des Landes vor der Öffnung bietet Georg Paloczi-Horvath, *Der Herr der blauen Ameisen. Mao Tse-tung* (Frankfurt am Main 1962).

Zum »Gilded Age« siehe Mark Twain und Charles Dudley Warner, *Das vergoldete Zeitalter. Eine Geschichte von heute* (Norderstedt 2010 [1873]); Richard White, *Railroaded: The Transcontinentals and the Making of Modern America* (New York 2011); Bill Bryson, *Eine kurze Geschichte der alltäglichen Dinge* (München 2011).

1. Von Fesseln befreit

Ich danke Lin Yifu (geboren Lin Zhengyi), der in vielen Gesprächen seine Lebensgeschichte und seine Forschungsarbeit mit mir geteilt hat. Bei der Schilderung seiner Flucht habe ich mich außerdem auf offizielle Dokumente des taiwanesischen Verteidigungsministeriums gestützt, darunter den *Diaochao Baogao* vom 20. Mai 2009 und das *Jiuzheng'an Wen* vom 26. November 2002. Weitere nützliche Hintergrundinformationen und Einzelheiten zum Fall finden sich in Zheng Dongyang, *Lin Yifu: Diedang Renshenglu* (Zhejiang 2010).

Ich danke dem Autor und Historiker Lin Yi-chung, der mir seine Heimat Quemoy gezeigt, seine Arbeiten zur Verfügung gestellt und vom Leben auf der Insel während des Kalten Krieges berichtet hat.

Für eine anschauliche Darstellung der Rolle Quemoys im Konflikt zwischen Taiwan und Festlandchina siehe Michael Szoni, *Cold War Island: Quemoy on the Front Line* (New York 2008); Michael Shaplen, »Letter from Taiwan«, in: *The New Yorker* (13. Juni 1977), S. 72; sowie Richard James Aldrich, Gary D. Rawnsley und Ming-Yeh T. Rawnsley, *The Clandestine Cold War in Asia, 1945-65: Western Intelligence, Propaganda and Special Operations* (New York 2000).

Für einen Einblick in die Beziehungen, die die chinesischen Spitzenfunktionäre am Vorabend der Öffnung zueinander pflegten, siehe Barry

Naughton, »Deng Xiaoping: The economist«, in: *China Quarterly* 135, *Special Issue: Deng Xiaoping: An Assessment* (September 1993), S. 491-514; Jonathan Spence, *Chinas Weg in die Moderne* (München u.a. 1995); Zhao Ziyang, *Prisoner of the State: The Secret Journal of Premier Zhao Ziyang* (New York 2009); sowie Kate Xiao Zhou, *How the Farmers Changed China: Power of the People* (Boulder 1996).

2. Der Ruf

Für eine historische Schilderung der Demonstrationen auf dem Tiananmen-Platz siehe Orville Schell, *Das Mandat des Himmels. China: Die Zukunft einer Weltmacht* (Berlin 1995).

Der Zusammenhang zwischen dem wachsenden Einfluss des Internets und dem Erstarken des chinesischen Nationalismus wird in folgenden Arbeiten untersucht: Xu Wu, *Chinese Cyber Nationalism: Evolution, Characteristics, and Implications* (Lanham 2007); Peter Hays Gries, *China's New Nationalism: Pride, Politics, and Diplomacy* (Berkeley 2004).

Um einen Einblick in die sich ausbreitende Konsumkultur, die wachsenden Freizeitmöglichkeiten und die größeren Wahlmöglichkeiten im Land zu erhalten, waren folgende Arbeiten für mich besonders nützlich: Yan Yuxiang, *The Individualization of Chinese Society* (Oxford 2009); Deborah S. Davis, *The Consumer Revolution in Urban China* (Berkeley 2000); Pál Nyíri, *Mobility and Cultural Authority in Contemporary China* (Seattle 2010); Li Zhang, *In Search of Paradise: Middle-Class Living in a Chinese Metropolis* (Ithaca 2012).

Die statistischen Analysen zum Umfang und zur Geschwindigkeit des chinesischen Aufschwungs basieren vor allem auf Berichten des *Economist* und der *New York Times;* Informationen zur »Umerziehungskampagne« finden sich u.a. bei Anne-Marie Brady, *China's Thought Management* (New York 2012).

Ich danke Chen Guangcheng, der sich bereitwillig Zeit genommen hat, um mit mir über seine Kindheit zu sprechen und mir zu erläutern, wie seine Ansichten im Laufe der Zeit zustande kamen. Die Schilderung meines Besuchs in seinem Dorf erschien 2005 in Teilen in der *Chicago Tribune.*

Weitere Hintergrundinformationen zu Chens Leben stammen aus einer Reihe von Presseberichten, darunter Zhang Yaojie, »Chen Guangcheng and Wen Jiaobo: Power vs. human rights«, *China Rights Forum* 3 (2006), S. 35-39.

Wertvolle Informationen über den Ursprung der Internetzensur, über die

Große Firewall und über den Fall Shi Tao finden sich in Rebecca MacKinnon, *Consent of the Networked: The Worldwide Struggle for Internet Freedom* (New York 2012); sowie Yang Guobin, in *The Power of the Internet in China: Citizen Activism Online* (New York 2013).

Zha Jianyings Eindrücke von Peking stammen aus ihrem Buch *China Pop: How Soap Operas, Tabloids, and Bestsellers Are Transforming a Culture* (New York 2011). *The Forbidden City* (London 2008) von Geremie Barmé sowie *City of Heavenly Tranquility: Beijing in the History of China* (New York 2008) von Jasper Becker waren die Quellen zur Geschichte der Hauptstadt, die ich am häufigsten zurate zog.

Zur Geschichte Chinas und zur Zeitwahrnehmung im Land siehe Colin A. Ronan, *The Shorter Science and Civilisation in China. An Abridgement of Joseph Needhams Original Text*, Band 4 (Cambridge 1994); sowie Wu Hung, »The Hong Kong clock: Public time-telling and political time/space«, in: *Public Culture* 9 (1997), S. 329-54.

3. Zivilisationstaufe

Die Erlebnisse taiwanesischer Deserteure, darunter auch die Huang Zhichengs, werden beschrieben in Linda Jaivin, *The Monkey and the Dragon: A True Story about Friendship, Music, Politics and Life on the Edge* (Melbourne 2000).

Die Reaktionen der Hochschulen auf Lin Yifus Bewerbungen werden in dem Artikel »Lin Yifu zeng xiang du Zhongguo renmin daxue yin ›lai li bu ming‹ bei ju« näher behandelt, der am 14. April 2012 in der *Huanqiu Renwu Zhoukan* erschien.

Zu Individualität und Interdependenz in der chinesischen Kultur, im Rechtswesen und in der Geschichte sowie zu den Ursprüngen der »Gedankenreform« siehe Geremie Barmé und Linda Jaivin, *New Ghosts, Old Dreams: Chinese Rebel Voices* (New York 1992); Mette Halskov Hansen und Rune Svarverud (Hg.), *iChina: The Rise of the Individual in Modern Chinese Society*, Buch 45 (Kopenhagen 2010); Gish Jen, *Tiger Writing: Art, Culture, and the Interdependent Self* (Cambridge, MA, 2013); Richard Nisbett, *The Geography of Thought: How Asians and Westerners Think Differently ... and Why* (New York 2010); Pál Nyíri, *Mobility and Cultural Authority in Contemporary China* (Seattle 2010); sowie Orville Schell und John Delury, *Wealth and Power: China's Long March to the Twenty-First Century* (New York 2013).

Ich bin dem Autor und Übersetzer Joel Martinsen zu Dank verpflichtet, der mir mit seinen u. a. in dem Artikel »A Lei Feng two-fer« dargelegten Einschätzungen zum Lei-Feng-Phänomen sehr geholfen hat; der Text ist online verfügbar unter: {http://www.danwei.org/trends_and_buzz/a_lei_feng_two-fer.php} (Stand Dezember 2014).

Das Interview mit dem Arzt, der während der Kulturrevolution in die westchinesische Wüste verbannt wurde, führte der Psychiater, Ethnologe und Chinaforscher Arthur Kleinman für den Band *Deep China: The Moral Life of the Person* (Berkeley 2011), den er zusammen mit Yunxiang Yan, Everett Zhang, Jing Jun und Sing Lee herausgegeben hat. Ich danke Dr. Kleinman, der diese Themen mit mir besprochen und mich auf die Arbeit seiner Kollegen und seiner ehemaligen Studenten aufmerksam gemacht hat.

Die Informationen über die Sprachgewohnheiten, die die Selbstschöpfung und die individuelle Selbstbestimmung in China begleiteten, stammen vor allem aus Jung Juns Aufsatz »From commodity of death to gift of life«, der in dem eben zitierten Sammelband von Kleinman et al. erschienen ist. Außerdem konsultiert habe ich in diesem Zusammenhang Tamara Jacka, *Rural Women in Urban China: Gender, Migration and Social Change* (Armonk/London 2006); Mette Halskov Hansen, »Learning individualism: Hesse, Confucius and pep-rallies in a Chinese rural high school«, in: *China Quarterly* 213 (März 2013), S. 60-77.

Für eine historische Darstellung der politischen Seite der Liebe siehe Yan Yuxiang, *The Individualization of Chinese Society* (a. a. O.); Kleinman et al. (Hg.), *Deep China* (a. a. O.); Fred Rothbaum und Bill Yuk-Piu Tsang, »Lovesongs in the United States and China: On the nature of romantic love«, in: *Journal of Cross-Cultural Psychology* 29/2 (März 1998), S. 306-19; Haiyan Lee, *Revolution of the Heart: A Genealogy of Love in China, 1900-1950* (Stanford 2010).

Außerdem war Gong Haiyans Buch *Ai de Hao, Shang Bu Liao* (Peking 2011) sehr nützlich für mich.

4. Hunger des Geistes

Ich danke Gong Haiyan, die mir ihre Lebensgeschichte erzählt und mir über Jahre hinweg gestattet hat, sie bei der Arbeit zu besuchen.

Zu Konsumgewohnheiten und Werbung in China siehe Tom Doctoroff, *What Chinese Want: Culture, Communism, and the Modern Chinese Consumer* (New York 2012); sowie Cheng Li (Hg.), *China's Emerging Middle Class: Beyond Economic Transformation* (Washington 2010).

Jamil Anderlini behandelt in seinem *Financial-Times*-Artikel »Chinese property: A lofty ceiling« vom 13. Dezember 2011 die Geschichte der chinesischen Übersetzung des Begriffs »Hypothek« und das Ausmaß des Preisanstiegs.

Die Folgen für den Wohnungsmarkt schildern Shang-Jin Wei und Xiaobo Zhang in ihrem Artikel »The competitive saving motive: Evidence from rising sex ratios and savings rates in China« (*NBER Working Paper* 15 093), der im Juni 2009 erschienen ist.

5. Kein Sklave mehr

Ich danke Michael Zhang, der mir seine Texte zur Verfügung gestellt hat.

Zur Rhetorik des Klassenkampfes und der Mittelklasse siehe Cheng Li (Hg.), *China's Emerging Middle Class* (a. a. O.); Xing Lu, »An ideological/cultural analysis of political slogans in Communist China«, in: *Discourse Society* 10 (1999), S. 487; sowie Andrew Scobell und Larry Wortzel, *Civil-Military Change in China: Elites, Institutes, and Ideas after the 16th Party Congress* (Carlisle 2004), S. 258 und S. 275, Fn. 5. Chris Fraser von der Universität Hongkong half mir beim Verständnis von Mengzi; Cheng Li half mir wiederum beim Verständnis dessen, was die heutige Parteiführung aus Mengzi gemacht hat.

Für eine Erörterung der Frage, wie man in China im Vergleich zu anderen sozialistischen Staaten mit dem Thema Gleichheit umgeht, und für weitere Hintergründe zur »neuen mittleren Einkommensschicht«, zur »Partei an der Macht«, zum Museum der Chinesischen Revolution und zu den *bubozu* siehe David S. G. Goodman, *The New Rich in China: Future Rulers, Present Lives* (New York 2008); Anne-Marie Brady, *Marketing Dictatorship: Propaganda and Thought Work in Contemporary China* (Lanham 2009), S. 57; sowie Jing Wang, »Bourgeois bohemians in China? Neo-tribes and the urban imaginary«, in: *China Quarterly* 183 (September 2005), S. 532-548.

Paul Fussells *Cashmere, Cocktail, Cadillac. Ein Wegweiser durch das amerikanische Statussystem* (Göttingen 2000 [1983]) ist unter dem Titel *Shenghuo Pinwei: Shehui Dengji deZuihou Chulu* auf Chinesisch erschienen (o. O. 1998).

»Bailing Yunluo, Heiling Shengqi«, der von einem Anonymus verfasste Essay über die Stereotypen der Mittelklasse, ist online verfügbar unter: {http://forum.iask.ca/archive/index.php/t-266552.html} (Stand Dezember 2014).

He Zhaofas Manifest stammt aus »Zhongguo de Xiandaihua Xuyao Shijian Shehuixue – Fang Shehui Xue Jia, Zhongshan Daxue Jiaoshou He Zhaofa«, in: *Shehui Magazine* 6 (1994).

Den Erfolg von *Harvard Girl* untersucht Andrew Kipnis in seinem Aufsatz »Suzhi: A keyword approach«, in: *The China Quarterly* 186 (Juni 2006), S. 295-313.

Für einen Überblick über die Geschichte der englischen Sprache in China siehe Bob Adamson, *China's English: A History of English in Chinese Education* (Hongkong 2004).

6. Halsabschneider

Der Künstler Cai Guo-qiang hat einige Bauern da Vincis interviewt und eine Auswahl ihrer Erfindungen 2010 im Rockbund Art Museum in Shanghai ausgestellt. Die im vorliegenden Buch erwähnten Interviews sind im Ausstellungskatalog *Peasant Da Vincis* abgedruckt.

Für Hintergründe zum selbsternannten Chemiker Wang Guiping und zum Ausgang des Verfahrens gegen ihn siehe »Juangsu Sheng Taizhou Shi Remnin Jianchayuan Su Wang Guiping Yi Weixan Fangfa Weihai Gonggong Anquan, Xiaoshou Weilie Chanpin, Xubao Zhuce Ziben An« (2. Februar 2010). Einer der in diesem Zusammenhang sehr nützlichen chinesischen Presseartikel war Wang Kai, »Qi Er Zaojia Zhe Wang Guiping: Daizou Jiu Tiao Renming de Xiangcun ›Maoxian Jia‹«, in: *Sanlian Shenghou Zhoukhan* (2. Juni 2006).

Ich danke dem Archiv des High Court in Hongkong, der mir gestattet hat, die Gerichtsprotokolle zum Mordfall Wong Kam-ming und zur Erpressung Si Yun Pings einzusehen. Simon N. M. Young, der Leiter des Zentrums für Vergleichendes und Öffentliches Recht der Universität Hongkong, hat mich bei der Vorbereitung meiner Anfrage unterstützt. Siu Yun Ping habe ich 2011 auf seiner Baustelle interviewt. Das erste Mal erfuhr ich vom Unverbesserlichen Spieler Ping in einem Reuters-Artikel, der im März 2010 in Zusammenarbeit mit Matt Isaacs vom Investigative Reporting Program der University of California in Berkeley veröffentlicht wurde. Isaacs hat mir freundlicherweise einige weiterführende Informationen zu dem Fall zur Verfügung gestellt.

Wo es um die Risikobereitschaft der Chinesen und die Rolle des Geldes in Macao geht, habe ich Desmond Lams Buch *The World of Chinese Gambling* (Adelaide 2009) sowie den Aufsatz »Cross-national differences in risk preference and lay predictions« von Elke U. Weber und Christopher Hsee zurate gezogen, der 1999 im *Journal of Behavioral Decision Making* (12, S. 165-179) erschienen ist.

Das US-Außenministerium hat sich 2011 in dem Bericht *International*

Narcotics Control Strategy Report, Volume II: *Money Laundering and Financial Crime* mit Korruption und Geldwäsche in Macao befasst. Die Angaben zur Verwendung von Geldautomaten in den USA habe ich von Sam M. Ditzion übernommen, dem Vorstandsvorsitzenden der Tremont Capital Group. Weitere Informationen über das organisierte Verbrechen in Macao finden sich in Roderic Broadhurst und Lee King Wa, »The transformation of Triad ›Dark Societies‹ in Hong Kong: The impact of law enforcement, socio-economic and political change«, in: *Security Challenges* 5/4 (Sommer 2009), S. 1-38; Angela Veng Mei Leong, »Macau casinos and organised crime«, in: *Journal of Money Laundering Control* 7/4 (Frühjahr 2004), S. 298-307; sowie Zhonglu Zeng und David Forrest, »High rollers from Mainland China: A profile based on 99 cases«, in: *UNLV Gaming Research and Review Journal* 13/1 (2009), S. 29-44.

7. Erworbener Geschmack

Im Mai 1942 legte Mao seine Vorstellungen von Kunst und Kultur in seinen »Reden bei der Aussprache in Yenan über Literatur und Kunst« dar. Vorliegendes Zitat stammt aus Abschnitt III. Für weiterführende Informationen über den sozialistischen Realismus und die zunehmende Wichtigkeit zeitgenössischer Kunst siehe Schell und Delury, *Wealth and Power* (a. a. O.); Walter J. Meserve und Ruth I. Meserve, »Evolutionary Realism: China's path to the future«, in: *Journal of South Asian Literature* 27/2 (Sommer/Herbst 1992), S. 29-39; sowie Barbara Pollack, *The Wild, Wild East: An American Art Critic's Adventures in China* (Peking 2010).

Die Hintergrundinformationen zu Yan Fus Aufenthalt im Vereinigten Königreich, zum Einfluss seiner Übersetzungen und zu Chinas konfliktreicher Beziehung zum Westen stammen vor allem aus Schell und Delury, *Wealth and Power* (a. a. O.).

Pál Nyíri beschreibt die chinesische Seifenoper *Nach Europa* in *Scenic Spots: Chinese Tourism, the State, and Cultural Authority* (Seattle 2011).

Zur erwähnten Umfrage unter chinesischen Oberschülern siehe Yali Zhao, Xiaoguang Zhou und Lihong Huang, »Chinese students' knowledge and thinking about America and China«, in: *Social Studies* 99/1 (2008), S. 13-22.

8. Tanz in Fesseln

Um mir einen Überblick über die Geschichte, die Struktur und die Entwicklung des Zentralen Propagandaministeriums zu verschaffen, habe ich vor allem zwei Bücher von Anne-Marie Brady zurate gezogen: *Marketing Dictatorship* und *China's Thought Management* (a. a. O.). Orwells Überlegungen zu politischer Prosa stammen aus seinem Essay »Politics and the English language« aus dem Jahr 1946.

Hu Shuli hat mit großzügigerweise viel Zeit gewidmet und ihre Überlegungen mit mir geteilt. Um ihren Werdegang nachzuvollziehen, habe ich Dutzende Gespräche mit anderen Journalisten geführt, insbesondere mit Wang Shuo, Qian Gang, David Bandurski, Wu Si und Li Datong.

Für Hintergründe zur Presse- und Meinungsfreiheit in China siehe He Qinglan, *The Fog of Censorship: Media Control in China* (New York 2008); sowie Philip P. Pan, *Out of Mao's Shadow: The Struggle for the Soul of a New China* (New York 2008).

9. Die Freiheit führt das Volk

Ich danke Tang Jie, der sich zwischen 2008 und 2013 bereitwillig immer wieder mit mir getroffen hat; sein Video ist online verfügbar unter: {www.youtube.com/watch?v=MSTYhYkASsA} (Stand Dezember 2014, Suchbegriff »China stand up«). Ich hatte das Glück, auch seine Ehefrau, Wan Manlu, und einige seiner Freunde interviewen zu können, darunter Zang Kewei und Liu Chengguang, die mir stundenlang meine Fragen beantworteten. Für Hintergründe zum staatlich gestützten Nationalismus in China und zur Überarbeitung der Lehrbücher siehe William A. Callahan, *China: The Pessoptimist Nation* (Oxford 2010); Hongping Annie Nie, »Gaming nationalism, and ideological work in contemporary China: Online games based on the War of Resistance against Japan«, in: *Journal of Contemporary China* 22/81 (Januar 2013), S. 499-517; sowie *Zheng Wang, Never Forget National Humiliation: Historical Memory in Chinese Politics and Foreign Relations* (New York 2012).

Fang Kecheng präsentierte seine Untersuchung zur Wendung »die Gefühle der Chinesen verletzen« auf seinem Blog www.fangke.com.

10. Wunder und Wundermaschinen

In diesem Kapitel zitiere ich aus einer Vielzahl von Lin Yifus Artikeln und Büchern, darunter Lin Yifu, Fang Cai und Zhou Li, *The China Miracle: Development Strategy and Economic Reform* (Hongkong 2003); *Economic Development and Transition: Thought, Strategy, and Viability* (Cambridge 2009); Lin Yifu und Célestin Monga, »Growth identification and facilitation: The role of the state in the dynamics of structural change«, Policy Research Working Paper 5313, Weltbank, Mai 2010; *New Structural Economics: A Framework for Rethinking Development and Policy* (Washington 2012); sowie *The Quest for Prosperity: How Developing Economies Can Take Off* (Princeton 2012).

Für Einzelheiten zur ökonomischen Ausrichtung und Rolle der Thinktanks in China siehe Barry Naughton, »China's economic think tanks: Their changing role in the 1990s«, in: *China Quarterly* 171 (2002), S. 625-635. Meine Schilderung von Liu Xiaobos Arbeit, seines Aktivismus und seines Umgangs mit dem Internet basiert auf unseren Treffen und auf der Lektüre seiner Texte. Er schreibt auf Chinesisch, aber einige seiner Schriften – Bücher, Gedichte, Aufsätze und Kritiken – liegen in Übersetzungen vor. Neben Lius eigenen Arbeiten habe ich auch die anderer Autoren zurate gezogen: Geremie Barmé, »Confession, redemption, and death: Liu Xiaobo and the protest movement of 1989« (1990), online verfügbar unter: {http://www.chinaheritagequarterly.org/017/features/ConfessionRedemptionDeath.pdf} (Stand Dezember 2014); Perry Link, *Liu Xiaobo's Empty Chair: Chronicling the Reform Movement Bejing Fears Most* (New York 2011); Liu Xiaobo, Lu Xia und Tienchi Martin-Liao, *Ich habe keine Feinde, ich kenne keinen Hass. Ausgewählte Schriften und Gedichte* (Frankfurt am Main 2011); sowie Liu Xiaobo, *June Fourth Elegies: Poems* (Minneapolis 2012).

11. Ein Chor aus Solisten

Um auf dem Laufenden zu bleiben, was die Veränderungen der chinesischen Internetkultur betrifft, habe ich eine Reihe von Webseiten genutzt, allen voran China Digital Times. Han Han verfasst seine Bücher und Blogeinträge auf Chinesisch. Sein erstes und bislang erfolgreichstes Buch war *San Chong Men* (Peking 2000). Bei der Darstellung der unterschiedlichen Selbstbeschreibungen der Generation von Han Han und Michael sowie der ihrer Eltern war mir Gish Jens Buch *Tiger Writing* (a. a. O.) eine besonders große Hilfe; die Autorin untersucht darin generationsspezifische stilistische Unterschiede in chinesischen Autobiografien. Einen Überblick über die Versuche, den chinesischen Humor zu reformieren und zu regulieren, siehe David Mosers überaus lesenswerten Artikel »No laughing matter: A hilarious investigation into the destruction of modern Chinese humor«, auf: Danwei (16. November 2004), online verfügbar unter: {www.danwei.org/tv/stifled_laughter_how_the_commu.php} (Stand Dezember 2014).

12. Die Kunst des Widerstands

Ai Weiwei ist ein sehr produktiver Künstler. Neben seinen eigenen Kunstwerken, Filmen, Bauten und Büchern gibt es von Wissenschaftlern und Kritikern kuratierte Sammelbände mit Analysen und Übersetzungen von Ais Aufsätzen etc. Das Buch *Ai Weiwei's Blog: Writings, Interviews, and Digital Rants*, 2006-2009 (Cambridge, MA, 2011), herausgegeben und übersetzt von Lee Ambrozy, deckt dabei die in diesem Kapitel behandelte Zeitspanne ab.

Zu Ai und zu den Anfängen der chinesischen Avantgarde siehe Karen Smith, *Ai Weiwei* (London 2009); Karen Smith, *Nine Lives* (Peking 2008); Philip Tinari, »A true kind of living: The art of Ai Weiwei«, in: *Artforum* (Sommer 2007), S. 453-459; sowie Wu Hung, *Making History* (Peking 2008).

Einige auf Chinesisch verfasste Arbeiten sind für das Verständnis von Ais familiärem Hintergrund unentbehrlich. Dazu gehören zum Beispiel die überaus aufrichtigen Memoiren seiner Mutter: Gao Ying, *Wo he Ai Qing* (Peking 2012); der halbfiktive Bericht seines Bruders über die Zeit seiner Familie in New York: Ai Dan, *Niuyue Zhaji* (Hebei 1999); sowie eine detaillierte Biografie über seinen Vater Ai Qing: Luo Hanchao und Luo Man, *Shidai de Chui Hao Zhe-Ai Qing Zhuan* (Zhejiang 2005).

13. Sieben Sätze

Lu Xiabos Plädoyer wurde von Perry Link übersetzt und stammt aus Lu Xiaobo, Perry Link und Tienchi Martin-Liao, *No Enemies, No Hatred* (Cambridge, MA, 2012) (in der deutschen Fassung *Ich habe keine Feinde, ich kenne keinen Hass* [Frankfurt am Main 2011] ist es nicht enthalten; Anm. d. Ü.). Dieses Buch enthält auch den Bericht über Wen Keijians Zusammentreffen mit der Polizei. Gao Zhisheng beschreibt die Umstände seiner Haft in dem kurzen Bericht »Dark knight, dark hood and kidnapping by dark mafia (My account of more than 50 days of torture in 2007)«, online verfügbar unter: {http://www.hrichina.org/sites/default/files/PDFs/PressReleases/2009.02.08_Gao_Zhisheng_account_ENG.pdf} (Stand Dezember 2014). In einem Interview mit der Nachrichtenagentur Associated Press erwähnte er im April 2010 seine Entscheidung, den Aktivismus aufzugeben.

Um einen genauen Einblick in die Entwicklung der Internetzensur in China zu erhalten, habe ich eine Reihe von Quellen konsultiert, darunter Yangs *The Power of the Internet in China* (a. a. O.); Gady Epstein, »Special Report: China and the internet«, in: *The Economist* (6. April 2013); Gary

King, Jennifer Pan und Margaret E. Roberts, »How censorship in China allows government criticism but silences collective expression«, in: *American Political Science Review* 107/2 (Mai 2013), S. 1-18; Evgeny Morozov, *The Net Delusion: The Dark Side of Internet Freedom* (Philadelphia 2011); sowie David Bandurski, »China's guerrilla war for the web«, in: *Far Eastern Economic Review* (Juli 2008).

Mit Julia Lovell habe ich einige Gespräche über den »Nobelpreis-Komplex« geführt; auch ihr Buch *The Politics of Cultural Capital: China's Quest for a Nobel Prize in Literature* (Honolulu 2006) war in diesem Kontext sehr hilfreich.

14. Das Virus im Hühnerstall

Zhangs Artikel »Chen Guangcheng and Wen Jiaobo: Power vs. human rights« (a. a. O.) enthält Chens Schilderung seines Treffens mit dem stellvertretenden Bürgermeister von Dongshigu, Liu Jie. Die im Kapitel erwähnte Studie über das Amt für Briefe und Besuche schilderte mir Professor Yu Jianrong. Ich danke Professor Qiang Fang von der University of Minnesota, der mir die chinesischen Protesttraditionen erläutert hat. Außerdem habe ich mich auf folgende Werke gestützt: Xi Chen, *Social Protest and Contentious Authoritarianism in China* (Cambridge 2011); Hofung Hung, *Protest with Chinese Characteristics: Demonstrations, Riots, and Petitions in the Mid-Qing Dynasty* (New York 2013); sowie Qiang Fang, *Chinese Complaint Systems: National Resistance, Routledge Studies in the Modern History of Asia*, Band 80 (New York 2013).

15. Sandsturm

Neben meinen eigenen Erlebnissen und Interviews, die ich selbst geführt habe, gingen eine ganze Reihe weiterer Berichte in meine Schilderungen der gescheiterten »Jasminrevolution« ein. Über tätliche Angriffe auf Reporter berichteten beispielsweise das *Wall Street Journal*, CNN und der Foreign Correspondents' Club of China. Was Hintergrund und Chronologie der Ereignisse anbelangt, profitierte ich ganz besonders von Scott J. Henderson, »Wither the Jasmine: China's two-phase operation for cyber control-in-depth«, in: *Air and Space Power Journal* (erstes Quartal 2012), S. 34-47; Dale Swartz, »Jasmine in the Middle Kingdom: Autopsy of China's (failed) revolution«, online verfügbar unter: {http://www.aei.org/wp-content/uploads/2011/10/AO-2011-04-No-1-g.pdf} (Stand Dezember 2014).

Ai Weiwei hat mir die Bedingungen seiner Haft während unserer Gespräche geschildert. Sehr hilfreich war in diesem Zusammenhang außerdem Barnaby Martins Buch *Hanging Man: The Arrest of Ai Weiwei* (New York 2013).

16. Das Gewitter

Für die Rekonstruktion des Zugunglücks vom 23. Juli 2011 habe ich mit vielen Menschen gesprochen, etwa mit Mitarbeitern des Bahnministeriums, Ingenieuren, Fahrgästen, Ermittlern, Bauunternehmern und örtlichen Journalisten. Die meisten davon müssen anonym bleiben, weil sie sonst mit Repressalien rechnen müssten. Als besonders nützliches Dokument erwies sich der offizielle Ermittlungsbericht des chinesischen Staatsrats.

Zum Wachstum des chinesischen Hochgeschwindigkeitsnetzes siehe Paul Amos, Dick Bullock und Jitendra Sondhi, »High-speed rail: The fast track to economic development?«, Weltbank, Juli 2010; Richard Bullock, Andrew Salzberg und Ying Jin, »High-speed rail – the first three years: Taking the pulse of China's emerging program«, in: *China Transport Topics* 4, Weltbankbüro Peking (Februar 2012); James McGregor, »China's drive for ›indigenous innovation‹: A web of industrial policies«, von der amerikanischen Handelskammer in Auftrag gegebener Bericht (Juli 2010).

Die Details über das Leben und die kriminellen Machenschaften von Liu Zhijun und von seinem Bruder, Liu Zhixiang, stammen aus Interviews und aus den Gerichtsprotokollen der Verhandlungen gegen sie und andere Verantwortliche bei der chinesischen Bahn. Sehr nützlich waren außerdem die in *Caixin* und anderen chinesischen Medien erschienenen Enthüllungsberichte. Über Liu Zhixiangs Strategie zur Bargeldbeschaffung und seine Beteiligung am Mord an einem Bauunternehmer berichtete Riu Jiyun in einer offiziellen juristischen Zeitschrift: »Wuhan Tielu Liu Zhixiang Fubai Da An Jubao Shimo«, in: *Jiancha Fengyun* 10 (2006), online verfügbar unter: {www.360doc.com/content/06/0612/08/142_133043.shtml} (Stand Dezember 2014).

17. Alles, was glänzt

Viele der Romane und Selbsthilfebücher von Hu Gang basieren auf seinen Erfahrungen mit der Kunst der Bestechung, darunter Fu Shi, *Qing Ci* (Hunan 2006) und Fu Shi, *Zhongguo Shi Guanxi* (Peking 2011).

Chinesische und ausländische Medien haben umfassend über Korruptionsfälle in China berichtet, auch über den Untergang von Bo Xilai. Bloomberg News hat das Gesamtvermögen der Abgeordneten des Nationalen Volkskongresses mit dem der amerikanischen Kongressabgeordneten verglichen. John Garnaut hat in seinem Artikel »Rotting from within: Investigating the massive corruption of the Chinese military« (*Foreign Policy*, 16. April 2012) detailliert die Korruption in der chinesischen Volksbefreiungsarmee dargestellt. Mao Yushi hat auf seinem Weibo-Profil die Praktiken der Geschenkvergabe bei der Staatlichen Kommission für Entwicklung und Reform näher erläutert, über die als Erster die Webseite Shanghaiist berichtet hatte.

Zur Geschichte der Korruption in China siehe Melanie Manion, *Corruption by Design: Building Clean Government in Mainland China and Hong Kong* (Cambridge, MA, 2004), S. 114-115; Paolo Mauro, »Corruption and growth«, in: *Quarterly Journal of Economics* III/3 (1995), S. 681-712; Minxin Pei, *China's Trapped Transition: The Limits of Developmental Autocracy* (Cambridge, MA, 2006); Minxin Pei, »Corruption threatens China's future«, Carnegie Endowment for International Peace, Policy Brief 55 (2007); sowie Andrew Wedeman, *Double Paradox: Rapid Growth and Rising Corruption in China* (Ithaca 2012).

18. Die harte Wahrheit

Um den Wandel in den Mobilitäts- und Möglichkeitsstrukturen Chinas nachzuvollziehen, habe ich eine Vielzahl von Studien zurate gezogen, darunter Cathy Honge Gong, Andrew Leigh und Xin Meng, »Intergenerational mobility in urban China«, Discussion Paper Nr. 140, National Centre for Social and Economic Modelling (University of Canberra 2010); James J. Heckman und Junjian Yi, »Human capital, economic growth, and inequality in China«, NBER Working Paper Nr. 18100 (Mai 2012); John Knight, »Inequality in China: An overview«, Weltbank 2013; Yingqiang Zhang und Tor Eriksson, »Inequality of opportunity and income inequality in nine Chinese provinces, 1989-2006«, in: *China Economic Review* 21/4 (2010), S. 607-616. Ich danke Martin Whyte für seinen Rat und seine Einschätzungen.

19. Die spirituelle Leere

Zum Glauben in China vor und nach 1949, zu den verlorenen Tempeln Pekings, dem Personenkult um Mao und zur daraus resultierenden Gewalt siehe Geremie Barmé, *Shades of Mao: The Posthumous Cult of the Great Leader* (Armonk/London 1996); Jasper Becker, *Chity of Heavenly Tranquility: Beijing in the History of China* (New York 2008); Vincent Goossaert und David A. Palmer, *The Religious Question in Modern China* (Chicago 2011); Melissa

Schrift, *Biography of a Chairman Mao Badge: The Creation and Mass Consumption of Personality Cult* (New Brunswick, NJ, 2001); Daniel Leese, *The Mao Cult: Rhetoric and Ritual in China's Cultural Revolution* (Cambridge 2013); sowie Alfreda Murck, *Maos Mango: Massenkult der Kulturrevolution* (Zürich 2013).

Die Konfuzius-Zitate wurden von Richard Wilhelm übersetzt und stammen aus *Gespräche* (Hamburg 2011). Zu den »Nationalstudien« und den Debatten um das Konfuzius-Revival siehe die vom French Centre for Research on Contemporary China herausgegebene Sondernummer *The National Learning Revival* von *China Perspectives* (2011/1).

Ich bedanke mich bei Lao Shes Sohn, Shu Yi, der mich einlud, ihn zu besuchen und mit ihm über den Tod seines Vaters zu sprechen. Außerdem danke ich dem Wissenschaftler Fu Guangming, dessen Schilderungen der historischen Umstände von Lao Shes Tod von unschätzbarem Wert waren.

20. Wegsehen

Das Schicksal der kleinen Yueyue habe ich anhand von Interviews, dem Material von Überwachungskameras und Artikeln aus der chinesischen Presse rekonstruiert. Überaus dankbar bin ich Li Wangdong, dem Anwalt des Unfallverursachers, der mir seine im Zuge der Ermittlungen entstandenen Notizen und Fotos zur Verfügung gestellt hat. Der Ethnologe Zhou Runan hat mir detailreich über die soziale Zusammensetzung und die Geschichte der Eisenwarenstadt berichtet und seine persönliche Einschätzung des Falls der Kleinen Yueyue mit mir geteilt.

Zu den »guten Samaritern« in China siehe Yunxiang Yan, »The good Samaritan's new trouble: A study of the changing moral landscape in contemporary China«, *Social Anthropology/Anthropology Sociale* 17/1 (Februar 2009), S. 19-24.

Kevin Cook, der Autor von *Kitty Genovese: The Murder, the Bystanders, the Crime that Changed America* (New York 2014), hat mir mit Hinweisen zum Kitty-Genovese-Fall geholfen. Außerdem habe ich mich auf den Artikel »The kitty Genovese murder and the social psychology of helping: The parable of the 38 witnesses« von Rachel Manning, Mark Levine und Alan Collins gestützt, der im September 2007 in *American Psychologist* erschienen ist (S. 555-562).

21. Seelenhandwerk

Es kann gefährlich sein, einem Reporter in China Zugang zu einer Glaubensgemeinschaft zu gewähren. Ich hatte das Glück, während meiner Tätigkeit für die *Chicago Tribune* und für den *New Yorker* diese Chance zu erhalten. Neben Goossaerts und Palmers *The Religious Question in Modern China* (a. a. O.) habe ich in diesem Zusammenhang vor allem *Religion in China: Survival and Revival Under Communist Rule* von Fenggang Yang zurate gezogen (New York 2011).

22. Kulturkämpfe

Murong Xuecuns »Offener Brief an einen namenlosen Zensor« erschien zunächst in der chinesischen Online-Ausgabe der *New York Times*; die englische Fassung stammt von einem anonymen Übersetzer. Chinesische Journalisten und Blogger haben umfassend über den Streit zwischen Han Han und Fang Zhouzi berichtet. Kommentare von Fang Zhouzi, die er nicht bei einem unserer Interviews äußerte, stammen hauptsächlich von seiner Webseite (fangzhouzi.blog.hexun.com). Auf Danwei findet sich zum Thema eine überaus interessante Analyse von Joel Martinsen; online verfügbar unter: {www.danwei.com/blog-fight-of-the-month-han-han-the-novelist-versus-fang-zhouzi-the-fraud-buster/} (Stand Dezember 2014).

23. Wahre Gläubige

Auf Tang Jies Seite (Dujiawang) stehen die meisten seiner Kommentare und seiner Videos. Bei der Weltbank habe ich eine Reihe von Menschen interviewt, die Lin während seiner Amtszeit kennengelernt haben. Yao Yangs Artikel über die Zukunft der chinesischen Wirtschaft trägt den Titel »The end of the Beijing Consensus: Can China's model of authoritarian growth survive?« und erschien im Februar 2010 in der Zeitschrift *Foreign Affairs*. Als Chen Yungying im März 2012 von der taiwanesischen Presse interviewt wurde, äußerte sie ihre Hoffnung, ihr Mann könne eines Tages nach Taiwan zurückkehren.

24. Der Ausbruch

Neben He Peirong möchte ich den amerikanischen Beamten danken, die mit der Angelegenheit befasst waren und mit mir über Chens Flucht aus Dongshigu gesprochen haben. Weitere Einzelheiten stammen aus Interviews, die Chen Spiegel Online und iSun Affairs gegeben hat, sowie aus Berichten auf den Webseiten Human Rights in China, Global Voices und China Digital Times.

Zur Verheimlichung der Anzahl der in den chinesischen Kohleminen tatsächlich ums Leben gekommenen Kumpel siehe Tu Jianjun, »Coal mining safety: China's Achilles heel«, in: *China Security* 3/2 (2007), S. 36-53.

Epilog

Der Ständige Ausschuss des US-Kongresses zu China berichtete über die Inhaftierung von Zhai Xiaobing. Der User »Luhuahua« war der Erste, der das Verbot von Luftballons und Tischtennisbällen auf Weibo erwähnte. Liu Zhijuns Anwalt erklärte sich zu einem Interview bereit, in dem er einige der Anschuldigungen gegen seinen Mandanten näher erläuterte. Viele von Qi Xiangfus Gedichten sowie seine Memoiren sind auf verschiedenen Webseiten zu finden, etwa unter {hi.baidu.com/abc87614332} (Stand Dezember 2014).

Zu den Umfrageergebnissen zur Lebenszufriedenheit in China siehe Richard A. Easterlin, Robson Morgan, Malgorzata Switek und Fei Wang, »China life satisfaction, 1990-2010«, in: *Proceedings of the National Academy of Sciences of the United States of America* 109/25 (April 2012), online verfügbar unter: {http://www.pnas.org/content/109/25/9775.full} (Stand Dezember 2014).

Dank

Leider erleben weder meine Großeltern mütterlicherseits noch meine Großeltern väterlicherseits die Veröffentlichung dieses Buches – dabei waren sie der Grund, weshalb ich überhaupt anfing, es zu schreiben. Meine Großeltern väterlicherseits, Joseph und Marta Osnos, verließen Warschau 1939, als Hitler in die Stadt einmarschierte. Bevor sie in New York ankamen und sich dort ein neues Leben aufbauten, hatte sie ihre Flucht durch Rumänien, die Türkei, den Irak und Indien geführt. (Mein Vater, Peter, kam in Mumbai zur Welt.) Joseph Osnos stieg in den Handel mit Klimaanlagen ein, Marta war Biochemikerin. Mein Zweitname, Richard, geht auf meinen Cousin zurück, Jan Ryszard, der lange vor meiner Geburt als Navigator der polnischen Staffel der britischen Luftwaffe ums Leben kam. Mein Großvater mütterlicherseits, Albert Sherer, war ein amerikanischer Diplomat, der mit seiner Frau Carroll in den Ostblock versetzt wurde. Die von den Sowjets gestützte Regierung in Budapest warf Albert 1951 Spionage vor und gab der Familie vierundzwanzig Stunden Zeit, das Land zu verlassen. Die *Chicago Daily News* titelte »Die Roten schmeißen die Yankees raus«. Diese Erfahrungen blieben in unserem Familiengedächtnis haften, und während ich aufwuchs, begann ich zwangsläufig, mir über die nie dokumentierten Erfahrungen und Erlebnisse in autoritären Staaten Gedanken zu machen.

In China bin ich vor allem all jenen zu Dank verpflichtet, deren Werdegänge ich über die Jahre verfolgt habe. In China kann es gefährlich sein, zu viel über sich zu enthüllen – über Schwächen, Leidenschaften und private Entscheidungen. Dennoch hießen mich diese Männer und Frauen Jahr für Jahr aufs Neue willkommen, obwohl sie sich manchmal nicht recht vorstellen konnten, welche weiteren Fragen mir jetzt noch eingefallen waren. Natürlich gab es da noch viele mehr, manche im Staatsdienst, andere in abgelegenen Ortschaften auf dem Land, die anonym bleiben müssen, und auch bei ihnen möchte ich mich für ihren Mut bedanken, mit mir gesprochen zu haben.

Eine besonders große Freude war mir in all den Jahren die Gesellschaft großartiger Freunde, die sich ebenfalls mit China befassen, und die da wären: Andrew Andreasen, Stephen Angle, Michael Anti, Angie Baecker, Bill Bishop, Tania Branigan, Chris Buckley, Laurie Burkitt, Cao Haili, Leslie Chang, Clifford Coonan, Edith Coron, Max Duncan, Simon Elegant, Leta Hong Fincher, Jamie Florcruz, Peter Ford, Michael Forsythe, Paul French, Alison Friedman, John Garnaut, John Gisczak, Tom Gold, Jeremy Goldkorn, Jonah Greenberg, Elizabeth Haenle, Paul Haenle, Peter Hessler, Isabelle Holden, John Holden, Lucy Hornby, Andrew Jacobs, Ian Johnson, Joseph Kahn, Tom Kellogg, Alison Klayman, Elizabeth Knup, Arthur Kroeber, Kaiser Kuo, Christina Larson, Tom Lasseter, Dan Levin, Louisa Lim, Phil Lisio, Julia Lovell, H. S. Liu, Jo Lusby.

Mary Kay Magistad, Mark MacKinnon, Simon Montlake, Richard McGregor, Andrew Meyer, Paul Mooney, Allison Moore, David Murphy, Jeremy Page, Jane Perlez, Nick Platt, Sheila Platt, John Pomfret, Qin Liwen, Simon Rabinovitch, April Rabkin, Austin Ramzy, Chris Reynolds, Tiff Roberts, Andy Rothman, Gilles Sabrie, Michael Schuman, Clarissa Sebag-Montefiore, Susan Shirk, Karen Smith, Kumi Smith, Megan Stack, Anne Stevenson-Yang, Anya Stiglitz, Joseph Stiglitz, Didi Kirsten Tatlow, Philip Tinari, Wang Wei, Joerg Wuttke, Lambert Yam, Eunice Yoon, Kunkun Yu, Jianying Zha, Zhang Lijia, Mei Zhang und Yuan Li. Der kürzlich verstorbene Richard Baum von der UCLA gründete ChinaPol als eine Plattform für China-Interessierte und machte dadurch jeden von uns klüger.

Besonderer Dank gilt Geremie Barmé, Nicholas Becquelin, Ira Belkin, Annping Chin, Don Clarke, Jerome Cohen, Paul Gewirtz, Huang Yasheng, Bill Kirby, Roderick Mac-Farquhar, Victor Mair, David Moser, Barry Naughton, Minxin Pei, Victor Shih, Xiaofei Tian, Sophie Volpp und Jeffrey Wasserstrom für ihren kompetenten Rat.

Das Leben in Peking wäre ohne unsere Freunde undenkbar gewesen: Amy Ansfield, Jonathan Ansfield, Hannah Beech, Fannie Chen, Eleanor Connolly, John Delury, Barbara Demick, Michael Donohue, Gady Epstein, Ed Gargan, Deb Fallows, James Fallows, Michelle Garnaut, Jorge Guajardo, Susan Jakes, Jonathan Landreth, Brook Larmer, Dune Lawrence, Woo Lee, Leo Lewis, Jen Lin-Liu, Melinda Liu, Jane Macartney, James McGregor, Alexa Olesen, Philip Pan, Hervé Pauze, Hyeon-Ju Rho, Lisa Robins, Jeff Prescott, Paola Sada, Sarah Schafer, Baifang Schell, Orville Schell, Carla Snyder, Nick Snyder, Craig Simons, Comino Tamura, Tang Di, Alistair Thornton, Tini Tran, Alex Travelli, Alex Wang, Alan Wheatly, Edward Wong, Zhang Xiaoguang.

Außerdem möchte ich dem Overseas Press Club und der Asia Society dafür danken, dass sie die Arbeit von uns Auslandskorrespondenten unterstützen. Besonderen Dank schulde ich Herbert Allen III für seine Neugier und seine Hilfe; seit er mich das erste Mal zu einer Diskussion über China einlud, habe ich von ihm und seiner Gruppe mehr gelernt, als ich je zurückgeben könnte.

Bei der Arbeit an diesem Buch haben mich immer wieder großartige junge Journalisten und Mitarbeiter unterstützt, darunter Gareth Collins, Devin Corrigan, Jacob Fromer, Gu Yongqiang, Houming Jiang, Jordan Lee, Faye Li, Max Klein, Wendy Qian, Amy Qin, Gary Wang, Debby Wu, Xu Wan und Yang Xiao. Sie haben recherchiert, transkribiert und übersetzt. Aber niemand hat mehr Zeit in die Arbeit gesteckt als Lu Han, und ich danke ihr für ihren Sachverstand und ihr gelassenes und gerechtes Urteil.

Dieses Buch basiert zum Teil auf Reportagen, die ich für die *Chicago Tribune* geschrieben habe – eine Zeitung, bei der ich eines Sommers ein Praktikum begann und für die ich schließlich neun wunderbare Jahre tätig war, die meiste Zeit davon im Ausland. Ich danke Lisa Anderson, George de Lama, Ann Marie Lipinski, Kerry Luft, Tim McNulty, Paul Salopek, Jim O'Shea und Howard Tyner, die mich ins Ausland geschickt haben und mir stets in Freundschaft verbunden geblieben sind.

Die letzten sechs Jahre habe ich für den *New Yorker* gearbeitet, wo mich David Remnick, Dorothy Wickenden und John Bennet das Schreiben lehrten – ihre eigenen außergewöhnlichen Fähigkeiten und ihr Urteil waren dabei mein Maßstab. Peter Canbys Faktenchecker, darunter Jiangyan Fan, verbessern und beschützen uns. Nick Thompson und Amy Davidson haben mir selbst dann noch einen Ort zum Denken und Schreiben gewährt, als ich vollkommen in die Arbeit am Buch versunken war. John ist ein Redakteur mit einem perfekten Gespür. Als ich ihre Augen am dringendsten brauchte, sahen David und Dorothy unter Mithilfe von Anna Altman das Manuskript durch. Andere Freunde, etwa Barbara Demick, Gady Epstein, Ian Johnson und Jeffrey Wasserstrom, die zwischendurch Teile des Buches gelesen haben, werden ihre klugen Anregungen im Text wiederfinden.

Bevor ich nach China ging, besuchte ich Jonathan Galassi bei Farrar, Straus and Giroux, der mir einen guten Rat gab: Um das richtige Buch zu finden, braucht man Geduld. Als ich das Buch schließlich fand, antwortete er mit einem Geschenk – der Möglichkeit, mit dem brillanten Eric Chinski zusammenarbeiten zu können, der einfach alles mitbringt, was sich ein Autor wünschen kann: Sorgfalt, logisches Denken, Unermüdlichkeit und Humor. Ich möchte mich bei Nayon Cho, Gabriella Doob, Debra Helfand, Chris Peterson, Jeff Seroy und Sarita Varma von FSG für ihre Kreativität und ihre Aufmerksamkeit bedanken.

Wir waren fast noch Jugendliche, als Jennifer Joel und ich uns das erste Mal trafen. Als sie später Literaturagentin wurde, durfte ich ihr Klient werden und damit von den außergewöhnlichen Fähigkeiten profitieren, die sie als Leserin und Fürsprecherin meiner Texte an den Tag legt. Clay Ezell und Madeleine Osborn von ICM halfen ihr dabei, und ich danke allen dreien für ihre kompetente Betreuung.

Meine große und liebevolle Familie hat Jahrzehnte durchgearbeiteter Feiertage und vergessener Geburtstage ertragen, die nur von Besuchen unterbrochen wurden, die in den Nebel des Jetlags getaucht waren. Meine außergewöhnliche Mutter, Susan, hat uns dazu erzogen, uns in der Welt heimisch zu fühlen und uns für die wirklich wichtigen Werte einzusetzen; Peter, Nachrichtenmann und Verleger, wird für immer mein Mentor, meine Inspiration und mein Mitverschwörer sein. Meine kluge Schwester, Katherine Sanford, und ihr Ehemann Colin haben mich verköstigt und aufgepäppelt, und ihre Kinder, Ben, Pete und Mae, haben uns vor Augen geführt, was Familie alles bedeuten kann.

Sarabeth Berman wollte ursprünglich nur ein Jahr in Peking bleiben. Aber dann traf sie mich. Sieben Jahre später kehrten wir als Ehepaar in die Vereinigten Staaten zurück. China hat mir Sarabeth geschenkt, und allein dafür danke ich dem Land. Außerdem hat mir Sarabeth eine zweite Familie gegeben: Ruth Nemzoff und Harris Berman, Kim Berman und Farzad Mostashari, Mandy Lee Berman und Seth Berman, Rebecca Berman und Franklin Huang. Sarabeths Zuneigung, ihr Wunsch, ich möge jedes Wort laut vorlesen, und vor allem ihr Lachen geben mir Kraft. Ihr hervorragendes Urteilsvermögen macht jeden meiner Texte zu einem besseren. Keiner ist fertig, bis sie ihn gelesen hat – bis auf diesen Absatz.